Die subjektiven Rechte der Europäischen Menschenrechtskonvention und ihre objektive Reflexwirkung in innerstaatlichen Verfahrenssituationen

Studien zum Internationalen, Europäischen und Öffentlichen Recht

Herausgegeben von Eibe Riedel

Band 33

PETER LANG

Berlin · Bruxelles · Chennai · Lausanne · New York · Oxford

Katharina Longin

Die subjektiven Rechte der Europäischen Menschenrechtskonvention und ihre objektive Reflexwirkung in innerstaatlichen Verfahrenssituationen

PETER LANG
Berlin · Bruxelles · Chennai · Lausanne · New York · Oxford

Bibliografische Information der Deutschen Nationalbibliothek
Die Deutsche Nationalbibliothek verzeichnet diese Publikation in der Deutschen Nationalbibliografie; detaillierte bibliografische Daten sind im Internet über http://dnb.d-nb.de abrufbar.

Zugl.: Mannheim, Univ., Diss., 2024

DE-180
ISSN 1430-5380
ISBN 978-3-631-93649-8 (Print)
ISBN 978-3-631-93698-6 (ePDF)
ISBN 978-3-631-93699-3 (ePDF)
DOI 10.3726/b22850

Verlegt durch Peter Lang GmbH, Berlin (Deutschland)

info@peterlang.com

www.peterlang.com

Für Valentin Câmpeanu

Inhaltsverzeichnis

Abbildungen

Tabellen

Vorwort

Diese Arbeit wurde von der Juristischen Abteilung der Universität Mannheim im Frühjahrs-/Sommersemester 2020 als Dissertation angenommen. Für die Drucklegung wurden das Schrifttum bis Mai 2025, die Rechtsprechung umfassend bis Juli 2023, einzelne Entscheidungen bis Mai 2025 berücksichtigt.

Mein herzlicher Dank gilt zuallererst Prof. Dr. Hans-Joachim Cremer. Er hat als akademischer Lehrer, Lehrstuhlinhaber und Gesprächspartner meine Studien- und Promotionszeit geprägt; er hat mein juristisches Denken geschärft und während meiner ganzen Promotionszeit das Potential der Arbeit gesehen und mich stets zum Weitermachen ermutigt.

Prof. Dr. Eibe Riedel danke ich herzlich für die zügige Erstellung des Zweitgutachtens und für die Aufnahme in diese Reihe. Prof. Dr. Benjamin Straßburger danke ich für seine Bereitschaft, den Vorsitz in der mündlichen Prüfung zu übernehmen.

Außerdem möchte ich all meinen Weggefährt:innen in der Promotionszeit, insbesondere Dr. Sophie Härtl-Meißner, Dr. Tassilo Keiber, Dr. Christine Wilhelm, Louisa Härdle, Anna Buchal und Janett Mitterling meinen Dank für ihren Rat, ihre Freundschaft und Unterstützung aussprechen.

Ich danke meiner Mutter Ursula Longin für die umfangreichen Korrekturarbeiten und dafür, dass sie mir stets das Gefühl gab, meine Arbeit sei es wert, gelesen zu werden. Meinem Vater Franz Longin danke ich für sein Mitdenken und sein stetiges Erinnern an den „roten Stapel". Ich bin ihnen und meinem Bruder Matthias Longin von Herzen dankbar für die beständige Unterstützung und den bedingungslosen Beistand auf meinem Weg und all meinen Umwegen.

Von Herzen danke ich Dr. Gerrit Schumacher. Ohne seinen bestärkenden Zuspruch, seine Geduld und Liebe hätte ich weder den Kopf, den Mut noch die Muße für diese Arbeit gehabt.

Meine Kinder Medea und Roan haben die Entstehungszeit dieser Arbeit besonders geprägt und ich bin dankbar für alles, was ich von ihnen lernen darf.

Es ist ein Privileg, sich tagtäglich wissenschaftlich mit Menschenrechtsverletzungen beschäftigen zu können, ohne selbst persönlich betroffen zu sein. Die Schicksale Valentin Câmpeanus und unzähliger anderer Betroffener haben mich in den Jahren dieser Arbeit begleitet. Stellvertretend für viele ist Valentin Câmpeanu diese Arbeit gewidmet.

Mannheim im Mai 2025 *Katharina Longin*

Abstract

Nach der Auslegung des Europäische Gerichtshof für Menschenrechte wirken die subjektiven Rechte der Europäischen Menschenrechtskonvention (EMRK) teils weit in die innerstaatliche objektive Rechtsordnung hinein. Diese Wirkung im nationalen Verfahrensrecht theoretisch nachzuzeichnen und zu kategorisieren, ist Ziel dieses Buchs.

Ausgangspunkt ist das subjektive Recht – nicht nur thematisch, sondern auch zeitlich: vom Beeinträchtigungszeitpunkt aus, also vom Moment, wenn ein Mensch getötet wird oder festgenommen oder keinen Zugang zu seinem Kind erhält, wendet sich der Blick zu den Zeiträumen vor und nach diesem Ereignis. Denn auch in diesen Phasen kann das subjektive Recht wirken.

Auch in diesen vor- und nachgelagerten Phasen handelt der Staat, denn er trifft Entscheidungen, organisiert und „programmiert" Abläufe und Zuständigkeiten. Er ist also bereits vor und nach der Beeinträchtigung tätig bzw. könnte tätig sein. Wo die Möglichkeit staatlicher Präsenz besteht, besteht auch die Möglichkeit, sich schützend vor gefährdete Individualrechtsgüter zu stellen. Doch geht die Wirkung eines Individualrechts so weit, dass objektiv-rechtliche Verfahrensordnungen und Organisationsrichtlinien angepasst werden müssen? Wie lässt sich begründen, dass sich die Konventionsrechte nicht darauf beschränken, in der Beeinträchtigungssituation selbst zu schützen, sondern auch davor und danach?

Ziel der Individualrechte der EMRK ist es, nicht nur auf dem Papier zu gelten, sondern praktischen und wirksamen Schutz zu bieten. Wo und wann geschützt werden soll, ist damit auch beantwortbar: sie sollen dort und dann schützen, wo und wenn es praktisch und effektiv ist.

Für Recht auf Leben (Art. 2), das Recht auf Freiheit (Art. 5) und die Rechte auf Achtung des Privat- und Familienlebens (Art. 8) lassen sich die verfahrensrechtlichen Wirkungen kategorisieren. Es lässt sich methodisch zeigen, dass sich der Schutz der Konvention auch in der *konkreten Vorphase* auf Vorbereitungshandlungen, wie die deeskalierende Ausbildung von Einsatzkräften oder Frühwarnsysteme bei Umweltkatastrophen, erstrecken kann. Gleichzeitig endet der Schutz nicht direkt nach der tatsächlichen Beeinträchtigung, sondern kann in die *konkrete Nachphase* hineinreichen, woraus eine Pflicht zur effektiven Untersuchung von Todesfällen folgt.

Auch weit vor der tatsächlichen Beeinträchtigung, in der *abstrakte Vorphase*, in der lediglich eine abstrakte Gefährdungslage besteht, kann eine Menschenrechtsverletzung schon „programmiert" werden, indem durch objektive Regelungen Situationen abstrakt gestaltet werden: ein biologischer, aber nicht rechtlicher Vater wird am Adoptionsverfahren nicht beteiligt, weil die Verfahrensordnung ihn und seine biologische Verbindung zum Kind nicht wahrnimmt; einem gleichgeschlechtlichen Paar steht keine Möglichkeit einer registrierten Partnerschaft zur Verfügung, weil das objektive Recht ihr Bedürfnis einer rechtlich geschützten und anerkannten Verbindung ignoriert. In diesen Fällen greift die Konvention früh ein, weil es später, etwa im konkreten Verfahren, gerade aufgrund der bindenden Verfahrensordnung für ein Gericht nicht immer möglich sein wird, entgegenzuwirken.

Auch wenn diese Auslegung des Gerichtshofs weit erscheint: die Offenheit des Wortlauts erlaubt und das Telos der Konvention fordert sie ein. Nicht weil das subjektive Recht stets so weite Wirkungen haben soll, sondern weil in dieser besonderen Situation ein effektiver Schutz nicht anders möglich ist. Dass dabei objektives Recht geändert wird, ist ein Reflex, eine nicht intendierte Folge der effektiven Gewährleistung subjektiver Rechte.

Die vielen verschiedenen Fallkonstellationen in Kategorien zusammenzufassen, kann dazu beitragen, die Rechtsprechung nachvollziehbarer und vorhersehbarer zu machen. Denn in der Praxis der Entscheidungsumsetzung gemäß Art. 46 Abs. 2 EMRK ist diese Auslegung anerkannt. Die Staaten passen ihre Regelungen an. Oder das Ministerkomitee des Europarates beharrt so lange auf Umsetzung, bis das Menschenrecht auch mit generellen Maßnahmen effektiv gewährleistet wird. Dies ist keine Überschreitung der vertragsrechtlich eingeräumten Kompetenz, sondern Reflex einer effektiven Wirkung der Konventionsrechte.

According to the interpretation of the European Court of Human Rights, the subjective rights of the European Convention on Human Rights (ECHR) have a far-reaching effect on the domestic objective legal system. The aim of this book is to trace this effect in theoretical terms and to categorize it in national procedural law.

The starting point is subjective law – not only thematically, but also temporally: from the point of time when the factual infringement occurs, i.e., from the moment when a person is killed or arrested or denied access to their child, the focus shifts to the periods before and after this event. This is because subjective rights can also have an effect during these phases.

The state does act in these upstream and downstream phases, because it makes decisions, organizes and "programs" procedures and responsibilities. It is therefore already active or could be active before and after the infringement. Where there is the possibility of state presence, there is also the possibility of protecting endangered individual legal interests. But does the effect of an individual right extend so far that objective legal procedural rules and organizational guidelines must be adapted? How can it be justified that the rights under the Convention are not limited to protection in the situation of impairment itself, but also before and after?

The aim of the individual rights enshrined in the ECHR is not only to apply on paper, but also to offer practical and effective protection. This also answers the question of where and when protection should be provided: it should protect where and when it is practical and effective.

The procedural effects can be categorized for the right to life (art. 2), the right to liberty (art. 5), and the rights to respect for private and family life (Art. 8). It can be methodically demonstrated that the protection afforded by the Convention can also extend to preparatory actions in the *concrete preliminary phase*, such as de-escalation training of military forces or early warning systems for environmental disasters. At the same time, protection does not end immediately after the actual infringement, but can extend into the *concrete post-phase*, resulting in an obligation to investigate effectively in the event of death.

Even long before the actual impairment, in the *abstract preliminary phase*, in which there is only an abstract risk, a human rights violation can already be "programmed" by creating abstract situations through objective regulations: a biological but not legal father is not involved in the adoption process because the rules of procedure do not recognize him and his biological connection to the child; a same-sex couple has no possibility of a registered partnership because objective law ignores their need for a legally protected and recognized union. In these cases, the Convention intervenes at an early stage because later, for example in specific proceedings, it will not always be possible for a court to counteract this precisely because of the binding rules of procedure.

Even if this interpretation by the Court appears broad, the openness of the wording allows for it and the purpose of the Convention requires it. Not because subjective rights should always have such broad effects, but because in this particular situation effective protection is not possible in any other way. The fact that objective law is changed in the process is a reflex, an unintended consequence of effectively guaranteeing subjective rights.

Summarizing the many different case constellations into categories can help to make case law more comprehensible and predictable – this interpretation is recognized in the practice of implementing decisions in accordance with Article 46(2) of the ECHR. States adapt their regulations. Or the Committee of Ministers of the Council of Europe insists on implementation until human rights are effectively guaranteed by general measures. This is not an overstepping of the powers granted under treaty law, but a reflex of the effective impact of the rights enshrined in the Convention.

Hinführung

Die Beschwerde im Fall *Centre for Legal Resources für Valentin Câmpeanu gegen Rumänien*[1] legte eine Nichtregierungsorganisation ein für Valentin Câmpeanu, der im Jahr 2004 im Alter von 18 Jahren verstorben war. Der Rom-Junge lebte seit seiner Geburt in einem Waisenhaus; bereits als Kind wurden bei ihm eine HIV-Infektion und eine schwere geistige Behinderung festgestellt. Da er mit Eintritt der Volljährigkeit nicht weiter im Heim für Kinder mit Behinderungen bleiben konnte, wurde von den Behörden eine geeignete Einrichtung für ihn gesucht. Viele Kliniken lehnten die Aufnahme entweder wegen seiner HIV-Erkrankung oder seiner geistigen Behinderung ab. Letztlich wurde er in einer psychiatrischen Klinik untergebracht, die ihn zunächst aufgrund seiner HIV-Infektion abgewiesen hatte. Obwohl ihm die zeitliche und örtliche Orientierung fehlten und er zu diesem Zeitpunkt weder alleine essen noch zur Toilette gehen konnte, verweigerte das Klinikpersonal ihm die Versorgung aus Angst, sich mit HIV anzustecken. Als Valentin Câmpeanu nach kurzer Zeit weder Nahrung noch Medikamente zu sich nehmen wollte – er wog zu diesem Zeitpunkt nur noch 45 kg bei einer Körpergröße von 1,68 m –, wurde er daraufhin über einen Tropf mit Glukose ernährt. Als eine Abordnung der beschwerdeführenden Organisation die Klinik besuchte, fand sie ihn in einem unbeheizten, abgeschlossenen Raum alleine untergebracht. Dort stand lediglich ein nicht bezogenes Bett; er selbst trug nur ein Schlafanzugoberteil. Die beschwerdeführende Organisation

1 EGMR (GK), Urt. v. 17.07.2014, ECHR 2014, Nr. 47848/08 – *Centre for Legal Resources on behalf of Valentin Câmpeanu vs. Rumänien*.

beantragte seine Verlegung in ein auf ansteckende Krankheiten spezialisiertes Krankenhaus, doch der Klinikdirektor wies dies zurück. Valentin Câmpeanu starb noch am selben Abend. Die Bescheinigung seines Todes wies als Ursache eine kardio-respiratorische Insuffizienz aus und nannte seine HIV-Erkrankung und seine geistige Behinderung als die zum Tode führenden Bedingungen.

Entgegen der innerstaatlichen Vorgabe wurde keine Autopsie durchgeführt. Erst als die beschwerdeführende Organisation Strafanzeige stellte und disziplinarische Maßnahmen beantragte, wurden Gutachten verfasst, Valentin Câmpeanu exhumiert und untersucht.

Im Rahmen der Untersuchung stellte sich heraus, dass im vorigen und im selben Jahr in dieser psychiatrischen Klinik insgesamt 109 untergebrachte Personen unter merkwürdigen Bedingungen gestorben waren. Zudem zeigte sich nicht nur ein Material- und Personalmangel, sondern auch eine Mangelversorgung hinsichtlich Nahrung und Heizung. Letztendlich blieben jedoch alle Beschwerden der beschwerdeführenden Organisation ohne Erfolg.

Der Fall von Valentin Câmpeanu eignet sich zur Illustration der grundlegenden Fragestellung der vorliegenden Arbeit, wie die vom Einzelnen losgelösten, mithin objektiv-rechtlichen Verfahrensanforderungen und der subjektiv-rechtliche Gehalt der Konventionsrechte zueinanderstehen. Zum einen legt der Fall den Fokus auf verschiedene Verfahrenssituationen, die sich rund um den Tod einer Person, also ein substanzielles Beeinträchtigungsereignis abspielen können. Zum anderen bezeugt er auf tragische Weise, wie rechtsgutsgefährdend Verfahrenssituationen sein können und wie viel Schutz konventionskonform ausgestaltete Verfahrenssituationen bieten können. Der Gedankengang und die Vorgehensweise der vorliegenden Arbeit kann deshalb anhand des dazu ergangenen Urteils des Europäischen Gerichtshofs für Menschenrechte (EGMR, im Folgenden: Gerichtshof) verdeutlicht werden. Die Entscheidung ist Ausgangspunkt des rechtstheoretischen Verständnisses der Wirkungen der subjektiven öffentlichen Rechte der Europäischen Konvention zum Schutz der Menschenrechte und Grundfreiheiten (EMRK, im Folgenden: Konvention) auf innerstaatliche Verfahrenssituationen und enthält Elemente aller Kategorien der Rechtsprechung des Gerichtshofs, die im Laufe dieser Arbeit gebildet werden.

Die Große Kammer des Gerichtshofs identifiziert im Fall von Valentin Câmpeanu drei staatliche Verfahrenssituationen, in denen der Staat das Recht auf Leben aus Art. 2 und das Recht auf eine effektive Beschwerde aus Art. 13 i. V. m. Art. 2 verletzt. Diese drei finden zu unterschiedlichen Zeitpunkten des Sachverhalts statt:

1) das Gesetzgebungsverfahren mit dem Unterlassen des Gesetzgebers zeitlich weit vor dem Tod,
2) unmittelbar vor dem Tod das zur Unterbringungsentscheidung führende Verfahren und
3) nach dem Tod das Untersuchungsverfahren ohne ausreichende Aufklärung der Todesumstände.

Für alle diese Zeitpunkte sieht die Große Kammer im staatlichen Verhalten eine Verletzung der Konvention.

Sie führt aus, dass sich aus Art. 2 EMRK neben abwehrrechtlichen Pflichten auch die Verpflichtung ergebe, Vorkehrungen zum Schutz des Lebens zu treffen. Im Fall von Valentin Câmpeanu habe deshalb dem rumänischen Staat die positive Pflicht oblegen[2], statt seiner für sein Wohl zu sorgen. Art. 2 Abs. 1 S. 1 EMRK erschöpfe sich aber nicht in der inhaltlichen, also substanziellen Gewährung des Lebensschutzes, sondern enthalte zudem verfahrensrechtliche Anforderungen.

1) Zum Gesetzgebungsverfahren, der weit vor dem Tod liegenden Verfahrenssituation, stellt die Große Kammer fest, dass der bestehende rechtliche Rahmen nicht geeignet sei, den besonderen Bedürfnissen untergebrachter Erwachsener mit geistiger Behinderung gerecht zu werden. Insbesondere mangelt es an der praktischen Zugänglichkeit der verfügbaren Rechtsmittel. Ohne die beschwerdeführende Nichtregierungsorganisation wären die nationalen Behörden nie auf den Fall von Valentin Câmpeanu aufmerksam geworden.[3] Der Staat habe

[2] EGMR (GK), Urt. v. 17.07.2014, ECHR 2014, Nr. 47848/08, § 130 – *Centre for Legal Resources on behalf of Valentin Câmpeanu vs. Rumänien.*

[3] EGMR (GK), Urt. v. 17.07.2014, ECHR 2014, Nr. 47848/08, § 152 – *Centre for Legal Resources on behalf of Valentin Câmpeanu vs. Rumänien.*

es versäumt, einen angemessenen rechtlichen Rahmen, der Valentin Câmpeanu die Prüfung der behaupteten Verletzungen seines Rechts auf Leben durch eine unabhängige Behörde ermöglicht hätte, zu schaffen und umzusetzen.[4] Indem es keine innerstaatliche effektive Beschwerde zur Durchsetzung des Rechts auf Leben für untergebrachte Erwachsene mit geistiger Behinderung gegeben habe, sei zudem Art. 13 EMRK i. V. m. Art. 2 Abs. 1 EMRK verletzt worden.

2) Im zeitlich darauffolgenden Verfahren zu seiner Unterbringung hatte Valentin Câmpeanu keinen Vormund für die Zeit nach Eintritt der Volljährigkeit erhalten. Dies hatte zur Konsequenz, dass er trotz seiner schweren geistigen Behinderung als vollgeschäftsfähig angesehen worden war. Die Große Kammer stellt fest, dass die Verfahren, in denen über seine Unterbringung entschieden worden sei, dieser Annahme aber zuwidergelaufen seien. So sei seine Einwilligung hinsichtlich der Verlegungen nicht eingeholt worden, er sei nicht über Behandlungen informiert worden und Rechtsmittelmöglichkeiten seien ihm nicht mitgeteilt worden.[5] Zudem sei die Unterbringungsentscheidung schließlich danach getroffen worden, welche Klinik überhaupt zur Aufnahme bereit gewesen sei, und nicht danach, welche Einrichtung eine angemessene Behandlung habe bereitstellen können.[6]

3) Im Verfahren zur Aufklärung seines Todes schließlich war es den Behörden und Gerichten nicht gelungen, Licht in die zugrunde liegenden Umstände zu bringen. Insbesondere konnte weder das strafrechtliche noch das disziplinarrechtliche Verfahren die verantwortlichen Personen identifizieren, geschweige denn sanktionieren. In den von der beschwerdeführenden Organisation angestrengten innerstaatlichen Verfahren wurde eine Autopsie erst nachträglich durchgeführt; Widersprüchen in Aussagen der Beteiligten wurde dennoch nicht nachgegangen und gesetzliche Regelungen ignoriert und medizinische Beweise nicht erhoben.[7] Die staatlichen Behörden haben laut dem

---

[4] EGMR (GK), Urt. v. 17.07.2014, ECHR 2014, Nr. 47848/08, § 153 – *Centre for Legal Resources on behalf of Valentin Câmpeanu vs. Rumänien.*

[5] EGMR (GK), Urt. v. 17.07.2014, ECHR 2014, Nr. 47848/08, § 135 – *Centre for Legal Resources on behalf of Valentin Câmpeanu vs. Rumänien.*

[6] EGMR (GK), Urt. v. 17.07.2014, ECHR 2014, Nr. 47848/08, § 136 – *Centre for Legal Resources on behalf of Valentin Câmpeanu vs. Rumänien.*

[7] EGMR (GK), Urt. v. 17.07.2014, ECHR 2014, Nr. 47848/08, § 146 – *Centre for Legal Resources on behalf of Valentin Câmpeanu vs. Rumänien.*

Gerichtshof deshalb auch die aus Art. 2 EMRK folgende Pflicht, eine unabhängige, öffentliche und effektive Untersuchung der Umstände des Todes durchzuführen, verletzt.[8]

Diese Arbeit widmet sich dem Umgang des Gerichtshofs mit solchen innerstaatlichen Verfahrenssituationen, ordnet diese zunächst theoretisch ein, um sie schließlich zu kategorisieren. Rechtstheoretisch wird rekonstruiert, wie aufgrund der völkerrechtlichen, subjektiven Normen der Konvention innerstaatliches, objektives Verfahrensrecht verändert wird oder neu entsteht. So unterschiedlich die drei beschriebenen Situationen um Valentin Câmpeanus Tod – Gesetzgebungsverfahren, Unterbringungsverfahren und Untersuchung der Todesumstände – auch sein mögen, haben sie alle eines gemeinsam: es handelt sich um vom Staat geschaffene, durch das Recht kreierte Situationen. Diese Besonderheit zeigt sich im Kontrast mit der faktischen Vernachlässigung und dem Verhungernlassen: Jene existieren – anders als die Vernachlässigung, die durch ein tatsächliches Handeln oder vielmehr Unterlassen geschieht – nur im rechtlichen Kontext. Das Recht kreiert eine Verfahrenssituation, gibt ihr einen Rahmen und eine Wirkung. Ohne das Wissen um und vor allem das Anerkennen von Recht ist ein Verfahren als faktischer Vorgang nicht beobachtbar oder erfahrbar – ohne die Kenntnis um das Recht und seine Wirkung erscheint ein Gerichtsverfahren als ein interessantes Schauspiel, ein Zeitvertreib teilweise verkleideter Personen mit ungleich verteilten Redeanteilen. Erst das Recht gibt dem Verhalten den entscheidenden Sinn.

Nimmt man das Verfahren zur Unterbringung, so ist das Verfahren selbst ein staatlicher Prozess, der durch Rechtsnormen geregelt ist. Er führt zu einem Ergebnis in der faktischen Wirklichkeit – der Unterbringung eines Menschen in einer bestimmten Einrichtung –, das erst durch das Verfahren einen bestimmten Sinn erhält. Das Verfahren ist durch das Recht erschaffen. Dasselbe lässt sich für das Gesetzgebungsverfahren und die Untersuchung nach einem Todesfall feststellen: sie knüpfen an tatsächliche, geschehene oder noch bevorstehende Ereignisse an, werden selbst aber erst durch das Recht erschaffen und gestaltet.

---

[8] EGMR (GK), Urt. v. 17.07.2014, ECHR 2014, Nr. 47848/08, § 147 – *Centre for Legal Resources on behalf of Valentin Câmpeanu vs. Rumänien.*

Dass von einer solchen Verfahrenssituation ebenfalls Konventionsrechtsverletzungen ausgehen können, zeigt der Fall Valentin Câmpeanus deutlich. So wurde im Unterbringungsverfahren die Entscheidung zugunsten der Klinik getroffen, in der er letztlich gestorben ist. Gleichzeitig bieten Verfahren eine Möglichkeit, spätere substanzielle Beeinträchtigung ganz zu verhindern: wäre im Gesetzgebungsverfahren die Rolle von Menschen mit psychischer Behinderung durch einen obligatorischen rechtlichen Verfahrensbeistand gestärkt worden, wäre es möglicherweise gar nicht zum Tod von Valentin Câmpeanu gekommen. Stellt der Gerichtshof in solchen potenziell gefährdenden wie schützenden Verfahrenssituationen Mängel fest, haben die Konventionsstaaten bei der Entscheidungsumsetzung zu beachten, dass es sich um rechtlich geschaffene Situationen handelt. Hinsichtlich der Verletzung von Art. 13 i. V. m. Art. 2 EMRK spricht die Große Kammer es im Urteil selbst an:[9] der Staat muss gemäß Art. 46 Abs. 1 und 2 EMRK auch generelle Maßnahmen ergreifen, um Menschen mit geistiger Behinderung, die sich in einer vergleichbaren Situation wie Valentin Câmpeanu befinden, eine unabhängige Vertretung zu vermitteln, die hinsichtlich Gesundheit und Behandlung ihre Rechte vor einem Gericht oder einem anderen unabhängigen Spruchkörper durchsetzt.[10] Da das Verfahren durch ein Gesetz geschaffen worden ist, wird sich dies nicht anders realisieren lassen als durch eine Gesetzesänderung.[11] Aber auch in den anderen beiden Situationen, aus denen Konventionsverstöße folgten – das Unterbringungsverfahren und die Untersuchung zu den Todesumständen –, lässt sich das Urteil schwerlich befolgen, ohne eine Änderung der diese Verfahrenssituationen regelnden Rechtsnormen vorzunehmen. Wie sonst als durch Änderung des Verfahrensrechts könnte betroffenen Personen eine größere Beteiligung im Unterbringungsverfahren eingeräumt werden? Wie könnten die Sorgfalt, Schnelligkeit und Effektivität der Prüfung eines

---

9 EGMR (GK), Urt. v. 17.07.2014, ECHR 2014, Nr. 47848/08, § 158 – *Centre for Legal Resources on behalf of Valentin Câmpeanu vs. Rumänien.*

10 EGMR (GK), Urt. v. 17.07.2014, ECHR 2014, Nr. 47848/08, § 161 – *Centre for Legal Resources on behalf of Valentin Câmpeanu vs. Rumänien.* Zur Überwachung der Urteilsumsetzung: Ministerkomitee, Anmerkungen zur Tagesordnung v. 06.06.2019 (1348. Sitzung [DH] Juni 2019), CM/Notes/1348/H46-20, General measures 1) a. – *Centre for Legal Resources on behalf of Valentin Câmpeanu vs. Rumänien.*

11 Die Urteilsumsetzung ist bis heute noch nicht abgeschlossen, vgl. Ministerkomitee, Entscheidung v. 06.06.2019 (1348. Sitzung [DH] Juni 2019), CM/Del/Dec(2019)1348/H46-20, insb. 4., 5., 6. u. 8. Entscheidungspunkt.

Todesfalls wirksam verbessert werden, wenn nicht durch eine Änderung des bestehenden Verfahrensrechts? Diese innerstaatlichen Verfahrensregelungen sind aber keineswegs zum Schutz von Individualpositionen zu Recht geworden, sondern zunächst um Eintritt, Ablauf und Organisation staatlicher Prozesse zu habitualisieren. Wenn nun im Fall die Große Kammer den Hinweis erteilt,[12] dass der Staat auch generelle Maßnahmen im Sinne der Schaffung eines Regelungsrahmens ergreifen müsse, führt dies abstrakt dazu, dass die Konvention als Völkervertragsrecht zur Änderung des innerstaatlichen Rechts und zwar eines nationalen, nicht offensichtlich mit der Rechtsposition eines konkreten Individuums verknüpften, eine Verfahrenssituation gestaltenden Rechtsbereichs führt.

Dieser Vorgang bedarf einer eingehenden Betrachtung. Hierfür werden im ersten Teil dieser Arbeit die Begriffe des subjektiven und des objektiven Rechts definiert. Dies ist notwendig für die Abgrenzung der subjektiven Konventionsnormen und ihrer Wirkung auf das innerstaatliche, objektive Verfahrensrecht. Wie definiert sich ein subjektives öffentliches Recht? Ist eine verfahrensrechtliche Absicherung Teil seiner Definition und damit für sein Bestehen obligatorisch oder handelt es sich um seine Wirkungsweise in rechtlichen Verfahrenssituationen? Hier wird insbesondere der Begriff der Reflexwirkung von Recht, der die Intention einer Rechtsnorm in den Mittelpunkt rückt, entscheidend sein. Daneben ist von Bedeutung, den Begriff der „Verfahrenssituation" zu konkretisieren, um sie trotz ihres unterschiedlichen Auftretens – etwa als Gesetzgebungs-, Unterbringungs- oder Untersuchungsverfahren im Fall von Valentin Câmpeanu – hinsichtlich ihres Gefährdungs- und Schutzpotenzials erkennen zu können. Zudem muss sie in Beziehung zum „substanziellen Beeinträchtigungsereignis" – im Fall von Valentin Câmpeanu: seinem Tod – gesetzt werden. Warum lassen sich für Verfahrenssituationen vor und nach diesem Ereignis verfahrensrechtliche Pflichten ableiten?

Zum Ende dieses ersten Teils kann angenommen werden, dass die Konventionsnormen zunächst allein das Ziel verfolgen, ihre Rechte und den damit verbundenen Schutz effektiv gewährleisten zu wollen. Wenn hierfür eine Gefahr von einer faktischen staatlichen Handlung ausgeht, so gewährleistet

---

12 Vgl. EGMR (GK), Urt. v. 17.07.2014, ECHR 2014, Nr. 47848/08, §§ 159-161 – *Centre for Legal Resources on behalf of Valentin Câmpeanu vs. Rumänien*.

eine Konventionsnorm ihr subjektives Recht durch eine faktische, an den Staat gerichtete Unterlassungspflicht. Geht eine solche Gefahr von dritter Seite aus, folgt aus der Konventionsnorm die staatliche Pflicht, effektiven Schutz zu gewährleisten. Dies kann durch unterschiedliche Maßnahmen realisiert werden, die aber effektiv sein müssen. Wenn nun wie im Fall von Valentin Câmpeanu die Gefahr von einer Verfahrenssituation ausgeht oder in einer solchen aufscheint, hat der Staat ebenfalls die Pflicht, effektiven Schutz zu gewährleisten. Soll eine von ihnen ausgehende Gefährdung (Schutz *im* Verfahren) beseitigt oder ihr Potenzial zum Rechtsschutz (Schutz *durch* Verfahren) genutzt werden, so kann dies aber nicht allein durch faktische Maßnahmen geschehen. Da die Situation durch das Recht geschaffen ist und durch das Recht (konventionsrechtsgefährdende) Wirkungen hat, kann ein Schutz nur durch rechtliche Anpassungen der Verfahrensausgestaltung geschehen. Dass die völkerrechtliche, subjektive Norm damit weit in die innerstaatliche Rechtsordnung einwirkt und das objektive Verfahrensrecht verändert, ist nicht ihre eigentliche Intention. Ihr Ziel ist (allein) die effektive Gewährleistung ihres subjektiven Rechts – wenn hierfür eine Änderung des objektiven Rechts notwendig ist, stößt sie dies an. Da dies allein dem rechtlichen Charakter von Verfahrenssituationen geschuldet ist, kann bei einer solchen Veränderung des objektiven Rechts von einer Reflexwirkung des subjektiven Rechts gesprochen werden.

Diesen rechtstheoretischen Versuchsaufbau zugrunde gelegt wird im zweiten Teil der vorliegenden Arbeit die Rechtsprechung des Gerichtshofs analysiert. Lässt sich anhand seiner Entscheidungsgründe erfahrbar machen, dass er mit dem Ziel der effektiven Konventionsrechtsgewährleistung den Konventionsnormen (zusätzliche) verfahrensrechtliche Anforderungen entnimmt? Wird deutlich, dass er nur auf Gefährdungs- und Schutzpotenziale von Verfahrenssituationen reagiert oder hat er in der Entwicklung der Rechtsprechung gefährdungs- und schutzunabhängige Anforderungen etabliert?

Um diese Fragen zu beantworten und allgemeine Strukturen in der Rechtsprechung hervorzuheben, werden die vom Gerichtshof untersuchten Verfahrenssituationen in drei Phasen eingeteilt. Ihre Benennung knüpft an ihren Bezug zum substanziellen Beeinträchtigungsereignis an:

1) die *abstrakte Vorphase*, die (weit) vor dem substanziellen Beeinträchtigungsereignis (etwa einem Todesfall, einer Naturkatastrophe, dem

Ende des Familienlebens) stattfindet und in der sich die Gefahr für die betroffene Person noch nicht konkretisiert hat – das Gesetzgebungsverfahren im Fall von Valentin Câmpeanu;

2) die *konkrete Vorphase*, die ebenfalls vor dem substanziellen Beeinträchtigungsereignis abläuft, in der sich die Gefahr aber für den Staat bereits andeutet – hier: das Unterbringungsverfahren;
3) die *konkrete Nachphase*, die sich an das substanzielle Beeinträchtigungsereignis anschließt – vorliegend die Untersuchung der Todesumstände.

So wie das Gesetzgebungsverfahren, das Unterbringungsverfahren und die Untersuchung der Todesumstände im Fall von Valentin Câmpeanu diesen Phasen zugeordnet werden können, ist die gesamte analysierte Rechtsprechung des Gerichtshofs hiernach kategorisierbar. Diese Unterteilung wird wichtig sein, um überprüfen zu können, ob die theoretische Grundlage geeignet ist, die inzwischen ausdifferenzierte Rechtsprechung zu tragen und auch neue Fallgruppen zu stützen. Hierbei ist von besonderem Interesse, ob einerseits der Bezugspunkt des substanziellen Beeinträchtigungsereignisses stets zu erkennen ist und ob sich andererseits aus den Entscheidungen des Gerichtshofs zu Verfahrenssituationen Auswirkungen auf das innerstaatliche, objektive Verfahrensrecht beobachten lassen.

Die Phasen werden getrennt voneinander analysiert, da die Frage, wie weit eine subjektive Rechtsposition schützt und ob sie bis in Verfahrenssituationen hineinwirkt, unterschiedlich zu beantworten sein wird in Situationen, die weit vor der substanziellen Beeinträchtigung und ohne konkreten Bezug zur betroffenen Person durchgeführt wurden (Verfahren, in denen abstrakt-generelle Regelungen entstehen), oder solchen, in denen die betroffene Person nicht mehr am Leben ist und damit auch nicht mehr Trägerin individueller Rechte sein kann (Verfahren zur Untersuchung von Todesfällen). Zudem beschränkt sich die Analyse auf die Verfahrenssituationen zum Recht auf Leben, Art. 2, dem Folterverbot, Art. 3, dem Recht auf Freiheit, Art. 5 EMRK, sowie dem Recht auf Achtung des Privat- und Familienlebens, Art. 8 EMRK. Die Auswahl begründet sich mit den unterschiedlichen Charakteristika der Konventionsrechte. Art. 2 und Art. 3 EMRK stellen die substanziellen Fundamentalgarantien der Konvention dar. Dagegen ist Art. 5 EMRK ein verfahrensrechtlich ausgestaltetes Recht. Mit Art. 8 EMRK wird in die Analyse ein normgeprägtes Recht aufgenommen. So kann anhand unterschiedlich gestalteter Rechte aufgezeigt werden, wie sich Verfahrensanforderungen aus der Konvention ergeben.

Auch wird es möglich, die Konsistenz der Rechtsprechung zu beurteilen. So kann eine Bewertung der theoretischen Konstruktion stattfinden, um ihre Güte und praktische Brauchbarkeit hinsichtlich der Konventionsrechtsprechung festzuhalten. Ebenfalls ist ein Urteil über die gefundene Beziehung zwischen objektivem Recht und subjektiven Rechten mit ihren Reflexwirkungen möglich. Weiterhin wird erkennbar werden, ob die in der Rechtsprechungsanalyse entwickelten Kategorien der drei *Phasen* mit ihren weiteren Untergliederungsmerkmalen geeignet sind, die Rechtsprechung zu strukturieren und neue Entwicklungen einzufangen.

TEIL I

Rechtstheoretische Grundlage[13]

[13] Anders als in den weiteren Teilen dieser Arbeit sind in diesem Abschnitt die Rechtsträger:innen als geschlechtslose Subjekte rechtstheoretischer Überlegungen zu verstehen. Aus diesem Grund wird das generische Maskulinum zur Ansprache aller Geschlechter, beziehungsweise keines Geschlechts verwendet.

Begriffsklärung

Um den aufgeworfenen Fragen nachgehen, eine theoretische Konstruktion ausarbeiten und diese an der Rechtsprechungspraxis überprüfen zu können, sind zunächst die Begriffe, die dieser Arbeit zugrunde liegen, zu klären.

Für die Beziehung von subjektiven Konventionsrechten und innerstaatlichem objektivem Verfahrensrecht sind die Begriffe des subjektiven und des objektiven Rechts zentral. Hierbei wird nicht beansprucht, eine allgemeingültige Definition aufzustellen. Vielmehr soll eine Arbeitsdefinition gefasst werden, von der ausgehend die theoretische Konstruktion erfolgt. Im Anschluss an die gefundene Beschreibung des subjektiven Rechts ist auf die Reflexwirkung von Recht einzugehen, bevor zuletzt die zeitliche Einordnung mit den Begriffen der Verfahrenssituation und des substanziellen Beeinträchtigungsereignisses beleuchtet wird.

A. Das objektive Recht

Anders als auf der Suche nach einer Definition des subjektiven Rechts ergibt sich hinsichtlich des objektiven Rechts eine karge Ausbeute. Die gängige Definition des objektiven Rechts begnügt sich damit, es als die Rechtsordnung „als solche“[14] zu bezeichnen. Die „allgemeine Regel, von welcher die einzelnen Rechte beherrscht werden[,] [...] nennen wir das Recht schlechthin, oder das allgemeine Recht: Manche nennen sie das Recht im

[14] *Röhl/Röhl*, Allgemeine Rechtslehre, S. *407*. S. a. *Rüthers/Fischer/Birk*, Rechtstheorie, Kap. *2* Rn. *61*.

objectiven Sinn".[15] Die Summe der Normen, die die Rechtsordnung bilden, ist demnach das objektive Recht.[16] Normen einer Rechtsordnung sind dem objektiven Recht zugehörig, unabhängig davon, ob sie einem bestimmten Rechtssubjekt zugeordnet, einem Individual- oder einem Gemeininteresse dienen. Das objektive Recht umfasst das gesamte Recht einer abgeschlossenen Ordnung, es ist also auch Ausgangspunkt und Ursprung der subjektiven Rechte, die sogleich zu definieren sind.

B. Das subjektive öffentliche Recht

Das moderne Verständnis des subjektiven öffentlichen Rechts ist seit seinem Ursprung in der Aufklärung[17] Gegenstand rechtswissenschaftlicher Diskussion. So sind die Definitionsversuche zahlreich, die jeweils unterschiedliche Aspekte des subjektiven öffentlichen Rechts als obligatorisch ansehen. Einige dieser Elemente werden im Folgenden beleuchtet und ihre Rolle als Definitionskriterium hinterfragt.

Zwei Kategorien, substanzielle Elemente und formelle Elemente, lassen sich unterscheiden: teils wird auf den Inhalt eines subjektiven öffentlichen Rechts abgestellt, um es zu definieren.[18]. Teils entscheidet die Verfügbarkeit oder die Form darüber, ob ein subjektives Recht anzunehmen ist: „Subjektive Rechte sind klagbare Ansprüche, deren Ausübung von dem Willen des Berechtigten abhängt"[19]. Oder das subjektive Recht wird als „eine dem einzelnen zur Befriedigung seiner Interessen von der Rechtsordnung verliehene Willensmacht bzw. Rechtsmacht"[20] verstanden.

Für diese Arbeit besonders relevant ist die Frage, ob eine formelle, also verfahrensartige Einbettung eine Norm erst zu einem subjektiven öffentlichen Recht macht. Mit Blick auf die Untersuchung von Wirkungen

---

15 *Savigny*, System, Bd. 1, § 5 S. *9*.

16 *Röhl/Röhl*, Allgemeine Rechtslehre, S. 407; *Rüthers/Fischer/Birk*, Rechtstheorie, Kap. *2* Rn. *61*.

17 *Röhl/Röhl*, Allgemeine Rechtslehre: ein Lehrbuch, § 43, S. 356.

18 Vgl. für das subjektive Privatrecht *Jhering*, Geist des römischen Rechts, S. 341: : „ein Gut [bildet] den Inhalt eines jeden Rechts – eine Definition des Rechts, die nicht von dem Begriff des Gutes im weitern Sinn ausgeht, ist [...] verfehlt".

19 *Röhl/Röhl*, Allgemeine Rechtslehre, S. 355.

20 *Windscheid*, Lehrbuch des Pandektenrechts, 1, 2. Buch, § 37; *Hößlein*, Judikatives Unrecht, S. 83.

völkerrechtlicher Individualpositionen[21] im innerstaatlichen Verfahrensrecht ist dies von entscheidender Bedeutung. Damit lässt sich nämlich bestimmen, ob konventionsrechtlich bedingte Verfahrenspflichten notwendigerweise entstehen, wenn angenommen wird, dass ein subjektives Interesse erst durch die Ausstattung mit einem Rechtsbehelfsmechanismus zu einem subjektiven Recht wird. Wenn ein solcher Mechanismus als Definitionsbestandteil aber abzulehnen ist, müsste für die Frage, warum Konventionsrechte objektives Verfahrensrecht ändern, eine andere Antwort gefunden werden. Im Folgenden werden deshalb substanzielle wie formelle Definitionsmerkmale des subjektiven öffentlichen Rechts analysiert.

I. Definitionsmerkmal: Teilmenge des objektiven Rechts

Aus der Beschäftigung mit der Definition des objektiven Rechts konnte bereits ein wichtiger Aspekt der Beziehung zum subjektiven Recht gefunden werden: objektives Recht und subjektives Recht bilden kein Gegensatzpaar.

Vielmehr sind subjektive Rechte eine Teilmenge des objektiven Rechts. „Das Urtheil über das einzelne Recht ist nur möglich durch Beziehung der besonderen Thatsachen auf eine allgemeine Regel, von welcher die einzelnen Rechte beherrscht werden.“[22] Die objektive Rechtsordnung, ungeachtet der etwaigen Quellen subjektiver Rechte im Naturrecht[23], ist Nährboden subjektiver Rechte, die in dieser Rechtsordnung (und nur in ihr) Geltung finden. Dem allgemeinen, objektiven Recht, der objektiven Rechtsordnung obliegt es also, durch die Schaffung subjektiver Rechte den Individuen das Gewollte zu ermöglichen.[24] Dies vermag nur die Rechtsordnung. Deshalb kann nicht das subjektive Recht „das Primäre“, also der Ausgangspunkt sein, „das die Norm seiner Geltung und Beurtheilung erst aus sich erzeugt“[25]. Zunächst ist damit festzuhalten, dass „subjektives Recht […] staatlicherseits gesetzt ist“[26],

---

21 S. u. → S. 48 f.

22 *Savigny*, System, Bd. 1, § 5 S. 9; mit „allgemeiner Regel“ meint *Savigny* hier das objektive Recht. S. a. *Schulev-Steindl*, Subjektive Rechte, S. 6.

23 *Schulev-Steindl*, Subjektive Rechte, S. 6 Fn. 19 m. w. N.

24 *Jellinek*, System der subjektiven öffentlichen Rechte, S. 40.

25 *Jellinek*, System der subjektiven öffentlichen Rechte, S. 8.

26 *Schenke, Wolf-Rüdiger*, in: Bonner Kommentar GG, Bd. 6, Art. 19 Abs. 4 Rn. 478 (207. Akt. September 2020); *Hößlein*, Judikatives Unrecht, S. 101.

also seine Grundlage im objektiven Recht findet. Es ist somit qualifiziertes objektives Recht.

Die Idee einer „strukturellen Wesensverschiedenheit“[27] zwischen den beiden Begriffen, die durch das vermeintliche Gegensatzpaar „subjektiv“ – „objektiv“ entstehen kann, ist somit abzulehnen. Dennoch wird es einen Bestandteil des subjektiven öffentlichen Rechts geben, den sonstiges objektives Recht nicht erfüllt, obwohl gerade im Öffentlichen Recht eine Rechtsordnung, die nur objektives Recht enthält, denkbar wäre: Wenn sie Einzelne dann begünstigte, so geschähe dies reflexartig[28], ohne dass ihnen gegenüber dem Staat subjektive öffentliche Rechte zugeordnet wären.

II. Definitionsmerkmal: Individualinteresse als Norminhalt

Als weiteres Definitionsmerkmal ist ein Blick auf den Inhalt subjektiv-rechtlicher Normen zu werfen. Wenn bereits ihr Bezug zu einem Rechtssubjekt und zu einem Individualinteresse sie zu subjektiven Rechtsnormen machen, dann wäre dieses Element Teil ihrer Definition.

1. Das Individuum als wahrgenommenes Rechtssubjekt

Aus dem Begriff des subjektiven Rechts selbst wird seine Zuordnung zu einem Subjekt deutlich: es soll das Recht eines Subjekts sein. Damit dem Subjekt ein Recht zugeordnet werden kann, muss es die Fähigkeit besitzen, dieses Recht auch zu halten. Es muss also ein *Rechts*subjekt, ein *Rechts*träger sein können. Damit nun das Subjekt zu einem Rechtssubjekt wird, muss es „aus der Sphäre natürlicher Lebensvorgänge in diejenigen rechtlicher Aktionen und Zustände gehoben“[29] werden. Aus dem faktischen Subjekt ein rechtliches Subjekt zu machen, es also in einen rechtlichen Zustand zu heben, schafft nicht das Subjekt selbst, sondern kann nur die objektive Rechtsordnung; sie bestimmt, wer in ihr rechtlich angesprochen wird. Dieser zusätzliche rechtliche Zustand eines Subjekts hat keine Entsprechung in der tatsächlichen Welt[30], sondern ist die „Relation von einem Subjekt zu anderen und zur Rechtsordnung“[31].

---

[27] S. a. *Schulev-Steindl*, Subjektive Rechte, S. 6.

[28] S. a. *Cremer*, in: Enzyklopädie Europarecht, § 3 Rn. 48; *ders.*, Subjektive Rechtsqualität, in: FS Riedel, S. 33, 44 f. Zur Reflexwirkung s. u. → S. 37-39.

[29] *Jellinek*, System der subjektiven öffentlichen Rechte, S. 8.

[30] *Jellinek*, System der subjektiven öffentlichen Rechte, S. 26.

[31] *Jellinek*, System der subjektiven öffentlichen Rechte, S. 27.

2. Individualinteresse oder Gemeininteresse?

Welchen Inhalt muss eine Norm haben, um ein subjektives öffentliches Recht zu verleihen? Einhellig wird hierfür der Dienst an einem Individualinteresse genannt. Laut *Rudolph von Jhering* ist aus einer subjektiven Rechtsposition nicht „[b]erechtigt [...], wer das Wollen, sondern [wer] den Genuß beanspruchen kann“ [32]. Folglich sei die Substanz des Rechts der Nutzen; er ist das „entscheidende Anknüpfungskriterium“[33] des subjektiven Rechts.

Der Nutzen kann ein Gut, ein Wert oder ein Genuss sein,[34] die eines gemeinsam haben: „sie sollen mich fördern, mir einen Dienst, Nutzen, Vortheil gewähren“[35]. All diese unter dem Begriff „Interesse“ sammelbaren Begriffe können einem Individuum zugeordnet sein, wenn dieses einen ideellen oder vermögensrechtlichen[36] Nutzen aus dem Interesse zieht. Dann sind sie als Individualinteressen zu bezeichnen. Dies gilt nicht nur für subjektive privatrechtliche Rechte, sondern auch für subjektive öffentliche Rechte. Nach *Georg Jellinek* muss auch ein öffentliches Recht stets ein „individuelles Interesse zum Inhalt haben“[37].

Zu bedenken ist aber, dass gerade im Öffentlichen Recht der Gesetzgeber aufgrund von Gemeininteressen handelt. Der Gesetzgeber könnte somit auch ein Gemeininteresse einer Individualperson zuordnen. Allerdings wird dabei übersehen, dass das Interesse das Element ist, welches sich aus den Tatsachen, der Realität ableitet, denn es ist verknüpft mit einem Gut, einer Eigenschaft oder einem Wert, der mit dem Einzelnen faktisch verknüpft ist. Ein Interesse, das ein Einzelner diesbezüglich verfolgt, ist deshalb bereits aus der Natur der Sache Einzelinteresse. Auch subjektive Rechte des Öffentlichen Rechts haben kein objektives Interesse, kein Allgemeininteresse als Bezugsobjekt.

---

32 *Jhering*, Geist des römischen Rechts, S. 336.

33 *Schenke, Wolf-Rüdiger*, in: Bonner Kommentar GG, Bd. 6, Art. 19 Abs. 4 Rn. 486 (207. Akt. September 2020).

34 *Jhering*, Geist des römischen Rechts, S. 339.

35 *Jhering*, Geist des römischen Rechts, S. 340.

36 *Schenke, Wolf-Rüdiger*, in: Bonner Kommentar GG, Bd. 6, Art. 19 Abs. 4 Rn. 475 (207. Akt. September 2020).

37 *Jellinek*, System der subjektiven öffentlichen Rechte, S. 49; a. A. *Schenke, Wolf-Rüdiger*, in: Bonner Kommentar GG, Bd. 6, Art. 19 Abs. 4 Rn. 477 (207. Akt. September 2020), dass „objektive Interessen auch zur Begründung ausreichen, soweit gesetzlich mit dem Rechtsinhaber verknüpft“. Dies geschieht aber erst durch eine Subjektivierung öffentlicher Belange, vgl. Rn. 481.

Der Unterschied zwischen öffentlich- und privatrechtlichen subjektiven Rechten liegt laut *Jellinek* „in den Motiven, welche die Rechtsordnung zur rechtlichen Anerkennung des Individualinteresses bewogen haben“[38]. Ein subjektives Recht wird als dem Öffentlichen Recht zugeordnet angesehen, wenn das geschützte Individualinteresse überwiegend aus Gründen des Gemeininteresses als subjektives Interesse anerkannt wird. „Jedes Individualinteresse findet öffentlich-rechtliche Anerkennung nur dann, wenn diese Anerkennung auch im Gemeininteresse geboten ist. Kein rechtliches Einzelinteresse, das nicht in Beziehung zum Gemeininteresse stünde. Allein der Grad dieser Beziehung kann sehr verschieden sein. Dadurch sondern sich die Einzelinteressen in solche, welche überwiegend um der individuellen Zwecke willen von denen, die überwiegend um der Gemeinzwecke willen constituiert sind. Überwiegend im Gemeininteresse anerkanntes individuelles Interesse ist Inhalt des öffentlichen Rechtes.“[39] Dabei ist bedeutend, dass das Gemeininteresse nicht gleichzusetzen ist mit der Summe aller Einzelinteressen, da es „ebenso das Interesse der noch ungeborenen Generationen“[40] umfasst. Es ist somit vielmehr ein „auf Grund der herrschenden Zeitanschauungen und speciellen Verhältnisse eines jeden Staates, vielfach aus dem Widerstreit der individuellen Interessen gezogenes Durchschnittsinteresse, welches dem individuellen sogar fremd und feindlich gegenüber treten kann, oft sogar gegenüber treten muss“[41].

Um den Unterschied zwischen Individualinteresse und Gemeininteresse zu verdeutlichen, soll hier das Wahlrecht herausgegriffen werden. In der deutschen Verfassung verbürgt Art. 38 Abs. 1 GG das subjektive Recht[42] jeder einzelnen wahlberechtigten Person, an der Wahl des Bundestages teilzunehmen. Materielles Element dieses subjektiven Rechts ist das Interesse der Teilnahme und Stimmabgabe sowie die Teilhabe an der Staatsgewalt als Staatsbürger[43]. Damit eng verbunden ist jedoch die Bildung der

---

[38] *Jellinek*, System der subjektiven öffentlichen Rechte, S. 49.

[39] *Jellinek*, System der subjektiven öffentlichen Rechte, S. 49.

[40] *Jellinek*, System der subjektiven öffentlichen Rechte, S. 64.

[41] *Jellinek*, System der subjektiven öffentlichen Rechte, S. 65.

[42] BVerfG, Urt. v. 12.10.1993, 2 BvR 2134 u. 2159/92, BVerfGE 89, 155, 171 f. – *Maastricht*; Urt. v. 05.04.1952, 2 BvH 1/52, BVerfGE 1, 208, 242 – *7,5%-Sperrklausel* zum subjektiven Recht aus Art. 3 Abs. 1 GG bei Kommunalwahlen.

[43] *Magiera, Siegfried*, in: Sachs/von Coelln/Mann, Grundgesetz, Art. 38 Rn. 105.

Volksvertretung, welche die Funktion der legislativen Gewalt des Staates übernimmt. Die Rechtsordnung erkennt die individuelle Teilnahme an der Wahl zwar als schützenswertes Individualinteresse an, jedoch wird der Schutz zugleich vom Gedanken getragen, durch den Wahlakt ein Legislativorgan hervorzubringen.

Ähnliches lässt sich hinsichtlich der Meinungsfreiheit, wie sie von der deutschen Verfassung verstanden wird, beobachten. Die in Art. 5 Abs. 1 S. 1 GG konstituierte Freiheit, seine Persönlichkeit durch freie Kommunikation auszuleben, ist als „sittlich notwendige[...] Lebensluft für den Einzelnen, die Wahrheit sagen zu dürfen“[44], eindeutig einer individuellen Freiheit zugeordnet. Dennoch wird sie vom Bundesverfassungsgericht auch wegen ihres Gesellschaftsbezugs als so bedeutend eingeordnet; sie ist „unmittelbarster Ausdruck der menschlichen Persönlichkeit in der Gesellschaft“[45]. Aufgrund des Bezugs der individuellen Ausübung zum politischen Gemeinwesen zählt sie „zu den unentbehrlichen und grundlegenden Funktionselementen eines demokratischen Gemeinwesens“ und ist „unmittelbarster Ausdruck der menschlichen Persönlichkeit und als eines der vornehmsten Menschenrechte überhaupt, welches für eine freiheitliche demokratische Staatsordnung konstituierend ist“[46].

Dient eine Norm einem Gemeininteresse verknüpft mit einem Einzelinteresse kann sich aus ihr ein subjektives Recht ergeben; ihr substanzielles Element ist dann aber nicht das Gemeininteresse, sondern das daneben bestehende Individualinteresse.[47] Zwar kennen Rechtsordnungen die Möglichkeit, dass Einzelne fremde private Interessen oder Gemeininteressen prozessual geltend machen dürfen. Darunter fallen beispielsweise prozessuale Instrumente wie die Prozessstandschaft, die notwendige Beiladung oder die Streitgenossenschaft, bei der unbeteiligte Personen zu einem Verfahren hinzugezogen und an ihm beteiligt werden. Bei genauerem Hinsehen zeigt sich aber häufig, dass neben dem fremden Interesse ein eigenes Interesse

---

[44] *Smend, Rudolf*, in: Das Recht der freien Meinungsäusserung, VVDStRL 1928, S. 44, 50.

[45] BVerfG, Urt. v. 15.01.1958, 1 BvR 400/51, BVerfGE 7, 198, 208 – Lüth. Vgl. auch BVerfGE, Urt. v. 17.08.1956, 1 BvB 2/51, BVerfGE 5, 85, 205 – *KPD-Verbot*.

[46] BVerfG, Beschl. v. 14.05.1985, 1 BvR 233 u. 341/81, BVerfGE 69, 315, 344 – *Brokdorf*.

[47] So auch im Ergebnis *Schenke, Wolf-Rüdiger*, in: Bonner Kommentar GG, Bd. 6, Art. 19 Abs. 4 Rn. 477 (207. Akt. September 2020), dass „objektive Interessen auch zur Begründung ausreichen, soweit gesetzlich mit dem Rechtsinhaber verknüpft“.

vorliegen muss. Die gewillkürte Prozessstandschaft[48] im deutschen Zivilprozessrecht ist beispielsweise nur zulässig, wenn das Ergebnis des Verfahrens die eigene Rechtsstellung des Prozessführungsbefugten beeinflusst.[49] Beim Blick auf andere prozessuale Mechanismen, die auf den ersten Blick dem Erfordernis eines Individualinteresses widersprechen, zeigt sich ein vollkommen anderer Zweck. Diese, wie beispielsweise die gesetzliche Prozessstandschaft, sind nicht dazu da, eigene Interessen geltend zu machen. Der Gesetzgeber erachtet es aus anderen Gründen für sinnvoll, die Person mit prozessualen Mitteln auszustatten. Nicht zum Individualrechtsschutz, sondern aus Gründen der Praktikabilität oder Effektivität weist das Gesetz einem Einzelnen die Position des Einklagenden zu.[50] Auch kann dahinterstehen, dass ansonsten das Recht überhaupt nicht geltend gemacht würde: im verfassungsprozessrechtlichen Organstreitverfahren kann gemäß § 64 Abs. 1 BVerfGG ein Organteil für das Organ, dem es angehört, dessen Rechte geltend machen. Zur Realisierung des verfassungsrechtlichen Minderheitenschutzes muss eine Möglichkeit geschaffen werden, dass die parlamentarische Opposition auch entgegen der Mehrheit des Bundestags einen Organstreit gegen die Bundesregierung führen kann. Wenn also § 64 Abs. 1 BVerfGG dem Organteil eine gesetzliche Prozessstandschaft einräumt, so geschieht dies nicht für die Durchsetzung der Individualrechte. Das Verfahren des Organstreits selbst besteht zum Schutz der Kompetenzen der Organe; die Prozessstandschaft aber gibt es, damit (in der angesprochenen Konstellation) überhaupt jemand klagt.[51] Somit stehen diese Beispiele dem Schluss, ein Individualinteresse müsse zur Begründung eines subjektiven Rechts vorliegen, nicht entgegen.

Somit lässt sich mit dem Individualinteresse, das einem Rechtssubjekt zugeordnet ist, bereits ein Merkmal finden, das innerhalb einer Rechtsordnung

---

[48] Ein ähnlicher Gedanke liegt auch den Handlungsmöglichkeiten des notwendig Beigeladenen und der Streitgenossen zugrunde.

[49] *Weth, Stephan*, in: Musielak/Voit, ZPO, § 51 Rn. 27-29 m. w. N.

[50] Vgl. die Prozessstandschaft kraft Amtes wie bei Insolvenzverwaltung, Zwangsverwaltung, Testamentsvollstreckung oder Nachlassverwaltung, der Prozessstandschaft kraft Prozessrechts gemäß § 265 ZPO oder der Prozessstandschaft kraft materiellen Rechts gemäß § 1422 BGB unter Eheleuten.

[51] Vgl. zum Minderheitenschutz BVerfG, Urt. v. 12.07.1994, 2 BvE 3/92 u. a., BVerfGE 90, 286, 343 f. – *Out-of-area-Einsätze*.

subjektives von nicht-subjektivem Recht unterscheidet: Zumindest kann man sagen, dass für die Existenz eines subjektiven Rechts ein Individualinteresse vorliegen muss, also eine Norm die Einräumung eines Freiraums des Individuums in der Gemeinschaft zur Befriedigung seiner Interessen bezweckt.[52]

III. Definitionsmerkmal: Klagemöglichkeit oder Rechtsmacht als formelles Element

Ob angenommen werden kann, dass immer, wenn ein Individualinteresse vorliegt, ein subjektives Recht bejaht werden kann, oder weitere Elemente hinzutreten müssen, muss im Folgenden untersucht werden. Überwiegend[53] wird davon ausgegangen, dass allein ein Individualinteresse nicht ausreicht, um ein subjektives Recht zu definieren. Ergänzend werden deshalb formelle Elemente, also verfahrensrechtliche Instrumente herangezogen. Zwei formelle Elemente aus der Diskussion werden im Folgenden herausgegriffen

---

52 So *Schulev-Steindl*, Subjektive Rechte, S. 148.

53 Vgl. *Bachof*, in: GS Walter Jellinek, S. 287, 292: „Subjektives Recht ist seinem Inhalt nach eine dem einzelnen durch das objektive Recht zuerkannte ‚Willensmacht' oder ‚Rechtsmacht'; seinem Zweck nach ein Mittel zur Befriedigung menschlicher Interessen, und zwar grundsätzlich der eigenen Interessen des Inhabers jener Rechtsmacht."; *Savigny*, System, Bd. 1, § 52 S. 333: „Daher lassen sich in jedem Rechtsverhältniß zwey Stücke unterscheiden: erstlich ein Stoff, das heißt jene Beziehung an sich, und zweytens die rechtliche Bestimmung dieses Stoffs. Das erste Stück können wir als das materielle Element der Rechtsverhältnisse, oder als die bloße Thatsache in denselben bezeichnen: das zweyte als ihr formelles Element, das heißt als dasjenige, wodurch die thatsächliche Beziehung zur Rechtsform erhoben wird."; *Merten*, in: Handbuch der Grundrechte, Bd. 2, § 35 Rn. 129: „Faßt man die einzelnen Elemente zusammen, so lassen sich Grundrechte definieren als aus staatlich positivierten, konstitutionellen, normativen und aktuellen Grundrechtsbestimmungen abgeleitete subjektive öffentliche, fundamentale Rechte im Staat-Bürger-Verhältnis, die dem einzelnen eine Rechtsmacht oder Ansprüche verleihen und – typischerweise gerichtlich – durchsetzbar sind."; *Hößlein*, Judikatives Unrecht, S. 83: „Nach den bis heute herrschend gebliebenen Kombinationstheorien ist das subjektive Recht eine dem einzelnen zur Befriedigung seiner Interessen von der Rechtsordnung verliehene Willensmacht bzw. Rechtsmacht."; *Bühler*, in: GS Walter Jellinek, S. 269, 274: „Subjektives öffentliches Recht ist diejenige Stellung des Untertanen zum Staat, in der er auf Grund eines Rechtsgeschäfts oder eines zwingenden zum Schutze seiner Individualinteressen erlassenen Rechtssatzes, auf den er sich der Verwaltung gegenüber soll berufen können, vom Staat etwas verlangen kann oder ihm gegenüber etwas tun darf".

und kritisch geprüft, um so der Definition des subjektiven Rechts näher zu kommen: die Klagemöglichkeit und die Rechtsmacht.

Zunächst geht es beim formellen Bestandteil darum, das faktische[54] Interesse mit der Welt des Rechts zu verknüpfen und es in die objektive Rechtsordnung umzusetzen. Diese Übersetzungsfunktion ist nötig, da ansonsten das Interesse keine Verkopplung mit der rechtlichen Sphäre hätte.[55] „Den Charakter der Zufälligkeit, Hinfälligkeit verliert dieser Zustand erst dadurch dass das Gesetz ihn unter seinen Schutz nimmt, der Genuß oder die Aussicht auf denselben wird dadurch ein gesicherter: ein Recht. Der Begriff des Rechts beruht auf der rechtlichen Sicherheit des Genusses, Rechte sind rechtlich geschützte Interessen."[56]

Neben der reinen Übersetzung in Rechtsordnung soll das formelle Element eine weitere Funktion erfüllen. Es soll aufzeigen, was getan werden kann, wenn die Norm verletzt wird. Die Klagemöglichkeit, die Willens- und die Rechtsmacht als mögliche formelle Elemente befassen sich alle mit den Möglichkeiten im Fall der Rechts*verletzung*. In diesem Fall, so der Vorwurf, liefe ein subjektives Recht, das sich allein über ein inhaltliches Element definierte, leer.[57] Eine Definition allein nach dem Norminhalt betrachte nicht den „Verteidigungszustand"[58]. Dies ist noch kein Argument dafür, dass allein ein substanzielles Element nicht ausreichte, ein subjektives Recht zu definieren. Die Definition ist nicht deshalb unvollständig, weil ein solches subjektives Recht ein wehrloses und sein Schutz ein ineffektiver wäre. Aus diesem Vorwurf der Wehrlosigkeit wird aber deutlich, wie das Verhältnis von inhaltlichem und formellem Element verstanden werden kann. *Von Jhering* zufolge verhalte sich dieses formelle Element zum substanziellen Element demnach „bloß als Mittel" zum Zweck.[59] Obwohl aber im substanziellen Element der „praktische Zweck"[60] liege, sei es ohne das formelle Element „lediglich ein[…] thatsächlicher[r] Zustand des Nutzens oder Genusses

[54] S. → S. 17.
[55] Vgl. *Jellinek*, System der subjektiven öffentlichen Rechte, S. 49 f.
[56] *Jhering*, Geist des römischen Rechts, S. 339.
[57] „Leerformel" bei *Hößlein*, Judikatives Unrecht, S. 105.
[58] *Hößlein*, Judikatives Unrecht, S. 103.
[59] *Jhering*, Geist des römischen Rechts, S. 339.
[60] *Jhering*, Geist des römischen Rechts, S. 339.

(faktisches Interesse), der jeder Zeit ohne weitere Folgen von Jedem, der dazu thatsächlich in der Lage ist, aufgehoben werden kann“[61].

Nähert man sich der Frage rein sprachlich, so liegt es zumindest nicht fern, den Begriff des Rechts von dem des (formellen) Rechtsschutzes zu trennen. Der Schutz bezieht sich auf das Recht, kann aber schlecht Bestandteil von ihm sein, da er sich ja dann selbst schützen müsste. Rechtsschutz ist der Schutz des Rechtes, doch damit eben nicht Teil des subjektiven Rechtes selbst.

Dass ein subjektives Recht effektiver ist, wenn eine Art des Rechtsschutzes besteht, steht außer Zweifel.[62]

1. Die Klagemöglichkeit als formelles Merkmal

In der Diskussion um die Definition eines subjektiven öffentlichen Rechts wird teilweise angenommen, dass ein Individualinteresse nur dann zum subjektiven Recht erstarke, wenn es vom Recht wahrgenommen und abgesichert werde.[63] So werden subjektive Rechte definiert als „klagbare Ansprüche, deren Ausübung von dem Willen des Berechtigten abhängt.“[64]

Für rechtliche Absicherung kann jedoch auf unterschiedlichen Wegen gesorgt werden. Individualinteressen werden nicht nur durch einen individuellen Rechtsdurchsetzungsmechanismus geschützt, sondern – möglicherweise sogar effektiver – durch die unmittelbare Verpflichtung des Staates zur

---

61 *Jhering*, Geist des römischen Rechts, S. 339.

62 Zur eingeschränkten Wirksamkeit subjektiver Rechte vgl. *Cremer*, in: Enzyklopädie Europarecht, § 3 Rn. 85: „[M]an muss doch bedenken, dass auch [die] Wirksamkeit [von Charta-Gewährleistungen] davon abhängt, dass rechtliche **Durchsetzungsmechanismen**, beginnend mit Weisungs- und Aufsichtsrechten über Amtswalter bis hin zu einem (von Art. 47 GRC geforderten) effektiven Rechtsschutz, existieren. Sie sind damit auf **ermöglichende** rechtliche **Rahmenbedingungen** angewiesen.“ (Hervorhebungen im Original).

63 *Jhering*, Geist des römischen Rechts, S. 351: „Rechte sind rechtlich geschützte Interessen, Recht ist die rechtliche Sicherheit des Genusses“.

64 *Röhl/Röhl*, Allgemeine Rechtslehre, S. 355. S. a. *Rüthers/Fischer/Birk*, Rechtstheorie, Kap. 2 Rn. 63: „Als subjektives Recht wird hier eine einklagbare (durchsetzbare) Berechtigung (Rechtsposition) bezeichnet, die sich für einzelne Personen aus den Vorschriften des objektiven Rechts ergibt. Das subjektive Recht ist also eine Rechtsmacht, die dem einzelnen von der Rechtsordnung (‚objektives Recht‘) als ein Mittel zur Wahrung seiner Interessen verliehen ist Die Klagbarkeit der subjektiven Rechte ist das Mittel (und die Voraussetzung) ihrer realen Durchsetzbarkeit“.

Erfüllung seiner Pflichten. Wenn ein Staat subjektive Rechte mit effektiven Schutzmechanismen bewehrt, verstärkt dies nicht nur die Rechtsstellung, sondern auch den irreführenden Eindruck, erst die Ausgestaltung mit Schutzmechanismen mache die Rechte zu subjektiven Rechtspositionen. Für das deutsche Grundgesetz könnte man sagen, dass sich aus der unmittelbaren Geltungs- und Bindungsanordnung des Art. 1 Abs. 3 GG in Verbindung mit der Rechtsschutzgarantie des Art. 19 Abs. 4 GG und dem Verfassungsbeschwerdeverfahren des Art. 93 Abs. 1 Nr. 4a GG der Schluss ergibt, dass Grundrechte subjektive Rechte sind.[65] Dies ergibt sich aber bereits aus Art. 1 Abs. 3 GG und den materiellen Grundrechten selbst. Gemäß Art. 1 Abs. 3 GG binden die Grundrechte des Grundgesetzes die Gesetzgebung, die vollziehende Gewalt und die Rechtsprechung als unmittelbar geltendes Recht. Die Individualinteressen müssen nicht im Klageweg geltend gemacht werden, obwohl dies mit der Verfassungsbeschwerde gemäß Art. 93 Abs. 1 Nr. 4a GG, § 11 Nr. 8a BVerfGG möglich ist; die deutsche Staatsgewalt ist auch ohne Aktivierung durch den Einzelnen an die Grundrechte gebunden. Die effektive Rechtsschutzgarantie aus Art. 19 Abs. 4 GG verstärkt die Rechtsposition des Einzelnen, denn „Art. 19 Abs. 4 GG nimmt die Subjektstellung des Bürgers ernst, indem er ihm das Recht einräumt, ‚sein Recht' selbst in die Hand zu nehmen und gegen den Staat zu verteidigen."[66] Somit dient diese Norm der Absicherung des Rechtsverhältnisses zwischen Bürger und Staat, welches aber durch das materielle Recht geregelt wird.[67] Das materielle Recht des Bürgers gegen den Staat ergibt sich hierbei aus den materiellen Grundrechten der Art. 1 bis 17 GG, die durch Art. 19 Abs. 4 GG als „formelle[s] Hauptgrundrecht"[68] noch einmal zusätzlichen Schutz erfahren. Dabei ist das Recht aus Art. 19 Abs. 4 GG aber von materiellen subjektiven Rechten abhängig; es ist akzessorisch zu ihnen.[69] Die Norm

---

[65] So *Höfling, Wolfram*, in: Sachs/von Coelln/Mann, Grundgesetz, Art. 1 Rn. 84.

[66] *Schenke, Wolf-Rüdiger*, in: Bonner Kommentar GG, Bd. 6, Art. 19 Abs. 4 Rn. 153 (207. Akt. September 2020) (ohne Hervorhebungen des Originals).

[67] *Schenke, Wolf-Rüdiger*, in: Bonner Kommentar GG, Bd. 6, Art. 19 Abs. 4 Rn. 166 (207. Akt. September 2020).

[68] *Schenke, Wolf-Rüdiger*, in: Bonner Kommentar GG, Bd. 6, Art. 19 Abs. 4 Rn. 470 (207. Akt. September 2020).

[69] *Schenke, Wolf-Rüdiger*, in: Bonner Kommentar GG, Bd. 6, Art. 19 Abs. 4 Rn. 472 (207. Akt. September 2020).

selbst begründet kein materielles Recht, sondern setzt dieses voraus.[70] Dem beipflichtend ist laut *Jellinek* „die pflichtmässige Thätigkeit der Staatsorgane [...] die stärkste Garantie, die individuellem publicistischen Anspruch überhaupt gegeben werden kann."[71]

Zugleich „wäre Art. 19 Abs. 4 GG überflüssig, wenn allein schon dem Begriff des subjektiven Rechts das Erfordernis des gerichtlichen Schutzes rechtlich geschützter Interessen zu entnehmen wäre"[72]. Zudem entstünde ein Zirkelschluss, wenn die gerichtliche Durchsetzung Definitionselement eines subjektiven Rechts ist, für die gerichtliche Durchsetzung aber wiederum ein subjektives Recht vorausgesetzt wird (wie bei Art. 19 Abs. 4 GG, Art. 13 EMRK).[73] Somit ist von der Klagemöglichkeit als notwendiger Voraussetzung eines subjektiven Rechts Abstand zu nehmen, sodass dies kein allen subjektiven Rechten innewohnendes Element ist.[74]

2. Die Rechtsmacht als formelles Merkmal

Das Kriterium der Rechtsmacht könnte indes ein Bestandteil der Definition eines subjektiven Rechts sein. Die Rechtsmacht ist die „einer Person eingeräumte[...] Befugnis zur Durchsetzung ihres rechtlich geschützten Interesses"[75], also „die rechtliche Anerkennung einer auf das Gut oder Interesse gerichteten Willensmacht"[76]. Sie überschneidet sich mit einem weiteren diskutier-

---

[70] BVerfG, Besch. v. 08.07.1982, 2 BvR 1187/80, BVerfGE 61, 82, 110 – *Sasbach*; Beschl. v. 09.01.1991, 1 BvR 207/87, BVerfGE 83, 182, 194 f. – *Pensionistenprivileg*; *Schenke, Wolf Rüdiger*, in: Bonner Kommentar GG, Bd. 6, Art. 19 Abs. 4 Rn. 472 (207. Akt. September 2020); *Schmidt-Aßmann, Eberhard*, in: Dürig/Herzog/Scholz, GG, Bd. III, Art. 19 Abs. 4 Rn. 119 (99. Akt. September 2022).

[71] *Jellinek*, System der subjektiven öffentlichen Rechte, S. 338.

[72] *Schenke, Wolf-Rüdiger*, in: Bonner Kommentar GG, Bd. 6, Art. 19 Abs. 4 Rn. 482 (207. Akt. September 2020).

[73] *Merten*, in: Handbuch der Grundrechte, Bd. 2, § 35 Rn. 128.

[74] Ob seiner Analyse für das Privatrecht zuzustimmen ist, kann hier nicht weiter untersucht werden.

[75] *Schenke, Wolf-Rüdiger*, in: Bonner Kommentar GG, Bd. 6, Art. 19 Abs. 4 Rn. 482 (207. Akt. September 2020).

[76] *Jellinek*, System der subjektiven öffentlichen Rechte, S. 42. S. a. *Hößlein*, Judikatives Unrecht, S. 113: Die Rechtsmacht „ist normativ als das Initiieren eines staatlichen Rechtsschutzes zu verstehen"; *Windscheid*, Lehrbuch des Pandektenrechts, 1, 2. Buch, § 37, S. 97 f.: „„Die Rechtsordnung [...] hat aufgrund eines concreten Thatbestandes einen Befehl zu einem Verhalten bestimmter Art erlassen und diesen Befehl demjenigen,

ten Element, der Willensmacht. Diese nennt als Definitionsmerkmal die Entscheidungsbefugnis des Einzelnen über bestimmte Rechtssätze, wohingegen über die „allgemeine Regel" als objektives Recht der Einzelne keine Macht besitzt, sie vielmehr „die einzelnen Rechte beherrscht".[77] Die Willensmacht zeichnet also aus, dass die Erzwingbarkeit der Norm subjektiviert ist.[78] Das Element der Rechtsmacht ähnelt somit der Willensmacht, fügt ihr aber die staatliche Anerkennung des Willens hinzu. Aus ihr folgt dann „die Fähigkeit, Rechtsnormen im individuellen Interesse in Bewegung zu setzen"[79]. Sie ist somit von der Klagemöglichkeit[80] zu unterscheiden, die wie bereits geprüft selbst nicht Bestandteil ist; sie ist weiter gefasst als die Klagemöglichkeit und ihr „vorgelagert"[81].

Laut *Jellinek* wird das Verhältnis eines Subjekts zu einem anderen bestimmt durch den Willen der beiden, der sie ins Verhältnis zueinander setzt. Will das eine etwas vom anderen oder will es etwas gerade nicht, dann bestimmt dies und die Reaktion darauf das Rechtsverhältnis der beiden zueinander. Die Rechtsmacht wird auch bezeichnet als „eine Art Befugnis, von den Adressaten die Erfüllung der ihnen daraus [erwachsenen] Pflichten einzufordern und zu diesem Zweck nötigenfalls entsprechende Zwangsmaßnahmen zu ergreifen."[82] Nach *Jellinek* zeichnet den Träger eines subjektiven Rechts

zu Gunsten dessen sie ihn erlassen hat, zur freien Verfügung hingegeben. Sie überläßt es ihm, ob er von dem Befehl Gebrauch machen, und im Besondern ob er die ihm gegen den Widerstrebenden von der Rechtsordnung gewährten Mittel zur Anwendung bringen will, oder nicht. Demgemäß ist sein Wille maßgebend für die Durchsetzung des von der Rechtsordnung erlassenen Befehls. Die Rechtsordnung hat sich des von ihr erlassenen Befehls zu seinen Gunsten entäußert, sie hat ihren Befehl zu seinem Befehl gemacht. Das Recht ist sein Recht geworden."

77 *Savigny*, System, Bd. 1, § 5 S. 9.

78 *Hößlein*, Judikatives Unrecht, S. 113. Ein beachtlicher Kritikpunkt gegen die Willensmacht als Definitionsmerkmal ist, dass Personen, die keinen rechtlich fassbaren Willen bilden können, wie Säuglinge und Menschen mit psychischen Behinderungen keine Träger subjektiver Rechte sein könnten. Wer nicht fähig ist, einen Willen zu bilden, bliebe aus dem Kreis der Berechtigten außen vor. S. hierzu *Schulev-Steindl*, Subjektive Rechte, S. 133 f.

79 *Jellinek*, System der subjektiven öffentlichen Rechte, S. 48.

80 S. o. → S. 23-25.

81 *Schenke, Wolf-Rüdiger*, in: Bonner Kommentar GG, Bd. 6, Art. 19 Abs. 4 Rn. 482 (207. Akt. September 2020).

82 *Koller*, Theorie des Rechts, S. 98 f.

aus, „dass er Anderen gegenüber über sein Interesse disponieren kann, so den Rechtsbestand dieser Anderen erweiternd oder ihrem Handeln einen bestimmten Inhalt und Grenzen setzend. Im Fordern und Erlauben zeigt sich die auf Andere gerichtete Funktion des subjektiven Rechtes."[83] „Nur wenn ein individueller Wille als massgebend für das Dasein und den Umfang des Interesses anerkannt wird, verwandelt sich dieses in ein subjektives Recht."[84]

Anders als bei der Klagemöglichkeit kann bereits die Anrufung einer Behörde zur Durchsetzung der Interessen eine Dispositionsbefugnis erkennen lassen und im Sinne der Rechtsmacht genügen. Oder aber die gesetzliche Ausformung als Gestaltungsrecht, sodass von der Erklärung des Rechtsinhabers die Rechtsfolgen ausgehen[85], wie auch die Möglichkeit, die eigene, geschuldete Leistung vorzuenthalten. Die Rechtsmacht liegt also schon vor, wenn „mindestens eine subjektivrechtliche Reaktion im Falle seiner Verletzung"[86] ausgelöst wird.

Auch das Merkmal der Rechtsmacht erscheint nur auf den ersten Blick überzeugend.

Zunächst ist aus theoretischer Sicht zu bedenken, dass sich die Macht des Willens bezogen auf ein Verhalten eines anderen oder auf die Rechtsschaffung des Staates stets in Grenzen hält. So gibt es keinen faktischen Mechanismus des Einzelnen, den Staat zum Erlass einer Norm zu zwingen oder zur Verleihung individueller Rechte zu verpflichten. Die Reihenfolge ist stets folgende: der Staat beschließt, einen Lebenssachverhalt in einen rechtlichen Rahmen zu fassen oder rechtlich zu formen. Daraufhin schafft er Recht, das in bestimmten Fällen für den Einzelnen eine Erlaubnis enthalt, die Norm geltend zu machen. Die Subjektivität eines Rechts allein vom individuellen Willen abhängig zu machen, spiegelt nicht den Ablauf einer Normschaffung wider.

Zwar ist die Erzwingbarkeit unbestreitbar Teil des objektiven Rechts. Es ist aber stets nur erzwingbar durch den Staat. Er kann Recht mittels Zwangs durchsetzen. Im Zivilrecht kann ein Kläger seinen subjektiven Anspruch aus

---

83 *Jellinek*, System der subjektiven öffentlichen Rechte, S. 50.

84 *Jellinek*, System der subjektiven öffentlichen Rechte, S. 42.

85 *Schenke, Wolf-Rüdiger*, in: Bonner Kommentar GG, Bd. 6, Art. 19 Abs. 4 Rn. 482 (207. Akt. September 2020); *Peters*, Jahrbuch des öffentlichen Rechts der Gegenwart, 2011, S. 411, 426 zur Anrufbarkeit von Verwaltungs- und Gerichtsbehörden.

86 *Hößlein*, Judikatives Unrecht, S. 113.

seinem gesetzlich normierten Recht in Verbindung mit der vertraglichen Abrede einfordern; selbst erzwingen darf er es jedoch nicht. Er hat sein Recht auf Selbstjustiz an den Staat abgegeben und ihm das Gewaltmonopol überlassen.[87] Im Gegenzug hat der Staat die Rolle des „Erzwingers“ übernommen: wenn der Einzelne sein Recht nicht mehr selbst durchsetzen kann, so muss er sich doch an den Staat wenden dürfen, der ihm effektiv verhilft, sich Recht zu verschaffen. So ist es selbst im Zivilrecht nicht der Einzelne, der sein Recht gegenüber dem Verpflichteten erzwingt, sondern es ist der Staat, der es für den Berechtigten übernimmt (und dazu auch verpflichtet ist als Preis für die alleinige Zwangsmacht)[88].

Überträgt man dies auf subjektive öffentliche Rechte und deren Verletzung, so spitzt sich die Situation noch zu. Auch hier stehen sich ein Berechtigter und ein Verpflichteter gegenüber und der Verpflichtete verweigert die Pflichterfüllung. Dem Berechtigten bleibt mangels Möglichkeit der eigenmächtigen Vollstreckung nur die Möglichkeit, den Staat um Erzwingung seines subjektiven Rechts zu bitten. Doch ist der Staat in diesem Fall nicht nur Durchsetzungsmedium, sondern zugleich auch Schuldner der Rechtsverpflichtung. Er muss das Recht gegen sich selbst vollstrecken und sich selbst zur Erfüllung der Verpflichtung zwingen. Dies ist nicht unmöglich, doch wird daran deutlich, dass der Zwang mit objektivem wie subjektivem Recht verbunden ist, jedoch nicht der Zwang des Rechtsberechtigten, sondern immer, ob objektives oder subjektives Recht, der Zwang des Staates.

Durch die Abwendung von Selbstjustiz und der Zurückdrängung[89] berechtigter Selbsthilferechte in einen kleinen Bereich des innerstaatlichen Rechts, wie dem Recht auf wehrhafte Demokratie aus Art. 20 Abs. 4 GG, der strafrechtlichen Nothilfe und Notwehr sowie den zivilrechtlichen Besitzschutz- und Selbsthilferechten,[90] und der Zuwendung zu einem Staat, der Gewalt

---

[87] S. *Calliess*, ZRP 2002, S. 1, 3 f. Vgl. auch *Becker*, NJW 1995, S. 2077.

[88] *Calliess*, Rechtsstaat und Umweltstaat, S. 92-94; *Schulze-Fielitz, Helmuth*, in: Dreier, GG, Bd. II, Art. 20 (Rechtsstaat) [Verfassungsprinzipien; Widerstandsrecht] Rn. 211.

[89] Vgl. *Schulev-Steindl*, Subjektive Rechte, S. 19: „Auch lässt sich eine solche Willensausübung nicht etwa als eine Form willentlicher, mit Zwang behafteter, Einwirkung auf anderen denken, zumal nach Zurückdrängung der Selbsthilfe, Abschaffung der Sklaverei und elterlichem Züchtigungsrecht Derartiges wohl kaum als Inhalt eines individuellen Rechts in Frage kommen wird.“

[90] Hierzu *Klein*, Staatliches Gewaltmonopol, in: Depenheuer/Grabenwarter, Verfassungstheorie, S. 635, 648-650.

monopolisiert und im Gegenzug Verfahren und Anrufungsmöglichkeiten einsetzt, um die Durchsetzungsrechte der Einzelnen zu kanalisieren, wird ein durch unmittelbaren Zwang bestehender Zusammenhang zwischen dem Willen des einen und dem Verhalten des anderen jedenfalls unterbrochen. Somit kann ein individueller Wille bloß staatliche Mechanismen aktivieren, die dann auf den Verpflichteten einwirken.

Auch die bestehende Rechtspraxis kann gegen die Rechtsmacht als Definitionselement herangeführt werden. Blickt man auf Verfahrensgestaltungen in modernen Rechtsstaaten, so spielt neben der Maxime der Effektivität auch die Maxime der Verfahrensökonomie eine bedeutende Rolle.[91] Verfahrensordnungen enthalten keine umfassenden Möglichkeiten zur Rechtsgeltendmachung, sondern beschränken diese auch, um die Justizinstitutionen arbeitsfähig zu halten. Beispielsweise geschieht dies durch verfahrensrechtliche Grenzen zur Geltendmachung subjektiver Rechtspositionen. Das Wegfallen der subjektiven Überprüfungsmöglichkeit aber hat keinen Einfluss auf das Bestehen des Rechts. Betrachtet man einen Verwaltungsakt, der wegen Ablaufs der Widerspruchs- oder Klagefrist bestandskräftig geworden ist, aber materiell subjektive Rechtspositionen verletzt, so muss die Verwaltung nach dem deutschen Verwaltungsverfahrensgesetz, sollte sie den Verwaltungsakt selbst beseitigen wollen, nach § 48 VwVfG, also der Regelung der Rücknahme rechtswidriger Verwaltungsakte, vorgehen. Der Ablauf der Klagefrist bewirkt somit nicht, dass kein subjektives Recht mehr besteht, der Verwaltungsakt dieses auch nicht mehr verletzen kann und deshalb nach § 49 VwVfG als ein rechtmäßiger Verwaltungsakt widerrufen werden kann.[92]

3. Bewertung

Nach der Analyse der möglichen formellen Elemente Klagebefugnis und Rechtsmacht erscheint keines als notwendiger Definitionsbestandteil des subjektiven Rechts. Eine prozessuale Umsetzung und Effektivierung sind nach

[91] *Schulev-Steindl*, Subjektive Rechte, S. 52.

[92] Hinsichtlich dieser Wirkung sind die Verfahrensfristen mit den materiell-rechtlichen Verjährungsregeln zu vergleichen. Tritt die Verjährung eines Anspruches ein und beruft sich der Schuldner darauf, so ist der Anspruch nicht mehr durchsetzbar; er besteht aber weiterhin und erlischt nicht. Die Einwendung verhindert die Durchsetzung des Rechts, bringt es aber nicht selbst zum Erlöschen, vgl. *Wörlen/Metzler-Müller*, BGB AT, Rn. 415.

Analyse kein Teil der Definition des subjektiven Rechts. Sie spielen dennoch eine wichtige Rolle, die sich aber weniger als Definitionsteil, sondern mehr als Wirkung des Rechts darstellt.

Auch anhand des Ablaufs eines Gerichtsverfahrens wird deutlich, dass der Rechtsschutz in der Regel jedenfalls nicht vollständig die ursprüngliche Verpflichtung zur Rechtserfüllung herstellen kann. Er kann, bis auf wenige Bereiche im einstweiligen Rechtsschutz, nur die Rechtsverletzung beenden und entstandene Schäden wiedergutmachen. Betrachtet man die rechtliche Durchsetzung eines Schadensersatzes wegen einer Rechtsverletzung, so ist Rechtsschutzziel im Verfahren weniger die Verhinderung der Rechtsverletzung, sondern vielmehr, dass der aus der geschehenen Rechtsverletzung dem Berechtigten entstandene Schaden kompensiert wird.[93] Bezogen auf die Konvention wird der Kontrast noch deutlicher: Der Gerichtshof kann lediglich Feststellungsurteile erlassen.[94] Es zeigt sich also, dass der Gerichtshof – und in seinen Verfahren ist die zeitliche Entfernung zum Ereignis der Rechtsverletzung meist noch viel beachtlicher – lediglich für die Vergangenheit eine Rechtsverletzung ausweisen kann, aber damit die Wirkung seiner Entscheidung hinsichtlich des Wortlauts des Tenors auch endet.[95] Auch an der weiteren Möglichkeit gemäß Art. 41 EMRK, der Partei eine gerechte Entschädigung zuzusprechen, zeigt sich, dass dies eine auf die Rechtsverletzung reagierende Pflicht ist, nämlich die Erstattung der durch die Verletzung entstandenen Kosten.

Die eigentliche Verpflichtung aber ist die aus dem Recht entspringende Primärpflicht, beispielsweise das Rechtsgut nicht zu beeinträchtigen. Diese kann aufgrund des Weiterlaufens der Zeit nicht im Wege des Rechtsschutzes erfüllt werden. Allein für die Zukunft kann der Rechtsschutz einen Schutz des Primäranspruchs bewirken – jedoch muss in diesem Fall eine mögliche Begrenzung der Entscheidungswirkung und des Umfangs der Rechtskraft im Auge behalten werden, um den Schutz des Primäranspruchs wirklich annehmen zu können. Die rechtliche Durchsetzung, sei es durch Gerichte oder andere staatliche Stellen, kann strenggenommen also keine vollständige

---

93 *Schulev-Steindl*, Subjektive Rechte, S. 52.

94 Hierzu *Cremer, Hans-Joachim*, Entscheidung und Entscheidungswirkung (Kap. 32), in: EMRK/GG Konkordanzkommentar, Rn. 81.

95 Ausführlich hierzu *Polakiewicz*, Verpflichtungen aus den Urteilen des EGMR, insb. S. 223-231.

Erfüllung der Pflicht, allenfalls eine „Substitution des eigentlich geschuldeten Verhaltens“[96] herbeiführen.

Somit sind beide Merkmale ungeeignet, um ein subjektives öffentliches Recht zu definieren. Dennoch ist das Auffinden eines Rechtsschutzmechanismus oder einer ermächtigenden Norm von Bedeutung: Oft *zeigt* sich der Wille des Staates, ein subjektives Recht zu kreieren, nämlich daran, dass er einen Rechtsdurchsetzungsmechanismus etabliert. Dies verdeutlich aber nur, dass es ihm mit der effektiven Durchsetzbarkeit des Rechts ernst ist, nicht aber, dass es sich überhaupt um ein subjektives Recht handelt.

IV. Definitionsmerkmal: Begünstigung in einem Rechtsverhältnis

Aus den vorigen Definitionsversuchen wird deutlich: Es sind die Norm und der Normgeber, nicht der Wille oder die Macht des Einzelnen, die den Inhalt der Verpflichtung bestimmen und damit subjektive Rechte erschaffen.[97]

Aus dem „Wollen“, das beiden Elementen innewohnt, lässt sich dennoch für die Struktur einer Norm, die subjektive öffentliche Rechte konstituiert, feststellen: Wo Rechte durch die Rechtsordnung begründet werden, soll einem subjektiven Bedürfnis, das sich auf das Verhalten eines anderen richtet, Raum gegeben werden. Das Korrespondieren von Bedürfnis des Berechtigten und Verhaltensweise des Verpflichteten zeigt auf, dass subjektive Rechte „als *relative* Positionen [verstanden werden], das heißt als rechtliche Positionen, die nicht bloß allgemein ‚unter‘ der Rechtsordnung bestehen, sondern die auf eine oder mehrere andere Personen bezogen sind, welche sich in einer spezifischen, korrespondierenden Rechtsposition befinden. Insofern kann man davon sprechen, dass subjektive Rechte in ein Rechtsverhältnis eingebettet sind.“[98] „Alles Recht ist Beziehung von Rechtssubjekten. Ein isolirt gedachter Rechtsträger ist eine unvollziehbare Vorstellung.“[99]

Die Erschaffung eines Rechtsverhältnisses durch den Normgeber greift *Eva Schulev-Steindl* auf, um zur Definition des subjektiven öffentlichen Rechts zu gelangen: Zwei Rechtssubjektive stehen einander in einer

96 *Schulev-Steindl*, Subjektive Rechte, S. 51.
97 *Schulev-Steindl*, Subjektive Rechte, S. 21.
98 *Schulev-Steindl*, Subjektive Rechte, S. 150.
99 *Jellinek*, System der subjektiven öffentlichen Rechte, S. 9.

Rechtsbeziehung gegenüber. Die Besonderheit der subjektiven Rechte des Öffentlichen Rechts ist, dass dem Rechtssubjekt immer der Staat gegenübersteht.[100]

Wenn nun das Rechtssubjekt ein subjektives Recht aus der Norm haben soll, muss der ihm gegenüberstehende Staat der aus der Norm Verpflichtete sein. Damit es einen Verpflichteten geben kann, muss dieser ebenfalls Rechtssubjekt sein und die Norm, die deren Rechtsverhältnis regelt, muss für sie bindend sein. *Schulev-Steindl* sieht nun bei einer subjektiven öffentlichen Rechtsnorm die Position des Rechtssubjekts *„typischerweise* und vor allem im Vergleich mit der im Rechtsverhältnis gegenüberliegenden Position, *begünstigend* für ihren Inhaber [...] und insofern als ‚berechtigend'"[101] an. Als rechtstheoretische Grundstruktur eines subjektiven öffentlichen Rechts ergibt sich, dass „einem ersten Rechtssubjekt durch eine Rechtsnorm eine Pflicht auferlegt wird, deren Erfüllung ein zweites Rechtssubjekt begünstigt"[102]. Als „begünstigend" sollen hier nicht tatsächliche Begünstigungen in einer konkreten Situation verstanden werden, sondern wird vielmehr eine Favorisierung in einem *„abstrakt-typisierenden Sinn"*[103] gemeint. So sind nicht nur Rechte erfasst, aus denen sich konkrete Ansprüche gegen den Staat ergeben, also ein konkretes Verhalten des Staates geschuldet ist. Auch „Kompetenzrechte", die konstituierende oder gestaltende Wirkung haben,[104] oder Erlaubnisrechte, die „ein bloßes Dürfen statuieren und damit gegenüber dem schon durch die Abwesenheit von Ge- u nd Verboten gekennzeichneten Zustand der Freiheit nichts veränder[n]", werden eingeschlossen.[105] Begünstigungen können also Ansprüche, Erlaubnisse, Kompetenzen, Immunitäten, Subjektionen und Status sein.[106]

Dem Begünstigten ist die Pflicht des Verpflichteten „rechtlich zugeordnet, das heißt das Verhalten des Verpflichteten [ist ihm] geschuldet, und insofern verfügt der Berechtigte in dem durch die anspruchsbegründende Norm

---

[100] *Jellinek*, System der subjektiven öffentlichen Rechte, S. 63.

[101] *Schulev-Steindl*, Subjektive Rechte, S. 150 (Hervorhebungen im Original).

[102] *Cremer*, in: Enzyklopädie Europarecht, § 3 Rn. 48.

[103] *Schulev-Steindl*, Subjektive Rechte, S. 151 (Hervorhebungen im Original).

[104] *Schulev-Steindl*, Subjektive Rechte, S. 150 nennt hier „die Erhebung einer Berufung oder der Verzicht auf das Berufungsrecht".

[105] *Schulev-Steindl*, Subjektive Rechte, S. 146 so verstehend das private Eigentumsrecht.

[106] Vgl. *Schulev-Steindl*, Subjektive Rechte, S. 152.

geschaffenen Rechtsverhältnis zum Verpflichteten über die vergleichsweise bessere Rechtsposition."[107]

Ausgehend hiervon könnten subjektive Rechte wie folgt umrissen werden: Sie werden in Normen konstituiert, die für ein Individualinteresse einer Person in einem Rechtsverhältnis gegenüber einer anderen Person begünstigend wirkt.[108] *Schulev-Steindl* bezeichnet allerdings selbst das Kriterium der Begünstigung als „kein hundertprozentig scharfes Kriterium", da es wenige Ausnahmefälle geben kann.[109] Das Kriterium der Begünstigung kann also nicht als hinreichendes Element, sondern vielmehr als ein Indiz für ein subjektives Recht angesehen werden, und muss möglichweise mit dem folgenden Kriterium verbunden werden.

V. Vorschlag eines Definitionsmerkmals: Einzelfallbeachtlichkeit durch den Willen der Norm

Dem von *Schulev-Steindl* genannten Kriterium der Begünstigung wohnt ein Gedanke inne, der für die Definitionsfindung nutzbar gemacht werden kann.

---

[107] *Schulev-Steindl*, Subjektive Rechte, S. 151. S. a. *Cremer*, in: Enzyklopädie Europarecht, § 3 Rn. 104: Für die subjektive Rechtsqualität kommt es darauf an, ob „die durch eine Charta-Vorschrift der Union oder den Mitgliedstaaten auferlegte Pflicht dem Begünstigen in einer Weise zugeordnet wird, die deutlich macht, dass diesem Individuum eine über einen reinen Rechtsreflex hinausgehende Begünstigung zukommen soll."

[108] Vgl. *Schulev-Steindl*, Subjektive Rechte, S. 159: „Subjektive Rechte bilden typischerweise ‚begünstigende' Rechtspositionen eines Rechtssubjekts im (Rechts-)Verhältnis zu seinem rechtlichen Gegenüber." Im Folgenden definiert sie subjektive Rechte nach der Art der begünstigenden Rechtsposition als Anspruchs-, Erlaubnis-, Kompetenz-, Subjektions-, Immunitäts- und Statusrechte. Anspruchsrechte sind ihr zufolge (S. 159) „Rechtspositionen, bei denen dem Berechtigten die Pflicht eines oder mehrerer anderer in dem Sinn rechtlich ‚zugeordnet' ist, dass diese Pflicht als ihm ‚geschuldet' gilt. Dem ‚Anspruchsrecht', als einem Recht auf fremdes Verhalten, korreliert die Position der ‚Pflicht'".

[109] *Schulev-Steindl*, Subjektive Rechte, S. 150. Sie nennt auf S. 151 als Ausnahmefall die Situation einer minderjährigen, heiratswilligen Person, die ihr „Recht" geltend macht, den gewünschten Partner zu heiraten, das Recht im Sinne der Kompetenz aber dem Standesbeamten zusteht, die Heiratsfähigkeit zu erklären und damit die begehrte Rechtsstellung zu ermöglichen. Hier ist die begünstigte Person nicht gleichzeitig die berechtigte (aber nicht nach deutschem Recht, da eine Minderjährigenhochzeit auch durch behördliche Erklärung nicht möglich bzw. aufhebbar gem. § 1314 Abs. 1 Nr. 1 BGB ist).

Durch die Erhebung in ein Rechtsverhältnis wird die berechtigte Person der verpflichteten auf Augenhöhe gegenübergestellt. Nicht nur die Begünstigung ihres Interesses, sondern sie als Trägerin des Interesses wird durch die Norm hervorgehoben.

Dieser Gedanke kann mit den bereits diskutierten Ansätzen der Klagebefugnis und der Rechtsmacht verbunden werden, geht es doch beiden – neben dem Ziel der Wehrhaftigkeit von subjektiven Rechten – um die Sicherung, dass das objektive Recht den Einzelnen wahrnimmt und ihn in eine rechtliche, im Zusammenhang der formellen Elemente prozessuale Position versetzt. Durch das zusätzliche Element soll also erreicht werden, dass das „Individuum, soweit gemeinschaftsverträglich, einen Freiraum zur Befriedigung seiner Interessen“[110] innehat. Neben dem Rechtsinhalt wird also der Rechtsträger betont.

Diese Gemeinsamkeit – die Betonung der Person des individuellen Rechtsträgers – kann genutzt werden, um herauszufinden, ob eine Norm ein subjektives Recht enthält. Es muss gefragt werden: Hält der Normgeber das Individualinteresse für beachtlich für den Einzelnen, nimmt er diesen also als Person wahr, wenn er über den Schutz seines Individualinteresses entscheidet? Es muss also durch die Norm deutlich werden, dass die Verwirklichung des Individualinteresses, also des Normziels, rechtlich relevant für den Einzelnen als Person ist, der Normgeber folglich den Einzelnen als Person mit der Verwirklichung des Individualinteresses verknüpft.[111]

---

110 *Schulev-Steindl*, Subjektive Rechte, S. 148.

111 Die Orientierung am Willen der Norm ähnelt der Vorgehensweise der sogenannten *Schutznormtheorie* des deutschen Verwaltungsrechts. Diese ist als Auslegungstheorie mit Raum für die Berücksichtigung der Grundrechte in verwaltungsrechtlichen Normen eine „*Sammelbezeichnung* für einen *Kanon* von *Methoden* und *Regeln*, nach denen der subjektiv-rechtliche Gehalt eines Rechtssatzes erschlossen werden soll“, vgl. *Schmidt-Aßmann, Eberhard*, in: Dürig/Herzog/Scholz, GG, Bd. III, Art. 19 Abs. 4 Rn. 128 (99. Akt. September 2022) (Hervorhebungen im Original). Ihr folgend wird analysiert, ob die Anwendung einer Rechtsnorm ein Individualinteresse begünstigt, und es wird durch Auslegung ermittelt, ob diese Begünstigung vom Normgeber bezweckt war, also seinem Willen entspricht, vgl. *Wysk, Peter*, in: Wysk, VwGO, § 42 Rn. 114; *Wahl, Rainer*, in: Schoch/Schneider, VwGO, Vorbemerkung § 42 Abs. 2 Rn. 95. Kann dieser für individuelle Interessen durch Auslegung nicht festgestellt werden, handelt es sich bei der Begünstigung lediglich um einen Rechtsreflex, vgl. *Wahl, Rainer*, in: Schoch/Schneider, VwGO, Vorbemerkung § 42 Abs. 2 Rn. 95. Näher dazu unten → S. 37.

Mit den Worten *Jellineks* kann festgehalten werden: „Diese weit verbreitete Lehre[, dass Rechtsschutz nur durch Zwang möglich sei,] verwechselt den Zwang mit Garantie. Irgend eine Gewähr dafür, dass das principiell von der Rechtsordnung Gewollte sich auch verwirkliche, muss allerdings gegeben sein, weil eine blos ideales Dasein führende Norm, die unfähig ist, die Wirklichkeit zu beherrschen, nicht den Namen einer Rechtsnorm beanspruchen kann. Allein die Mittel, durch welche der von der Rechtsordnung gewünschte Effekt Wirklichkeit erlangt, sind mit dem Zwange keineswegs erschöpft."[112]

Eine solche Garantie kann auch dadurch eingerichtet sein, dass der Normgeber gewollt hat, dass der Schutz des Individualinteresses für die Rechtsposition des Einzelnen bedeutend ist, also bei staatlichen Entscheidungen, die die Rechtsposition des Einzelnen tangieren, der Schutz des Individualinteresses einbezogen werden muss. Hierbei ist wichtig, dass es um den Willen des Normgebers geht. Dieser muss dem individuellen Interesse eine rechtliche Beachtungswürdigkeit, also eine rechtliche Relevanz hinsichtlich einer Individualperson zusprechen. Er muss nicht nur das Individualinteresse als ein Motiv zur Normsetzung sehen, sondern muss ihm auch Einfluss auf die ihn betreffenden Rechtsfolgen zusprechen wollen.

Dies kann sich darin zeigen, dass der Gesetzgeber dem Individuum einen Rechtsdurchsetzungsmechanismus zur Verfügung gestellt hat.[113] Es kann aber schon darin zum Ausdruck kommen, dass nach dem Willen der Norm der Staat bei einer von ihm zu treffenden Einzelfallentscheidung das Individualinteresse in die Entscheidungsfindung einzubeziehen hat. Wenn er im Rahmen einer Ermessens- oder Verhältnismäßigkeitsprüfung das durch die Norm begünstigte Individualinteresse in der Entscheidung berücksichtigen muss, enthält die ihn dazu verpflichtende Norm ein subjektives Recht der von der Entscheidung betroffenen Person.

Dass der Staat das Individualinteresse bei der Entscheidungsfindung berücksichtigen muss und damit ein subjektives Recht besteht, kann sich aus unterschiedlichen Rechtsumständen ergeben. Ein eigener Rechtsdurchsetzungsmechanismus des Einzelnen ist ein deutliches Zeichen: die Exekutive muss das Individualinteresse in seine Entscheidungsfindung einbeziehen; unterlässt sie dies, läuft sie Gefahr, im Gerichtsverfahren zu unterliegen.

---

112 *Jellinek*, System der subjektiven öffentlichen Rechte, S. 333.

113 S. → S. 31.

Ebenso kann eine Entschädigungsregel[114] ein Anzeichen dafür sein, dass für den Staat das Individualinteresse entscheidungsbeachtlich ist. Wenn eine Kompensation des Einzelnen gesetzlich angeordnet ist, wird deutlich, „dass die verletzte [...] Position ihm persönlich, individuell und unmittelbar zugeordnet wird“[115]. Ebenfalls kann sich die Beachtlichkeit des Individualinteresses für eine Einzelfallentscheidung aus der Anordnung der unmittelbaren Geltung eines Rechts ergeben. Beim Blick ins deutsche Verfassungsrecht garantiert neben Art. 20 Abs. 3 GG[116] der Art. 1 Abs. 3 GG explizit für die Grundrechte, dass sie unmittelbar geltendes Recht sind. Diese unmittelbare Rechtsgeltung ist die erste Voraussetzung, damit sich die Bürger darauf berufen können.[117] So hatte das Bundesverfassungsgericht bereits 1957 entschieden, dass Art. 1 Abs. 3 GG nicht nur die Grundrechte des Grundgesetzes als unmittelbar geltendes Recht ausweise, sondern zugleich den Willen des Verfassungsgebers zeige, dass sich der Einzelne gegenüber der öffentlichen Gewalt auf Grundrechte berufen können solle.[118] Das „‚Ob‘ der Bindung“[119] ergibt sich aus Art. 1 Abs. 3 GG, der den Grundrechten eine rechtliche Verbindlichkeit[120] verschafft und eine „objektive Beachtenspflicht der gesamten Staatsgewalt“ auslöst.[121] Aus der Anordnung der unmittelbaren Geltung ergibt sich der einklagbare Individualrechtsanspruch[122], aber auch insgesamt die rechtliche Relevanz des Individualinteresses in Entscheidungen, die die Grundrechtsträger betreffen.

VI. Arbeitsdefinition des subjektiven öffentlichen Rechts

Die Analyse kann mit dem Ergebnis abgeschlossen werden, dass ein subjektives öffentliches Recht aus zwei Elementen besteht. Zunächst muss ein substanzielles Element bestehen, das vorliegend als individuelles Interesse

---

[114] Vgl. die Ausführungen zu Art. 41 EMRK bei *Cremer*, Subjektive Rechtsqualität, in: FS Riedel, S. 33, 46 f.

[115] *Cremer*, Subjektive Rechtsqualität, in: FS Riedel, S. 33, 46 f.

[116] *Höfling*, in: Sachs, Grundgesetz, Art. 1 Rn. 83.

[117] *Kahl, Wolfgang*, in: Bonner Kommentar GG, Bd. 1, Art. 1 Abs. 3 Rn. 161 (218. Akt. Dezember 2022); *Dreier, Horst*, in: Dreier, GG, Bd. I, Art. 1 Abs. 3 Rn. 27 „als einklagbare subjektive individuelle Rechte“.

[118] BVerfG, Beschl. v. 07.05.1957, 1 BvR 289/56, BVerfGE 6, 386, 387 – *Haushaltsbesteuerung*.

[119] BVerfG, Beschl. v. 19.10.1982, 1 BvL 34 u. 55/80, BVerfGE 61, 126, 137.

[120] „Normativität“, *Höfling*, in: Sachs/von Coelln/Mann, Grundgesetz, Art. 1 Rn. 82.

[121] *Kahl, Wolfgang*, in: Bonner Kommentar GG, Bd. 1, Art. 1 Abs. 3 Rn. 174 (218. Akt. Dezember 2022) (ohne Hervorhebungen des Originals).

[122] *Dreier, Horst*, in: Dreier, GG, Bd. I, Art. 1 Abs. 3 Rn. 35.

verstanden wird. Hinzutreten muss ein weiteres Element, das jedoch nicht unbedingt als formelles Element im engeren Sinn zu verstehen ist. Es hat sich gezeigt, dass gerade die rigiden formellen Elemente, wie gerichtliche oder außergerichtliche, vom Einzelnen aktivierbare Durchsetzungsmechanismen, nicht notwendig sind, um ein subjektives Recht zu konstituieren. Vielmehr ist der Zweck der Kategorie des „formellen" Elements in den Mittelpunkt zu stellen: Der Einzelne soll als Rechtsträger wahrgenommen werden. Einer Norm, die ein subjektives öffentliches Recht enthält, muss also erkennbar wollen, dass das Individualinteresse bei der staatlichen Entscheidung bezüglich der begünstigten Person zu beachten ist, es also für die Entscheidungsfindung rechtlich relevant ist.

Die dieser Arbeit zugrunde liegende Definition lautet also: Ein subjektives öffentliches Recht wird von einer Rechtsnorm konstituiert, die in der Rechtsbeziehung zwischen dem Staat und einer Einzelperson ein Individualinteresse der Einzelperson begünstigt und bestimmt, dass dieses Interesse für den Staat bei seinem Tun, soweit es Folgen für die konkrete Einzelperson hat, Beachtung finden muss und damit für die Rechtsposition der Einzelperson relevant ist.

Ob diese Definition gegen jeden argumentativen Angriff Bestand hat, ist zu bezweifeln. Gerade durch Weiterentwicklungen im Recht könnte sie sich überholen[123]. Für die weitere Überprüfung der Beziehung zwischen subjektiven Konventionsnormen und innerstaatlichem objektivem Verfahrensrecht kann diese Definition aber genügen.

C. Die Reflexwirkung des objektiven Rechts

Aus der Abgrenzung von subjektiven Rechten zu objektivem Recht mit Reflexwirkung lässt sich das Zustandekommen einer Reflexwirkung ermitteln. Darunter ist eine Wirkung des objektiven Rechts zu verstehen. Diese

---

123 *Bühler*, in: GS Walter Jellinek, S. 269, 273: „Das Anwendungsgebiet der Figur des subjektiven öffentlichen Rechts hat sich unendlich vergrößert. Mit dem Ausbau der Gesetzgebung nach der Richtung des Wirtschaftslenkungsstaats, Wohlfahrtsstaats, Steuerstaats sind die Eingriffsmöglichkeiten des Staats, damit aber auch ihre Begrenzungen, aus denen sich Rechte des Bürgers ergeben, ins wahrhaft Unendliche gewachsen. [...] Die Ausdehnung der Staatstätigkeit führt zu immer neuen rechtlichen Festsetzungen, neue rechtliche Festsetzungen führen immer wieder zur Entstehung jener festen Positionen, die wir Rechte nennen."

äußert sich als Begünstigung eines Individualinteresses. Von einem subjektiven öffentlichen Recht unterscheidet sie das objektive Recht mit Reflexwirkung aber bereits hinsichtlich des inhaltlichen Elements: der Zweck der objektiven Norm mit Reflexwirkung ist ein Gemeininteresse, die Wirkung zugunsten eines Individualinteresses ist nicht intendiert. Wenn ein Staat einem Gemeininteresse folgend handelt, „kann das Resultat dieser Aktion oder Nichtaktion bestimmten Individuen zu Gute kommen, ohne dass die Rechtsordnung beabsichtigte, die Rechtssphäre gerade dieser Personen zu erweitern."[124] Anders als bei einer Norm, die ein subjektives Recht enthält und deren Telos und deren Rechtsfolgen dieselben Rechtsträger begünstigen (wollen), zielt die Norm eines objektiven Rechts mit Reflexwirkung auf die Gewährleistung eines Gemeininteresses, während ihre Folgen (zumindest auch) eine Individualperson treffen und damit ein Individualinteresse begünstigen.[125]

Dieser Unterschied lässt sich im folgenden Fall sehen. Die Großmutter eines minderjährigen Kindes wandte sich an das Bundesverfassungsgericht, nachdem sie – nach Entzug des Sorgerechts ihrer Tochter – nicht zum Vormund für ihre Enkelin bestellt wurde. Ihre Verfassungsbeschwerde war zulässig; sie war aufgrund ihres Rechts aus Art. 6 Abs. 1 GG als nahe Verwandte beschwerdebefugt. Dennoch wies das Bundesverfassungsgericht ihre Beschwerde als unbegründet ab. Es führt aus, dass die Großmutter zwar aus Art. 6 Abs. 1 GG ein eigenes Grundrecht habe, daraus aber nicht folge, dass sie stets zum Vormund bestellt würde. Dagegen „resultieren aus den genannten Rechten der Eltern und des Kindes in der Praxis regelmäßig gute Chancen für Großeltern, auf Wunsch der Eltern und des Kindes zum Vormund oder Ergänzungspfleger des Enkelkindes bestellt zu werden. Dabei handelt es sich aber um bloße Rechtsreflexe des Eltern- u nd des Kindesgrundrechts,

---

[124] *Jellinek*, System der subjektiven öffentlichen Rechte, S. 65. Dazu auch *Cremer*, in: Enzyklopädie Europarecht, § 3 Rn. 48; *Cremer*, Subjektive Rechtsqualität, in: FS Riedel, S. 33, 44 f.

[125] Vgl. *Cremer*, Subjektive Rechtsqualität, in: FS Riedel, S. 44. Vgl. *Jellinek*, System der subjektiven öffentlichen Rechte, der auf S. 65 hierbei den Inhalt und das Resultat einer Norm unterscheidet: „Indem nun die Rechtssätze des öffentlichen Rechtes im Gemeininteresse den staatlichen Organen ein bestimmtes Thun oder Unterlassen gebieten, kann das Resultat dieser Aktion oder Nichtaktion bestimmten Individuen zu Gute kommen, ohne dass die Rechtsordnung beabsichtigte, die Rechtssphäre gerade dieser Personen zu erweitern. In solchen Fällen wird man von einer Reflexwirkung des objektiven Rechts reden können."

die keinen eigenen grundrechtlichen Schutz der subjektiven Interessen der Großeltern begründen."[126]

Die Herausforderung, die Wirkrichtung von Normtelos und Normfolgen zu erkennen, zeigt sich am folgenden Beispiel. Wenn der Staat sich verpflichtet, die Gesundheit seiner Einwohner zu schützen, indem er das Gesundheitssystem finanziert, auf Luft- und Lärmwerte achtet und in die medizinische Forschung investiert, dann ist das Ziel aller Normen, die er diesbezüglich erlässt, die Förderung der Gesundheit der Bevölkerung. Diese scheint auf den ersten Blick ein Individualinteresse zu sein. Die Gesundheit jedes Menschen, der Teil der Bevölkerung ist, wird von der Norm geschützt; die Folgen begünstigen die Gesundheit genau dieser Menschen. Das Gut „Gesundheit der Bevölkerung" kann jedoch auch anders verstanden werden: Es könnte der Norm auch daran gelegen sein, dass die Durchschnittsgesundheit in einer Bevölkerung gut ist, da sie sich als staatssichernde und stabilitätserhaltende Norm versteht. Zwar wären einige Teile der Bevölkerung von medizinischer Versorgung abgeschnitten, doch würden durch die medizinische Versorgung der Mehrheit soziale Unruhe vermieden werden. Nach dem zweiten Normverständnis wäre bereits die Bejahung eines Individualinteresses fraglich. In jedem Fall fehlt hier aber die rechtliche Relevanz des Individualinteresses für die Einzelfallentscheidungen des begünstigten, medizinisch versorgten Einzelnen. „[D]er Staat würde für ihn, aber nicht um seinetwillen handeln, aller Schutz und alle Förderung seiner Interessen wäre ausschliesslich Reflexwirkung."[127]

Der Begriff der Reflexwirkung – Telos und Normfolgen fallen in ihrer Wirkrichtung auseinander – kann aber auch auf andere Rechtskonstruktionen angewandt werden, wie sich im Folgenden zeigen wird.[128] So lässt sich allgemein sagen, dass eine Reflexwirkung dann von einer Rechtsnorm ausgeht, wenn von ihr (auch) eine Folge ausgeht, die sie nicht bezweckt hat.

D. Die substanzielle Beeinträchtigung, das Verfahren und die Verfahrenssituation

Neben der Definition und den Wirkungen von Rechten spielt die Einteilung des Sachverhalts in unterschiedliche Situationen eine wichtige Rolle, um die

[126] BVerfG, Beschl. v. 24.06.2014, 1 BvR 2926/13, BVerfGE 136, 382, 387.
[127] *Jellinek*, System der subjektiven öffentlichen Rechte, S. 110.
[128] S. ab → S. 61.

rechtstheoretische Konstruktion und die Kategorisierung der Rechtsprechung gelingen zu lassen. Ausgangspunkt des relevanten Sachverhalts ist die substanzielle Beeinträchtigung des subjektiven Rechts: im Fall Valentin Câmpeanus war dies der Eintritt seines Todes und die damit verbundene Verletzung seines Rechts auf Leben aus Art. 2 EMRK. Von diesem ausgehend lassen sich Rechtswirkungen auf die Zeit vor und nach dem Tod konstruieren. Diese Zeitabschnitte werden unter den gleich zu nennenden Voraussetzungen als kategoriale Verfahrenssituationen charakterisiert.

I. Die substanzielle Beeinträchtigung

Zur abstrakten Einordnung eines Sachverhalts muss beim Zeitpunkt der substanziellen Beeinträchtigung begonnen werden. Diese wird vorliegend definiert als Moment, in dem der Staat tatsächlich oder rechtlich in die subjektive Rechtsposition eingreift oder das Eingreifen von dritter Seite trotz Schutzmöglichkeit zulässt. Bewusst wird der Begriff der Beeinträchtigung gewählt, da es für das weitere Vorgehen unerheblich ist, ob die staatliche Handlung oder Unterlassung als Verletzung eines Konventionsrechts bewertet wird, also keine Rechtfertigung des Eingriffs gelingt. Die substanzielle, also faktische Beeinträchtigung ist ein tatsächlicher Zugriff auf das hinter dem subjektiven Recht stehende Individualinteresse: etwa die Festnahme einer Person durch die Polizei, der tödliche Schuss oder der Überschwemmung eines Hauses infolge eines Dammbruchs. Auch kann die substanzielle Beeinträchtigung in einem Akt liegen, der *rechtliche* Folgen für das Individualinteresse hat: die Genehmigung einer emittierenden Anlage[129], die gerichtliche Adoptionsentscheidung[130] oder asylrechtliche Entscheidung über den Verbleib einer Person im Hoheitsgebiet.[131]

Die in dieser Arbeit definierten Verfahrenssituationen beziehen sich stets auf das substanzielle Ereignis; ob sie nun diesem vorangehen oder nachfolgen, sie stehen immer in Beziehung zu der substanziellen Beeinträchtigung.

II. Das Verfahren

Unter dem Begriff „Verfahren“ werden im deutschen Verwaltungsrecht rechtlich geordnete und gesteuerte Vorgänge, die von einer Behörde oder

---

[129] S. ab → S. 144.
[130] S. ab → S. 114.
[131] S. ab → S. 151.

einem Gericht durchgeführt werden und grundsätzlich mit einer konkreten rechtsförmigen Entscheidung enden, bezeichnet.[132] In der Grund- und Menschenrechtsdogmatik wird ein Verfahren zum einen zur Absicherung subjektiver Rechte genutzt, denn neben materiell-rechtlichem Schutz kann auch Schutz *durch* Verfahren gewährt werden. Durch die formal strukturierte Entscheidungsfindung kann eine substanzielle Beeinträchtigung unwahrscheinlicher werden, weil der Prozess zur Entscheidung hin kontrolliert ausgestaltet wurde. Werden die Verfahrensvorgaben eingehalten, sinkt die Wahrscheinlichkeit, eine inhaltlich falsche Entscheidung zu treffen.

Zum anderen wird ein Verfahren aber auch als potenziell beeinträchtigende Situation verstanden; subjektive Rechte können durch den Verlauf und das Ergebnis eines Verfahrens beeinträchtigt werden. In Verfahren werden Statusrechte festgelegt, sie stellen den zugrunde liegenden Sachverhalt fest und haben Rechtswirkungen für die betroffenen Personen. Diese müssen also Schutz *im* Verfahren erfahren. Hierfür können beispielsweise Anhörungs- und Informationsrechte eingeführt werden, die den Betroffenen eine Beteiligung und damit einen Einfluss auf den Verfahrensausgang ermöglichen.

Der Verfahrensbegriff hat sich insbesondere durch die Dimension des Schutzes *durch* Verfahren etabliert. „Verfahren sind Systeme von Regeln und/oder Prinzipien zur Erzeugung eines Ergebnisses. Wird das Ergebnis unter Einhaltung der Regeln und/oder Beachtung der Prinzipien erzeugt, so ist es unter prozeduralem Aspekt auf eine positive Weise ausgezeichnet."[133] Verfahren werden von Normen geschaffen, die abstrakt-generell den Beginn, den Fortgang und das Ende von staatlichen Prozessen regeln. Dadurch entsteht ein Muster, ein nachvollziehbarer, reproduzierbarer Entscheidungsablauf.

Diesem wird – bei grund- und menschenrechtskonformer Einrichtung – eine gewisse Fähigkeit zugesagt, durch den geregelten, transparenten Ablauf zu einer richtigen, also gerechten Entscheidung zu kommen. „Als phasenspezifisch gegliederte Vorgänge zeigen Verfahren Knotenpunkte der Informationsverarbeitung auf, markieren Ansatzstellen für Einflussnahmen auf diesen Prozess und machen auf Regelungsbedürfnisse aufmerksam, um die gebotene Rationalität, Rechtmäßigkeit, Neutralität und Effizienz

---

[132] Vgl. *Schmidt-Aßmann, Eberhard/Kaufhold, Ann-Katrin*, in: Grundlagen des Verwaltungsrechts, Bd. 2, Rn. 1.

[133] *Alexy*, Theorie der Grundrechte, S. 431.

administrativen Handelns zu gewährleisten."[134] Die Notwendigkeit der zusätzlichen Absicherung grund- und menschenrechtlicher Schutzgüter durch Verfahrensanforderungen wird dann erkennbar, wenn das Verfahrensergebnis selbst nicht als ausreichend schützend für das subjektive Recht angesehen wird.[135] So birgt ein Verfahren durch die Beteiligung mehrerer, möglicherweise widerstreitender Interessenträger und die Abhängigkeit von der Beweisbarkeit der relevanten Umstände immer das Risiko, dass das Verfahrensergebnis nicht eindeutig prognostizierbar ist. Auch bestimmte rechtliche Elemente wie entscheidungsrelevante Normen, die unbestimmte Rechtsbegriffe enthalten oder einen Ermessensspielraum einräumen, lassen den Verfahrensausgang offen erscheinen. So kann es geschehen, dass als Konsequenz aus dieser Unsicherheit eine Verfahrensnorm geschaffen oder eine bereits bestehende Norm – über Zuständigkeiten, Beteiligungsmöglichkeiten, Anhörungsrechte – grundrechtsschützend ausgelegt und angewandt wird,[136] denn „[d]ie Verfahrens- und Organisationsnormen sollen so beschaffen sein, dass das Ergebnis mit hinreichender Wahrscheinlichkeit und in hinreichendem Maße grundrechtsgemäß ist."[137] „Auch wenn die Grundrechtsgemäßheit des Ergebnisses durch das Verfahren nicht garantiert wird, so wird doch die Wahrscheinlichkeit eines grundrechtsgemäßen Ergebnisses erhöht."[138]

Zugleich wird das Verfahren nicht nur als Ort der Absicherung, sondern auch als Ort der Gefährdung bewertet. Grundrechte müssen deshalb auch *im* Verfahren schützen und der „Gefahr einer Entwertung der materiellen Grundrechtsposition"[139] entgegenwirken. Dafür prägen sich im Verfahren

---

134 *Schmidt-Aßmann, Eberhard/Kaufhold, Ann-Katrin*, in: Grundlagen des Verwaltungsrechts, Bd. 2, Rn. 2.

135 Vgl. *Calliess*, Rechtsstaat und Umweltstaat, S. 463: „reduzierte materielle Wirkkraft".

136 *Calliess*, Rechtsstaat und Umweltstaat, S. 465; *Alexy*, Theorie der Grundrechte, S. 432.

137 *Alexy*, Theorie der Grundrechte, S. 431.

138 *Alexy*, Theorie der Grundrechte, S. 445 f. (ohne Hervorhebung des Originals) zur Gruppe gerichtlicher und behördlicher Verfahren.

139 *Calliess*, Rechtsstaat und Umweltstaat, S. 465. S. a. BVerfG, Besch. v. 20.12.1979, 1 BvR 385/77, BVerfGE 53, 30, 65 – *Mülheim-Kärlich*: „Bei der verfassungsrechtlichen Beurteilung dieser Frage ist von der gefestigten Rechtsprechung des Bundesverfassungsgerichts auszugehen, daß Grundrechtsschutz weitgehend auch durch die Gestaltung von Verfahren zu bewirken ist und daß die Grundrechte demgemäß nicht nur das gesamte materielle, sondern auch das Verfahrensrecht beeinflussen, soweit dieses für einen effektiven Grundrechtsschutz von Bedeutung ist. Diese Rechtsprechung ist zunächst für den Grundrechtsschutz aus Art. 14 Abs. 1 GG [...] und aus Art. 12 Abs. 1 GG [...] entwickelt worden. Inzwischen haben beide Senate des Bundesverfassungsgerichts

einzelne grundrechtssichernde Elemente aus, wie Rechte auf Informationsweitergabe (Unterrichtung über Sach- und Rechtslage, Akteneinsicht), Rechte zum Gehörtwerden (Beteiligung, Anhörung, Beweisaufnahme bei Anwesenheit) und *fair trial* (Gleichbehandlung der Beteiligten, Tatsachenermittlung, Entscheidungsbegründung, rechtliche Unterstützung).[140]

III. Die Verfahrenssituation

Die vorliegende Arbeit beschäftigt sich mit dem Konventionsrechtsschutz *im* und *durch* Verfahren. Schon dieser Begriff umfasst mehr als nur gerichtliche und behördliche Verfahren im engeren Sinn;[141] gerade Verfahren zu „leistungsstaatlichen Rechtsverhältnissen“[142] gewinnen im heutigen Verwaltungsaufbau eine größere Bedeutung. Diese sind zeitlich vor dem substanziellen Beeinträchtigungsereignis einzuordnen und können vorab „*mehr* Grundrechtswirklichkeit [...] schaffen als verwaltungsgerichtliche ‚*Nach*verfahren‘, da im Vorstadium prozessual eingeführt wird, was dem materialen Gehalt des Grundrechts dient“[143]. Sie alle – die dem Beeinträchtigungsereignis vor- und nachgelagerte Verfahren – werden in diese Arbeit einbezogen.

Somit ist die „Verfahrenssituation“ zu sehen als ein durch abstrakt-generelles Regelwerk organisierter und strukturierter Zeitabschnitt, der unabhängig vom Inhalt des Verfahrens, von Behörden, Gerichten oder anderen staatlichen Einheiten (mit) durchgeführt wird und mit einer Entscheidung, die eine rechtliche, ihr durch das Regelwerk zugeschriebene Wirkung hat, endet.

Die Verfahrenssituation dient als ein „Handlungsgefüge und Interaktionsmuster“[144] staatlicher Stellen zum internen und externen Austausch, zur Wissensgewinnung und zur Herstellung von Entscheidungen.[145]

---

bereits ausdrücklich entschieden, daß Art. 2 Abs. 2 GG ebenfalls eine dieses Grundrecht berücksichtigende Verfahrensgestaltung gebietet [...]“.

140 *Calliess*, Rechtsstaat und Umweltstaat, S. 464. Vgl. *Häberle*, VVDStRL 1972, S. 44, 86 ff. zum „status activus processualis“ im „Leistungsstaat“, also in „Planungs-, Lenkungs-, Subventions- und Steuerverhältnissen“.

141 *Alexy*, Theorie der Grundrechte, S. 440 ff.

142 *Häberle*, VVDStRL 1972, S. 44, 86.

143 *Häberle*, VVDStRL 1972, S. 44, 88 (Hervorhebungen im Original).

144 *Schmidt-Aßmann, Eberhard/Kaufhold, Ann-Katrin*, in: Grundlagen des Verwaltungsrechts, Bd. 2, Rn. 2.

145 Vgl. *Schneider, Jens-Peter*, in: Grundlagen des Verwaltungsrechts, Bd. 2, Rn. 1.

Verfahrenssituationen können aber nicht nur Fälle „materiell strikt determinierten Rechtserkenntnisprozess[es]“[146] sein, sondern umfassen auch rechtskonkretisierende Verfahren sowie normkreierende und organisationsformende Situationen, die ebenfalls Verfahrenscharakter haben, also durch Recht erschaffene und geregelte Prozesse darstellen. Denn sie alle – gerichtliche und behördliche, aber auch andere Verfahren – geben als „rechtlich gesteuertes Realgeschehen“[147] einer faktischen Situation erst ihren Sinn und existieren selbst im objektiv-rechtlichen Kontext, der ihnen Rahmen und Wirkung gibt. Sie sind also eine normative Konstruktion, da normative Anforderungen enthalten und damit den Abläufen, die real beobachtet werden können, einen rechtlich erheblichen Sinn geben.

Diese normkreierenden und organisationsformenden Situationen können mit behördlichen und gerichtlichen Verfahren zusammengefasst werden, denn ihnen ist gemein, dass auch in ihnen Potenzial zum Rechtsschutz, aber auch zur Rechtsverletzung besteht:[148] sie können das faktisch gefährdete Rechtsgut durch ihre Ausgestaltung absichern, sie können aber auch als eine Situation mit ungewissem Ausgang eine Gefahr für das Rechtsgut bergen. So werden – dies wird sich in der Rechtsprechungsanalyse zeigen – aus der Konvention auch Verpflichtungen abgeleitet, die die Planungsphase von komplexen Polizeieinsätzen[149] oder den Einrichtungsprozess von Frühwarnsystemen in durch Naturkatastrophen gefährdeten Gebieten[150] betreffen. Diese stellen keine Verfahren im Sinne behördlicher oder gerichtlicher Verfahren dar, können aber gleichwohl als rechtlich erschaffene Situation tatsächliche Wirkung entfalten und damit einen Schutz oder eine Gefährdung für die Konventionsrechtspositionen darstellen. Das Recht erschafft sie, sodass ohne das Recht auch ihr Potenzial und die von ihnen ausgehende Gefährdung nicht bestünde.

Um die Vielfalt der zu analysierenden Situationen in den Entscheidungen des Gerichtshofs zu erfassen, wird für diese Arbeit also der Verfahrensbegriff erweitert. Im Folgenden wird deshalb der Begriff der „Verfahrenssituation“ gewählt,

---

146 *Schneider, Jens-Peter*, in: Grundlagen des Verwaltungsrechts, Bd. 2, Rn. 1.
147 *Schmidt-Aßmann, Eberhard/Kaufhold, Ann-Katrin*, in: Grundlagen des Verwaltungsrechts, Bd. 2, Rn. 2.
148 Vgl. → S. 40-43.
149 Vgl. → S. 86-97.
150 Vgl. → S. 346-348.

um neben behördlichen und gerichtlichen Situationen auch Konstellationen zu erfassen, die die gleiche menschenrechtliche Gefährdungslage oder ein ähnliches Schutzpotenzial enthalten. Eine Verfahrenssituation ist dieser Arbeit zugrundeliegend eine Situation, die durch das objektive Recht gefasst ist, in der der Einzelne dem Staat begegnet und die einen zeitlichen Bezug zu einer substanziellen Beeinträchtigung der einzelnen Person hat, diesem Ereignis also vorangeht oder nachfolgt.

In der Rechtsprechungsanalyse werden diese Verfahrenssituationen nochmals gegliedert und kategorisiert.[151]

---

151 Vgl. → S. 75.

Anwendung der definierten Begriffe auf den Untersuchungsgegenstand

Als nächster Schritt sind die abstrakten Definitionen auf die zu untersuchenden Konventionsrechte einerseits und das innerstaatliche Verfahrensrecht andererseits anzuwenden. Erst im Anschluss daran kann ihre Beziehung in den konkreten Verfahrenssituationen richtig gedeutet werden.

A. Die Rechte der Europäischen Menschenrechtskonvention als subjektive öffentliche Rechte

Nun sollen auf die zu untersuchenden Normen der Konvention, das Recht auf Leben, Art. 2, das Folterverbot, Art. 3, das Recht auf Freiheit, Art. 5 EMRK, sowie das Recht auf Achtung des Privat- und Familienlebens, Art. 8 EMRK, die gefundene Definition des subjektiven öffentlichen Rechts angewandt werden. Um subjektive Rechte zu sein, müssten diese Normen in der Rechtsbeziehung zwischen dem Staat und einer Einzelperson ein Individualinteresse der Einzelperson begünstigen und bestimmen, dass dieses Interesse für den Staat bei seinem Tun, soweit es Folgen für die Einzelperson hat, Beachtung finden muss und damit für die Rechtsposition der Einzelperson relevant ist.

I. Die Konvention als objektives Recht

Schon der Ausgangspunkt des subjektiven Rechts, die Existenz des objektiven Rechts, also einer objektiven Rechtsordnung, muss im Völkervertragsrecht erst ausdrücklich festgestellt werden. Während Staaten sich zur Bündelung, Organisation und Kontrolle ihrer Macht des Rechts bedienen und damit

Normen schaffen, die zusammengenommen eine Rechtsordnung, also objektives Recht ergeben, ist dies im Völkerrecht keine Selbstverständlichkeit.

Erzeuger von objektivem Recht ist im Vertragsvölkerrecht nicht ein einzelner Staat, sondern es sind mehrere vertragsschließende Staaten. Sie als originäre oder geborene Völkerrechtssubjekte sind „nicht Rechtserzeugnis, sondern selbst Rechtserzeuger“[152]. Sie sind die Subjekte, die als konstituierende Vertragspartner das Völkerrecht und insbesondere das Völkervertragsrecht erst kreieren.

Indem die Konventionsstaaten korrespondierende, die völkerrechtlichen Regelungen der Konvention beinhaltende Willenserklärungen mit Rechtsbindungswillen abgegeben haben, haben sie die Konvention unter sich vereinbart.[153] Nach Ratifikation von zehn Konventionsstaaten ist die Konvention gemäß Art. 59 Abs. 3 EMRK in Kraft getreten, wirksam und für die Vertragsstaaten bindend. Inhaltlich stellt sie, laut dem Gerichtshof, ein Verfassungsinstrument dar,[154] sodass sie innerhalb ihres inhaltlichen Rahmens als „law making treat[y]“[155] als eine völkerrechtliche Ordnung zwischen den Konventionsstaaten begriffen werden kann. Sie ist als völkerrechtlicher Vertrag das den subjektiven Rechten zugrunde liegende objektive Recht.

II. Die Konventionsnormen behandeln Individualinteressen und verstehen Individualpersonen als Begünstigte

1. Einzelpersonen werden als von den Konventionsnormen als Rechtssubjekte des Völkerrechts wahrgenommen

Die gewährleisteten Interessen Leben (Art. 2 EMRK), physische und psychische Integrität (Art. 3 und Art. 8 EMRK), Freiheit (Art. 5 EMRK), Privat- und Familienleben (Art. 8 EMRK) müssten Völkerrechtssubjekten zugeordnet sein und diese begünstigen. Um ein Individualinteresse, also ein Interesse eines Subjekts zu sein, muss dieses als ein Subjekt des Völkerrechts, als ein

---

152 *Peters*, Jahrbuch des öffentlichen Rechts der Gegenwart, 2011, S. 411, 424.

153 Vgl. *Hobe*, Völkerrecht, S. 149-151 zum völkerrechtlichen Vertragsschluss.

154 *„constitutional instrument of European public order“*, s. EGMR (GK), Urt. V. 23.03.1995, Rep. A 310, Nr. 15318/89, § 75 – *Loizidou vs. Türkei (prelim. obj.)*; EGMR (GK), Urt. v. 30.06.2005, ECHR 2005-VI, Nr. 45036/98, § 156 – *Bosphorus Hava Yolları Turizm ve Ticaret Anonim Şirketi vs. Irland*; zuletzt (Stand: 01.05.2025) EGMR, Urt. v. 14.12.2023, Nr. 40119/21, § 166 – *M.L. vs. Polen*.

155 *Grabenwarter/Pabel*, EMRK, § 2 Rn. 1.

Träger eigener völkerrechtlicher Rechte und/oder Pflichten definiert werden können. Das Rechtsverhältnis, durch das es mit anderen Rechtssubjekten verbunden ist, wird hierbei unmittelbar durch das Völkerrecht geregelt.[156]

Traditionell[157] wird Völkerrecht als das Recht der Staaten verstanden, sodass es nur selten eine selbstständige Rechtsposition von Individuen regle. Im Völkerrecht werde der Mensch nur mediatisiert durch die Staaten wahrgenommen.[158] Sowohl der gemäßigte Dualismus als auch der gemäßigte Monismus gehen davon aus, dass der Mensch in der Regel durch das innerstaatliche Recht und nicht durch das Völkerrecht angesprochen werde. Vielmehr sei es Aufgabe der Staaten, die Einzelnen zu schützen und dies auf der Ebene des Völkerrechts insbesondere durch diplomatischen Schutz. Hierbei übe der Staat sein eigenes Recht, nicht etwa das Recht des Einzelnen aus, wodurch es dennoch zum Schutz der Interessen des Einzelnen komme.[159] Jedenfalls wenn kein „völkerrechtliche[s] Verfahren[…] zur Durchsetzung der zugeordneten Rechte“[160] vorliege, könne lediglich von einer reflexartigen Begünstigung einer einzelnen Person durch die Rechte und Pflichten der Staaten gesprochen werden.[161]

Insbesondere seit Ende des Zweiten Weltkriegs werden Individuen mittlerweile[162] als derivative oder gekorene Völkerrechtssubjekte verstanden. Sie sind Rechtssubjekte erst durch die von originären Völkerrechtssubjekten geschaffene Ordnung. Stets bleiben mögliche subjektive Rechte von Einzelnen partiell, da ihnen jedenfalls nicht das Recht auf völkerrechtlichen Vertragsschluss zusteht. Dass Einzelne immer nur partielle Völkerrechtssubjekte sein können, ist für die grundsätzliche Frage nach völkerrechtlichen, subjektiven Rechten für Individuen unerheblich: Ansonsten müsste mangels Generalität[163] der

---

156 *Bleckmann, Albert*, in: Seidl-Hohenveldern, Völkerrecht, S. 517.

157 *Kelsen*, Principles of International Law, S. 234; *Verdross/Simma*, Universelles Völkerrecht, S. 256; *Crawford/Brownlie*, Brownlie's Principles of International Law, S. 111.

158 *Karl, Wolfram*, in: Seidl-Hohenveldern, Völkerrecht, S. 90; *Kelsen*, Principles of International Law, S. 143. S. a. *Epping, Volker*, in: Ipsen, Völkerrecht, § 9 Rn. 7-9.

159 BVerfG, Beschl. v. 13.05.1996, 2 BvL 33/93, BVerfGE 94, 315, 329 f. m. w. N. – *Zwangsarbeit*.

160 *Epping, Volker*, in: Ipsen, Völkerrecht, § 9 Rn. 5 (Hervorhebung im Original).

161 Vgl. *Karl, Wolfram*, in: Seidl-Hohenveldern, Völkerrecht, S. 90, 91: der Einzelne als „Begünstigter, Schutzbefohlener, Objekt“.

162 Zur historischen Entwicklung des subjektiven Rechts im Völkerrecht siehe *Peters*, Jahrbuch des öffentlichen Rechts der Gegenwart, 2011, S. 411, 413-421.

163 Anders *Bleckmann, Albert*, in: Seidl-Hohenveldern, Völkerrecht, S. 517.

subjektiven Rechte von Staaten – sie können beispielsweise niemals Träger menschenrechtlicher Rechtspositionen sein[164] –, auch deren Rechtsqualität infrage gestellt werden. Somit werden Individuen auch im Völkerrecht als Rechtssubjekte wahrgenommen.

Gerade die Konvention als ein nachkriegszeitlicher Menschenrechtskatalog rückt Individuen in den Mittelpunkt und gibt ihnen eine Rechtssubjektsqualität. So haben Individualpersonen gemäß Art. 34 EMRK die Möglichkeit, den Gerichtshof mit einer Beschwerde zu befassen. Mit diesem Hauptdurchsetzungsinstrument der Konvention als einem auf Individuen zugeschnittenen Durchsetzungsmechanismus lässt sich belegen, dass die Konvention und ihre Normgeber die Einzelpersonen selbst im Blick haben, ihnen Aktionsmöglichkeiten verschaffen und damit in eine Subjektstellung versetzen.[165]

2. Die Rechtsgüter der Konventionsnormen sind Individualinteressen und begünstigen ihre Träger

Für die Frage, ob Art. 2, Art. 3, Art. 5 sowie Art. 8 EMRK Individualinteressen, also Individualpersonen zugeordnete Interessen schützen möchten, muss der Zweck, den die Normen verfolgen, untersucht werden.[166] Die Norm, die ein subjektives Recht begründet, will die Interessen des Berechtigten fördern und schützen; die objektiv-rechtliche Norm, von der lediglich ein Rechtsreflex ausgeht, hat dies nicht im Sinn, sondern bewirkt mit anderer Intention auch positive Folgen für das Interesse des Einzelnen. Somit gilt auch im Völkerrecht: für die Bejahung eines subjektiven Rechts muss die zugrunde liegende völkerrechtliche Norm den Schutz oder die Förderung eines Individualinteresses bezwecken.[167]

---

[164] *Peters*, Jahrbuch des öffentlichen Rechts der Gegenwart, 2011, S. 411, 423.

[165] Zur Völkerrechtssubjektivität von Individuen und einem damit verbundenen „Mindestbestand an Rechten“ s. a. *Peters*, Jahrbuch des öffentlichen Rechts der Gegenwart, 2011, S. 411, 421.

[166] S. o. → S. 16-21.

[167] So auch *Cremer*, Subjektive Rechtsqualität, in: FS Riedel, S. 33, 44: „Wesentlich für die subjektive Rechtsqualität einer Pflichten begründenden Norm ist die Zuordnung der in der Norm aufgestellten Verpflichtung zu einem von der Erfüllung dieser Verpflichtung begünstigten Individuum in einer Weise, die deutlich macht, dass diesem Individuum eine über einen reinen Rechtsreflex hinausgehende Begünstigung zukommen soll.“

Der Wortlaut der EMRK orientiert sich am Text der Allgemeinen Erklärung der Menschenrechte (AEMR) der Vereinten Nationen.[168] Anders jedoch als die AEMR beginnt die EMRK in Art. 1 mit der Pflicht der Konventionsstaaten, allen ihrer Hoheitsgewalt unterstehenden Personen die Rechte und Freiheiten der Konvention zuzusichern. Diese Pflicht korrespondiert mit einem Recht einer anderen Person in einem Rechtsverhältnis. Die Sicherung (*secure*) bezieht sich auf alle in ihrer Herrschaftsausübung befindlichen Menschen (*everyone within their jurisdiction*); doch die Verpflichtung (*shall*) könnte eine Pflicht gegenüber Individualpersonen oder aber die Pflicht im Verhältnis der Staaten untereinander beschreiben. Art. 1 EMRK nennt Rechte und Freiheiten (*rights and freedoms*); ob diese aber völkerrechtliche, subjektive Rechte sind oder lediglich Rechte, die der Einzelne gegenüber dem Staat im innerstaatlichen Rechtsverhältnis hat (*within their jurisdiction*), sind, ergibt sich aus seinem Wortlaut nicht eindeutig. Art. 1 EMRK ist jedoch nicht allein zu betrachten. Er steht vielmehr einem Katalog von Rechtsnormen voran, die den Einzelnen stärker in den Blick nehmen, als es Art. 1 EMRK zunächst deutlich macht. Den in Art. 1 EMRK erwähnten Individuen werden Interessen zugeordnet, zu deren Schutz die Konventionsstaaten in Art. 2 bis Art. 18 EMRK und den Zusatzprotokollen (ZP) verpflichtet werden. Die Konventionsnormen sehen im völkerrechtlichen Rechtsverhältnis nicht nur die Hohen Vertragsparteien als Beteiligte, als Berechtigte und Verpflichtete, sondern nehmen die Einzelnen in dieses Rechtsverhältnis auf.[169]

Dieser Eindruck verstärkt sich bei der Untersuchung des Wortlauts einzelner Konventionsnormen, insbesondere von Art. 2, Art. 3, Art. 5 sowie Art. 8 EMRK. Gleich zu Beginn wird in Art. 2 Abs. 1 S. 1 EMRK die Verpflichtung des Staates zum gesetzlichen Schutz des Lebens als Recht eines jeden Menschen (*everyone's right*) bezeichnet. Auch Abs. 1 S. 1 (*right to liberty and security*) und Abs. 5 (*right to compensation*) des Art. 5 EMRK benennen Freiheit und Sicherheit der Person als Recht. In gleicher Weise stellt dies Art. 8 EMRK für das Recht auf Achtung (*right to respect*) des Familien- und Privatlebens sowie der Wohnung und der Korrespondenz dar.

---

[168] *Matscher, Franz*, in: Seidl-Hohenveldern, Völkerrecht, S. 270. Zum „*standardsetting*" der AEMR s. *Riedel*, in: Menschenrechtsschutz in der Praxis der Vereinten Nationen, S. 25, 26 f.

[169] Vgl. *Röben, Volker*, Grundrechtsberechtigte und -verpflichtete, Grundrechtsgeltung (Kap. 5), in: EMRK/GG Konkordanzkommentar, Rn. 14.

Insgesamt lässt sich für die Konvention sagen, dass in Art. 6 Abs. 3, Art. 9, Art. 10, Art. 11, Art. 12, Art. 13 und Art. 14 EMRK sowie in Art. 2 ZP und in der Überschrift von Art. 3 ZP, Art. 2 Abs. 1 (und wiederholend in Abs. 3 und 4) ZP 4, Art. 3 Abs. 2 ZP 4, Art. 1 Abs 1 (genannt als Recht in Abs. 2) ZP 7 und Art. 2 Abs. 1 (und wiederholend in Abs. 2) ZP 7 die Schutzgüter als Rechte (*right*) bezeichnet werden.

Art. 5 Abs. 4 und Art. 6 Abs. 1 EMRK sowie Art. 1 Abs. 1 ZP sprechen von der Berechtigung (*entitle*). Wenngleich die jeweilige Regelung nicht ausdrücklich als Recht bezeichnet wird, ist in vielen Artikeln die Formulierung *no one shall* gewählt (Art. 2 Abs. 1 S. 2, Art. 3, Art. 4 Abs. 1, Abs. 2, Art. 5 Abs. 1 S. 2 und Art. 7 Abs. 1 S. 1 EMRK sowie Art. 1 Abs. 1 S. 2 ZP, Art. 1, Art. 3 Abs. 1 und Abs. 2 ZP 4, Art. 1 S. 2 ZP 6, Art. 4 Abs. 1 ZP 7, Art. 1 Abs. 2 ZP 12 und Art. 1 ZP 13). Insgesamt orientiert sich die Konvention an der Grundkonzeption von Menschenrechten: sie gelten für alle Menschen, sind also Jedermanns-Rechte, ohne dass weitere Merkmale (Alter, Staatsangehörigkeit) erfüllt sein müssen.[170]

Art. 2, Art. 3, Art. 5 und Art. 8 EMRK sprechen somit im Wortlaut konkrete Individualinteressen, nämlich das Leben, die physische und psychische Integrität, die Freiheit, das Privat- und das Familienleben an. Diese Interessen werden rechtlich aufgeladen, indem sie – zumindest implizit – als Rechte bezeichnet werden. Zwar reicht dies allein noch nicht aus, die genannten Konventionsvorschriften als subjektive Rechte zu qualifizieren.[171] Doch auch die Entstehung der Normen und der Wille der Gründungsstaaten bestärkt in der Annahme, dass es sich um Interessen handeln sollte, die Einzelpersonen zugeordnet sind. Die Konvention sollte vor dem Hintergrund der Schrecken des Zweiten Weltkriegs ein regionales Abkommen zum Schutz und zur Durchsetzung der Menschenrechte, ähnlich der AEMR darstellen.[172] Die Rechte, auf die sie sich konzentriert, sind die „klassischen, gegen den Staat gerichteten Freiheitsrechte“[173], die im innerstaatlichen System auch als öffentlich-rechtliche, subjektive Rechtspositionen verstanden werden. Da auf globaler Ebene im Angesicht des sich zuspitzenden Ost-West-Konflikts eine

---

[170] *Röben, Volker*, Grundrechtsberechtigte und -verpflichtete, Grundrechtsgeltung (Kap. 5), in: EMRK/GG Konkordanzkommentar, Rn. 15.

[171] So auch *Cremer*, Subjektive Rechtsqualität, in: FS Riedel, S. 33 f.

[172] *Nettesheim, Martin*, in: Nettesheim/von Raumer, EMRK, Einleitung Rn. 6.

[173] *Matscher, Franz*, in: Seidl-Hohenveldern, Völkerrecht, S. 270.

Ergänzung der Allgemeinen Erklärung der Menschenrechte der UN um einen wirksamen Durchsetzungsmechanismus unrealistisch schien, bot die Konvention als regionaler Menschenrechtsvertrag eine Möglichkeit intensiveren Menschenrechtsschutzes.[174] Die Konvention macht somit die benannten Interessen zum Thema, um sie als Facetten individuellen Lebens zu betonen, nicht um das Gemeininteresse an einer gesunden, meinungsfreien, religionsausübenden Gesellschaft hervorzuheben.

Den Fokus auf die im Geltungsbereich der Konvention lebenden Individuen lässt sich aus den Bezügen und aus der historischen Nähe zur AEMR der Vereinten Nationen von 1948 ableiten. Diese wird ausdrücklich in der Präambel der Konvention genannt gemeinsam mit ihrem Zweck, die universelle und wirksame Anerkennung und Einhaltung der in ihr genannten Rechte zu gewährleisten. Im Rahmen der Ausarbeitung der Konvention sollte auf Wunsch der Vertragsparteien auch die Arbeit der UN-Menschenrechtskommission an einem universellen Menschenrechtspakt besonders beachtet werden.[175] Dies fand auch Niederschlag in der Präambel, die die Konvention als „regionale rechtsverbindliche Umsetzung des in der Allgemeinen Erklärung liegenden unverbindlichen Schutzauftrages“ bestätigt.[176]

Somit ist festzuhalten, dass die Konventionsnormen – entsprechend der im Rahmen der abstrakten Analyse entwickelten Definition des subjektiven öffentlichen Rechts – Individualinteressen benennen und ihre Träger als Begünstigte sehen. Sie stellen zwischen dem Interesse und seinem Träger durch den Wortlaut, aber auch durch den Bezug auf die AEMR und durch den historischen Hintergrund einen individuellen Bezug her. Unerheblich ist hierbei, dass die begünstigten Individuen nicht selbst Vertragsparteien der Konvention sind. Die Normen wurden zwischen den Konventionsstaaten vereinbart, Inhalt der Normen ist jedoch die Begünstigung der betroffenen Individuen.

---

174 *Grote, Rainer*, Entstehung und Entwicklung der EMRK (Kap. 1), in: EMRK/GG Konkordanzkommentar, Rn. 10.

175 *Grote, Rainer*, Entstehung und Entwicklung der EMRK (Kap. 1), in: EMRK/GG Konkordanzkommentar, Rn. 21.

176 *Mayer, Franz C.*, in: Karpenstein/Mayer, EMRK, Präambel Rn. 4 (ohne Hervorhebungen des Originals).

III. Die Konvention bestimmt, dass für den Staat bei Einzelfallentscheidungen das Individualinteresse relevant ist

In der abstrakten Analyse wurde ein formeller Durchsetzungsmechanismus als formeller Definitionsbestandteil eines subjektiven öffentlichen Rechts abgelehnt. In der völkerrechtlichen Diskussion um das Erkennen subjektiver Rechte von Individuen ist auch häufig von einem Durchsetzungsmechanismus zu lesen,[177] doch bleibt die Frage dieselbe: „Wann hat denn ein Einzelmensch eine solche Rechtsmacht?“[178] Schon auf der Suche nach einem formellen Definitionselement[179] war festzustellen, dass dies allenfalls bedeuten kann, dass der Einzelne ein vom Staat vorgesehenes Beschwerdeinstrument nutzen kann. Nicht Selbstjustiz oder Selbsthilfe kann darunter verstanden werden, da weder das privatrechtliche noch das öffentlich-rechtliche subjektive Recht mit einem solchen Mechanismus ausgestattet ist. Das Gewaltmonopol des Staates verhindert dies und versichert den Einzelnen zugleich mit der staatlichen Rechtsdurchsetzung im privaten Interesse.[180] Im Völkerrecht hingegen werden, um völkerrechtliche Rechte durchsetzen zu können, die Mittel der Repressalien und der Retorsion[181] angewandt, die Arten der Selbstjustiz darstellen. Sie stehen aber allein den Staaten zu; Einzelne haben nicht die Möglichkeit, ein Recht mit Selbsthilfe durchzusetzen, sondern immer nur eine Befugnis, einen rechtlichen, vom Staat geschaffenen Durchsetzungsmechanismus zu nutzen.

Zu prüfen ist also mit der gefundenen Definition, ob aus dem Zweck und dem Willen der Konventionsnormen hervorgeht, dass für den Staat bei Handlungen und Unterlassungen, die einen Einzelnen treffen, ein ihm zugehöriges, in die Konvention aufgenommenes Individualinteresse beachtungswürdig und damit einzelfallrelevant ist.

---

[177] *Epping, Volker*, in: Ipsen, Völkerrecht, § 9 Rn. 5. S. a. *Simma*, in: FS Hafner, S. 729, 734. Bereits o. → S. 49.

[178] *Cremer*, Subjektive Rechtsqualität, in: FS Riedel, S. 33, 37.

[179] S. o. → S. 21-31.

[180] S. → S. 28.

[181] *Steinkamm, Armin A.*, in: Seidl-Hohenveldern, Völkerrecht, S. 335 ff.; *Hahn, Michael*, in: Seidl-Hohenveldern, Völkerrecht, S. .339ff. Vgl. *Cremer*, Subjektive Rechtsqualität, in: FS Riedel, S. 33, 37.

1. Inhalt des Art. 1 EMRK

Für die Frage nach einer Einzelfallrelevanz lassen sich den Konventionsnormen der Art. 2, Art. 3, Art. 5 und Art. 8 EMRK Anhaltspunkte entnehmen. Sie beschreiben aber hauptsächlich die Seite der *berechtigten* Einzelpersonen. Dagegen gibt der Wortlaut des Art. 1 EMRK Aufschluss darüber, wie die Konvention die Rolle der *verpflichteten* Staaten verstanden wissen will. Nach dem Wortlaut des Art. 1 EMRK haben die Staaten die Pflicht, die Rechte und Freiheiten, wie sie in den EMRK-Normen hinsichtlich bestimmter Individualinteressen genannt sind, zu schützen. Wie sie dies tun, steht häufig in ihrem Ermessen. Dass die Verpflichtung aus Art. 1 EMRK bei jedem staatlichen Tun, Dulden oder Unterlassen zu beachten ist, ergibt sich aber eindeutig aus Art. 1 EMRK, weil ihre gesamte Herrschaftsausübung (*jurisdiction*) angesprochen wird.[182] Somit sollen die von der Konvention geschützten Interessen auch bei jeder Einzelfallentscheidung hinsichtlich ihrer Träger zu beachten sein.[183]

2. Die Individualbeschwerde gemäß Art. 34 EMRK

Um Zweck und Willen der Normen zu erkennen, spielt die Frage nach der Existenz eines Rechtsdurchsetzungsmechanismus – im innerstaatlichen wie im Völkerrecht – eine wichtige Rolle: Zwar ist er selbst kein Definitionselement; ist ein solcher vorhanden, spricht dies aber dafür, dass es den Normgebern mit der effektiven Durchsetzbarkeit des subjektiven Rechts ernst ist.[184] Die EMRK verfasst nicht nur Rechtspositionen in den

---

[182] Vgl. *Peters/Altwicker*, EMRK, § 2 Rn. 17; *Nettesheim, Martin*, in: Nettesheim/von Raumer, EMRK, Art. 1 Rn. 6-9.

[183] Auch in den Vorarbeiten zur Konvention, den *travaux préparatoires*, zeigt sich, dass die Hohen Vertragsparteien durch die Individualinteressen der Konvention gebunden sein sollten und sich auch binden lassen wollte, vgl. ausführlich zum Entstehungsprozess der EMRK *Grote, Rainer*, Entstehung und Entwicklung der EMRK (Kap. 1), in: EMRK/GG Konkordanzkommentar, Rn. 13-30. Beispielhaft soll der Mitberichterstatter des den Konventionsentwurf ausarbeitenden Rechtsausschusses *Sir David Maxwell-Fyfe* zitiert werden, der in der Beratenden Versammlung in der Diskussion um die Bindung der Staaten an konkreten Rechtspositionen ausführte: „From the world point of view we cannot let the matter rest at a declaration of moral principles and pious aspirations, excellent though the latter may be. There must be a binding convention [...]", Plenumssitzung am 19. August 1949, *Europarat*, Collected edition of the "Travaux préparatoires" of the European Convention on Human Rights. Bd. 1, S. 114.

[184] Bereits o. → S. 31.

Artikeln 2 bis 14 EMRK und ihren Zusatzprotokollen, sondern gibt den begünstigten Personen mit der Individualbeschwerde aus Art. 34 EMRK auch einen Mechanismus zur eigenen Durchsetzung.

Diese Form der praktischen Verstärkung menschenrechtlicher Positionen ist auch in anderen völkerrechtlichen Menschenrechtsverträgen zu beobachten und kann deshalb als Anhaltspunkt dienen. So entscheidet der UN-Menschenrechtsausschuss, der Ausschuss für bürgerliche und politische Rechte (Committee on Civil and Political Rights, CCPR), hinsichtlich der Staaten, die das Fakultativprotokoll zum Internationalen Pakt über bürgerliche und politische Rechte (IPbpR) unterzeichnet haben, über Beschwerden, die Einzelne hinsichtlich ihrer Rechte aus dem IPbpR an ihn herantragen.[185]

Die Amerikanische Menschenrechtskonvention (AMRK) sieht in Art. 44 vor, dass sich Einzelne unter Berufung auf ihre Rechte aus der AMRK an die Interamerikanische Kommission für Menschenrechte wenden können. Diese kann im zweistufigen Verfahren den Fall dem Interamerikanischen Menschenrechtsgerichtshof vorlegen, der verbindlich entscheidet.

Dennoch ist zu erwähnen, dass die völkerrechtliche Praxis auch menschenrechtliche Verträge ohne Durchsetzungsmechanismus kennt. Die Europäische Sozialcharta (ESC), die wie die EMRK ein Vertrag des Europarates ist, kennt einen solchen Durchsetzungsmechanismus wie die EMRK-Individualbeschwerde nicht. Die in ihr verbürgten sozialen Rechte, wie unter anderem das Recht auf Arbeit und das Recht auf Fürsorge, werden – neben dem Berichtsverfahren – für alle Staaten, die das Protokoll über ein fakultatives Kollektivbeschwerdeverfahren von 1995 ratifiziert und die nach der revidierten ESC (RESC) erforderliche Anerkennungserklärung abgegeben haben, im Rahmen eines Kollektivbeschwerdeverfahrens durch Nichtregierungs-, Arbeitgeber- und Arbeitnehmerorganisationen überprüft.[186]

Auf die Afrikanische Charta der Rechte der Menschen und Völker („Banjul-Charta“) von 1986 kann man sich mittels einer Beschwerde vor dem 2008 errichteten Afrikanischen Menschenrechtsgerichtshof berufen. Betroffene Einzelpersonen sind aber nur dann beschwerdeberechtigt, wenn

---

185 *Kadelbach, Stefan*, Internationale Durchsetzung (Kap. 30), in: EMRK/GG Konkordanzkommentar, Rn. 184; *Riedel*, in: Menschenrechtsschutz in der Praxis der Vereinten Nationen, S. 25, 35-37.

186 *Kadelbach, Stefan*, Internationale Durchsetzung (Kap. 30), in: EMRK/GG Konkordanzkommentar, Rn. 104.

der betreffende Staat bei seinem Beitritt eine entsprechende Erklärung abgegeben hat.[187]

Auch die UN-Charta konstituierte zunächst in Art. 56 in Verbindung mit Art. 55c nur die Rechtspflicht der Staaten zur Achtung und Förderung der Menschenrechte, nicht aber eine eigene Rechtsstellung der Menschen selbst.[188] Erst in der Allgemeinen Erklärung der Menschenrechte wurde dies anders formuliert.[189]

Und selbst die Konvention eröffnete vor Einführung des 11. Protokolls vom 11. Mai 1994 keine unmittelbare Individualbeschwerdemöglichkeit zum Gerichtshof; Einzelne gelangten nur vermittelt über eine Beschwerde bei der Europäischen Kommission für Menschenrechte (EKMR) zum Gerichtshof.[190] Dennoch ist weithin anerkannt, dass auch vor Einführung des 11. Protokolls die in der Konvention konstituierten Rechte subjektive Rechte sein sollten. Die Konvention als völkerrechtlicher Vertrag begründet völkerrechtliche Rechte und Pflichten zwischen den Vertragsstaaten, aber auch „materielle völkerrechtliche Rechte für den Einzelnen in dem Umfang der gewährleisteten Rechte." [191] Die Konvention ist mittlerweile mit einer Individualbeschwerde ausgestattet, einem unmittelbaren völkerrechtlichen Durchsetzungsmechanismus, sodass Einzelne insoweit Subjekte des Völkerrechts sind.[192] Diese Durchsetzungsmöglichkeit bestärkt die Auffassung, dass „Berechtigter an erster Stelle das Individuum selbst"[193] ist.

Bezogen auf die hier gefundene Definition ist zu sagen, dass sich im Wortlaut der Konvention und insbesondere das Instrument des Art. 34 EMRK zeigen, dass die Konventionsstaaten die Individualinteressen in Entscheidungen, die die begünstigten Personen betreffen, zu beachten haben.

---

187 Art. 5 Abs. 3 i. V. m. Art. 34 Abs. 6 Zusatzprotokoll vom 10.06.1998; dazu *Hobe*, Völkerrecht, S. 383 f.

188 *Beyerlin, Ulrich*, in: Seidl-Hohenveldern, Völkerrecht, S. 275.

189 S. dazu *Hobe*, Völkerrecht, S. 356-359.

190 Die Anrufung der Kommission wurde aber durchaus als ein individueller Rechtsbehelf verstanden. S. zum Ganzen *Grote, Rainer*, Entstehung und Entwicklung der EMRK (Kap. 1), in: EMRK/GG Konkordanzkommentar, Rn. 38 ff.; *Hobe*, Völkerrecht, S. 378 f.

191 *Röben, Volker*, Grundrechtsberechtigte und -verpflichtete, Grundrechtsgeltung (Kap. 5), in: EMRK/GG Konkordanzkommentar, Rn. 1.

192 Vgl. *Röben, Volker*, Grundrechtsberechtigte und -verpflichtete, Grundrechtsgeltung (Kap. 5), in: EMRK/GG Konkordanzkommentar, Rn. 1.

193 *Peters/Altwicker*, EMRK, § 2 Rn. 10.

3. Die Folgen von Entscheidungen des Gerichtshofs

Neben der Entscheidungsumsetzungspflicht der Konventionsstaaten aus Art. 46 Abs. 1 EMRK, auf die gleich einzugehen sein wird, treffen die Staaten weitere völkerrechtliche Pflichten, die mit den individualbegünstigenden Normen der Konvention verbunden sind. So folgt aus Art. 34 S. 1 EMRK nicht nur das Recht von Einzelpersonen, Individualbeschwerde einzulegen, sondern aus S. 2 auch die Verpflichtung der Staaten, die wirksame Ausübung dieses Rechts nicht zu behindern. Auch bestimmt Art. 38 EMRK, dass die betreffenden Hohen Vertragsparteien alle zur wirksamen Durchführung der Ermittlungen erforderlichen Erleichterungen zu gewähren haben.[194] Spezifische Pflichten treffen die Staaten also im Ablauf des Verfahrens zur Durchsetzung der Konventionsnormen durch den Gerichtshof. Neben diesen Pflichten, welche die Konventionsstaaten vor und während des Verfahrens treffen, regelt Art. 46 Abs. 1 EMRK die Verpflichtung nach der Entscheidung des Gerichtshofs, diese Entscheidung gegen sich zu befolgen. Was unter der Befolgungspflicht zu verstehen ist, regelt die Konvention nicht näher.[195] Es richtet sich also nach den allgemeinen, völkergewohnheitsrechtlichen Regeln der Staatenverantwortlichkeit. Danach gilt, dass auf jedes völkerrechtswidrige Verhalten eines Staates dessen völkerrechtliche Verantwortlichkeit folgt.[196] Stellt der Gerichtshof in einer endgültigen Entscheidung fest, dass eine Konventionsnorm, die einen individuellen Interessensträger begünstigt, verletzt wurde, muss der beklagte Staat eine noch andauernde Verletzung der Norm beenden[197] und den entstandenen Schaden wiedergutmachen.[198] Auf welche Weise er die andauernde Verletzung beendet, ob er also eine individuelle Maßnahme ergreift oder die gesetzliche Grundlage beseitigt, bleibt ihm überlassen.[199] Weiterhin muss er Wiedergutmachung leisten, also alle Folgen seines völkerrechtswidrigen Verhaltens beseitigen und eine Situation erschaffen, wie sie aller Wahrscheinlichkeit nach ohne das Verhalten

---

194 Vgl. *Nettesheim, Martin*, in: Nettesheim/von Raumer, EMRK, Einleitung Rn. 15.

195 Vgl. *Peters/Altwicker*, EMRK, § 37 Rn. 16 bei u. in Fn. 183.

196 Vgl. Art. 1 ILC-Entwurf: „Every internationally wrongful act of a state entails the international responsibility of that state."

197 Vgl. Art. 30 Abs. 1 lit. a ILC-Entwurf.

198 *Polakiewicz*, Zeitschrift für ausländisches öffentliches Recht und Völkerrecht, 1992, S. 149, 164 f. m. w. N.

199 *Peters/Altwicker*, EMRK, § 37 Rn. 16.

bestanden hätte. Wiedergutmachung kann entweder in Naturalrestitution oder Schadensersatz geleistet werden.[200]

Der Verstoß eines Staates gegen eine der Konventionsnormen, die einen individuellen Interessensträger begünstigen, wird sanktioniert, sodass die Konvention es darauf anlegt, dass das Individualinteresse für den Staat bei dessen Tun relevant ist.

Verstärkt wird dieser Schluss beim Blick auf die Entschädigungsregel in Art. 41 EMRK. Danach kann der Gerichtshof neben der Feststellung der Konventionsverletzung der verletzten Partei eine gerechte Entschädigung zusprechen. Wenn das innerstaatliche Recht einer Hohen Vertragspartei nur eine unvollkommene Wiedergutmachung für die Folgen dieser Verletzung gestattet, so spricht der Gerichtshof der verletzten Partei eine gerechte Entschädigung zu, wenn dies notwendig ist. Somit modifiziert Art. 41 EMRK die Pflicht zur Wiedergutmachung nach dem Recht der Staatenverantwortlichkeit;[201] wenn eine Wiedergutmachung nach dem innerstaatlichen Recht nicht oder nicht vollständig möglich ist, spricht der Gerichtshof zur Wahrung der innerstaatlichen Rechtskraft eine Entschädigungspflicht – gegenüber der beschwerdeführenden Person selbst, nicht gegenüber ihrem Heimatstaat – aus.[202] Art. 41 EMRK koppelt somit die Verletzung konkreter Konventionsrechte an eine Schadensersatzpflicht, „die der begünstigten Person zugutekommt und über die andere nicht zu verfügen befugt sind“[203]. Die ausdrückliche Nennung einer Entschädigungsmöglichkeit der individuellen Person zeigt, dass das Individualinteresse relevant für das Tun des Staates ist und im Rahmen der Entschädigungsleistung auch wieder rückgekoppelt an die konkrete individuelle, von der Norm ursprünglich begünstigte Person ist.[204]

Aus der Analyse anhand der entwickelten Definition ergibt sich, dass die Konventionsnormen Art. 2, Art. 3, Art. 5 sowie Art. 8 EMRK subjektive öffentliche Rechte enthalten. Der Einzelne kann also im Konventionskontext

---

[200] *Hobe*, Völkerrecht, S. 266.

[201] *Peters/Altwicker*, EMRK, § 37 Rn. 16.

[202] S. dazu ausführlich *Cremer, Hans-Joachim*, Entscheidung und Entscheidungswirkung (Kap. 32), in: EMRK/GG Konkordanzkommentar, Rn. 88.

[203] *Cremer*, in: Enzyklopädie Europarecht, § 3 Rn. 104.

[204] Zur Rolle der Entschädigungsregel als Erkennungsmerkmal eines subjektiven Rechts im Völkerrecht: *Cremer*, Subjektive Rechtsqualität, in: FS Riedel, S. 33, 46 f.

als Völkerrechtssubjekt angesehen werden;[205] die EMRK schützt Individualinteressen, deren begünstigende Wirkung die Staaten bei ihrem Verhalten zu beachten haben, also in den die Rechtsträger treffenden Entscheidungen zu beachten sind.

Festzuhalten ist für diese Arbeit zudem, dass ein subjektives öffentliches Recht – im Konventionskontext und allgemein – ohne verfahrensrechtlichen Durchsetzungsmechanismus bestehen kann. Das Verfahren und weiter gefasst Verfahrenssituationen sind vielmehr rechtliche Sphären, in denen die subjektiven öffentlichen Rechte der Konvention wirken können.

B. Innerstaatliches, eine Verfahrenssituation regelndes Recht als objektives Recht

Mit der Vielfalt der Verfahrenssituationen ist sogleich in der rechtstheoretischen Konstruktion, vor allem aber in der Rechtsprechungsanalyse umzugehen. Ihre Erschaffung durch das Recht vereint diese Verfahrenssituationen: sie existieren erst durch das Recht und haben kein Gegenstück im Tatsächlichen. Sie ergeben sich aus dem innerstaatlichen Recht, das Verfahrenssituationen normativ gestaltet und ihnen einen rechtlich erheblichen Sinn gibt. Als Teil der innerstaatlichen Rechtsordnung ist es auch Teil des objektiven Rechts. Durch die rein normative Qualität ohne tatsächliches *Pendant* lässt sich sogar sagen: es ist *nur* Teil des (objektiven) Rechts.

---

[205] Wenn auch nur mit partieller, partikulärer und abgeleiteter Rechtspersönlichkeit. *Karl, Wolfram*, in: Seidl-Hohenveldern, Völkerrecht, S. 90, 91.

Rechtstheoretische Konstruktion

Nachdem die der Arbeit zugrunde liegenden Begriffe des subjektiven öffentlichen Rechts und des objektiven, verfahrensregelnden Rechts festgehalten wurden, können diese nun in eine Beziehung zueinander gebracht werden. Ziel ist es, rechtstheoretisch nachzuvollziehen, was in einer Verfahrenssituation im Verhältnis zwischen völkerrechtlichem subjektiven Recht und innerstaatlichem objektiven Recht geschieht. Wie verändern die subjektiven öffentlichen Rechte der Konvention das innerstaatliche objektive Recht in Situationen, die doch eigentlich zeitlich vor oder nach der substanziellen Beeinträchtigung liegen? Wie lässt sich begründen, dass sich die Konventionsrechte nicht darauf beschränken, in der Beeinträchtigungssituation selbst zu schützen, sondern darüber hinaus Vorgaben geben für die Phasen davor und danach?

Um diese Fragen rechtstheoretisch zu beantworten, soll nochmals der Fall von Valentin Câmpeanu[206] in Erinnerung gerufen werden. Er starb in einer ungeeigneten medizinischen Einrichtung, ohne dass ihm zuvor eine rechtliche Vertretung zugewiesen worden war und ohne dass danach die Todesumstände sorgfältig aufgeklärt wurden.

Ausgangspunkt ist die substanzielle Beeinträchtigung. Im Fall des Valentin Câmpeanu war dies sein Tod: das Rechtsgut des Art. 2 EMRK, das Leben, endete. Nun enthält Art. 2 EMRK neben dem Verbot, Menschen durch staatliche Gewalt zu töten, auch das Gebot, das Recht jedes Menschen auf Leben zu schützen (*shall be protected*). Vom Konventionsrecht können also negative

[206] EGMR (GK), Urt. v. 17.07.2014, ECHR 2014, Nr. 47848/08 – *Centre for Legal Resources on behalf of Valentin Câmpeanu vs. Rumänien*; Sachverhaltsschilderung s. → S. 1.

wie positive Pflichten ausgehen.[207] Wie die Staaten diesen Verpflichtungen nachkommen, liegt oftmals in ihrem Ermessen. Eine Bedingung stellt der Gerichtshof jedoch: welche Maßnahmen auch gewählt werden, sie müssen wirksam sein, damit die Rechte der Konvention praktisch und effektiv, und nicht nur theoretisch und illusorisch sind.[208]

Die Prämisse des effektiven Konventionsrechtsschutzes führt dazu, dass sich Konventionsrechte nicht in ihrer abwehrrechtlichen Dimension[209], also einer Unterlassungsverpflichtung erschöpfen, sondern auch „Rechtseinrichtungen“ durch Gesetze, Maßnahmen der Exekutive und Judikative einbeziehen.[210]

Effektiver Konventionsschutz kann mithin verlangen, nicht nur den Zeitpunkt der eigentlichen substanziellen Beeinträchtigung zu betrachten. Valentin Câmpeanu war vor seinem Tod unterernährt und ungenügend betreut. Hier zu sagen, der Staat hätte allein zum Todeszeitpunkt den Schutz seines Rechts auf Leben gewährleisten müssen, widerspräche dem Grundsatz effektiven Konventionsrechtsschutzes. Die Konvention soll nämlich nicht Rechte garantieren, die theoretisch oder illusorisch sind, sondern Rechte, die praktisch und effektiv sind.[211] So hatte der Gerichtshof bereits im Zusammenhang mit Art. 6 Abs. 1 EMRK festgestellt, dass rechtliche genauso

---

207 Diese sind mithin nicht immer klar voneinander zu unterscheiden, vgl. *Cremer*, in: Enzyklopädie Europarecht, § 3 Rn. 84 „so beim Recht auf eine Entscheidung in angemessener Frist [gem. der Grundrechtecharta der Europäischen Union]: Ungerechtfertigte Verzögerungen müssen unterbleiben, doch muss – und dies ist letztlich wesentlich – das Verfahren auch mit der gebotenen Zügigkeit betrieben werden.“

208 S. unter vielen EGMR (GK), Urt. v. 17.07.2014, ECHR 2014, Nr. 47848/08, § 105 – *Centre for Legal Resources on behalf of Valentin Câmpeanu vs. Rumänien*; EGMR (GK), Urt. v. 09.07.2021, Nr. 6697/18, § 162 – *M.A. vs. Dänemark*.

209 S. *Krieger, Heike*, Funktionen von Grund- und Menschenrechten (Kap. 6), in: EMRK/GG Konkordanzkommentar, Rn. 11.

210 *Matscher, Franz*, in: Seidl-Hohenveldern, Völkerrecht, S. 270, 271.

211 EGMR (GK), Urt. v. 17.07.2014, ECHR 2014, Nr. 47848/08, § 105 – *Centre for Legal Resources on behalf of Valentin Câmpeanu vs. Rumänien*; ständige Rechtsprechung seit EGMR, Urt. v. 09.10.1979, Rep. A 32, Nr. 6289/73, § 24 – *Airey vs. Irland*. S. a. EGMR (GK), Urt. v. 28.05.2002, ECHR 2002-IV, Nr. 46295/99, § 68 – *Stafford vs. Großbritannien*: „It is of crucial importance that the Convention is interpreted and applied in a manner which renders its rights practical and effective, not theoretical and illusory. A failure by the Court to maintain a dynamic and evolutive approach would risk rendering it a bar to reform or improvement.“. Hierzu *Cremer, Hans-Joachim*, Regeln der Konventionsinterpretation (Kap. 4), in: EMRK/GG Konkordanzkommentar, Rn. 88, 124 ff.

wie tatsächliche Rechtsausübungshindernisse gegen die Konvention verstießen. Um diese abzubauen und damit seiner Verpflichtung aus der Konvention nachzukommen, bedürfe es eines positiven Handelns des Staates, sodass der Staat nicht einfach passiv bleiben könne.[212]

Der rumänische Staat hatte bereits davor – eigentlich Valentin Câmpeanus gesamtes Leben lang – die Möglichkeit gehabt, seinen frühen Tod zu verhindern. Unter dem Gesichtspunkt, dass die Konventionsrechte effektiven Schutz bieten, ist der Blick von der substanziellen Beeinträchtigung ausgehend zu weiten auf ihr zeitliches Umfeld.

Diese zeitlich umliegenden Situationen haben unterschiedlichen Charakter. Sie können Situationen sein, die vom Staat ein faktisches Verhalten erwarten. Im Fall gilt dies beispielsweise für die Zeit in der Klinik. Aufgrund von Valentin Câmpeanus Hilflosigkeit bestand zu diesem Zeitpunkt die Pflicht des Staates, ihn zu versorgen. Um einen frühen Tod aufgrund von Unterernährung zu verhindern, folgt aus Art. 2 EMRK die Pflicht, ihn zu ernähren und sich um ihn zu kümmern. Im Angesicht dieser tatsächlichen Gefahr besteht also eine Pflicht des Staates, durch faktisches Verhalten den Lebensschutz des Art. 2 EMRK zu realisieren, die er als Verpflichteter des subjektiven Rechts gemäß Art. 1 EMRK erfüllen muss. Diese Pflicht kann im Beeinträchtigungsereignis selbst, aber auch zuvor und danach bestehen.[213]

Zur gleichen Zeit besteht eine rechtlich geschaffene Situation, im Fall das Unterbringungsverfahren. Eine solche ist eine vorausgehende oder nachfolgende, rechtlich geprägte Situation, die enorme Wirkungen auf den Zeitpunkt der substanziellen Beeinträchtigung entfalten kann. Im Fall des Unterbringungsverfahrens hatten die durchführenden Personen im Hinblick auf die Entscheidung, ihn in dieser Klinik unterzubringen, eine Mitverantwortung dafür, dass Valentin Câmpeanus Leben so früh endete. Das Ergebnis der Verfahrenssituation hat sich somit auf die substanzielle Beeinträchtigungssituation ausgewirkt. Solche Verfahrenssituationen können also eine Gefährdung für das Konventionsrecht darstellen oder dazu beitragen, dass sich eine Gefährdungslage später weiter zuspitzt. Für die Gewährleistung effektiver Konventionsrechte kann der Staat auch in solchen Situationen zu schützenden Maßnahmen verpflichtet sein.

---

212 EGMR, Urt. v. 09.10.1979, Rep. A 32, Nr. 6289/73, § 25 – *Airey vs. Irland.*

213 Zur Abgrenzung s. auch u. → S. 85 u. Fn. 1335.

Während aus den tatsächlichen Umständen faktische Verpflichtungen für den Staat entstehen – für den Umstand der Betreuung in einer Klinik die Verpflichtung, für Nahrung und Pflege zu sorgen –, kann in einer rechtlichen Verfahrensumgebung den Verpflichtungen auch nur durch Recht begegnet werden.[214] Anders ist einer Situation, die durch Recht geschaffen ist, die also auch nur durch Recht verändert werden kann, ihre Gefahr für das Konventionsrecht nicht zu nehmen.

Bezogen auf das Unterbringungsverfahren hätte die Gefahr für das Leben von Valentin Câmpeanu gemindert werden können, wenn der Staat die eingeräumten Beteiligungsmöglichkeiten, die Informations- und Rechtsschutzmodalitäten zugänglicher gestaltet hätte. Diese können nur durch die Änderung des das Verfahren konstituierenden Rechts eingerichtet und modifiziert werden. Mit dem Ziel des effektiven Schutzes des Individualinteresses dringt das subjektive Recht aus Art. 2 EMRK folglich in das übrige objektive, eine Verfahrenssituation regelnde Recht und prägt dieses. Es muss dies sogar tun, um auch in diesen Situationen effektiven Schutz der konventionsgeschützten Interessen zu erreichen. Andernfalls ließe ein Staat Möglichkeiten verstreichen, die substanzielle Beeinträchtigung aufzuhalten oder zu minimieren. Das Verständnis eines effektiven Konventionsrechtsschutzes verlangt somit von den Staaten, dass sie die prognostizierten Folgen für die Konventionsrechtsgüter in die Entscheidung über die Schaffung und Gestaltung einer Verfahrenssituation einbeziehen.

Für den Staat bedeutet dies, dass er nicht nur in der Situation des Beeinträchtigungsereignisses, sondern auch in den davor und danach stattfindenden Verfahrenssituationen die Konventionsrechte und ihre Schutzgehalte bedenken muss. In Anlehnung an konsequentialistische[215] Entscheidungstheorien

[214] Vgl. den Gedanken zur Art und Weise der Pflichterfüllung schon bei *Jellinek*, System der subjektiven öffentlichen Rechte, S. 63: „Was das Individuum durch seine unmittelbare That vollbringt, vollzieht der Staat durch Rechtsetzung, durch materielle Gesetzgebung."

[215] Hiermit ist gemeint, dass die Richtigkeit und damit die Entscheidung für ein staatliches Verhalten davon abhängen soll, wie gut oder schlecht seine erwartenden Konsequenzen sind. Nicht aber werden die Konsequenzen im Sinne der Höhe eines Gesamtnutzens, unabhängig von der Verteilung auf Individuen, gedacht; hierzu *Schroth, Jörg*, in: Handbuch Angewandte Ethik, S. 62. Die betroffenen Individuen und ihre durch die Folgen beeinträchtigten Rechtsgüter stehen im Mittelpunkt. Für jedes soll der Staat die Auswirkungen ermitteln und in seine Entscheidungsfindung einbeziehen.

muss er bereits bei Schaffung und Ausgestaltung einer Verfahrenssituation die Konventionsrechte im Bewusstsein haben.

Allgemein kann der staatliche Entscheidungsprozess wie folgt dargestellt werden. Der Staat gewinnt Bewusstsein über einen bestimmten Sachverhalt. In die Deliberationsphase nimmt er in seine Entscheidungsüberlegungen[216] neben anderen Komponenten auch die für ihn bereits prognostizierbaren Folgen seines Verhaltens auf. Sie bilden einen Teil der Kenntnisgrundlage, aufgrund deren er seine Entscheidung trifft. Nach Identifikation und Gewichtung der relevanten Gesichtspunkte folgt die Entscheidung des Staates. Auf ihr gründet sein folgendes Verhalten: handelt er oder unternimmt er nichts? Für welche Handlungen entscheidet er sich?

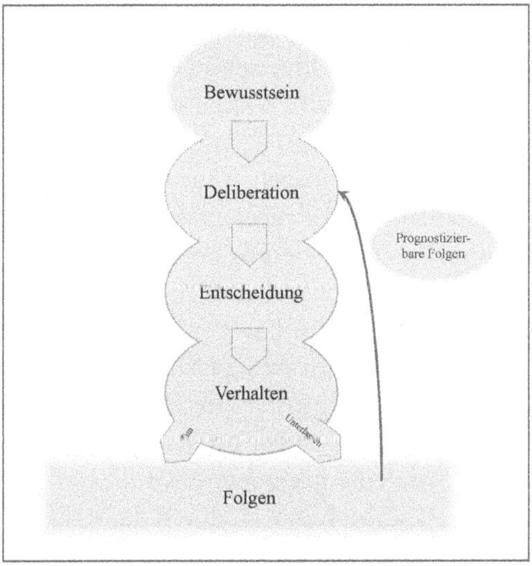

Abb. 1: Staatlicher Entscheidungsprozess

Vor dem Hintergrund der eben beschriebenen Wirkung des subjektiven Rechts auf die objektiv-rechtliche Umgebung, die eine Verfahrenssituation prägt, lässt sich der staatliche Entscheidungsprozess folgendermaßen konkretisieren. Zunächst liegt ein staatliches Bewusstsein für das Bestehen oder die Möglichkeit einer Verfahrenssituation vor. Ebenso sind ihm die Rechtsgüter der

[216] *Lumer, Christoph*, in: Handbuch Ethik, S. 472.

Konvention in ihren Dimensionen bewusst. Im Rahmen der Deliberation hat er nun die zu diesem Zeitpunkt prognostizierbaren Folgen für ihre Schutzgüter in die Sachverhalts- und Gütерermittlung einzubeziehen. Bei der daran anschließenden Entscheidung über das künftige staatliche Verhalten, also über die Schaffung und Ausgestaltung einer Verfahrenssituation, sind die ermittelten Folgen und ihr relatives Gewicht zu anderen Gesichtspunkten zentral. Wie er das Wissen um die prognostizierbaren Folgen der Verfahrenssituation und der substanziellen Beeinträchtigung in das Verfahren einbaut, überlässt der Gerichtshof – in Grenzen – den Staaten. Sie entscheiden, ob und wie sich der Konventionsrechtsschutz wirksam in den innerstaatlichen Verfahrenssituationen verwirklichen lässt. Diesem Einschätzungsspielraum (*margin of appreciation*)[217] sind allerdings Grenzen gesetzt. Vor allem mit Blick auf die Effektivität der Maßnahmen prüft der Gerichtshof genau und lässt den Staaten nur unter den wirksamen Maßnahmen die Wahl. Dass sie wirksamen Konventionsrechtsschutz in Verfahrenssituationen implementieren müssen, steht nicht zu ihrer Disposition.

Indem der Gerichtshof dieses Vorgehen aus der Konvention ableitet, beeinflusst er die Gründe, die einen Konventionsstaat zur Entscheidung über die Verfahrenseinrichtung und -ausgestaltung bringen. Gleichzeitig gewinnen die daraufhin entstehenden Verfahrenssituationen einen anderen, nämlich einen konventionsrechtlichen Zweck. Im Fall von Valentin Câmpeanu wäre der Schutz seines Rechts auf Leben aus Art. 2 EMRK Teil der Verfahrenszwecke gewesen. Seine Schutzbedürftigkeit hätte im Unterbringungsverfahren eine beachtungswürdige Rolle gespielt und möglicherweise sogar zu einer Entscheidung geführt, die eine geeignetere Klinik und nicht einfach eine bereitwillige Klinik ausgewählt hätte, wodurch das Risiko des frühen Todes hätte verringert werden können.

Dieselbe Überlegung greift für rechtliche Verfahrenssituationen, die zeitlich weit vor und direkt nach dem substanziellen Beeinträchtigungsereignis stattfinden, im Fall also das Gesetzgebungsverfahren sowie das Verfahren zur Untersuchung des Todesfalls. Auch diese sind rechtlich geschaffen, auch diese bergen Gefahren, denen ein Staat zur Gewährleistung effektiver Konventionsrechte mit rechtlichen Maßnahmen begegnen muss. Diese zu

---

[217] Hierzu allgemein *Marauhn, Thilo/Mengeler, Daniel*, Grundrechtseingriff und -schranken (Kap. 7), in: EMRK/GG Konkordanzkommentar, Rn. 58 f.

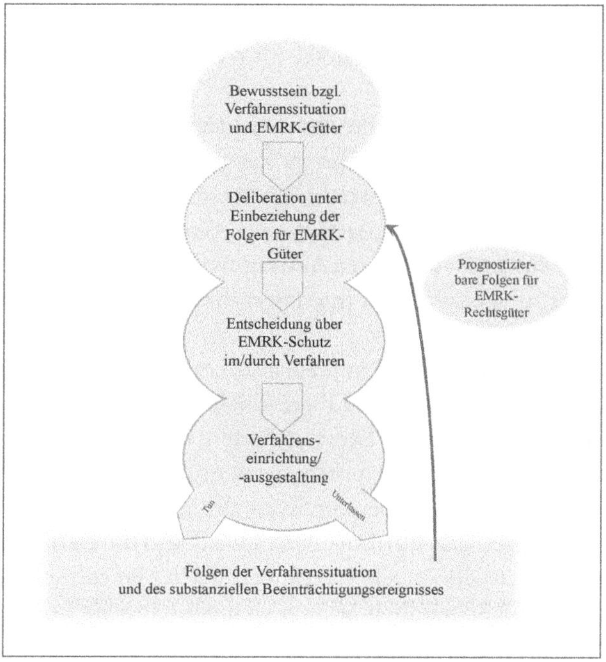

Abb. 2: Staatlicher Entscheidungsprozess hinsichtlich einer Verfahrenssituation, ausgelöst und beeinflusst durch die Individualrechte der Konvention

erkennen und die Verfahrenssituationen wirksam schützend auszugestalten, ist eine konventionsrechtliche Pflicht.

In der Befolgung der Entscheidungen des Gerichtshofs im Sinne des Art. 46 Abs. 1 EMRK bedeutet dies für den beklagten Konventionsstaat, dass er zur Vermeidung der Wiederholung[218] mit Mitteln des Rechts auf rechtliche, Konventionsrechte gefährdende Situationen reagieren muss. Das subjektive Konventionsrecht hat in solchen Situationen also zur Folge, dass innerstaatliches objektives Recht verändert werden muss.[219] Diese Konsequenz ist dem

---

[218] Zur Staatenverantwortlichkeit s.o. → S. 58.

[219] Vgl. zum Verhältnis der Europäischen Charta-Grundrechte zu europäischem Sekundärrecht und innerstaatlichem Recht der Mitgliedstaaten: *Cremer*, in: Enzyklopädie Europarecht, § 3 Rn. 88 f.: „Man wird kaum fehlgehen in der Annahme, dass diese Charta-Vorschriften die Pflicht zum Erlass entsprechender Gesetze implizit aufstellen, welche die Verwirklichung des intendierten Schutzes erst ermöglichen. […] Da die

Grundsatz des effektiven Konventionsschutz geschuldet und der rechtlichen Verfahrenssituation, in der eine andere als rechtliche Handlung nicht möglich ist.

Zurückführend auf die Begriffe des subjektiven und objektiven Rechts ist für diese Verfahrenssituationen also zu sagen, dass das subjektive Konventionsrecht seine Träger im innerstaatlichen Rechtsraum effektiv schützen will. Dies kann es in einer durch innerstaatliches, objektives Recht geschaffenen Situation nicht anders als durch den Auftrag an den Staat, das objektive Recht zu ändern. Das subjektive Recht intendiert dies nicht; es ist der rechtlichen Umgebung geschuldet.

Das subjektive öffentliche Recht prägt also, entfacht von einer neuen rechtsbeeinträchtigenden Situation und ihrer objektivrechtlichen Ausgestaltung, neue Gewährleistungen aus. Diese gründen im subjektiven Recht und sind zunächst als ein neuer Anspruch aus dem subjektiven Recht zu sehen. Diesen zu realisieren gelingt aber nur, wenn der Staat die objektivrechtlichen Normen umgestaltet. Das objektive Recht wird also durch den Einfluss des subjektiven Rechts in dessen Sinne verändert, nach Maßgabe des subjektiven Rechts eingefärbt. Letztendlich gelangt so die inhaltliche Vorgabe des subjektiven Rechts in das objektive Recht und begegnet dem Rechtsanwender somit in der Gestalt des objektiven Rechts, ohne dass es seine Qualität als subjektives Recht verlöre.[220] Es ist weiterhin ein Anspruch aus dem subjektiven Recht und steht damit dem Berechtigten zu. Zugleich wird der Inhalt des subjektiven Rechts, eigentlich bloß zufällig aufgrund seines Wirkungsorts in der Rechtsordnung, ins objektive Recht eingebettet – zufällig, da originäre Aufgabe eines subjektiven Rechts die Verschaffung subjektiver Ansprüche des Rechtsträgers in einer konkreten Situation bleibt. Da diese konkrete Situation in den beschriebenen Fällen aber eine vom objektiven Recht durchdrungene Situation ist, gelingt die Anspruchsgewährung nur durch Veränderung der objektivrechtlichen Normen. Dass im Rahmen der Anspruchserfüllung zufällig, aber notwendig neues objektives Recht geschaffen wird, wird – in Anlehnung an *Jellineks* Beschreibung der Wirkungen objektiven Rechts

---

Charta aber nicht in einen rechtsleeren Raum hinein ‚spricht', sondern das Recht der Union und der Mitgliedstaaten vorfindet, liegt das Schwergewicht ihrer Anforderungen an Gesetzgebung bei der Anpassung des vorhandenen Rechts an die Standards der Charta, soweit ihnen nicht ohnehin schon genügt ist."

[220] Vgl. *Classen*, Staatsrecht II, § 6 Rn. 13-15 m. w. N.

zugunsten einzelner Individuen[221] – als Reflexwirkung des subjektiven Rechts bezeichnet.

Sie als objektive Reflexwirkung des subjektiven Menschenrechts zu benennen, macht deutlich, dass normative Anforderungen, staatliche Verfahrenssituationen in bestimmter Weise abstrakt-generell einzurichten ihre Grundlage in subjektiven Rechten haben können. Sie entspringen der Gewährleistung von Menschenrechten als subjektiven Rechten, auch wenn nicht eine berechtigte Person die Verfahrensanforderungen für alle anderen berechtigten einfordern könnte. Zum Telos eines subjektiven Konventionsrechts gehört es auch, Anforderungen an staatliche Organisation und Verfahrenssituationen zu stellen, *soweit* dies notwendig ist, um den subjektiven Schutzgehalt des Menschenrechts zu realisieren. Darüber hinaus bleibt die Ausgestaltung den Staaten überlassen; das subjektive Recht färbt das objektive Recht nur insoweit ein, wie es notwendig ist. Wo es aber notwendig ist, ist der Staat konventionsrechtlich verpflichtet, Verfahrenssituationen losgelöst vom Einzelfall so auszugestalten und zu „programmieren", dass bei Eintritt eines Einzelfalls die Menschenrechte der betroffenen Person gewahrt werden.

Dieser theoretisch konstruierte Ablauf muss nun anhand der Praxis des Gerichtshofs überprüft werden. Hierzu werden seine Entscheidungen zu Art. 2, Art. 3, Art. 5 sowie Art. 8 EMRK analysiert. Diese Individualrechte wurden ausgewählt, um unterschiedliche Aspekte abzudecken. Mit Art. 2 und Art. 3 EMRK werden Rechte analysiert, deren Rechtsgüterschutz aufgrund der irreversiblen Folgen ihrer Verletzung vom Gerichtshof als besonders wichtig eingeordnet wird. Art. 5 EMRK ist ein originär verfahrensrechtlich ausgestaltetes Konventionsrecht, aus dem nun judikativ erschaffene Verfahrensanforderungen entnommen werden. Art. 8 EMRK fügt der Auswahl ein normgeprägtes Recht hinzu.

Zudem werden exemplarisch Entscheidungsumsetzungen der Konventionsstaaten herangezogen, um auch die staatlichen Reaktionen einzubeziehen. Eine Kategorienbildung kann im Anschluss daran gelingen.

---

[221] *Jellinek*, S. 65: „Indem nun die Rechtssätze des öffentlichen Rechtes im Gemeininteresse den staatlichen Organen ein bestimmtes Thun oder Unterlassen gebieten, kann das Resultat dieser Aktion oder Nichtaktion bestimmten Individuen zu Gute kommen, ohne dass die Rechtsordnung beabsichtigte, die Rechtssphäre gerade dieser Personen zu erweitern. In solchen Fällen wird man von einer Reflexwirkung des objektiven Rechts reden können."

Analyse der Rechtsprechung des Gerichtshofs

In der sich nun anschließenden Analyse der Rechtsprechung soll die gefundene rechtstheoretische Konstruktion überprüft werden. So kann einerseits ihre Praxistauglichkeit ermittelt werden. Andererseits kann damit auch geprüft werden, ob sie eine theoretische Grundlage für die Entwicklung der Rechtsprechung bieten kann.

Daraus folgt auch, dass die folgende Analysestruktur von der Theorie angeregt wird und die Rechtsprechungsuntersuchung folglich in die theoretisch ermittelten *Phasen* unterteilt wird. Die Unterteilung in *abstrakte Vorphase*, *konkrete Vorphase* und *konkrete Nachphase* wird Unterschiede deutlich zeigen, sodass sie der Strukturierung der konventionsrechtlichen Verfahrensanforderungen dienen wird.

In der Analyse werden ausgewählte Fälle einzeln vorgestellt und jeweils mit ihrem Sachverhalt und den Rechtsaussagen präsentiert. Diese Vorgehensweise bietet sich an, da die Gründe für die Feststellungen des Gerichtshofs meist nur mithilfe des Sachverhalts zu verstehen sind. Nur wenn zunächst die Verfahrenssituation und die aus ihr hervorgehende Gefahr einer substanziellen Beeinträchtigung beschrieben wird, wird nachvollziehbar, warum der Gerichtshof Verfahrensanforderungen aus der Konvention ableitet. Nach der Vorstellung ausgewählter Fälle folgt ihre Bewertung.

Thematisch betreffen sie die Konventionsrechte aus Art. 2, Art. 3, Art. 5 und Art. 8 EMRK. Ausgewählt wurden diese Rechte, um das Entstehen von Verfahrensanforderungen anhand unterschiedlich gestalteter Individualrechte zu analysieren. Mit Art. 2 und Art. 3 EMRK sind die Fundamentalgarantien der Konvention enthalten. Als verfahrensrechtlich ausgestaltetes Recht kann anhand von Art. 5 EMRK erkennbar gemacht werden, wie zusätzliche, judikativ erschaffene Verfahrensanforderungen entstehen. Art. 8 EMRK vervollständigt mit seinen normgeprägten Rechtgütern des Ehe- und Familienlebens die Analyse.

Am Ende jeder Analyse werden exemplarisch Entscheidungsumsetzungen der Konventionsstaaten herangezogen. Auch wenn hinsichtlich der staatlichen Reaktionen kein vollständiges Bild gezeichnet werden kann, zeigen sie doch wie im Rahmen des dialogischen Verfahrens[222] zwischen Gerichtshof und Konventionsstaaten verfahrensrechtliche Entwicklungen angenommen werden. Eine Kategorienbildung kann im Anschluss daran gelingen.

---

[222] Hierzu *Cremer, Hans-Joachim*, Regeln der Konventionsinterpretation (Kap. 4), in: EMRK/GG Konkordanzkommentar, Rn. 129.

Die Einteilung der Verfahrenssituationen in Phasen

A. Historischer Ausgangspunkt

Zur historischen Einordnung soll der Fall *McCann gegen Großbritannien*[223] an den Beginn gestellt werden. Im 1995 entschiedenen Fall des Gerichtshofs ging es um eine Militäraktion der britischen Einsatzkräfte in Gibraltar. Es gab Anhaltspunkte für einen geplanten Anschlag der Irisch-Republikanischen Armee (IRA) und die britischen Einsatzkräfte unterstützten die dortige Polizei bei der Vereitelung. Um Beweise zu erlangen, ließen sie die Verdächtigen einreisen, anstatt sie bereits bei der Einreise festzunehmen. Die Planung mündete in einen Zugriff auf offener Straße, bei der drei Verdächtige auf offener Straße von den britischen Einsatzkräften erschossen wurden. Alle drei waren zu diesem Zeitpunkt unbewaffnet. Es folgten staatliche Untersuchungen der Vorfälle in Gibraltar und Nordirland, die jedoch ergebnislos verliefen. In ihrem Urteil stellt die Große Kammer fest, dass ein generelles Verbot willkürlicher Tötung durch den Staat ineffektiv wäre, wenn kein Verfahren bestünde, in dem die Rechtmäßigkeit des staatlichen Einsatzes tödlicher Gewalt überprüft werden könnte. Dies ergebe sich aus Art. 2 in Verbindung mit Art. 1 EMRK. Der Schutz des Rechts auf Leben erfordere gemeinsam mit der generellen Pflicht, die Rechte der Konvention jeder Person innerhalb der staatlichen Herrschaftsgewalt zu gewähren, implizit eine Art effektiver, amtlicher Untersuchung, sobald Personen durch Gewaltausübung von

[223] EGMR (GK), Urt. v. 27.09.1995, Rep. A 324, Nr. 18984/91.

Hoheitsträgern getötet würden.[224] Aus Art. 2 EMRK folgt seit diesem Urteil, dass es nach einem Todesfall durch den Staat ein Verfahren geben muss.

In den darauffolgenden Jahren konkretisierte der Gerichtshof die Verfahrensanforderungen. Bemerkenswert ist die Anzahl an bedeutenden Entscheidungen im Jahre 1998[225]: gegen die Türkei mit den Fällen *Kaya*[226] am 19.2.1998, *Güleç*[227] am 27.7.1998, *Ergi*[228] am 28.7.1998 und *Yaşa*[229] am 2.9.1998 zu Art. 2 EMRK, *Assenov u. a. gegen Bulgarien*[230] am 28.10.1998 zu Art. 3 EMRK sowie *Kurt gegen die* Türkei am 25.5.1998 insbesondere zu Art. 5 EMRK, die im Folgenden analysiert werden.

In diesen Entscheidungen wird deutlich, dass sich eine Pflicht zur Verfahrensdurchführung nicht allein aus Situationen ergibt, in denen der Staat eine Person getötet hat. Im Fall *Ergi gegen die* Türkei stellt der Gerichtshof fest, dass sich diese Pflicht auch dann ergibt, wenn eine Person getötet wurde, aber unsicher ist, ob der Staat für den Tod verantwortlich ist.[231] Auch sah er nicht nur in einem Todesfall, sondern auch im Fall der Folter oder unmenschlichen Behandlung, also im Schutzbereich des Art. 3 EMRK, einen Auslöser für eine Verfahrenspflicht.[232]

Den weiteren Urteilen des Jahres 1998 sind Konkretisierungen der Verfahrensanforderungen zu entnehmen. Der Gerichtshof verlangt überhaupt ein Verfahren und stellt zugleich spezifische Anforderungen. So muss die ermittelnde Behörde praktisch und institutionell unabhängig sein, schnell und mit vernünftiger Beeilung arbeiten, forensische Methoden und Autopsie zur Beweissicherung einsetzen und die Angehörigen beteiligen. Eine Untersuchung im Einzelnen enthalten die folgenden Kapitel.

---

224 EGMR (GK), Urt. v. 27.09.1995, Rep. A 324, Nr. 18984/91, § 161 – *McCann u. a. vs. Großbritannien.*

225 Dies könnte mit der neuen Struktur des Gerichtshofs durch das im Jahr 1998 in Kraft getretene Protokoll in Verbindung stehen, bedarf aber einer genaueren Untersuchung an anderer Stelle.

226 EGMR, Urt. v. 19.02.1998, ECHR 1998-I, Nr. 22729/93.

227 EGMR, Urt. v. 27.07.1998, ECHR 1998-IV, Nr. 21593/93.

228 EGMR, Urt. v. 28.07.1998, ECHR 1998-IV, Nr. 23818/94.

229 EGMR, Urt. v. 02.09.1998, ECHR 1998-VI, Nr. 22495/93.

230 EGMR, Urt. v. 28.10.1998, ECHR 1998-VIII, Nr. 24760/94.

231 EGMR, Urt. v. 28.07.1998, ECHR 1998-IV, Nr. 23818/94, § 79 – *Ergi vs. Türkei.*

232 EGMR, Urt. v. 28.10.1998, ECHR 1998-VIII, Nr. 24760/94, § 102 – *Assenov u. a. vs. Bulgarien.*

Diese verfahrensrechtlichen Pflichten aus der Konvention knüpfen zwar an das substanzielle Ereignis an – ohne den Todesfall keine Untersuchung der Todesumstände –, doch stehe sie selbstständig und unabhängig neben den substanziellen Verpflichtungen.[233] Prozessuale Pflichten können sich also auch dann ergeben, wenn das Konventionsrecht substanziell nicht verletzt worden ist. Auch ergibt sie sich nicht aus Art. 13 EMRK, sondern ist eine gesonderte Verpflichtung aus dem Konventionsrecht selbst.[234]

B. Vorgehensweise durch Einteilung in Phasen

Um die Rechtsprechung des Gerichtshofs auf die bislang nur theoretischen Überlegungen zu überprüfen, bedarf es einer Analysestruktur. Diese ist notwendig, um im besten Fall den beschriebenen Prozess der Entstehung objektiven Rechts aus subjektivem Recht erkennbar zu machen und in der Praxis bestätigen zu können. Die hier gewählte Analysestruktur grenzt sich absichtlich von den Begriffen positiver und negativer Pflichten und dem Gegensatzpaar von Abwehrrecht und Schutzpflicht ab. Vielmehr ordnet sie das Verhalten der Konventionsstaaten zeitlich zur materiellen Beeinträchtigung ein. So kann die Ausweitung auf Zeiträume vor und nach dem Beeinträchtigungsereignis und der eigenständigen Relevanz rechtlich geprägter Situationen, also Verfahrenssituationen, in der Rechtsprechung aufzeigen. Diese Struktur soll die Verfahrenssituationen verschiedenen zeitlichen Phasen zuordnen und diese auf Gemeinsamkeiten untersuchen.

Die Phasen, die im Folgenden analysiert werden, kategorisieren Umstände, in denen der Rechtsträger in einer Verfahrenssituation oder mangels Verfahrens menschenrechtlich beeinträchtigt wird.

Wie die vorstehende Abbildung (Abb. 3) zeigt, finden zwei Phasen, die *abstrakte Vorphase* und die *konkrete Vorphase* vor dem substanziellen Beeinträchtigungsereignis statt und eine dritte, die *konkrete Nachphase*, schließt sich an den Beginn des Beeinträchtigungsereignisses an. Die Bezeichnungen

---

[233] EGMR (GK), Urt. v. 18.09.2009, ECHR 2009, Nrn. 16064/90 u. a., § 147 – *Varnava u. a. vs. Türkei*; EGMR (GK), Urt. v. 24.03.2011, ECHR 2011 (extr.), Nr. 23458/02, § 299 – *Giuliani u. Gaggio vs. Italien.*

[234] EGMR (GK), Urt. v. 24.03.2011, ECHR 2011 (extr.), Nr. 23458/02, § 299 – *Giuliani u. Gaggio vs. Italien.*

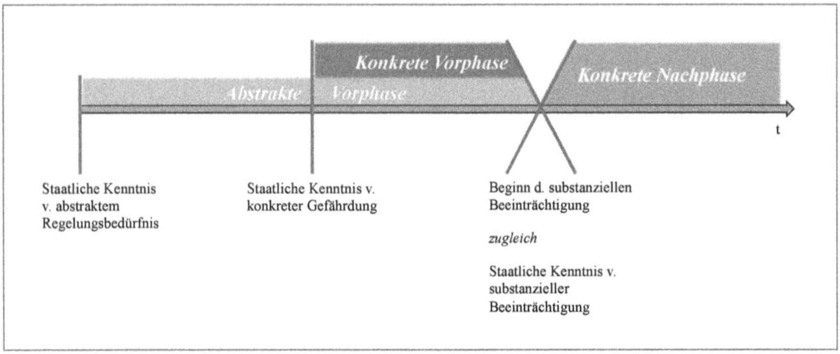

Abb. 3: Phasen um eine substanzielle Beeinträchtigung

„Vor-“ und „Nach-“ beschreiben somit die zeitliche Einordnung in Bezug auf die (potenzielle) Situation der substanziellen Beeinträchtigung.

Die Bezeichnungen „abstrakt“ und „konkret“ teilen ein, ob die substanzielle betroffene Person in der Verfahrenssituation für den Staat bereits als solche zu erkennen ist oder noch nicht aus dem abstrakt definierten betroffenen Personenkreis herausgetreten ist.

Der *abstrakten Vorphase* sind also alle Verfahrenssituationen zuzuordnen, die vor einer substantiellen Beeinträchtigung liegen und in der durch abstrakt-generelle Regelungen oder Einrichtung von Institutionen und Verfahren eine größere Berechenbarkeit von künftigem staatlichem Verhalten geschaffen werden soll. Ihre Gefährdungs- und Schutzpotenziale ergeben sich daraus, dass, indem insbesondere die mit Legislativaufgaben betrauten Staatsorgane in dieser Phase Regeln schaffen, spätere menschenrechtsrelevante Handlungen insbesondere der Exekutive programmiert werden. Diese kann dann nur noch im Rahmen der Vorgaben des Legislativrahmens handeln. Damit liegt die *abstrakte Vorphase* zwar zeitlich weit vor dem substanziellen Beeinträchtigungsereignis, ist aber mit ihm verkoppelt, indem sie Berechenbarkeit für das subjektive Recht schafft. Ein wichtiges Beispiel hierfür ist das Gesetzgebungsverfahren. Es befindet sich zeitlich vor einer konkreten Beeinträchtigung. Sie beginnt, sobald auf staatlicher Seite Wissen oder fahrlässiges Nichtwissen um Gefahr einer substanziellen Rechtsbeeinträchtigung vorliegt, und endet mit dem (substanziellen) Beeinträchtigungsereignis.[235] In dieser Phase hat staat-

[235] S. ab → S. 315.

liches Handeln zum Ziel, vorab Verletzungen zu verhindern, indem es Beeinträchtigungen auf Gesetzesebene vermeidet oder rechtfertigt. Zudem regelt es kommende Situationen in abstrakt-genereller Weise; es besteht somit noch kein Bezug zu einer konkreten Person. Dennoch werden bereits Vorgaben für künftiges Verhalten gemacht. Schon für diese *abstrakte Vorphase* könnten aus der Konvention Vorgaben entspringen, die objektives nationales Recht umgestalten oder erst entstehen lassen. Bezogen auf das Beispiel von Valentin Câmpeanu[236] ist die *abstrakte Vorphase* die Zeit, in der der Gesetzgeber die Möglichkeit hat, Normen zur Vertretung untergebrachter, erwachsener Menschen mit psychischer Behinderung hervorzubringen.

Die meist daran anschließende, aber von ihr grundsätzlich unabhängige Phase ist die *konkrete Vorphase*. Ihre Verfahrenssituationen finden zeitlich ebenfalls vor dem substantiellen Beeinträchtigungsereignis statt, doch hat sich in ihnen die Gefahr bereits personalisiert. Die Gefahr einer substanziellen Rechtsbeeinträchtigung für einen bestimmten Personenkreis bahnt sich bereits an. Sobald der Staat von dieser menschenrechtlichen Gefahrenlage erfährt, muss er schützend handeln oder – soweit von ihm selbst die Gefahr ausgeht – einen rechtfertigungsfähigen, auf das nach dem Übermaßgebot Zulässige reduzierten Eingriff planen. Diese Phase ist somit eng mit dem substanziellen Beeinträchtigungsereignis verknüpft und stellt Anforderungen an staatliche Schutz- oder Eingriffsmaßnahmen. Aus ihr können somit Modifikationen des Eingriffs selbst entspringen sowie sich Vorgaben für die Ausübung der Schutzpflicht ergeben, die in das substanzielle Beeinträchtigungsereignis hineinreichen.[237] Sie endet mit Eintritt des substanziellen Beeinträchtigungsereignisses. Im Ausgangsfall ist mit der *konkreten Vorphase* das Unterbringungsverfahren beschrieben, in der eine geeignete Einrichtung für die Unterbringung von Valentin Câmpeanu nach dem Eintritt in die Volljährigkeit gefunden werden sollte.

Die *konkrete Nachphase* schließt sich an den Beginn der Situation der substanziellen Beeinträchtigung an und endet, wenn die Wirkung des Beeinträchtigungsereignisses abgeschlossen ist. Betroffene sind zumindest auch diejenigen, deren Rechtsgüter durch diese Situation beeinträchtigt wurden. Es können noch weitere Personen erfasst sein, die zu der Situation oder der

---

[236] EGMR (GK), Urt. v. 17.07.2014, ECHR 2014, Nr. 47848/08; s. → S. 1.
[237] S. ab → S. 83.

betroffenen Person in einem besonderen Verhältnis stehen.[238] Zwar ist in den meisten Fällen – außer in den andauernden substanziellen Beeinträchtigungen, wie beispielsweise einer Freiheitsentziehung oder dem Verschwinden von Personen – die substanzielle Beeinträchtigung bereits beendet. Dennoch ist auch die *konkrete Nachphase* mit ihr verkoppelt. Dies lässt sich insbesondere mit der Retrospektivität von Recht begründen. Recht reagiert; insbesondere Rechtsschutz erfordert grundsätzlich, dass sich eine tatsächliche oder rechtliche Betroffenheit durch ein Ereignis bereits eingestellt hat. Somit endet die tatsächliche Beeinträchtigung mit Ende der faktischen Handlung, nicht aber die rechtliche Aufarbeitung. Das Recht antwortet, es klärt die Ver-Antwort-ung der Geschehnisse.[239] Und durch diese Antwort bekräftigt es, dass das Recht verbindlich ist und erst recht nach einem Rechtsverstoß nicht schweigt, sondern einen solchen aufarbeitet. Mit dem Tod von Valentin Câmpeanu endete der für den Gerichtshof entscheidungsrelevante Zeitraum nicht, sondern er bezog die Untersuchung des Todesfalles ebenfalls in die Prüfung des Art. 2 EMRK ein.

Es ist somit für alle Phasen erkennbar, dass sie und eventuell in ihr entstehende Pflichten des Staates einen Bezug zum substanziellen Inhalt des Rechts haben. Mag in der *abstrakten Vorphase* die konkrete Beeinträchtigung noch nicht auszumachen sein – sie wird berechenbarer, wenn der Staat so früh Maßnahmen ergreift. Mag die *konkrete Nachphase* erst beginnen, wenn die substanzielle Beeinträchtigung beendet ist – das verletzte Rechtsgut, sein:e Rechtsträger:in, die darüber hinaus Betroffenen und auch die Rechtsgemeinschaft erwarten eine rechtliche Antwort.

Eine *abstrakte Nachphase* scheint es nach dem Erkenntnisstand dieser Arbeit eigenständig nicht zu geben. Wenn ausgehend von einem substanziellen Beeinträchtigungsereignis eine Bearbeitung der abstrakt-generellen Regeln erfolgt, so entspricht dies der *abstrakten Vorphase.*

Durch die Einordnung der Verfahrenssituationen in diese drei genannten Phasen nach ihrem Bezug zum substanziellen Beeinträchtigungsereignis entsteht ein buntes Bild. Denn offensichtlich nicht nur gesetzliche Vertretungsregelungen im Betreuungswesen[240] fallen in die *abstrakte Vorphase.*

---

238 S. ab → S. 173.

239 Diesen Gedanken verdanke ich meinem Doktorvater.

240 Vgl. EGMR (GK), Urt. v. 17.07.2014, ECHR 2014, Nr. 47848/08 – *Centre for Legal Resources on behalf of Valentin Câmpeanu vs. Rumänien.*

Rechtliche und administrative Regelungsrahmen werden vom Staat in vielen Bereichen geschaffen. Aber auch die Einrichtung eines Naturkatastrophenfrühwarnsystems kann der *abstrakten Vorphase* zuzuordnen sein. In der *konkreten Vorphase* kann staatliches Verhalten innerhalb geplanter Polizei- und Militäraktionen genauso wie in familienrechtlichen Verfahrenssituationen, die zu Adoption oder Pflegschaft führen, konventionsrechtlich relevant sein. Auch in der *konkreten Nachphase* ist das Bild entsprechend vielfältig: Unfallaufklärungen und Untersuchungen privaten Handelns gehören ebenso zu dieser Phase wie Untersuchungen nach einer medizinischen Sorgfaltspflichtverletzung oder die Aufklärung des Verbleibs von verschwundenen Personen.

Die Analysestruktur versucht ein System zu etablieren, das sich auf alle Konventionsrechte anwenden lässt. Zwar darf nicht übersehen werden, dass der Gerichtshof bei Verfahrensverpflichtungen unterschiedliche Anforderungen abhängig von den betroffenen Rechten stellt und sich daraus unterschiedliche Maßstäbe zur Beurteilung der Konventionsverpflichtung ergeben können.[241] Dies wird in der Analyse durch die Schwerpunktsetzung auf die Rechtsgüter Leben aus Art. 2, körperliche und psychische Integrität aus Art. 3 und Art. 8 EMRK[242], Freiheit aus Art. 5 EMRK und Familien- und Privatleben aus Art. 8 EMRK berücksichtigt. Wichtiger als die Betonung von Abgrenzungen zwischen Konventionsrechten ist aber – mit dem Verständnis des Gerichtshofs – das Bewusstsein, dass Verfahrensrechte Unterschiedliches beinhalten können: es kommt immer darauf an, was die Situation erfordert, um die Rechte abzusichern.[243]

So wurden Art. 2, Art. 3, Art. 5 und Art. 8 EMRK unter allen Konventionsrechten ausgewählt, um eine repräsentative Analyse der unterschiedlichen Rechte zu ermöglichen. Art. 2 und Art. 3 EMRK als die Fundamentalgarantien der Konvention[244] sind aufgrund ihrer Rechtsgüter vom Gerichtshof stets mit besonders raumgreifendem Schutz versehen worden. An ihnen lässt sich

---

241 Vgl. EGMR, Urt. v. 24.02.2005, Nrn. 57942/00 u. 57945/00, § 177 – *Khashiyev u. Akayeva vs. Russland.*

242 S. hierzu EGMR, Urt. v. 19.02.2013, Nr. 1285/03, § 85 m. w. N. – *B. vs. Rumänien (Nr. 2).*

243 EGMR, Urt. v. 24.02.2005, Nrn. 57942/00 u. 57945/00, § 177 – *Khashiyev u. Akayeva vs. Russland.*

244 EGMR (GK), Urt. v. 17.09.2014, ECHR 2014 (extr.), Nrn. 10865/09 u. a., § 315 – *Mocanu u. a. vs. Rumänien.*

zeigen, wie weit konventionsrechtlich geforderte Verfahrensanforderungen greifen können. Zugleich stellt der Wortlaut des Art. 2 EMRK „*protected by law*" eine Verankerung der Forderung nach objektiv-rechtlichem Schutz dar. Anders ist hingegen Art. 8 EMRK formuliert, der explizit keinen verfahrensrechtlichen Gehalt hat. Dennoch hat der Gerichtshof auch aus ihm und seinen Rechtsgütern der Gesundheit[245] als Teil des Privatlebens und der Selbstbestimmung einige Verfahrensanforderungen entnommen. Zugleich stellt Art. 8 EMRK ein Konventionsrecht dar, das – wie im Rahmen der *abstrakten Vorphase* beobachtet werden kann – durch seine Normprägung einer genauen rechtlichen (Verfahrens-)Ausgestaltung bedarf und deshalb stellvertretend für andere normgeprägte Rechte wie Art. 1 ZP analysiert wird. Zuletzt wird Art. 5 EMRK in die Analyse einbezogen, da er – anders als die vorigen – bereits ausdrückliche Verfahrensanforderungen für sein Rechtsgut, die Freiheit, enthält. Diese erfahren weitreichende Ergänzung durch die Rechtsprechung. Trotz der unterschiedlichen Ausgangspunkte und Prägungen fordern alle diese Konventionsrechte zu ihrer effektiven Realisierung verfahrensrechtliche Pflichten von den Konventionsstaaten. Ziel dieser Analyse ist es also, einen größeren Rahmen zu entdecken und Besonderheiten wie Parallelen aufzuzeigen.

Anders als auf den ersten Zugriff zu vermuten, spielen in dieser Arbeit die Gewährleistungen des Rechts auf ein faires Verfahren aus Art. 6 EMRK keine ausgeprägte Rolle. Zum einen lässt sich dies damit begründen, dass er nicht auf alle zu untersuchenden Kategorien anwendbar ist.[246] Zum anderen hat diese Arbeit das Ziel, die Ausprägung von Verfahrensanforderungen zu untersuchen, die zur Absicherung des Gefahrpotenzials in Verfahrenssituationen entstehen. Diese dienen also der substanziellen Gewährleistung ihres jeweiligen Konventionsrechts. Die in Art. 6 EMRK normierten Verfahrensgarantien hingegen existieren nicht, um eine spezifische substanzielle Dimension, also ein bestimmtes Schutzgut abzusichern, sondern sie erfüllen den Selbstzweck eines fairen Verfahrens. Wenn der Gerichtshof die Verfahrensgarantien

---

245 Die körperliche Unversehrtheit wird durch die Konvention nicht ausdrücklich genannt. Sie wird aber als Teil des Privatlebens durch Art. 8 EMRK geschützt, erstmals EGMR, Urt. v. 26.03.1985, ECHR A 91, Nr. 8978/80, § 22 – *X. u. Y. vs. Niederlande*.

246 Zum Anwendungsbereich des Art. 6 EMRK: *Grabenwarter, Christoph/Pabel, Katharina*, Der Grundsatz des fairen Verfahrens (Kap. 14), in: EMRK/GG Konkordanzkommentar, Rn. 12-29.

des Art. 6 EMRK nun ebenfalls ergänzt, dann geschieht dies, um die Gewährleistung des *fair trial* noch effektiver zu gestalten, aber eben nicht, um ein hinter Art. 6 stehendes, substanzielles Interesse (Leben, Privatleben) zu schützen.

Die Analyse der *Phasen* wird nicht chronologisch vorgehen, sondern sich vom Konkreten ins Abstrakte entwickeln. Die Vorgaben, die sich aus der EMRK für die *abstrakte Vorphase* ergeben, sind wenig überraschend so abstrakt wie die Phase selbst. Um diese besser analysieren zu können, bietet es sich an, zuerst die konkreten Phasen mit ihren konkreten Konventionsvorgaben zu untersuchen. Da sich die Phasen mit derselben Menschenrechtsbeeinträchtigung beschäftigen und oftmals einander bedingen, wird sich diese Arbeit erst nach Beschäftigung mit den konkreten Verpflichtungen den abstrakten zuwenden. So wird mit der *konkreten Vorphase* begonnen, an die sich die *konkrete Nachphase* anschließt; die *abstrakte Vorphase* vollendet dann die Analyse.

Die konkrete Vorphase

Begonnen wird mit der Analyse der *konkreten Vorphase*, der zeitlich zweiten Phase.[247] Sie findet wie die *abstrakte Vorphase* vor dem substanziellen Beeinträchtigungsereignis statt, doch ist die betroffene Person bereits aus dem potenziell betroffenen Personenkreis herausgetreten: Die Gefahr einer substanziellen Konventionsbeeinträchtigung hat sich bereits auf eine bestimmte Person(-engruppe) und ihre Rechtsgüter konkretisiert.

Die *konkrete Vorphase* beginnt, sobald der Staat diese Gefahr für die Person(en) erkennt oder fahrlässig nicht erkennt. Diesen Maßstab erläutert die Große Kammer des Gerichtshofs im Fall *Osman gegen Großbritannien*[248] genauer. Der Polizei wurde vorgeworfen, keine effektiven Maßnahmen ergriffen zu haben, um einen Schüler und dessen Familie vor den angedrohten Taten eines psychisch erkrankten Lehrers zu schützen.[249] Der Gerichtshof führt aus, dass Schutzverpflichtungen so ausgelegt werden müssten, dass sie dem Staat keine unmögliche oder unverhältnismäßige Belastung auferlegten. Dies sei mit der Fragwürdigkeit polizeilicher Überwachung moderner Gesellschaften, der Unvorhersehbarkeit menschlichen Verhaltens sowie der Begrenztheit der Ressourcen zu begründen. Nicht jede behauptete Gefahr für das Leben könne folglich die Verpflichtung zu staatlichen operativen Schutzmaßnahmen nach sich ziehen. Dennoch bestehe eine solche Pflicht zum Schutz des Rechts auf Leben beim Nachweis, dass der Staat zu diesem

---

[247] S. → Abb. 3 S. 76.
[248] EGMR (GK), Urt. v. 28.10.1998, ECHR 1998-VIII, Nr. 23452/94.
[249] Sachverhaltsschilderung → S. 332.

Zeitpunkt um eine reale und unmittelbare Gefahr für das Leben einer bestimmten Person oder mehrerer Personen wusste oder hätte wissen müssen. Des Weiteren müsse nachgewiesen werden, dass der Staat es versäumt habe, im Rahmen seiner Befugnisse Maßnahmen zu ergreifen, von denen bei vernünftiger Betrachtung eine Gefahrvermeidung habe erwartet werden können. Dabei müssten alle Umstände des Einzelfalles berücksichtigt werden. Ein anderer, starrerer Maßstab sei nicht mit den Verpflichtungen aus Art. 1 EMRK und den Konventionsrechten, insbesondere dem fundamentalen Charakter[250] des Art. 2 EMRK zu vereinen.[251] Dieser Maßstab für die Pflicht, wann Staaten präventive (faktische) Maßnahmen zu ergreifen haben, kann für die folgende Analyse auch auf Verfahrenssituationen übertragen werden: sobald der Staat um eine konkrete Gefahr für eine Person(-engruppe) weiß oder wissen konnte, ist er verpflichtet innerhalb einer Verfahrenssituation verfahrensgestaltende Maßnahmen zur Gefahrvermeidung zu ergreifen.

Die *konkrete Vorphase* endet mit dem Eintritt des substanziellen Beeinträchtigungsereignisses.

Die folgende Analyse zielt darauf, die zuvor beschriebene rechtliche Konstruktion[252] in der Entscheidungspraxis zu Verfahrenssituationen der *konkreten Vorphase* wiederzufinden. Vor einem substanziellen Beeinträchtigungsereignis findet eine Verfahrenssituation statt. In dieser werden die Konventionsrechte der beteiligten oder betroffenen Personen nicht bedacht; der Staat hatte die Verfahrenssituation zu einem anderen Zweck eingerichtet oder den Zweck des Rechtsgüterschutzes in der Verfahrensausgestaltung nicht ausreichend umgesetzt. Die Verfahrenssituation endet und die substanzielle Beeinträchtigung tritt ein. Nun wird deutlich, dass und wie die Verfahrenssituation in der *konkreten Vorphase* die später eintretende Beeinträchtigung gefördert oder erleichtert hat. Der Staat erkennt nun, dass er zum Schutz der Konventionsrechtsgüter vor weiteren Beeinträchtigungen auch die Verfahrenssituation der *konkreten Vorphase* verändern muss; nur so kann er künftig einen effektiven Konventionsschutz gewährleisten.

---

[250] Vgl. EGMR (GK), Urt. v. 17.09.2014, ECHR 2014 (extr.), Nrn. 10865/09 u. a., § 315 – *Mocanu u. a. vs. Rumänien*.

[251] EGMR (GK), Urt. v. 28.10.1998, ECHR 1998-VIII, Nr. 23452/94, § 116 – *Osman vs. Großbritannien*.

[252] S. → S. 61 ff.

Selbstverständlich muss der Staat nicht einen ersten Beeinträchtigungsfall abwarten, bevor diese Pflicht entsteht und er die Verfahrenssituation ändern kann. Bereits wenn er von Tatsachen, die eine Konventionsrechtsrelevanz erkennbar machen, Kenntnis erhält, muss er ermitteln (Deliberationsphase[253]), ob er eine bestehende Verfahrenssituation verändern (Schutz *im* Verfahren) oder überhaupt eine Verfahrenssituation vor einer möglichen Beeinträchtigung einrichten muss (Schutz *durch* Verfahren). Wird aufgrund der prognostizierten Folgen deutlich, dass ein Konventionsrecht beeinträchtigt werden könnte, muss er die Verfahrenssituation der *konkreten Vorphase* entsprechend ausgestalten.

Aufgrund der vom Gerichtshof judizierten Fallkonstellationen erscheint eine Einteilung der Verfahrenssituationen der *konkreten Vorphase* in drei Kategorien sinnvoll. Zunächst werden die Verfahrenssituationen analysiert, die vor staatlichen substanziellen Beeinträchtigungen liegen. Danach folgt die Analyse von Verfahrenssituationen vor nicht-staatlichen substanziellen Beeinträchtigungen. Schließlich werden Verfahrenssituationen beleuchtet, deren rechtliche Entscheidung eine substanzielle Beeinträchtigung ermöglicht.

Zu betonen ist nochmals, dass die Analyse sich auf diejenigen Anforderungen aus der Konvention beschränkt, die sich in Verfahrenssituationen realisieren. Maßnahmen im Vorfeld von substanziellen Beeinträchtigungen, die nicht in Verfahrenssituationen geschehen, sondern durch tatsächliche Handlungen oder Unterlassungen begangen werden, werden nicht untersucht.[254]

A. Verfahrenssituation vor einer staatlichen substanziellen Beeinträchtigung

Zunächst werden Verfahrenssituationen vor einer staatlichen substanziellen Beeinträchtigung beleuchtet. In diese Kategorie der *konkreten Vorphase* lassen

---

[253] Vgl. → S. 64-67.

[254] Vgl. EGMR, Urt. v. 15.01.2009, Nr. 46598/06 – *Branko Tomašić u. a. vs. Kroatien* zu Schutzmaßnahmen, sobald die Polizei von einer Gefährdung durch häusliche Gewalt erfährt; EGMR, Urt. v. 18.06.2013, Nr. 48609/06 – *Nencheva u. a. vs. Bulgarien* zu Aufsichtspflichten, wenn Behörden von Unterernährung und schlechter Versorgung in einem Kinderheim erfahren; EGMR (GK), Urt. v. 28.10.1998, ECHR 1998-VIII, Nr. 23452/94 – *Osman vs. Großbritannien* zu psychiatrischen Zwangsmaßnahmen, wenn der Staat von der Bedrohung eines Kindes durch einen Lehrer erfährt. S. a EGMR, Urt. v. 14.06.2011, Nr. 19776/04, § 62 – *Ciechońska vs. Polen* mit einem Überblick.

sich Verfahrenssituationen der Polizei- und Militärplanung sowie Verfahrenssituationen vor gefährlichen staatlichen Aktivitäten einordnen. Eine Besonderheit dieser Kategorie ist, dass vom Staat in diesen Situationen Gefahr und Schutz zugleich ausgeht: er ist derjenige, von dem die substanzielle Beeinträchtigung ausgeht und zugleich soll er vorab durch eine Verfahrenssituation den Eintritt der Gefahr möglichst vermeiden. Dieser Schutz durch den Staat gegenüber dem Staat wird zu besonderen Verfahrensanforderungen führen. Es wird sich zeigen, dass gerade Art. 2 und Art. 8 EMRK präventive Maßnahmen von einem Staat verlangen, um die Risiken staatlichen Verhaltens zum Beeinträchtigungszeitpunkt zu verringern.

I. Polizei- und Militärplanung

Die Kategorie der Polizei- und Militärplanung beschreibt die Verfahrenssituation der Vorbereitung und Organisation von Polizei- und Militäreinsätzen im Landesinneren, die dem Zugriff auf verdächtige Personen, der Verhinderung von geplanten Straftaten oder der Austragung von Großereignissen mit erhöhter Gefahrdynamik vorausgeht. Sie ist abzugrenzen von militärischen Einsätzen im Ausland sowie von *ad-hoc*-Polizeieinsätzen ohne vorherige Planung. Bei den hier gemeinten Polizei- und Militärplanungen sind regelmäßig mehrere Einsatzkräfte eingebunden. Sie sind durch zwei Hierarchieebenen, eine planende und eine ausführende, im exekutiven Korpus geprägt, die sich nur teilweise überschneiden.

Diese Fallgruppe gehört zur *konkreten Vorphase*, da sich der Betroffenenkreis oder die Situation bereits auf einzelne Individuen oder Zeit und Raum verdichtet hat. Sie beginnt mit Anstoß der polizei- oder militärinternen Planung und endet mit dem Eintritt des Zeitpunktes der substanziellen Beeinträchtigung, also dem Zugriff auf die Person(en). Zwar war Anlass für die Entwicklung dieser Rechtsprechung ein Einsatz gegen terroristische Gefahren[255], doch erstreckt der Gerichtshof seine Prüfung mittlerweile allgemein auf Einsätze von Sicherheitskräften.[256] Gerade auch Handlungen ziviler Freiwilliger, die Aufgaben der Sicherheitskräfte übernehmen, werden eingeschlossen.[257]

---

[255] EGMR (GK), Urt. v. 27.09.1995, Rep. A 324, Nr. 18984/91 – *McCann u. a. vs. Großbritannien.*

[256] EGMR, Urt. v. 09.10.1997, ECHR 1997-VI, Nr. 25052/94 – *Andronicou u. Constantinou vs. Zypern.*

[257] EGMR, Urt. v. 10.07.2001, ECHR 2001-VII, Nr. 25657/94 – *Avsar vs. Türkei.*

Wie sogleich zu beobachten ist, kann nach dieser Phase eine substanzielle Beeinträchtigung der Schutzgüter des Art. 2 und Art. 3 EMRK eintreten. Da es Ziel der Polizei- oder Militärplanung sein kann, eine bestimmte Person aufzugreifen und diese meist schwierig zu finden und nicht willig zu ergreifen ist, kann es gerade beim Zugriff zu Widerstand oder Fluchtversuchen kommen, denen nicht ohne physische Gewalt entgegengetreten werden kann, ohne das Ziel des Zugriffs zu versäumen. Zudem könnte in dieser Situation Art. 5 EMRK betroffen sein, da aufgrund der Planung dann der Zugriff auf bestimmte Personen mit der Folge der Freiheitsentziehung erfolgen kann.

Um dieser Gefahr einer anschließenden substanziellen Beeinträchtigung der Rechtsgüter zu begegnen, ist ein Konventionsstaat für die einem Einsatz vorhergehende Polizei- oder Militärplanung gehalten, diese gründlich vorzubereiten und mit Blick auf das Recht aus Art. 2 EMRK der Beteiligten und Betroffenen in Ausbildung, Planung und Kontrolle zu investieren.[258] Wie umfassend der Gerichtshof diese Phase überprüft, lässt sich insbesondere anhand der Fälle zum Nordirlandkonflikt der 1990er Jahre feststellen. Die Fälle zeigen auch den Hintergrund auf, weshalb der Gerichtshof gerade in diesen, eigentlich vorbereitenden Situationen bereits ein besonderes Gefahrpotenzial für die geschützten Rechtsgüter der Konvention erblickt: In der zu erwartenden Situation der Planungsausführung werden sich widerstreitende Rechtsgüter gegenüberstehen, welche die Einsatzkräfte zu schützen verpflichtet sind. Auf der einen Seite stehen die Rechtsgüter der Bevölkerung und der zwar anwesenden, aber nicht am Konflikt beteiligten Personen. Diese werden im Zeitpunkt des Zugriffs von staatlicher Seite sowie von den gesuchten Personen bedroht. Auf der anderen Seite stehen die Rechtsgüter der zu ergreifenden Personen, die im Fall der Terrorismusbekämpfung eine Gefahr für die Bevölkerung darstellen. So sehr sie Anlass geben und selbst eine Gefahr darstellen mögen, so unbeeindruckt ergibt sich aus der Konvention dennoch die Pflicht der Einsatzkräfte, auch deren Leben und körperliche Unversehrtheit zu wahren und zu schützen. Im Fall *McCann u. a. gegen Großbritannien*,[259] der den Auftakt für viele nordirische Fälle und auch die

[258] Vgl. auch *Grabenwarter/Pabel*, EMRK, § 20 Rn. 29 f.

[259] EGMR (GK), Urt. v. 27.09.1995, Rep. A 324, Nr. 18984/91.

Ausbildung von Verfahrensgarantien darstellt[260], ging es um eine Militäraktion der britischen Einsatzkräfte in Gibraltar, bei der drei verdächtige, unbewaffnete Personen auf offener Straße erschossen wurden. Um Beweise zu erlangen, hatten die Einsatzkräfte die Verdächtigen zunächst einreisen lassen, anstatt sie bereits bei der Einreise festzunehmen. Die Große Kammer des Gerichtshofs bewertet das Verhalten der Militärbehörden in der Planungsphase kritisch. Zunächst gehe sie davon aus, dass bei der Entscheidung, die Einreise nicht zu verhindern, die Gefahr für die Bevölkerung schwerer wiege als die möglichen Konsequenzen, ungenügende Beweise für Haft und Gerichtsverfahren zu haben. Wenn dies aber so sei, hätten die Behörden entweder gewusst, dass keine Bombe im Auto der Terroristen gewesen sei, als sie sie aufgegriffen hätten, oder die Verantwortlichen hätten bei der Kontrolle der Operation ernstlich falsch kalkuliert. Das Ergebnis sei in jedem Fall gewesen, dass ein tödlicher Schusswechsel eine vorhersehbare Möglichkeit, wenn nicht sogar wahrscheinlich gewesen sei.[261]

Dies als Ausgangspunkt lässt die Große Kammer zur Feststellung kommen, dass schon bei der Planung erhebliche Fehler gemacht wurden. Die Soldaten wurden allein auf den Fall einer Autobombe mit erheblicher Sprengkraft und auf erhebliche Waffengegenwehr seitens der mutmaßlichen Terroristen vorbereitet. Trotz der unsicheren Faktenlage waren die Soldaten auf keine anderen Szenarien vorbereitet worden. Mögliche Szenarien, im konkreten Fall der schlimmstmögliche Ausgang, waren an die Soldaten als feststehende Tatsachen vermittelt worden.[262] Folglich war die Planung und Organisation des Einsatzes ungenügend, da sie „von vornherein so konzipiert gewesen sei, dass den Soldaten letztlich gar keine Wahl geblieben sei, als die Terroristen zu erschießen“[263]. Zu diesem Fehler kam hinzu, dass nicht geklärt werden konnte, ob die Soldaten auch dazu ausgebildet und

---

[260] Vgl. → S. 73-75 zur historischen Entwicklung der Verfahrensrechte durch den EGMR. *Dröge*, Positive Verpflichtungen, S. 46 bezeichnet die Entscheidung als „Grundstein für spätere Entscheidungen, in denen der Gerichtshof auch organisatorische Pflichten zum Schutz vor Eingriffen Dritter angenommen hat“.

[261] EGMR (GK), Urt. v. 27.09.1995, Rep. A 324, Nr. 18984/91, § 205 – *McCann u. a. vs. Großbritannien*.

[262] EGMR (GK), Urt. v. 27.09.1995, Rep. A 324, Nr. 18984/91, § 210 – *McCann u. a. vs. Großbritannien*.

[263] *Dröge*, Positive Verpflichtungen, S. 46.

angeleitet wurden, ihre Schusswaffen auch bloß zur Verwundung ihrer Ziele zu benutzen.[264]

Diese Punkte führen die Große Kammer zum Ergebnis, dass es einen Mangel an angemessener Umsicht in der Kontrolle und Organisation der Festnahmeoperation gegeben hat. Insbesondere im Hinblick auf die Pflicht, angemessenes Training, Anleitungen und Anweisungen an Sicherheitskräfte zu geben und strenge Kontrolle über alle Operationen auszuüben, bei deren Ausführung möglicherweise tödliche Gewalt eingesetzt wird,[265] sei nicht davon auszugehen, dass das Vorgehen des Militärs in seiner Planungsphase dem entspreche, was gemäß Art. 2 Abs. 2 lit. a EMRK als absolut verhältnismäßig anzusehen ist. Aus diesen Feststellungen haben sich folgende Anforderungen entwickelt.

1. Kommandostruktur

Der Gerichtshof geht in Verfahrenssituationen polizeilicher und militärischer Planung von einer Wirkung des Art. 2 EMRK auf den rechtlichen und administrativen Regelungsrahmen[266] und auf die beteiligten Personen aus: er prüft die Kommandostruktur bei Polizei- und Militäreinsätzen sowie die Kriterien, die bei der Auswahl der beteiligten Einsatzkräfte zugrunde gelegt wurden. Im Fall *Giuliani und Gaggio gegen Italien*[267] nahm der Sohn und Bruder der beschwerdeführenden Familie an einer Demonstration anlässlich des G8-Gipfels in Genua im Jahr 2001 teil. Als Gewalt zwischen der Polizei und den Demonstrierenden ausbrach, wurden aus einem belagerten Polizeijeep zwei Schüsse abgefeuert. Diese trafen das Opfer tödlich. Anschließend fuhr der Jeep noch zweimal über seinen toten Körper. Untersuchungen der Vorfälle wurden umgehend nach den Demonstrationen eingeleitet, später aber ausgesetzt. Die Große Kammer stellt hier fest, dass die Schutzpflicht des Staates für das Leben aus Art. 2 EMRK neben der Aufstellung eines angemessenen rechtlichen und administrativen Rahmens

---

264 EGMR (GK), Urt. v. 27.09.1995, Rep. A 324, Nr. 18984/91, § 212 – *McCann u. a. vs. Großbritannien*.

265 Vgl. EGMR (GK), Urt. v. 27.09.1995, Rep. A 324, Nr. 18984/91, § 151 – *McCann u. a. vs. Großbritannien*.

266 S. u. in der *abstrakten Vorphase* → S. 321.

267 EGMR (GK), Urt. v. 24.03.2011, ECHR 2011 (extr.), Nr. 23458/02.

für staatlichen Schusswaffengebrauch[268] eine klare Kommandokette (*chain of command*) erforderlich mache.[269] Gerade das Fehlen einer solchen stelle einen Faktor dar, welcher das Risiko erhöhen müsse, dass Polizisten ihre Schusswaffen unkontrolliert einsetzten.[270] Im Fall stellt der Gerichtshof eine ausreichende Kommunikation fest; auch wenn Informationen nicht direkt an die Einsatzkräfte, sondern über Kontrollzentren vermittelt würden, habe das nicht bereits zu einer mangelhaften Kommandokette geführt.[271]

2. Auswahl und Ausbildung der Einsatzkräfte

Einen weiteren Schwerpunkt legt der Gerichtshof auf die Auswahl und Ausbildung der beteiligten Einsatzkräfte. So verlangt der Gerichtshof, dass die ausgewählten Einsatzkräfte den Anforderungen des Einsatzes gewachsen sind (*set high professional standards within their law-enforcement systems and ensure that the persons serving in these systems meet the requisite criteria*). Dies gelte für ihre körperliche und ihre geistige Verfassung. Der Fall *Abdullah Yilmaz gegen die Türkei*[272] betraf den Tod des 20jährigen Sohnes des Beschwerdeführers während seines Militärdienstes. Er wurde von seinem Vorgesetzten und anderen Militärangehörigen mehrmals geschlagen und getreten, bis er seine Waffe auf seinen Körper richtete und drohte sich umzubringen. Der Vorgesetzte zog ebenfalls seine Waffe, lud sie und zielte auf den Sohn des Beschwerdeführers, welcher sich daraufhin sofort erschoss. Es wurden mehrere Verfahren eingeleitet: Der Vorgesetzte wurde wegen Körperverletzung zu einer Haftstrafe von fünf Monaten verurteilt, die jedoch wegen guter Führung verkürzt wurde. Das Verfahren zur Aufklärung der Umstände des Suizids wurde unterbrochen; trotz vorliegender Berichte über die Geschehnisse vor dem tödlichen Schuss wurde keine kausale Verbindung zwischen dem Tod des Opfers und dem Verhalten des Vorgesetzten gesehen.

---

[268] S. u. in der *abstrakten Vorphase* → S. 323.

[269] Zuletzt (Stand: 01.05.2025) EGMR, Urt. v. 14.11.2023, Nr. 1049/17, § 169 – *Nika vs. Albanien*.

[270] EGMR (GK), Urt. v. 24.03.2011, ECHR 2011 (extr.), Nr. 23458/02, §§ 259 – *Giuliani u. Gaggio vs. Italien* mit Verweis auf EGMR (GK), Urt. v. 20.12.2004, ECHR 2004-XI, Nr. 50385/99, § 68 – *Makaratzis vs. Griechenland*, der aber einen *ad-hoc*-Polizeieinsatz behandelt und damit nicht in diese Kategorie fällt.

[271] EGMR (GK), Urt. v. 24.03.2011, ECHR 2011 (extr.), Nr. 23458/02, §§ 259 – *Giuliani u. Gaggio vs. Italien*.

[272] EGMR, Urt. v. 17.06.2008, Nr. 21899/02.

Der Gerichtshof stellt hingegen eine Verletzung des Art. 2 EMRK fest. Ein Staat müsse im obligatorischen Wehrdienst die äußerste Sorgfalt beim Einsatz von Waffen walten lassen und eine angemessene Behandlung von Einsatzkräften sicherstellen, die an psychischen Erkrankungen litten.[273] Es müsse gewährleistet sein, dass Vorgesetzte innerhalb der ihnen übertragenen Befugnisse die notwendigen und ausreichenden Maßnahmen ergriffen, um die körperliche und geistige Unversehrtheit der unter ihren Befehl gestellten Wehrpflichtigen zu schützen.[274]

Diese Anforderungen, die im genannten Fall das Innenverhältnis zwischen militärischem Vorgesetzten und Untergebenen betrafen, überträgt der Gerichtshof *mutatis mutandis* im Fall *Sašo Gorgiev gegen „Die ehemalige jugoslawische Republik Mazedonien“*[275] auf die Situation, in der es zum Außenkontakt zwischen Polizei und Zivilbevölkerung kommt. Der Beschwerdeführer war Kellner und wurde von einem Reservepolizisten aus nächster Nähe angeschossen und verletzt. Dieser hatte ohne Befugnis seinen Dienst verlassen. Im innerstaatlichen Verfahren stellte das Gericht fest, der Polizist habe vorsatzlos geschossen, da er unter Alkoholeinfluss gestanden habe; seine Strafe sei auszusetzen. Auch das zivilrechtliche Verfahren auf Schadensersatz gegen den Staat blieb erfolglos, weil der Polizist bei der Tat keine dienstlichen Handlungen vollzog.

Der Gerichtshof stellt fest, dass die Behörden zwar das Verhalten des Polizisten nicht hätten vorhersehen können. Dennoch bestehe die Pflicht, ein System adäquater und effektiver Sicherungen einzurichten und streng anzuwenden, um im Rahmen ihrer offiziellen Pflichten einen unangemessenen Waffenumgang durch die Sicherheitskräfte, insbesondere nun temporär eingesetzte Kräfte, zu verhindern.[276] Unter Bezugnahme auf seine Rechtsprechung im Fall *Abdullah Yilmaz gegen die Türkei*[277] wiederholt der Gerichtshof, dass hohe Standards von den staatlichen Rechtsdurchsetzungsbehörden erwartet würden. Es müsse sichergestellt sein, dass die Sicherheitskräfte die erforderlichen Qualitäten besäßen und diejenigen mit Waffengebrauch nach genauer

---

[273] EGMR, Urt. v. 17.06.2008, Nr. 21899/02, § 56 – *Abdullah Yilmaz vs. Türkei.*

[274] EGMR, Urt. v. 17.06.2008, Nr. 21899/02, § 57 – *Abdullah Yilmaz vs. Türkei.*

[275] EGMR, Urt. v. 19.04.2012, ECHR 2012 (extr.), Nr. 49382/06.

[276] EGMR, Urt. v. 19.04.2012, ECHR 2012 (extr.), Nr. 49382/06, § 50 – *Sašo Gorgiev vs. „Die ehemalige jugoslawische Republik Mazedonien“.*

[277] EGMR, Urt. v. 17.06.2008, Nr. 21899/02 – *Abdullah Yilmaz vs. Türkei*; s. → S. 90.

Überprüfung ausgesucht würden.[278] Neben der psychischen Verfassung spielt auch das Training der Einsatzkräfte eine wichtige Rolle. Sie müssten ebenfalls eine technische Unterweisung erhalten.[279]

Im Fall *Andronicou und Constantinou gegen Zypern*[280] ging es um eine Geiselnahme, bei der eine Frau durch ihren Verlobten gewaltsam festgehalten wurde. Durch Hilferufe wurden Nachbarn und die Polizei auf ihre Situation aufmerksam. Der Verlobte drohte, sie mit einer Waffe zu erschießen und ließ sich auch nach Stunden nicht auf Verhandlungen mit der Polizei oder der Familie ein. Die Polizei entwarf einen Rettungsplan, der die Erstürmung des Hauses beinhaltete, jedoch zur Vorsicht hinsichtlich des Lebens der Verlobten und der Einsatzkräfte aufrief. Der Zugriff erfolgte, bei dem der Verlobte erschossen wurde und die Verlobte später im Krankenhaus an den Folgen ihrer Verletzungen starb. Der Gerichtshof erkennt im Urteil an, dass die Planung und Organisation seinen Anforderungen entsprach und einen milderen Verlauf vorgesehen hatte. Dass die Umsetzung zum Tod beider und zu einem vermehrten Schusswaffengebrauch führte, war auch durch das aggressive Verhalten des Verlobten herbeigeführt worden.[281]

3. Interne Weitergabe von Informationen

Alle Bemühungen, verhältnismäßige Entscheidungen in der Situation selbst von den Einsatzkräften zu erhalten, können nur dann zum Erfolg führen, wenn die beteiligten Polizeikräfte mit den notwendigen Informationen zur Situation ausgestattet sind (*analysis of all the available information about the surrounding circumstances*). Im Fall *Nachova u. a. gegen Bulgarien*[282] waren zwei Männer aus dem Militärdienst geflohen. Sie waren der Rom:nja-Volksgruppe zugehörig. Die Militärpolizei spürte sie auf und erschoss die beiden, als sie unbewaffnet aus dem Haus der Großmutter fliehen wollten. Die Kammer

---

278 EGMR, Urt. v. 19.04.2012, ECHR 2012 (extr.), Nr. 49382/06, § 51 – *Sašo Gorgiev vs. „Die ehemalige jugoslawische Republik Mazedonien“*.

279 EGMR, Urt. v. 19.04.2012, ECHR 2012 (extr.), Nr. 49382/06, § 51 – *Sašo Gorgiev vs. „Die ehemalige jugoslawische Republik Mazedonien“*.

280 EGMR, Urt. v. 09.10.1997, ECHR 1997-VI, Nr. 25052/94.

281 EGMR, Urt. v. 09.10.1997, ECHR 1997-VI, Nr. 25052/94, §§ 165 f., 191 ff. – *Andronicou u. Constantinou vs. Zypern*.

282 EGMR (GK), Urt. v. 06.07.2005, ECHR 2005-VII, Nrn. 43577/98 u. 43579/98; EGMR, Urt. v. 26.02.2004, Nrn. 43577/98 u. 43579/98.

des Gerichtshofs betonte im erstinstanzlichen Urteil, worauf auch die Große Kammer später Bezug nahm, dass die Behörden ihrer Verpflichtung, das Risiko des Verlusts von Menschenleben so gering wie möglich zu halten, nicht nachgekommen seien. Die beteiligten Einsatzkräfte seien nämlich angewiesen worden, zur Festnahme alle verfügbaren Mittel einzusetzen. Bei der Anweisung war außer Acht gelassen worden, dass die Flüchtigen unbewaffnet gewesen seien und keine Gefahr für Leib und Leben darstellten.[283] Für die Planung einer Festnahmeaktion sei die Analyse aller verfügbaren Informationen über die Umstände entscheidend. Als absolutes Minimum sei die Information über die vorgeworfene Straftat der aufzugreifenden Person und der Grad an Gefahr, der von dieser Person ausgehe, zu ermitteln.[284]

Im Fall *Finogenov u. a. gegen Russland*[285] wird die Bedeutung der Weitergabe an Informationen auf besonders tragische Weise deutlich. Im Moskauer Dubrovka-Theater wurden 900 Menschen von bewaffneten Angehörigen der Tschetschenischen Separatistenbewegung als Geisel genommen. Sie verlangten für die Freilassung der Geiseln den Rückzug der russischen Truppen aus dem tschetschenischen Gebiet. Verhandlungen wurden aufgenommen und die Behörden bildeten einen Krisenstab zur Planung der Rettungsoperation. Nach drei Tagen führten die Einsatzkräfte ein unbekanntes Narkosegas über die Klimaanlage des Theaters ein. Die Terroristen verloren sofort ihr Bewusstsein, eine Spezialeinheit stürmte das Gebäude und tötete beinahe alle von ihnen. Die Geiseln wurden in umliegende Krankenhäuser gebracht. Dennoch starben 125 von ihnen noch vor Ort oder auf dem Weg ins Krankenhaus. Ein Strafverfahren wurde zunächst eröffnet, doch dann nicht weiterverfolgt und alle Schadensersatzklagen wurden abgewiesen.

Trotz der Planungsphase von zwei Tagen muss der Gerichtshof feststellen, dass es für die Versorgung der Geiseln keine zentrale Koordination gegeben hatte. Es habe keine Anweisungen gegeben, wie Informationen über die Geiseln und ihren Gesundheitszustand ausgetauscht würden und welche Priorisierungen die Ärzte vornehmen sollten. Zudem seien

---

283 EGMR (GK), Urt. v. 06.07.2005, ECHR 2005-VII, Nrn. 43577/98 u. 43579/98, § 103 – *Nachova u. a. vs. Bulgarien.*

284 EGMR, Urt. v. 26.02.2004, Nrn. 43577/98 u. 43579/98, § 110 – *Nachova u. a. vs. Bulgarien.*

285 EGMR, Urt. v. 20.12.2011, ECHR 2011 (extr.), Nrn. 18299/03 u. 27311/03.

keine Informationen über die Verteilung der Geiseln auf die verschiedenen Krankenhäuser gegeben worden. Dies habe dazu geführt, dass manche Personen mehrere Dosen Medizin erhielten und andere Betroffene wegen Überbelegung mehrere Krankenhäuser anfahren mussten. Auch habe die Information, welches Narkosegas eingesetzt wurde, gefehlt.[286]

Der Gerichtshof räumt ein, nicht für jedes Opfer die Verantwortlichkeit des Staates beweisen zu können, sieht dies aber auch nicht als notwendige Voraussetzung dafür an, zu einem der Beschwerde stattgebenden Urteil zu kommen. Er sei dafür zuständig zu prüfen, ob ein Staat als Ganzes den ihm durch die Konvention auferlegten Verpflichtungen nachgekommen sei; im Fall habe er somit zu prüfen, ob – unter Verweis auf die Entscheidung *Ergi gegen die Türkei*[287] – ein Staat alle realisierbaren Vorkehrungen hinsichtlich Mittel und Methoden für Sicherheitsoperationen mit Blick auf die Vermeidung oder jedenfalls Minimierung die Operation begleitender Todesfälle von Zivilisten getroffen habe.[288]

4. Umfassende Risikobewertung

Bereits aus dem Urteil *McCann u. a. gegen Großbritannien*[289] lässt sich entnehmen, dass der Staat gewährleisten muss, dass eine umfassende Bewertung der Zugriffssituation vorgenommen wird. Im Fall aber waren die beteiligten Soldaten allein auf eine Autobombe mit erheblicher Sprengkraft und auf erhebliche Waffengegenwehr seitens der mutmaßlichen Terroristen vorbereitet worden. Obwohl der Ausgang keineswegs sicher zu prognostizieren war, war den Soldaten der schlimmstmögliche Ausgang als feststehende Tatsache vermittelt worden.[290] Damit war auch das Verhalten der Soldaten, die Erschießung der mutmaßlichen Terroristen, bereits durch die Weitergabe dieser Bewertung festgelegt worden.

---

[286] EGMR, Urt. v. 20.12.2011, ECHR 2011 (extr.), Nrn. 18299/03 u. 27311/03, §§ 247 ff. – *Finogenov u. a. vs. Russland.*

[287] EGMR, Urt. v. 28.07.1998, ECHR 1998-IV, Nr. 23818/94; s. sogleich → S. 95.

[288] EGMR, Urt. v. 20.12.2011, ECHR 2011 (extr.), Nrn. 18299/03 u. 27311/03, § 265 – *Finogenov u. a. vs. Russland.*

[289] EGMR (GK), Urt. v. 27.09.1995, Rep. A 324, Nr. 18984/91; Sachverhaltsschilderung s. → S. 73.

[290] EGMR (GK), Urt. v. 27.09.1995, Rep. A 324, Nr. 18984/91, § 210– *McCann u. a. vs. Großbritannien.*

Im Fall *Ergi gegen die Türkei*[291] war die Tochter des türkisch-kurdischen Beschwerdeführers durch einen Schusswechsel zwischen dem türkischen Militär und der Arbeiterpartei Kurdistans (PKK) getötet worden, während sie sich auf dem Balkon aufhielt. Der Gerichtshof erklärt, dass er es zwar nicht als erwiesen ansehen könne, dass die Tochter durch Schüsse der türkischen Sicherheitskräfte und nicht solcher der PKK getötet worden sei. Dennoch sei er der Meinung, dass er auch in diesem Fall die Planungs- und Durchführungsphase überprüfen dürfe.[292] Sie müssten dergestalt (*to the most careful scrutiny*) organisiert sein, dass weitestmöglich Risiken für das Leben der Dorfbewohnerschaft vermieden oder minimiert würden.[293] Im Fall hatte dies der Staat aber nicht in seine Planungen einbezogen, da er die Einsatzkräfte südlich des Dorfes postierte, obwohl bekannt war, dass die Terroristen vom Norden des Dorfes angreifen wollten und damit die Dorfbevölkerung notgedrungen in den Schusswechsel geraten würde. Insbesondere müsse ein Staat auch Risiken einrechnen, die von anderen Privaten, vorliegend der PKK, ausgingen.[294] Somit kann auch dann eine Verletzung des Art. 2 EMRK vorliegen, wenn der Staat diese realisierbaren Vorsichtsmaßnahmen bei der Planung unterlässt.[295]

5. Bewertung

Insgesamt ist in der Fallgruppe der Polizei- und Militäroperation zu sehen, dass der Gerichtshof sehr detaillierte Anforderungen stellt. Auch wenn zu diesem Zeitpunkt die Gefährdung für das Rechtsgut nur geplant wird oder sogar vermieden werden soll, sieht er hier bereits die Schutzwirkung des Art. 2 EMRK als gegeben an. Hinsichtlich der Anforderungen, welche die beteiligten Personen, ihre Ausbildung, Kontrolle und Information betreffen, stützt er sich auf die Formulierung „*no more than absolutely necessary: in defence of any person from unlawful violence*" in Art. 2 Abs. 2 lit. a EMRK. Der strenge Verhältnismäßigkeitsmaßstab des Art. 2 EMRK erlaubt es dem Gerichtshof, hier auch weitgehende Anforderungen zu stellen. Die Planungen müssen so

---

291 EGMR, Urt. v. 28.07.1998, ECHR 1998-IV, Nr. 23818/94.

292 Vgl. → S. 199.

293 EGMR, Urt. v. 28.07.1998, ECHR 1998-IV, Nr. 23818/94, § 79 – *Ergi vs. Türkei.*

294 EGMR, Urt. v. 28.07.1998, ECHR 1998-IV, Nr. 23818/94, § 80 – *Ergi vs. Türkei.*

295 EGMR, Urt. v. 28.07.1998, ECHR 1998-IV, Nr. 23818/94, § 79 ff. – *Ergi vs. Türkei.* S. hierzu *Mowbray*, Positive obligations, S. 13.

gestaltet sein, dass der Rückgriff auf tödliche Gewalt weitestgehend minimiert wird.[296] Dieser Gedanke führt weiter zum Training der Einsatzkräfte, die so ausgebildet sein müssen, dass sie verhältnismäßige, der Situation angemessene Entscheidungen treffen können.[297] Wie die Einsatzkräfte ausgewählt und ausgebildet werden, muss auf Regeln (*professional standards within their law-enforcement systems*) beruhen, die zwar nicht notwendig rechtlicher Art sein müssen, aber eine abstrakt-generelle Entscheidung über die notwendige Qualifikation enthalten. Nur so können die Anforderungen des Art. 2 EMRK in dieser frühen Phase erfüllt werden.[298]

Daneben ist in den Fällen Art. 3 EMRK relevant. Der Gerichtshof sieht Art. 2 und Art. 3 EMRK als fundamentale Gewährleistungen der Konvention an, die die Grundwerte der demokratischen Gesellschaften des Europarats beinhalten.[299] Als zwei Fundamentalgarantien legen sie denselben Maßstab an das Verhalten der Staaten an. Methodisch ist bei Art. 3 EMRK anders vorzugehen, denn im Wortlaut des Art. 3 EMRK findet sich weder eine Erwähnung der innerstaatlichen Gesetze noch der Verhältnismäßigkeit. Dennoch hat der Gerichtshof durch teleologische Auslegung festgestellt, dass jede Beeinträchtigung eines Menschen durch körperliche Gewalt, die nicht streng verhältnismäßig ist, eine Beeinträchtigung der Menschenwürde sei und damit grundsätzlich eine Verletzung des Rechts aus Art. 3 EMRK darstelle.[300] Dann erfüllt ein Eingriff die für Art. 3 EMRK erforderliche Missachtung der Person als Mensch selbst.[301] Für Polizei- und Militärplanungen folgt daraus, dass die Behörden die Erforderlichkeit ihrer geplanten Schritte in der konkreten Situation schon bei der Planung bewerten müssen.

Art. 5 EMRK spielt in den analysierten Fällen nur eine untergeordnete Rolle. Auch wenn also das Recht aus Art. 5 EMRK in der Planungsphase des

---

[296] EGMR (GK), Urt. v. 27.09.1995, Rep. A 324, Nr. 18984/91, § 194 – *McCann u. a. vs. Großbritannien*.

[297] EGMR (GK), Urt. v. 06.07.2005, ECHR 2005-VII, Nrn. 43577/98 u. 43579/98, § 97 – *Nachova u. a. vs. Bulgarien*; EGMR (GK), Urt. v. 27.09.1995, Rep. A 324, Nr. 18984/91, § 151 – *McCann u. a. vs. Großbritannien*.

[298] Vgl. *Mowbray*, Positive obligations, S. 15.

[299] EGMR (GK), Urt. v. 27.09.1995, Rep. A 324, Nr. 18984/91, § 147 – *McCann u. a. vs. Großbritannien* mit Verweis auf EGMR (Pl.), Urt. v. 07.07.1989, Rep. A 161, Nr. 14038/88, § 88 – *Soering vs. Großbritannien*.

[300] EGMR, Urt. 28.07.2009, Nr. 47709/99, § 59 – *Rachwalski u. Ferenc vs. Polen*.

[301] Vgl. *Grabenwarter/Pabel*, EMRK, § 20 Rn. 42.

Militärs oder der Polizei bereits gefährdet sein kann, stuft der Gerichtshof die Situation als nicht dergestalt gefährdend ein. Dies liegt möglicherweise an den umfangreichen Garantien, die ab Festnahme für den Betroffenen greifen.[302] Anders als bei den Rechten aus Art. 2 und 3 EMRK tritt also in der Planungsphase nicht eine derart schwerwiegende oder gar irreversible Gefährdung ein, die später, also im Zeitpunkt des substanziellen Eingriffs, nicht wieder ausgeglichen werden könnte. Somit folgen zu diesem Zeitpunkt aus Art. 5 EMRK noch keine Verfahrensverpflichtungen.

Bei Betrachtung der Verfahrenssituation der Polizei- und Militärplanung zeigt sich an der Reaktion des Gerichtshofs deutlich, dass dies bereits eine entscheidende Phase zum Schutz der Rechte ist. In diesem frühen Stadium werden Vorkehrungen getroffen oder unterlassen, die kausal sind für spätere Verletzungen der fundamentalen Rechte aus Art. 2 und 3 EMRK. Der Gerichtshof sieht hierin also schon eine Situation, in der Rechte gewährleistet sein müssen, um das Risiko einer späteren, substanziellen Beeinträchtigung zu minimieren.

Da der Staat in diesen Fällen im Vorhinein die Möglichkeit hat, die Gefahr zu minimieren, überzeugt es, dass der Gerichtshof genau dies auch verlangt. Wenn sich ein Staat im Rahmen einer vorausgeplanten Polizeioperation mit dem Zugriff, also dem substanziellen Beeinträchtigungsereignis beschäftigt, dann ist es nicht zu viel verlangt, im Rahmen dieser Vorbereitungen auch die gefährdeten Rechtsgüter einzubeziehen. Diese sollten sich bei der Planung solcher Operationen gerade aufdrängen. Da solche Operationen nicht ohne Planung ablaufen können, kann bereits durch eine bewusstere Einbeziehung der Rechte der betroffenen Person und durch davon beeinflusste Operationsentscheidungen ein effektiverer Konventionsschutz erreicht werden, ohne dass die zugleich mit dem Zugriff verfolgten Ziele unrealistisch werden. Durch die Gestaltung der Verfahrenssituation kann also im Voraus bereits ein wirksamerer Schutz in der Beeinträchtigungssituation selbst geschaffen werden.

II. Gefährliche Aktivitäten des Staates

Die Fallgruppe der gefährlichen Aktivitäten des Staates umfasst Verfahrenssituationen, in denen der Staat selbst eine gefährliche Aktivität durchführt.[303]

---

302 S. → S. 223-244.

303 Zu privaten gefährlichen Aktivitäten s. → S. 107-111.

Dieser vom Gerichtshof selbst geprägte Begriff umfasst Verhaltensweisen oder die Einrichtung von Orten, die mit einem erhöhten Risiko für Agierende wie Unbeteiligte im Wirkungskreis der gefährlichen Aktivität verbunden sind. Es kann die Einrichtung einer Baustelle oder einer Fabrik gemeint sein, von denen ein besonderes Risiko ausgeht. Solche Unternehmungen können negative Auswirkungen auf die Rechtsgüter Leben, Art. 2 EMRK, physische und psychische Integrität, Art. 3 und Art. 8 EMRK, Privat- und Familienleben, Art. 8 EMRK, von Privatpersonen haben, weshalb sich aus ihrer Errichtung und Unterhaltung besondere Pflichten ergeben. Insbesondere industrielle Tätigkeiten, die eine ernste Gefahr darstellen, sind erfasst, wenn der Staat von der Gefahr wusste oder hätte wissen müssen.[304]

1. Weitergabe von Informationen

Im Fall *McGinley und Egan gegen Großbritannien*[305] warfen die beiden Beschwerdeführer Großbritannien vor, dass ihnen nicht alle Informationen zur Strahlenbelastung bei Atomwaffentests auf der Weihnachtsinsel bereitgestellt wurden, obwohl sie bei diesen anwesend waren und möglicherweise strahlenbelastet wurden. Der Gerichtshof stellt fest, dass den Konventionsstaat eine positive Pflicht aus Art. 8 EMRK treffe. Wenn die Regierung gefährliche Tätigkeiten wie Atomwaffentests ausführe, die verborgene nachteilige Folgen für die Gesundheit der an diesen Tätigkeiten beteiligten Personen haben könnten, erfordere die Achtung des Privat- und Familienlebens aus Art. 8 EMRK, dass ein wirksames und zugängliches Verfahren eingerichtet werde. Dieses müsse den Betroffenen ermöglichen, alle relevanten und angemessenen Informationen zu erhalten.[306] Im Fall sah der Gerichtshof diese Anforderungen als erfüllt an (*an effective and accessible procedure be established which enables such persons to seek all relevant and appropriate information*).

In *Roche gegen Großbritannien*[307] dagegen stellt die Große Kammer eine Verletzung des Art. 8 EMRK fest. Der Beschwerdeführer musste während seines Dienstes als Soldat an Experimenten mit geringen Dosen von Senf- und Nervengas teilnehmen und litt in der Folge an verschiedenen chronischen

---

304 EGMR, Urt. v. 24.07.2014, Nrn. 60908/11 u. a., §§ 82, 105 – *Brincat u. a. vs. Malta.*

305 EGMR, Urt. v. 28.01.2000, ECHR 2000-I, Nrn. 21825/93 u. 23414/94.

306 EGMR, Urt. v. 28.01.2000, ECHR 2000-I, Nrn. 21825/93 u. 23414/94, § 101 – *McGinley u. Egan vs. Großbritannien.*

307 EGMR (GK), Urt. v. 19.10.2005, ECHR 2005-X, Nr. 32555/96.

Krankheiten. Das angebotene Verfahren reichte laut dem Gerichtshof nicht aus, um die Anforderungen des Art. 8 EMRK zu erfüllen, da in ihm nur ein Teilbereich (Rentenansprüche) und die damit verbundenen Informationen behandelt wurden und das Zurverfügungstellen weiterer Informationen nur auf die Beharrlichkeit des Beschwerdeführers zurückzuführen war.[308]

Die Beschwerdeführer im Fall *Brincat u. a. gegen Malta*[309] arbeiteten auf einer staatlichen Schiffswerft und waren jahrelang Asbestpartikeln intensiv ausgesetzt. Daraus folgten schwerwiegende Gesundheitsprobleme und in einem Fall der Tod durch eine durch Asbest ausgelöste Krebsart. Die innerstaatlichen Schadensersatzklagen wurden aus formalen Gründen abgewiesen. Der Gerichtshof bestätigt die Verpflichtung des Staates, Zugang zu unentbehrlichen Informationen zu gewähren, um Personen die Risikoeinschätzung für Leib und Leben zu ermöglichen. In diesem Punkt seien die Maßnahmen, die der Staat zu ergreifen habe, aus Art. 2 und Art. 8 EMRK dieselben.[310]

2. Bewertung

Den Entscheidungen ist zu entnehmen, dass mit einer transparenten Informationsweitergabe auf substanzielle Risiken reagiert werden muss, um effektiv vor diesen zu schützen. Zu beachten ist aber, dass aus den Entscheidungen nicht eindeutig klar wird, wann diese Pflicht zur Informationsweitergabe für den Staat entsteht. Die beiden Fälle zu Art. 8 EMRK *McGinley und Egan gegen Großbritannien* und *Roche gegen Großbritannien* betrafen das Ersuchen von Informationen lange nach der substanziellen Beeinträchtigung. Seiner Rechtsprechung zu Art. 2 EMRK im Kontext gefährlicher Aktivitäten ist aber zu entnehmen, dass der Zweck positiver Verpflichtungen aus Art. 2 EMRK zum großen Teil mit jenem aus Art. 8 EMRK überlappe[311] und deshalb dieselben staatlichen Maßnahmen zu ergreifen seien.[312] Somit müssen auch in Fällen des Art. 8 EMRK bei gefährlichen Aktivitäten durchaus bereits früher, also vor einer möglichen substanziellen Beeinträchtigung, Informationen bereitgestellt werden.

---

308 EGMR (GK), Urt. v. 19.10.2005, ECHR 2005-X, Nr. 32555/96, §§ 164, 166 – *Roche vs. Großbritannien.*

309 EGMR, Urt. v. 24.07.2014, Nrn. 60908/11 u. a.

310 EGMR, Urt. v. 24.07.2014, Nrn. 60908/11 u. a., § 102 – *Brincat u. a. vs. Malta.*

311 EGMR, Urt. v. 24.07.2014, Nrn. 60908/11 u. a., § 85 – *Brincat u. a. vs. Malta.*

312 EGMR, Urt. v. 24.07.2014, Nrn. 60908/11 u. a., § 102 – *Brincat u. a. vs. Malta.*

Entscheidend scheint für den Gerichtshof zu sein, dass das Verfahren geeignet ist, den betroffenen Personen Informationen zur Verfügung zu stellen. Sie sollen durch die abstrakte Verfahrensgestaltung – nicht durch ihre eigene Beharrlichkeit[313] – dazu ermächtigt werden, ihre Betroffenheit und die staatliche Beteiligung daran einschätzen zu können. Das Verfahren muss eben diesen Zweck verfolgen, um konventionskonform zu sein. Der Gerichtshof hat also im Blick, dass es sich um eine Verfahrenssituation handelt, die vor dem substanziellen Beeinträchtigungsereignis liegt. Wichtig sind zu diesem Zeitpunkt die Prävention und die Vorbereitung, um die negativen Folgen für die Rechtsgüter so gering wie möglich zu halten. Aufklärung ist somit das effektivste Mittel, um als Staat vorbereitet zu sein, aber auch den betroffenen Personen Vorbereitungs- und Schutzmaßnahmen zu ermöglichen. Auf eine effektive Schutzverwirklichung abzielend erscheint es deshalb einleuchtend, dass der Gerichtshof für gefährliche staatliche Aktivitäten aus der Konvention Informationspflichten ableitet.

B. Verfahrenssituation vor einer nicht-staatlichen substanziellen Beeinträchtigung

Diese Fallgruppe ist in ihrer Negativabgrenzung („nicht-staatlich") weiter gefasst als die vorige. Doch auch sie hat als eindeutigen Bezugspunkt das substanzielle Beeinträchtigungsereignis. Ihre Verfahrenssituationen finden vor diesem Ereignis statt und werden durch die Kenntnis des Staates in Gang gesetzt. Anlass ist meist, dass der Staat die besondere Hilfs- oder Schutzbedürftigkeit einer Person feststellt und deshalb eine Verfahrenssituation in Gang setzt, um eine Verbesserung, Absicherung oder Überwachung der Situation der schutzbedürftigen Person herbeizuführen. Die Verfahrenssituation zielt häufig darauf, den Einzelnen aus seiner schutzbedürftigen Situation zu befreien.[314] Da die substanzielle Beeinträchtigung nicht von staatlicher Seite verursacht wird, besteht zwischen dem Verfahrensende und der Beeinträchtigung kein kausaler Zusammenhang. Es kann also sein, dass die Verfahrenssituation noch nicht abgeschlossen ist, wenn die substanzielle Beeinträchtigung eintritt.

---

313 Vgl. EGMR (GK), Urt. v. 19.10.2005, ECHR 2005-X, Nr. 32555/96, §§ 164 f. – *Roche vs. Großbritannien*.

314 Vgl. *Dröge*, Positive Verpflichtungen, S. 56.

Diese Kategorie unterscheidet sich von der vorigen insbesondere dadurch, dass der substanzielle Eingriff, also der Tod, die Gesundheitsschädigung oder die Beeinträchtigung des Privatlebens, nicht durch ein staatliches Handeln eintritt. Im Fall der Polizeiplanung ist es der Staat, der anschließend tötet, und bei staatlichen gefährlichen Aktivitäten ist er es, der das Risiko setzt. In den nun zu analysierenden Konstellationen tritt die substanzielle Beeinträchtigung durch privates Versagen – mangelhafte Versorgung in der Unterbringung oder fahrlässiges Verhalten vor einem Fabrik- oder Kraftwerkunfall – oder durch höhere Gewalt ein.

Dies wirft ein anderes Licht auf diese Fallgruppe. Hier erscheint es viel dringlicher, dem Staat in dieser frühen Vorbereitungsphase Verpflichtungen aufzuerlegen, weil er zu diesem Zeitpunkt Entwicklungen noch verhindern kann, auf die er später keinen Einfluss mehr hat. Es ist nicht der Staat, der die Schlammlawine lostritt oder für die psychische Erkrankung und die damit verbundene medizinische Behandlung verantwortlich ist. Er ist aber in einer Wächterposition, sodass ihn auch in dieser frühen Phase – soweit eine Verantwortlichkeit bejaht werden kann – Pflichten treffen können.

Diese besondere Dringlichkeit wird sich in der Rechtsprechung insbesondere zu Art. 2 und Art. 8 EMRK zeigen. Gerade durch verfahrensrechtliche Aufklärungsmaßnahmen soll der Staat im Voraus die gefährdete Person mit Kenntnis und Kompetenz ausstatten, damit sie sich in der Beeinträchtigungssituation selbst besser schützen kann.

I. Zwangsweise Unterbringung

Die folgenden Verfahrenssituationen befinden sich zeitlich vor einer substanziellen Beeinträchtigung einer Person, die aufgrund ihres geistigen Gesundheitszustandes zwangsweise untergebracht werden soll. Die substanzielle Beeinträchtigung ist ihre tatsächliche Misshandlung, ihr Lebensende oder eine sonstige, nicht mit der Konvention übereinstimmende Betreuungsleistung. Der Staat erfährt davor von der drohenden Gefährdung und schafft durch das Recht eine Verfahrenssituation, um den Eintritt der substanziellen Beeinträchtigung zu verhindern.

Konventionsrechte, die betroffen sein können, sind wiederum die Rechte auf Leben, Art. 2 EMRK, auf physische und psychische Integrität, Art. 3 und Art. 8 EMRK, auf Freiheit, Art. 5 EMRK, sowie auf Achtung des Privat- und Familienlebens, Art. 8 EMRK.

1. Weitergabe von Informationen

Der Gerichtshof hebt in dieser Fallgruppe die Informationsweitergabe (*notified of the decisions*; *neither informed nor consulted regarding the medical care*) an die betroffene Person als bedeutende Verfahrensverpflichtung hervor. Im Fall *B. gegen Rumänien (Nr. 2)*[315] litt die Beschwerdeführerin an einer paranoiden Schizophrenie und war in psychiatrischer Behandlung; zwei ihrer drei Kinder waren zum maßgeblichen Zeitpunkt noch minderjährig. Obwohl den Behörden die psychische Situation der Familie bekannt war, wurde hinsichtlich der Beschwerdeführerin und ihrer Kinder weder eine Vormundschaft noch eine sonstige administrative Maßnahme zur Unterstützung der Familie eingeleitet. Die Beschwerdeführerin wurde in eine Klinik eingewiesen, die Kinder in einem Heim untergebracht. Sie wandte sich an den Gerichtshof mit dem Vorwurf, ihre Rechte aus Art. 8 EMRK seien von den Behörden verletzt worden.

Während zuvor in der Rechtsprechung in Fällen der zwangsweisen Unterbringung von Menschen mit Behinderungen auf Art. 5 EMRK abgestellt wurde, prüft der Gerichtshof hier am Maßstab von Art. 8 EMRK unter Berücksichtigung seiner bisherigen Entscheidungen.[316] Der Gerichtshof führt zunächst aus, dass Art. 8 EMRK die Staaten verpflichte, angemessene und geeignete Maßnahmen zu ergreifen, um das Recht auf Achtung des Privatlebens einschließlich der körperlichen und psychischen Gesundheit zu sichern und zu schützen. Insbesondere im Fall schutzbedürftiger Personen, wie Menschen mit Behinderungen, müssten die Behörden besondere Wachsamkeit zeigen und einen erhöhten Schutz gewähren, da die Fähigkeit oder Bereitschaft dieser Personen, eine Beschwerde zu verfolgen, häufig beeinträchtigt sei.[317] Art. 8 EMRK verlange zudem die Herstellung eines gerechten Ausgleichs der Interessen der schutzbedürftigen Person und anderer betroffener Interessen, wobei die Behörden einen großen Ermessensspielraum hätten. Diesen überprüfe der Gerichtshof bei schwerwiegenden Einschränkungen des Privatlebens aber streng.[318] Die rumänische Rechtsordnung sah für die

---

315 EGMR, Urt. v. 19.02.2013, Nr. 1285/03.

316 Vgl. EGMR, Urt. v. 19.02.2013, Nr. 1285/03, § 90 – *B. vs. Rumänien (Nr. 2)*.

317 EGMR, Urt. v. 19.02.2013, Nr. 1285/03, §§ 85 f. – *B. vs. Rumänien (Nr. 2)*. Vgl. EGMR (GK), Urt. v. 17.07.2014, ECHR 2014, Nr. 47848/08, § 131 – *Centre for Legal Resources on behalf of Valentin Câmpeanu vs. Rumänien*.

318 EGMR, Urt. v. 19.02.2013, Nr. 1285/03, § 88 – *B. vs. Rumänien (Nr. 2)*.

zwangsweise Einweisung einer Person eine Entscheidung durch ein medizinisches Gremium vor, die der Staatsanwaltschaft, der betroffenen Person und ihrem Beistand übermittelt werden musste. Im Fall gebe es für die ordnungsgemäße Durchführung keine Belege, so der Gerichtshof. Zudem sei nicht erwiesen, dass die Beschwerdeführerin über die Verfahrensentscheidungen unterrichtet worden sei.[319] Diese Untätigkeit habe dazu geführt, dass die gesetzlichen Schutzmaßnahmen illusorisch geworden seien.[320]

Die Beschwerde im Fall *Centre for Legal Resources für Valentin Câmpeanu gegen Rumänien*[321], die bereits in der Hinführung herangezogen wurde,[322] erhebt Vorwürfe gegen das staatliche Verhalten vor und nach dem Tod von Valentin Câmpeanu. Da dieser mit Eintritt der Volljährigkeit nicht weiter im Heim für Kinder mit Behinderungen bleiben konnte, versuchten die Behörden, ein hinsichtlich seiner HIV-Infektion und seiner geistigen Behinderung geeignetes Heim für ihn zu finden. Das Personal der Klinik, die ihn letztlich aufnahm, verweigerte ihm die Versorgung aus Angst, sich mit HIV anzustecken. Bevor eine von der beschwerdeführenden Organisation angestoßene Verlegung in ein Krankenhaus, das auf ansteckende Krankheiten spezialisiert war, realisiert werden konnte, starb Valentin Câmpeanu.

Die Große Kammer stellt fest, dass im Unterbringungsverfahren von Valentin Câmpeanu keine Einwilligung hinsichtlich der Verlegung eingeholt worden sei; er sei auch nicht über Behandlungen informiert worden und Rechtsmittelmöglichkeiten seien ihm nicht mitgeteilt worden.[323]

2. Rechtlicher Beistand

Wenn erkrankte Personen aufgrund ihres geistigen Zustands nicht ausreichend informiert werden können, gewinnt eine weitere Verfahrensanforderung an Bedeutung. In den beiden soeben analysierten Fällen verknüpft der Gerichtshof mit der Verpflichtung zur Information die Pflicht, eine rechtliche Vertretung zu gewährleisten (*legal representative*; *guardian*). Im Fall *B. gegen*

---

[319] EGMR, Urt. v. 19.02.2013, Nr. 1285/03, § 95 – *B. vs. Rumänien (Nr. 2).*

[320] EGMR, Urt. v. 19.02.2013, Nr. 1285/03, § 97 – *B. vs. Rumänien (Nr. 2).*

[321] EGMR (GK), Urt. v. 17.07.2014, ECHR 2014, Nr. 47848/08.

[322] S. → S. 1.

[323] EGMR (GK), Urt. v. 17.07.2014, ECHR 2014, Nr. 47848/08, §§ 134 f. – *Centre for Legal Resources on behalf of Valentin Câmpeanu vs. Rumänien.*

Rumänien (Nr. 2)[324] stellt der Gerichtshof fest, dass das Recht auf Beistand der betroffenen Person, die die Informationen nicht verstehen könne, bei der Zustimmungserteilung nicht beachtet worden sei und dadurch die gesetzlichen Schutzmaßnahmen, die eigentlich Schutz durch eine vollständige oder teilweise Vormundschaft gewähren, illusorisch geworden seien.[325]

Im Fall *Centre for Legal Resources für Valentin Câmpeanu gegen Rumänien*[326] wurde Valentin Câmpeanu kein Vormund für die Zeit nach Eintritt der Volljährigkeit bestellt, obwohl er sein ganzes Leben im Zugriff der Behörden verbracht hatte und damit für diese eine Handlungsmöglichkeit bestand. Im Unterbringungsverfahren war er deshalb trotz seiner schweren geistigen Behinderung als voll geschäftsfähig angesehen worden, obwohl er aufgrund seines geistigen Zustands durch Informationen nicht tatsächlich Kenntnis der Umstände erhielt und die Behörden dies auch wussten.[327]

3. Sorgfältige Entscheidung

In Bezug auf die Entscheidung am Ende des Unterbringungsverfahrens leitet der Gerichtshof im selben Fall aus Art. 2 EMRK ab, dass die Behörde ihre Unterbringungsentscheidung sachgerecht danach treffen müsse (*most careful scrutiny*), in welcher Einrichtung den besonderen Bedürfnissen besonders gut nachgekommen werde.[328] Im Fall von Valentin Câmpeanu wurden die Entscheidungen jedoch danach getroffen, wer ihn aufnehmen wollte, und nicht danach, welche Einrichtung eine angemessene Behandlung bereitstellen konnte. In der ausgewählten Klinik waren im Jahr zuvor 81 untergebrachte Personen gestorben. Indem sie ihn in seinem besonders bedürftigen Zustand dort untergebracht hätten, hätten sie sein Leben in Gefahr gebracht, so der Gerichtshof.[329]

---

[324] EGMR, Urt. v. 19.02.2013, Nr. 1285/03; Sachverhaltsschilderung s. → S. 102.

[325] EGMR, Urt. v. 19.02.2013, Nr. 1285/03, §§ 95, 97 – *B. vs. Rumänien (Nr. 2).*

[326] EGMR (GK), Urt. v. 17.07.2014, ECHR 2014, Nr. 47848/08; Sachverhaltsschilderung s. → S. 1.

[327] EGMR (GK), Urt. v. 17.07.2014, ECHR 2014, Nr. 47848/08, § 135 – *Centre for Legal Resources on behalf of Valentin Câmpeanu vs. Rumänien.*

[328] EGMR (GK), Urt. v. 17.07.2014, ECHR 2014, Nr. 47848/08, § 131 – *Centre for Legal Resources on behalf of Valentin Câmpeanu vs. Rumänien*; EGMR, Urt. v. 21.12.2010, Nr. 45744/08, § 59 m. w. N. – *Jasinkis vs. Lettland.*

[329] EGMR (GK), Urt. v. 17.07.2014, ECHR 2014, Nr. 47848/08, § §141 ff. – *Centre for Legal Resources on behalf of Valentin Câmpeanu vs. Rumänien.*

4. Bewertung

Aus den analysierten Fällen wird deutlich, dass der Gerichtshof in der Verfahrenssituation vor einer Unterbringung Verfahrensanforderungen aus Art. 2 sowie Art. 8 EMRK ableitet. Während er an anderer Stelle[330] die herausragende Bedeutung von Art. 2 (und Art. 3) EMRK als fundamentaler Garantie betont und als Begründung für einen eigenen, besonders strengen Maßstab gegenüber anderen Konventionsrechten anführt, fordert er aus den beiden Fällen für Art. 2 und Art. 8 EMRK dieselben Verfahrenspflichten.

Wie auch bei Art. 2 EMRK[331] entnimmt der Gerichtshof diesen Inhalt der Norm des Art. 8 EMRK selbst: er betont zwar, dass Art. 8 EMRK keine ausdrücklichen Verfahrensvorschriften enthalte, der Entscheidungsprozess bei Eingriffsmaßnahmen jedoch fair sein und die gebührende Achtung der geschützten Interessen gewährleisten müsse. Dies habe Auswirkungen auf den Umfang des Ermessensspielraums, der den Staaten zustehe: wenn das Verfahren schwerwiegende Mängel aufgewiesen habe, seien die Schlussfolgerungen der Behörden eher zu beanstanden.[332] Ein solcher Entscheidungsprozess hinsichtlich des Privat- und Familienlebens kann auch ein Unterbringungsverfahren sein.

Hinzuweisen ist darauf, dass die Rechtsprechung in Verfahrenssituationen im Zusammenhang mit der Unterbringung von Personen zunächst den Schwerpunkt auf Art. 5 EMRK gelegt hatte.[333] Im Fall *Shtukaturov gegen Russland*[334] litt der volljährige Beschwerdeführer am Borderline-Syndrom, weshalb seine Mutter gegen seinen Willen die Vormundschaft für ihn beantragte. Er selbst wurde darüber nicht benachrichtigt und nahm deshalb an Anhörungen zum Vormundschafts- und Unterbringungsverfahren nicht teil. Der Beschwerdeführer versuchte mithilfe eines Anwalts, Rechtsmittel einzulegen. Diese wurden abgewiesen und ihm wurde jeder weitere Kontakt zu seinem Anwalt und der Außenwelt verweigert. Der Gerichtshof prüft hier die Verfahrenssituation anhand von Art. 6 EMRK mit Verweis

---

330 S. → S. 331 u. 221 mit Nachweis.

331 S. → S. 95.

332 EGMR, Urt. v. 19.02.2013, Nr. 1285/03, § 89 – *B. vs. Rumänien (Nr. 2)*. S. a. EGMR, Urt. v. 27.03.2008, ECHR 2008, Nr. 44009/05, § 89 – *Shtukaturov vs. Russland.*

333 Vgl. EGMR, Urt. v. 19.02.2013, Nr. 1285/03, § 90 – *B. vs. Rumänien (Nr. 2).*

334 EGMR, Urt. v. 27.03.2008, ECHR 2008, Nr. 44009/05.

auf die Garantien aus Art. 5 EMRK[335] und stellt eine Verletzung fest, da kein kontradiktorisches Verfahren durchgeführt und die Doppelrolle des Beschwerdeführers als Verfahrensbeteiligter und „Verfahrensgegenstand" nicht beachtet worden sei.[336]

Der Gerichtshof hat in der Entscheidung *B. gegen Rumänien (Nr. 2)*[337] den Maßstab von Art. 5 EMRK auf Art. 8 EMRK übertragen und wendet diesen nun – wie auch Art. 2 EMRK – bezogen auf die Verfahrenssituation der Unterbringung an.[338]

Hieran zeigt sich, dass der Gerichtshof die Auswirkungen von Verfahrenssituationen der *konkreten Vorphase* auf eigentlich noch unberührte Konventionsrechte erkannt hat und mit verfahrensrechtlichen Anforderungen darauf reagiert. Er sieht in der Verfahrenssituation die Gefahr, dass eigentlich geltende gesetzliche Schutzmechanismen nicht wirken und damit illusorisch werden. Dem ist zuzustimmen, denn letztlich ist die konkrete Ausgestaltung der Verfahrenssituation entscheidend, ob und wieweit den betroffenen Personen der ihnen eigentlich vom Gesetz zugewiesene Schutz gewährt wird. Um diesem Risiko entgegenzuwirken, werden Art. 2 und Art. 8 EMRK auch in solchen vorgelagerten Verfahrenssituationen relevant. Nur wenn sie im Einklang mit der Konvention stehen, kann sich der gesetzlich intendierte Schutz für die betroffene Person realisieren. Diesen muss die entscheidende staatliche Person bei Durchführung der Verfahrenssituation vor Augen haben. Zugleich muss ihr aber bewusst sein, dass nicht durch das Gesetz, sondern auch die Verfahrenssituation zu einem effektiven Schutz beitragen. Im Hinblick auf die Effektivität ist dem Gerichtshof also zuzustimmen: nur wenn beide – Gesetz und Verfahrenssituation – zum Ziel der effektiven Konventionsrechtsrealisierung zusammenwirken, wird das Konventionsrechtsgut bestmöglich geschützt und damit die Konventionsverpflichtung erfüllt.

---

335 EGMR, Urt. v. 27.03.2008, ECHR 2008, Nr. 44009/05, § 66 – *Shtukaturov vs. Russland.* S. a. EGMR, Urt. v. 13.10.2009, Nr. 36500/05, § 124 – *Salontaji-Drobnjak vs. Serbien*; Urt. v. 14.02.2012, Nr. 13469/06, § 116 – *D.D. vs. Litauen*; Urt. v. 31.05.2016, Nr. 17280/08, § 88 – *A.N. vs. Litauen.*

336 EGMR, Urt. v. 27.03.2008, ECHR 2008, Nr. 44009/05, §§ 72-74 – *Shtukaturov vs. Russland.*

337 EGMR, Urt. v. 19.02.2013, Nr. 1285/03; Sachverhaltsschilderung s. → S. 102.

338 EGMR, Urt. v. 19.02.2013, Nr. 1285/03, § 90 – *B. vs. Rumänien (Nr. 2).*

II. Bevorstehende Naturkatastrophen, schädliche Umwelteinflüsse und gefährliche Aktivitäten Privater

Diese Kategorie der *konkreten Vorphase* beinhaltet Verfahrenssituationen zur Sicherung von Orten, von denen im substanziellen Beeinträchtigungszeitpunkt eine große Gefahr für die Rechtsgüter der umliegenden Bevölkerung, Natur und Umwelt ausgehen können, sowie die Vorkehrungen vor möglichen Naturkatastrophen. Somit sind hiervon sowohl die nicht-staatlichen Maßnahmen zur Verhinderung von Störfällen in Atomkraftwerken und Chemiefabriken sowie von Dammbrüchen, aber auch Frühwarnmaßnahmen bei Erdbeben, Überschwemmungen, Lawinen und anderen Naturkatastrophen erfasst. In diesen Konstellationen findet kein umweltpolitisches Prüfverfahren statt,[339] dennoch entfaltet die Konvention aufgrund der Gefahr für bestimmte Rechtsgüter einen verfahrensrechtlichen Schutz.

Diese Situationen bergen Beeinträchtigungen verschiedener Konventionsrechte. Zum einen können hierdurch das Leben sowie die physische und psychische Integrität, also die Rechte aus Art. 2, Art. 3 und Art. 8 EMRK verletzt werden. Darüber hinaus spielt Art. 8 EMRK eine große Rolle, da der Schutz des Privat- und des Familienlebens Anknüpfungspunkte bietet[340]. So hat der Gerichtshof eine Verbindung zwischen der substanziellen Beeinträchtigung durch erhebliche Umweltverschmutzungen und dem Schutzgut des Privatlebens erkannt. Umweltverschmutzungen könnten bei Erreichen einer gewissen Intensität die Gestaltung des Privatlebens und zwischenmenschlicher Beziehungen beeinträchtigen. Wenn es zu negativen Auswirkungen auf die physische oder psychische Integrität und auf die Lebensqualität kommt, kann der Schutz des Art. 8 EMRK gegeben sein.[341]

---

[339] Die Fälle mit einer vorhergehenden staatlichen Prüfung werden in „Umwelt- und wirtschaftspolitische Entscheidungsverfahren" → S. 144-151 behandelt.

[340] Ebenso kann die Wohnung als Schutzgut des Art. 8 EMRK betroffen sein, denn geschützt wird nicht nur der physische Bereich der Wohnung, sondern auch das ungestörte Bewohnen, vgl. EGMR, Urt. v. 02.11.2006, ECHR 2006-XII, Nr. 59909/00, § 76 – *Giacomelli vs. Italien*. Substanzielle Beeinträchtigungen durch Naturkatastrophen oder nachteilige Umwelteinflüsse können auch das Eigentum aus Art. 1 ZP, also die materielle Lebensgrundlage der Betroffenen, beschädigen oder zerstören.

[341] EGMR (GK), Urt. v. 08.07.2003, ECHR 2003-VIII, Nr. 36022/97, §§ 96 ff. – *Hatton u. a. vs. Großbritannien* u. EGMR, Urt. v. 21.02.1990, Rep. A172, Nr. 9310/81, § 40 – *Powell u. Rayner vs. Großbritannien* durch Fluglärm; Urt. v. 09.12.1994, ECHR A 303-C, Nr. 16798/90, § 51 – *Lopez Ostra vs. Spanien* durch eine nicht genehmigte Mülldeponie.

1. Weitergabe von Informationen

Im Fall *Guerra u. a. gegen Italien*[342] lebten die beschwerdeführenden Personen in einem nahe einer Chemiefabrik gelegenen Ort. Die Fabrik war behördlich mit einem hohen Risiko bewertet worden. Ihre Leitung hatte sich geweigert, Inspektionen und Kontrollen durch die Behörden zuzulassen. Als nachweislich entflammbares Gas austrat, wurde sie letztlich geschlossen. Die beschwerdeführenden Personen litten unter der Luftverschmutzung durch unbekannte chemische Verbindungen und giftige Gase. Es folgte ein Straf- und ein Aufklärungsverfahren, das zum Gegenstand den Vorwurf hatte, die Behörden hätten Informationen nicht weitergegeben und Maßnahmen unterlassen, das Verschmutzungsrisiko zu verringern.

In diesem Fall ging es folglich um den Vorwurf eines Unterlassens des Staates vor einer nicht-staatlichen Beeinträchtigung trotz einer Schutzpflicht aus Art. 8 EMRK.[343] Die Große Kammer wiederholt, dass Art. 8 EMRK auch positive Pflichten für den Staat beinhaltet; diese seien dem Respekt vor dem Privat- und Familienleben inhärent. Vorliegend wurde zwar eine Untersuchung durchgeführt mit dem Ziel, ein Sicherheitskonzept und einen Notfallplan zu erarbeiten. Die Ergebnisse wurden jedoch nicht an die ausführende Stelle weitergegeben, die deshalb auch keine Informationen an die Bevölkerung vermitteln konnte.[344] Die Große Kammer stellt fest, dass wesentliche Informationen erst weitergegeben worden seien, als die Produktion eingestellt worden sei; so hätten die Einwohner:innen keine Möglichkeit gehabt, selbst einzuschätzen, welche Risiken der Verbleib in der besonders gefährdeten Stadt für sie und ihre Familien bedeutet habe (*essential information that would have enabled them to assess the risks they and their families might run*).[345] Nur durch die Weitergabe von Informationen sei ein effektiver Schutz der Bevölkerung zu gewährleisten.[346]

---

342 EGMR (GK), Urt. v. 19.02.1998, ECHR 1998-I, Nr. 14967/89.

343 EGMR (GK), Urt. v. 19.02.1998, ECHR 1998-I, Nr. 14967/89, § 58 – *Guerra u. a. vs. Italien*.

344 EGMR (GK), Urt. v. 19.02.1998, ECHR 1998-I, Nr. 14967/89, §§ 58 f. – *Guerra u. a. vs. Italien*.

345 EGMR (GK), Urt. v. 19.02.1998, ECHR 1998-I, Nr. 14967/89, § 60 – *Guerra u. a. vs. Italien*.

346 EGMR, Urt. v. 20.03.2008, ECHR 2008 (extr.), Nrn. 15339/02 u. a., § 152 – *Budayeva u. a. vs. Russland*.

Auch im Fall Öneryıldız *gegen die Türkei*[347] sieht die Große Kammer ein Bedürfnis nach Information. Der Beschwerdeführer lebte mit seinen Angehörigen in einem Außenbezirk von Istanbul, der ohne Genehmigung neben einer Mülldeponie entstanden war. Laut einem Expertenbericht erfüllte die Deponie nicht die technischen und umweltrechtlichen Anforderungen. Zudem gingen von ihr verschiedene Gefahren für die Einwohner:innen aus, insbesondere wurden keine Maßnahmen zur Vermeidung von Gasexplosionen getroffen. Die Bezirksverwaltung bemühte sich um eine Gerichtsentscheidung zur Untersagung der weiteren Nutzung durch die Stadtverwaltung. Noch während des Verfahrens gab es eine Methanexplosion, durch die mehrere Häuser unter den herabstürzenden Müllbergen begraben wurden. Neun Angehörige des Beschwerdeführers wurden dabei getötet. Untersuchungen wurden umgehend danach angeordnet, durchgeführt und die Bürgermeister wurden persönlich, allerdings nur milde bestraft. Dem Beschwerdeführer wurden aufgrund der Todesfälle und des Eigentumsverlusts nach fünf Jahren Schadensersatz und Schmerzensgeld zugesprochen, jedoch nie ausgezahlt.

Die Große Kammer betont zunächst, dass neben der Pflicht des Staates aus Art. 2 EMRK, ein administratives und rechtliches Rahmenwerk aufzustellen,[348] noch spezielle, der Gefährlichkeit der Aktivität angepasste Ergänzungen gemacht werden müssten. Behörden seien deshalb verpflichtet, Lizensierung, Etablierung, Ausführung, Sicherheit und Überwachung der Aktivität anzuleiten und die Ausführenden dazu zu verpflichten, effektive Schutzmaßnahmen für die gefährdete Bevölkerung zu ergreifen. Eine besondere Stellung unter diesen Pflichten nehme die Pflicht zur Informationsweitergabe an die Bevölkerung ein, so die Große Kammer. Im Fall *Guerra u. a. gegen Italien* habe sie dieses Recht für Art. 8 EMRK anerkannt, es sei aber grundsätzlich auf Art. 2 EMRK übertragbar und für dessen Schutzgut nutzbar. Sie habe deshalb zu prüfen, ob die Verordnungen angemessene Verfahren enthielten, um Schutzlücken zu erkennen.[349] Die Behörden hätten durch den Expertenbericht von der akuten Gefahr gewusst, hätten dennoch nicht die dringend nötigen Maßnahmen ergriffen und sich auch den Empfehlungen

347 EGMR (GK), Urt. v. 20.11.2004, ECHR 2004-XII, Nr. 48939/99.

348 EGMR (GK), Urt. v. 20.11.2004, ECHR 2004-XII, Nr. 48939/99, §§ 89 f. – Öneryıldız *vs. Türkei*. S. dazu in der *abstrakten Vorphase* → S. 342-346.

349 EGMR (GK), Urt. v. 20.11.2004, ECHR 2004-XII, Nr. 48939/99, § 90 – Öneryıldız *vs. Türkei.*

der übergeordneten Behörden widersetzt.[350] An der Pflicht der Behörden ändere auch die Illegalität des errichteten Außenbezirks nichts, da dieser über längere Zeit von ihnen geduldet worden sei.[351]

Nicht nur die sichere Kenntnis der Behörden von einer Gefahr reicht dem Gerichtshof für die Bejahung einer Verpflichtung aus. Auch eine Unsicherheit über eine möglicherweise auftretende Gefahr lässt ihn zum Schluss kommen, dass die Betroffenen informiert werden müssen. Im Fall *L.C.B. gegen Großbritannien*[352] trug die Tochter eines Armeeangehörigen die Beschwerde vor, Großbritannien habe ihrer Familie nicht alle Informationen zugänglich gemacht. Ihr Vater war während britischer Atomtests auf der Weihnachtsinsel stationiert und radioaktiver Strahlung ausgesetzt. Bei seiner, Jahre später geborenen Tochter wurde Leukämie festgestellt und ein Zusammenhang mit der radioaktiven Strahlung vermutet. Der Gerichtshof prüft Art. 2 EMRK, obwohl es vorliegend (noch) zu keinem Todesfall gekommen war, und bejaht, dass grundsätzlich aus Art. 2 EMRK auch eine Informationspflicht des Staates folgen könne. Der Staat müsse alles unternehmen, um zu verhindern, dass das Leben vermeidbaren Risiken ausgesetzt werde.[353] Im Fall war nicht aufzuklären, ob der Vater einer zu hohen Strahlenbelastung ausgesetzt war; jedenfalls lagen keine Hinweise vor, dass der Staat im Zeitraum zwischen der möglichen Strahlenbelastung und der Leukämiediagnose von einer gefährlichen Bestrahlung hätte ausgehen müssen. Somit wurde eine Verletzung der Informationspflicht im konkreten Fall verneint.

2. Bewertung

Es zeigt sich, dass auch in dieser Verfahrenssituation der Zugang zu Informationen im Mittelpunkt steht. In der bisherigen Analyse der Rechtsprechung des Gerichtshofs zur *konkreten Vorphase* wird dieses Informationsbedürfnis in beinahe allen Verfahrenssituationen deutlich. Nur in der Verfahrenssituation der Polizei- und Militärplanung gehört der Informationszugang nicht zu den Verfahrensverpflichtungen. In den anderen Konstellationen

---

[350] EGMR (GK), Urt. v. 20.11.2004, ECHR 2004-XII, Nr. 48939/99, §§ 97-103 – Öneryıldız *vs. Türkei*.

[351] EGMR (GK), Urt. v. 20.11.2004, ECHR 2004-XII, Nr. 48939/99, § 105 – Öneryıldız *vs. Türkei*. Zur Informationspflicht hinsichtlich Art. 1 ZP s. §§ 135 f.

[352] EGMR, Urt. v. 09.06.1998, ECHR 1998-III, Nr. 23413/94.

[353] EGMR, Urt. v. 09.06.1998, ECHR 1998-III, Nr. 23413/94, § 36 – *L.C.B. vs. Großbritannien*.

sieht der Gerichtshof es für den effektiven Rechtsgüterschutz als notwendig an, bereits in der *konkreten Vorphase* die betroffene Öffentlichkeit mit Informationen zu versorgen. Den Betroffenen soll eine eigene Risikobewertung ermöglicht werden.

Ansonsten verhält er sich für Verfahrenssituationen vor Naturkatastrophen und gefährlichen Aktivitäten Privater zurückhaltend hinsichtlich weiterer Pflichten. Lediglich der Zugang zu Informationen, aber beispielsweise keine anderen Anforderungen werden ausdrücklich aus den Konventionsnormen abgeleitet.[354] Dies zeigt noch einmal die Situationsbezogenheit der Ausbildung konkreter Verfahrensanforderungen. In dieser Fallgruppe ist der Staat im Moment der Naturkatastrophe oder der schädlichen Umwelteinflüsse machtlos und die Bevölkerung dem Ereignis ungeschützt ausgeliefert. Damit beide, Staat und Bevölkerung, die Möglichkeit erhalten, sich auf diese Situation vorzubereiten, ihr auszuweichen und diese im besten Fall zu verhindern, müssen auch beide Informationen erhalten, um rational begründete Entscheidungen zu treffen. Deshalb enthalten hier Art. 2, Art. 3 und Art. 8 EMRK in diesen Situationen der Vorbereitung auf Naturkatastrophen, schädliche Umwelteinflüsse und gefährliche Aktivitäten eine Informationspflicht des Staates, die bei Nichteinhaltung zur Verletzung der Konvention führt. Ein Verfahren zur Risikobewertung oder Vorbereitung auf gefährliche Situationen reicht nur dann aus, wenn es die betroffene Bevölkerung am Wissenszuwachs beteiligt. Es reicht für die Einhaltung der Konvention nicht aus, dass nur der Staat durch das Verfahren mehr Informationen gewinnt. Dieser Ausrichtung ist zuzustimmen, da im Vorhinein insbesondere durch Prävention und Aufklärung Schutz erzeugt werden kann. Informationsgewinnung muss der Staat also auch im Hinblick auf die Weitergabe an die gefährdeten Personen betreiben. Ebenso wie bei gefährlichen Aktivitäten des Staates[355] soll die Informationsgewinnung auch der Ermächtigung der gefährdeten Personen dienen.

---

[354] Sonstige Maßnahmen, die der Gerichtshof zur Vermeidung solcher Risiken aus der Konvention ableitet, sind tatsächliche Handlungen oder Unterlassungen, aber keine in rechtlichen Verfahrenssituationen, vgl. *Grabenwarter/Pabel*, EMRK, § 22 Rn. 64 (mit Beispielen) u. EGMR, Urt. v. 20.03.2008, ECHR 2008 (extr.), Nrn. 15339/02 u. a. – *Budayeva u. a. vs. Russland* (s. → S. 347) zur Einrichtung von Beobachtungsposten. Dafür wird er in Verfahrenssituationen der *abstrakten Vorphase* im Fall von Naturkatastrophen (s. u. → S. 346-348) u. gefährlichen Aktivitäten (s. u. → S. 329 u. → S. 342-346) präziser.

[355] S. o. → S. 97-100.

III. Keine Verpflichtungen aus Art. 2 EMRK hinsichtlich des Verfahrens für Schwangerschaftsabbrüche

Als Verfahrenssituation zu diskutieren ist auch der zeitliche Abschnitt vor einem Schwangerschaftsabbruch. Auch hier wird von nicht-staatlicher Seite – der Mutter – auf ein möglicherweise existierendes Recht des ungeborenen Kindes – das Recht auf Leben aus Art. 2 EMRK – eingewirkt. Insbesondere in Rechtsordnungen mit gesetzlich vorgeschriebener Beratungspflicht hat der Staat Kenntnis von dem legalen Schwangerschaftsabbruch, bevor dieser durchgeführt wird.

Zunächst ist für die Ausbildung verfahrensrechtlicher Anforderungen bedeutend, dass bislang nicht abschließend geklärt worden ist, ob auch ungeborenes Leben in den Schutzbereich des Art. 2 EMRK fällt. Während die Wortlautanalyse des englischen Texts (*everyone*) eine solche Interpretation möglich erscheinen lässt, ist der französische Wortlaut (*toute personne*) enger und legt das Verständnis geborenen Lebens nahe. Der Gerichtshof berücksichtigt ungeborenes Leben bislang nicht als Leben im Sinne des Art. 2 EMRK, deutet aber an, dass sich diese Interpretation durchaus wandeln könne,[356] sollte ein europäischer Konsens zur Frage, wann Leben beginne, entstehen.[357] Ein umfassender Schutz ist jedenfalls abzulehnen, da ansonsten jeder Schwangerschaftsabbruch eine Verletzung des Art. 2 EMRK darstellte.[358] Im Fall *Vo gegen Frankreich*[359] musste die schwangere Beschwerdeführerin aufgrund einer fahrlässigen Verwechslung und eines damit einhergehenden medizinischen Fehlers eine medizinisch begründete Abtreibung vornehmen lassen und sah in den mangelhaften Schutzvorkehrungen eine Verletzung des Rechts auf Leben ihres ungeborenen Kindes. Der Gerichtshof ließ offen, ob Art. 2 EMRK anwendbar sei; jedenfalls seien seine prozessualen Anforderungen nicht verletzt worden, da die staatlichen Vorkehrungen mit den Anforderungen aus der Konvention an den Lebensschutz in medizinischen Einrichtungen übereinstimmten.[360] Soweit der Gerichtshof seine

---

[356] EGMR (GK), Urt. v. 08.07.2004, ECHR 2004-VIII, Nr. 53924/00, § 80 – *Vo vs. Frankreich*.

[357] EGMR (GK), Urt. v. 08.07.2004, ECHR 2004-VIII, Nr. 53924/00, § 82 – *Vo vs. Frankreich*.

[358] *Grabenwarter/Pabel*, EMRK, § 20 Rn. 3. S. a. *Dröge*, Positive Verpflichtungen, S. 44.

[359] EGMR (GK), Urt. v. 08.07.2004, ECHR 2004-VIII, Nr. 53924/00.

[360] EGMR (GK), Urt. v. 08.07.2004, ECHR 2004-VIII, Nr. 53924/00, § 85 – *Vo vs. Frankreich*. S. aber zum Recht auf Zugang zu einem legalen Schwangerschaftsabbruch EGMR, Urt. v. 30.10.2012, Nr. 57375/08 – *P. u. S. vs. Polen*. Kritisch, ob der Anwendungsbereich eines

Interpretation des Art. 2 EMRK zugunsten des ungeborenen Lebens erweitern sollte, könnte das Verfahren um Schwangerschaftsabbrüche mit Wartefristen, Informations- und Aufklärungspflichten ein weiterer Bereich sein, in dem der Gerichtshof Verfahrensanforderungen aus Art. 2 EMRK zum effektiven Schutz des Lebens etabliert.

C. Verfahrenssituation, deren rechtliche Entscheidung eine substanzielle Beeinträchtigung ermöglicht

Die dritte Kategorie beschreibt Verfahrenssituationen der *konkreten Vorphase*, die unabhängig von einer konkreten Gefahrenlage durchgeführt werden (diese kann bereits vorliegen, sie ist aber nicht Anlass für das Verfahren). Es ist unerheblich, ob der Staat wegen der Gefahr für ein Konventionsgut oder aus anderen Gründen eine Verfahrenssituation eingerichtet hat. Um konventionsrechtlich verpflichtet zu sein, muss er in jedem Fall aber die Gefahr erkannt oder fahrlässig nicht erkannt haben.[361]

Im Laufe des Verfahrens überprüft die entscheidungsbefugte staatliche Einheit und schließt die Verfahrenssituation mit einer Entscheidung mit Rechtswirkung ab. Von dieser Entscheidung hängen mögliche Folgen für Personen und ihre Rechtsgüter ab. Anders aber, als beispielsweise bei Entscheidungen im Unterbringungsverfahren[362], besteht eine besondere Nähe zwischen der Entscheidung und der substanziellen Beeinträchtigung. Wenn im Unterbringungsverfahren entschieden wird, dass eine Person in einer bestimmten Klinik untergebracht wird, so ist damit noch nicht sicher, dass daraus eine substanzielle Beeinträchtigung folgt. Die Person kann auch entsprechend ihren Bedürfnissen medizinisch betreut und gut versorgt werden.

Anders sind die Verfahrenssituationen dieser Kategorie gestaltet. Hier hat die verfahrensbeendende Entscheidung die normative Kraft, die darauffolgende substanzielle Beeinträchtigung eintreten zu lassen. Wird in einem familiengerichtlichen Verfahren über Besuchsrechte getrenntlebender Eltern verhandelt und entscheidet sich das Gericht dafür, einem Elternteil seine

---

Konventionsrechts dem Einschätzungsspielraum der Konventionsstaaten überlassen werden darf, s. *Cremer, Hans-Joachim*, Regeln der Konventionsinterpretation (Kap. 4), in: EMRK/GG Konkordanzkommentar, Rn. 75.

361 S. o. → S. 83.

362 Vgl. → S. 101-106 u. insg. → S. 100-113.

Besuchsrechte zu entziehen, dann mag zunächst noch die faktische Familienbeziehung dieses Elternteils zu seinem Kind bestehen; ohne Kontaktmöglichkeit wird aber eine Entfremdung und damit eine faktische Beendigung der familiären Nähebeziehung eintreten.[363]

Betrachtet man eine Verfahrenssituation, in der über die Ausweisung einer Person aus einem Land, dessen Staatsangehörigkeit sie nicht hat, entschieden wird, so wird sie durch die Entscheidung nicht faktisch an die Staatsgrenze gebracht, ihre Familienbeziehungen unterbrochen oder eine Foltergefahr realisiert; die rechtliche Wirkung der Entscheidung wird aber früher oder später zu dieser faktischen Beeinträchtigung führen.

Die nun zu analysierenden Verfahrensentscheidungen haben also eine normative Wirkung, die die substanzielle Beeinträchtigung erst ermöglicht. Man könnte sagen, dass sie über einen rechtlichen Status entscheiden, denn sie beantworten Fragen wie „Ist das eine Familie?", „Ist das Vorhaben rechtmäßig?" und „Ist dieser Aufenthalt legal?". Sie alle behandeln normativ geprägte Begriffe. Sie haben zwar einen Bezugspunkt zum Tatsächlichen – sonst könnte eine substanzielle Beeinträchtigung nicht stattfinden –, doch werden sie durch Normen mit Inhalt gefüllt.

So erstaunt es nicht, dass in dieser Kategorie viele Verfahrenssituationen neben Art. 2 und Art. 3 EMRK insbesondere Art. 8 EMRK betreffen. Es wird sich zudem zeigen, dass die Verfahrenssituation die einzige und letzte Möglichkeit ist, eine substanzielle Beeinträchtigung zu verhindern. Auch deshalb haben sich in den nun folgenden Fallgruppen zahlreiche Verfahrensanforderungen aus der Konvention ableiten lassen.

I. Familienrechtliche Verfahrenssituationen

Als familienrechtliche Verfahrenssituationen werden im Rahmen dieser Arbeit – angelehnt an den Familienbegriff des Art. 8 EMRK – gerichtliche oder behördliche Verfahren verstanden, an denen Personen beteiligt sind, die durch das innerstaatliche Recht entweder aufgrund ihrer biologischen, rechtlichen oder *de-facto*-Beziehung als Familienangehörige bezeichnet werden können oder dies durch dieses Verfahren erreichen wollen. Am Ende der Verfahrenssituation steht eine behördliche oder gerichtliche Entscheidung, durch die auf das familienrechtliche Verhältnis der beteiligten Personen

---

[363] S. u. → S. 142.

eingewirkt wird. Ihr Status oder ihr Rechtsverhältnis zueinander wird durch die Entscheidung verändert oder bestätigt.

Die Selbstbestimmung hinsichtlich der eigenen familiären Existenz scheint als Schutzgut bei ganz unterschiedlichen Entscheidungen des Gerichtshofs zu Art. 8 EMRK durch. Wenn keine Möglichkeit für das Individuum verbleibt, seine familiäre Situation zu gestalten oder an der Gestaltung teilzuhaben, wird der hinter Art. 8 EMRK stehende Schutz der individuellen Selbstbestimmung beeinträchtigt.[364] Findet nun ein Teil der familiären Entscheidungsfindung in einem gerichtlichen oder behördlichen Verfahren statt, so muss in diesem das Individuum auch eine Rolle spielen, damit nicht das Verfahren selbst in das familiäre Selbstbestimmungsrecht eingreift.

Hervorzuheben, da es auch eine Auswirkung auf die Verfahrensanforderungen hat, ist die besondere Verfahrenssituation in Familiensachen. Einerseits handelt es sich um ein Verfahren, in dem Private einander gegenüberstehen. Andererseits hat der Staat hoheitliche Kompetenzen, insbesondere zur Gewährleistung des Kindeswohls in das Rechtsverhältnis der Privaten zueinander einzugreifen. Somit ist der Staat besonders gefordert, allen Mitgliedern einer Familie durch hinreichende Beteiligung gerecht zu werden.[365]

Die folgende Rechtsprechungsanalyse ist nach Verfahrensanforderungen gegliedert, die sich aus Art. 8 EMRK ergeben. Den Verfahrenssituationen ist gemein, dass ihre Entscheidungen rechtliche Wirkungen auf das Familienleben haben. Sie können nämlich einen Entscheidungsprozess enthalten, der zu staatlichen Eingriffsmaßnahmen führen oder private Beschränkungshandlungen rechtfertigen kann. Auf die unterschiedlichen Verfahrensarten der Vormundschaft, der elterlichen Sorge, der Umgangs- und Besuchsrechte, der Klärung der Verwandtschaft und Abstammung (insbesondere Anerkennung und Anfechtung der Vaterschaft), der Adoption und der Pflegschaft, zur Sicherung des Gewaltschutzes sowie des Familiennachzugs für ausländische Personen mit Aufenthaltstitel[366] wird hingewiesen, doch sind ihre Ergebnisse

---

[364] *Marauhn, Thilo/Thorn, Judith*, Privat- und Familienleben (Kap. 16), in: EMRK/GG Konkordanzkommentar, Rn. 33, 39.

[365] EGMR, Urt. v. 24.02.1995, Rep. A 307-B, Nr. 16424/90, § 90 – *McMichael vs. Großbritannien*.

[366] Die hier verwendeten Begrifflichkeiten sind an die Terminologie des Bürgerlichen Gesetzbuchs (BGB) und des Gesetzes über das Verfahren in Familiensachen und in den Angelegenheiten der freiwilligen Gerichtsbarkeit (FamFG) angelehnt, doch bemüht

mit Blick auf den effektiven Schutz in Verfahren auf andere Verfahrensarten übertragbar.

Bei diesen Verfahren zur Regelung der Rechtsverhältnisse zwischen den Familienangehörigen steht Art. 8 EMRK im Mittelpunkt.[367] Nach diesem hat jede Person das Recht auf Achtung ihres Familienlebens. Ausgangspunkt bei den Überlegungen der Definition von Familie ist stets eine biologische Verbindung.[368] Mittlerweile sind aber auch rechtliche oder *de-facto*-Beziehungen, das heißt tatsächlich bestehende soziale Bindungen, unter bestimmten Voraussetzungen ausreichend, um eine Familie im Sinne des Art. 8 EMRK zu bejahen.[369] Gewährleistet werden soll durch Art. 8 EMRK insbesondere das gemeinsame Leben der Familie, also das Zusammensein von Eltern und Kind.[370] In den genannten Verfahren geht es gerade um die Entscheidung darüber, ob und wie Eltern und Kind in Zukunft beieinander sein und ein gemeinsames Familienleben gestalten können. Deshalb könnte auch in diesen Verfahrenssituationen eine besondere Gefahr für das Schutzgut familiäres Zusammenleben drohen. Beim Blick auf den Wortlaut des Art. 8 EMRK fällt allerdings auf, dass die Bestimmung keine ausdrücklichen prozessualen Anforderungen stellt.[371] Der Gerichtshof stellt aber fest, dass

---

offen gehalten, um auch andere Verfahrensgestaltungen in anderen Konventionsstaaten nicht auszuschließen. Insgesamt muss hier mit einem verfahrenszielorientierten Blick an die Einteilung herangegangen werden.

367 Neben Art. 8 EMRK geht der Gerichtshof hinsichtlich der Verfahrenssituation auch auf Art. 6 EMRK ein. Er prüft die beiden Garantien wegen ihrer unterschiedlichen Zweckrichtungen nebeneinander. Der Unterschied zwischen den Verfahrensgewährleistungen des Art. 8 EMRK und des Art. 6 EMRK ergebe sich aus der Natur der geschützten Interessen, so der Gerichtshof. Art. 6 EMRK biete einen prozessualen Schutzmechanismus durch Zugang zu Gericht bei zivilrechtlichen Ansprüchen und Verpflichtungen. Art. 8 EMRK hingegen decke auch Verwaltungsverfahren und Gerichtsverfahren ab, diene somit dem umfassenderen Zweck, effektiven Schutz des Familienlebens sicherzustellen, vgl. EGMR, Urt. v. 24.02.1995, Rep. A 307-B, Nr. 16424/90, § 91 – *McMichael vs. Großbritannien*.

368 *Grabenwarter/Pabel*, EMRK, § 22 Rn. 17.

369 S. hierzu ausführlich *Cremer/Jaber/Longin*, in: Familienformen, S. 137, 149 ff., 152 ff.

370 EGMR (Pl.), Urt. v. 08.07.1987, Rep. A 121, Nr. 9749/82, § 59 – *W. vs. Großbritannien*; EGMR, Urt. v. 07.08.1996, ECHR 1996-III, Nr. 17383/90, § 52 – *Johansen vs. Norwegen*.

371 EGMR (GK), Urt. v. 10.05.2001, ECHR 2001-V, Nr. 28945/95, § 72 – *T.P. u. K.M. vs. Großbritannien*; EGMR, Urt. v. 24.02.1995, Rep. A 307-B, Nr. 16424/90, § 87 – *McMichael vs. Großbritannien*.

ein Entscheidungsprozess, der zu Eingriffsmaßnahmen führen könne, fair sein und so gestaltet sein müsse, dass die durch Art. 8 EMRK geschützten Interessen angemessen berücksichtigt würden.[372]

1. Schnelligkeit

Zu einem fairen und angemessenen familienrechtlichen Verfahren gehört insbesondere die Schnelligkeit der Verfahrensdurchführung. Der zügige Fortgang ist für die Einhaltung von Art. 8 EMRK von besonderer Bedeutung. Zwischenmenschliche (familiäre) Beziehungen können sich im Lauf der Zeit verändern und werden geprägt von den Begegnungen und dem Austausch mit den anderen Beziehungspersonen. Zeit, die ohne Kontakt zwischen Familienmitgliedern verstreicht, kann zu einer Entfremdung führen. Diese wiederum muss bei der späteren rechtlichen Entscheidung über die familiären Kontaktmöglichkeiten einbezogen werden. Die Entscheidungsgrundlage kann somit von der Verzögerung im Verfahren selbst beeinflusst werden. Diese kann damit den Ausgang faktisch entscheiden, bevor die befugte Instanz überhaupt zur Entscheidungsfindung gekommen ist.

Im Fall *W. gegen Großbritannien*[373] war der Beschwerdeführer verheiratet und hatte drei Kinder. Seine Frau entwickelte nach dem dritten Kind eine postnatale Depression und Alkoholprobleme. Das dritte Kind wurde vom Beschwerdeführer und seiner Frau deshalb vorübergehend zu Pflegeeltern gegeben. Die Behörde beschloss, zunächst ohne Information der Eltern, dass dies als dauerhafte Lösung dienen sollte. Die beiden älteren Kinder wurden vorübergehend ebenfalls zu Pflegeeltern gegeben, da sich der Beschwerdeführer nicht alleine um sie kümmern konnte, ohne seinen Job zu riskieren. Die älteren Kinder kehrten zurück und der Beschwerdeführer verstand die Behörde so, dass auch das dritte Kind zurückkommen sollte. Ohne die Eltern zu informieren, beschloss die Behörde aber, dass mangels Besserungsaussicht das dritte Kind zur Adoption freigegeben werden sollte. Das beschließende Komitee tagte in Abwesenheit der Eltern und wies dem Kind neue Pflegeeltern zu. Die Frau des Beschwerdeführers erholte sich anschließend von den Alkoholproblemen, woraufhin sich das Elternpaar gerichtlich bemühte, das dritte Kind wieder aufnehmen zu dürfen.

---

[372] EGMR, Urt. v. 24.02.1995, Rep. A 307-B, Nr. 16424/90, § 87 – *McMichael vs. Großbritannien.*
[373] EGMR (Pl.), Urt. v. 08.07.1987, Rep. A 121, Nr. 9749/82, § 62 – *W. vs. Großbritannien.*

Die Behörde blieb untätig. Das Gericht entschied schließlich, dass das dritte Kind dennoch bei den Pflegeeltern bleiben sollte, da zu viel Zeit vergangen war und das Kind praktisch nie bei seinen biologischen Eltern gelebt hatte. Der Gerichtshof im Plenum verweist auf seine anerkannte Rechtsprechung, dass Art. 8 EMRK nicht nur vor Eingriffen des Staates schütze, sondern auch positive Verpflichtungen aus dem Wortlaut „*respect*" des Familienlebens gewonnen werden könnten.[374] Es stehe dem Wortlaut des Art. 8 EMRK somit nicht entgegen, neben staatlichen Eingriffen auch staatliche Unterlassungen als das Konventionsrecht beeinträchtigend anzusehen. Auch ein Verfahren könne, wenn es nicht den Respekt vor dem Familienleben wahre, als nicht *necessary in a democratic society*, also unverhältnismäßig angesehen werden.[375] Warum diese positive Pflicht gerade in Verfahren in Familiensachen entsteht, begründet der Gerichtshof mit zwei Argumenten. Zum einen greift er auf den Schutzgehalt des Art. 8 EMRK zurück: Hinter dem Recht auf Achtung des Familienlebens stehe zunächst die Pflicht des Staates, den Einzelnen die Entscheidungsfreiheit zu belassen, ihr Familienleben nach ihren Vorstellungen zu gestalten. Die Rechte des Art. 8 EMRK hätten zentrale Bedeutung für die individuelle Identität und Selbstbestimmung.[376] Zum anderen zieht der Gerichtshof eine Besonderheit der familienrechtlichen Verfahren heran, um die in Art. 8 EMRK immanenten Verfahrensanforderungen zu begründen. In diesen Verfahren spiele der Zeitfaktor eine bedeutende Rolle. Nicht nur die rechtliche Wirkung der Entscheidung selbst, sondern das Zeitverstreichen im Verfahren könne die Entscheidung unumkehrbar machen. Die Zeit, die ein Familienmitglied getrennt von einem anderen Familienmitglied verbringe, könne eine Entfremdung vorantreiben und zugleich, wenn es sich in der Obhut anderer Personen befindet, neue Verbindungen entstehen lassen.[377] Diese Art von Verfahren bürgten stets die Gefahr, dass eine Verfahrensverzögerung zu einer faktischen Entscheidung führe, bevor ein Gericht überhaupt entschieden habe. Und der effektive Respekt des Familienlebens erfordere es, dass die künftigen Beziehungen zwischen Eltern und Kind im Lichte aller relevanten Erwägungen und nicht durch den bloßen Ablauf von Zeit bestimmt würden

---

[374] EGMR (Pl.), Urt. v. 08.07.1987, Rep. A 121, Nr. 9749/82, § 60 – *W. vs. Großbritannien*.

[375] EGMR (Pl.), Urt. v. 08.07.1987, Rep. A 121, Nr. 9749/82, §§ 62, 64 – *W. vs. Großbritannien*.

[376] EGMR, Urt. v. 27.05.2004, Nr. 66746/01, § 82 – *Connors vs. Großbritannien*; Urt. v. 21.06.2011, Nr. 48833/07, § 63 – *Orlić vs. Kroatien*.

[377] EGMR (Pl.), Urt. v. 08.07.1987, Rep. A 121, Nr. 9749/82, § 62 – *W. vs. Großbritannien*.

(*be determined solely in the light of all relevant considerations and not by the mere effluxion of time*).[378]

Im Fall *Mikulić gegen Kroatien*[379] war die Beschwerdeführerin als uneheliches Kind geboren worden. Auf ihre Vaterschaftsklage hin ordnete ein Gericht an, dass sich der mutmaßliche Vater einem DNA-Test unterziehen müsse. Jedoch erschien er weder zu den Testterminen noch zu den Gerichtsverhandlungen. Das Verfahren konnte erst nach fünf Jahren abgeschlossen werden, als die Gerichte feststellten, dass die Weigerung des mutmaßlichen Vaters, sich einem DNA-Test zu unterziehen, die Behauptung der Vaterschaft der Beschwerdeführerin untermauere. Zunächst stellt der Gerichtshof fest, dass die staatlichen Instanzen, in Anbetracht dessen, was für die Beschwerdeführerin auf dem Spiel gestanden habe, verpflichtet gewesen seien, mit besonderer Sorgfalt vorzugehen. Zwar sei der mutmaßliche Vater zu mehreren Anhörungen und Testterminen nicht erschienen, doch sei es Sache des Staates, ein Rechtssystem so zu organisieren, dass das Erfordernis der angemessenen Frist eingehalten werde. Dies war von Kroatien versäumt worden.[380]

Das beschwerdeführende Paar im Fall *Kopf und Liberda gegen Österreich*[381] hatte die Pflegschaft für einen zweijährigen Jungen übernommen, dessen Mutter aufgrund ihrer Drogenabhängigkeit eine Gefährdung für ihn darstellte. Das Kind lebte fast zwei Jahre bei ihnen und die Pflegeeltern beantragten die Adoption, doch da sich die Situation der leiblichen Mutter verbessert hatte, beanspruchte sie ebenfalls das Sorgerecht. Als dieser das vorläufige Sorgerecht zugestanden wurde, beantragten die ehemaligen Pflegeeltern ein Besuchsrecht. Nachdem das Verfahren drei Jahre lang andauerte, von denen über zwei Jahre lang kein Kontakt zwischen den ehemaligen Pflegeeltern und dem Kind bestand, entschied das innerstaatliche Gericht, den Antrag abzulehnen, da eine erneute Kontaktaufnahme die psychische Stabilität des Kindes gefährdete. Der Gerichtshof bejaht die Anwendbarkeit des Art. 8 EMRK für

---

[378] EGMR (Pl.), Urt. v. 08.07.1987, Rep. A 121, Nr. 9749/82, § 65 – *W. vs. Großbritannien*. S. a. EGMR, Urt. v. 06.12.2011, Nr. 16192/06, § 124 – *Cengiz Kılıç vs. Türkei*; EGMR, Urt. v. 30.07.2013, Nr. 33169/10, § 66 – *Polidario vs. Schweiz*; EGMR, Urt. v. 19.05.2022, Nr. 54032/18, § 58 – *T.C. vs. Italien*. Zum Fall einer Leihmutterschaft s. EGMR, Urt. v. 07.04.2022, Nr. 13344/20, § 54 – *A.L. vs. Frankreich*.

[379] EGMR, Urt. v. 07.02.2002, ECHR 2002-I, Nr. 53176/99.

[380] EGMR, Urt. v. 07.02.2002, ECHR 2002-I, Nr. 53176/99, § 45 – *Mikulić vs. Kroatien*.

[381] EGMR, Urt. v. 17.01.2012, Nr. 1598/06.

die familiäre Beziehung zwischen Pflegeeltern und Pflegekind.[382] Weiterhin wiederholt er, dass in Fällen, in denen es um die Beziehung einer Person zu ihrem Kind gehe, die staatliche Pflicht zur außergewöhnlichen Sorgfalt bestehe, da der Zeitablauf zu einer faktischen Festlegung der Angelegenheiten führen könne. Die Pflicht zur Anhörung innerhalb einer angemessenen Frist sei Teil der Verfahrensanforderungen, die in Art. 8 EMRK impliziert seien.[383] Zwar treffe zu, dass der Fall eine gewisse Komplexität aufweise, dennoch reiche dies nicht aus, um eine Verfahrensdauer von über drei Jahren und zwei Perioden des völligen Stillstands zu begründen.[384] Dieses Versäumnis hatte negative Auswirkungen auf die Verfahrensposition des beschwerdeführenden Paares, da das nationale Gericht seine ablehnende Entscheidung hauptsächlich auf die lange Zeit der Kontaktlosigkeit stützte.[385] Das zögerliche Handeln des Staates hatte verursacht, dass sich die Familiensituation zum Nachteil der Pflegeeltern verändert hatte.

Diese Gefahr erkennt der Gerichtshof auch bezüglich der Vollstreckung der in familienrechtlichen Verfahren ergangenen Entscheidungen;[386] auch hier ergibt sich eine Pflicht der nationalen Behörden und Gerichte zum schnellen Handeln, insbesondere wenn diese selbst im Verfahren zur Verschlechterung der Familiensituation beigetragen haben. Im Fall *Zelikha Magomadova gegen Russland*[387] waren der tschetschenischen Beschwerdeführerin nach dem Tod ihres Ehemanns ihre sechs Kinder von der Schwiegerfamilie durch gerichtliches Vorgehen, Gewalt und Drohung sowie Aufhetzen der Kinder nach und nach entzogen worden. Zunächst wurde ihr die elterliche Sorge, die ihr Schwager gerichtlich angezweifelt hatte, noch zugesprochen, doch wurde dieses Urteil nie vollstreckt, sodass die Kinder bei der Schwiegerfamilie blieben. Zum gleichen Ergebnis kam ein zweites Verfahren zwei Jahre später, doch ordneten die innerstaatlichen Gerichte gleichzeitig an, dass die Kinder weiterhin bei den väterlichen Verwandten leben sollten, da sie dort bereits zwei Jahre wohnten. Der Gerichtshof äußert sich besorgt darüber,

---

382 EGMR, Urt. v. 17.01.2012, Nr. 1598/06, § 37 – *Kopf u. Liberda vs. Österreich.*

383 EGMR, Urt. v. 17.01.2012, Nr. 1598/06, § 39 – *Kopf u. Liberda vs. Österreich.*

384 EGMR, Urt. v. 17.01.2012, Nr. 1598/06, § 46 – *Kopf u. Liberda vs. Österreich.*

385 Vgl. EGMR, Urt. v. 17.01.2012, Nr. 1598/06, § 47 – *Kopf u. Liberda vs. Österreich.*

386 EGMR, Urt. v. 06.12.2011, Nr. 16192/06, § 125 – *Cengiz Kılıç vs. Türkei.* Ausführlich s. u. → S. 138-141.

387 EGMR, Urt. v. 08.10.2019, Nr. 58724/14.

dass diese Situation – in der die innerstaatlichen Gerichte ihre ursprüngliche Entscheidung, dass die Kinder bei der Mutter leben sollten, aufhoben und anordneten, sie sollen bei den väterlichen Verwandten wohnen – durch die Untätigkeit der Behörden im Vollstreckungsverfahren ausgelöst worden sei.[388] Trotz zahlreicher Anträge der Beschwerdeführerin wurde die Vollstreckung erst fünf Monate nach Rechtskraft begonnen und dauerte bis zu ihrer Einstellung fast eineinhalb Jahre. Da auch staatliche Maßnahmen gegen die ablehnende Haltung der Schwiegerfamilie ausblieben, stellt der Gerichtshof fest, dass eine solche offensichtliche und eklatante Untätigkeit in einer Situation, in der beispielhafte Sorgfalt und Zweckmäßigkeit seitens der Behörden entscheidend gewesen wären, auffallend sei.[389] Der Gerichtshof ist weiterhin erstaunt, dass die innerstaatlichen Gerichte in einem späteren Urteil die Beschwerdeführerin für die unterlassene Kontaktaufnahme zu ihren Kindern verantwortlich gemacht hätten. Die Behörden seien nicht nur jahrelang untätig geblieben, sondern die nationalen Gerichte hätten sich zudem entschieden, die Verantwortung für diese auffallende Untätigkeit auf die Beschwerdeführerin abzuwälzen.[390]

Auch in Verfahren, die internationale Kindesentführungen betreffen, stellt Art. 8 EMRK besondere Anforderungen an die Schnelligkeit des Ablaufs staatlicher Verfahrenssituationen. Auch hier haben die Staaten die Aufgabe, einen gerechten Ausgleich zwischen den widerstreitenden Interessen des Kindes, der Eltern und der öffentlichen Ordnung innerhalb ihres Ermessensspielraums zu schaffen und dabei das Haager Übereinkommen vom 25. Oktober 1980 über die zivilrechtlichen Aspekte internationaler Kindesentführung sowie das Übereinkommen über die Rechte des Kindes der Vereinten Nationen zu beachten.[391]

Im Fall *G.S. gegen Georgien*[392] hatte die in der Ukraine lebende Beschwerdeführerin ihrem ehemaligen Partner das Einverständnis gegeben, mit dem

388 EGMR, Urt. v. 08.10.2019, Nr. 58724/14, § 106 – *Zelikha Magomadova vs. Russland.*

389 EGMR, Urt. v. 08.10.2019, Nr. 58724/14, § 109 – *Zelikha Magomadova vs. Russland.*

390 EGMR, Urt. v. 08.10.2019, Nr. 58724/14, § 111 – *Zelikha Magomadova vs. Russland.*

391 Vgl. EGMR (GK), Urt. v. 13.12.2011, ECHR 2013, Nr. 27853/09 – *X. vs. Lettland*; EGMR, Urt. v. 06.12.2007, Nr. 39388/05, § 62 – *Maumousseau u. Washington vs. Frankreich*; Urt. v. 25.01.2000, ECHR 2000-I, Nr. 31679/96, § 95 – *Ignaccolo-Zenide vs. Rumänien*; EGMR, Urt. v. 26.06.2003, ECHR 2003-VII, Nr. 48206/99, § 72 – *Maire vs. Portugal.*

392 EGMR, Urt. v. 21.07.2015, Nr. 2361/13.

gemeinsamen sechsjährigen Sohn die Ferien in Georgien zu verbringen. Nach dem Urlaub weigerte sich der Vater, den Sohn zurück in die Ukraine zu bringen. Das Kind lebte fortan in Georgien bei der Familie seines Vaters, während dieser in Russland wohnte. Im Kindesrückführungsverfahren in Georgien wurden die Anträge der Beschwerdeführerin abgelehnt. Der Gerichtshof stellt eine Verletzung des Art. 8 EMRK fest. Neben Mängeln in der Beweiswürdigung und Abwägung beanstandet er zudem, dass das Verfahren nicht zügig geführt worden sei. Zwar sei die Sechs-Wochen-Frist in Art. 11 des Haager Übereinkommens nicht zwingend, doch werfe die Gesamtdauer von neunzig Wochen Fragen auf hinsichtlich der Einhaltung der positiven Verpflichtung, im Haager Verfahren zügig zu handeln.[393] Er bemängelt dabei insbesondere das Berufungsverfahren von vier Monaten und das Kassationsverfahren von neun Monaten, in denen nicht einmal neue Beweise geprüft worden waren.[394]

In Verfahren zur Familienwiedervereinigung, insbesondere ausländerrechtlichen Verfahren des Familiennachzugs für anerkannte Flüchtlinge spielt das Kriterium der Schnelligkeit im Hinblick auf die Wahrung des Art. 8 EMRK eine besondere Rolle. Für die Bearbeitung von Anträgen auf Familiennachzug ergeben sich aus Art. 8 EMRK bestimmte verfahrensrechtliche Anforderungen. Der Gerichtshof führt in den Gründen im Fall *Tanda-Muzinga gegen Frankreich*[395] aus, dass die Einheit der Familien ein wesentliches Recht von Flüchtlingen darstelle und die Familienzusammenführung ein wesentliches Element sei, um geflüchteten Personen die Wiederaufnahme eines normalen Lebens zu ermöglichen. Auf internationaler und europäischer Ebene bestehe ein Konsens darüber, dass Flüchtlinge in den Genuss eines Familienzusammenführungsverfahrens kommen müssten, das günstiger sei als das für andere ausländische Personen.[396] Daraus folge, dass Visumsanträge rasch entschieden werden müssten.[397] In Fällen, in denen

---

[393] EGMR, Urt. v. 21.07.2015, Nr. 2361/13, § 63 – *G.S. vs. Georgien*.

[394] Vgl. EGMR, Urt. v. 21.07.2015, Nr. 2361/13, § 64 – *G.S. vs. Georgien*. S. a. zu den Anforderungen an die Schnelligkeit des Verfahrens einschließlich des Vollstreckungsverfahrens EGMR, Urt. v. 25.01.2000, ECHR 2000-I, Nr. 31679/96, §§ 102-104 – *Ignaccolo-Zenide vs. Rumänien*.

[395] EGMR, Urt. v. 10.07.2014, Nr. 2260/10.

[396] EGMR (GK), Urt. v. 09.07.2021, Nr. 6697/18, § 138 – *M.A. vs. Dänemark* mit Verweis auf EGMR, Urt. v. 10.07.2014, Nr. 2260/10, § 75 – *Tanda-Muzinga vs. Frankreich*.

[397] EGMR, Urt. v. 10.07.2014, Nr. 2260/10, § 75 – *Tanda-Muzinga vs. Frankreich*. S. a. EGMR, Urt. v. 10.07.2014, Nr. 52701/09, § 56 – *Mugenzi vs. Frankreich*.

französische Behörden über drei Jahre[398] bzw. fünf Jahre[399] brauchten, sah der Gerichtshof eine Verletzung des Art. 8 EMRK. Gerade die Klärung der Frage, ob eine familiäre Verbindung zwischen der Antragstellerin und ihren im Heimatland verbliebenen Kindern bestehe, dürfe nicht vier Jahre dauern; dies sei gerade im Hinblick auf die Interessen der Kinder übermäßig lang.[400]

Die Wartezeit bis zur Familienzusammenführung, die die Konventionsstaaten im Rahmen ihres Ermessensspielraums subsidiär Schutzberechtigten aufgeben dürfen, wird ebenfalls von Art. 8 EMRK beeinflusst. So seien nach der Konvention zwei Jahre zulässig; bei einer darüber hinaus gehenden Wartezeit gewönnen die unüberwindlichen Hindernisse für die Ausübung des Familienlebens im Herkunftsland im Rahmen der Verhältnismäßigkeitsprüfung zunehmend an Bedeutung, so die Große Kammer. Nur so seien die Konventionsbestimmungen nicht nur theoretisch und illusorisch, sondern praktisch und wirksam in ihrer Anwendung.[401] Im Fall *M.A. gegen Dänemark*[402], in dem der syrische Beschwerdeführer in Dänemark als subsidiär Schutzberechtigter lebte und seine Anträge auf Familiennachzug seiner Ehefrau und seiner beiden erwachsenen Kinder mangels Einhaltung der Wartefrist abgelehnt worden waren, führt die Große Kammer aus, dass eine Wartezeit von drei Jahren – die tatsächlich regelmäßig eine längere Trennungszeit sei mit der Zeit während der Flucht und der Bearbeitung des Asylgesuchs im Aufnahmeland bis zur Entscheidung darüber – eine lange Zeit sei, um von seiner Familie getrennt zu sein, insbesondere dann, wenn das zurückgelassene Familienmitglied in einem Land verbleibe, das von gewaltsamen Übergriffen auf die Zivilbevölkerung gekennzeichnet sei.[403]

2. Weitergabe von Informationen

Ein weiterer Faktor in der Beurteilung der Fairness und Angemessenheit der Verfahrenssituation ist die Einbindung der Eltern in das Verfahren. Damit ist

[398] EGMR, Urt. v. 10.07.2014, Nr. 2260/10, § 80 – *Tanda-Muzinga vs. Frankreich.*

[399] EGMR, Urt. v. 10.07.2014, Nr. 52701/09, § 61 – *Mugenzi vs. Frankreich.*

[400] EGMR, Urt. v. 10.07.2014, Nr. 19113/09, § 73 – *Senigo Longue u. a. vs. Frankreich.* Zu erwähnen ist, dass diese drei Urteile von derselben Sektion am selben Tag getroffen wurden.

[401] EGMR (GK), Urt. v. 09.07.2021, Nr. 6697/18, § 162 – *M.A. vs. Dänemark.*

[402] EGMR (GK), Urt. v. 09.07.2021, Nr. 6697/18.

[403] EGMR (GK), Urt. v. 09.07.2021, Nr. 6697/18, § 179 – *M.A. vs. Dänemark.*

vorliegend insbesondere die Einbeziehung bezüglich der für die Entscheidung relevanten oder der im Verfahren ermittelten Informationen gemeint.

Im Fall *T.P. und K.M. gegen Großbritannien*[404] war T.P. 17 Jahre alt, als ihre Tochter K.M. geboren wurde. Als der Verdacht des sexuellen Missbrauchs der Tochter durch den Freund der Mutter entstand, wurde das Kind in ein Kindesschutzregister aufgenommen und zu den Vorfällen befragt. Die Befragung wurde aufgezeichnet. Die Behörde nahm an, dass T.P. nicht fähig war, K.M. zu schützen, sodass ein Verfahren zur Unterbringung und zur Amtsvormundschaft eröffnet wurde, an dessen Ende T.P. das Recht auf beschränkten Zugang zur Tochter erhielt. T.P. wurde der Zugang zum Video mit dem Interview der Tochter verweigert. Die Große Kammer des Gerichtshofs stellt in ihrem Urteil fest, dass der Mutter nicht alle Unterlagen zur Verfügung gestellt worden seien, die im Verfahren um Sorge- und Umgangsrechte eine Rolle gespielt hätten. Für die Gewährleistung von Art. 8 EMRK sieht es die Große Kammer jedoch als essentiell an, Eltern in eine Position zu versetzen, in der sie alle Informationen erlangen könnten, welche die Behörde der Entscheidung zugrunde lege (*obtain access to information which is relied on by the authorities*).[405] Deutlich wird hier der Bezug zum Schutzgehalt des Art. 8 EMRK: Warum es wichtig ist, die Eltern in diese Position zu versetzen, begründet sich in zweierlei Hinsicht. Zum einen ist es wichtig, um in der Verfahrenssituation erfolgsversprechend zu reagieren und auf das Verfahrensergebnis einzuwirken. Zum anderen hat die informierte Position eines Elternteils im Verfahren aber auch Auswirkung auf die Möglichkeit, die eigene Elternschaft auszuüben: Wenn die Gefahr besteht, dass das Kind missbraucht oder misshandelt wurde, so kann nur eine möglichst umfassende Information der Eltern gewährleisten, dass sie auf die physische und psychische Situation des Kindes angemessen eingehen. Ein verständiger Umgang mit den traumatischen Ereignissen kann nur mit möglichst umfassender Kenntnis der Eltern erreicht werden.[406]

Im Fall geht die Große Kammer noch weiter. Es liege nicht allein in der Verantwortung der Eltern, alle Informationen zu erlangen; vielmehr umfasse

---

[404] EGMR (GK), Urt. v. 10.05.2001, ECHR 2001-V, Nr. 28945/95.

[405] EGMR (GK), Urt. v. 10.05.2001, ECHR 2001-V, Nr. 28945/95, § 80 – *T.P. u. K.M. vs. Großbritannien.*

[406] EGMR (GK), Urt. v. 10.05.2001, ECHR 2001-V, Nr. 28945/95, § 80 – *T.P. u. K.M. vs. Großbritannien.*

die für die Konventionsstaaten geltende positive Pflicht, die Interessen der Familie zu schützen, auch die Bereitstellung der Informationen an die Eltern, auch wenn diese nicht angefragt hätten.[407] Diese Verfahrensgarantie verstärkt somit die Möglichkeiten eines selbstbestimmten Familienlebens.

3. Beteiligung der betroffenen Personen

Das Recht auf Information wird flankiert vom Recht der Eltern, in Familiensachen angehört zu werden. Auch wenn es Möglichkeiten gibt, diese Rechte im Einklang mit Art. 8 EMRK ausnahmsweise einzuschränken,[408] haben Eltern grundsätzlich nach Art. 8 EMRK das Recht, ihre Ansichten vor der entscheidenden Instanz deutlich und hörbar zu machen (*include the views and interests of the natural parents*).[409] Ob eine Pflicht zur Anhörung besteht, entscheidet der Gerichtshof anhand der Frage, ob für die Eltern auch ohne Anhörung ein ausreichender Grad an Einbeziehung bereitgestellt ist, um sie mit dem notwendigen Schutz ihrer Interessen auszustatten.[410]

Im Fall *W. gegen Großbritannien*[411], in dem das dritte Kind des beschwerdeführenden Ehepaars ohne Wissen der Familie dauerhaft zu Pflegeeltern gegeben und eine Adoption angestrebt wurde, entschied der Gerichtshof im Plenum, dass ein Verfahren nur dann dem Art. 8 EMRK entspreche, wenn die Ansichten und Interessen der biologischen Eltern im Entscheidungsprozess einbezogen würden. Der Entscheidungsfindungsprozess müsse deshalb

---

[407] EGMR (GK), Urt. v. 10.05.2001, ECHR 2001-V, Nr. 28945/95, § 82 – *T.P. u. K.M. vs. Großbritannien*. S. a. EGMR, Urt. v. 19.02.2013, Nr. 1285/03, § 110 – *D. vs. Rumänien (Nr. 2)*.

[408] Hierfür nennt der Gerichtshof im Urt. v. 24.02.1995, Rep. A 307-B, Nr. 16424/90, § 64 – *McMichael vs. Großbritannien* drei Faktoren, die auch ohne Anhörung der Eltern eine Wahrung des Schutzes aus Art. 8 EMRK gewährleisten: zunächst wird es Situationen geben, in denen die Beteiligung der Eltern nicht möglich oder nicht bedeutsam ist. Weiterhin kann in bestimmten Situationen die kontinuierliche Überwachung ein gleichwertiges Mittel darstellen oder der regelmäßige Kontakt der Sozialarbeiter:innen mit den Eltern ein Kommunikationskanal sein, auf den die entscheidende Instanz zurückgreifen kann.

[409] Vgl. auch EGMR (Pl.), Urt. v. 08.07.1987, Rep. A 121, Nr. 9749/82, § 63 – *W. vs. Großbritannien*.

[410] EGMR, Urt. v. 24.02.1995, Rep. A 307-B, Nr. 16424/90, § 64 – *McMichael vs. Großbritannien*.

[411] EGMR (Pl.), Urt. v. 08.07.1987, Rep. A 121, Nr. 9749/82; Sachverhaltsschilderung s. → S. 117.

so ausgestaltet sein, dass die Sichtweisen und Interessen der Eltern kenntlich gemacht und von der entscheidenden Instanz gebührend einbezogen würden.[412]

Ebenso ergibt sich aus Art. 8 EMRK, dass die betroffenen Kinder in einem familienrechtlichen Verfahren anzuhören sind (*children are entitled to be consulted and heard on matters affecting them*). Im Fall *Zelikha Magomadova gegen Russland*[413], in dem der Beschwerdeführerin ihre sechs Kinder von der Familie ihres verstorbenen Mannes weggenommen worden waren und der Staat keine effektive Hilfe bot, waren vier der betroffenen sechs Kinder im Verfahren um ihren Verbleib nicht gehört worden. Der Gerichtshof wies darauf hin, dass Kinder ein Recht darauf hätten, in sie betreffenden Angelegenheiten angehört und konsultiert zu werden. Insbesondere wenn Kinder heranwüchsen und mit der Zeit in der Lage seien, ihre eigene Meinung zu formulieren, sollten die Gerichte deren Ansichten, Gefühlen und deren Recht auf Achtung des Privatlebens gebührendes Gewicht beimessen. Das Äußerungsrecht des Kindes solle nicht als ein bedingungsloses Veto verstanden werden, das andere Faktoren unbedeutend werden lasse. Denn wenn ein Gericht eine Entscheidung auf die Ansichten von Kindern stütze, die offensichtlich nicht in der Lage seien, ihre Wünsche zu formulieren oder zu artikulieren – beispielsweise aufgrund eines Loyalitätskonflikts –, könne eine solche Entscheidung auch gegen Art. 8 EMRK verstoßen.[414]

4. Rechtlicher Beistand

Eine effektive Verfahrensbeteiligung muss auch eingerichtet werden, wenn für die beschwerdeführende Person die Möglichkeiten der Darlegung der eigenen Position faktisch begrenzt sind. Deshalb verknüpft der Gerichtshof im Fall *A.K. u. L. gegen Kroatien*[415] die Anforderung der Einbeziehung der Eltern mit einer weiteren Verfahrenseigenschaft. Die erste Beschwerdeführerin war ohne Einkommen und lebte in einer Wohnung ohne Heizung, sodass der zweite Beschwerdeführer, ihr Kind, kurz nach der Geburt bei

---

[412] EGMR (Pl.), Urt. v. 08.07.1987, Rep. A 121, Nr. 9749/82, § 63 – *W. vs. Großbritannien*. S. a. EGMR, Urt. v. 10.04.2012, Nr. 19554/09, § 98 – *Pontes vs. Portugal*; Urt. v. 08.01.2013, Nr. 37956/11, § 63 – *A.K. u. L. vs. Kroatien*.

[413] EGMR, Urt. v. 08.10.2019, Nr. 58724/14; Sachverhaltsschilderung s. → S. 120.

[414] EGMR, Urt. v. 08.10.2019, Nr. 58724/14, § 115 – *Zelikha Magomadova vs. Russland*.

[415] EGMR, Urt. v. 08.01.2013, Nr. 37956/11.

einer Pflegefamilie untergebracht wurde. Als der Beschwerdeführerin das Sorgerecht aufgrund einer leichten geistigen Behinderung aberkannt wurde, wurde ihr die Prozesskostenhilfe im Rechtsmittelverfahren erst gewährt, als die Einlegungsfrist bereits abgelaufen war. Das Kind wurde danach adoptiert, ohne dass seine Mutter am Verfahren beteiligt wurde. Dies wurde damit begründet, dass ihre Zustimmung nicht erforderlich gewesen sei, da ihr das Sorgerecht zuvor entzogen worden sei. Der Gerichtshof betont, dass es sich bei familienrechtlichen Entscheidungen um ein rechtliches Gebiet handle, in dem der Schutz vor willkürlichen Entscheidungen noch mehr als sonst gefordert sei.[416] Eltern müssten in solchen Verfahren ein Recht auf Anhörung und umfassende Information haben.[417] Der Gerichtshof prüft im Folgenden nicht das Ergebnis, also die Adoption, sondern das Verfahren auf seine Rechtfertigungsmöglichkeit gemäß Art. 8 Abs. 2 EMRK; da das Verfahren zu einer schrittweisen Trennung von Mutter und Sohn geführt habe, sei es in seiner Gesamtheit zu beurteilen.[418] Während er feststellt, dass die abstrakt-generellen Verfahrensvorschriften im Einklang mit Art. 8 EMRK stünden,[419] erkennt er im Ablauf des konkreten Verfahrens mit Art. 8 EMRK nicht vereinbare Mängel. So gestattete es das zuständige Gericht, die Beschwerdeführerin ohne Rechtsbeistand am Verfahren teilnehmen zu lassen, obwohl vom Gericht und den Behörden eine leichte geistige Behinderung, eine Sprachbehinderung und ein begrenzter Wortschatz festgestellt wurden. Der Gerichtshof könne nur schwer annehmen, dass eine Person, deren Eigenschaften einer Sprachbehinderung und eines begrenzten Wortschatzes herangezogen werden, um die Befürchtung, sie könne ihrem Kind das Sprechen nicht beibringen, zu begründen, in der Lage sein solle, ihren Fall vor Gericht ohne Rechtsbeistand zu vertreten.[420] Die Rechte von Mutter und Sohn hätten in einem Verfahren mit dieser Tragweite angemessen geschützt werden müssen, indem der Beschwerdeführerin ein Rechtsbeistand (*proper assistance by a lawyer*) zur Seite gestellt hätte werden müssen, um die erforderliche Abwägung ihrer Ansichten

---

[416] EGMR, Urt. v. 08.01.2013, Nr. 37956/11, § 62 – *A.K. u. L. vs. Kroatien*.

[417] EGMR, Urt. v. 08.01.2013, Nr. 37956/11, § 64 – *A.K. u. L. vs. Kroatien*. S. a. EGMR, Urt. v. 19.02.2013, Nr. 1285/03, § 110 – *B. vs. Rumänien (Nr. 2)*. S. o. → S. 123 u. → S. 125.

[418] EGMR, Urt. v. 08.01.2013, Nr. 37956/11, §§ 65, 67 – *A.K. u. L. vs. Kroatien*.

[419] Vgl. EGMR, Urt. v. 08.01.2013, Nr. 37956/11, § 71 – *A.K. u. L. vs. Kroatien*.

[420] EGMR, Urt. v. 08.01.2013, Nr. 37956/11, § 73 – *A.K. u. L. vs. Kroatien*.

und den Schutz ihrer Interessen und der Interessen ihres Kindes unter dem Gesichtspunkt der Erhaltung der Bindungen zu seiner leiblichen Mutter zu ermöglichen.[421] Zudem hätten die Behörden die Beschwerdeführerin nicht über das Adoptionsverfahren informiert und ihr damit die Möglichkeit genommen, die Wiederherstellung ihrer elterlichen Rechte zu beantragen, bevor die Bindung zwischen biologischem Elternteil und Kind durch die Adoption endgültig getrennt würde.[422]

Im Fall *B. gegen Rumänien (Nr. 2)*[423] wurde die Beschwerdeführerin mit einer Behinderung wegen einer psychischen Erkrankung mehrmals in psychiatrische Einrichtungen eingewiesen. Die Behörden stellten fest, dass sie sich nicht um ihre beiden minderjährigen Kinder kümmern konnte. Aufgrund der Verwahrlosung – die Beschwerdeführerin konnte sich aufgrund ihres gesundheitlichen Zustands nicht um ihre Versorgung kümmern und verweigerte ihnen, zur Schule zu gehen – wurden sie in einem Heim untergebracht. Der Gerichtshof bekräftigt zunächst, dass in Verfahren, die eine Entscheidung in Familienangelegenheiten herbeiführten, die Ansichten und Interessen der Eltern Berücksichtigung finden müssten. Zwar könne es Fälle geben, in denen die Beteiligung der Eltern nicht möglich oder nicht sinnvoll sei, auch könne ein kontinuierlicher Überwachungsprozess der Behörden oder der regelmäßige Austausch der Sozialarbeiter:innen mit den Eltern Informationen über die Ansichten der Eltern liefern.[424] Die Behörden müssten im Umgang mit schutzbedürftigen Personen besonders wachsam sein und ihnen einen erhöhten Schutz gewähren, da ihre Fähigkeiten und ihr Wille, eine Beschwerde einzulegen, häufig beeinträchtigt seien.[425] Im Fall hatte die Beschwerdeführerin eine Behinderung und litt an einer schweren psychischen Krankheit. Dennoch hatte der Staat keine Schutzmaßnahmen für sie im Verfahren ergriffen, etwa durch die Beauftragung eines Rechtsanwalts während des Unterbringungsverfahrens oder durch die Bestellung eines

---

[421] EGMR, Urt. v. 08.01.2013, Nr. 37956/11, § 75 – *A.K. u. L. vs. Kroatien.*

[422] EGMR, Urt. v. 08.01.2013, Nr. 37956/11, § 78 – *A.K. u. L. vs. Kroatien.*

[423] EGMR, Urt. v. 19.02.2013, Nr. 1285/03. S. bereits → S. 102; S. 104 zur zwangsweisen Unterbringung in der *konkreten Vorphase*.

[424] Vgl. EGMR, Urt. v. 19.02.2013, Nr. 1285/03, §§ 112 f. – *B. vs. Rumänien (Nr. 2)*.

[425] EGMR, Urt. v. 19.02.2013, Nr. 1285/03, § 114 – *B. vs. Rumänien (Nr. 2)*. S. a. zum Fall eines Adoptionsverfahrens EGMR, Urt. v. 21.01.2014, Nr. 33773/11, § 58 – *Zhou vs. Italien* u. Urt. v. 16.07.2015, Nr. 9056/14, § 82 – *Akinnibosun vs. Italien.*

vorläufigen Vormunds, so der Gerichtshof.[426] Gerade wegen dieses Mangels sei die Beschwerdeführerin nicht in der Lage gewesen, sich wirksam in der Obhut eines Rechtsanwalts an dem Verfahren über die Unterbringung ihrer Kinder zu beteiligen oder ihre eigenen Interessen zu verteidigen.[427] Lediglich zu zwei Anlässen innerhalb von zehn Jahren sei die Situation der Familie gerichtlich überprüft worden. Obwohl der regelmäßige Austausch der zuständigen Sozialarbeiter:innen mit der Mutter geeignet gewesen sei, den Behörden ihre Ansichten mitzuteilen, seien die gerichtlichen Entscheidungen auf die Lage der Familie zu einem über fünf Jahre zurückliegenden Zeitpunkt gestützt worden.[428]

5. Beweiserhebung und -würdigung

Auch für die gerichtliche Entscheidungsfindung, also die Erhebung und Würdigung der Beweise entnimmt der Gerichtshof Anforderungen aus Art. 8 EMRK. Die Beweiserhebung und -würdigung müssen so ausgestaltet sein, dass dadurch die Interessen der Verfahrensbeteiligten hinreichend geschützt werden. Im Fall *Sommerfeld gegen Deutschland*[429] hatte der Beschwerdeführer nach der Trennung von der Mutter des gemeinsamen Kindes für dieses Kind gerichtlich ein Umgangsrecht beantragt. Dies wurde abgelehnt. Die Große Kammer des Gerichtshofs ging besonders auf Beweiserhebung und -würdigung ein (*evidential basis*) und konnte keinen Verstoß gegen Art. 8 EMRK feststellen. Insbesondere führt sie aus, dass der Beschwerdeführer vor Gericht in einer Situation gewesen sei, in der er alle Argumente für ein Umgangsrecht hätte vorbringen können und Zugang zu allen urteilsbegründenden Informationen gehabt habe. Die Beweisgrundlage habe die Äußerungen des Kindes sowie die der Eltern, des Jugendamtes und einer Psychologin umfasst. Zudem sei das Kind drei Mal von der zuständigen Richterin im Laufe von drei Jahren befragt worden, wodurch, so die Große Kammer, die Richterin in der Lage gewesen sei, die Aussagen zu bewerten und seine Fähigkeit zur autonomen Willensbildung festzustellen. Dass in diesem Fall kein psychologisches Gutachten eingeholt

---

426 EGMR, Urt. v. 19.02.2013, Nr. 1285/03, § 116 – *B. vs. Rumänien (Nr. 2)*.
427 EGMR, Urt. v. 19.02.2013, Nr. 1285/03, § 117 – *B. vs. Rumänien (Nr. 2)*.
428 EGMR, Urt. v. 19.02.2013, Nr. 1285/03, § 118 – *B. vs. Rumänien (Nr. 2)*.
429 EGMR (GK), Urt. v. 08.07.2003, ECHR 2003-VIII (extr.), Nr. 31871/96.

worden sei, sei deshalb kein Verfahrensmangel im Hinblick auf Art. 8 EMRK.[430]

Der Fall *Elsholz gegen Deutschland*[431], der die Versagung des Umgangsrechts eines biologischen, von der Mutter getrennten Vaters für sein uneheliches Kind betraf, stellte hingegen eine Situation dar, in der das Unterlassen eines Sachverständigengutachtens zur Verletzung von Art. 8 EMRK führte. Die Große Kammer des Gerichtshofs bemängelte hier, dass die Verweigerung eines unabhängigen, psychologischen Gutachtens und die unterbliebene Anhörung des Beschwerdeführers zu einer mangelhaften Einbindung des Beschwerdeführers in den Entscheidungsprozess geführt hätten.[432] Das innerstaatliche Gericht hätte sich im Hinblick auf die Bedeutung des Sachverhalts, also die Beziehung zwischen Vater und Kind, nicht damit zufrieden geben dürfen, ausschließlich die Aktenlage und die Beschwerdebegründung zu bewerten; stattdessen hätte es ein psychologisches Sachverständigengutachten einholen müssen.[433]

Auch die Würdigung neuer Beweismittel kann für die Einhaltung von Art. 8 EMRK von Bedeutung sein. Im Fall *Ostace gegen Rumänien*[434] war der Beschwerdeführer in einem Vaterschaftsfeststellungsverfahren gerichtlich als Vater eines Kindes anerkannt worden. Bei einem DNA-Test nach über zwanzig Jahren stellte sich heraus, dass der Beschwerdeführer nicht mit dem Kind verwandt war. Als er das ursprüngliche Urteil ändern lassen wollte, wurde sein Antrag abgelehnt mit der Begründung, bei dem DNA-Gutachten handle es sich um ein Dokument, das zum Zeitpunkt des Urteils noch nicht

---

430 EGMR (GK), Urt. v. 08.07.2003, ECHR 2003-VIII (extr.), Nr. 31871/96, §§ 69-73 – *Sommerfeld vs. Deutschland.*

431 EGMR (GK), Urt. v. 13.07.2000, ECHR 2000-VIII, Nr. 25735/94.

432 EGMR (GK), Urt. v. 13.07.2000, ECHR 2000-VIII, Nr. 25735/94, § 53 – *Elsholz vs. Deutschland.*

433 EGMR (GK), Urt. v. 13.07.2000, ECHR 2000-VIII, Nr. 25735/94, § 52 – *Elsholz vs. Deutschland.* S. a. EGMR, Urt. v. 13.10.2020, Nr. 32495/15 – *Koychev vs. Bulgarien*, in dem der biologische Vater die Vaterschaft nicht anerkennen konnte, weil der neue Partner der Mutter dies bereits getan hatte, und keine Möglichkeit bestand, dagegen vorzugehen. Der Gerichtshof bemängelte, dass bei der gerichtlichen Beurteilung die Beziehung zwischen dem Beschwerdeführer und dem Kind nicht untersucht wurde (§ 63) und wesentliche Beweggründe nicht in die Entscheidungsfindung einbezogen wurden (§§ 64-66).

434 EGMR, Urt. v. 25.02.2014, Nr. 12547/06.

existiert habe. Obwohl alle Parteien mit der Feststellung der Wahrheit über die Abstammung des Kindes einverstanden gewesen seien, sei es von den Behörden versäumt worden, einen gerechten Ausgleich zwischen den widerstreitenden Interessen zu finden.[435]

In Fall *A.M. u. a. gegen Russland*[436] hatte die Beschwerdeführerin zunächst ihr Leben als Mann gelebt, war verheiratet gewesen und hatte zwei Kinder bekommen. Die Ehe wurde geschieden, die Beschwerdeführerin unterzog sich dann einer medizinischen und rechtlichen Geschlechtsanpassung. Ihre ehemalige Ehefrau erwirkte daraufhin gerichtlich, dass die elterlichen Rechte und die Kontaktmöglichkeiten der Beschwerdeführerin zu ihren Kindern eingeschränkt wurden. Die innerstaatlichen Gerichte hatten bei ihrer Entscheidung zur Einschränkung der Rechte insbesondere ein psychiatrisches Gutachten berücksichtigt. Der Gerichtshof stellt aber fest, dass die Sachverständigen unter Bezug auf den derzeitigen wissenschaftlichen Stand klarstellten, dass es keine verlässlichen Untersuchungen zur Transgender-Elternschaft gebe und diese Frage nicht ausreichend erforscht sei. Besorgniserregend sei, so der Gerichtshof, dass die Sachverständigen zu ihrem ablehnenden Ergebnis gekommen seien, obwohl sie selbst eingeräumt hätten, es gebe keine zuverlässigen wissenschaftlichen Erkenntnisse. Somit hätten die innerstaatlichen Gerichte bei der Entscheidung, den Umgang einzuschränken, nur bestimmte Beweise berücksichtigt, ohne die Ergebnisse des Gutachtens unter den besonderen Umständen der gesamten Familiensituation genau zu prüfen. Spätestens die Gerichte hätten bei dieser Art der behördlichen Entscheidungsfindung alarmiert sein und Zuverlässigkeit und Qualität der ihnen vorgelegten Gutachten genau prüfen müssen.[437]

6. Einbeziehung aller betroffenen Interessen in die Entscheidungsfindung

Verfahrensrechtliche Gewährleistungen aus Art. 8 EMRK bestätigte der Gerichtshof im Fall *A.I. gegen Italien*[438]. Im Fall wurden die beiden Kinder

[435] EGMR, Urt. v. 25.02.2014, Nr. 12547/06, §§ 45, 48 – *Ostace vs. Rumänien*. Darüber hinaus stellt der Gerichtshof fest, dass auch die Rechtslage den Schutz des Familienlebens des Beschwerdeführers nicht ausreichend garantierte (§ 43).

[436] EGMR, Urt. v. 06.07.2021, Nr. 47220/19.

[437] EGMR, Urt. v. 06.07.2021, Nr. 47220/19, § 57 – *A.M. u. a. vs. Russland*.

[438] EGMR, Urt. v. 01.04.2021, Nr. 70896/17.

der Beschwerdeführerin, einer nigerianischen Staatsbürgerin, die als Opfer von Menschenhandel nach Italien kam, für adoptionsfähig erklärt, da sie sich in einem verwahrlosten Zustand befanden. Obwohl die Entscheidung noch nicht rechtskräftig war und sich das Verfahren mehr als drei Jahre hinzog, wurde es der Beschwerdeführerin verwehrt, mit ihren Kindern während des Adoptionsverfahrens in Kontakt zu bleiben. Auch auf ein Sachverständigengutachten hin, das die Bedeutung der Aufrechterhaltung des Kontakts für die Identitätsbildung der Kinder hervorhob, änderten die innerstaatlichen Gerichte ihre Entscheidung nicht.[439] Der Gerichtshof betont, er sei nicht überzeugt, dass die zuständigen Behörden die tiefe Bindung zwischen der Beschwerdeführerin und ihren Töchtern und den Schaden, den ein endgültiger Kontaktabbruch habe verursachen können, ausreichend berücksichtigt hätten. Er verweist dabei darauf, dass das Adoptionsverfahren seit mehr als drei Jahren anhängig gewesen sei.[440] Dies stehe im Widerspruch zur vom Gerichtshof festgestellten Pflicht, dass alle Anstrengungen unternommen werden müssten, um die persönlichen Beziehungen aufrechtzuerhalten und möglicherweise zu gegebener Zeit das Familienleben wiederherzustellen.[441] Damit stand die Entziehung des Umgangsrechts entgegen der Feststellungen des Sachverständigengutachtens und der Unterbringung der Schwestern in zwei verschiedenen Familien im starken Widerspruch. Verschärft wurde dies durch die vulnerable Situation der Beschwerdeführerin als Opfer von Menschenhandel, in der die Behörden besondere Sorgfalt hätten walten lassen und ihr einen größeren Schutz hätten gewähren sollen.[442]

Durch die weitreichenden Folgen dieser Verfahrenssituationen billigt der Gerichtshof den betroffenen Personen auch weitreichende Verfahrensgarantien aus Art. 8 EMRK zu. Stets orientiert sich deren Maß an den Auswirkungen auf das nach der Entscheidung tatsächlich oder potenziell bestehende Familienleben. Gerade keine Verletzung von Art. 8 EMRK hatte er nämlich im Fall *Aune gegen Norwegen*[443] gefunden, in dem die Adoptionsentscheidung ihres leiblichen Kindes die Beschwerdeführerin nicht daran hinderte, weiterhin eine persönliche Beziehung zu dem Kind zu unterhalten, und nicht

[439] Vgl. EGMR, Urt. v. 01.04.2021, Nr. 70896/17, § 91 – *A.I. vs. Italien.*
[440] EGMR, Urt. v. 01.04.2021, Nr. 70896/17, § 95 – *A.I. vs. Italien.*
[441] EGMR, Urt. v. 01.04.2021, Nr. 70896/17, § 98 – *A.I. vs. Italien.*
[442] Vgl. EGMR, Urt. v. 01.04.2021, Nr. 70896/17, §§ 101-103 – *A.I. vs. Italien.*
[443] EGMR, Urt. v. 28.10.2010, Nr. 52502/07.

zu einer Entfremdung von seinen Wurzeln geführt hatte.[444] Dass generell familienrechtliche Verfahrenssituationen ein menschenrechtliches Gefährdungspotenzial in sich tragen, zeigt sich am Urteil des Falls *Moretti und Benedetti gegen Italien*[445]. Das beschwerdeführende Ehepaar hatte als Pflegeeltern ein Kind, das von seiner leiblichen Mutter kurz nach der Geburt verlassen wurde, versorgt. Nachdem das Mädchen fast eineinhalb Jahre bei ihnen gelebt hatte, entschied das Gericht, sie von einer anderen Familie adoptieren zu lassen; der Antrag der Beschwerdeführer auf eine besondere Adoption wurde – nach der Adoption der anderen Familie – abgelehnt. Zwar stellte das Appellationsgericht fest, dass der Adoptionsantrag des beschwerdeführenden Paars vor der Adoption durch eine andere Familie erst hätte geprüft werden müssen; ein Sachverständigengutachten legte jedoch nahe, dass eine erneute Trennung von ihren derzeitigen Bezugspersonen zu einer Traumatisierung des Mädchens führen könnte. Art. 8 EMRK verlange, so der Gerichtshof, dass der Entscheidungsprozess, der zu Eingriffsmaßnahmen führt, gerecht sein und die durch Art. 8 EMRK geschützten Interessen achten müsse. Entscheidend für den Fall sei es gewesen, dass der Antrag der Beschwerdeführer auf eine speziell für Pflegeeltern geregelte Adoption innerhalb kurzer Zeit sorgfältig geprüft werde. Die Entscheidung sei aber ohne die Nennung von Gründen ergangen und sei auch erst erfolgt, nachdem das Kind für adoptierbar erklärt und eine neue Familie ausgesucht worden sei.[446] In Fällen, die das Familienleben betreffen, könne der Lauf der Zeit zu unabänderlichen Folgen für die Beziehung zwischen einem sehr jungen Kind und dem nicht mit ihm zusammenlebenden Elternteil führen.[447] Dies konnte für den Fall bejaht werden, da sich aus dem Sachverständigengutachten ergab, dass sich das Kind in der neuen Familie eingelebt hatte und eine erneute Trennung ein neues Trauma hervorrufen könnte. Somit habe der Zeitablauf zur Folge gehabt, dass die Gerichtsentscheidung endgültig geworden sei, so der Gerichtshof.[448] Die Nichtbeachtung des Gesetzes und der

---

[444] EGMR, Urt. v. 28.10.2010, Nr. 52502/07, § 78 – *Aune vs. Norwegen*, obwohl hier nur ein Besuchsrecht aufgrund des Wohlwollens der Adoptivfamilie, nicht aufgrund eines gesetzlichen Besuchsrechts für die Beschwerdeführerin festgestellt werden konnte.

[445] EGMR, Urt. v. 27.04.2010, Nr. 16318/07.

[446] EGMR, Urt. v. 27.04.2010, Nr. 16318/07, §§ 68 f. – *Moretti u. Benedetti vs. Italien.*

[447] EGMR, Urt. v. 27.04.2010, Nr. 16318/07, § 70 – *Moretti u. Benedetti vs. Italien.*

[448] EGMR, Urt. v. 27.04.2010, Nr. 16318/07, § 70 – *Moretti u. Benedetti vs. Italien.*

Verfahrensvorschriften durch das Gericht – die Adoption durch eine neue Familie zu ermöglichen, bevor die Entscheidung über das Adoptionsgesuch der Pflegeeltern ergangen war – habe unmittelbare Auswirkungen auf das Recht der beschwerdeführenden Personen auf Achtung des Familienlebens gehabt. Die bei der Durchführung des Verfahrens festgestellten Mängel führen den Gerichtshof zur Feststellung, dass die positive Verpflichtung aus Art. 8 EMRK nicht beachtet worden ist.[449]

Auch in Verfahren anlässlich internationaler Kindesentführung sieht der Gerichtshof es als entscheidend für Art. 8 EMRK an, dass ein gerechter Ausgleich zwischen den auf dem Spiel stehenden widerstreitenden Interessen des Kindes, der beiden Elternteile sowie der öffentlichen Ordnung im Rahmen des Ermessensspielraums gefunden werde. Dabei sei jedoch das Kindeswohl vorrangig zu berücksichtigen; die Ziele der Verhinderung und sofortigen Rückgabe entsprächen dabei einer spezifischen Vorstellung von Kindeswohl.[450] Art. 8 EMRK verpflichte die Konventionsstaaten hierbei zu einer besonderen Verfahrensanforderung: Bei der Beurteilung eines Rechtsmittels gerichtet auf Kindesrückführung müssten die Gerichte nicht nur die Behauptungen über eine „schwerwiegende Gefahr" für das Kind im Fall der Rückgabe prüfen, sondern auch eine Entscheidung treffen, die unter Berücksichtigung des Einzelfalls konkret begründet würde (*giving specific reasons in the light of the circumstances of the case*). Es liefe Art. 8 EMRK und dem Zweck des Haager Übereinkommens zuwider, wenn Einwände gegen die Rückgabe, die in den Anwendungsbereich der Art. 12, Art. 13 und Art. 20 des Haager Übereinkommens fallen könnten, unberücksichtigt blieben. Dasselbe gelte für die unzureichende Begründung der Entscheidung, mit der solche Einwände zurückgewiesen würden.[451]

7. Sonstige verfahrensrechtliche Absicherung der Wiedervereinigung des Kindes mit seiner biologischen Familie

Weiterhin besteht für die Behörden aus Art. 8 EMRK während eines Sorgerechts- und Adoptionsverfahrens die Pflicht, die Möglichkeit der Wiedervereinigung des Kindes mit seiner biologischen Familie ernsthaft in Erwägung

[449] EGMR, Urt. v. 27.04.2010, Nr. 16318/07, § 71 – *Moretti u. Benedetti vs. Italien.*
[450] EGMR (GK), Urt. v. 13.12.2011, ECHR 2013, Nr. 27853/09, § 95 – *X. vs. Lettland.*
[451] EGMR (GK), Urt. v. 13.12.2011, ECHR 2013, Nr. 27853/09, § 107 – *X. vs. Lettland.*

zu ziehen. Im Fall *Strand Lobben u. a. gegen Norwegen*[452] war das Kind der Beschwerdeführerin kurz nach seiner Geburt in eine Pflegefamilie gekommen, da von den Behörden festgestellt wurde, dass sie das Kind in den ersten drei Lebenswochen vernachlässigt hatte. Drei Jahre später erfolgte die Freigabe der von der Pflegefamilie gewünschten und beantragten Adoption; eine veränderte allgemeine Situation und gefestigte Lebensumstände der Beschwerdeführerin reichten den Behörden und Gerichten nicht aus, ihre Erziehungsfähigkeit als ausreichend zu bewerten. Art. 8 EMRK umfasse auch Familienzusammenführungen nach einer Trennung, so die Große Kammer. Deshalb obliege den Behörden die positive Pflicht im Falle einer staatlichen, das Familienleben einschränkenden Handlung, Maßnahmen zur Erleichterung der Familienzusammenführung zu ergreifen, sobald diese vernünftigerweise möglich sei (*take measures to facilitate family reunification as soon as reasonably feasible*).[453] Der Staat müsse hierbei die in Konflikt geratenen Interessen von Eltern und Kind zu einem gerechten Ausgleich bringen.[454] Im Fall sah der Gerichtshof im Adoptionsverfahren aber keine echte Abwägung zwischen den Interessen des Kindes und seiner leiblichen Mutter, da erhebliche Veränderungen im Leben der Mutter nicht als entscheidungsrelevant beurteilt wurden. Man habe sich auf die Interessen des Kindes konzentriert, ohne zu versuchen, beide Interessen miteinander zu verbinden oder eine Wiedervereinigung ernsthaft in Betracht zu ziehen.[455] Eine Betreuungsanordnung sei als vorübergehende Maßnahme zu betrachten, die aufzuheben

---

452 EGMR (GK), Urt. v. 10.09.2019, Nr. 37283/13.

453 EGMR (GK), Urt. v. 10.09.2019, Nr. 37283/13, § 205 – *Strand Lobben u. a. vs. Norwegen*. S. a. EGMR, Urt. v. 16.07.2015, Nr. 9056/14, § 83 – *Akinnibosun vs. Italien*.

454 EGMR (GK), Urt. v. 10.09.2019, Nr. 37283/13, § 206 – *Strand Lobben u. a. vs. Norwegen*. S. a. EGMR, Urt. v. 01.04.2021, Nr. 70896/17, § 94 – *A.I. vs. Italien*; Urt. v. 21.12.2010, Nr. 20578/07, §§ 70 f. – *Anayo vs. Deutschland* zur Abwägung der Interessen der Mutter, des rechtlichen Vaters, des biologischen Vaters, der gemeinsamen Kinder der Mutter und des rechtlichen Vaters und der gemeinsamen Kinder der Mutter und des biologischen Vaters im Rahmen eines Rechtsstreits um das Umgangsrecht des biologischen Vaters.

455 EGMR (GK), Urt. v. 10.09.2019, Nr. 37283/13, § 220 – *Strand Lobben u. a. vs. Norwegen*. S. a. EGMR, Urt. v. 10.11.2022, Nr. 4952/21, § 66 – *N.V. u. C.C. vs. Malta*, in dem das innerstaatliche Gericht zum Schutz des Kindes umgehend entschieden hatte, der Gerichtshof aber keine Rechtfertigung fand, warum es seine Entscheidung in den folgenden Jahren trotz vorgelegter, dies fordernder Gutachten nicht geändert hatte.

sei, sobald die Umstände es zulassen; alle Maßnahmen zur Umsetzung der vorübergehenden Betreuung hätten mit dem Ziel der Wiedervereinigung der leiblichen Eltern und des Kindes in Einklang zu stehen.[456] Dies betreffe auch die Umgangs- und Besuchsregeln. Diese seien hinsichtlich der Ortswahl und der anwesenden Personen für die freie Bindung zwischen Mutter und Kind nicht besonders förderlich gewesen. Als die Treffen nicht funktioniert hätten, sei wenig unternommen worden, um alternative Umgangsarten zu erproben.[457] Zudem sei zur Beurteilung der aktuellen Erziehungsfähigkeit kein neues Sachverständigengutachten von den Gerichten in Auftrag gegeben worden, obwohl das nationale Gericht diese Eigenschaft als zentral bedeutend für die Unterbringungsentscheidung ansah.[458]

8. Effektive Rechtsmittel

Zugleich muss in familienrechtlichen Verfahrenssituationen sichergestellt werden, dass die Betroffenen die ihnen zur Verfügung stehenden Rechtsmittel in der gebührenden Zeit nutzen können (*exercise in due time any remedies available*).[459] Werde dies und damit die angemessene Einbeziehung der Eltern nicht gewährleistet, könne dies eine unverhältnismäßige, da nicht notwendige Beeinträchtigung des Art. 8 EMRK darstellen.[460]

Dies gilt auch hinsichtlich der Möglichkeit, eine Vaterschaft anzufechten. Im Fall *Mizzi gegen Malta*[461] ging es um die Zuweisung der rechtlichen Vaterschaft an den Beschwerdeführer. Dessen Frau war während ihrer Ehe schwanger geworden, das Paar trennte sich aber vor der Geburt. Der Beschwerdeführer wurde als biologischer Vater eingetragen. Nach einem DNA-Test, der ergab, dass der Beschwerdeführer nicht der Vater des Kindes war, versuchte er erfolglos, die Vaterschaft anzufechten. Der Gerichtshof erklärte, dass der einzig

---

[456] EGMR (GK), Urt. v. 10.09.2019, Nr. 37283/13, § 208 – *Strand Lobben u. a. vs. Norwegen*. S. a. EGMR, Urt. v. 19.11.2019, Nr. 64808/16, §§ 68 f. – *K.O. u. V.M. vs. Norwegen*.

[457] EGMR (GK), Urt. v. 10.09.2019, Nr. 37283/13, § 221 – *Strand Lobben u. a. vs. Norwegen*.

[458] EGMR (GK), Urt. v. 10.09.2019, Nr. 37283/13, §§ 222, 225 – *Strand Lobben u. a. vs. Norwegen*. S. a. EGMR, Urt. v. 16.07.2015, Nr. 9056/14, § 83 – *Akinnibosun vs. Italien*; Urt. v. 20.01.2022, Nr. 60083/19, §§ 85 f. – *D.M. u. N. vs. Italien*. Vgl. EGMR, Urt. v. 01.04.2021, Nr. 70896/17, § 101 – *A.I. vs. Italien*, in dessen zugrunde liegendem Sachverhalt das nationale Gericht entgegen der Ergebnisse des Sachverständigengutachtens entschied.

[459] EGMR (Pl.), Urt. v. 08.07.1987, Rep. A 121, Nr. 9749/82, § 63 – *W. vs. Großbritannien*.

[460] EGMR (Pl.), Urt. v. 08.07.1987, Rep. A 121, Nr. 9749/82, § 64 – *W. vs. Großbritannien*.

[461] EGMR, Urt. v. 12.01.2006, ECHR 2006-I (extr.), Nr. 26111/02.

wirksame Rechtsbehelf die Wiedereinsetzung in den vorigen Stand nach der abgelaufenen Frist der Vaterschaftsanfechtungsklage gewesen sei. Hätten die nationalen Gerichte diesem Rechtsmittel stattgegeben, so hätten sie seine Interessen aus Art. 8 EMRK gewahrt. Der Beschwerdeführer habe berechtigte Gründe für die Annahme, nicht der Vater des Kindes zu sein, gehabt; deshalb hätte ihm ein Rechtsmittel zustehen müssen.[462] Der Umstand, dass der Beschwerdeführer nie die Möglichkeit hatte, seine Vaterschaft anzufechten, stehe nicht in einem angemessenen Verhältnis zu den verfolgten legitimen Zielen.[463] Eine Situation, in der einer rechtlichen Vermutung Vorrang vor der biologischen Realität eingeräumt werde, könne selbst unter Berücksichtigung des dem Staat eingeräumten Ermessensspielraums nicht mit der Verpflichtung vereinbar sein, die tatsächliche Achtung des Privat- und Familienlebens zu gewährleisten.[464]

Nicht nur für den rechtlichen, aber nicht biologischen Vater muss es gemäß Art. 8 EMRK Rechtsmittel geben, sondern auch für das betroffene Kind. Im Fall *Mikulić gegen Kroatien*[465] hatte die als uneheliches Kind geborene Beschwerdeführerin eine Vaterschaftsklage erhoben, um einen DNA-Test des mutmaßlichen Vaters zu erreichen. Da dieser weder zu den Testterminen noch zu den Gerichtsverhandlungen erschien, konnte das Verfahren erst nach fünf Jahren abgeschlossen werden. In Bezug auf Verletzungen des Art. 8 EMRK stellt der Gerichtshof zunächst fest, dass mangels tatsächlicher familiärer Bindung zwischen der Beschwerdeführerin und ihrem mutmaßlichen Vater das Familienleben nicht betroffen sei. Art. 8 EMRK schütze aber auch das Privatleben, also die physische und psychische Integrität einer Person sowie zu einem gewissen Grad auch das Recht, Beziehungen zu anderen Menschen aufzubauen, also auch das Rechtsverhältnis zwischen einem nichtehelichen Kind und seinem leiblichen Vater zu bestimmen.[466] Im nationalen Zivilgerichtsverfahren gab es keine Maßnahmen zur zwangsweisen Durchsetzung einer gerichtlichen Anordnung eines DNA-Tests. Die Gerichte konnten aber das hindernde

462 EGMR, Urt. v. 12.01.2006, ECHR 2006-I (extr.), Nr. 26111/02, § 111 – *Mizzi vs. Malta.*
463 EGMR, Urt. v. 12.01.2006, ECHR 2006-I (extr.), Nr. 26111/02, § 114 – *Mizzi vs. Malta.*
464 EGMR, Urt. v. 12.01.2006, ECHR 2006-I (extr.), Nr. 26111/02, § 113 – *Mizzi vs. Malta.*
465 EGMR, Urt. v. 07.02.2002, ECHR 2002-I, Nr. 53176/99; Sachverhaltsschilderung s. → S. 119.
466 Vgl. EGMR, Urt. v. 07.02.2002, ECHR 2002-I, Nr. 53176/99, §§ 52 f. – *Mikulić vs. Kroatien.*

Verhalten des mutmaßlichen Vaters in ihre Beweiswürdigung einbeziehen. Dennoch habe das zur Verfügung stehende Verfahren keinen gerechten Ausgleich zwischen dem Recht der Beschwerdeführerin, ihre Ungewissheit über ihre persönliche Identität ohne unnötige Verzögerung beseitigen zu lassen, und dem Recht des mutmaßlichen Vaters, sich keinem DNA-Test zu unterziehen, hergestellt.[467] Zudem habe der Beschwerdeführerin kein innerstaatlicher Rechtsbehelf zur Verfügung gestanden, mit dem sie ihr Recht auf „rechtliches Gehör innerhalb einer angemessenen Frist" gemäß Art. 6 EMRK habe durchsetzen können. Somit bestand auch eine Verletzung des Art. 13 EMRK.[468]

Einen Verstoß gegen Art. 8 EMRK stellt es mithin dar, wenn das Rechtsmittel an eine starre Frist gebunden ist, die auch nicht durch die erst spätere Kenntnis des Kindes von den Umständen der Vaterschaft beeinflusst werden kann. Dem Fall *Phinikaridou gegen Zypern*[469] lag die Rechtslage zugrunde, dass es unehelichen Kindern nur bis drei Jahre nach Eintritt ihrer Volljährigkeit erlaubt war, die Anerkennung der Vaterschaft zu beantragen. Die Beschwerdeführerin erfuhr erst im Alter von 52 Jahren den Namen ihres biologischen Vaters. Mit Hinweis auf die Verjährungsfrist wurde ihr Antrag abgelehnt. Infolge dieser starren Frist sei der Beschwerdeführerin die Möglichkeit genommen, eine gerichtliche Feststellung der Vaterschaft zu erwirken, so der Gerichtshof. Dieses Recht sei ihr vorenthalten worden, obwohl sie sich in einer Situation befand, in der sie keine realistische Möglichkeit gehabt hätte, zu einem früheren Zeitpunkt zu Gericht zu gehen.[470]

9. Effektive Entscheidungsdurchsetzung

Im Fall *Kuppinger gegen Deutschland (Nr. 2)*[471] wehrte sich der Beschwerdeführer gerichtlich gegen die Weigerung der Mutter, ihm Zugang zu seinem nicht-ehelich geborenen Kind zu gewähren. Er erreichte eine einstweilige Anordnung, die ihm den begleiteten wöchentlichen Kontakt zu seinem Kind zusprach. Das in der Folge weitergeführte Verfahren dauerte so lange, dass der Gerichtshof in einem früheren Verfahren die Verletzung von Art. 6 Abs. 1 EMRK wegen

---

[467] EGMR, Urt. v. 07.02.2002, ECHR 2002-I, Nr. 53176/99, § 65 – *Mikulić vs. Kroatien.*
[468] EGMR, Urt. v. 07.02.2002, ECHR 2002-I, Nr. 53176/99, § 71 – *Mikulić vs. Kroatien.*
[469] EGMR, Urt. v. 20.12.2007, Nr. 23890/02.
[470] EGMR, Urt. v. 20.12.2007, Nr. 23890/02, § 62 – *Phinikaridou vs. Zypern.*
[471] EGMR, Urt. v. 15.01.2015, Nr. 62198/11.

überlanger Verfahrensdauer festgestellt hatte.[472] Danach ordnete ein innerstaatliches Gericht wiederum einstweilig begleitete Umgangstermine an; für den Fall der Weigerung wurde der Mutter ein Ordnungsgeld angedroht. Nachdem die Termine dennoch nicht eingehalten wurden, beantragte der Beschwerdeführer die Verhängung des Ordnungsgelds in Höhe von mindestens 3.000 €; eine Höhe von 300 € wurde durch das Gericht festgesetzt und ein Umgangspfleger bestellt. Die Mutter bezahlte das Ordnungsgeld, doch die ausgelassenen Termine wurden nicht nachgeholt. Der Beschwerdeführer trug vor dem Gerichtshof vor, dass das festgesetzte Ordnungsgeld ineffektiv und zur Durchsetzung seines Umgangsrechts offensichtlich unangemessen gering war und ihn dies in seinen Rechten aus Art. 8 EMRK verletzte. Gerade für das Verhältnis zwischen Eltern und Kindern könne das Verstreichen von Zeit schwerwiegende und unumkehrbare Folgen haben, so der Gerichtshof; ein angemessener Schutz werde also nur dann gewährleistet, wenn die staatlichen Maßnahmen diesen irreversiblen Folgen vorgriffen.[473]

Im vorliegenden Fall hatte keiner der Umgangstermine stattgefunden. Für den Gerichtshof war aus der innerstaatlichen Gerichtsentscheidung mangels Angaben zur finanziellen Situation der Mutter nicht erkennbar, warum der Ordnungsgeldbetrag nicht höher festgesetzt worden sei; eine tatsächliche Beugewirkung scheine hier nicht eingetreten zu sein.[474] Auch wenn möglicherweise ein höheres Zwangsgeld ebenfalls keine Wirkung entfaltet hätte, so entbinde dies doch nicht den Staat von seiner Pflicht, wirksame Mittel einzusetzen (*obligation to undertake all appropriate steps to facilitate contact*).[475] Auch die Eintreibung des Ordnungsgeldes sei ineffektiv verlaufen, da beinahe ein Jahr zwischen der Festsetzung und der vollständigen Zahlung vergangen sei.[476] Hinzukomme der verlangsamte Verfahrensfortgang, welcher auf die Verbindung verschiedener Anträge durch das Gericht und die Anforderung von Akten eines abgeschlossenen Verfahrens von einem anderen Gericht zurückzuführen, aber aufgrund der Dringlichkeit familienrechtlicher Konstellationen

---

472 EGMR, Urt. v. 21.04.2011, Nr. 41599/09 – *Kuppinger vs. Deutschland*.

473 EGMR, Urt. v. 15.01.2015, Nr. 62198/11, § 102 – *Kuppinger vs. Deutschland (Nr. 2)*; EGMR, Urt. v. 25.01.2000, ECHR 2000-I, Nr. 31679/96, § 102 – *Ignaccolo-Zenide vs. Rumänien*. S. a. EGMR, Urt. v. 17.11.2015, Nr. 35532/12, § 81 – *Bondavalli vs. Italien*.

474 EGMR, Urt. v. 15.01.2015, Nr. 62198/11, § 105 – *Kuppinger vs. Deutschland (Nr. 2)*.

475 EGMR, Urt. v. 15.01.2015, Nr. 62198/11, § 107 – *Kuppinger vs. Deutschland (Nr. 2)*.

476 EGMR, Urt. v. 15.01.2015, Nr. 62198/11, § 108 – *Kuppinger vs. Deutschland (Nr. 2)*.

nicht zu rechtfertigen sei. Der Gerichtshof sieht deshalb nicht, dass die staatlichen Stellen angemessene und effektive Mittel ergriffen hätten, sodass dadurch ihre positiven Pflichten aus Art. 8 Abs. 1 EMRK verletzt worden seien.

Auch im Fall *Cengiz Kılıç gegen die Türkei*[477] waren Hindernisse, die dem Beschwerdeführer von seiner ehemaligen Frau und Mutter seines Sohnes bei der Ausübung seines gerichtlich zugestandenen Umgangsrechts in den Weg gelegt worden waren, von den Behörden nicht effektiv beseitigt worden. Der Gerichtshof kommt zum Ergebnis, dass der türkische Staat es versäumt habe, alle praktischen Maßnahmen zu ergreifen, die unter den gegebenen Umständen vernünftigerweise von ihm hätten erwartet werden können, und damit eine Verletzung des Art. 8 EMRK vorliege.[478] Im familienrechtlichen Entscheidungsprozess werde die Angemessenheit einer Maßnahme daran gemessen, wie schnell sie umgesetzt werde. Tatsächlich erforderten familienrechtliche Verfahren einschließlich der Vollstreckung ihrer Entscheidungen eine dringende Behandlung, da der Zeitablauf irreparable Folgen für die Beziehungen zwischen den Kindern und dem Elternteil, der nicht mit ihnen lebe, haben könne.[479] Im Fall hatte der Beschwerdeführer nicht weniger als zehn Mal Anträge auf Aufrechterhaltung der persönlichen Beziehungen zu seinem Sohn an das Gericht gestellt sowie die Information weitergegeben, dass die Mutter das Umgangsrecht beeinträchtigte. Das erste psychologische Gutachten wurde erst sieben Jahre nach dem Scheidungsantrag in Auftrag gegeben, das dann feststellte, dass der Zeitablauf ohne angemessenen Kontakt zwischen dem Beschwerdeführer und seinem Sohn eine entscheidende Rolle für die ablehnende Haltung des Kindes gegenüber seinem Vater gespielt habe.[480] Zwar sei die Nichterfüllung einer Pflicht im Bereich des Umgangs- und Sorgerechts besonders schwer gerichtlich zu regeln, hier seien in den Akten jedoch keine Hinweise darauf zu finden, dass das Gericht sich bemüht hätte, die Parteien zu versöhnen, oder es Maßnahmen zur Erleichterung der freiwilligen Vollstreckung ergriffen habe.[481] Die staatliche Verpflichtung, positive Maßnahmen zur familiären Wiedervereinigung zu

---

[477] EGMR, Urt. v. 06.12.2011, Nr. 16192/06.

[478] EGMR, Urt. v. 06.12.2011, Nr. 16192/06, § 134 – *Cengiz Kılıç vs. Türkei*. S. a. EGMR, Urt. v. 17.11.2015, Nr. 35532/12, § 82 – *Bondavalli vs. Italien*.

[479] EGMR, Urt. v. 06.12.2011, Nr. 16192/06, § 125 – *Cengiz Kılıç vs. Türkei*.

[480] EGMR, Urt. v. 06.12.2011, Nr. 16192/06, §§ 127-129 – *Cengiz Kılıç vs. Türkei*.

[481] EGMR, Urt. v. 06.12.2011, Nr. 16192/06, § 130 – *Cengiz Kılıç vs. Türkei*.

ergreifen, sei nicht absolut, doch seien Verständnis und Zusammenarbeit immer wichtige Faktoren und häufig die einzige friedliche, angemessene und den psychologischen Zustand des Kindes berücksichtigende Lösung.[482]

Dasselbe erwarte Art. 8 EMRK auch für die Vollstreckung von Gerichtsentscheidungen, die anordnen, bei welchem Elternteil das Kind leben soll, und die Umgangsrechte regeln.[483]

Auch müssten Entscheidungen zur Kindesrückführung nach internationalen Kindesentführungen zügig vollstreckt und die erforderlichen Vorarbeiten hierfür geleistet werden.[484] Im Fall *Ignaccolo-Zenide gegen Rumänien*[485], in dem der Vater zweier Kinder diese gegen den Willen der Mutter aus Frankreich zunächst in die USA, dann nach Rumänien gebracht hatte, hatten die rumänischen Gerichte entschieden, dass die Kinder zurückgeführt werden müssten. Die Behörden hatten es aber versäumt, Zwangsmaßnahmen gegen den Vater zu ergreifen und die Rückkehr der Kinder durch kinderpsychologische Unterstützung vorzubereiten.[486] Maßnahmen zur familiären Wiedervereinigung durch Verständnis und Zusammenarbeit wurden somit gerade nicht ergriffen.

10. Flexibilität und Effektivität in Verfahrenssituationen zur Zusammenführung internationaler Familien

In Verfahren des Familiennachzugs und der Familienzusammenführung im ausländerrechtlichen Kontext stellt sich zusätzlich zu den bereits genannten, in allen familienrechtlichen Verfahren anzuwendenden Garantien die Verpflichtung zur flexiblen Prüfung heraus. Der Gerichtshof stellt mit Verweis auf das Internationale Übereinkommen über die Rechte des Kindes, Quellen des Europarats und der Europäischen Union fest, dass Anträge auf Familienzusammenführung flexibel und human zu prüfen seien (*examinées*

---

[482] EGMR, Urt. v. 06.12.2011, Nr. 16192/06, § 132 – *Cengiz Kılıç vs. Türkei.*

[483] Vgl. EGMR, Urt. v. 08.10.2019, Nr. 58724/14, §§ 104, 106, 108 f. – *Zelikha Magomadova vs. Russland*; Sachverhaltsschilderung s. → S. 120.

[484] EGMR, Urt. v. 23.10.2014, Nr. 61362/12, § 154 – *V.P. vs. Russland*. S. a. EGMR, Urt. v. 12.05.2022, Nr. 64886/19, §§ 54-64 – *X. vs. Tschechien*, in dem der Gerichtshof keine Konventionsverletzung hinsichtlich des Vollstreckungsverfahrens annimmt.

[485] EGMR, Urt. v. 25.01.2000, ECHR 2000-I, Nr. 31679/96.

[486] EGMR, Urt. v. 25.01.2000, ECHR 2000-I, Nr. 31679/96, §§ 109, 112– *Ignaccolo-Zenide vs. Rumänien*.

avec souplesse et humanité; *flexibility, speed and efficiency*).[487] Insbesondere sollten die nationalen Behörden auch „andere Beweise“ für das Bestehen familiärer Bindungen in Betrachten ziehen, wenn ein:e Antragsteller:in offizielle Belege nicht vorlegen könne.[488]

Der Gerichtshof verknüpft dies mit der Anforderung an die Effektivität eines Verfahrens, wenn er im Fall *Tanda-Muzinga gegen Frankreich* Schwierigkeiten bei der effektiven Verfahrensbeteiligung anerkennt (*les garanties de souplesse, de célérité et d'effectivité*), da Beweise seines früheren Familienlebens nicht gebührend berücksichtigt wurden.[489]

11. Bewertung

In familienrechtlichen Verfahrenssituationen kann durch Zeitablauf das rechtliche Ergebnis bestimmt werden; Zeit hat also eine tatsachenschaffende Wirkung.[490] In diesem Risiko, dass keine umfassende, angemessene Prüfung, sondern bloßes Verstreichen von Zeit über ein künftiges Familienleben entscheide, sieht der Gerichtshof eine große Gefahr für die faktische Ausübung der Rechte aus Art. 8 EMRK. Aufgrund dieser weitreichenden Folgen erwachsen aus Art. 8 EMRK in der *konkreten Vorphase* bereits zahlreiche

---

[487] EGMR, Urt. v. 10.07.2014, Nr. 52701/09, § 56 – *Mugenzi vs. Frankreich*; Urt. v. 10.07.2014, Nr. 19113/09, § 69 – *Senigo Longue u. a. vs. Frankreich*; Urt. v. 10.07.2014, Nr. 2260/10, § 76– *Tanda-Muzinga vs. Frankreich*. Zuletzt (Stand: 01.05.2025) EGMR, Urt. v. 04.07.2023, Nrn. 13258/18 u. a., § 90 – *B.F. u. a. vs. Schweiz*.

[488] EGMR, Urt. v. 10.07.2014, Nr. 52701/09, § 56 – *Mugenzi vs. Frankreich*; Urt. v. 10.07.2014, Nr. 19113/09, § 69 – *Senigo Longue u. a. vs. Frankreich*; Urt. v. 10.07.2014, Nr. 2260/10, § 76– *Tanda-Muzinga vs. Frankreich*. S. a. EGMR (GK), Urt. v. 09.07.2021, Nr. 6697/18, § 138 – *M.A. vs. Dänemark*.

[489] EGMR, Urt. v. 10.07.2014, Nr. 2260/10, § 79 – *Tanda-Muzinga vs. Frankreich*. S. a. *Grabenwarter/Pabel*, EMRK, § 22 Rn. 79.

[490] Vgl. die ähnliche Situation in EGMR (Pl.), Urt. v. 08.07.1987, Rep. A 121, Nr. 9749/82, § 21 – *W. vs. Großbritannien*: “The Court of Appeal expressed its sympathy for the natural parents, describing the case as 'tragic', but stressed that its duty was to arrive at a decision which was in the best interests of the child and that 'the question from beginning to end is whether the child's best interests would be served by remaining with his foster parents or by being transferred to his natural parents'. Although the Court recognised that 'both the mother and the father deserve all the credit for pulling themselves out of an appalling situation' and that they had 'succeeded remarkably' in coping with their older children, it found that S presented 'a different problem' in the light of the fact that he had spent almost the whole of his life in the care of other people.”

Verfahrensgarantien. Es mag überraschen, dass gerade Art. 8 EMRK, der nach seinem Wortlaut keinen Ansatz einer verfahrensrechtlichen Garantie enthält, so weitreichende Verpflichtungen bereits vor dem substanziellen Beeinträchtigungsereignis enthält. Legt man die rechtstheoretische Situationskonstruktion des ersten Kapitels[491] aber zugrunde, leuchtet dies ein:

Erstens erkennt der Gerichtshof ein großes Risiko in der Verfahrenssituation für die spätere Ausübung des Familienlebens; sein ausdrückliches Ziel, Familienverbindungen zu bewahren,[492] lässt sich durch die Statuswirkung[493] der verfahrensbeendenden Entscheidung nicht anders als präventiv, also in der *konkreten Vorphase*, realisieren. Wenn dies nämlich nicht in der Verfahrenssituation geschieht, ist eine Kompensation dieses Mangels anderweitig nicht möglich. Die fehlende Geschwindigkeit kann nicht nachträglich aufgeholt werden – tritt eine Entfremdung von Eltern und Kindern mangels Kontaktmöglichkeit ein, ist diese nicht durch besonders intensiven Kontakt im Nachhinein ohne Weiteres aufzulösen. Die Erfahrung des Verlassen- oder Alleinseins ohne die Bezugsperson hat insbesondere für Kinder psychische Folgen, die ihr weiteres Leben prägen. Dieser Gefahr ist nur mit der Pflicht zu einem schnellen Verfahrensverlauf zu begegnen.

Da vom Ergebnis familienrechtlicher Verfahrenssituationen mehrere Rechtsträger:innen im multipolaren Familienrechtsverhältnis betroffen sind, ist wichtig, sie alle auch in das Verfahren einzubeziehen. So wird es wahrscheinlicher, dass der Entscheidungsinstanz die relevanten Aspekte und insbesondere auch die individuell zu befürchtenden Folgen vorgetragen werden. Dadurch gewinnt die Entscheidung an tragfähigen Gründen und die Gefahr des Übersehens relevanter Rechtsgüter wird reduziert. Die Sachkenntnis über die eigene Situation jeder betroffenen Person wird genutzt. Wie die Weitergabe von Informationen dient die Beteiligung daneben auch der Ermächtigung der betroffenen Personen.

Zweitens ist es eine rein rechtliche Sphäre, aus der diese Entscheidung erwächst, sodass auch das subjektive Konventionsrecht nicht anders schützen kann, als Verpflichtungen im objektiven Verfahrensrecht zu platzieren und zu

---

491 → S. 61.

492 EGMR, Urt. v. 21.01.2014, Nr. 33773/11, § 59 – *Zhou vs. Italien*; Urt. v. 13.10.2015, Nr. 52557/14, § 52 – *S.H. vs. Italien*; Urt. v. 20.01.2022, Nr. 60083/19, § 59 – *D.M. u. N. vs. Italien*.

493 Vgl. → S. 113.

realisieren. Im objektiven Recht werden der Verfahrensablauf, die Verfahrensbeteiligten und die Entscheidungswirkungen festgelegt. Der Gerichtshof legt überzeugend dar, dass nur hier effektiv die Einbeziehung von Personen und der Ablauf geregelt werden kann. Die konkrete Verfahrenssituation hält sich dann in diesem gesetzlichen Rahmen und kann nur begrenzt – im positiven wie im negativen Sinn – davon abweichen. Abstrakt-generell festzulegen, dass alle Verfahrenssituationen einer Art im Hinblick auf Beteiligung, Dauer, Tatsachenermittlung und -weitergabe bestimmte Anforderungen zu erfüllen haben, führt dazu, dass nicht nur im konkreten Fall, sondern auch in sämtlichen Parallelfällen diese Anforderungen bestehen und eingehalten werden müssen.

II. Umwelt- und wirtschaftspolitische Entscheidungsverfahren

Umwelt- und wirtschaftspolitische Entscheidungsverfahren sind im hier gemeinten Sinne administrative, möglicherweise in gerichtliche Verfahren mündende Verfahrenssituationen, in denen es um die planungsrechtliche Entscheidung von Vorhaben unter dem Gesichtspunkt der Verträglichkeit mit ihrer Umwelt, also der von Menschen und Tieren belebten und der unbelebten Umwelt geht. Das Verfahren beginnt mit der Kenntnis der Behörden vom Vorhaben, meist durch Antrag der privaten Projektleitung, und endet mit einer Entscheidung einer Behörde oder ihrer Unterlassung, welche eine substanzielle Beeinträchtigung ermöglichen.

Betroffene Konventionsrechte könnten hier im Falle einer tödlichen oder schwerwiegend gesundheitsschädigenden Folge Art. 2 und Art. 3 EMRK sein. Schwerpunkt der bisherigen Prüfungen des Gerichtshofs in dieser Fallgruppe war allerdings Art. 8 EMRK, der mittlerweile so ausgelegt wird, dass auch schwerwiegend schädigende Umwelteinflüsse als Beeinträchtigungen gewertet werden, wenn sie einen Schweregrad erreichen, der zu einer erheblichen Behinderung der Möglichkeit, die eigene Wohnung zu nutzen und das Privat- und Familienleben auszuüben, führt;[494] gerade wenn eine Verschmutzung entweder unmittelbar durch den Staat verursacht wurde oder der Staat durch eine fehlerhafte Regulierung privatwirtschaftlicher Aktivitäten seine eigene Verantwortlichkeit geschaffen hat, kann dies bejaht werden.[495]

---

494 EGMR, Urt. v. 21.07.2011, Nr. 38182/03, § 58 – *Grimkovskaya vs. Ukraine.*

495 EGMR, Urt. v. 02.11.2006, ECHR 2006-XII, Nr. 59909/00, § 78 – *Giacomelli vs. Italien.*

1. Heranziehung von Untersuchungen und Studien

Für Art. 8 EMRK ist zunächst relevant, auf welcher Tatsachengrundlage eine umwelt- und wirtschaftspolitische Entscheidung getroffen wird. Im Fall *Grimkovskaya gegen die Ukraine*[496] hatten die Behörden die Straße vor dem Haus der Beschwerdeführerin zu einer Autobahn umgestaltet. Da die Straße weder ein richtiges Entwässerungssystem noch einen für das hohe Verkehrsaufkommen geeigneten Straßenbelag hatte, wurde das Haus der Beschwerdeführerin unbenutzbar; ständige Erschütterungen, Lärm und Verschmutzung führten zu seiner Unbewohnbarkeit. Hinzu kam, dass die Schlaglöcher von den Behörden mit Schwermetallabfällen aufgefüllt wurden und die Blei- und Kupferwerte die empfohlenen Werte um ein Vielfaches überstiegen. Der Sohn der Beschwerdeführerin sowie ihre Mutter litten unter davon verursachten Krankheiten und Vergiftungen. Auf ihre Beschwerde hin wurde die Straße gesperrt und Untersuchungen wurden durchgeführt. Deren Ergebnis – die dringende Umleitung des Verkehrs – wurde mangels Finanzierbarkeit jedoch nicht umgesetzt, sondern die Autobahn wieder eröffnet. Hinsichtlich der verfahrensrechtlichen Anforderungen des Art. 8 EMRK, so der Gerichtshof, sei nicht nachgewiesen worden, dass der Entscheidung eine angemessene Durchführbarkeitsstudie vorausgegangen sei, in der die Einhaltung der Umweltnormen überprüft und die Anwohner:innen angehört worden seien.[497] Ein staatlicher Entscheidungsprozess, der komplexe umwelt- und wirtschaftspolitische Fragen zu beantworten habe, müsse nach der Rechtsprechung zu Art. 8 EMRK aber notwendigerweise Untersuchungen und Studien beinhalten (*appropriate investigations and studies*), die zwar nicht jeden einzelnen Aspekt der Angelegenheit betreffen müssten, aber den gerechten Ausgleich der betroffenen, widerstreitenden Interessen ermöglichten.[498] Außerdem machten sie Aktivitäten, die die Umwelt schädigen und Rechte der Einzelnen verletzen könnten, erst bewertbar.[499]

---

496 EGMR, Urt. v. 21.07.2011, Nr. 38182/03, § 58.

497 EGMR, Urt. v. 21.07.2011, Nr. 38182/03, § 67 – *Grimkovskaya vs. Ukraine*.

498 EGMR (GK), Urt. v. 08.07.2003, ECHR 2003-VIII, Nr. 36022/97, § 128 – *Hatton u. a. vs. Großbritannien*; EGMR, Urt. v. 10.11.2004, ECHR 2004-X, Nr. 46117/99, §§ 118 f. – *Taşkin u. a. vs. Türkei*; Urt. v. 02.11.2006, ECHR 2006-XII, Nr. 59909/00, §§ 82 f. – *Giacomelli vs. Italien*.

499 EGMR, Urt. v. 10.11.2004, ECHR 2004-X, Nr. 46117/99, § 119 – *Taşkin u. a. vs. Türkei*; EGMR, Urt. v. 14.02.2012, Nr. 31965/07, § 220 – *Hardy u. Maile vs. Großbritannien*.

2. Weitergabe von Informationen

Die Pflicht, der Bevölkerung Informationen bereitzustellen, schlägt sich auch in umwelt- und wirtschaftspolitischen Verfahrenssituationen nieder. Wenn kraft nationalen (oder europäischen) Rechts der Staat vor der Genehmigung ein umweltrechtliches Planungsverfahren durchführt, ist er aus Art. 8 EMRK auch in diesem dazu angehalten, allen Betroffenen Zugang zu den Informationen zu gewähren.[500]

Diese Informationspflicht umfasst zweierlei Unterlagen. Zum einen geht es um die Studienergebnisse, die der staatlichen Entscheidung zugrunde liegen.[501] Der Fall *Tătar gegen Rumänien*[502] betraf die Verfahrenssituation, in der einer Gold- und Silbermine in der Nähe des Wohnorts der Beschwerdeführer eine Betriebsgenehmigung erteilt wurde. Zwar war vor der Entscheidung eine Umweltverträglichkeitsprüfung durchgeführt worden, doch ging aus den Akten nicht hervor, ob die Ergebnisse erörtert, also in den Entscheidungsprozess einbezogen wurden. Zudem waren die Prüfungsergebnisse nicht veröffentlicht worden. Die Bedeutung des Zugangs der Öffentlichkeit zu den Studienergebnissen stehe außer Zweifel; schließlich müssten betroffene Personen die Möglichkeit haben, gerichtlich gegen die Entscheidung vorzugehen, so der Gerichtshof.[503] Dies ist gerade nicht möglich, wenn sie mangels Informationen nicht beurteilen können, ob ihre Interessen im Entscheidungsprozess ausreichend berücksichtigt wurden.

Zum anderen müssen der Öffentlichkeit auch Informationen zugänglich gemacht werden, anhand derer sie das Risiko, dem sie ausgesetzt sind, einschätzen können.

Im Fall *Giacomelli gegen Italien*[504] lebte die Beschwerdeführerin seit 1950 in einem Haus neben einer Sondermülldeponie. Sie führte mehrere Verfahren hinsichtlich der Betriebsgenehmigung für die Lagerung und Behandlung

---

500 Vgl. *Wegner*, Biologische Vielfalt, S. 228 f. mit Verweis auf EGMR, Urt. v. 27.01.2009, Nr. 67021/01, § 113 – *Tătar vs. Rumänien*.

501 Vgl. → S. 145.

502 EGMR, Urt. v. 27.01.2009, Nr. 67021/01.

503 EGMR, Urt. v. 27.01.2009, Nr. 67021/01, §§ 88, 113 – *Tătar vs. Rumänien*. S. a. EGMR, Urt. v. 02.11.2006, ECHR 2006-XII, Nr. 59909/00, § 83 – *Giacomelli vs. Italien*; Urt. v. 10.11.2004, ECHR 2004-X, Nr. 46117/99, § 119 – *Taşkin u. a. vs. Türkei*; Urt. v. 25.09.2014, Nr. 29878/09, § 71 – *Karin Andersson u. a. vs. Schweden*.

504 EGMR, Urt. v. 02.11.2006, ECHR 2006-XII, Nr. 59909/00.

gefährlicher Abfälle. Im Jahr 2000 stellten die Behörden fest, dass von der Deponie ein Gesundheitsrisiko für die Nachbarschaft ausgeht und die Arbeitsweise der Deponie mit den umweltrechtlichen Regelungen nicht im Einklang stehe. Zwei Jahre später wurde die Familie der Beschwerdeführerin vorübergehend bis zur gerichtlichen Klärung umgesiedelt. Eine verwaltungsgerichtliche Entscheidung zur Schließung wurde nicht umgesetzt, sondern die Deponie durfte unter der Bedingung, die Arbeitsweise und ihre Überwachung zu verbessern, mit der Zustimmung des Umweltministeriums weiterarbeiten.

Der Gerichtshof führt aus, dass Verfahrensgarantien zwar nicht ausdrücklich in Art. 8 EMRK genannt seien, doch um faire und schutzgewährende Entscheidungen zu gewährleisten, seien prozessuale Aspekte und Schutzmechanismen heranzuziehen.[505] So müssten Untersuchungsergebnisse, die einer Entscheidung zugrunde gelegt seien, veröffentlicht werden; dies leitet der Gerichtshof aus dem im Fall *Guerra u. a. gegen Italien* entwickelten Gedanken her,[506] um den betroffenen Menschen auch die Ergreifung eigenschützender Maßnahmen zu ermöglichen. Hier überträgt er ihn *mutatis mutandis* auf den Zugang zu Untersuchungsergebnissen, ohne welche der Bevölkerung ebenfalls keine eigene Einschätzung der Gefahrensituation möglich sei. Zudem müsse es eine gerichtliche Rechtsschutzmöglichkeit geben, um zu überprüfen, ob die Gewichtung der Interessen angemessen vorgenommen worden sei (*public access to the conclusions of such studies and to information enabling members of the public to assess the danger to which they are exposed*).[507]

3. Effektive Rechtsmittel

Als dritte Verfahrensgarantie in umwelt- und wirtschaftspolitischen Verfahrenssituationen muss betroffenen Personen die Möglichkeit der gerichtlichen Überprüfung der behördlichen Entscheidung offenstehen.

---

505 EGMR, Urt. v. 02.11.2006, ECHR 2006-XII, Nr. 59909/00, § 82 – *Giacomelli vs. Italien.*

506 EGMR (GK), Urt. v. 19.02.1998, ECHR 1998-I, Nr. 14967/89, § 60 – *Guerra u. a. vs. Italien*; hier bejaht der Gerichtshof ein Informationsrecht außerhalb von umwelt- und wirtschaftspolitischen Entscheidungsverfahren, vgl. → S. 108.

507 EGMR, Urt. v. 02.11.2006, ECHR 2006-XII, Nr. 59909/00, § 83 – *Giacomelli vs. Italien.* S. a. EGMR, Urt. v. 10.11.2004, ECHR 2004-X, Nr. 46117/99, § 119 – *Taşkin u. a. vs. Türkei*; Urt. v. 27.01.2009, Nr. 67021/01, § 88 – *Tătar vs. Rumänien.*

Im Fall *Taşkin u. a. gegen die Türkei*[508] wurde einem Unternehmen die Genehmigung für eine Natrium-Blausäure-Auswaschung in der Nähe einer Goldmine gewährt. Zuvor wurden eine öffentliche Befragung und eine Studie über die Umwelteinflüsse durchgeführt. Wegen des Gesundheits- und Sicherheitsrisikos legten Anwohner:innen Beschwerde gegen die Genehmigung ein. Das Gericht bejahte eine gegenwärtige Gefahr für das lokale Ökosystem sowie für Gesundheit und Sicherheit der Bevölkerung. Die Genehmigung wurde durch die Gerichte aufgehoben, die Exekutive ordnete daraufhin dennoch mehrmals den Weiterbetrieb an, den Gerichte wiederum unterbanden.

Der Gerichtshof stellt fest, dass im vorliegenden Fall zunächst Studien zur Untersuchung der Umweltbelastungen durchgeführt wurden. Die Öffentlichkeit wurde auch über die Vorgänge und die Studien informiert und konnte sich hierzu äußern. Auch die Anforderungen der Rechtsschutzmöglichkeit wurden gewährt. Im Fall zeigt sich jedoch, wie wirkungslos diese Schutzmechanismen sein können und auch wie wichtig es ist, diese im Sinne eines effektiven Rechtsgüterschutzes auszugestalten. So gaben die Gerichte den Beschwerdeführer:innen mit Verweis auf die positiven staatlichen Pflichten für das Recht auf Leben und das Recht auf eine gesunde Umwelt zwar recht und hoben die Genehmigung auf.[509] Die Exekutive erteilte aber die Möglichkeit, die Auswaschung dennoch fortzuführen. Der Gerichtshof betont hierbei, dass die Verwaltungsbehörden ein Element eines Rechtsstaates formten und ihre Interessen mit dem Erfordernis geordneter Rechtsumsetzung übereinstimmen müssten. Behörden, die sich nicht nach den bürgerbegünstigenden Urteilen verhielten, nähmen den Verfahrensgarantien ihren Sinn.[510] Im Fall seien den prozessualen Garantien der Beschwerdeführer:innen durch die behördliche, im Widerspruch zu den Gerichtsentscheidungen stehende Ermächtigung zum Weiterbetrieb ihre Wirkung genommen worden.[511]

4. Bewertung

Für umwelt- und wirtschaftspolitische Entscheidungsprozesse besteht der Gerichtshof zur Erfüllung der Anforderungen des Art. 8 EMRK auf

[508] EGMR, Urt. v. 10.11.2004, ECHR 2004-X, Nr. 46117/99.
[509] EGMR, Urt. v. 10.11.2004, ECHR 2004-X, Nr. 46117/99, § 121 – *Taşkin u. a. vs. Türkei.*
[510] EGMR, Urt. v. 10.11.2004, ECHR 2004-X, Nr. 46117/99, § 124 – *Taşkin u. a. vs. Türkei.*
[511] EGMR, Urt. v. 10.11.2004, ECHR 2004-X, Nr. 46117/99, § 125 – *Taşkin u. a. vs. Türkei.* S. a. EGMR, Urt. v. 02.11.2006, ECHR 2006-XII, Nr. 59909/00, § 93 – *Giacomelli vs. Italien* mit Verknüpfung zum dann verletzten Rechtsstaatsprinzip.

verfahrensrechtliche Garantien. Unter Nennung der in Art. 1 der Aarhus Konvention niedergelegten Rechte auf Zugang zu Information, Öffentlichkeitsbeteiligung und Zugang zu Gerichten[512] hat der Gerichtshof die Verpflichtung zur Heranziehung geeigneter Untersuchungen bezüglich Vorbeugung und Bewertung, die Verpflichtung zur Veröffentlichung von Informationen und Studienergebnissen sowie die Verpflichtung zur Zugänglichkeit von Rechtsmitteln aus Art. 8 EMRK abgeleitet.[513]

Der Umweltschutz wird (bislang) zwar nicht als Schutzgut der EMRK verstanden, doch wird hinsichtlich der anerkannten Schutzgüter in umweltpolitischen Verfahrenssituationen eine verfahrensrechtliche Prüfung und Absicherung vom Gerichtshof verlangt.[514]

Eine festzustellende Gemeinsamkeit mit den familienrechtlichen Verfahren[515] ist die Bedeutung, die der Ermittlung von Tatsachen zugemessen wird. Diese ist nicht nur für den objektiven Verfahrenszweck, sondern auch für die Einhaltung von Art. 8 EMRK besonders relevant.

Gemein ist den beiden Verfahrenssituationen zudem die weite *margin of appreciation*, die der Gerichtshof im Rahmen des Art. 8 Abs. 2 EMRK den Konventionsstaaten zugesteht.[516] Gerade in dieser Fallgruppe, in der der Staat durch eine Verfahrensentscheidung die Weichen für den künftigen

---

[512] EGMR, Urt. v. 27.01.2009, Nr. 67021/01, § 118 – *Tătar vs. Rumänien*; Urt. v. 21.07.2011, Nr. 38182/03, § 69 – *Grimkovskaya vs. Ukraine*.

[513] Ob der Gerichtshof in Zusammenfassung dieser Verfahrensgarantien eine Umweltverträglichkeitsprüfung im Sinne der Richtlinie d. Europäischen Parlaments u. d. Rates v. 25.04.2014, 2014/52/EU, L 124/1 fordert, ist in der Literatur umstritten, vgl. *Wegner*, Biologische Vielfalt, S. 226 Fn. 322 m. w. N. Selbst wenn die Umweltverträglichkeitsprüfung von den Staaten zugrunde liegende Untersuchungen, ihre Veröffentlichung und einen Rechtsschutzmechanismus verlangt und damit mit den Forderungen der Konvention übereinstimmt, geht sie doch mit ihren weiteren Anforderungen weit über die drei durch den Gerichtshof genannten Garantien hinaus, vgl. *Wegner*, Biologische Vielfalt, S. 227, der sich auf den Schutzzweck der Umweltverträglichkeitsprüfung bezieht, also auf den Schutz des Lebensraums von Menschen, Tieren und Pflanzen, und danach ihre Maßnahmen gewählt sieht. Hinsichtlich dieses weiten Schutzbereichs sieht *Wegner* einen Unterschied zu den Anforderungen der EMRK, die primär dem Schutz von Menschen diene (S. 227).

[514] Vgl. *Calliess*, ZUR 2000, S. 246, 249.

[515] Eine Ähnlichkeit hinsichtlich des Beteiligungsrechts auch andeutend *Krieger, Heike*, Funktionen von Grund- und Menschenrechten (Kap. 6), in: EMRK/GG Konkordanzkommentar, Rn. 116.

[516] Vgl. *Wegner*, Biologische Vielfalt, S. 213.

Rechtsgüterschutz stellt, aber noch keine akute Gefahr besteht, weil das weitere rechtsgutsrelevante und möglicherweise bedrohende Verhalten von der Entscheidung in der Verfahrenssituation abhängt, sieht der Gerichtshof die Möglichkeit, den Einschätzungsspielraum den Konventionsstaaten zu überlassen. Sie seien besser geeignet als ein internationaler Gerichtshof, die lokalen Zusammenhänge zu begreifen und daraus die bestgeeigneten Mittel zu folgern.[517]

Dem ist mangels konkret drohender Gefährdung zuzustimmen. Allerdings sind gerade im Vorhinein absichernde Verfahrensanforderungen geeignet, um effektiv später möglicherweise bedrohte Güter zu schützen. Gerade in umwelt- und wirtschaftspolitischen Verfahrenssituationen, die ohnehin dafür gedacht sind, Informationen zusammenzutragen und auf ihrer Grundlage die generellen Auswirkungen einer Genehmigungsentscheidung zu bestimmen, lässt sich die konkrete Folgenanalyse für potenziell Betroffene integrieren. Deshalb ist dem Gerichtshof beizupflichten, wenn er die sich aus Art. 8 EMRK ergebenden Verfahrensanforderungen dazu nutzt, um die Einhaltung des Ermessensspielraums bei der Abwägung der widerstreitenden Interessen, insbesondere durch eine faire Verfahrensgestaltung, beurteilen zu können.[518]

Schwerpunkt ist – wie auch in bereits analysierten Verfahrenssituationen – die Notwendigkeit zur Informationsweitergabe an die betroffene Öffentlichkeit.[519] Auch bei geplanten Vorhaben, bei denen der Staat vor der Gefährdung großen Einfluss nehmen kann – hängt doch von seiner Entscheidung die Umsetzung des Vorhabens ab –, erwartet der Gerichtshof ein Handeln und eine Verfahrensgestaltung im Bewusstsein um die gefährdeten Individuen und ihre Rechtsgüter.[520] So kann auch eine öffentliche Debatte, bei der den Betroffenen aber keine Antworten auf ihre Fragen zu Gefahrenlage gegeben wurden, nicht ausreichen, um das Erfordernis der Informationspflicht zu erfüllen, insbesondere wenn die Studienergebnisse auch auf keinem anderen Weg veröffentlicht wurden.[521] Anders als in Verfahrenssituationen vor bevor-

517 EGMR, Urt. v. 02.11.2006, ECHR 2006-XII, Nr. 59909/00, § 80 – *Giacomelli vs. Italien*.

518 Vgl. EGMR, Urt. v. 13.12.2012, Nrn. 3675/04 u. 23264/04, § 137 – *Flamenbaum u. a. vs. Frankreich*; Urt. v. 02.11.2006, ECHR 2006-XII, Nr. 59909/00, § 82 – *Giacomelli vs. Italien*.

519 Vgl. *Wegner*, Biologische Vielfalt, S. 228 und *Braig*, Umweltschutz, S. 234.

520 Vgl. *Wegner*, Biologische Vielfalt, S. 224.

521 Vgl. EGMR, Urt. v. 27.01.2009, Nr. 67021/01, § 114 – *Tătar vs. Rumänien*.

stehenden Naturkatastrophen, schädlichen Umwelteinflüssen und gefährlichen Aktivitäten Privater[522] oder des Staates[523] ermöglicht die staatliche Entscheidung am Ende von umwelt- und wirtschaftspolitischen Verfahrenssituationen erst die Beeinträchtigung. Deshalb ist es für die Betroffenen in diesen Verfahrenssituationen nicht nur wichtig, am Kenntnisstand des Staates teilzuhaben, sondern auch gegen die getroffene Entscheidung rechtlich vorgehen zu können. Dies zeigt sich auch in den Verfahrensanforderungen, die der Gerichtshof der Konvention entnimmt. Hier ergibt sich aus Art. 8 EMRK neben der Weitergabe von Informationen auch die Pflicht zur Einrichtung von Rechtsmitteln. Die Rechtsgüter der später möglicherweise betroffenen Personen erfahren einen besonderen Schutz, indem ihre Träger:innen die Entscheidung rechtlich angreifen können. Hierdurch wird der Schutz der Konventionsrechtsgüter noch effektiver. Aufgrund des ermöglichenden, vorgeschalteten Genehmigungsverfahrens ist der Auslegung des Gerichtshofs, dass ein effektives Rechtsmittel zu den Anforderungen des Art. 8 EMRK gehört, zuzustimmen.

III. Abschiebungs-, Ausweisungs- und Auslieferungsverfahren

Bei der letzten Fallgruppe der *konkreten Vorphase* handelt es sich um Verfahrenssituationen mit rechtlichen Entscheidungen, die zu einem tatsächlichen erzwungenen Verlassen eines Landesterritoriums führen können. Dabei kann es sich um asyl- und aufenthaltsrechtliche Verfahren, besonders Abschiebungs-, Ausweisungs- und Auslieferungsverfahren handeln. Das substanzielle Beeinträchtigungsereignis ist also das Verlassen des Landes, das mit Folgen für alle Bereiche des Lebens der betroffenen Personen verbunden ist. Unter den Rechten, die einen besonderen Schutz durch die Konvention erhalten, sind das Familienleben mittels Art. 8 EMRK sowie Leben und physische und psychische Integrität mittels Art. 2 und 3 EMRK[524] zu nennen.

---

522 S. o. → S. 107-111.

523 S. o. → S. 97-100.

524 Zum Verhältnis von Art. 2 und Art. 3 EMRK in diesen Verfahren siehe EGMR (GK), Urt. v. 23.03.2016, ECHR 2016, Nr. 43611/11, § 110 – *F.G. vs. Schweden*; EGMR, Urt. v. 15.10.2015, Nrn. 40081/14 u. a., § 108 – *L.M. u. a. vs. Russland* (beide Artikel sind untrennbar miteinander verbunden und werden gemeinsam geprüft); Urt. v. 20.12.2011, Nr. 48839/09, § 37 – *J.H. vs. Großbritannien* (Beschwerde nach Art. 2 im Zusammenhang mit der Beschwerde nach Art. 3 EMRK behandelt).

Hinzuweisen ist auf die ausdrücklichen Verfahrensanforderungen, die aber nicht Teil dieser Analyse sein werden. Sie finden sich zwar nicht in Art. 6 EMRK, der *ratione materiae* nicht auf Asyl- und Ausweisungsverfahren anwendbar ist,[525] aber in Art. 1 ZP 7.[526] Dieser vermittelt verfahrensrechtlichen Schutz bei Ausweisungen[527] nach einem rechtmäßigen Aufenthalt. So darf nur nach einer rechtmäßig ergangenen Entscheidung ausgewiesen werden und die betroffene Person darf der Ausweisung entgegenstehende Gründe vorbringen (Art. 1 Abs. 1 lit. a ZP 7), ihren Fall prüfen (lit. b), und sich vertreten lassen (lit. c). In Ergänzung dieser ausdrücklichen Verfahrensanforderungen hat der Gerichtshof für die entscheidende Instanz Unparteilichkeit und Unabhängigkeit gefordert.[528] Um als betroffene Person Gründe gemäß Art. 1 Abs. 1 lit. a ZP 7 vorbringen zu können, sieht der Gerichtshof es außerdem als notwendig an, einen Zugang zu Informationen und Akteneinsicht zu gewähren.[529] Zudem erweitert er Art. 1 Abs. 1 lit. b ZP 7 um die Pflicht, den Fall in der Sache, also die Begründetheit zu prüfen.[530]

Die Verfahrensanforderungen des Art. 1 ZP 7 und ihre gerichtlichen Ergänzungen werden – wie diejenigen des Art. 6 EMRK – vorliegend nicht analysiert.[531] Als Verfahrensrechte leisten sie einen Beitrag zur Rechtsstaatlichkeit und damit auch mittelbar zum Schutz der substanziellen Rechte. Sie stellen bedeutende Säulen des individuellen Konventionsrechtsschutzes dar, stehen aber außerhalb der hier zugrunde liegenden rechtstheoretischen

---

[525] Vgl. EGMR (GK), Urt. v. 05.10.2000, ECHR 2000-X, Nr. 39652/98, §§ 38-40 – *Maaouia vs. Frankreich*; EGMR (GK), Urt. v. 04.02.2005, ECHR 2005-I, Nr. 46827/99, § 82 – *Mamatkulov u. Askarov vs. Türkei*. Eine Ausnahme lässt sich der Rechtsprechung im Fall eines „flagrant denial of justice" entnehmen, vgl. EGMR (GK), Beschl. v. 15.06.2017, ECHR 2017, Nr. 71537/14, §§ 62-65 – *Harkins vs. Großbritannien*.

[526] Die Bundesrepublik Deutschland hat den Vertrag über das 7. Protokoll bislang nicht ratifiziert, https://www.coe.int/en/web/conventions/full-list?module=signatures-by-treaty&treatynum=117 (zuletzt abgerufen am 03.07.2023).

[527] Auf Auslieferungen ist Art. 1 ZP 7 nicht anwendbar, vgl. *Grabenwarter/Pabel*, EMRK, § 24 Rn. 179.

[528] EGMR, Urt. v. 12.07.2011, Nr. 12919/04, § 57 – *Baltaji vs. Bulgarien*.

[529] EGMR (GK), Urt. v. 15.10.2020, Nr. 80982/12, § 126-128 – *Muhammad u. Muhammad vs. Rumänien*; EGMR, Urt. v. 17.05.2018, Nr. 19017/16 – *Ljatifi vs. „Die ehemalige jugoslawische Republik Mazedonien"*.

[530] EGMR, Urt. v. 12.07.2011, Nr. 12919/04, § 57 – *Baltaji vs. Bulgarien*.

[531] Vgl. → S. 80.

Konstruktion.[532] Dagegen lassen sich aus den substanziellen Rechten der Art. 2, Art. 3 und Art. 8 (i. V. m. Art. 13) EMRK ebenso Verfahrensanforderungen zum Schutz vor willkürlichen Ausweisungen entnehmen. Wenn eine Ausweisung oder Auslieferung zu einer Strafe oder unmenschlichen Behandlung im Sinne des Art. 3 EMRK im Zielstaat führt, dann besteht für den ausweisenden Staat die Pflicht, die Person nicht auszuweisen oder auszuliefern.[533] Aus Art. 8 EMRK kann sich dieselbe Konsequenz ergeben, weil zur effektiven Achtung des Familienlebens auch gehört, das Asyl- und Aufenthaltsrecht nicht vollkommen frei zu gestalten[534] und Einreise und Aufenthalt so auszugestalten und zu gewähren, dass sie die ungehinderte Ausübung des Rechts auf Achtung des Privat- und Familienlebens ermöglichen.[535]

In Verfahrenssituationen, in denen es um die Ausweisung geht, betont der Gerichtshof, dass er nicht selbst die Frage des Asyls oder die Einhaltung der Flüchtlingskonvention prüfe. Vielmehr gehe er der Frage nach, ob wirksame direkte oder indirekte Garantien bestünden, die die betroffene Person vor einer willkürlichen Zurückweisung schützten.[536] Auch wenn die Umsetzung der durch die Menschenrechtskonvention garantierten Rechte primär den Konventionsstaaten obliege, habe der Gerichtshof die Aufgabe zu überprüfen, ob die von den nationalen Behörden vorgenommene Beurteilung angemessen sei und durch Beweismaterial hinreichend gestützt werde.[537]

---

[532] Vgl. → S. 61.

[533] EGMR (Pl.), Urt. v. 07.07.1989, Rep. A 161, Nr. 14038/88, § 91 – *Soering vs. Großbritannien*; EGMR (Pl.), Urt. v. 20.03.1991, Rep. A 201, Nr. 15576/89, §§ 69 f. – *Cruz Varas u. a. vs. Schweden*; EGMR, Urt. v. 04.09.2014, ECHR 2014 (extr.), Nr. 140/10, § 120 – *Trabelsi vs. Belgien.*

[534] EGMR (Pl.), Urt. v. 28.05.1985, Rep. A 94, Nrn. 9214/80 u. a., § 67 – *Abdulaziz, Cabales u. Balkandali vs. Großbritannien*; EGMR, Urt. v. 18.02.1991, Rep. A 193, Nr. 12313/86, § 43 – *Moustaquim vs. Belgien*; Urt. v. 22.06.2006, Nr. 59643/00, § 61 – *Kaftailova vs. Lettland.*

[535] EGMR, Urt. v. 17.01.2006, Nr. 51431/99, § 66 – *Aristimuno Mendizabal vs. Frankreich*; Urt. v. 13.10.2016, Nr. 11981/15, § 35 – *B.A.C. vs. Griechenland.*

[536] EGMR (GK), Urt. v. 23.03.2016, ECHR 2016, Nr. 43611/11, § 117 – *F.G. vs. Schweden*; EGMR (GK), Urt. v. 21.01.2011, ECHR 2011, Nr. 30696/09, § 286 – *M.S.S. vs. Belgien u. Griechenland*; EGMR, Urt. v. 08.07.2014, Nr. 58363/10, § 51 – *M.E. vs. Dänemark*; zuletzt (Stand: 01.05.2025) Urt. v. 04.02.2025, Nr. 2559/23, §§ 63, 65 – *A.B. u. Y.W. vs. Malta.*

[537] EGMR (GK), Urt. v. 23.03.2016, ECHR 2016, Nr. 43611/11, § 117 – *F.G. vs. Schweden.*

1. Weitergabe von (verständlichen) Informationen

Die Konventionsstaaten trifft eine Informationspflicht, um dem Recht auf eine effektive Beschwerde in Asylverfahren gemäß Art. 3 (i. V. m. Art. 13) EMRK zu genügen. Im Fall *M.S.S. gegen Belgien und Griechenland*[538] war der Beschwerdeführer aus Afghanistan über Griechenland nach Belgien eingereist, wo er einen Asylantrag stellte. Er wurde von den belgischen Behörden nach Griechenland zurückgeschickt, damit er dort einen Asylantrag stellt. Das Verfahren enthielt zahlreiche Mängel, die der Gerichtshof im Rahmen der Prüfung eines effektiven Beschwerdemittels im Sinne des Art. 13 i. V. m. Art. 3 EMRK prüfte.

Zunächst stellt der Gerichtshof die Glaubhaftmachung der Verletzung des Art. 3 EMRK durch die Abschiebung fest: durch seine Dolmetschertätigkeit für internationale Luftwaffeneinheiten sei der Beschwerdeführer in besonderem Maße Repressalien durch regierungsfeindliche Kräfte ausgesetzt. Hinsichtlich der Verfahrenssituationen schenkte der Gerichtshof den Ausführungen des Beschwerdeführers Glauben, dass er entgegen der Aussage der Behörden bei der Ankunft in Griechenland keine Informationsbroschüre über den Verlauf des Verfahrens erhalten hatte. Ohne Zugang zu Informationen über die einzuhaltenden Verfahren (*access to information concerning the procedures*) bestehe ein großes Hindernis für den Zugang zu diesen Verfahren überhaupt, so der Gerichtshof.[539] Diese Informationen müssen in einer den Betroffenen verständlichen Sprache formuliert sein, um die Wirksamkeit der Rechtsmittel zu gewährleisten. So sieht der Gerichtshof auch den Mangel an Dolmetscher:innen als einen Mangel im Zugang zum Asylverfahren an.[540]

2. Rechtlicher Beistand

Zudem muss der Staat aus Art. 3 i. V. m. Art. 13 EMRK im Asylverfahren die Möglichkeit zu rechtlichem Beistand gewähren. Dies kann durch

---

[538] EGMR (GK), Urt. v. 21.01.2011, ECHR 2011, Nr. 30696/09.

[539] EGMR (GK), Urt. v. 21.01.2011, ECHR 2011, Nr. 30696/09, § 304 – *M.S.S. vs. Belgien u. Griechenland* (zu Art. 3 i. V. m. Art. 13 EMRK); EGMR (GK), Urt. v. 23.02.2012, ECHR 2012, Nr. 27765/09, § 204 – *Hirsi Jamaa u. a. vs. Italien* (zu Art. 13 i. V. m. Art. 3 u. Art. 4 ZP 4); EGMR, Urt. v. 14.03.2017, Nr. 47287/15, § 116 – *Ilias u. Ahmed vs. Ungarn* (zu Art. 3 EMRK).

[540] EGMR (GK), Urt. v. 21.01.2011, ECHR 2011, Nr. 30696/09, § 301 – *M.S.S. vs. Belgien u. Griechenland* (zu Art. 3 i. V. m. Art. 13 EMRK).

Bereitstellung eines rechtlichen Beistands geschehen oder durch Weitergabe von Informationen über Organisationen, die kostenlose Rechtsberatung und -vertretung (*legal advice and guidance*) anbieten. Ineffektiv sei es, wenn wie (im Fall *M.S.S. gegen Belgien und Griechenland*[541]) zwar eine Liste von Rechtsbeiständen im Rahmen der Prozesskostenhilfe herausgegeben werde, aber zu wenige dieser Personen wegen der Verfahrenslänge und der schleppenden Vergütung tatsächlich verfügbar seien.[542]

3. Beweislast

Im Rahmen von Ausweisungsverfahren obliegt es nach ständiger Rechtsprechung der antragstellenden Person, Beweise vorzulegen, die das Risiko einer gegen Art. 3 EMRK verstoßenden Behandlung belegen. Die Pflicht, Materialien und Informationen beizubringen, kann durch tatsächliche Hindernisse, wie der schwierigen Beweisbeschaffung im Heimatland, erschwert sein; ein Fehlen urkundlicher Beweise soll deshalb nicht allein ausschlaggebend für die Entscheidung sein.[543] Es müsse aber zumindest substantiiert ein individuelles, reales Risiko einer Misshandlung, das sich von den allgemeinen Gefahren im Zielland unterscheide, dargelegt werden, so der Gerichtshof.[544] Im Gegenzug sei die staatliche Seite verpflichtet, etwaige Zweifel daran auszuräumen.[545]

Folglich sei es die gemeinsame Pflicht der betroffenen Person und der Einwanderungsbehörden, alle relevanten Informationen zu ermitteln und zu bewerten. Ersterer obliege es, Auskunft über ihre persönliche Situation zu geben, doch dürfe die Beweislast nicht dazu führen, dass die Rechte des Art. 3 EMRK ausgehebelt würden (*rules concerning the burden of proof should not render ineffective the applicants' rights protected under Article 3 of the Convention*). Alle Schwierigkeiten einer Beweiserhebung im Ausland seien von den Behörden zu berücksichtigen.[546]

---

541 EGMR (GK), Urt. v. 21.01.2011, ECHR 2011, Nr. 30696/09; Sachverhaltsschilderung s. → S. 154.

542 EGMR (GK), Urt. v. 21.01.2011, ECHR 2011, Nr. 30696/09, § 319 – *M.S.S. vs. Belgien u. Griechenland.*

543 EGMR (GK), Urt. v. 23.08.2016, ECHR 2016, Nr. 59166/12, § 92 – *J.K. u. a. vs. Schweden.*

544 EGMR (GK), Urt. v. 23.08.2016, ECHR 2016, Nr. 59166/12, § 94 – *J.K. u. a. vs. Schweden.*

545 EGMR (GK), Urt. v. 28.02.2008, ECHR 2008, Nr. 37201/06, § 129 – *Saadi vs. Italien*; EGMR (GK), Urt. v. 23.03.2016, ECHR 2016, Nr. 43611/11, § 120– *F.G. vs. Schweden*; EGMR (GK), Urt. v. 23.08.2016, ECHR 2016, Nr. 59166/12, § 91 – *J.K. u. a. vs. Schweden.*

546 EGMR (GK), Urt. v. 23.08.2016, ECHR 2016, Nr. 59166/12, § 97 – *J.K. u. a. vs. Schweden.*

4. Schnelligkeit von Verfahren und Rechtsmitteln

Die Dauer des Verfahrens ist von besonderer Bedeutung im Hinblick auf Art. 3 i. V. m. Art. 13 EMRK. Die Angemessenheit des Rechtsmittels könne, so der Gerichtshof, durch seine überlange Dauer untergraben werden (*speediness of the remedial action*).[547] Im Fall *M.S.S. gegen Belgien und Griechenland* stellt der Gerichtshof hinsichtlich des griechischen Asylprozesssystems mit Verweis auf Berichte internationaler Nichtregierungsorganisationen fest, dass erhebliche Mängel beim Zugang zum und der Prüfung im Asylverfahren bestünden, und verweist auf Erhebungen, dass fast alle erstinstanzlichen Entscheidungen negativ und ohne fallbezogene Begründung ergingen.[548] Ein rasches Handeln sei aber umso notwendiger, wenn die betroffene Person keine verfahrensrechtliche Sicherheit dafür habe, dass die Begründetheit ihrer Beschwerde in erster Instanz ernsthaft geprüft werde, sie statistisch also in der Praxis keine Chance auf Schutz habe und in diesem Zustand der Unsicherheit leben müsse. Dieser Unsicherheit ausgesetzt zu sein, stelle einen Verstoß gegen Art. 3 EMRK dar.[549]

Insbesondere für Personen, die in einer Transitzone festgehalten werden, müssen Rechtsbehelfe besonders schnell sein. Aus Art. 13 i. V. m. Art. 3 EMRK folgt – durch die zusätzliche Brisanz der Einschränkung der persönlichen Freiheit und damit der Bejahung des Schutzbereichs des Art. 5 Abs. 1 EMRK –, dass die Rechtsmittel in Transitzonen besonderen Anforderungen an die Schnelligkeit (*exigences particulières de célérité*) genügen müssen.[550]

Neben Art. 3 EMRK erfordert Art. 8 EMRK ebenfalls, dass ein Asylantrag innerhalb einer angemessenen Frist geprüft wird. So verweist der Gerichtshof im Fall *B.A.C. gegen Griechenland*[551] im Rahmen der Prüfung von Art. 8 EMRK auf seine Rechtsprechung zu Art. 3 EMRK.[552] Im Fall des kurdischen

---

[547] EGMR (GK), Urt. v. 21.01.2011, ECHR 2011, Nr. 30696/09, § 292 – *M.S.S. vs. Belgien u. Griechenland*; EGMR, Urt. v. 31.07.2003, ECHR 2003-X (extr.), Nr. 50389/99, § 57 – *Doran vs. Irland.*

[548] EGMR (GK), Urt. v. 21.01.2011, ECHR 2011, Nr. 30696/09, §§ 301 f. – *M.S.S. vs. Belgien u. Griechenland*; Sachverhaltsschilderung s. → S. 154.

[549] EGMR (GK), Urt. v. 21.01.2011, ECHR 2011, Nr. 30696/09, § 320 – *M.S.S. vs. Belgien u. Griechenland.*

[550] EGMR, Urt. v. 22.07.2021, Nr. 39126/18, § 195 – *E.H. vs. Frankreich.*

[551] EGMR, Urt. v. 13.10.2016, Nr. 11981/15.

[552] EGMR, Urt. v. 13.10.2016, Nr. 11981/15, § 37 – *B.A.C. vs. Griechenland* mit Verweis auf EGMR (GK), Urt. v. 21.01.2011, ECHR 2011, Nr. 30696/09, § 262 – *M.S.S. vs. Belgien u. Griechenland.*

Beschwerdeführers hatte der zuständige Minister zwölf Jahre gebraucht, um über den Asylantrag zu entscheiden. Der Gerichtshof führt aus, dass die Behörden Asylanträge unverzüglich zu prüfen hätten (*examine the person's asylum request promptly*), um sicherzustellen, dass die Situation der Unsicherheit und Ungewissheit so kurz wie möglich sei.[553] Im Fall habe der Minister hingegen nicht entschieden, obwohl es befürwortende Stellungnahmen und die Abschiebung ablehnende Gerichtsentscheidungen gab. Dadurch liege es auf der Hand, so der Gerichtshof, dass die Unsicherheit des Beschwerdeführers weit über das normale, mit dem Warten auf eine Entscheidung einhergehende Maß an Unsicherheit hinausgehe; sie habe ihren Ursprung nicht in der Abschiebungsentscheidung selbst, sondern im langen Zeitraum zwischen der Einlegung und der Entscheidung seines Rechtsbehelfs.[554] In dieser Phase der Unsicherheit war er durch die rechtlichen Beschränkungen gehindert, einen Beruf zu ergreifen, zu studieren, einen Führerschein zu machen und sechs Jahre lang auch mit seiner Ehefrau zusammenzuleben. Daraus schließt der Gerichtshof, dass die Behörden kein wirksames und zugängliches Verfahren zum Schutz des Rechts auf Privatleben eingeführt und damit Art. 8 EMRK verletzt hätten.[555]

Vermittelt über die Art. 5 Abs. 1 S. 2 lit. f EMRK ergibt sich diese Voraussetzung auch aus der Rechtsprechung des Gerichtshofs in Fällen der Abschiebungshaft.[556]

5. Sorgfältige Prüfung

Im Fall *Amerkhanov gegen die Türkei*[557] hatte der Beschwerdeführer gegenüber den türkischen Behörden mehrfach die reale Todes- und Misshandlungsgefahr im Falle einer Abschiebung nach Kasachstan dargelegt. Neben den individuellen Informationen verfügten die Behörden über Materialien, die zahlreiche Misshandlungsvorwürfe durch die kasachischen Strafvollzugsbehörden bescheinigten. Die Behörden hätten also, so der Gerichtshof, von Tatsachen gewusst oder fahrlässig nicht gewusst, die darauf hingedeutet hätten, dass der Beschwerdeführer nach der Abschiebung der Gefahr von Misshandlungen

553 EGMR, Urt. v. 13.10.2016, Nr. 11981/15, § 37 – *B.A.C. vs. Griechenland.*
554 EGMR, Urt. v. 13.10.2016, Nr. 11981/15, §§ 39 f. – *B.A.C. vs. Griechenland.*
555 EGMR, Urt. v. 13.10.2016, Nr. 11981/15, § 46 – *B.A.C. vs. Griechenland.*
556 S. ausführlich u. → S. 245-246.
557 EGMR, Urt. v. 05.06.2018, Nr. 16026/12.

ausgesetzt sein könnte. Sie seien daher verpflichtet gewesen, auf die Argumente einzugehen und das Misshandlungsrisiko sorgfältig zu bewerten.[558] Da dies nicht geschehen sei, kommt der Gerichtshof zum Schluss, dass im Fall ohne rechtliches, vor willkürlicher Abschiebung schützendes Verfahren und ohne ordnungsgemäße Prüfung ausgewiesen worden sei. Wegen des absoluten Charakters von Art. 3 EMRK und der drohenden irreversiblen Schäden sei es Sache der Behörden, so streng wie möglich zu sein und eine sorgfältige Prüfung der Behauptungen vorzunehmen (*to address the applicant's arguments and to carefully assess the risk of ill-treatment*).[559] Sobald also die Möglichkeit einer nach Art. 3 EMRK verbotenen Behandlung durch den Drittstaat nach der Abschiebung im Raum stehe, müsse diese Behauptung zwingend einer genauen Prüfung unterzogen werden.[560] Jede Behauptung, dass es stichhaltige Hinweise einer gegen Art. 3 EMRK verstoßenden Behandlung gebe, müsse unabhängig und streng geprüft werden.[561]

Im Fall der Abschiebung in einen Drittstaat ergibt sich aus Art. 3 EMRK eine andere Prüfungsverpflichtung als bei Abschiebungen in den Herkunftsstaat. In *Ilias und Ahmed gegen Ungarn*[562], dem Fall zweier Bangladescher, die nach Serbien abgeschoben werden sollten, verlangt der Gerichtshof, dass Ungarn als abschiebender Staat eingehend prüfe, ob die tatsächliche Gefahr bestehe, dass den Beschwerdeführern im Drittstaat der Zugang zu einem angemessenen, vor *refoulement* schützenden Asylverfahren verwehrt werde. Stelle sich heraus, dass die diesbezüglichen Garantien unzureichend seien, ergebe sich aus Art. 3 EMRK die Verpflichtung, Asylbewerber:innen nicht in das

[558] EGMR, Urt. v. 05.06.2018, Nr. 16026/12, § 53 – *Amerkhanov vs. Türkei.*

[559] EGMR, Urt. v. 05.06.2018, Nr. 16026/12, §§ 57 f. – *Amerkhanov vs. Türkei*; Urt. v. 10.05.2016, Nr. 49867/08, § 48 – *Babajanov vs. Türkei.* Zu Art. 2 und 3 i. V. m. Art. 13 EMRK: EGMR (GK), Urt. v. 21.01.2011, ECHR 2011, Nr. 30696/09, § 293 – *M.S.S. vs. Belgien u. Griechenland.*

[560] EGMR (GK), Urt. v. 23.02.2012, ECHR 2012, Nr. 27765/09, § 198 – *Hirsi Jamaa u. a. vs. Italien* mit Verweis auf EGMR, Urt. v. 12.04.2005, ECHR 2005-III, Nr. 36378/02, § 448 – *Shamayev u. a. vs. Georgien u. Russland.* S. a. EGMR, Urt. v. 28.06.2011, Nrn. 8319/07 u. 11449/07, § 214 – *Sufi u. Elmi vs. Großbritannien.*

[561] EGMR (GK), Urt. v. 21.01.2011, ECHR 2011, Nr. 30696/09, § 293 – *M.S.S. vs. Belgien u. Griechenland*; EGMR, Urt. v. 11.07.2000, ECHR 2000-VIII, Nr. 40035/98, § 50 – *Jabari vs. Türkei.*

[562] EGMR, Urt. v. 14.03.2017, Nr. 47287/15.

Drittland abzuschieben.[563] Dies könne nur in einem gerichtlichen Verfahren herausgefunden werden.[564]

In Fällen, in denen von der ausweisungsrechtlichen Verfahrenssituation Wirkungen auf das Familien- u nd Privatleben im Sinne des Art. 8 EMRK ausgehen, müssen die nationalen Gerichte ebenfalls die Verhältnismäßigkeit der Ausweisungsverfügung nicht nur oberflächlich und den Sachverhalt insgesamt sorgfältig prüfen sowie ihre Entscheidung angemessen begründen.[565]

6. Effektive Rechtsmittel

Aus Art. 2 und Art. 3 EMRK ergeben sich laut dem Gerichtshof auch Vorgaben für die im Ausweisungsverfahren eingerichteten Rechtsmittel. Unter Heranziehung des Art. 13 EMRK verlangt der Gerichtshof die Bereitstellung eines effektiven Rechtsmittels, das sowohl in der Praxis als auch im Recht verfügbar ist (*to be effective, the remedy required by Article 13 must be available in practice as well as in law*). Insbesondere dürfe seine Ausübung nicht ungerechtfertigt durch Handlungen oder Unterlassungen der Behörden behindert werden.[566]

Im Fall *M.S.S. gegen Belgien und Griechenland*[567] war der Beschwerdeführer nach Ankunft in Griechenland ohne festen Wohnsitz gewesen. Im Rahmen des Asylverfahrens war er von der Polizei aufgefordert worden, sich bei ihr innerhalb dreier Tage zu melden, vermeintlich um seine Adresse mitzuteilen. Der Gerichtshof stellt fest, dass der Beschwerdeführer zwar die Meldefrist habe verstreichen lassen, doch sei diese Frist mit drei Tagen sehr kurz und der Zugang zum Polizeipräsidium erschwert gewesen. Hinzukomme, dass er nicht die einzige Person gewesen sei, die das Schreiben fälschlicherweise so verstanden habe, dass es nur um die Angabe ihrer Anschrift gehe. Da er zu diesem Zeitpunkt wohnungslos war, habe er nichts angeben können. Im Schreiben sei kein Hinweis enthalten gewesen, der eine Kommunikationsmöglichkeit ohne Adresse erwähnt habe. Daraus schließt der Gerichtshof,

---

[563] EGMR, Urt. v. 14.03.2017, Nr. 47287/15, § 134 – *Ilias u. Ahmed vs. Ungarn.*

[564] EGMR, Urt. v. 14.03.2017, Nr. 47287/15, § 137 – *Ilias u. Ahmed vs. Ungarn.*

[565] Vgl. EGMR, Urt. v. 14.09.2017, Nr. 41215/14, § 76 – *Ndidi vs. Großbritannien.*

[566] EGMR (GK), Urt. v. 21.01.2011, ECHR 2011, Nr. 30696/09, § 290 – *M.S.S. vs. Belgien u. Griechenland.*

[567] EGMR (GK), Urt. v. 21.01.2011, ECHR 2011, Nr. 30696/09; Sachverhaltsschilderung s. → S. 154.

dass sich die griechische Regierung kaum auf die Nichteinhaltung dieser Formalität berufen könne und sie ein zuverlässiges Kommunikationsmittel hätte vorschlagen müssen, um dem Beschwerdeführer eine wirksame Verfahrensverfolgung zu ermöglichen.[568] Hinsichtlich der gerichtlichen Überprüfung durch das Oberste Verwaltungsgericht und deren Einschätzung als effektiver Beschwerdemöglichkeit stellt der Gerichtshof fest, dass die Zugänglichkeit eines Rechtsmittels für die Beurteilung seiner Wirksamkeit entscheidend sei.[569] Bei einer wohnungslosen Person sei es nach der griechischen Verfahrensausgestaltung sehr unsicher, ob sie vom Ergebnis so rechtzeitig erfahre, dass sie innerhalb der Frist reagieren könne. Zusammen mit Mängeln bei der Zugänglichkeit zu rechtlichem Beistand[570] und der Dauer[571] des Verfahrens stellt der Gerichtshof eine Verletzung von Art. 3 i. V. m. Art. 13 EMRK fest.

Auch im Fall des aus Darfur stammenden Beschwerdeführers in *I.M. gegen Frankreich*[572] sah der Gerichtshof unter anderem wegen einer sehr kurzen Frist Art. 13 i. V. m. Art. 3 EMRK als verletzt an. Der Rechtsbehelf gegen die Abschiebungsanordnung wäre theoretisch effektiv gewesen, da er mit aufschiebender Wirkung eine effektive Prüfung der Sache durch ein Gericht ermöglicht hätte. In der Praxis wurde dem Beschwerdeführer zur Einlegung des Rechtsbehelfs eine Frist von 48 Stunden gewährt, die insbesondere im Vergleich zur allgemeinen Frist vor Verwaltungsgerichten erheblich verkürzt war. Der Gerichtshof stellt fest, dass zu dieser extrem kurzen Frist noch hinzugekommen sei, dass sich der Beschwerdeführer zu diesem Zeitpunkt in Haft befunden, keinen Zugang zu juristischem und sprachlichem Beistand gehabt habe und deshalb gezwungen gewesen sei, seine Beschwerde in Form eines Briefs in arabischer Sprache einzulegen. In der Verhandlung sei ihm zwar ein Dolmetscher und ein Verteidiger zugeordnet worden, letzteren habe er aber erst kurz vor der Verhandlung kennengelernt, sodass ein wirksames Vorbringen seiner Beschwerde ernsthaft zu bezweifeln sei.[573]

---

568 EGMR (GK), Urt. v. 21.01.2011, ECHR 2011, Nr. 30696/09, §§ 308 f. – *M.S.S. vs. Belgien u. Griechenland.*

569 EGMR (GK), Urt. v. 21.01.2011, ECHR 2011, Nr. 30696/09, § 318 – *M.S.S. vs. Belgien u. Griechenland.*

570 S. → S. 154.

571 S. → S. 156.

572 EGMR, Urt. v. 02.02.2012, Nr. 9152/09.

573 EGMR, Urt. v. 02.02.2012, Nr. 9152/09, §§ 149-153 – *I.M. vs. Frankreich.*

7. Rechtsmittel mit aufschiebender Wirkung

In diesen Verfahrenssituationen spielt auch die Frage der aufschiebenden Wirkung von Rechtsmitteln eine Rolle. In Fällen, die die Verletzung von Art. 2 oder Art. 3 i. V. m. Art. 13 EMRK betrafen, hat der Gerichtshof der Konvention entnommen, dass ein Rechtsmittel nur dann als wirksam erachtet werden könne, wenn es automatische aufschiebende Wirkung habe (*remedy with automatic suspensive effect*).[574] Er begründet dies mit der Bedeutung von Art. 3 EMRK und dem irreversiblen Charakter des Schadens, der entstehen kann, wenn sich die Gefahr der Folter oder Misshandlung verwirklicht.[575]

In Ausweisungsfällen, in denen das Privat- oder Familienleben betroffen ist, muss der Rechtsbehelf dagegen nicht unbedingt eine aufschiebende Wirkung entfalten, um den Anforderungen des Art. 8 EMRK i. V. m. Art. 13 EMRK zu genügen.[576] Dennoch darf auch hier die Zeitspanne zwischen der Ausweisungsanordnung und ihrer Vollstreckung nicht so kurz sein, dass eine gerichtliche Kontrolle nicht realisierbar ist. Im Fall *De Souza Ribeiro gegen Frankreich*[577] hatte der Beschwerdeführer das Eilrechtsmittel beim zuständigen Gericht um 15:11 Uhr eingelegt; um 16:00 Uhr desselben Tags war er abgeschoben worden. Der Gerichtshof stellt fest, dass das innerstaatliche Eilverfahren theoretisch die Möglichkeit geben könne, das Vorbringen des Klägers zu prüfen und die Abschiebungsanordnungsvollstreckung auszusetzen, doch sei im Fall jede Möglichkeit dazu ausgeschlossen. Das Gericht habe nichts anderes mehr tun können, als den Antrag für gegenstandslos zu erklären. Somit habe die Eile der Vollstreckung dazu geführt, dass die Rechtsbehelfe praktisch unwirksam und unzugänglich waren. Die Schnelligkeit, die hinsichtlich des Zugangs durchaus bedeutend sei, dürfe nicht so weit gehen, dass

---

[574] EGMR (GK), Urt. v. 21.01.2011, ECHR 2011, Nr. 30696/09, § 293 – *M.S.S. vs. Belgien u. Griechenland*; EGMR, Urt. v. 26.04.2007, ECHR 2007-II, Nr. 25389/05, § 66 – *Gebremedhin [Gaberamadhien] vs. Frankreich*; Urt. v. 22.09.2009, Nr. 30471/08, § 108 – *Abdolkhani u. Karimnia vs. Türkei.*

[575] EGMR (GK), Urt. v. 21.01.2011, ECHR 2011, Nr. 30696/09, § 293 – *M.S.S. vs. Belgien u. Griechenland.*

[576] EGMR (GK), Urt. v. 13.12.2012, ECHR 2012, Nr. 22689/07, § 83 – *De Souza Ribeiro vs. Frankreich.* Art. 4 ZP 4 kann in solchen Verfahrenssituationen ebenfalls Schutz entfalten, vgl. EGMR (GK), Urt. v. 15.12.2016, ECHR 2016 (extr.), Nr. 16483/12, §§ 276-281 – *Khlaifia u. a. vs. Italien.*

[577] EGMR (GK), Urt. v. 13.12.2012, ECHR 2012, Nr. 22689/07.

sie ein Hindernis für die Einlegung eines Rechtsmittels sei oder Vorrang vor seiner praktischen Wirksamkeit habe.[578]

8. Bewertung

Auch in Verfahrenssituationen, die über die Statusfrage des legalen Verbleibs ausländischer Personen in einem Hoheitsgebiet entscheiden, ergeben sich aus der Konvention – neben den ausdrücklichen Verfahrensrechten – einige prozessuale Anforderungen. Deutlich wird, dass der Gerichtshof Verfahrensgarantien entwickelt, wenn die Gefährdung durch die Verfahrenssituation es erfordert. Im Hinblick auf Art. 3 (i. V. m. Art. 13), aber auch Art. 2 EMRK, für die er denselben Maßstab wählt,[579] sieht der Gerichtshof die Gefahr irreversibler Schäden und legt den Schwerpunkt deshalb auf wirksame Beteiligung, sorgfältige Prüfung und effektive Rechtsmittel. Sie sollen verhindern, dass die Verfahrenssituation mit einer Entscheidung endet, die eine substanzielle Beeinträchtigung ermöglicht.

In den Konstellationen, in denen Art. 8 EMRK relevant wird, sieht der Gerichtshof in der Verfahrenssituation hingegen eine andere Gefahr: für das Familien- und Privatleben könne die in Unsicherheit verbrachte Zeit eine Verletzung darstellen, insbesondere wenn sie über das übliche Maß an Unsicherheit einer auf eine Entscheidung wartenden Person hinausgeht. Dieser Gefahr begegnet Art. 8 EMRK in der Auslegung des Gerichtshofs durch die Anforderung der Schnelligkeit.

Ein weiterer Unterschied zwischen Art. 2 und Art. 3 EMRK einerseits und Art. 8 EMRK andererseits zeigt sich in der Wirkung von Rechtsmitteln. Während für die Verhinderung irreversibler Verletzungen unbedingt die aufschiebende Wirkung mit der Einlegung eines Rechtsmittels eintreten muss, verlangt Art. 8 EMRK dies nicht, solange dennoch eine effektive Überprüfung der Entscheidung ermöglicht wird.

Wieder begegnet der Gerichtshof Verfahrenssituationen, die einen ermöglichenden Beitrag zur späteren substanziellen Beeinträchtigung leisten, mit besonderen Verfahrensanforderungen. Dem ist zuzustimmen, da sich auf die

---

[578] EGMR (GK), Urt. v. 13.12.2012, ECHR 2012, Nr. 22689/07, § 95 – *De Souza Ribeiro vs. Frankreich*. EGMR, Urt. v. 25.06.2020, Nr. 9347/14, §§ 156-164 – *Moustahi vs. Frankreich* (i. V. m. Art. 4 ZP 4).

[579] Vgl. Nachweise in → Fn. 524.

Entscheidung auswirkende Mängel in der Verfahrenssituation nicht durch späteres tatsächliches Verhalten des Staates oder Dritter rückgängig machen lassen. Das Verfahrensergebnis bindet sie in ihrem weiteren Verhalten. So ist es zwingend, dass der Konventionsrechtsschutz in der Verfahrenssituation geleistet werden muss, um überhaupt effektiv zu sein.

Anhand der Differenzierung nach den Rechtsgütern von Art. 2 und Art. 3 sowie Art. 8 EMRK ist deutlich zu erkennen, dass der Gerichtshof bei der Auslegung und Anwendung der Konvention (*ex post*) ähnlich vorgeht, wie er es auch von den Staaten zur Erfüllung ihrer Pflichten (*ex ante*) erwartet: er blickt auf den Sachverhalt und die für das Rechtsgut resultierenden Folgen. Danach beurteilt er, welchen Schutz die Konventionsrechtsgüter in der Verfahrenssituation benötigen, um eine substanzielle Beeinträchtigung zu vermeiden und sie damit effektiv zu schützen. Die Anforderungen, die für einen wirksamen Schutz notwendig sind und die der Staat (*ex ante*) bereits hätte ergreifen können, sind Teil seiner Verpflichtungen aus der Konvention.

D. Bewertung der konkreten Vorphase

Aus der Analyse der Kategorien der *konkreten Vorphase* lässt sich zunächst eines erkennen: der Gerichtshof betrachtet sehr genau die Situation, aus der sich die Schutz- und Gefahrpotenziale für ein Rechtsgut ergeben. Weder wahl- noch zahllos sind die Anforderungen, die er im Bereich der *konkreten Vorphase* stellt; vielmehr sind sie auf das Gefahrpotenzial der Situation zugeschnitten: Wo die Gefahr droht, dass sich durch Zeitablauf die Fakten verändern, wie in familienrechtlichen Verfahren, in denen die Entfremdung zu den getrenntlebenden, biologischen Eltern mit jedem Tag stärker wird und dies eine Rückkehr im Sinne des Kindeswohls unmöglich macht, besteht der Gerichtshof auf Schnelligkeit bei der Behörden- und Gerichtsarbeit. Wo die Notwendigkeit der intensiven Schulung und Koordination besteht, um auch in einer Stresssituation die besonnene Einschätzung der Agierenden zu gewährleisten, wie bei Polizei- und Militärplanungen, erwähnt der Gerichtshof keine Schnelligkeitsanforderung, sondern setzt sich vielmehr mit den Anforderungen an Kontrolle, Absprache und Verhältnismäßigkeit auseinander. Damit gewährleistet er auch Schutz in einer Verfahrenssituation, von der die betroffene Person zu diesem Zeitpunkt noch gar nichts weiß.

So lassen sich beim Überblicken der Rechtsprechung nicht so viele Anforderungen finden, wie sie später in der *konkreten Nachphase* zu beobachten sind.[580] Dennoch zeigt sich gerade daran, wie präzise der Gerichtshof Verfahrensanforderungen an die konkreten, ein Konventionsrecht gefährdenden Situationen anpasst. Für das Schutzgut des menschlichen Lebens ist festzustellen, dass Art. 2 EMRK bei einem tödlich endenden Zugriff keinesfalls erst seinen Schutz entfaltet, wenn das Leben der Person beendet wurde. Beispielsweise in Verfahrenssituationen der Polizei- und Militärplanung beginnt der Schutz des Art. 2 EMRK bereits viel früher und umfasst auch die Planung und Kontrolle im Vorfeld.[581] Ein Grund, Wirkungen des Art. 2 EMRK auch für vorbereitende staatliche Maßnahmen anzunehmen, ist einerseits der Wortlaut des Art. 2 Abs. 1 EMRK, der den Schutz (*be protected*) in den Mittelpunkt rückt und damit nicht nur die Abwehr staatlicher Eingriffe im Blick hat. Andererseits wird dies durch den Wortlaut des Art. 2 Abs. 2 EMRK angeleitet, dass nur Gewaltanwendungen, die über das unbedingt Erforderliche (*no more than absolutely necessary*) hinausgehen, von Art. 2 EMRK erfasst werden, woraus entnommen werden kann, dass die Gewaltanwendung eine angemessene Antwort sein muss.[582] *McCann u. a. gegen Großbritannien*[583] steht am Beginn der Rechtsprechungspraxis, ergriffene staatliche Sicherungsmaßnahmen im Rahmen von Einsätzen von Sicherheitskräften zu überprüfen;[584] doch auch in anderen Verfahrenssituationen wie Asyl- und Ausweisungsverfahren konnte dies beobachtet werden.

Allen Situationen gemein ist die Sicherstellung effektiven Konventionsrechtsschutzes, die als allgemeines Auslegungsprinzip auf alle Konventionsnormen angewandt wird.[585] Zentral ist die Frage, ob das betroffene Menschenrecht in einer konkreten Verfahrenssituation – wann und wo immer sie auch stattfinden mag – wirksam ausgeübt werden kann, effektiv

---

[580] S. ab → S. 173.

[581] EGMR (GK), Urt. v. 27.09.1995, Rep. A 324, Nr. 18984/91 – *McCann u. a. vs. Großbritannien.*

[582] Vgl. *Mowbray*, Positive obligations, S. 15.

[583] EGMR (GK), Urt. v. 27.09.1995, Rep. A 324, Nr. 18984/91.

[584] *Mowbray*, Positive obligations, S. 9.

[585] EGMR (GK), Urt. v. 09.07.2021, Nr. 6697/18, § 162 – *M.A. vs. Dänemark*; ständige Rechtsprechung seit EGMR, Urt. v. 09.10.1979, Rep. A 32, Nr. 6289/73, § 24 – *Airey vs. Irland.*

ausgestaltet und geschützt wird.[586] Diese effektivitätssichernde Auslegung[587] zieht sich durch die Rechtsprechung. Der Gerichtshof selbst beschreibt die Konvention als ein Instrument zum Schutz von Einzelpersonen; ihr Ziel und Zweck erforderten, dass ihre Gewährleistungen so ausgelegt und angewandt werden, dass ihre Sicherungen praktikabel und effektiv seien. Die Rechte und Freiheiten müssten so ausgelegt werden, dass sie im Einklang mit dem generellen Geist der Konvention stünden, sie nämlich als Instrument zur Erhaltung und Förderung der Ideale und Werte einer demokratischen Gesellschaft zu verstehen seien.[588]

Bezogen auf Verfahrenssituationen spricht der Gerichtshof davon, dass die Staaten dafür sorgen müssten, dass die Konventionsrechte nicht theoretisch und illusorisch, sondern praktisch und wirksam seien.[589] Wann ein Konventionsrecht nur theoretisch besteht, bewertet der Gerichtshof unterschiedlich. Der vorstehenden Analyse kann entnommen werden, dass er bei Art. 2 und Art. 3 EMRK auf die irreversiblen Folgen einer Verletzung abstellt. Wenn eine Verfahrenssituation einen Kausalverlauf in Gang zu setzen droht, der unweigerlich zu einer Verletzung von Leben oder psychischer und physischer Integrität führt, und der Staat nichts dagegen tut, dann besteht nur ein illusorischer Konventionsrechtsschutz. Dann nämlich setzt die Verfahrenssituation ein Geschehen in Gang oder ist davon ein Teil, das gewiss zur substanziellen Beeinträchtigung führt. Wenn in der Verfahrenssituation die Gefährdung geschaffen oder verstärkt wird, muss auch dort Abhilfe in Form von Verfahrensanforderungen geleistet werden. So lässt es sich in den Verfahrenssituationen der Polizei- und Militärplanung, der zwangsweisen Unterbringung sowie in Abschiebungs- und Ausweisungsverfahren entdecken, in denen insbesondere Art. 2 und Art. 3 EMRK relevant sind. Der Gerichtshof entwickelt hier Kontrollmöglichkeiten, aber auch Informations- und Beteiligungsrechte, um aus der Verfahrenssituation eine

586 Vgl. *Peters/Altwicker*, EMRK, § 2 Rn. 42.

587 Vgl. *Peters/Altwicker*, EMRK, § 2 Rn. 42 mit Verweis auf EGMR (GK), Urt. v. 04.02.2005, ECHR 2005-I, Nr. 46827/99, §§ 108 f. – *Mamatkulov u. Askarov vs. Türkei*.

588 EGMR (GK), Urt. v. 04.02.2005, ECHR 2005-I, Nr. 46827/99, § 101 – *Mamatkulov u. Askarov vs. Türkei*.

589 EGMR (GK), Urt. v. 17.07.2014, ECHR 2014, Nr. 47848/08, § 105 – *Centre for Legal Resources on behalf of Valentin Câmpeanu vs. Rumänien*; EGMR (GK), Urt. v. 09.07.2021, Nr. 6697/18, § 162 – *M.A. vs. Dänemark*.

Lage zu machen, in der die substanzielle Beeinträchtigung noch verhindert werden kann.

In Verfahrenssituationen, in denen Art. 8 EMRK von besonderer Bedeutung ist, sieht der Gerichtshof dann die Gefahr bloß theoretischer Konventionsrechte, wenn der Kern von Familien- und Privatleben, nämlich die Selbstbestimmung, wegzufallen droht.[590] Oftmals macht der Gerichtshof dies an einer durch Unsicherheit geprägten Gesamtsituation der betroffenen Personen fest. In Verfahrenssituationen vor drohenden Naturkatastrophen und schädlichen Umwelteinflüssen sowie in umwelt- und wirtschaftspolitischen Verfahren, aber auch in familienrechtlichen Verfahrenssituationen und von Art. 8 EMRK geprägten Abschiebungs- und Ausweisungsverfahren stellt der Gerichtshof Situationen fest, in denen die betroffenen Personen über ihre Lebensgestaltung nicht entscheiden können, weil eine große Unsicherheit darüber besteht, ob ein Ereignis eintritt, wann eine staatliche Einheit entscheidet und was sie ihrer Entscheidung zugrunde legt. Die Betroffenen sind aufgrund der Unsicherheit gehemmt, selbstbestimmte Entscheidungen zu treffen.[591] Art. 8 EMRK in der Auslegung des Gerichtshofs reagiert auf diese Situationen insbesondere mit Informationsrechten: soweit der Staat mehr über ihre Lebenssituation weiß, als die Betroffenen selbst, muss er ihnen diese Informationen zur Verfügung stellen.[592]

Die familienrechtlichen Verfahrenssituationen treten aus diesem Kreis noch durch eine weitere Gefahr, die das Recht auf Achtung des Familienlebens illusorisch macht, hervor. Durch das Verstreichen von Zeit werden mit der damit verbundenen Entfremdung von zuvor vertrauten Familienangehörigen Tatsachen geschaffen. Dies ist unbedingt zu verhindern, damit die rechtliche Bewertung und nicht die durch Zeitablauf geschaffenen Fakten über das Zusammenbleiben von Familien entscheiden. In diesen Verfahrenssituationen ist damit die Schnelligkeit des Verfahrensfortgangs entscheidend, um Art. 8 EMRK praktisch und wirksam zu realisieren.

Die Verfahrenssituation der gefährlichen Aktivitäten des Staates lässt sich nicht vollständig in diese Beobachtungen einbeziehen. Zwar geht der Gerichtshof auch hier dergestalt vor, dass er zunächst das der Verfahrenssituation

---

590 S. → S. 118.

591 S. ab → S. 107, 114, 144, 151.

592 S. ab → S. 108, 123, 146, 154.

entstammende Risiko sucht, um dann mit Verfahrensanforderungen darauf zu reagieren. Es handelt sich aber meist um Gefahren für Art. 2 EMRK, doch antwortet er mit der Argumentation zu Art. 8 EMRK, dass Informationsrechte geschaffen werden müssen, um den betroffenen Personen eine Entscheidung und eine Risikobewertung zu ermöglichen. Er führt selbst aus, dass er in diesen Fällen denselben Maßstab für Art. 2 und Art. 8 EMRK anwendet, sodass ihm diese Vermischung wohl bewusst ist. Durch die Relevanz beider Rechte erscheint es auch nicht unpassend, mit einem Informationsrecht auf solche Situationen zu reagieren.

Hervorzuheben ist auch, dass der Gerichtshof in der Aufstellung von Verfahrensanforderungen danach unterscheidet, wie viel und welche Art von Einfluss der Staat auf die substanzielle Beeinträchtigung hat. Großen tatsächlichen Einfluss sieht der Gerichtshof bei Polizei- und Militäroperationen, sodass er hier durch die Verfahrensanforderungen das tatsächliche Verhalten während des Zugriffs steuern will. Dagegen misst der Gerichtshof bei Naturkatastrophen dem Staat nur einen begrenzten Einfluss zu: hier zielen die Anforderungen auf Aufklärung, aber nicht auf aktive Beeinflussung der substanziellen Beeinträchtigung.

Eine andere Art von Einfluss erkennt der Gerichtshof wohl in den Verfahrenssituationen der *konkreten Vorphase*, deren rechtliche Entscheidung die substanzielle Beeinträchtigung ermöglicht. Hier hat der Staat durch die Entscheidungswirkung erheblichen Einfluss. Überzeugend ist, dass der Gerichtshof deshalb die Beteiligungs-, Auskunfts- und Überprüfungsmöglichkeiten der potenziell Betroffenen durch die Konvention gestärkt sieht. Hier hat der Staat Einfluss, sodass er diesen auch nutzen muss, um die Konventionsrechte effektiv zu schützen.

Tabelle 1: *Konkrete Vorphase* – Verfahrenssituation vor einer staatlichen substanziellen Beeinträchtigung (Teil 2 Kapitel 2 A.)

Konkrete Vorphase	**Polizei- und Militärplanung**	**Gefährliche Aktivitäten d. Staates**
Kommandostruktur	X	
Auswahl u. Ausbildung der Einsatzkräfte	X	
(Interne) Weitergabe v. Informationen	X	X
Umfassende Risikobewertung	X	

Tabelle 2: *Konkrete Vorphase* – Verfahrenssituation vor einer nicht-staatlichen substanziellen Beeinträchtigung (Teil 2 Kapitel 2 B.)

Konkrete Vorphase	**Zwangsweise Unterbringung**	**Naturkatastrophen, schädliche Umwelteinflüsse, gefährliche Aktivitäten Privater**
Weitergabe v. Informationen	**X**	**X**
Rechtlicher Beistand	**X**	
Sorgfältige Entscheidung	**X**	

Tabelle 3: *Konkrete Vorphase* – Verfahrenssituation, deren rechtliche Entscheidung eine substanzielle Beeinträchtigung ermöglicht (Teil 2 Kapitel 2 C.)

Konkrete Vorphase	**Familien-rechtliche Verfahrens-situationen**	**Umwelt- u. wirt-schaftspolitische Entscheidungs-verfahren**	**Abschiebungs-, Ausweisungs- u. Ausliefe-rungsverfahren**
Schnelligkeit	**X**		**X**
Weitergabe v. Informationen	**X**	**X**	**X**
Beteiligung d. betroffenen Personen	**X**		
Rechtlicher Beistand	**X**		**X**
Beweiserhebung u. -würdigung	**X**		
Beweislast			**X**
Einbeziehung aller betroffenen Interessen	**X**		
Heranziehung v. Untersuchungen u. Studien		**X**	
Sorgfältige Prüfung			**X**
Sonst. verf.srechtl. Absichg. d. fam. Wiedervereinigung	**X**		
Effektive Rechtsmittel	**X**	**X**	**X**
Rechtsmittel m. aufschiebender Wirkung			**X**
Effektive Entscheidungsdurchsetzung	**X**		
Flexibilität u. Effektivität	**X** (bzgl. d. Zs.führung interna-tionaler Familien)		

Aus der Analyse wird deutlich, dass die Konvention bei einer Gefahr in einer Verfahrenssituation mit einem Schutz in eben dieser Verfahrenssituation reagiert. Eine Situation, die allein durch das objektive Recht erschaffen ist, kann auch nur durch Recht – genauer: durch objektives Recht – verändert werden. Der Gerichtshof entnimmt aus den Konventionsnormen die Verpflichtung der Staaten, bereits während ihres Entscheidungsprozesses über die Einrichtung und Gestaltung einer Verfahrenssituation ihre konventionsrechtliche Verpflichtung zu effektivem Schutz wahrzunehmen. Sie dürfen nicht bis zur substanziellen Beeinträchtigung selbst abwarten, um tätig zu werden. Die beschriebenen Verfahrenssituationen der *konkreten Vorphase* haben deutlich gezeigt, warum diese Auslegung auch nicht zu einem übertriebenen Schutz führt. Teilweise sind die Verfahrenssituationen, auch wenn sie zeitlich vor der eigentlichen substanziellen Beeinträchtigung liegen, die letzte Möglichkeit, um effektiven Schutz zu gewähren. Teilweise ermöglichen diese Verfahrenssituationen auch erst eine spätere substanzielle Beeinträchtigung, sodass gerade verfahrensrechtliche Schutzausprägungen einzig effektiv sind, um das Verfahrensergebnis zu beeinflussen. Die Auslegung des Gerichtshofs erscheint deshalb angemessen bezogen auf das Gefährdungspotenzial der analysierten Situationen.

Aus der Konvention folgt, dass ein Staat die für ihn erkennbaren, prognostizierbaren Folgen in seinen Entscheidungsprozess über die Einrichtung und Gestaltung einer Verfahrenssituation einbeziehen muss. In der Phase der Deliberation[593] darf er die potenziell betroffenen Konventionsrechtsgüter nicht übersehen; seine Verfahrenssituationen muss er infolgedessen so gestalten, dass in der Verfahrens- und in der Beeinträchtigungssituation ein möglichst effektiver Schutz besteht.

Zwar spricht der Gerichtshof in den wenigsten Fällen[594] ausdrücklich davon, dass die beklagten Staaten ihr objektives Verfahrensrecht ändern müssen, doch lässt sich in der Befolgung der Entscheidung häufig genau das beobachten: Staaten ändern ihre verfahrensregelnden Normen, um dadurch den Anforderungen der Konventionsrechte nachzukommen.[595]

---

593 S. o. → S. 64-67.

594 Vgl. EGMR (GK), Urt. v. 17.07.2014, ECHR 2014, Nr. 47848/08, §§ 159-161 – *Centre for Legal Resources on behalf of Valentin Câmpeanu vs. Rumänien.*

595 Vgl. *Nußberger*, JZ 2019, S. 421, 424: „Auch wenn die Entscheidungen des EGMR keine Kassationswirkung haben, sind die nationalen Behörden gehalten, das Recht konventionskonform anzupassen, wenn sie nicht abermals verurteilt werden wollen."

Die Staatenpraxis kann somit die Konstruktion dieser Arbeit stützen und neben der rechtstheoretischen Grundlage einen wichtigen Anhaltspunkt bieten. Sie zeigt nämlich, dass Staaten in diesen Situationen ihrer Konventionspflicht nicht anders nachkommen können als durch die Änderung objektiven Verfahrensrechts. Die Praxis zeigt, dass sie ihre konventionsrechtliche Pflicht erfüllen und den konventionskonformen Zustand (wieder-)herstellen, indem sie die Verfahrensregeln ändern. Dabei entsteht neues objektives Verfahrensrecht, das abstrakt-generell künftige Verfahrenssituationen, die vor einer substanziellen Beeinträchtigung liegen, prägen wird. Dass mit der neuen Regel also eine über den Einzelfall hinausgehende Wirkung verbunden ist, liegt in der Natur abstrakt-genereller Regeln. Das subjektive Konventionsrecht zielt auf individuellen Schutz in und durch Verfahrenssituationen; dass weitere Wirkungen davon ausgehen, geschieht reflexhaft.

Exemplarisch seien einzelne Beispiele aus der Staatenpraxis aufgeführt: Nach der Entscheidung im Fall *Nachova u. a. gegen Bulgarien*[596], in dem zwei unbewaffnete Männer nach der Flucht aus dem Militärdienst von der Militärpolizei erschossen wurden, stellt der Gerichtshof eine Verletzung von Art. 2 EMRK fest, da keine Informationen hinsichtlich der begangenen Straftat und der von den Flüchtigen ausgehenden Gefahr weitergegeben wurde und damit die Gefahr eines tödlichen Waffengebrauchs nicht vermindert wurde, legte Bulgarien einen Maßnahmenbericht vor. In diesem erläuterte die Regierung, dass die Gesetze für den Schusswaffengebrauch von Polizei und Militärpolizei geändert worden waren. Die Normen verbieten nun den Schusswaffeneinsatz bei ungefährlichen und nicht strafrechtlich auffälligen Personen, auch wenn dies die Festnahme verhindert.[597]

Im Fall *T.P. und K.M. gegen Großbritannien*[598], in dem der Mutter Zugang zu Beweismitteln im familienrechtlichen Verfahren verweigert wurde, reagierte Großbritannien, indem es die Familienverfahrensregeln (*Family Proceedings Rules*) änderte. Nun enthalten sie die Verpflichtung der Behörden, den Beteiligten Dokumente zur Verfügung zu stellen, sowie die Pflicht der

---

[596] EGMR (GK), Urt. v. 06.07.2005, ECHR 2005-VII, Nrn. 43577/98 u. 43579/98 u. EGMR, Urt. v. 26.02.2004, Nrn. 43577/98 u. 43579/98. Sachverhaltsschilderung s. → S. 92.

[597] Aktualisierter Maßnahmenbericht v. 22.02.2017 (1280. Sitzung [DH] März 2017), DH-DD(2017)201, S. 1-3 – *Nachova vs. Bulgarien*.

[598] EGMR (GK), Urt. v. 10.05.2001, ECHR 2001-V, Nr. 28945/95.

Parteien, die gegnerische Partei mit einer Kopie aller Dokumente, auf die Bezug genommen wird, auszustatten.[599]

In *Guerra u. a. gegen Italien*[600] betreffend der Gesundheitsrisiken nach einem Unfall in einer Chemiefabrik sah der beklagte Staat die Ursache der Verletzung von Art. 8 EMRK nicht im Gesetz selbst, sondern in dessen Anwendung. Deshalb reagierte Italien nicht mit einer Gesetzesänderung, sondern sorgte durch Übersetzung und Veröffentlichung des Urteils, Weitergabe an alle beteiligten Behörden und Information der Öffentlichkeit über die sich daraus ergebenden staatlichen Pflichten, dass nunmehr die Anwendung des bestehenden Gesetzes im Einklang mit Art. 8 EMRK erfolgt.[601]

---

599 Ministerkomitee, Resolution von 17.09.2008 (1035. Sitzung Oktober 2008), CM/ResDH(2008)84, Anhang, II. 1) – *T.P. u. K.M. vs. Großbritannien*.

600 EGMR (GK), Urt. v. 19.02.1998, ECHR 1998-I, Nr. 14967/89.

601 Ministerkomitee, Resolution von 03.12.2002 (819. Sitzung Dezember 2002), ResDH(2002)146, Anhang – *Guerra u. a. vs. Italien*.

Die konkrete Nachphase

Die *konkrete Nachphase* fängt mit dem Eintritt oder dem Beginn des substanziellen Beeinträchtigungsereignisses an, setzt also ein, wenn eine Person durch den Staat getötet wird, sie verschwindet, ihre physische und psychische Integrität beeinträchtigt wird oder durch eine andere private Person schädigend in ihre Rechtsgüter eingegriffen wird. Pflichten für den Staat entstehen aus ihr, sobald der Staat vom substanziellen Beeinträchtigungsereignis erfährt oder erfahren haben konnte.[602]

Mit dem Eintritt oder dem Beginn des substanziellen Beeinträchtigungsereignisses enden die staatlichen Pflichten aus der Konvention nämlich nicht.[603] Im Sinne einer effektiven Umsetzung des Rechtsgüterschutzes erkennt der Gerichtshof, dass die Konvention mit Eintritt der substanziellen Verletzung dem Konventionsstaat neue Pflichten aufgibt.[604]

Die *konkrete Nachphase* endet, wenn die rechtsbeeinträchtigenden Wirkungen des Beeinträchtigungsereignisses vom Staat durch Aufklärung, Rechenschaft oder verfahrensrechtliche Absicherung beendet wurden.

Bedeutend ist an dieser Stelle bereits, dass der Gerichtshof seinen Grundsatz effektiven Konventionsrechtsschutzes in die *konkrete Nachphase* einfließen lässt, indem er – bis auf spezifische Ausnahmen – stets eine effektive Untersuchung fordert. Für welche substanziellen Beeinträchtigungen im Einzelnen

---

[602] Vgl. → S. 83.
[603] Vgl. ab → S. 58.
[604] Vgl. → S. 165.

er dieses fordert und unter welchen Voraussetzungen eine Verfahrenssituation effektiv ist,[605] wird die folgende Analyse zeigen.

Auch mithilfe der Analyse dieser Phase soll die angenommene rechtliche Konstruktion[606] überprüft werden. Entweder findet nach einem substanziellen Beeinträchtigungsereignis keine Verfahrenssituation statt. Durch das Unterlassen werden die Konventionsrechte des Opfers oder anderer betroffener Personen nicht bedacht. Oder es schließt sich zwar eine Verfahrenssituation an, berücksichtigt die Konventionsrechte der Betroffenen aber nicht ausreichend. Durch das Unterlassen der Verfahrenseinrichtung oder der unzureichenden Verfahrensausgestaltung in der *konkreten Nachphase* wird die bereits eingetretene Beeinträchtigung vertieft. Aus diesem konkreten Ablauf wird für den Staat erkennbar, dass seine Pflichten zum Schutz der Konventionsrechtsgüter vor weiteren Beeinträchtigungen nicht mit dem Ende des Beeinträchtigungsereignisses enden; auch danach (oder während eines andauernden Beeinträchtigungsereignisses[607]) bestehen konventionsrechtliche Pflichten für den Staat.

Auch für die Verfahrenssituationen der *konkreten Nachphase* entsteht die Pflicht, sobald der Staat von den prognostizierten Folgen des Mangels in einer Verfahrenssituation oder ihres vollständigen Fehlens erfährt. Bei Kenntnis von Tatsachen, die auf eine Konventionsrechtsrelevanz schließen lassen, muss er alle Umstände ermitteln (Deliberationsphase[608]), um auf dieser Grundlage die Entscheidung, eine bestehende Verfahrenssituation zu verändern (Schutz *im* Verfahren) oder überhaupt eine Verfahrenssituation einzurichten (Schutz *durch* Verfahren), zu treffen. Auch wenn das staatliche Verhalten in der *konkreten Nachphase* zeitlich nach dem Eintritt oder dem Beginn des substanziellen Beeinträchtigungsereignisses liegt, muss der Staat bei einem entsprechenden, in der Deliberationsphase bereits erkennbar drohenden Ergebnis reagieren, um der Konvention gerecht zu werden. Hierdurch wird das objektive Verfahrensrecht verändert, um dem subjektiven Konventionsrecht zu genügen.

Dass mit dem Eintritt der substanziellen Beeinträchtigung die Wirkung von Konventionsrechten nicht endet, zeigt die retrospektive Eigenschaft von

---

605 Vgl. → S. 165.
606 S. → S. 61 ff.
607 S. → S. 173.
608 Vgl. → S. 64-67.

Recht: gerade gerichtliche Aufarbeitung beginnt häufig nach einer faktischen Beeinträchtigung und *antwortet* auf diese,[609] indem es die Tatsachen ermittelt und die Ver-*Antwort*-ung klärt. Wie sich dies nach unterschiedlichen substanziellen Konventionsbeeinträchtigungen verhält und damit der Konvention nachträgliche Achtung verschafft, wird im Folgenden gezeigt. Besonders ist zudem, dass sich in dieser Phase der Betroffenenkreis erweitert: in Fällen, in denen die substanzielle Beeinträchtigung das Lebensende einer Person ist, können deren Angehörige in den Schutzbereich der Konventionsrechte rücken.

Für die Kategorienbildung orientiert sich diese Analyse an der Einteilung der *konkreten Vorphase*.[610] Begonnen wird mit Verfahrenssituationen, die auf den Beginn staatlicher substanzieller Beeinträchtigungen folgen. Daran schließt sich die Darstellung der Verfahrenssituationen nach nicht-staatlichen substanziellen Beeinträchtigungen an. Eine dritte Kategorie von Verfahrenssituationen, deren rechtliche Entscheidung eine substanzielle Beeinträchtigung ermöglicht, gibt es in der *konkreten Nachphase* hingegen nicht.

Die Kategorien selbst sind in sich anders unterteilt als die der *konkreten Vorphase*. Dies liegt daran, dass vor einer substanziellen Beeinträchtigung noch nicht feststeht, welche konkrete Beeinträchtigung eintritt. Deshalb wurden die Kategorien anhand der Eigenschaften ihrer Verfahrenssituationen unterteilt. Im Fall der *konkreten Nachphase* ist hingegen die substanzielle Beeinträchtigung eingetreten und damit auch bestimmbar. Auf diese beziehen sich die folgenden Verfahrenssituationen und der Bezug zu bestimmten Konventionsrechten tritt noch deutlicher hervor als in der *konkreten Vorphase*. Aus diesem Grund wird sich die Struktur der Kategorien an der Art des substanziellen Beeinträchtigungsereignisses orientieren.

A. Verfahrenssituation nach einer staatlichen substanziellen Beeinträchtigung

Verfahrenssituationen nach staatlichen substanziellen Beeinträchtigungen sind geprägt von der Doppelrolle des Staates: die substanzielle Beeinträchtigung

---

[609] Vgl. allgemein und zum rechtsnormativen Wesen von Verfassungsrecht *Cremer*, Anwendungsorientierte Verfassungsauslegung, S. 515-534, insb. 515 f.

[610] Vgl. → S. 83 ff.

geht vom Staat aus, zugleich soll er aber in der anschließenden Verfahrenssituation Schutz bieten. Dass ausgehend von Art. 2 EMRK auch nach Eintritt des substanziellen Beeinträchtigungsereignisses eine staatliche Verpflichtung zum Schutz nötig bleibt, wird die Analyse deutlich zeigen. Hierfür haben sich besondere Anforderungen aus Art. 2, Art. 3 und Art. 5 EMRK entwickelt, die sowohl die Staaten zu einem nachträglichen Schutz anhalten, aber auch von weiteren Beeinträchtigungen abhalten sollen. Das staatliche Schutzpotenzial soll möglichst effektiviert, das staatliche Gefährdungspotenzial möglich verringert werden. Es wird sich zeigen, dass auch der Schutz durch eine nachträgliche Verfahrenssituation Individualrechte effektiver machen kann – auch wenn das Individualrechtsgut zu diesem Zeitpunkt bereits verletzt worden ist.

I. Effektive Untersuchung nach einem Todesfall

Den Ausgangspunkt der Analyse der *konkreten Nachphase* bilden Fälle, in denen eine Person durch den Staat zu Tode kommt; diese waren auch diejenigen Verfahrenssituationen, in denen der Gerichtshof erstmals staatliche Pflichten nach Abschluss einer substanziellen Beeinträchtigung feststellte. Im Fall *McCann u. a. gegen Großbritannien*, in dem britische Sicherheitskräfte drei IRA-Terroristen nach einer Planungsphase in Gibraltar erschossen,[611] stellt der Gerichtshof fest, dass ein generelles Verbot willkürlichen staatlichen Tötens ineffektiv für den Rechtsgüterschutz sei, wenn dem Todesfall nicht ein Verfahren folge, das die Rechtmäßigkeit des staatlichen Einsatzes tödlicher Gewalt überprüfe. Aus Art. 2 EMRK in Verbindung mit der generellen Schutzpflicht aus Art. 1 EMRK folge, dass sich eine effektive amtliche Untersuchung an einen staatlich verursachten Todesfall anschließen müsse.[612] Diese Anforderung, dass es überhaupt ein Verfahren geben müsse, gehört seitdem zur ständigen Rechtsprechung des Gerichtshofs in diesen Fällen. Er begründet dies damit, dass nur durch ein Verfahren die effektive Umsetzung der nationalen Gesetze zum Schutz des Rechts auf Leben gesichert werde. Im Fall der Beteiligung staatlicher Stellen werde durch ein Verfahren zudem sichergestellt, dass die Verantwortlichen zur Rechenschaft

---

611 Sachverhaltsschilderung s. → S. 73.

612 EGMR (GK), Urt. v. 27.09.1995, Rep. A 324, Nr. 18984/91, § 161 – *McCann u. a. vs. Großbritannien.*

gezogen würden.[613] Nur durch eine nachträgliche Aufarbeitung im Verfahren kann das Beeinträchtigungsereignis ausreichend aufgearbeitet und eine Wiederholung verhindert werden. Denn häufig sind die wahren Umstände der Beeinträchtigung nur dem Staat bekannt oder von ihm aufklärbar.[614] Ein Verfahren müsse stattfinden bei einer Tötung durch militärische Einsatzkräfte im Tschetschenienkrieg[615], bei einer polizeilichen Verfolgungsjagd mit Schusswaffeneinsatz[616], bei der tödlich endenden Verfolgung von flüchtigen Wehrpflichtigen[617], nach der tödlichen Verletzung von Demonstrierenden[618], nach dem Tod einer Person in Polizeigewahrsam[619] oder der Tötung durch Sicherheitskräfte in verschiedenen Situationen[620]. Somit lassen sich diese Situationen zusammenfassen.

Für die Untersuchungspflicht (*effective investigation*) muss aber nicht einmal feststehen, dass der Staat den Tod herbeigeführt hat.

Der Gerichtshof differenziert hinsichtlich der Anforderungen nämlich nach substanzieller und prozessualer Konventionspflicht. Gerade in Fällen, in denen der Gerichtshof eine substanzielle Verletzung von Art. 2 EMRK, also eine Verletzung durch die staatliche Tötung des Opfers, verneinte, wird deutlich, dass die Ermittlungspflicht aus Art. 2 EMRK an eine andere Voraussetzung als den Nachweis der staatlichen Verursachung geknüpft ist.

---

613 EGMR, Urt. v. 24.02.2005, Nrn. 57942/00 u. 57945/00, § 153 – *Khashiyev u. Akayeva vs. Russland.*

614 Vgl. EGMR (GK), Urt. v. 20.12.2004, ECHR 2004-XI, Nr. 50385/99, § 73 – *Makaratzis vs. Griechenland.*

615 EGMR, Urt. v. 24.02.2005, Nrn. 57942/00 u. 57945/00, § 153 – *Khashiyev u. Akayeva vs. Russland.*

616 EGMR (GK), Urt. v. 20.12.2004, ECHR 2004-XI, Nr. 50385/99, § 73 – *Makaratzis vs. Griechenland.*

617 EGMR, Urt. v. 26.02.2004, Nrn. 43577/98 u. 43579/98, § 110 – *Nachova u. a. vs. Bulgarien.*

618 EGMR (GK), Urt. v. 24.03.2011, ECHR 2011 (extr.), Nr. 23458/02, § 298 – *Giuliani u. Gaggio vs. Italien*; Urt. v. 28.05.2002, Nr. 43290/98, § 94 – *McShane vs. Großbritannien.*

619 EGMR, Beschl. v. 08.01.2002, Nr. 56413/00, Abschnitt B.2. a. E. – *Douglas-Williams vs. Großbritannien.*

620 EGMR (GK), Urt. v. 30.03.2016, ECHR 2016, Nr. 5878/08, §§ 229 f. – *Armani da Silva vs. Großbritannien*; EGMR, Urt. v. 02.09.1998, ECHR 1998-VI, Nr. 22495/93, § 98 – *Yaşa vs. Türkei*; Urt. v. 19.02.1998, ECHR 1998-I, Nr. 22729/93, § 86 – *Kaya vs. Türkei*; Urt. v. 04.05.2001, Nr. 24746/94, § 105 – *Hugh Jordan vs. Großbritannien*; Urt. v. 04.05.2001, Nr. 30054/96, § 94 – *Kelly u. a. vs. Großbritannien.*

Im Fall *Tekdağ gegen die Türkei*[621] behauptete die Beschwerdeführerin, dass ihr Ehemann von Polizisten in Zivilkleidung festgenommen und in der Haft getötet wurde. Mitinsassen waren zu verängstigt um auszusagen. Die Behörden verneinten, dass ihr Mann jemals in Haft war und bezichtigten ihn der Begehung zahlreicher Straftaten. Eine Untersuchung der Umstände fand nicht statt. Zunächst stellt der Gerichtshof den Maßstab zur Beurteilung einer substanziellen Verletzung des Art. 2 EMRK dar. Um eine Verletzung anzunehmen, erfordere es einen Nachweis des Todes *beyond reasonable doubt*, ohne berechtigten Zweifel.[622] Im Fall sei es der Beschwerdeführerin nicht gelungen, diesen zu führen: mangels Zeugen gebe es weder für die Festnahme noch für die Tötung ausreichend Beweise.[623] Damit liegt keine Verletzung des Art. 2 EMRK in seinem substanziellen Gehalt vor. Zur Prüfung der Verletzung seines prozessualen Gehalts wendet der Gerichtshof aber einen anderen Maßstab an. Zunächst stellt er fest, dass seine Untersuchungspflicht nicht nur auf ein vorsätzliches Töten durch den Staat folgt. Vielmehr bestehe eine Pflicht zum Schutz des Lebens durch das Recht (*protected by law*).[624] Aus Art. 2 EMRK folge die prozessuale Pflicht, eine effektive und exakte Untersuchung des Verschwindens durchzuführen, wenn aus Tatsachen geschlossen werden könne, dass der Sohn nun tot sei.[625] Die prozessuale Untersuchungspflicht entsteht somit bereits, wenn Tatsachen nachgewiesen werden, von denen auf den Tod geschlossen werden kann[626] oder Personen unter Umständen verschwanden, die als lebensbedrohlich einzuordnen sind.[627] Dieses Verständnis der Konvention steht somit im Einklang mit dem Gebot effektiven Konventionsrechtsschutzes.

Dies erklärt, warum der Gerichtshof auch im Fall einer Tötung, die erwiesenermaßen durch eine private Person oder durch eine Naturgewalt oder ein Unfallgeschehen verursacht wurde, die staatliche Pflicht zur Durchführung

---

621 EGMR, Urt. v. 15.01.2004, Nr. 27699/95.

622 EGMR, Urt. v. 15.01.2004, Nr. 27699/95, § 75 – *Tekdağ vs. Türkei.*

623 EGMR, Urt. v. 15.01.2004, Nr. 27699/95, § 76 – *Tekdağ vs. Türkei.*

624 Vgl. EGMR, Urt. v. 15.01.2004, Nr. 27699/95, § 79 – *Tekdağ vs. Türkei.*

625 EGMR, Urt. v. 09.05.2000, ECHR 2000-V, Nr. 20764/92, § 135 – *Ertak vs. Türkei.*

626 EGMR, Urt. v. 09.05.2000, ECHR 2000-V, Nr. 20764/92, §§ 134 f. – *Ertak vs. Türkei.* Vgl. *Jötten*, Enforced Disappearances, S. 85.

627 EGMR (GK), Urt. v. 08.04.2004, ECHR 2004-III, Nr. 26307/95, § 226 – *Tahsin Acar vs. Türkei*; EGMR (GK), Urt. v. 10.05.2001, ECHR 2001-IV, Nr. 25781/94, § 132 – *Zypern vs. Türkei.*

eines Verfahrens annimmt. Im Fall *Ergi gegen die Türkei*[628], dem der Tod der Tochter des Beschwerdeführers auf dem Balkon ihrer Wohnung bei einem Polizeieinsatz gegen PKK-Einheiten vorausging, konnte zwar der Tod festgestellt werden, jedoch nicht mehr, ob die Tochter von türkischen oder kurdischen Schüssen getroffen wurde. Somit blieb unklar, ob der Staat das Opfer getötet hatte. Der Gerichtshof führt im Urteil aus, dass sich die Untersuchungspflicht des Staates nicht auf staatlich verursachte Todesfälle beschränke. Vielmehr bestehe diese Pflicht auch dann, wenn die Behörden auf irgendeinem Weg vom Tod erfahren. Dann schon müsse *ipso facto* eine Untersuchung der Umstände des Todes erfolgen.[629] Dies schließt er aus der Verbindung des Art. 2 EMRK zu Art. 1 EMRK, die es implizit erforderlich mache, jeden durch Gewaltanwendung verursachten Todesfall in irgendeiner Form wirksam amtlich zu untersuchen. Die allgemeine Pflicht aus Art. 1 EMRK lässt folglich eine Begrenzung der staatlichen Pflicht nur auf Fälle staatlicher Tötungen nicht zu.[630] Somit ist der Staat auch dann zur Untersuchung verpflichtet, wenn nicht nachgewiesen werden kann, dass er für den Todesfall kausal war.

Aber nicht jedes Verfahren reicht, um Art. 2 EMRK zu genügen. Im Fall *Kaya gegen die Türkei*[631] wurde der Bruder des Beschwerdeführers von Sicherheitskräften durch Schüsse getötet, als er auf dem Weg zu seinen Feldern war, die in der Nähe eines Militärstützpunkts lagen. Als der Bruder aus Angst vor einer Festnahme vor den Sicherheitskräften floh, eröffneten sie das Feuer und erschossen ihn. Es wurde keine staatliche Untersuchung durchgeführt, sondern der Leichnam gleich der Dorfbevölkerung übergeben. Der Gerichtshof betonte, dass der Schutzgehalt des Art. 2 EMRK insgesamt ineffektiv gemacht würde, wenn nach einem Todesfall kein Verfahren durchgeführt werde.[632] Und um dies zu gewährleisten, müsse es ein effektives Verfahren sein.[633] Entscheidend ist also für alle der nachfolgend analysierten, vom Gerichtshof aufgestellten Anforderungen, dass sie das Verfahren effektiv

---

[628] EGMR, Urt. v. 28.07.1998, ECHR 1998-IV, Nr. 23818/94; Sachverhaltsschilderung s. → S. 95.

[629] EGMR, Urt. v. 28.07.1998, ECHR 1998-IV, Nr. 23818/94, § 82 – *Ergi vs. Türkei*. S. a. Urt. v. 02.09.1998, ECHR 1998-VI, Nr. 22495/93, § 100 – *Yaşa vs. Türkei*.

[630] EGMR, Urt. v. 28.07.1998, ECHR 1998-IV, Nr. 23818/94, § 82 – *Ergi vs. Türkei*.

[631] EGMR, Urt. v. 19.02.1998, ECHR 1998-I, Nr. 22729/93.

[632] EGMR, Urt. v. 19.02.1998, ECHR 1998-I, Nr. 22729/93, § 86 – *Kaya vs. Türkei*.

[633] EGMR, Urt. v. 19.02.1998, ECHR 1998-I, Nr. 22729/93, § 86 – *Kaya vs. Türkei*.

machen. Nur ein effektives Verfahren könne den effektiven Rechtsgüterschutz nach Art. 2 EMRK gewährleisten.

Effektiv ist ein Verfahren unabhängig von konkreten Anforderungen, wenn es einerseits zu einer Beurteilung über die Rechtmäßigkeit des Gewalteinsatzes und andererseits zur Identifikation und Bestrafung der Verantwortlichen fähig ist.[634] Verfahren, die lediglich Schadensersatz zusprechen, genügen den Anforderungen des Art. 2 EMRK nicht.[635]

Zunächst hatte der Gerichtshof diese beiden Anforderungen auch getrennt für die Effektivität genügen lassen. So hatte er noch im Fall *Assenov u. a. gegen Bulgarien*, in dem es um die Verletzung von Art. 3 EMRK im Fall der Festnahme eines Rom-Jungen ging, angenommen, ein Verfahren sei dann effektiv, wenn es (lediglich) zur Identifikation und Bestrafung der Verantwortlichen führen könne.[636] Auch im Fall *Oğur gegen die Türkei*[637], in dem der Sohn der Beschwerdeführerin getötet wurde, als er gerade dabei war, seine Schicht als Nachtwächter in einer Miene zu beenden, stellt der Gerichtshof (allein) diese Anforderung. Vorliegend gab es kein Verfahren, sodass weder die Täter:innen noch die Umstände geklärt wurden; dies hielt der Gerichtshof nicht für effektiv, da die Identifikation und Bestrafung der Verantwortlichen möglich sein müssten.[638]

Hingegen definierte der Gerichtshof im Fall *Kaya gegen die Türkei*[639] hinsichtlich des erschossenen Bruders, dass ein Verfahren effektiv sei, wenn es zur Feststellung der Rechtmäßigkeit der staatlichen Gewalthandlung in der

---

[634] EGMR, Urt. v. 24.02.2005, Nrn. 57942/00 u. 57945/00, § 154 – *Khashiyev u. Akayeva vs. Russland*; Urt. v. 27.07.2006, Nr. 69481/01, § 118 – *Bazorkina vs. Russland*; Urt. v. 26.02.2004, Nrn. 43577/98 u. 43579/98; § 113 – *Nachova u. a. vs. Bulgarien*; Urt. v. 28.05.2002, Nr. 43290/98, § 94 – *McShane vs. Großbritannien*; Urt. v. 04.05.2001, Nr. 24746/94, § 105 – *Hugh Jordan vs. Großbritannien*; Urt. v. 04.05.2001, Nr. 30054/96, § 94 – *Kelly u. a. vs. Großbritannien*.

[635] EGMR (GK), Urt. v. 20.12.2004, ECHR 2004-XI, Nr. 50385/99, § 74 – *Makaratzis vs. Griechenland*; EGMR, Urt. v. 24.02.2005, Nrn. 57942/00 u. 57945/00, § 153 – *Khashiyev u. Akayeva vs. Russland*; Urt. v. 27.07.2006, Nr. 69481/01, § 117 – *Bazorkina vs. Russland*; Urt. v. 04.05.2001, Nr. 24746/94, § 115 – *Hugh Jordan vs. Großbritannien*.

[636] EGMR, Urt. v. 28.10.1998, ECHR 1998-VIII, Nr. 24760/94, § 102 – *Assenov u. a. vs. Bulgarien*.

[637] EGMR (GK), Urt. v. 20.05.1999, ECHR 1999-III, Nr. 21594/93.

[638] EGMR (GK), Urt. v. 20.05.1999, ECHR 1999-III, Nr. 21594/93, § 88 – *Oğur vs. Türkei*.

[639] EGMR, Urt. v. 19.02.1998, ECHR 1998-I, Nr. 22729/93.

konkreten Situation führen könne.[640] Erst später[641] führt der Gerichtshof die beiden Anforderungen als kumulative Voraussetzungen effektiver Verfahren zusammen.

Diese Pflicht zu einer effektiven Verfahrensdurchführung versteht er als eine Handlungs-, nicht als eine Erfolgspflicht, *„not an obligation of result, but of means"*.[642] Die Staaten sind aus der Konvention völkerrechtlich verpflichtet, den Verfahrensrahmen normativ zu gestalten und damit innerstaatliches Verhalten zu steuern. Es muss ein Verfahren eingerichtet sein, das normativ fähig ist, die Rechtmäßigkeit des Gewalteinsatzes zu beurteilen sowie die Verantwortlichen zu identifizieren und zu bestrafen.

Welche Anforderungen ein Verfahren einhalten muss, um dies zu erfüllen, hängt stets von der konkreten Situation ab. So schreibt der Gerichtshof keine abstrakte Verfahrensform vor, sondern betrachtet die konkrete Situation, um aus ihr für den Konventionsrechtsschutz notwendige Verfahrensverpflichtungen abzuleiten.[643]

1. Verfahren von Amts wegen

Als erste Anforderung an die Verfahrenseffektivität ist in der Analyse der Rechtsprechung die Verfahrensführung zu finden. Der Gerichtshof besteht darauf, dass es sich um ein Verfahren von Amts wegen (*official*; *of their own motion*) handelt. Der Staat dürfe nicht darauf warten, dass die Angehörigen des Opfers die Initiative ergriffen; vielmehr sei er in der Pflicht, ein Verfahren

---

640 EGMR, Urt. v. 19.02.1998, ECHR 1998 I, Nr. 22729/93, § 87 – *Kaya vs. Türkei*.

641 Erstmals in EGMR, Urt. v. 04.05.2001, ECHR 2001-III, Nr. 28883/95, § 113 – *McKerr vs. Großbritannien*.

642 EGMR (GK), Urt. v. 20.12.2004, ECHR 2004-XI, Nr. 50385/99, § 74 – *Makaratzis vs. Griechenland*; EGMR, Urt. v. 24.02.2005, Nrn. 57942/00 u. 57945/00, § 154 – *Khashiyev u. Akayeva vs. Russland*; Urt. v. 27.07.2006, Nr. 69481/01, § 118 – *Bazorkina vs. Russland*; Urt. v. 28.05.2002, Nr. 43290/98, § 96 – *McShane vs. Großbritannien*; Urt. v. 04.05.2001, Nr. 24746/94, § 107 – *Hugh Jordan vs. Großbritannien*; Beschl. v. 08.01.2002, Nr. 56413/00, Abschnitt B.3.(b) – *Douglas-Williams vs. Großbritannien*; Urt. v. 04.05.2001, Nr. 30054/96, § 96 – *Kelly u. a. vs. Großbritannien*; Urt. v. 14.10.2008, Nr. 70930/01, § 67 – *Blumberga vs. Lettland*. Vgl. *Lavrysen*, in: Human Rights, S. 69, 104.

643 EGMR, Urt. v. 24.02.2005, Nrn. 57942/00 u. 57945/00, § 153 – *Khashiyev u. Akayeva vs. Russland*; Urt. v. 27.07.2006, Nr. 69481/01, § 117 – *Bazorkina vs. Russland*; Urt. v. 28.05.2002, Nr. 43290/98, § 94 – *McShane vs. Großbritannien*; Urt. v. 04.05.2001, Nr. 24746/94, § 105 – *Hugh Jordan vs. Großbritannien*; Urt. v. 04.05.2001, Nr. 30054/96, § 94 – *Kelly u. a. vs. Großbritannien*.

zu beginnen.[644] Dies gilt nicht nur hinsichtlich der Verfahrenseinleitung. Ein Verfahren, in dem der Amtsermittlungsgrundsatz nicht gelte, wie in zivilgerichtlichen Verfahren, in dem es also auf die Initiative der Parteien ankomme, könne bei der Beurteilung der Pflichterfüllung aus Art. 2 EMRK keine Rolle spielen.[645]

2. Unabhängigkeit und Unparteilichkeit

Als weitere Anforderung, um der Effektivität zu genügen, nennt der Gerichtshof die Unabhängigkeit der untersuchenden Instanz.[646] Sie müsse unabhängig (*independent*) von denjenigen sein, die mit den Vorfällen in Verbindung gebracht werden.[647] Nur so würde das Schutzgut des Art. 2 EMRK ausreichend geschützt. Daneben nennt er einen gesamtgesellschaftlichen Grund. Ohne institutionelle Unabhängigkeit und Unparteilichkeit (praktische Unabhängigkeit) könnte die Bevölkerung ihren Zuspruch zum Gewaltmonopol des Staates versagen.[648]

Im Fall *Güleç gegen die* Türkei[649] war der tödliche Waffeneinsatz der Polizei auf einer Demonstration zwar später untersucht worden. Die Personen, welche die Untersuchungen durchführten, waren jedoch die Vorgesetzten der beteiligten Einsatzkräfte. Der Gerichtshof bezweifelte deshalb, bestärkt mangels der Infragestellung des offiziellen Tatsachenberichts durch die Untersuchungsinstanz,[650] dass es sich wegen der hierarchischen Verbindung um eine unabhängige Untersuchung gehandelt habe.[651]

---

[644] EGMR, Urt. v. 04.05.2001, Nr. 30054/96, § 94 – *Kelly u. a. vs. Großbritannien*; Urt. v. 04.05.2001, Nr. 24746/94, § 105 – *Hugh Jordan vs. Großbritannien*.

[645] EGMR, Urt. v. 04.05.2001, Nr. 30054/96, § 135 – *Kelly u. a. vs. Großbritannien*.

[646] So erstmals in EGMR, Urt. v. 19.02.1998, ECHR 1998-I, Nr. 22729/93, § 91 – *Kaya vs. Türkei*; Urt. v. 27.07.1998, ECHR 1998-IV, Nr. 21593/93, § 81 – *Güleç vs. Türkei*; EGMR (GK), Urt. v. 20.05.1999, ECHR 1999-III, Nr. 21594/93, § 91 – *Oğur vs. Türkei*.

[647] Unter vielen EGMR (GK), Urt. v. 30.03.2016, ECHR 2016, Nr. 5878/08, § 232 – *Armani da Silva vs. Großbritannien*; EGMR, Urt. v. 04.05.2001, Nr. 30054/96, § 95 – *Kelly u. a. vs. Großbritannien*; Urt. v. 07.06.2011, Nr. 42344/07, § 66 – *Predică vs. Rumänien*.

[648] EGMR (GK), Urt. v. 30.03.2016, ECHR 2016, Nr. 5878/08, § 232 – *Armani da Silva vs. Großbritannien*; EGMR (GK), Urt. v. 24.03.2011, ECHR 2011 (extr.), Nr. 23458/02, § 300 – *Giuliani u. Gaggio vs. Italien*. Vgl. *Mowbray*, International and Comparative Law Quarterly, April 2002 (Vol. 51, Iss. 2), S. 437, 440.

[649] EGMR, Urt. v. 27.07.1998, ECHR 1998-IV, Nr. 21593/93.

[650] EGMR, Urt. v. 27.07.1998, ECHR 1998-IV, Nr. 21593/93, § 79 – *Güleç vs. Türkei*.

[651] EGMR, Urt. v. 27.07.1998, ECHR 1998-IV, Nr. 21593/93, § 82 – *Güleç vs. Türkei*.

Genauso hat der Gerichtshof im Fall *McShane gegen Großbritannien*[652] entschieden, dem eine Demonstration mit Gewaltausschreitungen in Londonderry voranging, in der der unbeteiligte Ehemann der Beschwerdeführerin unter einen Bauzaun gedrückt wurde und, als ein Polizeiwagen darüber fuhr, starb. Zwar wurde eine Untersuchung durch die Royal Ulster Constabulary (RUC), deren Mitglieder nicht am Vorgeschehen beteiligt waren, durchgeführt. Dennoch war der beteiligte Soldat für diesen Einsatz dem Befehl eines RUC-Inspektors untergeordnet, sodass der Gerichtshof daraus schloss, dass selbst diese indirekte Verbindung den Zweifel an der Unabhängigkeit hervorrufe und damit nicht die Anforderungen des Art. 2 EMRK erfülle.[653] Auch im Fall *Kelly u. a. gegen Großbritannien*[654] war Gegenstand des Urteils des Gerichtshofs eine Untersuchung der RUC. Im Fall wurden acht IRA-Terroristen und ein Zivilist bei einem Militär- und RUC-Einsatz, der der Verhinderung eines terroristischen Anschlags dienen sollte, getötet. Eine Untersuchung wurde sogleich eingeleitet und Beweise gesichert. Auch standen die untersuchenden Personen weder strukturell noch praktisch zu den beteiligten Soldaten in Verbindung. Doch wurde die Untersuchung vor Ort gemeinsam mit der örtlichen Polizeistation durchgeführt, deren Personal bei der Operation beteiligt war und verletzt wurde. Auch wenn die Untersuchung später durch eine unabhängige Kommission überwacht worden sei, so der Gerichtshof, könne dies keine ausreichende Schutzvorkehrung darstellen. Die wenn auch indirekte Beteiligung der betroffenen Polizisten an der Untersuchung verstoße gegen Art. 2 EMRK.[655]

Dabei verlangt der Gerichtshof keine vollständige institutionelle Unabhängigkeit. Im Fall *Ramsahai u. a. gegen die Niederlande*[656], in dem es um die Untersuchung der tödlich ausgegangenen Verfolgungsjagd eines Motorrollerräubers ging,[657] merkt der Gerichtshof an, dass die untersuchende staatsanwaltschaftliche Einheit keine vollständige rechtliche Unabhängigkeit von der Polizei genieße, da sie auch hinsichtlich der Informationsweitergabe auf die Polizei angewiesen sei. Dies reiche aber nicht aus, um eine

---

652 EGMR, Urt. v. 28.05.2002, Nr. 43290/98.
653 EGMR, Urt. v. 28.05.2002, Nr. 43290/98, §§ 111 f. – *McShane vs. Großbritannien.*
654 EGMR, Urt. v. 04.05.2001, Nr. 30054/96.
655 EGMR, Urt. v. 04.05.2001, Nr. 30054/96, § 114 – *Kelly u. a. vs. Großbritannien.*
656 EGMR (GK), Urt. v. 15.05.2007, ECHR 2007-II, Nr. 52391/99.
657 Sachverhaltsschilderung s. → S. 196.

Unabhängigkeit im Sinne des Art. 2 EMRK zu verneinen. Erst wenn eine konkrete Zusammenarbeit mit der beteiligten Polizeieinheit festgestellt werden könne, sei dies ein Problem. Durch die alleinige Zuständigkeit des Chefstaatsanwalts und die Überprüfung durch ein unabhängiges Gremium falle hier die Beteiligung der Polizei an den Untersuchungen nicht ins Gewicht.[658] Diese Entscheidung steht damit in einem gewissen Widerspruch zur Entscheidung *Kelly u. a. gegen Großbritannien*[659], in welcher der Gerichtshof die Einsetzung eines unabhängigen Gremiums nicht als Sicherheit gelten ließ.[660]

Nicht nur eine institutionelle oder hierarchische Verwobenheit stellt die Erfüllung der Anforderungen des Art. 2 EMRK in Zweifel. Auch fehlende praktische Unabhängigkeit (*practical independence*) nennt der Gerichtshof als Grund einer Konventionsverletzung. Darunter ist die Besorgnis zu verstehen, die untersuchende Einheit nehme die Richtigkeit und Genauigkeit der Berichte der beteiligten Einsatzkräfte an, ohne weitere Untersuchungen durchzuführen.[661] Somit entspricht sie der „subjektiven Unparteilichkeit", die vom Gerichtshof im Rahmen des Art. 6 EMRK verlangt wird.[662] So darf ein Staat auch nicht unhinterfragt annehmen, die getötete Person sei ein:e Terrorist:in gewesen. Im Fall *Kaya gegen die Türkei*[663], den erschossenen Bauern betreffend,[664] wurde dies durch die Staatsanwaltschaft angenommen, ohne Aussagen einzuholen oder andere Beweismittel zu sichern.[665] Den

---

658 EGMR (GK), Urt. v. 15.05.2007, ECHR 2007-II, Nr. 52391/99, §§ 343 ff. – *Ramsahai u. a. vs. Niederlande*.

659 EGMR, Urt. v. 04.05.2001, Nr. 30054/96.

660 Einen klaren Verstoß hingegen erkennt der Gerichtshof im Fall EGMR, Urt. v. 20.04.2010, Nr. 10036/03 – *Bektaş u. Özalp vs. Türkei* an. Bei einem antiterroristischen Einsatz der Polizei waren der Ehemann der ersten Beschwerdeführerin und der Bruder der zweiten Beschwerdeführerin in ihrem Wohnblock getötet worden. Nach dem Einsatz fand eine Untersuchung der Umstände statt, nur wurde diese zunächst von den beteiligten Polizisten selbst durchgeführt und Beweismaterial gesichert. Der Gerichtshof sieht hierbei die Beweissicherung durch den Täter selbst als so gravierend an, dass dies die Unabhängigkeit des gesamten Verfahrens infrage stellt, vgl. § 66.

661 *Mowbray*, International and Comparative Law Quarterly, April 2002 (Vol. 51, Iss. 2), S. 437, 440.

662 *Grabenwarter/Pabel*, EMRK, § 20 Rn. 37 m. w. N.

663 EGMR, Urt. v. 19.02.1998, ECHR 1998-I, Nr. 22729/93.

664 Sachverhaltsschilderung s. → S. 179.

665 EGMR, Urt. v. 19.02.1998, ECHR 1998-I, Nr. 22729/93, § 89 – *Kaya vs. Türkei*.

Anforderungen der praktischen Unabhängigkeit des Gerichtshofs genügte dies nicht; eine eigene unabhängige Rekonstruktion der Tatsachen hätte stattfinden müssen. Der Staat dürfe bei den Ermittlungen sein eigenes Verschulden nicht im Vorhinein ausschließen, so der Gerichtshof.[666]

Das Kriterium der praktischen Unabhängigkeit überschneidet sich teilweise mit der Unparteilichkeit, die der Gerichtshof ebenfalls als Anforderung stellt. So betont er, dass es ein unparteiliches Verfahren nach einem Todesfall geben müsse.[667]

Als Begründung für die Anforderung institutioneller und praktischer Unabhängigkeit bzw. Unparteilichkeit sieht der Gerichtshof neben dem Schutz des Rechtsguts aus Art. 2 EMRK auch den Erhalt des Vertrauens in die Rechtsordnung. Beim Fehlen einer unabhängigen Instanz fürchtet er, dass die Bevölkerung ihren Zuspruch zum Gewaltmonopol des Staates verliere.[668] Er sieht somit auch den positiven Effekt dieser Verfahrensanforderung für den Staat als Gemeinwesen und für die Bevölkerung. Diese weiterhin individualrechtlich intendierte Verfahrensanforderung wirkt somit auch zugunsten einer rechtsstaatlichen Ausgestaltung.

3. Promptheit und angemessene Schnelligkeit

Ebenfalls mit dem öffentlichen Vertrauen begründet er die nächste Anforderung, die aus Art. 2 EMRK für das Verfahren folgt. Für die Aufrechterhaltung des Vertrauens in das staatliche Gewaltmonopol sei es unbedingt erforderlich, so der Gerichtshof, dass die auf einen Todesfall folgende Untersuchung prompt und mit angemessener Schnelligkeit (*promptness*; *reasonable expedition*) durchgeführt werde. Somit muss ein Staat zügig nach der substanziellen Beeinträchtigung die Untersuchung aufnehmen und diese dann mit Entschiedenheit und unter Vermeidung unangemessener Verzögerungen

[666] EGMR, Urt. v. 02.09.1998, ECHR 1998-VI, Nr. 22495/93, §§ 105, 107 – *Yaşa vs. Türkei.*

[667] z.B. EGMR (GK), Urt. v. 27.09.1995, Rep. A 324, Nr. 18984/91 – *McCann u. a. vs. Großbritannien*; EGMR (GK), Urt. v. 06.07.2005, ECHR 2005-VII, Nrn. 43577/98 u. 43579/98, § 112 – *Nachova u. a. vs. Bulgarien*; EGMR, Urt. v. 03.10.2019, Nr. 50283/13, § 69 – *Fountas vs. Griechenland*; zuletzt (Stand: 01.05.2025) EGMR, Urt. v. 13.03.2025, Nrn. 39553/16 u. a., § 380 – *Vyacheslavova u. a. vs. Ukraine.*

[668] EGMR (GK), Urt. v. 30.03.2016, ECHR 2016, Nr. 5878/08, § 232 – *Armani da Silva vs. Großbritannien*; EGMR (GK), Urt. v. 24.03.2011, ECHR 2011 (extr.), Nr. 23458/02, § 300 – *Giuliani u. Gaggio vs. Italien*. Vgl. *Mowbray*, International and Comparative Law Quarterly, April 2002 (Vol. 51, Iss. 2), S. 437, 440.

durchführen.[669] Zwar müsse akzeptiert werden, dass Hindernisse und Schwierigkeiten den Fortschritt einer Untersuchung verhindern könnten. Jedoch sei eine prompte Antwort der Behörden auf tödliche Gewalt in Form einer Untersuchung als essentiell anzusehen, um das öffentliche Vertrauen in den Rechtsstaat zu erhalten und jeglichen Eindruck der Akzeptanz rechtswidriger Taten zu verhindern.[670] Der Bezugspunkt des Vertrauens ist bei der Schnelligkeit als Verfahrensanforderung also der Rechtsstaat, den der Gerichtshof hier unangetastet wissen will.

Der Fall *Mocanu u. a. gegen Rumänien*[671] betraf Demonstrationen in Rumänien im Jahr 1990. Der Demonstrationszug zog um das Innenministerium; aus diesem heraus feuerten staatliche Einsatzkräfte Schüsse in die Menge. Der Ehemann der ersten Beschwerdeführerin wurde dabei getroffen und starb an einer Kopfverletzung. Das Untersuchungsverfahren begann 1990 und war bis zum Urteil des Gerichtshofs im Jahr 2014 noch nicht abgeschlossen. Ein Verfahren, das nach über 23 Jahren noch nicht abgeschlossen sei, genüge nicht den Anforderungen des Art. 2 EMRK, so die Große Kammer. Die Wichtigkeit des Verfahrens für die rumänische Bevölkerung hätte ein promptes Vorgehen begünstigen müssen, um den Schein von Absprachen und von Akzeptanz rechtswidriger Taten zu verhindern. Dennoch hätten lange Perioden der Inaktivität zum Verfahren gehört.[672] Eine solche Vorgehensweise könne nicht dem obersten Gebot der Effektivität dienen, da im Fall nun bereits drei der fünf Armeeoffiziere, die am Vorgehen während der Demonstration beteiligt gewesen seien, verstorben seien.[673]

Im Fall *Kelly u. a. gegen Großbritannien*[674], der die Untersuchung eines terroristischen Überfalls auf eine Polizeistation betraf, bei dem Terroristen und ein Zivilist getötet worden waren,[675] wurde die polizeiliche Untersuchung

---

669 Vgl. *Mowbray*, International and Comparative Law Quarterly, April 2002 (Vol. 51, Iss. 2), S. 437, 442.

670 EGMR (GK), Urt. v. 30.03.2016, ECHR 2016, Nr. 5878/08, § 237 – *Armani da Silva vs. Großbritannien*.

671 EGMR (GK), Urt. v. 17.09.2014, ECHR 2014 (extr.), Nrn. 10865/09 u. a.

672 EGMR (GK), Urt. v. 17.09.2014, ECHR 2014 (extr.), Nrn. 10865/09 u. a., §§ 335-348 – *Mocanu u. a. vs. Rumänien*.

673 EGMR (GK), Urt. v. 17.09.2014, ECHR 2014 (extr.), Nrn. 10865/09 u. a., § 335 – *Mocanu u. a. vs. Rumänien*.

674 EGMR, Urt. v. 04.05.2001, Nr. 30054/96.

675 Sachverhaltsschilderung s. → S. 183.

zwar umgehend begonnen,[676] die öffentliche Anhörung durch unabhängige Justizangehörige erfolgte jedoch erst acht Jahre nach der Tötung. Zwar hatten die beteiligten Angehörigen Anteil an den Verzögerungen, doch stellt der Gerichtshof fest, dass das Verhalten der Angehörigen nicht die Behörden davon entbinde, ihrer Pflicht der angemessenen Verfahrensschnelligkeit nachzukommen.[677]

In jüngerer Zeit entschied im Fall *Sakvarelidze gegen Georgien*[678] der Gerichtshof, dass auch wenn ein Verfahren gleich eröffnet werde und wichtige Ermittlungsmaßnahmen ergriffen würden, die Gesamtlänge, die Verzögerungen und Phasen totaler Inaktivität im Verfahren diese positiven Handlungen überschatteten.[679] Die Beschwerdeführerin hatte bei einem Zusammenstoß mit einem bewaffneten Militärfahrzeug zwei Familienmitglieder verloren. Vorliegend endete das Verfahren erst 13 Jahre nach dem Unfall und konnte kein endgültiges Ergebnis zur Aufklärung der Umstände liefern.

4. Beweissicherung

Nach der Rechtsprechung des Gerichtshofs liegt weiterhin nur dann ein effektives Verfahren im Sinne des Art. 2 EMRK vor, wenn die Behörden bei der Beweisaufnahme bestimmte Anforderungen erfüllen. Er verlangt, dass die Behörden alle verständigen, ihnen verfügbaren Schritte unternehmen, um die Beweise zu sichern (*secure the evidence*).[680]

---

676 EGMR, Urt. v. 04.05.2001, Nr. 30054/96, § 113 – *Kelly u. a. vs. Großbritannien.*

677 EGMR, Urt. v. 04.05.2001, Nr. 30054/96, §§ 130-132 – *Kelly u. a. vs. Großbritannien.* S. a. EGMR, Urt. v. 17.07.2018, Nr. 15086/07 – *Mazepa u. a. vs. Russland* zur Untersuchung der Erschießung einer bekannte Investigativjournalistin. Zwar war ein Ermittlungsverfahren sogleich eröffnet und die Täter zunächst zu Haftstrafen verurteilt worden; das Verfahren war aber zum Zeitpunkt des Urteils des Gerichtshofs, also nach elf Jahren, noch nicht abgeschlossen, § 81.

678 EGMR, Urt. v. 06.02.2020, Nr. 40394/10.

679 EGMR, Urt. v. 06.02.2020, Nr. 40394/10, § 53 – *Sakvarelidze vs. Georgien.*

680 EGMR (GK), Urt. v. 06.07.2005, ECHR 2005-VII, Nrn. 43577/98 u. 43579/98, § 113 – *Nachova u. a. vs. Bulgarien*; EGMR (GK), Urt. v. 25.06.2019, Nr. 41720/13, § 166 – *Nicolae Virgiliu Tănase vs. Rumänien*; EGMR, Urt. v. 04.05.2001, Nr. 37715/97, § 90 - *Shanaghan vs. Großbritannien*; EGMR, Urt. v. 04.05.2001, ECHR 2001-III, Nr. 28883/95, § 113 – *McKerr vs. Großbritannien.*

In den frühen Fällen, wie beispielsweise in *Kaya gegen die Türkei*[681], merkte er lediglich an, dass den untersuchenden Behörden die Notwendigkeit der Beweissicherung einleuchten sollte und im Fall des getöteten Bauern ohne Zeugenvernehmung und ohne Suche nach Patronenhülsen keine Rekonstruktion im Untersuchungsverfahren möglich sei.[682] Bald aber ging er auf die einzelnen Beweiserhebungsmethoden ein und äußerte sich zu diesen konkret. So bewertete er im Fall *Güleç gegen die Türkei*[683] als ungenügend hinsichtlich Art. 2 EMRK, dass die Untersuchungsinstanz zwar einige Personen, nicht aber den Fahrer des Polizeifahrzeuges und die Person, die neben dem Opfer stand, befragte.[684]

Im Fall von *Gül gegen die Türkei*[685] zeigte sich für den Gerichtshof die Bedeutung forensischer Untersuchungen. Um verdächtige Terroristen zu finden, kam die Polizei zum Haus der Familie des Beschwerdeführers. Sie schoss durch die Haustür und traf den Sohn des Beschwerdeführers tödlich. Die Regierung verteidigte sich damit, dass der Sohn zuerst geschossen habe, während die Familie dies verneinte. Es wurden zwar die zur Tatzeit anwesenden Personen vernommen, doch weder war nach der Patrone gesucht worden, die das Opfer angeblich auf die Polizei geschossen hatte, noch gab es einen fundierten Bericht darüber, ob und von welchen Einsatzkräften Waffen in der Wohnung gefunden worden waren. Außerdem wurden weder die Hände des Opfers auf Schmauchspuren, noch die Waffe auf seine Fingerabdrücke untersucht.[686] Ohne diese Beweise konnte die Rechtmäßigkeit des Einsatzes von Waffengewalt nicht eingeschätzt werden, sodass die Anforderungen des Art. 2 EMRK nicht gewahrt wurden.

Auch im Fall *Nachova u. a. gegen Bulgarien*[687], in dem zwei Männer auf der Flucht vor dem Militärdienst von anderen Soldaten erschossen wurden, reichte dem Gerichtshof die Beweisaufnahme nicht aus. Weder wurden die

---

681 EGMR, Urt. v. 19.02.1998, ECHR 1998-I, Nr. 22729/93. Sachverhaltsschilderung s. → S. 179.

682 EGMR, Urt. v. 19.02.1998, ECHR 1998-I, Nr. 22729/93, § 89 – *Kaya vs. Türkei.*

683 EGMR, Urt. v. 27.07.1998, ECHR 1998-IV, Nr. 21593/93.

684 EGMR, Urt. v. 27.07.1998, ECHR 1998-IV, Nr. 21593/93, § 79 – *Güleç vs. Türkei.*

685 EGMR, Urt. v. 14.12.2000, Nr. 22676/93.

686 EGMR, Urt. v. 14.12.2000, Nr. 22676/93, § 89 – *Gül vs. Türkei.*

687 EGMR (GK), Urt. v. 06.07.2005, ECHR 2005-VII, Nrn. 43577/98 u. 43579/98; Sachverhaltsschilderung s. → S. 92.

Ereignisse schriftlich und kartographisch rekonstruiert, noch wurde das Schussverhalten, die Nähe zwischen Täter und Opfer sowie die automatische Einstellung der Waffe untersucht.[688]

Zu den notwendigen Beweissicherungsmaßnahmen zählt der Gerichtshof neben Aussagen und forensischen Berichten auch besonders Autopsien.[689] So sah er es im Fall *Kaya gegen die Türkei*[690] als einen Fehler im Verfahren der Behörden an, dass die Autopsie des toten Bauern nur auf wenige Befunde beschränkt war. So waren lediglich die Tiefe und Orte der Schusswunden im Körper des Opfers vermerkt. Ein Autopsiebericht, der so viele kritische Punkte offenlasse, könne nicht als Grundlage einer effektiven Untersuchung dienen.[691] Gerade in Fällen des Todes unter ungeklärten Umständen ist die Autopsie für den Gerichtshof von entscheidender Bedeutung.[692]

Gerade in der Gegenüberstellung zweier Untersuchungen *post mortem* zeigten sich im Fall *Saribekyan u. Balyan gegen Aserbaidschan*[693] große Unterschiede hinsichtlich der effektivitätssichernden Wirkung. Der Sohn des armenischen beschwerdeführenden Paares sammelte nahe der armenisch-aserbaidschanischen Grenze im Wald Holz, als er die Orientierung verlor und von der aserbaidschanischen Grenzpolizei aufgegriffen wurde. Seine Eltern meldeten ihn als vermisst; zugleich wurde in aserbaidschanischen Medien über das Ergreifen eines armenischen Spions berichtet, als dieser versuchte, für einen terroristischen Anschlag nach Aserbaidschan zu gelangen. Zwei Wochen später wurde sein Suizid in einer Gefängniszelle vermeldet. Sein bereits

---

688 EGMR (GK), Urt. v. 06.07.2005, ECHR 2005-VII, Nrn. 43577/98 u. 43579/98, §§ 115 f. – *Nachova u. a. vs. Bulgarien*.

689 Unter vielen EGMR (GK), Urt. v. 30.03.2016, ECHR 2016, Nr. 5878/08, § 233 – *Armani da Silva vs. Großbritannien*; EGMR, Urt. v. 28.05.2002, Nr. 43290/98, § 96 – *McShane vs. Großbritannien*.

690 EGMR, Urt. v. 19.02.1998, ECHR 1998-I, Nr. 22729/93. Sachverhaltsschilderung s. → S. 179.

691 EGMR, Urt. v. 19.02.1998, ECHR 1998-I, Nr. 22729/93, § 89 – *Kaya vs. Türkei*.

692 S. hierzu auch EGMR (GK), Urt. v. 27.06.2000, ECHR 2000-VII, Nr. 21986/93 – *Salman vs. Türkei* und den Todesfall in einer Polizeizelle, von dessen vorhergehenden Ereignissen keine gesicherte Erkenntnis gewonnen werden konnte. Dass auch der Autopsiebericht keine Klarheit in die Umstände bringen konnte, lag nach Ansicht des Gerichtshofs auch an den Fehlern im Bericht. So gab es keine akkuraten Fotographien des Körpers und es fehlte die histopathologische Untersuchung der Verletzungen, um das Alter und den Ursprung der Verletzungen nachvollziehen zu können, § 106.

693 EGMR, Urt. v. 30.01.2020, Nr. 35746/11.

verwesender Körper wurde untersucht und einen weiteren Monat später den armenischen Behörden übergeben. Diese eröffneten ein Verfahren und führten ebenfalls eine Untersuchung des Körpers durch. Auf Nachfragen der armenischen Behörden antwortete Aserbaidschan nicht.

Der Gerichtshof stellt die beiden Autopsieberichte gegenüber: Der aserbaidschanische Bericht stellte lediglich den Tod durch selbstzugefügte Erstickung infolge Erhängens fest. Weitere Verletzungen seines Körpers wurden nicht erwähnt. Der armenische Bericht wies aber darauf hin, dass das Ersticken auch durch die Nutzung eines Rings hervorgerufen worden sein konnte und dass weitere unmittelbar vor seinem Tod zugefügte Verletzungen, wie ein Schädel-Hirn-Trauma, zu erkennen waren. Nur dem armenischen Bericht waren Fotos und schematische Zeichnungen beigefügt. Diese zeigten auch Verletzungen, die wegen ihrer Erkennbarkeit auch der aserbaidschanische Bericht hätte erwähnen müssen. Durch die Gegenüberstellung wurden für den Gerichtshof die Fehler und Lücken des aserbaidschanischen Berichts besonders deutlich.[694]

5. Öffentlichkeit

Zu den weiteren, jüngeren[695] Anforderungen des Gerichtshofs zählt die Öffentlichkeit (*public scrutiny*) des Verfahrens. Diese soll dazu dienen, die Verantwortlichkeit und Rechenschaft abzusichern. Hinsichtlich des Grads an öffentlicher Beteiligung lässt der Gerichtshof jedoch Unterschiede zu. Diese Anforderung verlange gerade nicht die Veröffentlichung aller Polizeiberichte und jeglichen Beweismaterials, da diese auch stets vorverurteilende Wirkung für Individuen haben könnten.[696] So stellt er auch in Fällen, in denen die Öffentlichkeit keinen Zugang zu Informationen hatte, nicht automatisch die Verletzung des Art. 2 EMRK fest.[697] Ein Ausschluss der Öffentlichkeit in einem frühen Verfahrensstadium könne auch in einem späteren Stadium

---

694 EGMR, Urt. v. 30.01.2020, Nr. 35746/11, §§ 65-67 – *Saribekyan u. Balyan vs. Aserbaidschan.*

695 Erstmals in EGMR, Urt. v. 04.05.2001, ECHR 2001-III, Nr. 28883/95, § 115 – *McKerr vs. Großbritannien.* S. a. EGMR, Urt. v. 04.05.2001, Nr. 37715/97, § 92 – *Shanaghan vs. Großbritannien*; Urt. v. 04.05.2001, Nr. 30054/96, § 98 – *Kelly u. a. vs. Großbritannien* sowie Urt. v. 04.05.2001, Nr. 24746/94, § 109 – *Hugh Jordan vs. Großbritannien.*

696 EGMR (GK), Urt. v. 24.03.2011, ECHR 2011 (extr.), Nr. 23458/02, § 304 – *Giuliani u. Gaggio vs. Italien.*

697 EGMR, Urt. v. 04.05.2001, Nr. 30054/96, § 115 – *Kelly u. a. vs. Großbritannien.*

ausgeglichen werden.[698] In dem neueren Fall *Fountas gegen Griechenland*[699] eines Mannes, der bei einer zufälligen Autokontrolle im beidseitigen Schusswechsel von der Polizei erschossen wurde, bleibt der Gerichtshof zwar bei diesen Aussagen und vermerkt zudem, dass öffentliche Anhörungen kein Teil der Verfahrensverpflichtungen aus Art. 2 EMRK seien.[700] Auch betont er, dass die Veröffentlichung von Polizeiberichten wegen der sensiblen Informationen über Dritte nicht von Art. 2 EMRK gefordert werde. Doch könne er eine Verzögerung von vier Jahren durch die Datenschutzbehörde zum Schutz der Drittinteressen nicht als legitim erachten.[701]

6. Beteiligung der betroffenen Personen

Während der Gerichtshof den Konventionsstaaten einen weiten Spielraum bei der Einbeziehung der Öffentlichkeit lässt, hat die Beteiligung der Opferangehörigen (*accessible to the victim's family*; *the next-of-kin of the victim must be involved in the procedure*) im Laufe der Jahre an Bedeutung gewonnen: seit dem Urteil *McCann u. a. gegen Großbritannien* hat der Gerichtshof die Beteiligung der Angehörigen und deren Versorgung mit Informationen deutlicher in den Vordergrund gerückt.[702] In der vorliegenden Fallgruppe, die durch einen Todesfall als substanzielle Beeinträchtigung gekennzeichnet ist, ist eigentlich keine rechteinnehabende Person mehr existent, deren Rechte in der *konkreten Nachphase* verletzt werden könnten. Durch den Tod der originär verletzten Person treten andere Rechtsträger:innen stärker in den Vordergrund.

Wie der Gerichtshof ihre Betroffenheit durch den Todesfall konstruiert, zeigt sich in seinen Zulässigkeitserwägungen zu Beschwerden von Angehörigen nach Todesfällen. Gemäß Art. 34 EMRK kann jede natürliche Person, nichtstaatliche Organisation oder Personengruppe (*any person, non-governmental organisation or group of individuals*) Individualbeschwerde vor dem Gerichtshof erheben, wenn sie behauptet, durch einen der Konventionsstaaten in einem der Konventionsrechte verletzt zu sein (*claiming to be a victim of a violation*). Hieraus zieht der Gerichtshof zum einen die

---

698 Vgl. EGMR, Urt. v. 04.05.2001, Nr. 24746/94, § 121 – *Hugh Jordan vs. Großbritannien.*

699 EGMR, Urt. v. 03.10.2019, Nr. 50283/13.

700 EGMR, Urt. v. 03.10.2019, Nr. 50283/13, § 88 – *Fountas vs. Griechenland.*

701 EGMR, Urt. v. 03.10.2019, Nr. 50283/13, § 94 – *Fountas vs. Griechenland.*

702 EGMR, Urt. v. 04.05.2001, Nr. 30054/96, § 127 – *Kelly u. a. vs. Großbritannien.*

Anforderung an die Parteifähigkeit, zum anderen die Beschwerdebefugnis, die als Opfereigenschaft bezeichnet wird.[703] Nach der Praxis des Gerichtshofs und im Einklang mit dem Wortlaut des Art. 34 EMRK können Beschwerden nur von oder im Namen von lebenden Personen eingelegt werden. Stirbt die beschwerdeführende Person nach Einlegung der Beschwerde können ihre Erbberechtigten die Beschwerde fortsetzen, ohne dass die Beschwerde auf ihren Namen umgeändert wird.[704] In Fällen, die die *konkrete Nachphase* nach einem Todesfall zum Gegenstand haben und damit eine diesbezügliche Beschwerde erst nach dem Todesfall eingelegt wird, ist also immer eine andere Person als das Opfer der substanziellen Beeinträchtigung die Beschwerdeführerin. Die Beschwerde wird dann auch unter deren Namen geführt;[705] die beschwerdeführende Person muss die weiteren Zulässigkeitsvoraussetzungen erfüllen und muss also Opfer im Sinne des Art. 34 EMRK sein. Hierfür muss die Person nach nicht formalistischer, autonomer[706] Auslegung dieses Begriffs durch den Gerichtshof substantiiert und schlüssig vorbringen, sie sei durch die bezeichnete hoheitliche Maßnahme in einem bestimmten Konventionsrecht verletzt.[707] Betroffen oder beschwert ist hierbei nicht nur das direkte Opfer, sondern auch *mittelbare* Opfer, bei denen die Verletzung Schaden verursacht hat, oder die ein persönliches Interesse daran haben, dass die behauptete Verletzung ein Ende findet.[708] So können nächste Angehörige auch Beschwerden vorbringen, die sich auf eine direkte Betroffenheit der toten Person und ihre eigene indirekte Betroffenheit beziehen.[709] Dies begründet der Gerichtshof mit der besonderen Situation, die zum einen der Natur der behaupteten Verletzung entspringe: Eine andere

---

703 Vgl. *Grabenwarter/Pabel*, EMRK, § 13 Rn. 16.

704 EGMR (GK), Urt. v. 18.09.2009, ECHR 2009, Nrn. 16064/90 u. a., § 111 – *Varnava u. a. vs. Türkei*. *Grabenwarter/Pabel*, EMRK, § 13 Rn. 8 nennen als zusätzliche Voraussetzungen ein berechtigtes Interesse oder eine allgemeine Bedeutung.

705 EGMR (GK), Urt. v. 18.09.2009, ECHR 2009, Nrn. 16064/90 u. a., § 111 – *Varnava u. a. vs. Türkei*.

706 EGMR (GK), Urt. v. 07.11.2013, ECHR 2013 (extr.), Nrn. 28381/09 u. 32684/09, § 47 – *Vallianatos u. a. vs. Griechenland*.

707 *Grabenwarter/Pabel*, EMRK, § 13 Rn. 17.

708 EGMR (GK), Urt. v. 07.11.2013, ECHR 2013 (extr.), Nrn. 28381/09 u. 32684/09, § 47 – *Vallianatos u. a. vs. Griechenland*.

709 EGMR (GK), Urt. v. 18.09.2009, ECHR 2009, Nrn. 16064/90 u. a., §§ 111 ff. – *Varnava u. a. vs. Türkei*.

Weise der Geltendmachung der Verletzung einer toten Person bleibe nicht. Zum anderen sei diese Konstruktion dem effektiven Schutz des Lebens als eine der fundamentalsten Konventionsgarantien geschuldet.[710] Deswegen – hauptsächlich in Fällen des Todes oder des Verschwindens des unmittelbaren Opfers, aber auch hinsichtlich der vorausgehenden Folter, einer erniedrigenden oder unmenschlichen Behandlung[711] – kommt der Gerichtshof zum Schluss, dass auch nahe Familienangehörige die Beschwerde als indirekte Opfer einer Verletzung des Art. 2 EMRK erheben können.[712] Unabhängig von ihrer Erbberechtigung können diese das Beschwerdeverfahren führen, wenn eine hinreichende Verbindung (*sufficient link*) zwischen ihnen und dem Opfer oder ihnen und dem Geschehen besteht. Ebenfalls nimmt der Gerichtshof eine solche Verbindung bei verheirateten[713] und unverheirateten[714] Paaren, Geschwistern,[715] Kindern[716] und Eltern sowie Nichten und Neffen[717] an.

Daneben können Angehörige auch *unmittelbare* Opfer der Verletzung eines anderen Familienmitglieds sein, wenn ihr eigenes Leiden auf eine schwerwiegende Menschenrechtsverletzung des anderen Familienmitglieds zurückgeht. Hierbei muss sich das Leiden aber in seinem Ausmaß und seinem Charakter von dem emotionalen Kummer unterscheiden, der regelmäßig mit einer schwerwiegenden Menschenrechtsverletzung eines Angehörigen einhergeht.[718]

Im Fall einer staatlichen Tötung müssen die Ermittlungen für die Angehörigen so weit zugänglich sein, dass ihre legitimen Interessen gewahrt

---

710 EGMR, Beschl. v. 08.03.2005, ECHR 2005-VI, Nr. 24790/04 – *Fairfield u. a. vs. Großbritannien*.

711 EGMR, Urt. v. 11.02.2016, Nr. 15509/12, § 105 – *Karpylenko vs. Ukraine*.

712 EGMR, Urt. v. 13.11.2012, Nr. 7678/09, § 86 – *Van Colle vs. Großbritannien*.

713 EGMR (GK), Urt. v. 27.09.1995, Rep. A 324, Nr. 18984/91 – *McCann u. a. vs. Großbritannien*.

714 EGMR, Beschl. v. 18.05.1999, ECHR 1999-V, Nr. 41488/98 – *Velikova vs. Bulgarien*.

715 EGMR, Urt. v. 19.02.1998, ECHR 1998-I, Nr. 22729/93 – *Kaya vs. Türkei*.

716 EGMR, Urt. v. 04.05.2001, ECHR 2001-III, Nr. 28883/95 – *McKerr vs. Großbritannien*.

717 EGMR, Urt. v. 02.09.1998, ECHR 1998-VI, Nr. 22495/93 – *Yaşa vs. Türkei*.

718 Um diese besondere Schwere zu erkennen, wendet der Gerichtshof die Kriterien des Verwandtschaftsgrads, die besonderen Umstände der zwischenmenschlichen Beziehung, das mögliche Bezeugen der Verletzungshandlung durch die Angehörigen und ihre Versuche, Informationen über den Verbleib des Familienmitglieds zu erlangen, an, vgl. EGMR (GK), Urt. v. 21.10.2013, ECHR 2013, Nrn. 55508/07 u. 29520/09, §§ 177 ff. – *Janowiec u. a. vs. Russland*.

werden; dennoch muss nicht jeder Anfrage hinsichtlich jedes Beweismittels stattgegeben werden.[719] In manchen Urteilen wird den Angehörigen neben dem Recht auf Beteiligung aber auch eine Pflicht auferlegt. Der Fall *Varnava u. a. gegen die Türkei*[720] betraf eine türkische Militäroperation in Nordzypern im Jahr 1974 mit der Folge der anhaltenden Teilung des Gebiets. Nach dem Verschwinden von neun Männern wurde keine Untersuchung eingeleitet, auch nicht, als die Leiche eines der Männer vom UN Committee on Missing Persons in einem Massengrab im Jahr 2007 gefunden wurde. Der Gerichtshof entschied, dass bei Todesfällen von den Angehörigen erwartet wird, dass sie das Untersuchungsverfahren – dessen Fortschritte oder ein Fehlen dessen – verfolgen und die Beschwerde vor dem Gerichtshof baldmöglichst einlegen, sobald sie den Mangel einer effektiven strafrechtlichen Untersuchung erkennen oder erkennen mussten.[721]

Ansonsten sieht der Gerichtshof allerdings alleinig die Konventionsstaaten in der Pflicht: die Untersuchung eines Todesfalles sei als ein Verfahren von Amts wegen durchzuführen.[722] Keinesfalls müsse ein Staat nur dann handeln, wenn Angehörige einen formellen Rechtsbehelf mit der Mitteilung eines Todesfalles eingelegt hätten.[723]

Im Fall *Güleç gegen die Türkei*[724], des tödlich endenden Polizeieinsatzes auf einer unangemeldeten Demonstration, war der Vater des Opfers nicht über die administrativen und gerichtlichen verfahrensbeendenden Entscheidungen informiert worden; erst eineinhalb Jahre später wurde ihm die Einstellung der Verfahren auf anwaltliche Nachfrage mitgeteilt.[725] Der Gerichtshof sah unter anderem mangels Beteiligung der Angehörigen die Untersuchung als

---

[719] EGMR (GK), Urt. v. 24.03.2011, ECHR 2011 (extr.), Nr. 23458/02, §§ 303 f. – *Giuliani u. Gaggio vs. Italien*.

[720] EGMR (GK), Urt. v. 18.09.2009, ECHR 2009, Nrn. 16064/90 u. a.

[721] EGMR (GK), Urt. v. 18.09.2009, ECHR 2009, Nrn. 16064/90 u. a., § 158 – *Varnava u. a. vs. Türkei*. S. a. EGMR, Urt. v. 11.06.2019, Nr. 29309/16, § 29 – *Prizreni vs. Albanien*.

[722] Ausführlich → s.o. S. 181. Unter vielen EGMR, Urt. v. 04.05.2001, Nr. 24746/94, § 105 – *Hugh Jordan vs. Großbritannien*; Urt. v. 04.05.2001, Nr. 30054/96, § 94 – *Kelly u. a. vs. Großbritannien*.

[723] EGMR, Urt. v. 02.09.1998, ECHR 1998-VI, Nr. 22495/93, § 100 – *Yaşa vs. Türkei*.

[724] EGMR, Urt. v. 27.07.1998, ECHR 1998-IV, Nr. 21593/93.

[725] EGMR, Urt. v. 27.07.1998, ECHR 1998-IV, Nr. 21593/93, § 13 – *Güleç vs. Türkei*.

ineffektiv an.[726] Im Fall *Oğur gegen die Türkei*[727] hatte die Mutter des erschossenen Minenwachmannes weder die Möglichkeit, die Akten der behördlichen Ermittlung einzusehen, noch gab es im gerichtlichen Verfahren eine mündliche Verhandlung, an der sie hätte teilnehmen können. Zudem wurde ihr die Entscheidung nicht mitgeteilt, sodass sie selbst kein fristgerechtes Rechtsmittel einlegen konnte.[728]

Im Fall des bei einem Polizeieinsatz durch die Haustür erschossenen Jungen, *Gül gegen die Türkei*,[729] waren die Angehörigen nicht über das strafgerichtliche Verfahren informiert worden, obwohl sie selbst bei der Tat anwesend gewesen waren und eine andere als die polizeiliche Version der Vorgänge hätten vortragen können.[730]

Der Vater des bei einer Autokontrolle getöteten Opfers im Fall *Fountas gegen Griechenland*[731] war erst nach der Autopsie über den Tod seines Sohnes informiert worden, obwohl dieser bereits am Tatort identifiziert worden war.[732] Im griechischen Recht haben die Angehörigen zwar in der Anfangsphase der Untersuchung kein Akteneinsichtsrecht, ihnen stehen aber Rechtsschutzmöglichkeiten zur Verfügung. Diese nutzte der Vater; dass sie abgelehnt worden seien, stelle selbst ohne ersichtliche Willkür noch keine Verletzung des Art. 2 EMRK dar, so der Gerichtshof.[733] Doch folge aus einer nur eingeschränkten oder ganz verweigerten Akteneinsicht, dass Angehörige ihre Rechtsmittel nur eingeschränkt nutzen könnten: sie könnten nur über die Gründe der Entscheidung spekulieren und sie deshalb auch nicht effektiv entkräften.[734] In Ermangelung dieser wichtigen Garantie kommt der Gerichtshof zum Schluss, dass das Verfahren ineffektiv ausgestaltet worden sei.[735]

---

726 EGMR, Urt. v. 27.07.1998, ECHR 1998-IV, Nr. 21593/93, § 82 – *Güleç vs. Türkei.*

727 EGMR (GK), Urt. v. 20.05.1999, ECHR 1999-III, Nr. 21594/93. Sachverhaltsschilderung s. → S. 180.

728 EGMR (GK), Urt. v. 20.05.1999, ECHR 1999-III, Nr. 21594/93, §§ 15, 92 – *Oğur vs. Türkei.*

729 EGMR, Urt. v. 14.12.2000, Nr. 22676/93; Sachverhaltsschilderung s. → S. 188.

730 EGMR, Urt. v. 14.12.2000, Nr. 22676/93, § 93 – *Gül vs. Türkei.*

731 EGMR, Urt. v. 03.10.2019, Nr. 50283/13; Sachverhaltsschilderung s. → S. 191.

732 EGMR, Urt. v. 03.10.2019, Nr. 50283/13, §§ 10, 20 – *Fountas vs. Griechenland.*

733 EGMR, Urt. v. 03.10.2019, Nr. 50283/13, §§ 90 f. – *Fountas vs. Griechenland.*

734 EGMR, Urt. v. 03.10.2019, Nr. 50283/13, § 93 – *Fountas vs. Griechenland.*

735 EGMR, Urt. v. 03.10.2019, Nr. 50283/13, § 96 – *Fountas vs. Griechenland.*

Gerade wenn die Informationen notwendig sind, um ein Rechtsmittel überhaupt oder gut begründet einzulegen, sieht der Gerichtshof die fehlende Beteiligung der Angehörigen als Verletzung des Art. 2 EMRK an.[736]

7. Gründlichkeit

Im Fall *Finogenov u. a. gegen Russland*[737], der bereits in der *konkreten Vorphase* relevant war,[738] erläuterte der Gerichtshof zudem, was unter einer gründlichen (*thorough*) Untersuchung zu verstehen sei. Nachdem die Geiselnahme von 900 Menschen im Moskauer Dubrovka-Theater durch den Einsatz eines Narkosegases von den Sicherheitsbehörden aufgelöst werden konnte, wurde der Tod von 125 Geiseln untersucht; ein Strafverfahren wurde zunächst eröffnet, doch dann nicht weiterverfolgt und alle Schadensersatzklagen wurden abgewiesen. Das Erfordernis einer gründlichen Untersuchung aus Art. 2 EMRK bedeute, so der Gerichtshof, dass die Behörden ernsthaft versuchen müssten, den tatsächlichen Geschehensablauf herauszufinden, und sich nicht auf voreilige und unbegründete Schlussfolgerungen stützen dürften, um ihre Untersuchungen abzuschließen. Jeder Mangel in der Untersuchung, der ihre Fähigkeit beeinträchtige, die Tatsachen oder die Identität der verantwortlichen Personen festzustellen, könne zu einem Verstoß gegen die Konvention führen.[739]

8. Adäquanz

Erst seit dem Jahr 2007, also knapp zehn Jahre nach der erstmaligen Erwähnung prozessualer Garantien aus Art. 2 EMRK, hat der Gerichtshof den Begriff der adäquaten (*adequate*), also angemessenen Untersuchung in seine Prüfung aufgenommen.[740] Im Fall *Ramsahai u. a. gegen die Niederlande*[741] ging es um den erwachsenen Enkel der Beschwerdeführer, der, nachdem er einen

---

[736] EGMR, Urt. v. 27.07.2006, Nr. 69481/01, § 124 – *Bazorkina vs. Russland*; Urt. v. 07.06.2011, Nr. 42344/07, §§ 67, 71 – *Predică vs. Rumänien*; Urt. v. 04.05.2001, Nr. 30054/96, § 128 – *Kelly u. a. vs. Großbritannien*.

[737] EGMR, Urt. v. 20.12.2011, ECHR 2011 (extr.), Nrn. 18299/03 u. 27311/03.

[738] Vgl. → S. 93.

[739] EGMR, Urt. v. 20.12.2011, ECHR 2011 (extr.), Nrn. 18299/03 u. 27311/03, § 271 – *Finogenov u. a. vs. Russland*.

[740] EGMR, Urt. v. 03.10.2019, Nr. 50283/13, § 68 – *Fountas vs. Griechenland*; zuletzt (Stand: 01.05.2025) EGMR, Urt. v. 09.01.2025, Nr. 51448/15, § 113 – *Petrosyan vs. Armenien*.

[741] EGMR (GK), Urt. v. 15.05.2007, ECHR 2007-II, Nr. 52391/99.

Motorroller auf einem Straßenfest geraubt hatte, von der Polizei verfolgt wurde. Als er gestoppt wurde, zog er eine Schusswaffe, woraufhin einer der Polizisten ihn tödlich mit einem Schuss aus seiner Pistole traf. In diesem Urteil führt die Große Kammer erstmals aus, dass eine Untersuchung eines staatlich verursachten Todesfalles zuallererst adäquat sein müsse, um effektiv im Sinne des Art. 2 EMRK zu sein.[742] Adäquanz liege dann vor, wenn das Verfahren zur Identifikation und Sanktionierung der Verantwortlichen führe. Es wirkt, als ob der Gerichtshof hier den Begriff der Adäquanz zwischen die Effektivität und die beiden[743] Voraussetzungen der Tatsachen- und Verantwortlichkeitsklärung setzt: die Effektivität wird bejaht, wenn das Verfahren adäquat ist. Adäquat ist es, wenn es zur Identifikation und Sanktionierung der Verantwortlichen geeignet ist. Dagegen spricht aber der Tenor des Urteils: hier nennt er die Adäquanz und die Unabhängigkeit der Untersuchung in zwei verschiedenen Punkten.[744]

9. Bewertung

Der Grundsatz effektiven Konventionsrechtsschutzes[745] zieht sich weiter in die *konkrete Nachphase*. Alle Herausbildungen verfahrensrechtlicher Garantien sind auf den effektiven Schutz des Rechtsgutes selbst ausgerichtet. Dieser wird nur dann wirksam, also nicht nur theoretisch, gewährt, wenn auch das Verfahren, das sich an einen nachgewiesenen oder behaupteten staatlich verursachten Todesfall anschließt, seinerseits effektiv ausgestaltet ist. Damit dies vorliegt, muss die Verfahrenssituation von einer unabhängigen Instanz und mit angemessener Schnelligkeit durchgeführt werden, auf umfassender Beweissicherung basieren, für die Angehörigen und in gewissem Umfang auch für die Öffentlichkeit zugänglich sein, gründlich geführt werden und dadurch geeignet sein, ein Ergebnis zur Rechtmäßigkeit der Handlung und

[742] EGMR (GK), Urt. v. 15.05.2007, ECHR 2007-II, Nr. 52391/99, § 324 – *Ramsahai u. a. vs. Niederlande.*

[743] Hier war es nur eine. In der folgenden Rechtsprechung nahm der Gerichtshof die zweite Anforderung nun doch wieder hinzu, so z.B. EGMR, Urt. v. 03.10.2019, Nr. 50283/13, § 68 – *Fountas vs. Griechenland.* In manchen Fällen nennt er die Feststellung der Tatsachen ebenfalls als eine dritte Anforderung, EGMR (GK), Urt. v. 30.03.2016, ECHR 2016, Nr. 5878/08, § 233 – *Armani da Silva vs. Großbritannien.*

[744] EGMR (GK), Urt. v. 15.05.2007, ECHR 2007-II, Nr. 52391/99, Tenor Nr. 2 u. 3 – *Ramsahai u. a. vs. Niederlande.*

[745] Vgl. → S. 164 mit Fn. 585.

zu der Identifikation und Bestrafung der Verantwortlichen zu erbringen.[746] Der Gerichtshof sieht hierin eine *obligation of means, not of result.*[747] Die Verfahrenssituation muss also in einem vom Konventionsstaat gesetzten normativen Rahmen geführt werden, die sie dazu befähigt, ein Ergebnis zu erreichen.

Besonders hervorzuheben ist die Begründung des Gerichtshofs für die Effektivität in der *konkreten Nachphase*. Obwohl es sich um eine Ausprägung der subjektiven Konventionsrechte handelt, zieht er die gesamtgesellschaftliche Wirkung des Verfahrens als Grund hinzu, um den individuellen Schutz auszuweiten. Gerade die Unabhängigkeit der untersuchenden Instanz und die Schnelligkeit der Aufarbeitung begründet der Gerichtshof auch damit, dass ihre Einrichtung dem Vertrauen der Bevölkerung in die Rechtsordnung und dem Zuspruch zum staatlichen Gewaltmonopol dient. Daneben schützen diese Verfahrensverpflichtungen die betroffenen Individuen selbst. Schon in der Begründung des Gerichtshofs verweben sich subjektive und objektive Wirkung der Verfahrensverpflichtungen. Dem Gerichtshof scheint bewusst zu sein, dass mit der Veränderung der Verfahrensausgestaltung nicht nur ein Effekt für die beteiligten Personen einhergeht, sondern darüber hinaus Wirkung auf künftig Betroffene und Unbeteiligte. Verfahrenssituationen werden durch abstrakt-generelle Regelungen geschaffen, die einen Staat mit einem rechtsstaatlichen Aufbau ausstatten, weil sie Vorhersehbarkeit und gerade keine Willkür programmieren.

Auch wenn der Gerichtshof in diesen Fällen darauf besteht, dass die Konventionsverletzung zumindest noch fortwirkt und damit durch eine effektive Untersuchung Lebensschutz erreicht werden kann, muss für die konkret betroffene Person doch zugegeben werden: der Schutz kommt zu spät, sie ist bereits getötet worden. Zurecht hebt der Gerichtshof aber die Rolle der Untersuchung für künftige Fälle hervor. Diese sind, da es sich um die Abschreckung vor konkreten Tötungen handelt, ebenfalls der subjektivrechtlichen Wirkung zuzuschreiben – wenn auch nicht zum Schutz des im Ausgangsfall betroffenen Individuums. Und wichtig ist zudem, dass das

---

[746] Vgl. so zusammengefasst auch EGMR (GK), Urt. v. 30.03.2016, ECHR 2016, Nr. 5878/08, §§ 229-239 – *Armani da Silva vs. Großbritannien*; EGMR, Beschl. v. 08.01.2002, Nr. 56413/00, Abschnitt B.2. a. E. – *Douglas-Williams vs. Großbritannien.*

[747] Vgl. Nachweise in → Fn. 642.

Recht oft nur noch reagieren kann. Gerade dann ist es wichtig, *wie* es auf seine Verletzung reagiert. Wird diese aufgearbeitet und sanktioniert oder bleibt sie folgenlos? Durch die Einrichtung einer Verfahrenssituation sorgt die Rechtsordnung dafür, dass zumindest nachträglich die Rechtswidrigkeit der Tötung festgestellt wird und die Tötung zwar nicht ungeschehen, aber dennoch nicht akzeptiert wird.

Anders verhält es sich in den nachfolgenden Verfahrenssituationen nach dem Verschwinden einer Person, da hier ihr Tod noch nicht feststeht, die staatliche Untersuchung – zumindest theoretisch – noch ihr Auffinden bewirken könnte.

II. Effektive Untersuchung nach dem Verschwinden einer Person

Es wurde bereits darauf hingewiesen, dass der Gerichtshof dieselben Anforderungen an Todesfälle, die nachweislich durch den Staat verursacht wurden, und Todesfälle, für die wahrscheinlich der Staat die Verantwortung trägt, stellt. Hinsichtlich eines ungewissen Handlungsverlaufs geht der Gerichtshof noch einen Schritt weiter. Auch wenn nicht einmal klar ist, ob die Person getötet wurde, hat der Staat eine Untersuchungspflicht. Hier sind insbesondere Fälle zu nennen, in denen eine Person zum letzten Mal beim Aufeinandertreffen mit staatlichen Einsatzkräften gesehen wird, dann verschwindet und schließlich entweder irgendwann tot entdeckt wird oder verschwunden bleibt. Abhängig von den Umständen des konkreten Falls wertet der Gerichtshof das staatliche Verhalten als Eingriff, indem er dem Staat das Verschwinden zurechnet, oder als unterlassene Schutzpflicht.[748]

In dieser Fallkonstellation ist nicht klar, ob und wann die substanzielle Beeinträchtigung endet. Gerade für die im Ungewissen gelassenen Angehörigen wird es keinen Abschluss geben.[749] Für die Pflicht zu einer effektiven Untersuchung (*effective investigation*) aus der Konvention hat dies zur Folge, dass sie ebenfalls andauert.[750]

Dabei stellt der Gerichtshof in den frühen Fällen nicht auf eine Verletzung von Art. 2 EMRK ab, sondern betont den Zusammenhang zu einer unfreiwilligen

---

748 *Grabenwarter/Pabel*, EMRK, § 20 Rn. 6 m. w. N; 28.

749 Vgl. *Mowbray*, Positive obligations, S. 71.

750 EGMR (GK), Urt. v. 10.05.2001, ECHR 2001-IV, Nr. 25781/94, §§ 145, 150 – *Zypern vs. Türkei*.

Ergreifung und zu den Pflichten aus Art. 5 EMRK.[751] Im Fall *Kurt gegen die Türkei*[752] trug die Beschwerdeführerin vor, dass ihr Sohn nach der Festnahme durch Sicherheitskräfte spurlos verschwand. Der Gerichtshof prüft in seiner Entscheidung zunächst Art. 2 EMRK, doch stellt er fest, dass keine konkreten Beweise dafür vorlägen, dass der Sohn durch die Sicherheitskräfte getötet wurde. Die Rechtsprechung nach *McCann u. a. gegen Großbritannien* beziehe sich nur auf nachgewiesene staatlich verursachte Todesfälle.[753] Somit kommt er zum Schluss, den Fall unter Art. 5 EMRK zu subsumieren, und stellt hierbei eine schwere Verletzung des Rechts auf Freiheit fest.[754]

Neben der Nähe von Art. 2 und Art. 5 EMRK können auch das Folterverbot aus Art. 3 EMRK und das Recht auf Achtung des Familienlebens aus Art. 8 EMRK beeinträchtigt sein. Art. 6 EMRK ist nicht anwendbar, wenn es sich – wie in den meisten Fällen – um das behördliche Verfahren vor einem möglichen Strafverfahren handelt, für das Art. 6 EMRK keinen Schutz bietet. Zudem meidet der Gerichtshof bei der Einschlägigkeit des Art. 2 EMRK in seiner prozessualen Dimension die Prüfung des Art. 6 EMRK.[755]

Auch in den Fällen verschwundener Personen erwartet der Gerichtshof ein effektives Verfahren. Es kann nur dann als effektiv angesehen werden, wenn es fähig ist, zu einer Bewertung der Rechtmäßigkeit des staatlichen Handelns und zu einer Identifikation und Sanktionierung der Verantwortlichen zu führen.[756] Auch in diesen Fällen nennt der Gerichtshof diese Verpflichtung eine Handlungspflicht, *obligation of means*, nicht eine Erfolgspflicht, *obligation of result*.[757] So warf er im Fall *Timurtaş* der Türkei[758] vor, dass es sich bei dem Verfahren, das zögerlich, nachlässig und oberflächlich durchgeführt

---

[751] Vgl. *Jötten*, Enforced Disappearances, S. 42.

[752] EGMR, Urt. v. 25.05.1998, ECHR 1998-III, Nr. 24276/94.

[753] EGMR, Urt. v. 25.05.1998, ECHR 1998-III, Nr. 24276/94, § 107 – *Kurt vs. Türkei*.

[754] EGMR, Urt. v. 25.05.1998, ECHR 1998-III, Nr. 24276/94, § 129 – *Kurt vs. Türkei*.

[755] Vgl. *Jötten*, Enforced Disappearances, S. 45.

[756] EGMR (GK), Urt. v. 18.09.2009, ECHR 2009, Nrn. 16064/90 u. a., § 191 – *Varnava u. a. vs. Türkei*; EGMR (GK), Urt. v. 08.04.2004, ECHR 2004-III, Nr. 26307/95, § 223 – *Tahsin Acar vs. Türkei*; EGMR, Urt. v. 18.06.2002, Nr. 25656/94, § 335 – *Orhan vs. Türkei*.

[757] EGMR (GK), Urt. v. 08.04.2004, ECHR 2004-III, Nr. 26307/95, § 223 – *Tahsin Acar vs. Türkei*; EGMR, Urt. v. 18.06.2002, Nr. 25656/94, § 335 – *Orhan vs. Türkei*; Urt. v. 24.01.2008, Nr. 48804/99, § 77 – *Osmanoğlu vs. Türkei*. S. a. EGMR, Urt. v. 14.10.2008, Nr. 70930/01, § 67 – *Blumberga vs. Lettland*. Vgl. *Lavrysen*, in: Human Rights, S. 69, 104.

[758] EGMR, Urt. v. 13.06.2000, ECHR 2000-VI, Nr. 23531/94.

worden sei, nicht um einen ernsthaften Versuch handle herauszufinden, was mit dem Sohn des Beschwerdeführers geschehen sei, nachdem er von Sicherheitskräften festgenommen worden sei.[759]

Diese Effektivität sieht er nur als gewährleistet an, wenn das Verfahren die nun folgenden Eigenschaften erfüllt.[760]

1. Verfahren von Amts wegen

Nach dem Verschwinden von Personen und der Kenntnis des Staates hierüber, ist dieser verpflichtet, ein Verfahren zu beginnen. Die Verfahrensform auszuwählen, ist grundsätzlich den Konventionsstaaten überlassen. Jedoch erwartet der Gerichtshof zumindest, dass es von Amts wegen (*official*; *of their own motion*) eingeleitet und geführt wird, sobald die Behörden Kenntnis von den Umständen erlangen. Ein Abwarten, bis Angehörige der verschwundenen Person eine Beschwerde einlegten, sei nicht mit Art. 2 EMRK vereinbar.[761]

2. Unabhängigkeit und Unparteilichkeit

Auch in diesen Verfahrenssituationen betont der Gerichtshof, dass die Untersuchung staatlicher Handlungen von einer institutionell und tatsächlich unabhängigen Behörde (*independent*; *practical independence*) durchgeführt werden müsse.[762] Unter Verweis auf die Rechtsprechung zu den erwiesenermaßen staatlich verursachten Todesfällen stellt die Große Kammer im Fall *Tahsin Acar gegen die Türkei*[763] fest, dass es sich nur dann um ein effektives Verfahren handle, wenn die für die Untersuchung verantwortlichen und sie durchführenden Personen unabhängig von den möglicherweise beteiligten Personen des ursprünglichen Geschehens sind.[764] Im Fall war der Bruder des Beschwerdeführers von der Polizei entführt und in Isolationshaft gebracht worden. Mangels Beweisbarkeit konnte keine Verletzung des substanziellen

759 EGMR, Urt. v. 13.06.2000, ECHR 2000-VI, Nr. 23531/94, § 88 – *Timurtaş vs. Türkei.*

760 So beispielsweise EGMR (GK), Urt. v. 08.04.2004, ECHR 2004-III, Nr. 26307/95, §§ 221-225 – *Tahsin Acar vs. Türkei.*

761 EGMR, Urt. v. 18.06.2002, Nr. 25656/94, § 334 – *Orhan vs. Türkei.*

762 EGMR (GK), Urt. v. 18.09.2009, ECHR 2009, Nrn. 16064/90 u. a., § 191 – *Varnava u. a. vs. Türkei*; EGMR, Urt. v. 09.05.2000, ECHR 2000-V, Nr. 20764/92, § 134 – *Ertak vs. Türkei.*

763 EGMR (GK), Urt. v. 08.04.2004, ECHR 2004-III, Nr. 26307/95.

764 EGMR (GK), Urt. v. 08.04.2004, ECHR 2004-III, Nr. 26307/95, § 222 – *Tahsin Acar vs. Türkei.* S. a. EGMR, Urt. v. 18.06.2002, Nr. 25656/94, § 335 – *Orhan vs. Türkei.*

Aspekts von Art. 2 EMRK festgestellt werden.[765] Hinsichtlich der Untersuchung des Verschwindens sieht die Große Kammer die Verfahrensdimension von Art. 2 EMRK aber als verletzt an.[766]

Im Fall *Ertak gegen die Türkei*[767] wurde der Sohn des Beschwerdeführers eines Abends von der Polizei festgenommen. Von Mitgefangenen erhielt der Beschwerdeführer die Information, dass sein Sohn in einer Polizeistation inhaftiert, dort auch vernommen und gefoltert wurde. Ein Mitinsasse berichtete, er habe gesehen, wie man den leblos wirkenden Körper des Sohnes nach einem Verhör zurück in die Zelle brachte. Als der Beschwerdeführer nach dem Verbleib und den Gründen für die Inhaftierung seines Sohnes fragte, wurde ihm mitgeteilt, dass dieser nie in Gewahrsam genommen worden sei. Die Polizei wurde angewiesen, eine Untersuchung über den Verbleib durchzuführen, die ergebnislos blieb. Die Einheit, welche die ersten Ermittlungen durchführte und die Entscheidung der Verfahrenseinstellung traf, bestand aus einem ermittelnden Beamten und Mitgliedern des Verwaltungsrats. Der ermittelnde Beamte gehörte derselben Hierarchieebene wie die ursprünglich handelnden Polizeikräfte an. Der Verwaltungsrat setzte sich aus Provinzbediensteten zusammen, sein Vorsitzender war der stellvertretende Provinzgouverneur. Somit unterstanden die Mitglieder dem Provinzgouverneur, der wiederum rechtlich verantwortlich für alle Handlungen seiner Einsatzkräfte war. Lediglich der ermittelnde Beamte sei unabhängig gewesen, führt der Gerichtshof aus, er habe aber kein ausreichendes, sichtbares Zeichen der Unabhängigkeit geboten.[768] Hierbei handle es sich um eine Verletzung des prozessualen Aspekts des Art. 2 EMRK.[769]

---

765 EGMR (GK), Urt. v. 08.04.2004, ECHR 2004-III, Nr. 26307/95, §§ 218 f. – *Tahsin Acar vs. Türkei.*

766 EGMR (GK), Urt. v. 08.04.2004, ECHR 2004-III, Nr. 26307/95, § 234 – *Tahsin Acar vs. Türkei.*

767 EGMR, Urt. v. 09.05.2000, ECHR 2000-V, Nr. 20764/92.

768 EGMR, Urt. v. 09.05.2000, ECHR 2000-V, Nr. 20764/92, § 92 – *Ertak vs. Türkei.*

769 EGMR, Urt. v. 09.05.2000, ECHR 2000-V, Nr. 20764/92, § 135 – *Ertak vs. Türkei.* Hierzu auch EGMR, Urt. v. 14.11.2000, Nr. 24396/94, § 71 – *Taş vs. Türkei*, ebenfalls zum Verschwinden des Sohnes des Beschwerdeführers. Nach der Beweisführung durch die EKMR war er von Einsatzkräften ins Knie geschossen und anschließend festgenommen worden. Er wurde von ihnen ins Krankenhaus, anschließend wegen des Verdachts seiner Verbindungen zur PKK in eine andere Stadt gebracht und dort zwei Wochen festgehalten und vernommen. Nach den Berichten der Behörden floh

Auch im Fall *Aslakhanova u. a. gegen Russland*[770] hatte der Gerichtshof die Unabhängigkeit der untersuchenden Personen zu beurteilen. Die Beschwerdeführer:innen waren Angehörige acht vermisster tschetschenischer Personen. Diese waren zu verschiedenen Zeitpunkten von jeweils einer Gruppe bewaffneter Einsatzkräfte festgenommen worden und waren seitdem verschwunden. Die Ermittlungen über ihren Verbleib blieben ergebnislos. Wichtig sei in einer Untersuchung und ihrer Überwachung, so der Gerichtshof, dass sie nicht Personen oder Strukturen anvertraut seien, die im Verdacht stünden, in die fraglichen Ereignisse verwickelt zu sein.[771]

3. Promptheit und angemessene Schnelligkeit

Zudem erfordert die prozessuale Pflicht nach Art. 2 EMRK[772] nach der Rechtsprechung des Gerichtshofs, dass das Verfahren prompt und mit angemessener Schnelligkeit (*promptness*; *reasonable expedition*) durchgeführt wird. Zwar könne es gerade in diesen Fällen Hindernisse und Schwierigkeiten geben, doch sei – wie in den Fällen von erwiesenen staatlich verursachten Todesfällen – eine schnelle Antwort der Behörden essentiell, um das öffentliche Vertrauen in das Bestehen von Rechtsstaatlichkeit zu erhalten und den Eindruck zu vermeiden, rechtswidrige Handlungen würden geduldet.[773]

---

der Sohn des Beschwerdeführers anschließend aus der Haft. Wegen Zweifel über den Wahrheitsgehalt der Berichte und widersprechender Zeugenaussagen hielt die EKMR die Flucht für unwahrscheinlich. Auch auf Anfragen des Beschwerdeführers wurde zunächst keine Untersuchung der möglichen Flucht und des Verbleibs des Sohnes eingeleitet. Die vom Provinzverwaltungsrat behauptete, anschließende, kurze Untersuchung endete ergebnislos. Der Gerichtshof stellt in diesem Fall dieselbe hierarchische Konstellation wie im Fall *Ertak gegen die Türkei* fest. Es reiche nicht aus, dass ein Provinzverwaltungsrat Todes- und Verschwindensfälle untersuche, da es sich bei ihm nicht um ein unabhängiges Gremium handle. Ein solcher Rat sei zusammengesetzt aus Bediensteten, die dem Gouverneur unterständen, der wiederum für die Handlungen der Sicherheitskräfte rechtlich verantwortlich sei, § 71.

770 EGMR, Urt. v. 18.12.2012, Nrn. 2944/06 u. a.

771 EGMR, Urt. v. 18.12.2012, Nrn. 2944/06 u. a., § 235 – *Aslakhanova u. a. vs. Russland.*

772 Zuvor zu Art. 5 EMRK: EGMR (GK), Urt. v. 08.07.1999, ECHR 1999-IV, Nr. 23657/94, § 104 – Çakici vs. Türkei.

773 EGMR (GK), Urt. v. 08.04.2004, ECHR 2004-III, Nr. 26307/95, § 224 – *Tahsin Acar vs. Türkei*; EGMR, Urt. v. 18.06.2002, Nr. 25656/94, § 336 – *Orhan vs. Türkei*. S. a. EGMR (GK), Urt. v. 18.09.2009, ECHR 2009, Nrn. 16064/90 u. a., § 191 – *Varnava u. a. vs. Türkei.*

Im Fall *Taş gegen die* Türkei[774], in dem der Sohn des Beschwerdeführers nach der Festnahme durch die Einsatzkräfte im türkisch-syrischen Grenzgebiet verschwand, stellt der Gerichtshof fest, dass mit der Untersuchung des Verschwindens erst zwei Jahre nach den Vorfällen begonnen worden sei. Dann seien zwar Ermittlungsschritte unternommen, diese aber nicht mit Entschiedenheit weiterverfolgt worden. So seien keine Aussagen der an der Festnahme beteiligten Einsatzkräfte aufgenommen und vage, widersprüchliche Aussagen zur Flucht ohne weitere Nachfragen angenommen worden.[775] Dieses Vorgehen sieht der Gerichtshof nicht als promptes, angemessen schnelles Vorgehen im Sinne des Art. 2 EMRK an.[776]

4. Beweissicherung

Auch in den Fällen des ungewissen Todes ist laut dem Gerichtshof ein effektives Verfahren nur dann gewährleistet, wenn die Behörden bei der Beweisaufnahme und -sicherung bestimmte Anforderungen erfüllen. Die Behörden müssten also alle vernünftigen Schritte ergreifen, um Beweise zu sichern (*secure the evidence*).[777]

Im Fall *Turpulkhanova u. Khasiyeva gegen Russland*[778] waren die beiden Töchter der beiden Beschwerdeführerinnen entführt worden und anschließend verschwunden. Die Tochter der ersten Beschwerdeführerin hatte sich nachts freiwillig mit einem Polizisten getroffen und war seitdem verschwunden. Die Tochter der zweiten Beschwerdeführerin wurde bei einem Spaziergang unter Gewalteinwirkung in ein fremdes Auto gezogen; seitdem fehlte von ihr jede Spur. In beiden Fällen führte dieselbe Polizeistation die Ermittlungen durch. Der Gerichtshof stellt hierbei Defizite fest. So wurde

---

[774] EGMR, Urt. v. 14.11.2000, Nr. 24396/94; Sachverhaltsschilderung → Fn. 769.

[775] EGMR, Urt. v. 14.11.2000, Nr. 24396/94, § 70 – *Taş vs. Türkei.*

[776] So auch im Fall EGMR, Urt. v. 18.06.2002, Nr. 25656/94 – *Orhan vs. Türkei.* Nach dem Verschwinden des Sohnes und der beiden Brüder des Beschwerdeführers wurden Verfahren eingeleitet, die aber auch acht Jahre nach dem Verschwinden zu keinem Ergebnis geführt hatten. Das erste Verfahren war ohne die notwendige Schnelligkeit durchgeführt worden; zwischen manchen Verfahrensschritten hatten waren viele Monate gelegen, § 340. Fünf Jahre nach den Geschehnissen wurde das dritte Verfahren begonnen, doch zu diesem Zeitpunkt waren Haftberichte bereits unzugänglich archiviert worden und die Hauptzeugen nicht mehr auffindbar, § 345.

[777] EGMR (GK), Urt. v. 08.04.2004, ECHR 2004-III, Nr. 26307/95, § 223 – *Tahsin Acar vs. Türkei.*

[778] EGMR, Urt. v. 17.03.2020, Nrn. 53284/13 u. 22543/15.

eine gefundene Hand nicht mit der DNA der Tochter verglichen. Ebenso wurde trotz des vorliegenden Filmmaterials der Entführung der anderen Tochter der Entführer nicht identifiziert.[779]

Auch im Fall *Orhan gegen die Türkei*[780] stellt der Gerichtshof einige Defizite in der Beweisführung fest und weist auf ihre Bedeutung zur Einhaltung der Anforderungen des Art. 2 EMRK hin. Gerade die Sicherung von Aussagen der zur Tatzeit anwesenden Personen sei notwendig, um das Recht auf Leben effektiv zu schützen. Jeder Mangel in den Ermittlungen, der die Fähigkeit untergrabe, die Todesursache und die verantwortliche Person herauszufinden, riskiere eine Verletzung der Standards des Art. 2 EMRK.[781] Im Fall war im ersten Verfahren der Hauptzeuge nicht befragt worden, obwohl sein Aufenthalt bekannt war.[782] Ebenso wenig wurden die Anwohner:innen, die das Geschehen beobachtet hatten, befragt; auch in den nachfolgenden Verfahren wurde dies nicht nachgeholt.[783] Zudem wurden keine Informationen über die laufenden Polizeiaktionen bei den Sicherheitskräften eingeholt.[784]

5. Öffentlichkeit

Um die Verantwortlichkeit in Praxis und Theorie abzusichern, so der Gerichtshof, sei ein ausreichendes Element an Öffentlichkeit (*public scrutiny*) hinsichtlich der Ermittlungen und ihrer Ergebnisse notwendig.[785] Wie auch in den Fällen der nachweislich staatlichen Tötungen hängt der Grad der Öffentlichkeitsbeteiligung vom konkreten Fall ab.[786]

6. Beteiligung der betroffenen Personen

Auch im Fall des Verschwindens von Personen, sieht der Gerichtshof es als notwendig an, dass die Angehörigen am Verfahren beteiligt werden

---

779 EGMR, Urt. v. 17.03.2020, Nrn. 53284/13 u. 22543/15, § 170 – *Turpulkhanova u. Khasiyeva vs. Russland.*

780 EGMR, Urt. v. 18.06.2002, Nr. 25656/94; Sachverhaltsschilderung s. → Fn. 776.

781 EGMR, Urt. v. 18.06.2002, Nr. 25656/94, § 335 – *Orhan vs. Türkei.*

782 EGMR, Urt. v. 18.06.2002, Nr. 25656/94, § 341 – *Orhan vs. Türkei.*

783 EGMR, Urt. v. 18.06.2002, Nr. 25656/94, §§ 343, 345 – *Orhan vs. Türkei.*

784 EGMR, Urt. v. 18.06.2002, Nr. 25656/94, § 344 – *Orhan vs. Türkei.*

785 EGMR (GK), Urt. v. 18.09.2009, ECHR 2009, Nrn. 16064/90 u. a., § 191 – *Varnava u. a. vs. Türkei.*

786 EGMR (GK), Urt. v. 08.04.2004, ECHR 2004-III, Nr. 26307/95, § 225 – *Tahsin Acar vs. Türkei.*

(*accessible to the victim's family*; *the next-of-kin of the victim must be involved in the procedure*). Sie müssten in dem Umfang beteiligt werden, wie es für die Absicherung ihrer legitimen Interessen notwendig sei.[787]

7. Gründlichkeit

Auch im Fall des Verschwindens sieht der Gerichtshof die Konventionsstaaten verpflichtet, eine gründliche (*thorough*) Untersuchung durchzuführen, wenn eine Person unter staatliche Kontrolle geraten sei und somit der Staat für ihr Schicksal verantwortlich sei.[788] Dies bedeutet – wie in den Fällen zu Art. 2 EMRK –, dass sich die untersuchenden Behörden nicht mit voreiligen Schlüssen zufriedengeben dürfen, sondern sorgfältig und gewissenhaft die tatsächlichen Umstände zu ermitteln haben.[789]

8. Adäquanz

Während der Gerichtshof in den erwiesenermaßen staatlich verursachten Todesfällen das Kriterium der Adäquanz (*adequate*) erst spät in seine Prüfung einbringt,[790] findet es sich in den Fällen zum Verschwinden von Personen bereits früher.

So nennt der Gerichtshof in seiner Entscheidung im Fall *Ertak gegen die Türkei*[791] im Jahr 2000 bereits, dass als Pflicht aus Art. 2 EMRK folge, dass eine adäquate (und effektive) Untersuchung der Umstände des Verschwindens vorgenommen werden müsse.[792]

Auch im Fall *Timurtaş gegen die Türkei*[793] subsumierte der Gerichtshof, dass ein Verfahren, das erst zwei Jahre nach dem Verschwinden beginne,

---

787 EGMR (GK), Urt. v. 08.04.2004, ECHR 2004-III, Nr. 26307/95, § 225 – *Tahsin Acar vs. Türkei*. S. a. EGMR (GK), Urt. v. 18.09.2009, ECHR 2009, Nrn. 16064/90 u. a., § 191 – *Varnava u. a. vs. Türkei*.

788 EGMR (GK), Urt. v. 18.09.2009, ECHR 2009, Nrn. 16064/90 u. a., § 205 – *Varnava u. a. vs. Türkei*.

789 Vgl. → S. 196.

790 S. → S. 196.

791 EGMR, Urt. v. 09.05.2000, ECHR 2000-V, Nr. 20764/92; Sachverhaltsschilderung s. → S. 202.

792 EGMR, Urt. v. 09.05.2000, ECHR 2000-V, Nr. 20764/92, § 135 – *Ertak vs. Türkei*.

793 EGMR, Urt. v. 13.06.2000, ECHR 2000-VI, Nr. 23531/94; Sachverhaltsschilderung s. → S. 200.

nur ungenügend die Beweise sichte und nachlässig geführt werde, inadäquat hinsichtlich der Pflicht aus Art. 2 EMRK sei.[794] Ebenso bezeichnete der Gerichtshof das Verfahren im Fall *Taş gegen die Türkei*[795] als weder schnell, noch adäquat noch effektiv.[796]

Ob das Kriterium – wie in den staatlichen Tötungsfällen – als eigenständiges und klar definiertes Kriterium anzusehen ist, bleibt jedoch fraglich. Die Definition des Gerichtshofs aus seinen Entscheidungen zu den staatlichen Todesfällen – als Zwischenschaltung in den Effektivitätsbegriff[797] – findet sich in jenen zu den Verschwindensfällen jedenfalls nicht.

9. Bewertung

Die Verfahrensverpflichtungen, die der Gerichtshof den Konventionsstaaten nach Situationen des Verschwindens auferlegt, ähneln jenen eines effektiven Verfahrens nach einem staatlich verursachten Todesfall. Für den Gerichtshof ist nach beiden substanziellen Beeinträchtigungen entscheidend, dass der Staat mit einem effektiven Verfahren reagiert. Art. 2 EMRK verschafft hier also nicht nur für die *konkrete Nachphase* nachweislicher und behaupteter staatlicher Tötungen konkrete Verfahrenspositionen; auch im Fall, dass nicht zu ermitteln ist, ob überhaupt ein Todesfall vorliegt, ist der Staat zu einem bestimmten Verfahren verpflichtet.

Zwar leuchtet ein, dass es sinnvoll wäre, die Verpflichtung zu einer nachfolgenden Untersuchung aufzustellen: hierdurch kann den Angehörigen Gewissheit gebracht werden und der Staat wird möglicherweise vor der Begehung weiterer Taten abgeschreckt. Methodisch ist es allerdings kritisch, dass der Gerichtshof Art. 2 EMRK anwendet auf Fälle, bei denen der Verbleib der Person ungeklärt ist, es also weder für ihr Überleben noch für ihren Tod Nachweise gibt. Wünschenswert wäre es, wenn der Gerichtshof für die Notwendigkeit einer effektiven Untersuchung Kriterien festlegte. So könnte notwendig sein, dass die verschwundene Person zuletzt im Beisein von Amtspersonen gesehen wurde oder sonstige Tatsachen, die für eine staatliche Motivation am Verschwindenlassen sprechen, vorliegen. Solche Kriterien

---

[794] EGMR, Urt. v. 13.06.2000, ECHR 2000-VI, Nr. 23531/94, §§ 88-90 – *Timurtaş vs. Türkei.*

[795] EGMR, Urt. v. 14.11.2000, Nr. 24396/94; Sachverhaltsschilderung s. → Fn. 769.

[796] EGMR, Urt. v. 14.11.2000, Nr. 24396/94, § 72 – *Taş vs. Türkei.*

[797] siehe → S. 196-197.

benutzt der Gerichtshof bereits, hat diese aber nicht als obligatorisch für die Pflicht zur effektiven Untersuchung bezeichnet.

Aus den Erwägungen des Gerichtshofs, in Fällen des Verschwindens zunächst Art. 5 EMRK, dann Art. 2 EMRK für anwendbar zu erachten, wird deutlich, dass sich mit dem Fall Çakici gegen die Türkei[798] zwar das zu prüfende Konventionsrecht ändert, nicht aber der Maßstab. Der Bruder des Beschwerdeführers war in dessen Heimatdorf mit zwei anderen Personen von Sicherheitskräften festgenommen worden, während diese eine Mission durchführten, um Beweise gegen die PKK zu finden und mögliche Verbündete auszumachen. Die Familie erhielt keine Informationen über seinen Verbleib. Jahre später informierten die Behörden, dass sie den Ausweis des Bruders bei einem toten Körper eines Terroristen gefunden hätten. Der Gerichtshof stellt fest, dass aufgrund der Beweise, die auf konkreten Tatsachen basierten, davon ausgegangen werden müsse, dass das Opfer in der Folge seiner Festnahme und Inhaftierung durch die Sicherheitskräfte gestorben sei[799] und deshalb Art. 2 EMRK anwendbar und verletzt sei.[800] Den Maßstab, um von einer staatlichen Verantwortung auszugehen – Beweise aufgrund von Tatsachen mit an Sicherheit grenzender Wahrscheinlichkeit –, verwendet der Gerichtshof für Art. 5 wie für Art. 2 EMRK.[801]

Wie sich hier und später auch noch in Verfahrenssituationen nach nichtstaatlichen Beeinträchtigungen des Lebens[802] zeigt, ist es für Art. 2 EMRK unerheblich, wer für den Todesfall verantwortlich ist; in jedem Fall hat auf einen solchen eine Untersuchungsphase durch den Staat zu folgen.[803] Eine solche Untersuchung diene der effektiven Implementierung der nationalen Schutzvorschriften und sichere zudem ab, Amtsträger:innen zur Verantwortung zu ziehen. Dass die Behörden umgehend mit einem Verfahren

[798] EGMR (GK), Urt. v. 08.07.1999, ECHR 1999-IV, Nr. 23657/94.

[799] EGMR (GK), Urt. v. 08.07.1999, ECHR 1999-IV, Nr. 23657/94, § 85 – Çakici vs. Türkei.

[800] EGMR (GK), Urt. v. 08.07.1999, ECHR 1999-IV, Nr. 23657/94, §§ 87 f. – Çakici vs. Türkei. S. a. EGMR, Urt. v. 13.06.2000, ECHR 2000-VI, Nr. 23531/94, §§ 85 f. – *Timurtaş vs. Türkei*; Urt. v. 02.08.2005, ECHR 2005-VIII, Nr. 65899/01, § 201 – *Taniş u. a. vs. Türkei.*

[801] Vgl. *Mowbray*, Positive obligations, S. 70 f.

[802] S. u. ab → S. 250.

[803] EGMR (GK), Urt. v. 17.07.2014, ECHR 2014, Nr. 47848/08, § 130 – *Centre for Legal Resources on behalf of Valentin Câmpeanu vs. Rumänien*; EGMR (GK), Urt. v. 19.12.2017, ECHR 2017, Nr. 56080/13, § 165 – *Lopes de Sousa Fernandes vs. Portugal*; EGMR (GK), Urt. v. 25.06.2019, Nr. 41720/13, § 135 – *Nicolae Virgiliu Tănase vs. Rumänien.*

auf eine solche Situation reagierten, sei unerlässlich, um das öffentliche Vertrauen am Festhalten an der Rechtsstaatlichkeit aufrechtzuerhalten und zu verhindern, dass der Schein der Tolerierung rechtswidriger Taten entstehe.[804] Hier betont der Gerichtshof insbesondere die objektive Wirkung der Verfahrensanforderung. Das öffentliche Vertrauen kann dadurch erhalten werden und staatliche Entscheidungsinstanzen haben so gar keine andere Wahl, als eine Untersuchung einzuleiten und durchzuführen; es bleibt wenig Raum für Willkür. Es darf aber nicht übersehen werden, dass gleichzeitig und insbesondere diese Pflicht den verschwundenen oder gefährdeten Personen dient. Da die Verpflichtung der Staaten nicht mit Beginn des substanziellen Beeinträchtigungsereignisses endet, sondern um eine Verfahrenspflicht ergänzt wird, können dadurch Anreize gegen das Verschwindenlassen von Personen gesetzt werden.[805] Amtsträger:innen müssen einkalkulieren, dass jedes Verschwindenlassen ein verfahrensrechtliches „Nachspiel" hat. Sie werden sich in einer Verfahrenssituation verantworten müssen, denn auch wenn die verschwundene Person nicht mehr da ist, so verlangen die Angehörigen, aber insbesondere der Staat selbst Rechenschaft. Somit zielt die Verfahrenspflicht – wie diejenige der *konkreten Vorphase* – auf den Schutz des Individualrechts. Wie es scheint, macht der Gerichtshof aber gerne von ihr Gebrauch, um nebenbei rechtsstaatliche Mechanismen in den Konventionsstaaten zu etablieren.

Die Fälle der Rechtsprechung zum Verschwinden von Personen sind häufig größeren politischen Krisensituationen zuzuordnen. So hat der Gerichtshof im Zusammenhang mit den russischen Tschetschenienkriegen und den türkischen Auseinandersetzungen mit der kurdischen Minderheit strukturelle Mängel in der Untersuchung des Verschwindens von Personen gefunden. In diesen Fällen zeigen sich also Verfehlungen hinsichtlich mehrerer Verfahrensverpflichtungen. So hatte der Gerichtshof Verzögerungen bei der Verfahrenseröffnung, lange Perioden der Untätigkeit, Versäumnisse hinsichtlich wesentlicher Ermittlungen, verspätete Informationsweitergabe an die Angehörigen und Verhinderung von Akteneinsicht in zahlreichen Fällen festgestellt. Gerade die Kombination habe die Ermittlungen unwirksam

---

[804] EGMR (GK), Urt. v. 18.09.2009, ECHR 2009, Nrn. 16064/90 u. a., § 191 – *Varnava u. a. vs. Türkei.*

[805] Vgl. *Mowbray*, Positive obligations, S. 72.

gemacht und den innerstaatlichen Rechtsbehelfen der Opfer ihren Nutzen genommen.[806]

Aber bereits wegen des Fehlens einzelner Verfahrensverpflichtungen – dies haben die analysierten Fälle gezeigt – kann aus einer Verfahrenssituation eine Gefährdung für das Recht und seine Träger:innen folgen. Dieser strenge Maßstab könnte sich daraus ergeben, dass – im Unterschied zu der Verfahrenssituation nach einer staatlichen Tötung – noch eine zumindest theoretische Chance besteht, die verschwundene Person durch die Untersuchung wiederzufinden.

III. Effektive Untersuchung nach Beeinträchtigung der physischen oder psychischen Integrität

Ähnlich wie Art. 2 EMRK breitet auch Art. 3 EMRK seinen Schutz auf die Phase nach Beginn des substanziellen Ereignisses aus. Im Fall *Bouyid gegen Belgien*[807] legten zwei Brüder, deren Familie immer wieder in Konflikt mit den Einsatzkräften der benachbarten Polizeistation kam, die Beschwerde ein. Die Beschwerdeführer wurden von der Polizei mit auf die Station genommen und einzeln befragt. Bei der Befragung, so behaupten beide, wurde ihnen mit der Hand ins Gesicht geschlagen. Sie legten Rechtsmittel dagegen ein, doch hatten diese keinen Erfolg. Der Gerichtshof stellt fest, dass Art. 3 EMRK nicht nur einen substanziellen Schutz erfordere. Vielmehr bliebe das allgemeine Verbot von Folter und unmenschlicher und erniedrigender Behandlung und Bestrafung ineffektiv, wenn es in der Praxis kein Verfahren gäbe, um die Behauptungen einer Misshandlung zu untersuchen.[808] Somit verlange Art. 3 EMRK in Verbindung mit der generellen Schutzpflicht aus Art. 1 EMRK, dass es ein effektives, amtliches Verfahren geben müsse, in

[806] EGMR, Urt. v. 18.12.2012, Nrn. 2944/06 u. a., § 123 – *Aslakhanova u. a. vs. Russland* mit Verweis auf EGMR, Urt. v. 29.10.2009, Nr. 1758/04, § 157 – *Vakhayeva u. a. vs. Russland*; Urt. v. 03.05.2011, Nr. 41009/04, § 107 – *Shokkarov u. a. vs. Russland*; Urt. v. 31.07.2012, Nr. 25654/08, § 94 – *Umarova u. a. vs. Russland*. S. a. EGMR, Urt. v. 17.07.2018, Nr. 15086/07, § 70 – *Mazepa u. a. vs. Russland*.

[807] EGMR (GK), Urt. v. 28.09.2015, ECHR 2015, Nr. 23380/09.

[808] EGMR (GK), Urt. v. 28.09.2015, ECHR 2015, Nr. 23380/09, § 115 – *Bouyid vs. Belgien*; EGMR (GK), Urt. v. 13.12.2012, ECHR 2012, Nr. 29630/09, § 182 – *El-Masri vs. „Die ehemalige jugoslawische Republik Mazedonien"*; EGMR (GK), Urt. v. 17.09.2014, ECHR 2014 (extr.), Nrn. 10865/09 u. a., § 316 – *Mocanu u. a. vs. Rumänien*.

dem Personen die Verletzung von Art. 3 EMRK durch die Polizei oder andere Amtsträger:innen geltend machen könnten.[809]

Laut dem Gerichtshof kann nur dann von einer effektiven Untersuchung (*effective investigation*) im Sinne des Art. 3 EMRK gesprochen werden, wenn das Verfahren fähig sei, zur Identifizierung und Bestrafung der verantwortlichen Personen zu führen. Zudem solle es weit genug angelegt sein, um es den ermittelnden Personen zu ermöglichen, nicht nur die Gewalthandlungen selbst einzubeziehen, sondern auch den staatlichen Begleitumständen Beachtung zu schenken.[810]

Verfahrenssituationen nach einer Verletzung der physischen oder psychischen Integrität sind mit dem Ziel zu führen, die effektive Implementierung des nationalen Rechts, das der Verhinderung von Folter und unmenschlicher und erniedrigender Behandlung oder Strafe unter Beteiligung staatlicher Organe dient, abzusichern. Als zweites Ziel ist die Sicherstellung der Rechenschaft der beteiligten staatlichen Organe hierfür zu nennen.[811] Nur so können Wiederholungen von Misshandlungen derselben Person verhindert werden. Darüber hinaus handelt es sich um Vorkehrungen, um ähnliche Taten zulasten anderer Personen zu vermeiden.

Auch bei Art. 3 EMRK handelt es sich um eine Verpflichtung *of means*, also eine normative Pflicht.[812]

1. Verfahren von Amts wegen

Wie auch nach substanziellen Beeinträchtigungen des Art. 2 EMRK sind Verfahren nach der Verletzung von Art. 3 EMRK nur dann effektiv, so der

[809] EGMR (GK), Urt. v. 28.09.2015, ECHR 2015, Nr. 23380/09, § 116 – *Bouyid vs. Belgien*; EGMR (GK), Urt. v. 13.12.2012, ECHR 2012, Nr. 29630/09, § 182 – *El-Masri vs. „Die ehemalige jugoslawische Republik Mazedonien"*; EGMR (GK), Urt. v. 17.09.2014, ECHR 2014 (extr.), Nrn. 10865/09 u. a., § 317 – *Mocanu u. a. vs. Rumänien.*

[810] EGMR (GK), Urt. v. 28.09.2015, ECHR 2015, Nr. 23380/09, § 119 – *Bouyid vs. Belgien*; EGMR (GK), Urt. v. 17.09.2014, ECHR 2014 (extr.), Nrn. 10865/09 u. a., § 321 – *Mocanu u. a. vs. Rumänien.*

[811] EGMR (GK), Urt. v. 28.09.2015, ECHR 2015, Nr. 23380/09, § 117 – *Bouyid vs. Belgien*; EGMR (GK), Urt. v. 17.09.2014, ECHR 2014 (extr.), Nrn. 10865/09 u. a., § 318 – *Mocanu u. a. vs. Rumänien.*

[812] EGMR (GK), Urt. v. 28.09.2015, ECHR 2015, Nr. 23380/09, § 120 – *Bouyid vs. Belgien*. S. → S. 181 zu Art. 2 EMRK.

Gerichtshof, wenn es sich um ein Verfahren von Amts wegen (*official*; *of their own motion*) handle. Nur wenn der Staat selbstständig tätig werde, sobald er Kenntnis von den Umständen habe, sei Art. 3 EMRK erfüllt. Die Möglichkeit des Beschwerdeführers, ein Rechtsmittel einzulegen, entbinde den Staat nicht von seiner Verpflichtung, ein effektives Verfahren durchzuführen.[813]

2. Unabhängigkeit und Unparteilichkeit

Auch in den Fällen von Untersuchungen nach Art. 3 EMRK muss eine unabhängige (*independent*) Behörde das Verfahren durchführen. So sei eine effektive Untersuchung nur dann anzunehmen, wenn die Institutionen und Personen, die für die Untersuchung verantwortlich seien, unabhängig von den Betroffenen agierten, so der Gerichtshof. Dies bedeute nicht nur eine hierarchische und institutionelle Unabhängigkeit, sondern auch eine praktische (*practical independence*).[814]

Im Fall *Mocanu u. a. gegen Rumänien*[815] stellt der Gerichtshof fest, dass die Untersuchung Militärermittlern oblag, die wie die beschuldigten Personen Offiziere in einem Subordinationsverhältnis waren. Dies hatte der Gerichtshof bereits in weiteren Fällen gegen Rumänien festgestellt, als unzulässig eingestuft und somit auch in diesem Fall ernsthafte Zweifel an der Objektivität und Unparteilichkeit der Untersuchung selbst und der ermittelnden Personen geäußert.[816]

---

813 EGMR, Urt. v. 19.04.2012, Nr. 26984/05, § 64 – *Gorgiev vs. „Die ehemalige jugoslawische Republik Mazedonien“*.

814 EGMR (GK), Urt. v. 28.09.2015, ECHR 2015, Nr. 23380/09, § 118 – *Bouyid vs. Belgien*; EGMR (GK), Urt. v. 13.12.2012, ECHR 2012, Nr. 39630/09, § 184 – *El-Masri vs. „Die ehemalige jugoslawische Republik Mazedonien“*; EGMR (GK), Urt. v. 17.09.2014, ECHR 2014 (extr.), Nrn. 10865/09 u. a., § 320 – *Mocanu u. a. vs. Rumänien*; EGMR, Beschl. v. 17.03.2020, Nrn. 41743/17 u. a., § 115 – *Shmelev u. a. vs. Russland*, wo er die Anforderung als erfüllt ansieht (nach vorhergehendem Pilotverfahren EGMR, Urt. v. 10.01.2012, Nrn. 42525/07 u. 60800/08 – *Anayev u. a. vs. Russland*).

815 EGMR (GK), Urt. v. 17.09.2014, ECHR 2014 (extr.), Nrn. 10865/09 u. a.; Sachverhaltsschilderung s. → S. 186.

816 EGMR (GK), Urt. v. 17.09.2014, ECHR 2014 (extr.), Nrn. 10865/09 u. a., §§ 333 f. – *Mocanu u. a. vs. Rumänien*.

3. Promptheit und angemessene Schnelligkeit

Ebenfalls wird vom Gerichtshof in Verfahren zur Aufklärung von Verletzungen des Art. 3 EMRK Promptheit und angemessene Schnelligkeit (*promptness*; *reasonable expedition*) verlangt.[817]

Im Fall *Bouyid gegen Belgien*[818], der Beschwerde der beiden auf der Polizeiwache geschlagenen Brüder, stellt der Gerichtshof eine unübliche Verfahrenslänge der Untersuchungen fest. Auch wenn es Hindernisse und Schwierigkeiten gebe, sei von den ermittelnden Behörden eine prompte Antwort auf Misshandlungen zu erwarten. Nur so könne das öffentliche Vertrauen in die Beachtung der Rechtsstaatlichkeit aufrechterhalten werden und verhindert werden, dass der Anschein eines Zusammenwirkens oder einer Tolerierung rechtswidriger Handlungen erweckt werde.[819] Im Fall lagen zwischen dem Rechtsbehelf und dem gerichtlichen Endurteil für den ersten Beschwerdeführer fast fünf Jahre, für den zweiten mehr als viereinhalb Jahre.

Im Fall *Mocanu u. a. gegen Rumänien*[820] sieht der Gerichtshof bei einer Verfahrenslänge von 22 Jahren – immerhin zehn Jahre waren zwischen dem Beitritt des zweiten Beschwerdeführers zum Verfahren und der Endentscheidung vergangen – Art. 3 EMRK als verletzt an.[821]

Einen besonderen Aspekt der Schnelligkeit nennt der Gerichtshof im Fall *Mocanu u. a. gegen Rumänien*[822]. Dort stellt der Gerichtshof fest, dass das strafrechtliche Verfahren bei Folter oder Misshandlung nicht aufgrund von Verjährungsfristen abgebrochen werden dürfe; auch Amnesien und

---

[817] EGMR (GK), Urt. v. 28.09.2015, ECHR 2015, Nr. 23380/09, § 121 – *Bouyid vs. Belgien*; EGMR (GK), Urt. v. 17.09.2014, ECHR 2014 (extr.), Nrn. 10865/09 u. a., § 323 – *Mocanu u. a. vs. Rumänien.*

[818] EGMR (GK), Urt. v. 28.09.2015, ECHR 2015, Nr. 23380/09; Sachverhaltsschilderung s. → S. 195.

[819] EGMR (GK), Urt. v. 28.09.2015, ECHR 2015, Nr. 23380/09, §§ 121, 133 – *Bouyid vs. Belgien.*

[820] EGMR (GK), Urt. v. 17.09.2014, ECHR 2014 (extr.), Nrn. 10865/09 u. a.; Sachverhaltsschilderung s. → S. 186.

[821] EGMR (GK), Urt. v. 17.09.2014, ECHR 2014 (extr.), Nrn. 10865/09 u. a., § 336 – *Mocanu u. a. vs. Rumänien.*

[822] EGMR (GK), Urt. v. 17.09.2014, ECHR 2014 (extr.), Nrn. 10865/09 u. a.; Sachverhaltsschilderung s. → S. 186.

Entschuldigungsgründe dürften in solchen Fällen keine Anwendung finden.[823] Diese Aussage findet sich auch in weiteren Fällen mit Foltersachverhalten: Der Gerichtshof stellt diese Anforderungen aber nicht unbedingt nur bei der Prüfung des Art. 3 EMRK. So hat er dies auch im Fall *Abdülsamet Yaman gegen die Türkei*[824] im Rahmen der Prüfung des Art. 13 EMRK festgestellt. Im Fall ging es um die Beschwerde eines Mannes, dem von der Polizei bei seiner Festnahme die Augen verbunden wurden. In seiner Haft wurde er geschlagen, in kaltes Wasser getaucht und mit elektrischen Schocks misshandelt, während er zu Aussagen über seine Verbindungen zur PKK gezwungen wurde. Im Urteil sieht es der Gerichtshof als nicht notwendig an, das Verfahren am Maßstab der prozessualen Vorgabe des Art. 3 EMRK zu prüfen, da für ihn der Schwerpunkt in der Verweigerung eines Beschwerdemittels liegt und er dies im Anschluss am Maßstab des Art. 13 EMRK prüft.[825] In diesem Rahmen stellt er fest, dass die Natur des Rechts aus Art. 3 EMRK auch Auswirkungen für Art. 13 EMRK habe. Wenn eine Person den begründeten Vorwurf erhebe, vom Staat gefoltert oder schwerwiegend misshandelt worden zu sein, verlange der Wortlaut „*effective remedy*" zusätzlich zu einer angemessenen Kompensationszahlung auch eine sorgfältige und effektive Untersuchung, die fähig sei, zur Identifizierung und Bestrafung der verantwortlichen Personen zu führen, und dem Beschwerdeführer einen effektiven Zugang zum Untersuchungsverfahren gewähre.[826] Im Folgenden nennt er ebenfalls die Anforderungen aus Art. 3 EMRK: das Verfahren müsse prompt und mit angemessener Schnelligkeit geführt werden, wobei er hier auf seine Rechtsprechung zu Art. 2 und Art. 3 EMRK verweist.[827]

---

[823] EGMR (GK), Urt. v. 17.09.2014, ECHR 2014 (extr.), Nrn. 10865/09 u. a., § 326 – *Mocanu u. a. vs. Rumänien*. In EGMR, Urt. v. 02.11.2004, Nr. 32446/96, § 55 – *Abdülsamet Yaman vs. Türkei* stellt er dies auch als bedeutend für den Zweck eines effektiven Rechtsmittels im Sinne des Art. 13 EMRK fest.

[824] EGMR, Urt. v. 02.11.2004, Nr. 32446/96. S. a. EGMR, Urt. v. 13.01.2009, Nr. 33750/03, § 70 – *Yeter vs.* Türkei, wo der Gerichtshof selbiges für Art. 3 EMRK feststellt, dies aber als Argument im Rahmen der Prüfung der Verletzung des prozessualen Aspekts von Art. 2 EMRK anführt.

[825] EGMR, Urt. v. 02.11.2004, Nr. 32446/96, § 49 – *Abdülsamet Yaman vs. Türkei*.

[826] EGMR, Urt. v. 02.11.2004, Nr. 32446/96, § 53 – *Abdülsamet Yaman vs. Türkei*; s. a. EGMR, Urt. v. 18.12.1996, ECHR 1996-VI, Nr. 21987/93, § 98 – *Aksoy vs. Türkei*.

[827] EGMR, Urt. v. 02.11.2004, Nr. 32446/96, § 54 – *Abdülsamet Yaman vs. Türkei* mit Verweis auf EGMR (GK), Urt. v. 08.07.1999, ECHR 1999-IV, Nr. 23657/94, § 105 – Çakici vs.

4. Beweissicherung

Um ein effektives Verfahren zu gewährleisten, stellt auch Art. 3 EMRK bestimmte Anforderungen an die Beweissicherung (*secure the evidence*). Im Fall *Assenov u. a. gegen Bulgarien*[828], in dem ein 14-jähriger Junge mit Rom:nja-Zugehörigkeit von der Polizei geschlagen wurde, bestätigte der Gerichtshof zwar, dass einige Untersuchungen durchgeführt, diese jedoch nicht mit der von Art. 3 EMRK geforderten Sorgfalt und Effektivität unternommen worden seien. Insbesondere sei nicht versucht worden, das Geschehen durch Aussagen der zur Tatzeit anwesenden Personen aufzuklären, obwohl das Aufgreifen des Opfers von zahlreichen Personen beobachtet worden sei. Stattdessen sei nur eine Person befragt worden, die sich nicht mehr habe erinnern können.[829]

Kursorische Untersuchungen sind keine Untersuchungen, die Art. 3 EMRK genügten. Insbesondere ist es für den Gerichtshof mit Art. 3 EMRK unvereinbar, wenn die Ermittler:innen schlössen, dass polizeilich verursachte Verletzungen nur aufgrund des Ungehorsams des Opfers geschehen seien, ohne dafür Beweise vorzulegen. Eine solche Annahme widerspreche Art. 3 EMRK, der grundsätzlich verletzt sei, wenn physische Gewalt angewandt worden sei, ohne dass diese nach ihrem Ausmaß durch das Verhalten der Person hervorgerufen wurde.[830] Gerade diese Mängel in der Beweissicherung führen den Gerichtshof zum Ergebnis, dass es sich bei diesem Verfahren nicht um eine sorgfältige und effektive Untersuchung gehandelt habe, wie sie von Art. 3 EMRK gefordert werde.[831]

Alle verständigen Maßnahmen zur Beweissicherung müssen hierbei ergriffen werden, unter anderem Aussagen und forensische Beweismittel.[832]

Türkei; EGMR, Urt. v. 02.09.1998, ECHR 1998-VI, Nr. 22495/93, §§ 102-104 – *Yaşa vs. Türkei* u. Urt. v. 28.03.2000, ECHR 2000-III, Nr. 22535/93, §§ 106 f. – *Mahmut Kaya vs. Türkei*.

828 EGMR, Urt. v. 28.10.1998, ECHR 1998-VIII, Nr. 24760/94; Sachverhaltsschilderung s. → S. 180.

829 EGMR, Urt. v. 28.10.1998, ECHR 1998-VIII, Nr. 24760/94, § 103 – *Assenov u. a. vs. Bulgarien*.

830 EGMR, Urt. v. 28.10.1998, ECHR 1998-VIII, Nr. 24760/94, § 104 – *Assenov u. a. vs. Bulgarien*.

831 EGMR, Urt. v. 28.10.1998, ECHR 1998-VIII, Nr. 24760/94, §§ 105 f. – *Assenov u. a. vs. Bulgarien*.

832 EGMR (GK), Urt. v. 13.12.2012, ECHR 2012, Nr. 39630/09, § 183 – *El-Masri vs. „Die ehemalige jugoslawische Republik Mazedonien“*.

Der Fall *El-Masri gegen „Die ehemalige jugoslawische Republik Mazedonien"*[833] betraf die Festnahme des deutschen Beschwerdeführers an der mazedonischen Grenze durch die Behörden wegen des Verdachts auf Beziehungen zu islamistischen Organisationen. Er wurde in einem Hotel festgehalten und währenddessen regelmäßig befragt. Kontakt zur deutschen Botschaft wurde ihm untersagt, nach knapp einem Monat wurde er zum Flughafen gebracht. Dort wurde er von vermummten Personen geschlagen, sexuell missbraucht und unter Reizentzug gesetzt. Er wurde in ein CIA-Flugzeug gebracht, das ihn gefesselt und unter Beruhigungsmitteln nach Kabul in Afghanistan brachte. Dort wurde er fünf Monate gefangen gehalten, ehe er über Albanien nach Deutschland zurückgebracht wurde.

Der Gerichtshof stellt fest, dass das Rechtsmittel des Beschwerdeführers zusammen mit den Beweisen, die durch internationale und ausländische Ermittlungen zusammengetragen wurden, bei der ermittelnden Behörde einen angebrachten Verdacht hinsichtlich einer Verletzung von Art. 3 EMRK hätte hervorrufen müssen. Nicht das formale Rechtsmittel sei entscheidend für die Verpflichtung, ein Verfahren aufgrund von Art. 3 EMRK durchzuführen, sondern bereits die Information, die zur Kenntnis der Behörden von den schwerwiegenden Verletzungen von Art. 3 EMRK geführt habe.[834] Im Laufe des Verfahrens wurden von den ermittelnden Personen weder investigative Mittel ergriffen, noch die Aussagen des Beschwerdeführers und des Hotelpersonals aufgenommen. Ebenso wenig wurde untersucht, welchen Zweck die Landung des Flugzeugs im beklagten Staat hatte, obwohl neben der Aussage des Beschwerdeführers eine Dokumentation des Flughafens über Start- und Landedaten und Passagiere vorlag. Es sei überraschend, so der Gerichtshof, dass die Behörden dem nicht nachgegangen seien, obwohl so die Schlüssigkeit der Aussage des Beschwerdeführers hätte überprüft werden können. Der Entscheidung, das Verfahren einzustellen, lag allein die Aussage des Innenministeriums zugrunde, dessen Mitarbeiter:innen zumindest im Verdacht standen, an der Behandlung des Beschwerdeführers beteiligt gewesen zu sein. Gerade die Komplexität des Falles, die Ernsthaftigkeit der behaupteten Verletzungen und das verfügbare Beweismaterial hätten eine

[833] EGMR (GK), Urt. v. 13.12.2012, ECHR 2012, Nr. 39630/09.

[834] EGMR (GK), Urt. v. 13.12.2012, ECHR 2012, Nr. 39630/09, § 186 – *El-Masri vs. „Die ehemalige jugoslawische Republik Mazedonien"*. Vgl. ab → S. 173.

unabhängige und angemessene Antwort seitens der ermittelnden Behörden erfordert.[835] Der Gerichtshof nimmt deshalb eine Verletzung des prozessualen Aspekts des Art. 3 EMRK an. Zum gleichen Ergebnis kommt er hinsichtlich des prozessualen Aspekts von Art. 5 EMRK: da der Staat kein aussagekräftiges Verfahren durchgeführt habe, sei der Beschwerdeführer willkürlich festgehalten worden.[836]

Im Fall *Aydın gegen die Türkei*[837] war die kurdische Beschwerdeführerin im Alter von 17 Jahren – ebenso wie ihr Vater und ihre Schwägerin – von der Polizei festgenommen worden, als die Polizei in ihr Elternhaus kam, um nach Kontakten zu PKK-Mitgliedern zu fragen. Während der Vernehmung war sie geschlagen und vergewaltigt worden. Auf ihre Beschwerde bei der Staatsanwaltschaft nach ihrer Freilassung wurde die Beschwerdeführerin drei Mal medizinisch untersucht, ohne dass ein vollständiges, qualifiziertes Gutachten angefertigt wurde. Die Untersuchungen wurden von medizinischem Fachpersonal ohne Erfahrung mit Vergewaltigungsopfern durchgeführt und die Staatsanwaltschaft begrenzte vorab das Ziel der Untersuchung. Der Gerichtshof stellt eine Verletzung des substanziellen Aspekts von Art. 3 EMRK fest und prüft die medizinische Untersuchung, die von der Beschwerdeführerin unter dem prozessualen Aspekt von Art. 3 EMRK vorgebracht wurde, im Kontext mit ihrem Vorwurf der Verletzung von Art. 6 und 13 EMRK.[838] Der Gerichtshof stellt fest, dass im Fall der Behauptung einer Vergewaltigung durch Amtsträger:innen zu einer sorgfältigen und effektiven Untersuchung auch eine medizinische, angemessen sensible Untersuchung gehöre, die von medizinischen Fachkräften mit Spezialkompetenz in diesem Bereich und unabhängig von Instruktionen und Untersuchungszielen durch die ermittelnden Behörden durchgeführt werde.[839] Auch müsse verlangt werden, dass die ermittelnde Person alle notwendigen, auch (verhaltens-)psychologischen Beweise zu sichern habe; selbst wenn die Beschwerdeführerin nicht mehr mitwirken wolle, sei dies mit Blick

---

835 EGMR (GK), Urt. v. 13.12.2012, ECHR 2012, Nr. 39630/09, §§ 188 f. – *El-Masri vs. „Die ehemalige jugoslawische Republik Mazedonien“.*

836 EGMR (GK), Urt. v. 13.12.2012, ECHR 2012, Nr. 39630/09, §§ 242 f. – *El-Masri vs. „Die ehemalige jugoslawische Republik Mazedonien“.*

837 EGMR (GK), Urt. v. 25.09.1997, ECHR 1997-VI, Nr. 23178/94.

838 EGMR (GK), Urt. v. 25.09.1997, ECHR 1997-VI, Nr. 23178/94, § 88 – *Aydın vs. Türkei.*

839 EGMR (GK), Urt. v. 25.09.1997, ECHR 1997-VI, Nr. 23178/94, § 107 – *Aydın vs. Türkei.*

auf die Schwere des Vorwurfs kein Grund, das Verfahren einzustellen. Durch die zentrale Rolle der Staatsanwaltschaft beeinflusse dieser Defekt in der Untersuchung auch jedes andere zur Verfügung stehende Rechtsmittel.[840]

5. Öffentlichkeit

Beim Erfordernis einer prompten Antwort auf Menschenrechtsverletzungen ist es, um das öffentliche Vertrauen in die Beibehaltung der Rechtsstaatlichkeit zu erhalten und jeglichen Anschein der Zusammenwirkung zu oder Duldung von rechtswidrigen Taten zu vermeiden, auch notwendig, ein ausreichendes Maß an öffentlicher Beteiligung (*public scrutiny*) an der Untersuchung und ihren Ergebnissen zu gewährleisten.[841] Hierbei verweist der Gerichtshof auf seine Rechtsprechung zur Verfahrensöffentlichkeit nach Art. 2 EMRK.[842]

6. Beteiligung der betroffenen Personen

Während der Gerichtshof in den Fällen eines toten oder verschwundenen Opfers die Staaten verpflichtet, das Untersuchungsverfahren unter Beteiligung der Angehörigen durchzuführen,[843] erachtet er es in den Fällen des Art. 3 EMRK als notwendig, das Opfer effektiv am Verfahren zu beteiligen (*the victim should be able to participate effectively*).[844] Auf welche Art und Weise diese effektive Beteiligung des Opfers gewährleistet wird, überlässt der Gerichtshof den Konventionsstaaten.[845] Nicht ausreichend sei es, wenn der Beschwerdeführer im Fall erst zweieinhalb Jahre nach Verfahrenseröffnung als Opfer im Strafverfahren anerkannt werde und ihm bis dahin prozessuale

840 EGMR (GK), Urt. v. 25.09.1997, ECHR 1997-VI, Nr. 23178/94, §§ 108 f. – *Aydın vs. Türkei*.

841 EGMR (GK), Urt. v. 13.12.2012, ECHR 2012, Nr. 39630/09, § 192 – *El-Masri vs. „Die ehemalige jugoslawische Republik Mazedonien"*.

842 S. hierzu → S. 190. Vgl. EGMR (GK), Urt. v. 07.07.2011, ECHR 2011, Nr. 55721/07, § 167 – *Al-Skeini u. a. vs. Großbritannien*; EGMR, Urt. v. 13.06.2002, ECHR 2002-IV, Nr. 38361/97, § 140 – *Anguelova vs. Bulgarien*.

843 Vgl. → S. 191-196 u. → S. 205.

844 EGMR (GK), Urt. v. 17.09.2014, ECHR 2014 (extr.), Nrn. 10865/09 u. a., § 324 – *Mocanu u. a. vs. Rumänien*. S. a. EGMR (GK), Urt. v. 28.09.2015, ECHR 2015, Nr. 23380/09, § 122 – *Bouyid vs. Belgien*.

845 Vgl. EGMR (GK), Urt. v. 13.12.2012, ECHR 2012, Nr. 39630/09, § 185 – *El-Masri vs. „Die ehemalige jugoslawische Republik Mazedonien"*.

Beteiligungsrechte verwehrt geblieben seien.[846] Ebenso würden die Anforderungen des Art. 3 EMRK verfehlt, wenn den Beschwerdeführern im Verfahren keinerlei Dokumente zu den Entscheidungen der Staatsanwaltschaft zugestellt worden seien.[847] Soweit sich das Opfer in Haft befinde, müsste das innerstaatliche Verfahren besondere Voraussetzungen erfüllen, um auf die eingeschränkte Lebenssituation des Opfers zu reagieren.[848]

Im Fall einer Verfahrenssituation nach Art. 3 EMRK erwartet der Gerichtshof ebenfalls[849], dass das Opfer das Untersuchungsverfahren – dessen Fortschritte oder ein Fehlen dessen – verfolgt und die Beschwerde vor dem Gerichtshof baldmöglichst einlegt, sobald es den Mangel einer effektiven strafrechtlichen Untersuchung erkennt oder erkennen musste.[850]

7. Gründlichkeit

Auch in Fällen des Art. 3 EMRK betont der Gerichtshof immer wieder, dass die Untersuchung gründlich (*thorough*) geführt werden müsse. Dies bedeute, dass die Behörden immer einen ernsthaften Versuch unternehmen müssten, um das Geschehene herauszufinden, und sich nicht auf hastig getroffene oder schlecht begründete Schlüsse verlassen dürften, um die Untersuchung (bald) schließen zu können.[851]

Im Fall *Assenov u. a. gegen Bulgarien*[852], in dem ein 14-jähriger Junge mit Rom:nja-Zugehörigkeit von der Polizei geschlagen wurde, bestätigte der

---

[846] EGMR, Urt. v. 17.12.2009, Nr. 32704/04, § 157 – *Denis Vasilyev vs. Russland.*

[847] EGMR, Urt. v. 15.05.2008, ECHR 2008 (extr.), Nr. 7178/03, § 92 – *Dodovskiy u. a. vs. Russland.*

[848] S. hierzu EGMR, Beschl. v. 17.03.2020, Nrn. 41743/17 u. a., §§ 107-131 u. 153-156 – *Shmelev u. a. vs. Russland*, wo er die Anforderung als erfüllt ansieht (nach vorhergehendem Pilotverfahren EGMR, Urt. v. 10.01.2012, Nrn. 42525/07 u. 60800/08 – *Anayev u. a. vs. Russland*).

[849] EGMR (GK), Urt. v. 18.09.2009, ECHR 2009, Nrn. 16064/90 u. a., § 158 – *Varnava u. a. vs. Türkei* zur Pflicht der Angehörigen in der *konkreten Nachphase* nach einem Todesfall, vgl. → S. 194.

[850] EGMR (GK), Urt. v. 17.09.2014, ECHR 2014 (extr.), Nrn. 10865/09 u. a., § 263 – *Mocanu u. a. vs. Rumänien*; EGMR, Urt. v. 11.06.2019, Nr. 29309/16, § 29 – *Prizreni vs. Albanien.*

[851] EGMR (GK), Urt. v. 28.09.2015, ECHR 2015, Nr. 23380/09, § 123 – *Bouyid vs. Belgien*; EGMR (GK), Urt. v. 13.12.2012, ECHR 2012, Nr. 39630/09, § 183 – *El-Masri vs. „Die ehemalige jugoslawische Republik Mazedonien"*; EGMR (GK), Urt. v. 17.09.2014, ECHR 2014 (extr.), Nrn. 10865/09 u. a., § 325 – *Mocanu u. a. vs. Rumänien.*

[852] EGMR, Urt. v. 28.10.1998, ECHR 1998-VIII, Nr. 24760/94.

Gerichtshof zwar, dass einige Untersuchungen unternommen, jedoch nicht mit der von Art. 3 EMRK geforderten Sorgfalt und Effektivität durchgeführt worden seien. Insbesondere unbefriedigend sei, dass sich der Ermittler mit der Erklärung, die Verletzungen stammten ausschließlich von den Schlägen des Vaters, zufriedengegeben habe, obwohl Beweise für die Wucht der Schläge fehlten, die notwendig gewesen wäre, um diese Verletzungen hervorzurufen.[853]

8. Adäquanz

Der Begriff der Adäquanz (*adequate*) wurde vom Gerichtshof in Fällen des Art. 3 EMRK nicht immer in Übereinstimmung mit seiner Rechtsprechung zu Art. 2 EMRK verwandt. Im Fall *Assenov u. a. gegen Bulgarien*[854] erfolgte die Prüfung des Verfahrens unter der Überschrift „Adäquanz der Untersuchung". Zunächst beschreibt der Gerichtshof aber die Voraussetzungen, nach denen der Staat überhaupt zur Durchführung eines Verfahrens verpflichtet sei. Im Fall reichten die medizinischen Beweise, die Aussage des Opfers und der zweistündige Aufenthalt auf der Polizeistation aus, um den Verdacht zu erregen, dass die Verletzungen nicht oder nicht allein von den Schlägen des Vaters, sondern von einem Verhalten der Polizisten kommen. Eine solche Tatsachenlage führe zur Pflicht, ein effektives, amtliches Verfahren durchzuführen.[855]

Der Gerichtshof führt weiter aus, dass ein Verfahren hinsichtlich Art. 3 EMRK fähig sein soll, zur Identifikation und Bestrafung der verantwortlichen Personen zu führen. Dies nennt er unter ausdrücklichem Bezug zu Verfahren zur Klärung der Verletzung von Art. 2 EMRK und zitiert hierbei auch seine Rechtsprechung zur Klärung von Todesfällen.[856] Zwar führt er dies aus unter der Überschrift „Adäquanz der Untersuchung"; durch den Verweis auf die Verfahrensanforderungen aus Art. 2 EMRK erscheint es, dass auch in den Verfahren aus Art. 3 EMRK diese Bedingung unter den Begriff der Effektivität einzuordnen ist. Diese Annahme wird bestätigt, wenn der Gerichtshof weiter ausführt, ansonsten wäre das generelle Verbot der Folter *ineffektiv*; amtlich betraute Personen könnten in bestimmten Fällen

---

[853] EGMR, Urt. v. 28.10.1998, ECHR 1998-VIII, Nr. 24760/94, § 103 – *Assenov u. a. vs. Bulgarien*.

[854] EGMR, Urt. v. 28.10.1998, ECHR 1998-VIII, Nr. 24760/94.

[855] EGMR, Urt. v. 28.10.1998, ECHR 1998-VIII, Nr. 24760/94, §§ 101 f. – *Assenov u. a. vs. Bulgarien*.

[856] EGMR, Urt. v. 28.10.1998, ECHR 1998-VIII, Nr. 24760/94, § 102 – *Assenov u. a. vs. Bulgarien*.

die Rechte derer, über die sie Macht haben, missbrauchen.[857] Da auch Aspekte der Beweissicherung unter dieser Überschrift beurteilt werden, erscheint das Kriterium der Adäquanz hier nicht der in den Verfahren nach Art. 2 EMRK herausgearbeiteten Verfahrensanforderung[858] zu entsprechen.

9. Bewertung

Insgesamt kann den Fällen zu Art. 3 EMRK entnommen werden, dass der Gerichtshof häufig eine Beziehung zu seiner Rechtsprechung zu Art. 2 EMRK herstellt. Er verweist bei der Aufstellung von Verfahrensanforderungen von Art. 3 EMRK auf Rechtsprechung zu Art. 2 EMRK.[859] Im Fall *Mocanu u. a. gegen Rumänien*[860] prüft er die Anforderungen sogar gemeinsam mit denen des Art. 2 EMRK und führt dabei aus, dass die Auslegung von Art. 2 und 3 EMRK vom Wissen geleitet werden müsse, dass Zweck und Ziel der Konvention als Individualrechtschutzmechanismus es notwendig machten, ihre Bestimmungen so auszulegen und anzuwenden, dass ihr Schutz praktikabel und effektiv wirke. Art. 3 EMRK wie Art. 2 EMRK seien als die fundamentalsten Garantien der Konvention und als Kernwerte demokratischer Gesellschaften anzusehen.[861] Um ihre besondere Stellung zu betonen, verweist er auf Art. 15 Abs. 2 EMRK, der ein Außerkraftsetzen von Art. 2 und Art. 3 EMRK nicht erlaubt.[862] Daraus wird erkennbar, dass sie die Grundwerte der Konventionsstaaten enthalten. Zudem sei ihr Inhalt in anderen internationalen Instrumenten wie dem Internationalen Pakt über bürgerliche und politische Rechte von 1966 und der Amerikanischen Menschenrechtskonvention von 1969 zu finden und als international anerkannter Standard gebilligt.[863]

Folglich prüft er die Verletzung von Art. 2 und 3 EMRK hinsichtlich ihrer prozessualen Aspekte auch gemeinsam und fasst die Maßstäbe der beiden

---

857 EGMR, Urt. v. 28.10.1998, ECHR 1998-VIII, Nr. 24760/94, § 102 – *Assenov u. a. vs. Bulgarien.*

858 S. → S. 196.

859 EGMR, Urt. v. 28.10.1998, ECHR 1998-VIII, Nr. 24760/94, § 102 – *Assenov u. a. vs. Bulgarien.*

860 EGMR (GK), Urt. v. 17.09.2014, ECHR 2014 (extr.), Nrn. 10865/09 u. a.

861 EGMR (GK), Urt. v. 17.09.2014, ECHR 2014 (extr.), Nrn. 10865/09 u. a., § 315 – *Mocanu u. a. vs. Rumänien.*

862 EGMR (GK), Urt. v. 17.09.2014, ECHR 2014 (extr.), Nrn. 10865/09 u. a., § 315 – *Mocanu u. a. vs. Rumänien*; EGMR (GK), Urt. v. 07.07.2011, ECHR 2011, Nr. 55721/07, § 162 – *Al-Skeini u. a. vs. Großbritannien.*

863 EGMR (GK), Urt. v. 17.09.2014, ECHR 2014 (extr.), Nrn. 10865/09 u. a., § 315 – *Mocanu u. a. vs. Rumänien* mit Verweis auf EGMR (Pl.), Urt. v. 07.07.1989, Rep. A 161, Nr. 14038/88, § 88 – *Soering vs. Großbritannien.*

Rechtsnormen ohne Unterscheidung zusammen.[864] Dies ist auch ansonsten in seiner Rechtsprechung zu beobachten; Art. 2 und Art. 3 EMRK haben als Fundamentalgarantien denselben Rang. So lassen sich hinsichtlich der einzelnen Verfahrensanforderungen – bis auf die uneindeutige Begriffsverwendung „Adäquanz" – keine wesentlichen Unterschiede zu denen aus Art. 2 EMRK auffinden.

Zu betonen ist, dass der Gerichtshof auch im Fall des Art. 3 EMRK dem Verfahren der *konkreten Nachphase* einen großen Beitrag zur Wahrheitsfindung[865] beimisst. Unter Bezug auf die Leitlinien des Europarats vom 30. März 2011 führt der Gerichtshof im Fall *El-Masri gegen „Die ehemalige jugoslawische Republik Mazedonien"*[866] aus, Straflosigkeit für schwerwiegende Menschenrechtsverletzungen müsse bekämpft werden aus Gründen der Gerechtigkeit für die Opfer, der Vermeidung neuer Verletzungen und der Aufrechterhaltung der Rechtsstaatlichkeit und des öffentlichen Vertrauens in das Gerichtssystem.[867] Dies kann gerade durch ein Verfahren erreicht werden. Wenn ein Verfahren hingegen hinter den Anforderungen der Konvention zurückbleibt, verletzt dies nicht nur das subjektive Konventionsrecht. Auch hätten unzulängliche Ermittlungen, so der Gerichtshof, Auswirkungen auf das Recht auf Wahrheit bezüglich der relevanten Umstände des Falles. Nicht nur für die Betroffenen und seine Angehörigen hat der Fall große Bedeutung, sondern auch für andere Opfer ähnlicher Verbrechen und die Allgemeinheit, die ein Recht darauf habe zu erfahren, was geschehen ist. Gerade wenn Staaten nicht an der Aufklärung interessiert sind und „Staatsgeheimnisse" als Gründe vorschieben, dienen die Verfahrensverpflichtungen der Sicherstellung der Wahrheitsfindung für die Beteiligten und die Öffentlichkeit.[868] Folglich begründet der Gerichtshof den Schutzumfang des Art. 3 EMRK ebenfalls mit subjektiv- und objektiv-rechtlichen Aspekten.

---

[864] EGMR (GK), Urt. v. 17.09.2014, ECHR 2014 (extr.), Nrn. 10865/09 u. a., § 319 – *Mocanu u. a. vs. Rumänien*.

[865] Vertiefend *Klinkner/Davis*, The Right to the Truth, insb. S. 130-156; *Bishop*, Access to Information, S. 151-192.

[866] EGMR (GK), Urt. v. 13.12.2012, ECHR 2012, Nr. 39630/09; Sachverhaltsschilderung s. → S. 215-216.

[867] EGMR (GK), Urt. v. 13.12.2012, ECHR 2012, Nr. 39630/09, § 192 – *El-Masri vs. „Die ehemalige jugoslawische Republik Mazedonien"*.

[868] EGMR (GK), Urt. v. 13.12.2012, ECHR 2012, Nr. 39630/09, § 191 – *El-Masri vs. „Die ehemalige jugoslawische Republik Mazedonien"*.

Die effektive Aufarbeitung aus Gründen der Gerechtigkeit für die betroffenen Personen bezieht sich auf die Menschenrechtsträger:innen, die durch das Beeinträchtigungsereignis Schaden erlitten haben. Um ihre Rechtsgüter aus Art. 3 EMRK effektiv zu schützen, verlangt der Gerichtshof die effektive Aufarbeitung und Aufklärung durch den Staat. Diese Begründung ist tragend dafür, dass Art. 3 EMRK in der *konkreten Nachphase* Verfahrensanforderungen stellen kann.

Die Gründe der Aufrechterhaltung der Rechtsstaatlichkeit und des öffentlichen Vertrauens in das Gerichtssystem beinhalten hingegen objektiv-rechtliche Kriterien; diese verwendet der Gerichtshof ergänzend und stützend. Die Bewahrung der Rechtsstaatlichkeit richtet den Blick auf die staatliche Ordnung und fügt im Sinne der Gewaltenteilung ein weiteres Werkzeug zur (judikativen) Kontrolle exekutiver Gewalt hinzu. Die Sorge um das öffentliche Vertrauen betrifft hingegen die Außenwirkung des Staatsapparats. Wie bereits in anderen Verfahrenssituationen der *konkreten Nachphase*[869] wird aus der Argumentation des Gerichtshofs deutlich, dass er dem Vertrauen in die Willkürfreiheit des staatlichen Systems ebenfalls Bedeutung zumisst. Und es zeigt sich, dass er effektive Untersuchungen nach substanziellen Beeinträchtigungen als adäquates Mittel einschätzt, um dieses Vertrauen zu erhalten.

Die ebenfalls zur Begründung herangezogene Vermeidung von Wiederholungen hat einen geteilten Fokus. Zwar nimmt sie die bereits beeinträchtigten oder künftig gefährdeten subjektiven Rechtspositionen in den Blick. Doch weitet sie ihn ausgehend vom konkreten Opfer aus. Dieses soll künftig vor ähnlichen Beeinträchtigungen bewahrt werden. Doch darüber hinaus sollen auch solche zulasten anderer Personen vermieden werden. Diese sind – bis zur Konkretisierung durch das Beeinträchtigungsereignis – Teil der unbeteiligten Öffentlichkeit. Somit verbinden sich in dieser Begründung subjektiv- und objektiv-rechtliche Aspekte, die den Gerichtshof zur Forderung einer effektiven Untersuchung führen.

IV. Verfahrenssituation nach Beginn eines die Freiheit entziehenden Akts

In der folgenden Fallgruppe werden Verfahrensanforderungen geprüft, die sich nach einer Freiheitsentziehung als substanziellem Ereignis ergeben.

---

[869] Vgl. → S. 185, 203.

Primär wird die Verfahrenssituation, die ab der Freiheitsentziehung und während ihrer Fortdauer abläuft, von den selbstständigen Verfahrensgarantien des Art. 5 Abs. 2 bis Abs. 4 EMRK bestimmt. Diese Regelungen sorgen dafür, dass die festgenommene Person über die Festnahmegründe informiert wird (Abs. 2), sie einem Richter vorgeführt wird (Abs. 3), die Dauer der Haft angemessen bleibt sowie auch während der Haft Rechtsschutz möglich ist (Abs. 4). Obwohl damit bereits ein verfahrensrechtlicher Mindeststandard unabhängig von der Rechtmäßigkeit der Freiheitsentziehung besteht,[870] sichert der Gerichtshof diesen durch weitere Verfahrensanforderungen ab. Dies geschieht immer dann, wenn die kodifizierten Verfahrensverpflichtungen in der konkreten Situation gar nicht greifen und deshalb auch keinen Schutz gewähren können. Die zusätzlichen Verfahrensanforderungen sollen also die ausdrücklich gewährten absichern. Es ist somit ein ähnlicher Vorgang zu beobachten wie bei Art. 2, Art. 3 und Art. 8 EMRK, deren substanzielle Inhalte durch die Verfahrensanforderungen abgesichert werden.

Freiheit im Sinne des Art. 5 Abs. 1 S. 1 EMRK meint die körperliche (Fort-) Bewegungsfreiheit. Sie wird dann entzogen, wenn eine staatliche Maßnahme die Person gegen oder ohne ihren Willen an einem begrenzten Ort für eine gewisse Dauer festhält.[871] Für diesen Fall enthält Art. 5 EMRK selbst prozessuale Garantien, die aber – anders als Art. 6 EMRK[872] – nicht ihre Begründung in sich selbst tragen, sondern einem substanziellen Recht dienen. Sie sollen gewährleisten, dass in allen Verfahren, in denen es gerade um die Entscheidung über Freiheitsentziehungen geht, keine willkürliche Entziehung der Freiheit möglich ist. Dies lässt sich auch den Ausführungen des Gerichtshofs in *Bazorkina gegen Russland*[873] entnehmen. Im Fall war der Sohn der Beschwerdeführerin, ein Student, im Tschetschenienkrieg verschwunden. Die Beschwerdeführerin entdeckte ihn in einer Fernsehaufnahme, auf der er von Polizisten festgenommen wurde. Danach hörte sie nichts mehr von ihm oder über ihn. Erst mit Verzögerung wurde ein staatliches Verfahren eröffnet,

---

870 *Dörr, Oliver*, Freiheit der Person (Kap. 13), in: EMRK/GG Konkordanzkommentar, Rn. 18 mit Verweis u. a. auf EGMR (Pl.), Urt. v. 18.06.1971, Rep. A 12, Nrn. 2832/66 u. a., § 73 – *De Wilde, Ooms u. Versyp vs. Belgien*.

871 *Peters/Altwicker*, EMRK, § 18 Rn. 5, die auf EGMR, Urt. v. 16.06.2005, ECHR 2005-V, Nr. 61603/00, § 74 – *Storck vs. Deutschland* verweisen.

872 Vgl. → S. 80.

873 EGMR, Urt. v. 27.07.2006, Nr. 69481/01.

um den Verbleib des Sohnes zu klären. Der Gerichtshof führt nun aus, dass jede Freiheitsentziehung nur im Einklang mit den materiellen und prozessualen Regeln des nationalen Rechts durchgeführt werden dürfe und gleichermaßen mit dem eigentlichen Zweck des Art. 5 EMRK übereinstimmen müsse, nämlich dem Schutz des Einzelnen vor willkürlicher Festnahme.[874]

Da Art. 5 EMRK die Verfahrenssituation mit einem Gefährdungspotenzial verbunden sieht und ausdrücklich mit seinen Garantien darauf reagiert, liegt die Anreicherung durch weitere, von der Rechtsprechung entwickelte Absicherungen nahe. Um offenzulegen, dass es sich bei den Ergänzungen um gefährdungsspezifische Zusätze der ausdrücklichen Garantien handelt, wird sich die folgende Analyse ihrer Struktur nach an den Absätzen des Art. 5 EMRK orientieren. Neben Art. 5 EMRK sind das Recht auf Leben, Art. 2 EMRK, das Recht auf physische und psychische Integrität, Art. 3 EMRK, und möglicherweise auch das Recht auf Achtung des Privat- und Familienlebens, Art. 8 EMRK, beeinträchtigte Konventionsrechte. Eine Anwendung von Art. 6 EMRK muss verneint werden, da dessen Gewährleistungen nicht in Verfahren gelten, in denen strafprozessuale Maßnahmen selbst überprüft werden.[875] Überdies wird hier eine ausgedehntere Verfahrenssituation als die gerichtliche untersucht. Die vorliegend gemeinte betrifft auch justizbehördliche Maßnahmen innerhalb der Haftanstalt, beschränkt sich also nicht auf das gerichtliche Verfahren.

Zudem ist die Analyse der Fälle um Art. 5 EMRK für diese Arbeit von besonderer Bedeutung, weil der Gerichtshof in diesen Fällen nicht müde wird zu betonen, dass das innerstaatliche objektive Recht den Schutz des Einzelnen vor willkürlichen Festnahmen gewährleistet. Die Voraussetzung der Rechtmäßigkeit des Art. 5 Abs. 4 EMRK verknüpft der Gerichtshof nicht nur mit den Anforderungen der Konvention, sondern auch mit dem nationalen Verfahrensrecht: So verleihe Art. 5 Abs. 4 EMRK das Recht, ein Verfahren zur Überprüfung der Einhaltung der verfahrensrechtlichen und materiell-rechtlichen Bedingungen einzuleiten, die für die „Rechtmäßigkeit“ der Freiheitsentziehung wesentlich seien.[876] Auch die Ausgestaltung und

---

[874] EGMR, Urt. v. 27.07.2006, Nr. 69481/01, § 146 – *Bazorkina vs. Russland.*

[875] *Grabenwarter, Christoph/Pabel, Katharina*, Der Grundsatz des fairen Verfahrens (Kap. 14), in: EMRK/GG Konkordanzkommentar, Rn. 29.

[876] EGMR (GK), Urt. v. 15.12.2016, ECHR 2016 (extr.), Nr. 16483/12, § 128 – *Khlaifia u. a. vs. Italien.*

Ausübung nationalen Verfahrensrechts hat Einfluss auf die Bewertung, ob eine Inhaftierung rechtmäßig ist. Die Beschwerde *Dejnek gegen Polen*[877] betraf das Verhalten der Strafvollzugsbehörden hinsichtlich zweier körperlicher Untersuchungen, bei denen der Beschwerdeführer sich ausziehen musste und eine genaue Untersuchung seines Körpers, inklusive seines Intimbereichs, vorgenommen wurde. Diese wurden durchgeführt, obwohl der Beschwerdeführer schwerwiegende Rückenschmerzen hatte. Der Gerichtshof führt aus, dass der Beschwerdeführer seine Schmerzen im Rechtsmittel nicht vorgetragen habe und diese nicht durch eine ärztliche Untersuchung belegt seien; die körperlichen Untersuchungen sei den Akten zufolge in Übereinstimmung mit den einschlägigen Rechtsvorschriften abgelaufen. Damit liege das Mindestmaß an Schwere nicht vor, das für eine Beeinträchtigung des Art. 3 EMRK aber vorauszusetzen sei.[878] Somit bezieht der Gerichtshof die einschlägigen Normen des innerstaatlichen Rechts bei der Beurteilung des Art. 3 EMRK ein. Die Einhaltung von Normen, die den Untersuchungsablauf regelten, stellt also einen Referenzpunkt für die Einschätzung der Beeinträchtigung für den Gerichtshof dar.

1. Dokumentation von Freiheitsentziehungen in einem Haftbuch

Eine der wichtigsten Verfahrensanforderungen, die der Gerichtshof aus dem Recht auf Freiheit aus Art. 5 EMRK entwickelt hat, ist die Dokumentation von Freiheitsentziehungen (*custody record*; *report*). Diese ist eine der effektiven Maßnahmen, die der Gerichtshof der Konvention entnimmt, insbesondere gegen das Verschwinden inhaftierter Personen.[879]

Im Fall *Kurt gegen die Türkei*[880] trug die Beschwerdeführerin vor, dass ihr Sohn nach der Festnahme durch Sicherheitskräfte spurlos verschwunden gewesen sei. Seine Festnahme sei damals nicht protokolliert worden, es gebe keine offizielle Spur über seinen späteren Verbleib oder sein Schicksal.

---

[877] EGMR, Urt. v. 01.06.2017, Nr. 9635/13.

[878] EGMR, Urt. v. 01.06.2017, Nr. 9635/13, §§ 61-65 – *Dejnek vs. Polen*.

[879] Vgl. *Mowbray*, Positive obligations, S. 69: „[…] the obligation to maintain thorough custody records is at the heart of states' duties to account for detainees and safeguard them against disappearance" mit Verweis auf EGMR, Urt. v. 18.06.2002, Nr. 25656/94, § 372 – *Orhan vs. Türkei*. S. a. EGMR, Urt. v. 24.01.2008, Nr. 48804/99, § 78 – *Osmanoğlu vs. Türkei* zu Art. 2 EMRK.

[880] EGMR, Urt. v. 25.05.1998, ECHR 1998-III, Nr. 24276/94.

Dieser Umstand sei als solcher als schwerwiegender Mangel anzusehen, so der Gerichtshof, da er es den für den Freiheitsentzug verantwortlichen Personen ermögliche, ihre Beteiligung an einer Straftat zu verbergen, ihre Spuren zu verwischen und sich der Verantwortung für das Schicksal des Inhaftierten zu entziehen. Deshalb sei das Fehlen von Haftdaten, in denen beispielsweise Datum, Uhrzeit und Ort der Festnahme, der Name der inhaftierten und der inhaftierenden Personen sowie die Gründe für die Festnahme festgehalten würden, mit dem eigentlichen Zweck von Art. 5 EMRK nicht vereinbar.[881] Der Gerichtshof hebt hervor, dass eine undokumentierte (*unacknowledged detention*; *unacknowledged arrest*) Festnahme die völlige Negierung der Verfahrensgarantien des Art. 5 EMRK und damit eine schwerwiegende Verletzung dieser Norm darstelle. Nachdem die Behörden Kontrolle über eine Person übernommen hätten, obliege es ihnen, über deren Verbleib Rechenschaft abzulegen. Art. 5 EMRK müsse deshalb so verstanden werden, dass die Behörden verpflichtet seien, wirksame Maßnahmen zu ergreifen, um gegen die Gefahr des Verschwindens zu schützen.[882] Im Fall *Anguelova gegen Bulgarien*[883] hob der Gerichtshof neben dem „eigentlichen Zweck" des Art. 5 EMRK noch ein der Norm zugrunde liegendes Prinzip hervor, gegen das undokumentierte Verhaftungen verstoßen. Der Sohn der Beschwerdeführerin, welcher der Volksgruppe der Rom:nja angehörte, war wegen des Verdachts des versuchten Diebstahls festgenommen worden. Es wurde kein schriftlicher Haftbefehl erlassen und seine Daten wurden nicht in das Haftregister aufgenommen; es nannte nur einen nicht identifizierten Festgenommenen. Er starb wenig später in Haft aufgrund eines Schädelbruchs. Der Gerichtshof betont, dass der Wortlaut „rechtmäßig" („*lawful*") und „auf die gesetzlich vorgeschriebene Weise" („*in accordance with a procedure prescribed by law*") im Wesentlichen auf das innerstaatliche Recht und dessen materiell- und verfahrensrechtliche Vorschriften verweise. Über deren Einhaltung hinaus verlangen diese Begriffe, dass jede Freiheitsentziehung mit dem Zweck des Art. 5 EMRK, nämlich dem Schutz des Einzelnen vor Willkür, vereinbar

---

[881] EGMR, Urt. v. 25.05.1998, ECHR 1998-III, Nr. 24276/94, § 125 – *Kurt vs. Türkei*. S. a. EGMR, Urt. v. 20.09.2018, Nr. 23086/08, § 165 – *Mushegh Saghatelyan vs. Armenien*.

[882] EGMR, Urt. v. 25.05.1998, ECHR 1998-III, Nr. 24276/94, § 124 – *Kurt vs. Türkei*. S. a. EGMR (GK), Urt. v. 13.12.2012, ECHR 2012, Nr. 39630/09, § 233 – *El-Masri vs. „Die ehemalige jugoslawische Republik Mazedonien"*.

[883] EGMR, Urt. v. 13.06.2002, ECHR 2002-IV, Nr. 38361/97.

sein müsse. Fehle die Dokumentation einer Festnahme, so müsse dies als unvereinbar mit dem Erfordernis der Rechtmäßigkeit und dem eigentlichen Zweck des Art. 5 EMRK angesehen werden.[884]

Der Fall zeigt deutlich die Bedeutung des Erfordernisses von Haftlisten als Absicherung der ausdrücklichen Gehalte des Art. 5 EMRK: die bulgarische Regierung trug vor, dass die innerstaatliche Polizeigesetznorm so ausgelegt werden könne, dass eine Inhaftierung ohne Haftbefehl dann erlaubt sei, wenn die Identität des Inhaftierten nicht eindeutig nachgewiesen werden könne. Diese Auslegung wies der Gerichtshof zurück, da dies eine pauschale Genehmigung für undokumentierte Verhaftungen bedeutete. Sichtbar werde so die Gefahr, dass ohne die Pflicht zu definierten Haftlisten aus Art. 5 EMRK selbst, innerstaatliches Verfahrensrecht derart ausgelegt werden könnte, dass die ausdrücklichen Anforderungen des Art. 5 EMRK leerliefen. Somit werde für eine effektive Gewähr des Rechts auf Freiheit die Ergänzung um die Pflicht zu definierten Haftlisten benötigt; sie sei „implizit".[885] Diese entnimmt der Gerichtshof somit dem Zweck des Art. 5 EMRK und auch der Anforderung der Rechtmäßigkeit einer Festnahme gemäß Art. 5 Abs. 1 S. 1 EMRK.

Der Fall *El-Masri gegen „Die ehemalige jugoslawische Republik Mazedonien"*[886] betraf die Festnahme des deutschen Beschwerdeführers an der mazedonischen Grenze durch die Behörden wegen des Verdachts auf Beziehungen zu islamistischen Organisationen. Er wurde ohne Haftbefehl und Haftregister in einem Hotel festgehalten, dort regelmäßig verhört, ohne ihm Kontakt zu einem rechtlichen Beistand, seiner Familie oder der deutschen Botschaft zu gewähren. Der Gerichtshof stellt fest, dass es keine gerichtliche Anordnung für die Inhaftierung gegeben hatte und auch Gewahrsamsprotokolle fehlten. Die unbestätigte und nicht kommunizierte Inhaftierung habe bedeutet, dass er der Willkür derjenigen, die ihn festgehalten hätten, völlig ausgeliefert gewesen sei. Völlig inakzeptabel sei zudem, dass in einem Rechtsstaat einer Person die Freiheit an einem außergewöhnlichen Haftort – einem Hotel – außerhalb jedes gerichtlichen Rahmens entzogen werden könne.

---

[884] EGMR, Urt. v. 13.06.2002, ECHR 2002-IV, Nr. 38361/97, § 154 – *Anguelova vs. Bulgarien*. S. a. EGMR, Urt. v. 25.10.2005, Nr. 5140/02, § 78 – *Fedotov vs. Russland*.

[885] EGMR, Urt. v. 13.06.2002, ECHR 2002-IV, Nr. 38361/97, § 157 – *Anguelova vs. Bulgarien*. S. hierzu *Mowbray*, Positive obligations, S. 69.

[886] EGMR (GK), Urt. v. 13.12.2012, ECHR 2012, Nr. 39630/09; Sachverhaltsschilderung s. → S. 215-216.

Eine Inhaftierung an einem derart ungewöhnlichen Ort verstärke die Willkür dieser Freiheitsentziehung.[887]

2. Gerichtsbeschluss

Obwohl Art. 5 Abs. 1 EMRK keinen allgemeinen Richtervorbehalt nennt, sieht der Gerichtshof diesen als Teil der „Rechtmäßigkeit" an, die alle Fallgruppen des Art. 5 Abs. 1 S. 2 EMRK dem Wortlaut nach enthalten.[888] Jede Freiheitsentziehung benötigt eine rechtliche Grundlage, um vor Willkür zu schützen. Eine Freiheitsentziehung sei an sich nicht wegen jedes Fehlers im zugrunde liegenden Haftbefehl unrechtmäßig im Sinne des Art. 5 Abs. 1 S. 2 EMRK: Eine Haft sei grundsätzlich rechtmäßig, wenn sie auf einer gerichtlichen Entscheidung (*court order*) beruhe; auch wenn nachträglich durch ein höheres Gericht ein Fehler festgestellt werde, bedeute dies nicht notwendigerweise, dass die dazwischen liegende Haft rückwirkend für unrechtmäßig erklärt werde.[889] Diese Fortentwicklung führt dazu, dass der Richtervorbehalt zu einer „autonomen Eingriffsvoraussetzung"[890] wird. Gleichzeitig ist sie Teil der allgemeinen Argumentationslinie, die die materiell- und verfahrensrechtliche Rechtmäßigkeit der Inhaftierung und damit die Notwendigkeit des Rechtsstaatsprinzips betont.[891]

3. Effektives Rechtsmittel bei körperlichen Untersuchungen

Während einer Freiheitsentziehung kann es zu körperlichen Untersuchungen oder Eingriffen kommen. Diese selbst sind als faktische Eingriffe zunächst nicht einer Verfahrenssituation zuzuordnen. Auch hier kann aber ein Bedürfnis entstehen, diese verfahrensrechtlich abzusichern. Ihre mögliche Rechtfertigung richtet sich nach den Maßstäben von Art. 3 und Art. 8 EMRK. Mangels Erreichens der Schwelle des Art. 3 EMRK,[892] prüfte der

---

[887] EGMR (GK), Urt. v. 13.12.2012, ECHR 2012, Nr. 39630/09, § 236 – *El-Masri vs. „Die ehemalige jugoslawische Republik Mazedonien"*.

[888] *Dörr, Oliver*, Freiheit der Person (Kap. 13), in: EMRK/GG Konkordanzkommentar, Rn. 233.

[889] EGMR (GK), Urt. v. 09.07.2009, Nr. 11364/03, § 74 – *Mooren vs. Deutschland*; EGMR, Urt. v. 31.05.2011, Nr. 5829/04, § 156 – *Khodorkovskiy vs. Russland.*

[890] *Dörr, Oliver*, Freiheit der Person (Kap. 13), in: EMRK/GG Konkordanzkommentar, Rn. 233.

[891] Vgl. *Nußberger*, JZ 2019, S. 421, 426.

[892] S. → S. 226.

Gerichtshof die Vereinbarkeit mit Art. 8 EMRK.[893] Ihm sei das Bedürfnis nach Sicherungsmaßnahmen in Institutionen, in denen Inhaftierte untergebracht seien, durchaus bewusst, so der Gerichtshof. Hochgradig invasive und potenziell entwürdigende Maßnahmen wie Leibesvisitationen verlangten jedoch nach einer plausiblen Rechtfertigung. Eine solche sei hier nicht gegeben worden. Der Gerichtshof stellt fest, dass die Ombudsperson bereits empfohlen hatte, einer Person, der eine Leibesvisitation angekündigt werde, auch ein Rechtsmittel zur gerichtlichen Überprüfung zur Verfügung zu stellen. Ohne ein solches (*effective remedy*) sei es im Fall schwierig, das Erfordernis einer ausreichenden Rechtfertigung für körperliche Untersuchungen oder Eingriffe auf nationaler Ebene durchzusetzen.[894] Ohne die Bereitstellung einer ausreichenden und relevanten Begründung der konkreten Untersuchungen liege eine Verletzung des Art. 8 EMRK vor.[895] Hinsichtlich der Prüfung von Art. 8 EMRK verlangt der Gerichtshof zwar nicht explizit ein Rechtsmittel zur Überprüfung von Untersuchungsentscheidungen vor der Untersuchung, doch sei ohne ein solches, effektives Rechtsmittel die notwendige Rechtfertigung von Leibesvisitationen schwer durchzusetzen. Damit greift er auch in diesem Bereich auf eine Verfahrensanforderung zurück, um das substanzielle Recht in der Praxis effektiv zu schützen.

4. Weitergabe von Informationen (in Ergänzung von Art. 5 Abs. 2 EMRK)

Bereits 1990 im Urteil *Van der Leer gegen die Niederlande*[896] weitete der Gerichtshof den Anwendungsbereich des Art. 5 Abs. 2 EMRK aus. Im Fall war der Aufenthalt der Beschwerdeführerin in einer psychiatrischen Klinik gerichtlich angeordnet worden. Sie war weder davor angehört, noch danach darüber informiert worden. Die niederländische Regierung hielt Art. 5 Abs. 2 EMRK und seine Verpflichtung, festgenommene Personen innerhalb möglichst kurzer Frist über die Gründe der Festnahme zu informieren, nur auf Festnahmen durch Strafbehörden anwendbar. Der Gerichtshof führt aus, auch wenn er sich der strafrechtlichen Konnotation des Abs. 2 bewusst sei,

893 Vgl. EGMR, Urt. v. 01.06.2017, Nr. 9635/13, § 70 – *Dejnek vs. Polen*.
894 EGMR, Urt. v. 01.06.2017, Nr. 9635/13, § 75 – *Dejnek vs. Polen*.
895 EGMR, Urt. v. 01.06.2017, Nr. 9635/13, §§ 76 f. – *Dejnek vs. Polen*.
896 EGMR, Urt. v. 21.02.1990, Rep. A 170-A, Nr. 11509/85.

müsse der Wortlaut im Einklang mit dem allgemeinen Zweck des Art. 5 EMRK, jedermann vor willkürlichen Freiheitsentziehungen zu schützen, ausgelegt werden.[897] Er nennt als Begründung zudem die enge Verbindung zwischen Abs. 2 und Abs. 4. Jede Person, die berechtigt sei, gemäß Abs. 4 ein Verfahren zur Überprüfung der Rechtmäßigkeit ihrer Inhaftierung zu beantragen, könne dieses Recht nur wirksam ausüben, wenn sie unverzüglich und in angemessener Weise über die Gründe für den Freiheitsentzug informiert worden sei (*promptly and adequately informed of the reasons*).[898] Somit weitet der Gerichtshof den Anwendungsbereich des Abs. 2 aus, um eine effektive Ausübung des Rechts aus Abs. 4 zu gewährleisten.

Werden Gründe für die Inhaftierung zudem in eine andere Sprache übersetzt, um sie, wie Abs. 2 es erfordert, verständlich zu machen, müssen die Behörden dafür sorgen, dass Übersetzungsanträge mit Sorgfalt und Präzision formuliert werden.[899] Ohne diese Anforderung kann das Informationsrecht nicht zum Ergebnis der Kenntnis um die Gründe der Inhaftierung und die anschließende Nutzung zur rechtlichen Verteidigung führen.

5. Verfahren von Untersuchungs- und Präventivhaft (in Ergänzung von Art. 5 Abs. 3 EMRK)

Auch zu den Verfahrensanforderungen des Art. 5 Abs. 3 EMRK sind durch die Rechtsprechung des Gerichtshofs weitere Verfahrensanforderungen hinzugetreten. Abs. 3 gilt für die Fallgruppe des Art. 5 Abs. 1 S. 2 lit. c EMRK, also für die Untersuchungs- und die Präventivhaft. Die Verfahrenssituation der Untersuchungshaft, die durch einen hinreichenden Tatverdacht oder Fluchtgefahr bestimmt wird, beginnt damit, dass eine Person durch den Staat in einer Haftanstalt oder haftähnlichen Unterbringung, auch gegen ihren Willen, untergebracht wird, um eine möglicherweise durch sie begangene Straftat aufzuklären.[900] Am Ende dieses Verfahrens steht die Entscheidung über die Erhebung einer strafrechtlichen Anklage, „mithin die Entscheidung

[897] EGMR, Urt. v. 21.02.1990, Rep. A 170-A, Nr. 11509/85, § 27 – *Van der Leer vs. Niederlande.*

[898] EGMR, Urt. v. 21.02.1990, Rep. A 170-A, Nr. 11509/85, § 28 – *Van der Leer vs. Niederlande.* S. a. *Dörr, Oliver*, Freiheit der Person (Kap. 13), in: EMRK/GG Konkordanzkommentar, Rn. 39.

[899] Vgl. EGMR, Urt. v. 12.04.2005, ECHR 2005-III, Nr. 36378/02, § 425 – *Shamayev u. a. vs. Georgien u. Russland.*

[900] Vgl. *Grabenwarter/Pabel*, EMRK, § 21 Rn. 28.

über die Schuld- oder Nichtschuld des Angeklagten“[901]. Die Präventivhaft hingegen dient der Verhinderung einer konkret bevorstehenden Tat, eines genau hinsichtlich Ortes, Zeit und Opfers bestimmbaren Rechtsverstoßes.[902] Für Untersuchungshaft und Präventivhaft ordnet Art. 5 Abs. 1 S. 2 lit. c EMRK an, dass diese nur zur Vorführung vor die zuständige Gerichtsbehörde rechtmäßig sind, wenn ein hinreichender Verdacht besteht, dass die betreffende Person eine Straftat begangen hat, oder wenn begründeter Anlass zu der Annahme besteht, dass es notwendig ist, sie an der Begehung einer Straftat oder an der Flucht nach Begehung einer solchen zu hindern.

a. Unabhängigkeit und Unparteilichkeit (Art. 5 Abs. 3 S. 1 HS 1 EMRK)

Zunächst gewährt Art. 5 Abs. 3 S. 1 HS 1 EMRK das Recht, „unverzüglich einem Richter oder einer anderen gesetzlich zur Wahrnehmung richterlicher Aufgaben ermächtigten Person“ (*promptly before a judge or other officer authorised by law to exercise judicial power*) vorgeführt zu werden. Diese ausdrückliche Verfahrensbestimmung wird durch die Rechtsprechung des Gerichtshofs noch ergänzt. Dies hat seinen Grund in der besonderen Verfahrenssituation der Untersuchungshaft. Die Strafbehörden, also die Exekutive, haben weitreichende Befugnisse, um ihrer Aufgabe der Wahrheitsfindung nachkommen zu können. Als Korrektiv ist in Art. 5 Abs. 3 EMRK, dessen Garantie sich in vielen Grund- und Menschenrechtskatalogen wiederfinden lässt (als *habeas-corpus*-Recht[903]), die Judikative genannt, die möglichst bald ein unabhängiges Urteil über die Festnahme und die Freiheitsentziehung treffen soll. Dieser Überwachungsfunktion kann sie aber nur gerecht werden, wenn die in judikativer Funktion eingesetzte Person unabhängig (*independent*) von der ermittelnden Exekutive, also der Staatsanwaltschaft, ist.

Welche Anforderungen an die zur Entscheidung berufenen Personen zu stellen sind, zeigt zum einen der Fall *Huber gegen die Schweiz*[904]. Die Beschwerdeführerin war von einem Bezirksstaatsanwalt zunächst als Zeugin befragt

---

[901] *Grabenwarter, Christoph/Pabel, Katharina*, Der Grundsatz des fairen Verfahrens (Kap. 14), in: EMRK/GG Konkordanzkommentar, Rn. 29 (ohne Hervorhebungen des Originals).

[902] Vgl. *Dörr, Oliver*, Freiheit der Person (Kap. 13), in: EMRK/GG Konkordanzkommentar, Rn. 196.

[903] *Grabenwarter/Pabel*, EMRK, § 21 Rn. 65.

[904] EGMR (Pl.), Urt. v. 23.10.1990, Rep. A 188, Nr. 12794/87.

worden; derselbe ordnete ihre Inhaftierung an und eröffnete das Ermittlungsverfahren gegen sie. Der Gerichtshof verweist auf seine Rechtsprechung zur Unparteilichkeit in militärrechtlichen Verfahren: natürlich schließe die Konvention nicht aus, dass ein Bezirksstaatsanwalt, der eine Festnahme angeordnet habe, andere Aufgaben wahrnehme. Doch seine Unparteilichkeit könne zweifelhaft erscheinen, wenn er berechtigt sei, im weiteren Strafverfahren als Vertreter der Strafverfolgungsbehörde dem Verfahren beizutreten.[905]

Zum anderen stellt der Gerichtshof auch Anforderungen an die institutionelle Unabhängigkeit der zur Entscheidung ermächtigten Person. Im Fall *Assenov u. a. gegen Bulgarien*[906] wurde der zur Volksgruppe der Rom:nja zugehörige Beschwerdeführer aufgrund des Verdachts der Beteiligung an mehreren Diebstählen und Raubüberfällen in Untersuchungshaft genommen. Der Ermittler selbst ordnete den Verbleib in der Untersuchungshaft an; diese dauerte von Juli 1995 bis Juli 1997. Erst drei Monate nach Beginn der Untersuchungshaft im September 1995 befasste sich ein Richter erstmals mit dem Fall.

Der Gerichtshof betonte, dass die judikative Kontrolle der Eingriffe durch die Staatsanwaltschaft in Form der Untersuchungshaft ein Hauptkennzeichen der Garantie aus Art. 5 Abs. 3 EMRK sei. Bevor gesagt werden könne, ein:e Amtsträger:in der Exekutive übe diese judikative Kontrolle aus, müssten bestimmte Bedingungen zum Schutz vor willkürlicher Freiheitsentziehung erfüllt sein.[907] Der Gerichtshof stellt fest, dass Ermittlungspersonen nach bulgarischem Recht nicht befugt seien, rechtverbindliche Entscheidungen über die Inhaftierung oder Freilassung zu treffen, sondern sie stets von der Staatsanwaltschaft aufgehoben werden könnten. Somit sei der Ermittlungsbeamte im Fall nicht unabhängig genug, um als „gesetzlich zur Wahrnehmung richterlicher Aufgaben ermächtigt" im Sinne des Art. 5 Abs. 3 S. 1 EMRK zu gelten.[908]

---

905 EGMR (Pl.), Urt. v. 23.10.1990, Rep. A 188, Nr. 12794/87, §§ 42 f. m. w. N. – *Huber vs. Schweiz*.

906 EGMR, Urt. v. 28.10.1998, ECHR 1998-VIII, Nr. 24760/94.

907 EGMR, Urt. v. 28.10.1998, ECHR 1998-VIII, Nr. 24760/94, § 146 – *Assenov u. a. vs. Bulgarien*.

908 EGMR, Urt. v. 28.10.1998, ECHR 1998-VIII, Nr. 24760/94, § 148 – *Assenov u. a. vs. Bulgarien*. S. a. EGMR (GK), Urt. v. 25.03.1999, ECHR 1999-II, Nr. 31195/96, § 51 – *Nikolova vs. Bulgarien*.

Die entscheidende Person darf somit kein Teil der Exekutive sein. Zweifel hieran können sich ergeben, wenn die entscheidende Person später im Verfahren als Vertreter der Anklage beteiligt ist.[909] Ebenso darf die Exekutive nicht die Kompetenz haben, die Entscheidung aufzuheben. Eine Verwerfung der Entscheidung durch ein Gericht einer höheren Instanz sei demgegenüber kein Anzeichen für fehlende Unabhängigkeit.[910]

b. Prüfung der Begründetheit (S. 1 HS 1)

Die judikative Kontrolle einer Festnahme spielt eine wichtige Rolle für die Wahrung des Rechts auf Freiheit. Deshalb darf die Prüfung auch nicht nur symbolischer Natur sein, sondern muss sich inhaltlich mit der Sache auseinandersetzen. Im Fall *T.W. gegen Malta*[911] war der Beschwerdeführer wegen des Verdachts auf sexuelle Misshandlung seiner Tochter festgenommen worden. Innerhalb von 24 Stunden wurde er von einem Richter (*magistrate*) angehört; dieser hatte aber keine Kompetenz, den Beschuldigten freizulassen. 15 Tage später wurde er von einem anderen Magistrat freigelassen. Der Gerichtshof betont, dass Art. 5 Abs. 3 EMRK darauf abziele, eine vorläufige Freilassung verlangen zu können, sobald die Inhaftierung nicht mehr angemessen sei. Allein, dass die inhaftierte Person Zugang zu einer Justizbehörde gehabt habe, reiche zur Erfüllung der staatlichen Verpflichtung jedoch nicht aus. Vielmehr sei die entscheidende Person, vor der die inhaftierte Person erscheine, verpflichtet, die für und gegen die Festnahme sprechenden Umstände zu prüfen, anhand rechtlicher Kriterien das Vorliegen von Rechtfertigungsgründen zu erwägen und bei Fehlen solcher Gründe die Freilassung anzuordnen. Mit anderen Worten verlange Art. 5 Abs. 3 EMRK die Prüfung der Begründetheit durch die entscheidende Person.[912] Im Fall konnte der Gerichtshof nicht feststellen, ob der Magistrat befugt gewesen war, eine Prüfung der Begründetheit (*the merits of the detention*) vorzunehmen.[913]

---

[909] EGMR (GK), Urt. v. 25.03.1999, ECHR 1999-II, Nr. 31195/96, § 49 – *Nikolova vs. Bulgarien*; EGMR (Pl.), Urt. v. 23.10.1990, Rep. A 188, Nr. 12794/87, § 43 – *Huber vs. Schweiz*.

[910] EGMR, Urt. v. 04.07.2000, Nr. 27915/95, §§ 49-52 – *Niedbala vs. Polen*. S. hierzu *Mowbray*, Positive obligations, S. 78.

[911] EGMR (GK), Urt. v. 29.04.1999, Nr. 25644/94.

[912] EGMR (GK), Urt. v. 29.04.1999, Nr. 25644/94, § 41 – *T.W. vs. Malta*. S. a. EGMR (GK), Urt. v. 05.07.2016, ECHR 2016 (extr.), Nr. 23755/07, § 98 – *Buzadji vs. Republik Moldau*.

[913] Vgl. EGMR (GK), Urt. v. 29.04.1999, Nr. 25644/94, § 46 – *T.W. vs. Malta*.

c. Prüfung von Amts wegen (S. 1 HS 1)

Die gerichtliche Kontrolle muss nicht nur unverzüglich erfolgen, sondern auch automatisch (*automatic*) und darf insbesondere nicht von einem vorherigen Antrag der inhaftierten Person abhängen. Ein solches Erfordernis könnte den Zweck von Art. 5 Abs. 3 EMRK unterlaufen, so der Gerichtshof. Gerade Personen, die in Gewahrsam Misshandlungen ausgesetzt seien, Personen mit geistiger Behinderung oder ohne Kenntnis der Gerichtssprache könnten nicht in der Lage sein, einen Antrag auf gerichtliche Überprüfung zu stellen.[914]

d. Anhörung durch die entscheidende Person (S. 1 HS 1)

Die entscheidende Person selbst muss die inhaftierte Person anhören (*judicial officer must himself or herself hear the detained person*).[915] Im Fall *De Jong, Baljet und van den Brink gegen die Niederlande*[916]waren die drei Beschwerdeführer, die aufgrund ihrer Überzeugung im Rahmen ihres Wehrdiensts die Ausführung bestimmter Befehle verweigert hatten, wegen des Verdachts auf Verstöße gegen das Militärstrafgesetzbuch festgenommen worden. Sie waren zwar von einem Militärbeamten (*auditeur-militair*) angehört worden, doch hatte dieser weder die Kompetenz, ihre Freilassung anzuordnen, noch war er unabhängig von den Militärbehörden. Erst sechs, sieben beziehungsweise elf Tage nach ihrer Verhaftung waren sie einem Militärgericht vorgeführt worden, das unbestritten ein „Richter" im Sinne des Art. 5 Abs. 3 S. 1 EMRK war. Der Gerichtshof stellt klar, dass es zur Erfüllung der Anforderungen des Art. 5 Abs. 3 S. 1 EMRK nicht ausreiche, dass die festgenommene Person Zugang zu einer Justizbehörde habe. Der Wortlaut „unverzüglich [...] vorgeführt werden" mache im Lichte des Zwecks von Abs. 3 das ihm innewohnende Verfahrenserfordernis deutlich: die entscheidende Person müsse die inhaftierte Person tatsächlich anhören und die entsprechende Entscheidung treffen.[917]

---

[914] EGMR (GK), Urt. v. 29.04.1999, Nr. 25644/94, § 43 – *T.W. vs. Malta*. S. a. EGMR, Urt. v. 18.03.2008, Nr. 11036/03, § 74 – *Ladent vs. Polen*.

[915] Vgl. EGMR (GK), Urt. v. 29.04.1999, Nr. 25644/94, § 44 – *T.W. vs. Malta*.

[916] EGMR, Urt. v. 22.05.1984, Rep. A 77, Nrn. 8805/79 u. a.

[917] EGMR, Urt. v. 22.05.1984, Rep. A 77, Nrn. 8805/79 u. a., § 51 – *De Jong, Baljet u. van den Brink vs. Niederlande*.

e. Sorgfältige Prüfung (S. 1 HS 2)

Der zweite Halbsatz des Art. 5 Abs. 3 S. 1 EMRK formuliert den Anspruch auf ein Urteil in angemessener Frist. Wenn keine Gründe für die Inhaftierung festzustellen sind, besteht ein Anspruch auf Entlassung auch während des Verfahrens.[918] Im Fall *Labita gegen Italien*[919] war der Beschwerdeführer aufgrund der Aussage eines ehemaligen Mafiosos in Untersuchungshaft gekommen. Diese dauerte über zweieinhalb Jahre an und endete mit einem Freispruch. Damit die Untersuchungshaft die angemessene Dauer nicht überschreite, so der Gerichtshof, müssten die Behörden alle Tatsachen prüfen, die für oder gegen das Vorliegen eines echten Erfordernisses des öffentlichen Interesses sprächen, das ungeachtet der Unschuldsvermutung das individuelle Freiheitsrecht überwiege. Diese Gründe müssten in den Entscheidungen über die Ablehnung der Anträge auf Freilassung dargelegt werden.[920] Dies begründet der Gerichtshof auch damit, dass er selbst unter anderem auf der Grundlage dieser Darlegung entscheide, ob eine Verletzung des Art. 5 Abs. 3 EMRK vorliege.[921]

Nach einer gewissen Zeit der Untersuchungshaft reicht nach der Rechtsprechung des Gerichtshofs zudem allein das Vorliegen des hinreichenden Tatverdachts nicht mehr aus, um die Haft zu begründen.[922] Um festzustellen, ob die von den Justizbehörden zusätzlich angeführten Gründe „relevant“ und „ausreichend“ seien, so der Gerichtshof, müsse er auch prüfen, ob die nationalen Behörden bei der Durchführung des Verfahrens besondere Sorgfalt (*special diligence*) walten gelassen hätten.[923] Im Fall hätte der Versuch unternommen werden müssen, die den Beschwerdeführer belastende Aussage durch andere Beweise zu bestätigen. Gerade weil andere Aussagen im Widerspruch zu der belastenden Aussage gestanden hätten, wären sehr zwingende

---

[918] *Grabenwarter/Pabel*, EMRK, § 21 Rn. 60.

[919] EGMR (GK), Urt. v. 06.04.2000, ECHR 2000-IV, Nr. 26772/95.

[920] EGMR (GK), Urt. v. 06.04.2000, ECHR 2000-IV, Nr. 26772/95, § 152 – *Labita vs. Italien.*

[921] EGMR (GK), Urt. v. 06.04.2000, ECHR 2000-IV, Nr. 26772/95, § 152 – *Labita vs. Italien.*

[922] *Grabenwarter/Pabel*, EMRK, § 21 Rn. 61.

[923] EGMR (GK), Urt. v. 06.04.2000, ECHR 2000-IV, Nr. 26772/95, § 153 – *Labita vs. Italien*. S. a. EGMR, Urt. v. 06.04.2004, Nr. 36258/97, § 51 – *J.G. vs. Polen*; Urt. v. 08.04.2004, Nr. 39270/98, § 74 – *Belchev vs. Bulgarien*; Urt. v. 15.07.2002, ECHR 2002-VI, Nr. 47095/99, § 114 – *Kalashnikov vs. Russland.*

Gründe erforderlich gewesen, um die lange Haftdauer zu rechtfertigen, so der Gerichtshof.[924]

6. Ergänzungen zu Art. 5 Abs. 4 EMRK: kontradiktorisches Verfahren und Waffengleichheit

Die nach Art. 5 Abs. 4 EMRK erforderliche Haftüberprüfung erfordert laut dem Gerichtshof keinen einheitlichen, unveränderlichen Verfahrensstandard: Nicht immer sei notwendig, ein Verfahren mit denselben Garantien wie in Art. 6 EMRK zu führen; es müsse aber Garantien bieten, die der Art des betreffenden Freiheitsentzugs angemessen seien.[925] Auch wenn der Gerichtshof das Verfahren nach Art. 5 Abs. 4 EMRK seinen Anforderungen nach nicht mit dem Verfahren gemäß Art. 6 EMRK gleichsetzt, entnimmt er jener Norm, dass es sich um ein kontradiktorisches Verfahren handeln muss. Aus dieser Auslegung folgen weitere Anforderungen an die Verfahrensgestaltung, um eine Waffengleichheit[926] (*equality of arms*) zu gewährleisten. Dies begründet der Gerichtshof mit den dramatischen Auswirkungen, die eine Freiheitsentziehung auf die Grundrechte der betroffenen Person hat. Das innerstaatliche Recht könne diesem Erfordernis auf unterschiedliche Weisen gerecht werden; auch der Umstand laufender Ermittlungen müsse einbezogen werden.[927] Wichtig ist ihm aber – und das bestärkt die Annahme der Arbeit, dass Verfahrensgarantien gewährt werden, um die effektive Ausübung des substanziellen Rechts zu sichern –, dass die gewählte Methode sicherstellt, dass die inhaftierte Person Kenntnis von Ansichten der Staatsanwaltschaft erhält und tatsächlich dazu Stellung nehmen kann.[928] Denn während sich eine Person im Gewahrsam befindet, besteht eine Schwebelage, in der sich ihr weiterer Verbleib erst entscheidet. Somit erscheint es für den Gerichtshof essentiell, dass die betroffene Person Auskunft und

---

[924] EGMR (GK), Urt. v. 06.04.2000, ECHR 2000-IV, Nr. 26772/95, § 160 – *Labita vs. Italien.*

[925] EGMR (GK), Urt. v. 19.02.2009, ECHR 2009, Nr. 3455/05, § 203 – *A. u. a. vs. Großbritannien*; EGMR (GK), Urt. v. 22.05.2012, Nr. 5826/03, § 161 – *Idalov vs. Russland.*

[926] EGMR (GK), Urt. v. 19.02.2009, ECHR 2009, Nr. 3455/05, § 204 – *A. u. a. vs. Großbritannien*; EGMR, Urt. v. 15.11.2005, ECHR, 2005-XII, Nr. 67175/01, § 31 – *Reinprecht vs. Österreich*; Urt. v. 01.06.2006, ECHR 2006-VII, Nr. 70148/01, § 41 – *Fodale vs. Italien.*

[927] EGMR, Urt. v. 01.06.2006, ECHR 2006-VII, Nr. 70148/01, § 42 – *Fodale vs. Italien.*

[928] EGMR, Urt. v. 01.06.2006, ECHR 2006-VII, Nr. 70148/01, § 42 – *Fodale vs. Italien.*

Stellungnahmemöglichkeit erhält, um auf die Entscheidung über ihren Verbleib Einfluss nehmen zu können.

a. Anhörung bei Haftüberprüfung im Falle von Untersuchungs-/ Präventivhaft (Ergänzung zu Art. 5 Abs. 4 EMRK)

Um im Falle der Inhaftierung gemäß Art. 5 Abs. 1 S. 2 lit. c EMRK das Verfahren einer Untersuchungs- oder Präventivhaft angemessen zu gestalten, muss ein Bestandteil eine Anhörung (*hearing*) der inhaftierten Person sein.[929] Im Fall *Assenov u. a. gegen Bulgarien* war im Laufe der zweijährigen Untersuchungshaft die Rechtmäßigkeit nur einmal gerichtlich überprüft worden. Nicht einmal zu dieser Gelegenheit wurde eine Anhörung zugelassen, sodass eine Verletzung des Art. 5 Abs. 4 EMRK vorlag.[930] In allen Fällen muss die inhaftierte Person und ihre rechtliche Vertretung zur Verhandlung geladen werden. Im Fall *Fodale gegen Italien*[931] war dies hinsichtlich einer Berufungsverhandlung[932] nicht geschehen. Laut dem Gerichtshof muss in Anbetracht der dramatischen Folgen des Freiheitsentzugs für die Grundrechte der inhaftierten Person ein Verfahren nach Art. 5 Abs. 4 EMRK in der Regel die Grundprinzipien eines fairen Verfahrens, also auch das Recht auf ein kontradiktorisches Verfahren, beachten. Im Fall war weder dem Beschwerdeführer noch seinem Anwalt eine Ladung zugestellt worden, wohingegen die Staatsanwaltschaft auf Ladung anwesend war. Somit sei dem Beschwerdeführer die Möglichkeit verwehrt worden, auf Argumente der Staatsanwaltschaft einzugehen, so der Gerichtshof. Dies entspreche nicht den Erfordernissen eines kontradiktorischen Verfahrens und der Waffengleichheit.[933]

---

[929] EGMR (GK), Urt. v. 25.03.1999, ECHR 1999-II, Nr. 31195/96, § 58 – *Nikolova vs. Bulgarien*; EGMR, Urt. v. 28.10.1998, ECHR 1998-VIII, Nr. 24760/94, § 162 – *Assenov u. a. vs. Bulgarien*.

[930] EGMR, Urt. v. 28.10.1998, ECHR 1998-VIII, Nr. 24760/94, § 165 – *Assenov u. a. vs. Bulgarien*; Sachverhaltsschilderung s. → S. 233.

[931] EGMR, Urt. v. 01.06.2006, ECHR 2006-VII, Nr. 70148/01.

[932] Für die Frage der Rechtmäßigkeit der Untersuchungshaft des Beschwerdeführers war das Berufungsverfahren von Bedeutung, weshalb der Gerichtshof Art. 5 Abs. 4 EMRK für anwendbar erachtet, vgl. EGMR, Urt. v. 01.06.2006, ECHR 2006-VII, Nr. 70148/01, § 40 – *Fodale vs. Italien*.

[933] EGMR, Urt. v. 01.06.2006, ECHR 2006-VII, Nr. 70148/01, §§ 42-44 – *Fodale vs. Italien*. S. a. EGMR, Urt. v. 22.10.2019, Nr. 27703/16, § 45 – *Venet vs. Belgien*.

b. Prüfung in angemessenen Abständen (Ergänzung zu Art. 5 Abs. 4 EMRK)

Laut dem Gerichtshof muss eine Person in Untersuchungshaft gemäß Art. 5 Abs. 4 EMRK in angemessenen Abständen (*reasonable intervals*) ein Verfahren einleiten können, um die Rechtmäßigkeit ihrer Inhaftierung anzufechten. Da die Konvention davon ausgehe, dass eine solche Inhaftierung von streng begrenzter Dauer zu sein habe, sei eine regelmäßige Überprüfung in kurzen Abständen erforderlich.[934]

Im Fall Çatal gegen die Türkei[935] war der Beschwerdeführer wegen des Verdachts eines Banküberfalls und der Mitgliedschaft in einer illegalen Vereinigung in Untersuchungshaft. Er berief sich vor dem Gerichtshof darauf, dass seine Inhaftierung zu lange angedauert habe, er nicht wirksam seine Inhaftierung rechtlich habe angreifen können und seine Rechtsmittel aus rein formalen Gründen abgewiesen worden seien. Der Gerichtshof führt aus, dass aus Art. 5 Abs. 4 EMRK nicht folge, dass eine inhaftierte Person bei jedem Rechtsmittel auf Haftüberprüfung angehört werde, aber dass ihr das Recht auf Anhörung in angemessenen Abständen ermöglicht werden solle.[936]

c. Beweiserhebung (Ergänzung zu Art. 5 Abs. 4 EMRK)

Damit eine wirkliche Überprüfung stattfindet und der Zweck des Art. 5 Abs. 4 EMRK gewahrt wird, ergeben sich auch Anforderungen an die Beweiserhebung. So führt der Gerichtshof aus, dass die nationalen Gerichte Beweise, die *prima facie* einen wesentlichen Einfluss auf die Frage der fortdauernden Rechtmäßigkeit einer Inhaftierung zu haben schienen, prüfen und bewerten (*examine and assess*) müssten.[937] Um das Fortbestehen des Tatverdachts festzustellen, kann es auch erforderlich sein, Zeugenaussagen einzuholen, die die Rechtmäßigkeit der Haftfortdauer beeinflussen könnten.[938]

---

[934] EGMR, Urt. v. 28.10.1998, ECHR 1998-VIII, Nr. 24760/94, § 162 – *Assenov u. a. vs. Bulgarien*; EGMR, Urt. v. 25.10.1989, Rep. A 164, Nr. 11400/85, §§ 20 f. – *Bezicheri vs. Italien.*

[935] EGMR, Urt. v. 17.04.1012, Nr. 26808/08.

[936] EGMR, Urt. v. 17.04.1012, Nr. 26808/08, § 33 – Çatal vs. Türkei.

[937] EGMR, Urt. v. 23.10.2007, Nr. 39835/05, § 67 – *Turcan u. Turcan vs. Republik Moldau.*

[938] EGMR, Urt. v. 23.10.2007, Nr. 39835/05, §§ 68-70 – *Turcan u. Turcan vs. Republik Moldau.*

d. Rechtlicher Beistand (Ergänzung zu Art. 5 Abs. 4 EMRK)

Aus der Rechtsprechung ist bisher nur in wenigen Fällen eine Verletzung des Art. 5 Abs. 4 EMRK mangels anwaltlichen Beistands zu entnehmen. Im Fall *Bouamar gegen Belgien*[939] hielt es der Gerichtshof für bedeutsam, dass der minderjährige Inhaftierte den wirksamen Beistand seines Anwalts erhält. Allein die Tatsache, dass der Inhaftierte, der zu diesem Zeitpunkt noch sehr jung war, persönlich angehört worden sei, habe ihm ohne anwaltlichen Beistand nicht die erforderlichen Garantien gewährt.[940] Zwar handelte es sich in diesem Fall um die Besonderheit eines minderjährigen Inhaftierten. Allerdings nennt der Gerichtshof auch in anderen Entscheidungen den anwaltlichen Beistand (*effective assistance of his lawyer*) als einen relevanten Grundsatz des Art. 5 Abs. 4 EMRK.[941] Daraus kann entnommen werden, dass wohl die anwaltliche Unterstützung nicht nur in Fällen besonderer Schutzbedürftigkeit zu bejahen ist.

e. Akteneinsicht (Ergänzung zu Art. 5 Abs. 4 EMRK)

Ein wichtiges Erfordernis zur Herstellung der Waffengleichheit ist das Wissen um die gesammelten fallrelevanten Erkenntnisse der Behörden. Im Fall *Ovsjannikov gegen Estland*[942] war dem Beschwerdeführer während seiner Untersuchungshaft kein Zugang zur Strafakte und zu den dem Gericht vorgelegten Materialien gewährt worden. Das Verfahren des Art. 5 Abs. 4 EMRK verliere seinen kontradiktorischen Charakter, wenn keine ausreichende Einsicht in die Akten gewährleistet werde, so der Gerichtshof. Erforderlich sei einer inhaftierten Person oder ihrem rechtlichen Beistand Zugang zu Dokumenten aus der Ermittlungsakte zu gewähren, die wesentlich für eine wirksame Anfechtung der Rechtmäßigkeit der Inhaftierung seien (*access to those documents in the investigation file which are essential in order effectively to challenge the lawfulness of his detention*).[943] Soweit der

---

939 EGMR, Urt. v. 29.02.1988, Rep. A 129, Nr. 9106/80.

940 EGMR, Urt. v. 29.02.1988, Rep. A 129, Nr. 9106/80, § 60 – *Bouamar vs. Belgien*.

941 Vgl. EGMR, Urt. v. 17.12.2013, Nr. 36997/08, § 78 – Černák vs. Slowakei; Urt. v. 03.07.2012, Nr. 6492/11, § 96 – *Lutsenko vs. Ukraine*.

942 EGMR, Urt. v. 20.02.2014, Nr. 1346/12.

943 EGMR, Urt. v. 20.02.2014, Nr. 1346/12, § 72 – *Ovsjannikov vs. Estland*. S. a. EGMR (GK), Urt. v. 25.03.1999, ECHR 1999-II, Nr. 31195/96, § 58 – *Nikolova vs. Bulgarien*; zuletzt (Stand: 01.05.2025): EGMR, Urt. v. 13.06.2024, Nrn. 615/21 u. a., § 93 – *Cviková vs. Slowakei*.

Zugang beschränkt werde, müsse hierfür ein starkes öffentliches Interesse vorliegen.[944]

Auch dieses Verfahrenserfordernis „denkt" der Gerichtshof von dessen Rolle der Sicherung des materiellen Rechts auf Freiheit. Um dies zu verwirklichen, bedarf es eines kontradiktorischen Verfahrens und dieses ist nicht nur dann gewährleistet, wenn Akteneinsicht besteht, sondern auch wenn die inhaftierte Person auf anderem Wege Kenntnis vom Akteninhalt erhält und damit eine wirksame Verteidigung im Verfahren gesichert ist. Dies kann beispielsweise darüber geschehen, dass die inhaftierte Person von den Ermittlungsbehörden und Gerichten ausführlich zu den Beweismitteln befragt und dies in Protokollen festgehalten wurde.[945]

7. Bewertung

All den entdeckten zusätzlichen Verfahrensverpflichtungen ist gemein, dass sie Individualpersonen davor schützen sollen, willkürlich festgenommen zu werden. In Situationen, in denen die geschriebenen Anforderungen des Art. 5 EMRK als Schutz nicht ausreichen, greifen diejenigen ein, die der Gerichtshof aus Art. 5 EMRK entwickelt hat. Um effektiven Schutz vor Willkür zu realisieren, finden sich in der Rechtsprechung drei Begründungspfade,[946] die auch die zusätzlichen Verfahrensanforderungen nach und in Festnahme- und Haftsituationen stützen. Der erste beruft sich auf die Charakteristik der Aufzählung in Art. 5 Abs. 1 S. 2 EMRK: die Ausnahmen für Freiheitsentziehungen sind abschließend und sie sind eng auszulegen. Die zweite Argumentationslinie ist die Betonung der materiell- und

[944] EGMR, Urt. v. 20.02.2014, Nr. 1346/12, § 73 – *Ovsjannikov vs. Estland.* S. a. EGMR, Urt. v. 20.10.2015, ECHR 2015 (extr.), Nr. 5201/11, § 149 – *Sher u. a. vs. Großbritannien* u. Urt. v. 25.06.2019, Nr. 10112/16, §§ 120 f. – *Al Husin vs. Bosnien und Herzegowina (Nr. 2)* zu Verfahren wegen des Verdachts auf Terrorismus, die der Gerichtshof als besondere Kategorie bewertet, aus denen erkennbar wird, dass aus Sicherheitsgründen die Aufnahme bestimmter Beweise ohne die inhaftierte Person mit Art. 5 Abs. 4 EMRK vereinbar ist, solange sie ausreichende Informationen erhält, um sich wirksam gegen die Vorwürfe verteidigen zu können.

[945] EGMR, Urt. v. 19.01.2021, Nr. 72/17, § 153 – *Atilla Taş vs. Türkei.* S. a. EGMR, Urt. v. 17.07.2012, Nr. 8140/08, § 43 – *Ceviz vs. Türkei*; Urt. v. 10.12.2013, Nr. 21292/07, § 42 – *Gamze Uludağ vs. Türkei*; Urt. v. 20.07.2021, Nr. 19699/18, §§ 202-204 – *Akgün vs. Türkei.*

[946] EGMR (GK), Urt. v. 22.12.2020, Nr. 14305/17, § 312 – *Selahattin Demirtaş vs. Türkei (Nr. 2)*; EGMR (GK), Urt. v. 05.07.2016, ECHR 2016 (extr.), Nr. 23755/07, § 84 – *Buzadji vs. Republik Moldau.*

verfahrensrechtlichen Rechtmäßigkeit der Inhaftierung, die nur unter Einhaltung des Rechtsstaatsprinzips möglich ist. Der Wortlaut „rechtmäßig" (*lawful*) und „in einem gesetzlich vorgeschriebenen Verfahren" (*procedure prescribed by law*) bezieht sich im Wesentlichen auf das innerstaatliche Recht und dessen materiell- und verfahrensrechtliche Vorschriften; diese müssen aber stets so angewandt werden, dass effektiver Schutz vor Willkür realisierbar ist.[947] Letztens ist die Bedeutung der Unverzüglichkeit oder Schnelligkeit der erforderlichen gerichtlichen Kontrollen zu nennen.

Ziel der Verfahrensanforderungen bei Freiheitsentziehungen ist es wie bei jenen, die aus Art. 2 und 3 EMRK entwickelt wurden, die Staaten zu entmutigen, Rechte der Häftlinge zu verletzen, und somit ein Versuch, rechtliche Garantien von potenziell gefährdeten Personen zu stärken.[948] Auch in diesen Fällen ist zu beobachten, dass der Gerichtshof die konkrete Situation des Falles betrachtet und danach beurteilt, ob die ausdrücklichen Verfahrensrechte des Art. 5 EMRK ausreichend Schutz bieten. Wenn er feststellt, dass diese zu kurz greifen und aufgrund der tatsächlichen Umstände nur unzureichend Schutz bieten, „verlängert" er den Schutz des Art. 5 EMRK um weitere Verfahrensanforderungen. Er beabsichtigt damit, dass die geschriebenen Verfahrensrechte effektiv zum Einsatz kommen; die zusätzlichen Verfahrensanforderungen überbrücken, solange und so weit die geschriebenen nicht effektiv wirken.

Insbesondere in den Freiheitsentziehungs- und Verfahrenssituationen von Art. 5 Abs. 3 und Abs. 4 EMRK sieht der Gerichtshof neben der allgemeinen Gefahr vor willkürlichen Festnahmen ein größeres Verletzungspotenzial. Die Untersuchungshaft beschreibt eine Situation, in der eine Person aufgrund eines Tatverdachts ihre Freiheit verliert, ohne dass ein Gericht den Verdacht als erwiesen angesehen und über ein schuld- und tatangemessenes Strafmaß entschieden hat. In der Situation der Präventivhaft hingegen wird eine Person festgehalten, um eine Straftat zu verhindern, die sich noch nicht realisiert hat. Da also in beiden Konstellationen noch kein Gericht über den Freiheitsentzug entschieden hat, geht vom Gewahrsam selbst eine Gefährdung für die Freiheit im Sinne des Art. 5 EMRK aus. Bei diesen Freiheitsentziehungen ohne nachgewiesen strafbewährtes Verhalten legt der Gerichtshof deshalb großen Wert

---

[947] Vgl. EGMR, Urt. v. 13.06.2002, ECHR 2002-IV, Nr. 38361/97, § 154 – *Anguelova vs. Bulgarien*. S. a. EGMR, Urt. v. 25.10.2005, Nr. 5140/02, § 78 – *Fedotov vs. Russland*.

[948] *Mowbray*, Positive obligations, S. 72.

auf die zügige Bearbeitung des Falles im Ermittlungsverfahren und damit eine schnelle Entscheidung über die Haft. Um dieses Recht aus Art. 5 Abs. 3 S. 1 HS 1 EMRK wirksam zu realisieren, sichert der Gerichtshof die schnelle Entscheidung mit einigen Verfahrensverpflichtungen ab. Schnelligkeit spielt – wie auch in den familienrechtlichen Verfahren der *konkreten Vorphase*[949] – eine herausragende Rolle für die betroffenen Rechtsträger:innen. Doch nur in Verbindung mit den zusätzlichen Verpflichtungen kann in diesen besonderen Haftsituationen der Schutz vor Willkür gewährleistet werden.

In der Situation der richterlichen Haftprüfung im Sinne des Art. 5 Abs. 4 EMRK begegnet der Gerichtshof der besonderen Gefährdung durch eine Anleihe bei Art. 6 EMRK. Nur wenn die Verfahrenssituation nach Art. 5 Abs. 4 EMRK für Waffengleichheit zwischen der festnehmenden und der festgenommenen Partei sorgt, kann das besondere Verletzungspotenzial eingegrenzt werden. In einem kontradiktorischen Verfahren können beide Seiten Einfluss nehmen, Beratung erfahren, Informationen erhalten und sie nutzen – nur so kann das unabhängige und unparteiliche[950] Gericht – hier verzahnen sich also die Verfahrensanforderungen – eine Entscheidung über die Haftfortdauer treffen, die wirksam vor Willkür schützt.

Auch in dieser Fallgruppe wird deutlich, dass der Gerichtshof für jede Verfahrenssituation eine gesonderte Bewertung vornimmt, welche Verfahrensverpflichtungen notwendig sind. Diese fordert er dann von den Staaten ein, wenn er sie in der Verfahrenssituation für erforderlich hält. So hat er auch Verpflichtungen abgelehnt, wenn diese seiner Ansicht nach nicht notwendig seien. Im Fall des Art. 5 Abs. 4 EMRK hat er – anders als für Art. 6 EMRK – die Notwendigkeit einer öffentlichen Anhörung grundsätzlich abgelehnt. Die beiden Vorschriften dienten unterschiedlichen Zwecken, so der Gerichtshof. Art. 5 Abs. 4 EMRK solle vor willkürlicher Inhaftierung schützen, indem er eine rasche Überprüfung der Rechtmäßigkeit jeder Inhaftierung garantiere. Art. 6 EMRK befasse sich mit der Prüfung einer strafrechtlichen Anklage und solle gewährleisten, dass die Begründetheitsprüfung des Falles in einem fairen und öffentlichen Verfahren stattfinde.[951] Der Unterschied dieser Zwecke erkläre, warum Art. 5 Abs. 4 EMRK flexiblere

[949] S. → S. 114-144.
[950] Vgl. → S. 232-234.
[951] EGMR, Urt. v. 15.11.2005, ECHR, 2005-XII, Nr. 67175/01, § 39 – *Reinprecht vs. Österreich*.

Verfahrensanforderungen als Art. 6 EMRK enthalte. Somit könne nicht aus der Beziehung zwischen den Normen allein abgeleitet werden, dass Art. 5 Abs. 4 EMRK eine öffentliche Verhandlung über die Rechtmäßigkeit der Haft verlange. Dass unter besonderen Umständen eine öffentliche Anhörung erforderlich sei, könne aber nicht ausgeschlossen werden.[952]

Somit zeigt auch diese Konstellation, dass der Gerichtshof keineswegs großzügig weitere Verfahrensgarantien kreiert, sondern vielmehr mit Blick auf den Zweck der Norm absichernde Verfahrensanforderungen ausmacht und andere – wie hier die Öffentlichkeit –, die dem Zweck möglicherweise schaden, gleichzeitig ablehnt.

Es zeigt sich an den entwickelten Verfahrensanforderungen, dass der Gerichtshof diese von der Rolle der Sicherung des materiellen Rechts auf Freiheit „denkt". Um dies zu verwirklichen, bedarf es eines kontradiktorischen Verfahrens bei Art. 5 Abs. 4 EMRK, eines effektiven Verfahrens bei Art. 5 Abs. 3 EMRK und rechtmäßigkeitssichernde Verpflichtungen in allen Haftsituationen.

Es zeigt sich aber auch, dass der Gerichtshof nicht streng geleitet vom Vorbild für Verfahrensausgestaltung, Art. 6 EMRK, vorgeht, sondern beispielsweise auch dann einen wirksamen Schutz anerkennt, wenn zwar keine Akteneinsicht gewährt wird, die inhaftierte Person aber in anderer Weise Kenntnis vom Akteninhalt erhält und damit eine wirksame Verteidigung im Verfahren gesichert ist. So passt er auch hier die Vorgaben an die Verfahrensgestaltung den erkennbaren Gefahren an und beurteilt die Angemessenheit der Verfahrenssituation hinsichtlich ihres Ergebnisses für den Konventionsrechtsschutz.

V. Abschiebungs- und Auslieferungshaft

Die sich aus der Konvention ergebenden Verfahrensanforderungen für Abschiebungs- und Ausweisungsverfahren wurden bereits analysiert.[953] Nach der Entscheidung in diesen Verfahren kann sich eine weitere Verfahrenssituation anschließen: die Abschiebungshaft, die wiederum eigene Verfahrensanforderungen erfüllen muss. Sie ist als Verfahrenssituation, die sich an die Festnahme zu Abschiebungszwecken anschließt, der konkreten Nachphase

[952] EGMR, Urt. v. 30.03.2021, Nr. 82087/17, § 126 – *D.C. vs. Belgien*.
[953] S. → S. 151-163.

zuzuordnen, während das Verfahren, in dem die Rechtmäßigkeit einer Ausweisung geprüft wird, zur konkreten Vorphase gehört.[954]

1. Zugängliche und effektive Rechtsmittel

Zunächst leitet der Gerichtshof aus der Konvention ab, dass überhaupt eine Überprüfung der Art. 5 Abs. 1 lit. f EMRK zuzuordnenden Haft stattfinden muss. In Čonka *gegen Belgien*[955] war die beschwerdeführende slowakische Familie mit Rom:nja-Wurzeln nach ihrer Festnahme so schnell abgeschoben worden, dass die Anhörung erst danach hätte stattfinden können. Die Konvention garantiere Rechte, so der Gerichtshof, die nicht theoretisch oder illusorisch, sondern praktisch und effektiv seien. Für einen Rechtsbehelf bedeute dies, dass er so geschaffen sein müsse, dass eine realistische Möglichkeit seiner Nutzung bestehe.[956]

Die Rechtsmittel müssen zudem effektiv und zugänglich sein (*accessibility and effectiveness*), um als Haftprüfung im Sinne des Art. 5 Abs. 4 EMRK zu gelten.[957] Der Gerichtshof bestimmt die Wirksamkeit eines Rechtsbehelfs anhand dessen Fähigkeit, die Rechtmäßigkeit der Haft im Sinne der Konvention zu überprüfen.[958]

2. Sorgfalt und Zügigkeit des zugrunde liegenden Auslieferungs- oder Ausweisungsverfahrens (in Ergänzung zu Art. 5 Abs. 1 S. 2 lit. f EMRK)

Der Haft nach Art. 5 Abs. 1 S. 2 lit. f EMRK muss nach dem Wortlaut der zweiten Variante (*„a person against whom action is being taken with a view to deportation or extradition“*) der Abschiebung oder Auslieferung ein Ausweisungs- oder Auslieferungsverfahren zugrunde liegen;[959] solange dieses Verfahren andauert, ist die Haft rechtmäßig. Jedoch stellt der Gerichtshof eine Bedingung, aus

[954] Vgl. → S. 151-163.

[955] EGMR, Urt. v. 05.02.2002, ECHR 2002-I, Nr. 51564/99.

[956] EGMR, Urt. v. 05.02.2002, ECHR 2002-I, Nr. 51564/99, § 46 – Čonka vs. Belgien.

[957] EGMR, Urt. v. 26.11.1997, ECHR 1997-VII, Nrn. 23878/94 u. a., § 53 – *Sakik u. a. vs. Türkei*; Urt. v. 09.01.2003, Nr. 55263/00, § 41 – *Kadem vs. Malta*; Urt. v. 27.07.2010, Nr. 24340/08, § 39 – *Louled Massoud vs. Malta*; EGMR, Urt. v. 10.12.2019, Nr. 28749/18, § 178 – *Kavala vs. Türkei*.

[958] EGMR, Urt. v. 27.07.2010, Nr. 24340/08, § 43 – *Louled Massoud vs. Malta*.

[959] Anders als Art. 1 ZP 7 (→ Fn. 527) gilt Art. 5 Abs. 1 S. 2 lit. f EMRK für Abschiebungen (*deportation*), Ausweisungen (*expulsion*) und Auslieferungen (*extradition*).

der sich wiederum eine zusätzliche Verfahrensgarantie ableitet: das Verfahren muss zügig durchgeführt werden. Wenn das Verfahren nicht zügig verläuft, führt dies zur Verneinung der Rechtmäßigkeit im Sinne des Art. 5 Abs. 1 S. 2 lit. f EMRK und damit zu einer Konventionsverletzung.[960] Der Gerichtshof schließt dies aus der im Wortlaut enthaltenen Kopplung der Inhaftierung an das zugrunde liegende Ausweisungs- oder Auslieferungsverfahren. Nur ein sorgfältig betriebenes Verfahren (*due diligence*) ist ein Verfahren, das die Inhaftierung rechtfertigen kann.[961] So stellt er im Fall *Quinn gegen Frankreich* fest, dass die Verzögerungen im Auslieferungsverfahren so gravierend waren und das Auslieferungsverfahren fast zwei Jahre dauerte, sodass es die daran gekoppelte Auslieferungshaft nicht rechtfertigen konnte.[962]

Zur sorgfältigen Verfahrensführung kann auch gehören, dass sich die Behörden tatsächlich um eine Aufnahme durch einen anderen Staat bemühen. Im Fall *M. u. a. gegen Bulgarien* war erst über ein Jahr nach der Abschiebungsanordnung der Versuch unternommen worden, von der afghanischen Botschaft die Ausweispapiere für die Abschiebung zu beschaffen. Da die Behörden, als ihr Schreiben unbeantwortet blieb, erst ein Jahr und sieben Monate später erneut ein Ersuchen stellten, geht der Gerichtshof davon aus, dass die Behörden das Verfahren nicht mit der gebotenen Sorgfalt verfolgt haben.[963]

3. Weitergabe von (verständlichen) Informationen zu Gründen und Rechtsmitteln (in Ergänzung zu Art. 5 Abs. 4 EMRK)

Im Fall *Rahimi gegen Griechenland*[964] war der Beschwerdeführer als Minderjähriger aus Afghanistan nach Griechenland geflohen. Dort angekommen,

---

960 Vgl. *Dörr, Oliver*, Freiheit der Person (Kap. 13), in: EMRK/GG Konkordanzkommentar, Rn. 222.

961 Vgl. EGMR, Urt. v. 22.03.1995, Rep. A 311, Nr. 18580/91, § 48 – *Quinn vs. Frankreich*. S. zu dieser Anforderung aus Art. 3 und Art. 8 EMRK → S. 156-157.

962 EGMR, Urt. v. 22.03.1995, Rep. A 311, Nr. 18580/91, § 48 – *Quinn vs. Frankreich*. S. a. EGMR (GK), Urt. v. 15.11.1996, ECHR 1996-V, Nr. 22414/93, § 113 – *Chahal vs. Großbritannien*; EGMR (GK), Urt. v. 15.12.2016, ECHR 2016 (extr.), Nr. 16483/12, § 90 – *Khlaifia u. a. vs. Italien*; EGMR (GK), Urt. v. 29.01.2008, ECHR 2008, Nr. 13229/03, § 72 – *Saadi vs. Großbritannien*; EGMR, Urt. v. 11.03.2021, Nr. 6865/19, § 102 – *Feilazoo vs. Malta*; zuletzt (Stand: 01.05.2025): EGMR, Urt. v. 04.06.2024, Nr. 31592/18, § 51 – *M.C. vs. Türkei*.

963 EGMR, Urt. v. 26.07.2011, Nr. 41416/08, § 71 – *M. u. a. vs. Bulgarien*.

964 EGMR, Urt. v. 05.04.2011, Nr. 8687/08.

wurde er zur Abschiebung inhaftiert. Er wurde zwei Tage später freigelassen mit der Ausweisungsverfügung, Griechenland innerhalb von 30 Tagen zu verlassen. Diese wurde ihm in griechischer Sprache mitgeteilt; eine Möglichkeit der Kontaktierung eines rechtlichen Beistands wurde ihm nicht gegeben. Das Informationsblatt zu seinen Rechten und Rechtsmitteln wurde ihm nicht in seiner Muttersprache zur Verfügung gestellt, obwohl seine Vernehmung zuvor in dieser Sprache stattgefunden hatte. Der Gerichtshof fragt, ob unter diesen Bedingungen die Wirksamkeit der Rechtsmittel gegeben gewesen sei. Selbst wenn die verfügbaren Rechtsmittel wirksam gewesen wären, könne er nicht erkennen, wie der Beschwerdeführer sie ohne anwaltlichen Beistand und Information in einer ihm verständlichen Sprache hätte ausüben können.[965]

4. Bewertung

An der Entwicklung zusätzlicher Verfahrensanforderungen zeigt sich in dieser Fallgruppe deutlich, dass dem Gerichtshof bewusst ist, dass die Situation durch objektives Recht geschaffen ist. Zunächst wird ein ausländerrechtliches Verfahren zur Klärung des Aufenthaltsstatus der betroffenen Person geführt. Dieses spricht als Ergebnis der Person einen Status zu, an den rechtliche Folgen gebunden sind. Diese bestimmen das Dasein der Person nach der Entscheidung und prägen ihre Existenz bis zur tatsächlichen Abschiebung oder Auslieferung. Die Verbindung der Haft mit dem durchzuführenden Verfahren ist zugleich Chance und Risiko für das Konventionsrecht. Einerseits besteht durch die Verfahrenssituation die Möglichkeit, die rechtlich relevanten Umstände nach einem vorgeschriebenen Muster zu ermitteln und zu einem willkürfreien, rechtskonformen Ergebnis zu gelangen. Diese Chance erkennt der Gerichtshof, wenn er den Schutz hinsichtlich der Haftsituation mit dem zugrunde liegenden Auslieferungs- oder Ausweisungsverfahren verknüpft. Die Verfahrenssituation ermöglicht eine rechtmäßige Entscheidung des Einzelfalls. Deshalb leitet der Gerichtshof nachvollziehbar für dieses Verfahren die Kriterien der Sorgfalt und Zügigkeit aus Art. 5 Abs. 1 S. 2 lit. f EMRK ab.

Zugleich erkennt der Gerichtshof aber auch die Risiken, die mit einer solchen Verfahrenssituation verbunden sind. Von ihr gehen rechtliche Wirkungen für den aufenthaltsrechtlichen Status der betroffenen Person aus.

---

[965] EGMR, Urt. v. 05.04.2011, Nr. 8687/08, § 120 – *Rahimi vs. Griechenland.*

Nach diesem Ergebnis bestimmen sich ihr legaler Aufenthaltsort und ihre weiteren Lebensperspektiven. Dass also nur durch ergänzenden *Schutz im Verfahren* ein effektiver Rechtsgüterschutz realisiert werden kann, ist deshalb anzunehmen. Der Gerichtshof setzt diesen um, indem er ungeschriebene Verfahrensanforderungen aus Art. 5 EMRK entnimmt, die in Verfahrenssituationen schützen, in denen ansonsten der ausdrückliche verfahrensrechtliche Schutz des Art. 5 EMRK ineffektiv wäre. Sie überbrücken also die Verfahrenssituationen, in denen die Betroffenen – mangels Sprach- oder Verfahrenskenntnis – schutzlos wären bis hin zu einem Verfahrensstadium, in dem die ausdrücklichen Garantien des Art. 5 EMRK wieder wirksam greifen.

Da die beschriebenen Zeitabschnitte auf diese Weise mit dem Recht, insbesondere dem objektiven Verfahrensrecht „verwoben" sind, kann das subjektive Recht auch hier nicht anders Schutz gewähren als durch Veränderung des „Webstücks". Der Gerichtshof verbindet die verschiedenen Verfahrenssituationen, wenn er die Rechtmäßigkeit der Abschiebungshaft in Abhängigkeit zur Schnelligkeit des zugrunde liegenden Ausweisungsverfahren setzt. Ihm ist also bewusst, dass durch die rechtliche Verwobenheit die Abschiebungshaft viele Gefahren für das Konventionsrecht birgt; diesen begegnet er mit der Ausprägung der analysierten Garantien in der zugrunde liegenden Verfahrenssituation. Führt man sich nochmals die weitreichenden rechtlichen Folgen des Verfahrens und die Endgültigkeit der damit verbundenen aufenthaltsbeendenden Maßnahme vor Augen, ist der Auslegung des Gerichtshofs zuzustimmen. Die einer Abschiebungs- oder Auslieferungshaft zugrunde liegende Verfahrenssituation bietet eine gute, aber die letzte Möglichkeit, die aufenthaltsrechtlichen Umstände aufzuklären und eine damit verbundene Haft zu rechtfertigen.

B. Verfahrenssituation nach einer nicht-staatlichen substanziellen Beeinträchtigung

Die vorstehende Analyse der Verfahrenssituationen nach einer staatlichen substanziellen Beeinträchtigung hat gezeigt, dass sich die Rechtsprechung nicht nur nach den betroffenen Konventionsrechten, sondern auch nach konkreten Beeinträchtigungsereignissen einteilen lässt. Nun schließt sich die Analyse weiterer Fälle an, die als Gemeinsamkeit haben, dass die substanzielle Konventionsrechtsverletzung nicht durch eine Handlung des konventionsrechtlich verpflichteten und vor dem Gerichtshof beklagten Staat verursacht wurde. Vielmehr folgt die substanzielle Beeinträchtigung auf privates Handeln oder Handeln eines anderen Staates. Dieses ist dem Staat nicht zurechenbar, dennoch richtet der Gerichtshof auch in diesen Fällen an den Staat bestimmte Verfahrenspflichten.

Anders als in den vorigen Kapiteln lässt sich die Kategorienbildung hier nicht eindeutig realisieren. Dies könnte im Zusammenhang stehen mit der Besonderheit, dass in diesen Verfahrenssituationen nicht der beklagte Staat die substanzielle Beeinträchtigung auslöst. Er ist vielmehr in einer Wächterposition, die mit bestimmten Pflichten einhergeht. Hinsichtlich der Kategorienbildung lässt sich nutzen, dass sich der Gerichtshof zu einem gewissen Maß am Grad der Verantwortlichkeit der die Beeinträchtigung verursachenden Person orientiert, um die Notwendigkeit von Verfahrenspflichten bemessen zu können. So sieht er eine unterschiedliche Notwendigkeit für Verfahrenspflichten in Fällen, in denen eine Rechtsgutsverletzung absichtlich stattfand, und Sachverhalten, die ohne das gewollte Zutun einer Person zur Beeinträchtigung führten. Der Gerichtshof nennt hierbei die Begriffe von Vorsatz und Fahrlässigkeit, doch ist anzunehmen – und dies bestätigt sich in der folgenden Analyse –, dass er sie als grobe Richtschnur auf die Verantwortlichkeit und weniger als strafrechtliche Klassifizierung versteht. So könnte gesagt werden, er unterscheidet die Fälle nach Unglück und Unrecht. Letztere bedürfen eines Verfahrens, nicht nur um die Tatsachen des Vorfalls zutage zu bringen, sondern auch um die Verantwortlichkeit der beteiligten Personen zu klären. Das Verfahren muss eine effektive Untersuchung (*effective investigation*) darstellen, um beides zu gewährleisten. Diese Fälle und die sich ergebenden Verfahrensanforderungen werden in der ersten Fallgruppe (I.) analysiert.

Doch auch auf Unglücksfälle antwortet das Konventionsrecht mit einer Verfahrenssituation. Hier verfolgt ein anschließendes Verfahren aber einen anderen Zweck. Wie aus der Rechtsprechung erkennbar wird, geht es weniger um die Rechenschaftspflicht der Verantwortlichen, sondern um eine rechtliche Aufarbeitung des Geschehens. So verwendet der Gerichtshof in vielen (wenn auch nicht allen) dieser Fälle den Begriff der gerichtlichen Antwort (*judicial response*), anstatt wie in den vorigen Kategorien von einer *effective investigation* zu sprechen. Diese Verfahrenssituationen werden in der dritten Fallgruppe (III.) eingehend untersucht.

Dazwischen – und damit auch als mittlere Fallgruppe (II.) – sind die besonderen Verfahrenssituationen nach einer medizinischen Sorgfaltspflichtverletzung (*medical negligence*) einzuordnen. Durch diese Begriffssetzung des Gerichtshofs wird bereits deutlich, dass jemand fahrlässig oder nachlässig gehandelt hat. Dennoch wird sich durch die Analyse zeigen, dass nicht unbedingt Fahrlässigkeit im strafrechtlichen Sinne darunter zu verstehen ist. Während diese Fälle eigentlich eher der dritten Fallgruppe ohne Vorsatztat zuzuordnen sind und damit lediglich eine „gerichtliche Antwort" erfordern, verlangt der Gerichtshof hier wie in den Fällen absichtlicher Beeinträchtigung von einer „effektiven Untersuchung".

Art. 2 EMRK kann als Konventionsrecht betroffen sein, wenn ein Todesfall durch nicht-staatliche Beeinträchtigung eintrat. Auch Fälle, die potenziell tödliche Unfälle betreffen, die aber entgegen der Wahrscheinlichkeit nicht tödlich ausgingen, behandelt der Gerichtshof anhand des Maßstabs des Art. 2 EMRK, wenn entweder die Aktivität gefährlich war und die Personen einem tatsächlichen und unmittelbaren Risiko aussetzte oder die Verletzungen ernsthaft lebensbedrohlich waren. Aber auch Fälle, in denen das Überleben nur glücklicher Zufall war oder der Beschwerdeführer sich mit einer potenziell tödlichen Krankheit angesteckt hatte, fasst der Gerichtshof unter Art. 2 EMRK.[966]

Für Fälle, welche die physische und psychische Integrität einer Person betreffen, können Art. 3 oder Art. 8 EMRK hinsichtlich ihrer Verfahrensdimensionen angesprochen sein.

Es wird sich zeigen, wann der Gerichtshof staatliche und nicht-staatliche Beeinträchtigungen verschieden bewertet und deshalb mit unterschiedlichen Verfahrensanforderungen auf sie reagiert. Gerade hinsichtlich Art. 2 EMRK wird aber auch deutlich werden, dass der fundamentale Charakter dieser Gewährleistung nicht erlaubt, dass ein Staat weniger Einsatz bei der Aufklärung nicht-staatlicher Tötungen zeigt.

I. Effektive Untersuchung nach einer vorsätzlichen Beeinträchtigung von Leben oder psychischer und physischer Integrität

Das Verfahren nach einer tatsächlichen oder behaupteten nichtstaatlichen Beeinträchtigung, mit der sich der Gerichtshof am häufigsten beschäftigt, ist

[966] EGMR (GK), Urt. v. 25.06.2019, Nr. 41720/13, § 140 – *Nicolae Virgiliu Tănase vs. Rumänien*.

das strafrechtliche Ermittlungsverfahren. In der Situation der substanziellen Beeinträchtigung stehen sich (nicht-staatliche:r) Täter:in und Opfer gegenüber; der Staat ist nicht beteiligt, behält aber seine Wächterposition und wird in diesem Dreiecksverhältnis aktiv, sobald die strafrechtliche Aufarbeitung beginnt. Art. 6 EMRK als Verfahrenskonventionsrecht schützt hier die beschuldigte Person, doch finden andere Konventionsrechte, insbesondere Art. 2, Art. 3 und Art. 8 EMRK zum Schutz des Opfers Anwendung. Deren Gehalt gilt es im Folgenden zu analysieren.

Aus Art. 2 EMRK, aber auch aus Art. 8 EMRK folgt für den Gerichtshof die Pflicht der Staaten zur Errichtung eines effizienten und unabhängigen *Justiz*systems.[967] Art. 2 EMRK beispielsweise verlange dies, um den Grund für ein Tötungsdelikt herauszufinden und die schuldige Person zu bestrafen.[968] Diese dadurch eingeleitete gerichtliche Untersuchung habe den grundlegenden Zweck, die effektive Anwendung nationaler Gesetze zum Schutz des Lebens abzusichern.[969] Um der Konvention zu genügen, muss es sich um eine effektive Untersuchung handeln. Wie der Gerichtshof diese Effektivität versteht, lässt sich im Einklang mit den vorig analysierten Verfahrenssituationen beschreiben. Eine Untersuchung sei effektiv, wenn sie feststellen könne, ob das Verhalten gerechtfertigt war oder nicht, und die verantwortlichen Personen zu identifizieren und zu bestrafen;[970] insbesondere wenn Personen durch Gewaltanwendung getötet werden, sei eine effektive Untersuchung gefordert.[971] Die Forderung nach einer staatli-

---

967 S. u. → S. 331-334.

968 EGMR (GK), Urt. v. 24.10.2002, ECHR 2002-VIII, Nr. 37703/97, § 89 – *Mastromatteo vs. Italien*; EGMR, Urt. v. 09.06.2009, ECHR 2009, Nr. 33401/02, § 150 – *Opuz vs. Türkei.*

969 EGMR, Urt. v. 09.06.2009, ECHR 2009, Nr. 33401/02, § 150 – *Opuz vs. Türkei.* S. a. EGMR, Urt. v. 14.03.2002, ECHR 2002-II, Nr. 46477/99, § 69 – *Paul u. Audrey Edwards vs. Großbritannien*; Beschl. v. 13.12.2005, Nr. 27306/05, Abschnitt „The Law" – *Cummins u. a. vs. Großbritannien.*

970 EGMR, Urt. v. 14.03.2002, ECHR 2002-II, Nr. 46477/99, § 71 – *Paul u. Audrey Edwards vs. Großbritannien*; Beschl. v. 10.05.2005, Nr. 34698/04, Abschnitt „The Law" 1. – *Hackett vs. Großbritannien.*

971 EGMR (GK), Urt. v. 29.01.2019, Nr. 36925/07, § 218 – *Güzelyurtlu u. a. vs. Zypern u. Türkei*; EGMR (GK), Urt. v. 14.04.2015, Nr. 24014/05, § 171 – *Mustafa Tunç u. Fecire Tunç vs. Türkei*; EGMR, Beschl. v. 13.12.2005, Nr. 27306/05, Abschnitt „The Law" – *Cummins u. a. vs. Großbritannien*; Urt. v. 15.01.2009, Nr. 46598/06, § 62 – *Branko Tomašić u. a. vs. Kroatien*; Beschl. v. 10.05.2005, Nr. 34698/04, Abschnitt „The Law" 1. – *Hackett vs. Großbritannien.*

chen Untersuchung kann der Gerichtshof durch die Schutzbedürftigkeit der konkret Betroffenen und ihrer Konventionsrechte begründen. Er geht aber noch weiter und fordert nicht nur im Einzelfall eine effektive Untersuchung, sondern leitet aus der Konvention ab, es müsse ein effizientes und unabhängiges Justizsystem geben. Nur (straf-)rechtliche Normen in Verbindung mit Strafverfolgungsmechanismen zur Verhinderung, Unterdrückung und Bestrafung von Verstößen sorgten für einen angemessenen Schutz.[972] Da der Gerichtshof nur dadurch die Anforderungen des Art. 2 EMRK gewahrt sieht, folgen notwendig eine Anpassung des Justizsystems und damit institutionelle staatliche Veränderungen.

In diese Fallgruppe sind auch Verfahrenspflichten nach „staatlichen gefährlichen Aktivitäten" aufzunehmen. In diesen Konstellationen hat zwar keine Person vorsätzlich gehandelt und damit den Tod absichtlich herbeigeführt. Der Gerichtshof weitet hier allerdings die Verantwortlichkeit aus und erkennt, dass eine Person bewusst eine gefährliche Aktivität eingerichtet hat, in dem sie eine Baustelle, eine Fabrik eingerichtet oder eine Gefahrenstelle unüberwacht gelassen hat und sie Menschen zugänglich ließ. Damit sieht er genug Anlass, um von einer im weiteren Sinne absichtlichen Verursachung auszugehen. In den Sachverhalten, in denen es um Verfahren nach einer Beeinträchtigung nicht vorsätzlicher Art geht, wird deutlich, dass der Gerichtshof sich nicht eindeutig an die innerstaatlichen Kategorien von Vorsatz, Fahrlässigkeit und Nicht-Verschulden hält. So ordnet er Naturkatastrophen, wie die Schlammlawine im Fall *Budayeva u. a. gegen Russland*[973], der Kategorie der gefährlichen Aktivitäten zu. Niemand hatte absichtlich die Schlammlawine ausgelöst, doch da die privaten Betreiber nicht ordnungsgemäß gehandelt hatten, sah der Gerichtshof eine gewisse Verantwortlichkeit: der Fall ist für ihn als Unrecht und nicht als reines Unglück einzuordnen. Folgerichtig verlangt er für die *konkrete Nachphase* eine Aufklärung hinsichtlich der Verantwortlichen und der genauen Umstände innerhalb eines Strafverfahrens und hält eine zivilrechtliche Antwort nicht für ausreichend.[974]

---

[972] EGMR, Urt. v. 28.03.2000, ECHR 2000-III, Nr. 22492/93, § 62 – *Kılıç vs. Türkei*; Urt. v. 28.03.2000, ECHR 2000-III, Nr. 22535/93, § 85 – *Mahmut Kaya vs. Türkei*.

[973] EGMR, Urt. v. 20.03.2008, ECHR 2008 (extr.), Nrn. 15339/02 u. a.; Sachverhaltsschilderung s. u. → S. 347.

[974] Vgl. EGMR, Urt. v. 07.05.2020, Nr. 43881/10, § 54, 56 – *Vardosanidze vs. Georgien* mit Verweis auf EGMR (GK), Urt. v. 20.11.2004, ECHR 2004-XII, Nr. 48939/99, §§ 89

Ein effektives Verfahren durchzuführen sei, wie auch im Bereich der Untersuchung staatlicher Beeinträchtigungsereignisse, eine Verpflichtung *of means, not of result*,[975] es sei also keine absolute Pflicht, da auch bei verständigem Aufwand und Einsatz der staatlichen Behörden viele Straftaten unaufgeklärt blieben.[976]

Im Fall *Paul und Audrey Edwards gegen Großbritannien*[977] wurde der Sohn des beschwerdeführenden Paares wegen unangebrachten Verhaltens gegenüber jungen Frauen auf der Straße verhaftet. Da er der Polizei psychisch krank erschien, wurde er von einem Sozialarbeiter untersucht, der ihn als hafttauglich auswies. Er kam in Haft, ohne dass dem Haftpersonal etwas über seine psychische Verfassung mitgeteilt wurde. Sie brachten ihn mit einem anderen Haftinsassen in einer Zelle unter, der ebenfalls psychische Probleme hatte. Nachts hörte man Schläge gegen die Zellenwand; die Notfallglocke leuchtete zwar, machte jedoch kein Geräusch. Als die Wärter die Zelle betraten, fanden sie den Sohn des beschwerdeführenden Paares totgeschlagen und -getreten vor. Der Täter wurde wegen Unzurechnungsfähigkeit in ein Krankenhaus gebracht und es wurde kein Strafverfahren eröffnet. Ein inoffizielles Untersuchungsverfahren wurde durchgeführt, das nicht öffentlich tagte und keine Beweiserhebungskompetenz hatte. Im Fall stellt der Gerichtshof fest, dass eine prozessuale Verpflichtung existiere, den Todesfall zu untersuchen. In Verbindung mit der generellen Pflicht aus Art. 1 EMRK erfordere Art. 2 EMRK eine effektive, amtliche Untersuchung, wenn eine Person durch

f. – Öneryıldız *vs. Türkei* (Sachverhaltsschilderung s. → S. 109), der die juristische Aufarbeitung einer Methanexplosion auf einer Mülldeponie mit erheblichen Schäden in den umliegenden Stadtteilen prüft. Auch wenn es sich in diesem Fall um unvorsätzliche Todesfälle handle, welche grundsätzlich kein Strafverfahren erforderten, seien sie oftmals das Ergebnis von Umständen, die unter staatlicher Verantwortlichkeit auftraten, sodass häufig die Behörden allein genügend Kenntnis haben, um die komplexen Ursachen zu identifizieren, § 93.

975 EGMR (GK), Urt. v. 14.04.2015, Nr. 24014/05, § 173 – *Mustafa Tunç u. Fecire Tunç vs. Türkei*; EGMR, Urt. v. 14.03.2002, ECHR 2002-II, Nr. 46477/99, § 71 – *Paul u. Audrey Edwards vs. Großbritannien*.

976 EGMR, Urt. v. 14.10.2008, Nr. 70930/01, § 67 – *Blumberga vs. Lettland*. Vgl. *Lavrysen*, in: Human Rights, S. 69, 104. Nicht von Art. 2 EMRK gefordert werde allerdings, dass der Staat ergänzend zum Strafverfahren ein Staatshaftungsverfahren durchführe, so die Große Kammer in EGMR (GK), Urt. v. 24.10.2002, ECHR 2002-VIII, Nr. 37703/97, §§ 94 f. – *Mastromatteo vs. Italien*. S. hierzu *Lavrysen*, in: Human Rights, S. 69, 104.

977 EGMR, Urt. v. 14.03.2002, ECHR 2002-II, Nr. 46477/99.

Gewalteinwirkung getötet worden sei.[978] Der Sohn habe als Gefangener unter der Sorge und Verantwortung der Behörden gestanden, als er von einem anderen Gefangenen getötet worden sei. In einer solchen Situation sei es irrelevant, ob die Amtsträger durch Handlung oder Unterlassen an den Umständen, die zum Tod führten, beteiligt gewesen seien.[979] Diese Herangehensweise hilft dem Gerichtshof über die in diesen Fällen häufig schwierige Einordnung einer Handlung in Tun oder Unterlassen hinweg.

In den Fällen zwischen Privatpersonen ist zwar der Staat nicht unmittelbar beteiligt oder durch seine Handlung Auslöser eines Verfahrens. Dennoch sieht der Gerichtshof auch hier eine positive Verpflichtung der Konventionsstaaten, effektiven Schutz der Konventionsrechte mittels der Durchführung eines Verfahrens zu gewähren. Unabhängig davon, wer gehandelt hat, entsteht nach jedem Todesfall eine Untersuchungspflicht des Staates.[980]

Meist wird diese Pflicht von einem strafrechtlichen (Ermittlungs-)Verfahren übernommen, das die Strafwürdigkeit des Beeinträchtigungsereignisses und damit auch die Umstände klärt. Es kann allerdings sein, dass die Pflicht über das Strafverfahren hinausgeht. Im Fall *Hackett gegen Großbritannien*[981] war der Ehemann der Beschwerdeführerin in seinem Brotwagen von Paramilitärs erschossen worden. Es wurden zwei Verdächtigte gefunden und verurteilt, die beide auf unschuldig plädierten. 15 Jahre später veröffentlichte einer der Täter ein Buch, das von einem Komplott um den Tod des Mannes handelt, dem er und auch Sicherheitskräfte angehört hatten. Nach Veröffentlichung forderte die Beschwerdeführerin die Behörden auf, den Vorwürfen nachzugehen. Eine Untersuchung begann, doch sie erhielt keinen Einblick in die Unterlagen. An der Unabhängigkeit bestanden ebenfalls Zweifel. Der Gerichtshof stellt in diesem Fall fest, dass grundsätzlich das Strafverfahren vor einem unabhängigen und unparteiischen Richter die beste Sicherheit eines effektiven Verfahrens zur Tatsachenfindung und Bestrafung der Verantwortlichen darstelle. Im Einzelfall könne aber noch mehr nötig

---

978 EGMR, Urt. v. 14.03.2002, ECHR 2002-II, Nr. 46477/99, § 69 – *Paul u. Audrey Edwards vs. Großbritannien*.

979 EGMR, Urt. v. 14.03.2002, ECHR 2002-II, Nr. 46477/99, § 74 – *Paul u. Audrey Edwards vs. Großbritannien*.

980 Vgl. EGMR (GK), Urt. v. 24.10.2002, ECHR 2002-VIII, Nr. 37703/97, § 92 – *Mastromatteo vs. Italien*.

981 EGMR, Beschl. v. 10.05.2005, Nr. 34698/04.

sein, um Art. 2 EMRK zu genügen. Im Fall waren die Verfahren bereits beendet, als sich durch die Veröffentlichung des Buches neue Umstände ergaben, um an der ursprünglichen Untersuchung zu zweifeln. Dies sowie der Umstand, dass sich neue oder weiträumigere Fragen ergeben, könnten eine Verpflichtung zu weitergehenden Untersuchungen hervorrufen.[982] Wie weit eine solche Verpflichtung dann gehe, hänge vom Einzelfall ab. Eine bereits erfüllte Verpflichtung zur Untersuchung kann also nach Kenntnis neuer Umstände wieder aufleben.

Im Fall *Burlya u. a. gegen die Ukraine*[983] wurde in einem Dorf die Vertreibung der dort ansässigen Rom:nja geplant. Die Dorfverwaltung und die Polizei riet den Beschwerdeführer:innen zur Flucht vor diesem „Pogrom". Vor dem Gerichtshof trugen diese vor, dass die staatlichen Behörden die Plünderung und Zerstörung ihrer Lebensgrundlage nicht wirksam verhindert und nicht effektiv untersucht habe. Der Gerichtshof stellt eine Verletzung des Art. 8 i. V. m. Art. 14 EMRK fest, auch weil die Behörden die Durchführung einer effektiven Untersuchung versäumt hätten trotz der Bedeutung eines Verfahrens angesichts genereller, mehrheitsgesellschaftlicher Vorurteile gegen Rom:nja.[984]

Die konventionsrechtlichen Anforderungen im Hinblick auf diskriminierungsmotivierte Gewalttaten fasst der Gerichtshof im Fall *Stoyanova gegen Bulgarien*[985], in dem der Sohn der Beschwerdeführerin aufgrund von homophober Gewalt ums Leben kam, zusammen. Zunächst müsse der Staat nach Gewalttaten alle erforderlichen Schritte ergreifen, diskriminierende Motive aufzudecken. Danach habe er die Pflicht, angemessen auf die Angriffe zu reagieren; dies erstrecke sich auf die sanktionierenden Gerichtsverfahren. Letztlich stellt er fest, dass eine Gleichbehandlung diskriminierungsmotivierter Gewalt und anders motivierter Gewalt die Besonderheit von Handlungen, die die Konventionsrechte in besonderem Maße verletzten, verkenne. Deshalb könne das Versäumnis, solche Situationen unterschiedlich zu behandeln, einen Verstoß gegen Art. 14 EMRK darstellen.[986]

---

[982] EGMR, Beschl. v. 10.05.2005, Nr. 34698/04, § 1 – *Hackett vs. Großbritannien*.
[983] EGMR, Urt. v. 06.11.2018, Nr. 3289/10.
[984] EGMR, Urt. v. 06.11.2018, Nr. 3289/10, §§ 169 f. – *Burlya u. a. vs. Ukraine*.
[985] EGMR, Urt. v. 14.06.2022, Nr. 56070/18.
[986] EGMR, Urt. v. 14.06.2022, Nr. 56070/18, § 64 m. w. N. – *Stoyanova vs. Bulgarien*.

1. Verfahren von Amts wegen

Das Verfahren muss von Amts wegen (*official*; *of their own motion*) erfolgen, um Art. 2 EMRK zu genügen.[987] Während die Form des Verfahrens in die Wahlfreiheit der Konventionsstaaten fällt,[988] besteht der Gerichtshof darauf, dass der Staat das Verfahren von sich aus einleitet und betreibt, sobald er von der Situation Kenntnis erlangt.[989]

In den Fällen nicht-staatlichen Handelns betont der Gerichtshof, dass die Amtsermittlung insbesondere auch dann gefordert wird, wenn es sich um einen grenzüberschreitenden Sachverhalt handelt. Im Fall *O'Loughlin u. a. gegen Großbritannien*[990], in dem es um die Beschwerde der Angehörigen der Opfer von vier Autobomben in der Republik Irland 1974 ging, war nach den Todesfällen durch Autobomben das Verfahren nicht von Amts wegen geführt worden. Der Gerichtshof wies darauf hin, dass, wenn verdächtige Täter:innen sich nachweislich im Hoheitsgebiet aufhielten und Beweise der Tat gesichert werden könnten, dann Art. 2 EMRK von dem Staat verlange, dass er von sich aus effektive Maßnahmen ergreife. Anderenfalls könnten eine effektive Aufarbeitung und Verfolgung von grenzüberschreitenden Taten im Widerspruch zu Art. 2 EMRK nicht gewährleistet werden.[991]

---

[987] EGMR (GK), Urt. v. 29.01.2019, Nr. 36925/07, § 218 – *Güzelyurtlu u. a. vs. Zypern u. Türkei*; EGMR (GK), Urt. v. 14.04.2015, Nr. 24014/05, § 171 – *Mustafa Tunç u. Fecire Tunç vs. Türkei*; EGMR, Beschl. v. 13.12.2005, Nr. 27306/05, Abschnitt "The Law" – *Cummins u. a. vs. Großbritannien*; Urt. v. 15.01.2009, Nr. 46598/06, § 62 – *Branko Tomašić u. a. vs. Kroatien*; Beschl. v. 10.05.2005, Nr. 34698/04, Abschnitt "The Law" 1. – *Hackett vs. Großbritannien*.

[988] EGMR (GK), Urt. v. 24.10.2002, ECHR 2002-VIII, Nr. 37703/97, § 90 – *Mastromatteo vs. Italien*; EGMR (GK), Urt. v. 29.01.2019, Nr. 36925/07, § 218 – *Güzelyurtlu u. a. vs. Zypern u. Türkei*; EGMR (GK), Urt. v. 14.04.2015, Nr. 24014/05, § 170 – *Mustafa Tunç u. Fecire Tunç vs. Türkei*; EGMR, Beschl. v. 13.12.2005, Nr. 27306/05, Abschnitt "The Law" – *Cummins u. a. vs. Großbritannien*; Urt. v. 14.03.2002, ECHR 2002-II, Nr. 46477/99, § 69 – *Paul u. Audrey Edwards vs. Großbritannien*.

[989] EGMR, Urt. v. 14.03.2002, ECHR 2002-II, Nr. 46477/99, § 69 – *Paul u. Audrey Edwards vs. Großbritannien*. S. a. EGMR, Urt. v. 22.11.2022, Nr. 44394/15, § 106 – *G.M. u. a. vs. Republik Moldau*.

[990] EGMR, Beschl. v. 25.08.2005, Nr. 23274/04.

[991] EGMR, Beschl. v. 25.08.2005, Nr. 23274/04, Abschnitt „The Law" 2. – *O'Loughlin u. a. vs. Großbritannien*; s. a. EGMR, Beschl. v. 13.12.2005, Nr. 27306/05, Abschnitt „The Law" – *Cummins u. a. vs. Großbritannien*.

Dies gilt auch für Beeinträchtigungen, die aus gefährlichen Aktivitäten resultieren. Der Fall *Kolyadenko u. a. gegen Russland*[992] betraf die Geschehnisse um den außergewöhnlichen Niederschlag in der Region Wladiwostok. Durch den massiven Regen und die damit einhergehende Gefahr eines Dammbruchs beschloss das staatliche Wasserunternehmen, Wasser aus dem Wasserreservoir in den Fluss zu leiten. Das Wasserniveau des Flusses stieg dabei um mindestens 1,20 Meter. Die Bevölkerung wurde über das Vorgehen nicht informiert, obwohl das Wasser ihre Wohnungen erreichte und drei der Beschwerdeführer sich nur mit Hilfe anderer Menschen vor den Fluten retten konnten. Nach der Flut wurde zwar ein Ermittlungsverfahren gegen den Direktor des Wasserwerks eingeleitet, doch nach zwei Jahren eingestellt mit der Begründung, er habe nach den Richtlinien gehandelt. Laut einem Gutachten lag eine der Ursachen in der unzulässigen Besiedelung der Überflutungsgebiete, welche die Stadt zugelassen habe. Das Ermittlungsverfahren gegen die städtischen Behörden wurde aus dem Mangel an Beweisen eingestellt. Alle zivilrechtlichen Rechtsmittel blieben ohne Erfolg, obwohl es dokumentierte Hinweise gab, dass die Behörden bereits vor Jahren vom Wasserwerk auf die Situation hingewiesen wurden. Im Hinblick auf die Untersuchung nach der Überflutung führt der Gerichtshof aus, dass das von Art. 2 EMRK geforderte Rechtssystem eine unabhängige und unparteiliche amtliche Untersuchung hervorbringen müsse, die bestimmte Mindestanforderungen hinsichtlich der Effektivität erfülle. Sie müsse sicherstellen können, dass strafrechtliche Konsequenzen angewandt werden bei Todesfällen und lebensgefährdenden Risiken, die aus gefährlichen Aktivitäten resultieren, wenn dies nach den Ergebnissen der Untersuchung gerechtfertigt sei. In diesen Fällen müsse die zuständige Behörde mit beispielhafter Sorgfalt und Schnelligkeit vorgehen, von Amts wegen eine Untersuchung einleiten, die in der Lage ist, die Umstände des Unfalls und mögliche Unzulänglichkeiten im Kontrollsystem zu klären sowie eine staatliche Beteiligung zu identifizieren.[993] Hinsichtlich der Ermittlungen stellt der Gerichtshof fest, dass die russische Regierung die Untersuchungsunterlagen nicht eingereicht habe. Ob diese also effektiv

---

[992] EGMR, Urt. v. 28.02.2012, Nrn. 17423/05 u. a.

[993] EGMR, Urt. v. 28.02.2012, Nrn. 17423/05 u. a., § 191 – *Kolyadenko u. a. vs. Russland*. S. a. EGMR, Urt. v. 20.03.2008, ECHR 2008 (extr.), Nrn. 15339/02 u. a., § 140 – *Budayeva u. a. vs. Russland*; Urt. v. 07.05.2020, Nr. 43881/10, § 56 – *Vardosanidze vs. Georgien*.

gewesen seien, könne nicht vollständig geprüft werden.[994] Außerdem habe er Zweifel, ob die Untersuchung eine angemessene gerichtliche Antwort (*adequate judicial response*) darstelle, da ihr Hauptziel offenkundig die Aufklärung hinsichtlich eines Missbrauchs bei der Stadtplanung gewesen sei und nicht die Identifikation der Verantwortlichen für die schlechte Erhaltung des Flusskanals, welches aber die Hauptursache für die Überflutung gewesen sei.[995] Somit sind bei aus gefährlichen Aktivitäten resultierenden Todesfällen amtliche strafrechtliche Untersuchungen unverzichtbar, da Behörden oftmals als Einzige ausreichend Wissen hätten, um die Unfallursache zu identifizieren.[996]

2. Unabhängigkeit und Unparteilichkeit

Ein Verfahren, das den Tod durch eine nicht-staatliche Beeinträchtigung untersucht, muss laut dem Gerichtshof von einer unabhängigen (*independent*) Instanz durchgeführt werden, um Art. 2 EMRK zu genügen. Im Fall des unter ungeklärten Umständen im Militärdienst getöteten Sohnes der Beschwerdeführer in der Sache *Mustafa Tunç und Fecire Tunç gegen die* Türkei[997] geht der Gerichtshof näher auf die Anforderungen ein. Es müsse geführt werden von einer Instanz, die unabhängig von allen Personen sei, die in Verbindung mit den Umständen stünden oder gebracht werden könnten. Somit sei eine hierarchisch-institutionelle sowie eine praktische Unabhängigkeit notwendig.[998] Dabei könne die Unabhängigkeit im Sinne des Art. 2 EMRK sich von den *fair-trial*-Anforderungen des Art. 6 EMRK die prozessualen Anforderungen anderer Konventionsbestimmungen inspirieren lassen, doch nicht notwendigerweise müssten diese in gleicher Weise eingeschätzt werden. Art. 6 EMRK verlange eine Justiz, die von den Beteiligten

---

[994] EGMR, Urt. v. 28.02.2012, Nrn. 17423/05 u. a., § 199 – *Kolyadenko u. a. vs. Russland.*

[995] EGMR, Urt. v. 28.02.2012, Nrn. 17423/05 u. a., § 199 – *Kolyadenko u. a. vs. Russland.*

[996] EGMR, Urt. v. 01.09.2016, Nr. 32514/12, § 131 – *Mikhno vs. Ukraine*. S. a. EGMR, Urt. v. 01.09.2016, Nrn. 36314/06 u. a., § 136 – *Svitlana Atamanyuk u. a. vs. Ukraine* zum selben Flugshowunfall.

[997] EGMR (GK), Urt. v. 14.04.2015, Nr. 24014/05; Sachverhaltsschilderung s. u. → S. 267.

[998] EGMR (GK), Urt. v. 14.04.2015, Nr. 24014/05, § 177 – *Mustafa Tunç u. Fecire Tunç vs. Türkei*. S. a. EGMR, Urt. v. 20.03.2008, ECHR 2008 (extr.), Nrn. 15339/02 u. a., § 142 – *Budayeva u. a. vs. Russland*; Urt. v. 28.02.2012, Nrn. 17423/05 u. a., § 191 – *Kolyadenko u. a. vs. Russland*; Beschl. v. 22.10.2013, Nr. 41107/07, § 21 – *Koceski vs. „Die ehemalige jugoslawische Republik Mazedonien“*; Beschl. v. 02.12.2008, Nr. 42994/05, Abschnitt „The Law“ 1.b.(i) – *Furdik vs. Slowakei.*

sowie von Exekutiv- u nd Legislativgewalt unabhängig sei. Somit spielten die Bestellung der Gerichtsmitglieder, ihre Amtszeit und Schutzvorkehrungen gegen die Einflussnahme von außen eine wichtige Rolle.[999] Dagegen sei bei den Anforderungen des Art. 2 EMRK weniger die abstrakte Organisationslage, sondern vielmehr die konkrete Situation von Bedeutung; die Unabhängigkeit der Untersuchung als Ganze im konkreten Fall müsse geprüft werden. So sei die Unabhängigkeit zu verneinen, wenn die Untersuchung von an der Situation beteiligten Personen oder direkten Teammitgliedern durchgeführt werde. Auch eine hierarchische Verbindung zwischen verdächtigen und ermittelnden Personen stehe der Unabhängigkeit der Untersuchung entgegen.[1000] Es sei keine absolute, sondern eine ausreichende Unabhängigkeit zu den verdächtigen Personen zu fordern.[1001] In Fällen, in denen die institutionelle Unabhängigkeit fraglich sei, müsse sich der Gerichtshof umso genauer mit der Art und Weise der Untersuchung auseinandersetzen und überprüfen, ob die Untersuchung unabhängig durchgeführt worden sei. Hierbei sei entscheidend, ob die Verbindung zwischen den Personen der Effektivität der Untersuchung und ihrer Fähigkeit, die Umstände aufzuklären und die Verantwortlichen zu bestrafen, geschadet habe.[1002]

Im Fall *Emars gegen Lettland*[1003] wurde die Tochter des Beschwerdeführers tot in ihrer Wohnung mit einem Seil um den Hals aufgefunden. Die Polizei nahm Aussagen auf und veranlasste forensische Untersuchungen, auch eine Autopsie, die vier Tage nach dem Tod durchgeführt wurde und keine Zeichen von Gewalteinwirkung feststellen konnte. Der Ehemann der Tochter wurde verdächtigt, der Täter zu sein, da sie sich nicht selbst hätte aufhängen können. Dieser war Polizeifahrer und sein Wagen war von Anwohner:innen in der Tatnacht vor der Wohnung des Opfers gesehen worden, während Arbeitskollegen bestätigten, er habe in der Nacht gearbeitet. Der Gerichtshof

999 EGMR (GK), Urt. v. 14.04.2015, Nr. 24014/05, §§ 219-221 – *Mustafa Tunç u. Fecire Tunç vs. Türkei.*

1000 EGMR (GK), Urt. v. 14.04.2015, Nr. 24014/05, § 222 – *Mustafa Tunç u. Fecire Tunç vs. Türkei.*

1001 EGMR (GK), Urt. v. 14.04.2015, Nr. 24014/05, § 223 – *Mustafa Tunç u. Fecire Tunç vs. Türkei.*

1002 EGMR (GK), Urt. v. 14.04.2015, Nr. 24014/05, § 224 – *Mustafa Tunç u. Fecire Tunç vs. Türkei.*

1003 EGMR, Urt. v. 18.11.2014, Nr. 22412/08.

stellt zunächst fest, dass in Lettland die ermittelnde Staatsanwaltschaft eine eigene Hierarchie unabhängig von der Polizei habe. Die Ermittlungen wurden hier zunächst von der lokalen Polizei vorgenommen. Laut dem Gerichtshof ist dies zulässig in Fällen, in denen staatliche Amtsträger:innen nicht zum Kreis der Verdächtigen gehören; wenn jedoch eine dieser Personen möglicherweise für den Tod verantwortlich sei, so dürfe die Untersuchung nicht von direkten Teammitgliedern ausgeführt werden. Hier müsse eine andere, unabhängige Behörde die Untersuchung durchführen; eine bloße Überwachung durch eine unabhängige Behörde reiche nicht aus.[1004] Im Fall war erst nach ein paar Tagen der Verdacht eines gewaltsamen Todes aufgekommen, sodass es laut dem Gerichtshof verständlich war, dass erst dann ein strafrechtliches Ermittlungsverfahren eingeleitet wurde. Dennoch, so betont er, habe es durch diesen verdächtigen Todesfall an sich bereits Gründe für die verfahrensrechtliche Pflicht des Staats gegeben.[1005] Deshalb sah es der Gerichtshof als notwendig an, dass bereits die Anfangsuntersuchung durch eine hierarchisch und praktisch unabhängige Instanz hätte durchgeführt werden müssen. Auch wenn im Folgenden eine unabhängige Behörde das Ermittlungsverfahren durchführte, war die Polizeistation dennoch in die Untersuchung einbezogen, obwohl einer ihrer Mitarbeiter:innen der Beschuldigte war. Durch diese Beteiligung befand der Gerichtshof die Untersuchung als nicht unabhängig und damit im Widerspruch zu Art. 2 EMRK.[1006]

Bedeutung hat auch die praktische Unabhängigkeit (*practical independence*) der Ermittlungspersonen. Im Fall *Mustafa Tunç und Fecire Tunç gegen die* Türkei[1007] untersuchte er die konkrete Unabhängigkeit des eingesetzten Ermittlers gegenüber der verdächtigen militärischen Einheit. Anhand von Mängeln in den Ermittlungen könne das Fehlen von Unabhängigkeit erkennbar werden, so der Gerichtshof. Wenn diese nicht alle verfügbaren Untersuchungsmaßnahmen durchführten, so ergebe sich ihre Abhängigkeit nicht aus den rechtlichen Regeln ihrer Verbindung zu den verdächtigen Personen, sondern aus ihrem Verhalten selbst.[1008] Hinsichtlich der prakti-

---

[1004] EGMR, Urt. v. 18.11.2014, Nr. 22412/08, § 86 – *Emars vs. Lettland.*

[1005] EGMR, Urt. v. 18.11.2014, Nr. 22412/08, §§ 89-91 – *Emars vs. Lettland.*

[1006] EGMR, Urt. v. 18.11.2014, Nr. 22412/08, §§ 93-95 – *Emars vs. Lettland.*

[1007] EGMR (GK), Urt. v. 14.04.2015, Nr. 24014/05; Sachverhaltsschilderung s. u. → S. 267.

[1008] EGMR (GK), Urt. v. 14.04.2015, Nr. 24014/05, § 227 – *Mustafa Tunç u. Fecire Tunç vs. Türkei*. S. a. EGMR, Urt. v. 18.11.2014, Nr. 22412/08, § 92 – *Emars vs. Lettland.*

schen Unabhängigkeit der ermittelnden Personen bezieht er sich auf seine Rechtsprechung zu den Fällen von staatlich verursachten Tötungen,[1009] sodass die praktische Unabhängigkeit auch als Unparteilichkeit verstanden werden kann.[1010]

Die Unabhängigkeit und Unparteilichkeit prüft der Gerichtshof auch deshalb genau, weil ohne sie auch andere Verfahrensrechte ihre Wirkung verlieren. Nur ein unabhängiges Gericht würdigt die Beweise angemessen, nimmt Betroffenenschilderungen ausreichend zur Kenntnis und ist nicht bereits im Vorhinein auf einen bestimmten Verfahrensausgang festgelegt.

3. Promptheit und angemessene Schnelligkeit

Wie auch bei staatlichen Tötungen erwartet der Gerichtshof auch bei nichtstaatlichen Beeinträchtigungsereignissen, dass die Untersuchung prompt und mit angemessener Schnelligkeit (*promptness*; *reasonable expedition*) durchgeführt wird.[1011] Nur so könne das öffentliche Vertrauen in die Beibehaltung der Rechtsstaatlichkeit aufrechterhalten und jeglicher Anschein der Tolerierung rechtswidriger Taten vermieden werden.[1012] Im Fall *Paul und Audrey Edwards gegen Großbritannien*[1013], in dem der Sohn des beschwerdeführenden Paares von einem Mitinhaftierten in der Zelle getötet wurde, betonte er zudem, dass es gerade in Todesfällen in umstrittenen Situationen notwendig sei, dass das Verfahren prompt durchgeführt werde. Das Vergehen von Zeit werde unvermeidbar das Maß und die Qualität der Beweise verringern. Im Fall erkennt der

1009 Vgl. EGMR, Urt. v. 14.03.2002, ECHR 2002-II, Nr. 46477/99, § 70 – *Paul u. Audrey Edwards vs. Großbritannien.*

1010 Vgl. oben → S. 184.

1011 EGMR, Urt. v. 12.07.2016, Nr. 34661/07, § 135 – *Mučibabić vs. Serbien*; Urt. v. 13.09.2016, Nr. 47384/11, §§ 65, 67 – *Sıdıka İmren vs. Türkei*; Urt. v. 28.02.2012, Nrn. 17423/05 u. a., § 191 – *Kolyadenko u. a. vs. Russland*; Urt. v. 09.05.2017, Nr. 68516/14, § 38 – *Fergec vs. Kroatien*; Urt. v. 12.01.2012, Nr. 22737/04, § 60 – *Igor Shevchenko vs. Ukraine*. Zu Art. 3 EMRK s. EGMR, Urt. v. 07.07.2022, Nr. 32715/19, §§ 141, 150 – *M.S. vs. Italien*.

1012 EGMR (GK), Urt. v. 14.04.2015, Nr. 24014/05, § 178 – *Mustafa Tunç u. Fecire Tunç vs. Türkei*; EGMR, Urt. v. 09.06.2009, ECHR 2009, Nr. 33401/02, § 150 – *Opuz vs. Türkei*; Urt. v. 14.03.2002, ECHR 2002-II, Nr. 46477/99, § 72 – *Paul u. Audrey Edwards vs. Großbritannien*. S. a. zur Untersuchung einer rassistisch motivierten Tat EGMR, Urt. v. 24.03.2016, Nr. 48475/09, § 64 – *Sakir vs. Griechenland*.

1013 EGMR, Urt. v. 14.03.2002, ECHR 2002-II, Nr. 46477/99; Sachverhaltsschilderung s. → S. 253.

Gerichtshof aber an, dass eine intensive Vorbereitung für diese Untersuchung notwendig war, weil eine komplexe Situation zugrunde lag, über 150 Zeugen existierten und das Verfahren einen großen Untersuchungsgegenstand hatte. Der Gerichtshof kommt deshalb zum Ergebnis, dass die Länge des Verfahrens bezüglich der Umstände angemessen gewesen sei und keinen Verstoß gegen die Anforderung des Art. 2 EMRK darstelle.[1014]

4. Beweissicherung

Ein wichtiges Element zur Sicherung der Verfahrenseffektivität ist der Umgang mit dem Beweismaterial (*secure the evidence*). In dem neueren Fall *Nicolaou gegen Zypern*[1015] befasst sich der Gerichtshof mit den Todesfällen des Sohnes und des Bruders der Beschwerdeführer:innen. Er war nach einem Besuch nicht mehr zum Militärdienst zurückgekehrt. Später wurde sein Leichnam unter einer Brücke gefunden. Während die Familie befürchtete, er sei von anderen Einsatzkräften umgebracht worden, vermuteten die Behörden, er sei selbst von der Brücke gesprungen. Die Untersuchungen endeten über zehn Jahre nach dem Vorfall ergebnislos. Der Gerichtshof stellt wie in früheren Urteilen[1016] fest, dass die Behörden verpflichtet seien, alle verständigen Schritte zu gehen, um Beweise zu sichern. Unter anderem müssten sie Aussagen und forensische Beweise sichern und, wenn es notwendig sei, auch eine Autopsie durchführen. Diese müsse eine komplette Auflistung der Verletzungen und eine objektive Analyse der klinischen Ergebnisse inklusive der Todesursache beinhalten.[1017] Was genau verlangt werden könne, hänge immer vom Einzelfall ab, sodass es nicht möglich sei, die Vielzahl an Situationen auf eine einzige Checkliste für Untersuchungsmaßnahmen zu reduzieren.[1018]

Im Fall *Emars gegen Lettland*[1019], in dem die ursprüngliche Polizeibehörde weiterhin an den Ermittlungen im Todesfall der erhängten Tochter des

---

[1014] EGMR, Urt. v. 14.03.2002, ECHR 2002-II, Nr. 46477/99, § 86 – *Paul u. Audrey Edwards vs. Großbritannien*.

[1015] EGMR, Urt. v. 28.01.2020, Nr. 29068/10.

[1016] Unter vielen EGMR (GK), Urt. v. 14.04.2015, Nr. 24014/05, § 174 – *Mustafa Tunç u. Fecire Tunç vs. Türkei*.

[1017] EGMR, Urt. v. 28.01.2020, Nr. 29068/10, § 136 – *Nicolaou vs. Zypern*.

[1018] EGMR (GK), Urt. v. 14.04.2015, Nr. 24014/05, § 176 – *Mustafa Tunç u. Fecire Tunç vs. Türkei*.

[1019] EGMR, Urt. v. 18.11.2014, Nr. 22412/08; Sachverhaltsschilderung s. → S. 259.

Beschwerdeführers beteiligt war, obwohl einer ihrer Mitarbeiter ihr Ehemann und der Hauptverdächtige war, stellt der Gerichtshof neben dem Mangel an Unabhängigkeit der ermittelnden Personen ebenfalls Defizite in der Beweissicherung fest. So war die Autopsie des Opfers erst vier Tage nach dessen Tod durchgeführt worden, wodurch der exakte Todeszeitpunkt nicht mehr festgestellt werden konnte. Ihr Ehemann wurde erst zehn Tage nach dem Tod vernommen; seine Uniform und die Autositzverkleidungen wurden erst über zwei Monate nach dem Tod forensisch untersucht. Auch die späte Autopsie sei der Behörde vorzuhalten, so der Gerichtshof. Autopsien sollten grundsätzlich so früh wie möglich nach dem Tod durchgeführt werden, da durch Abwarten ihre Aussagekraft schwinde. Durch dieses Verhalten der Behörde sei einer der Zwecke eines Verfahrens nach Art. 2 EMRK, der Aufklärung der Todesumstände, nicht mehr realisierbar.[1020]

Im Fall *Tanrıkulu gegen die Türkei*[1021] arbeitete der Ehemann der Beschwerdeführerin als Arzt in einem Krankenhaus. Auf der Straße zwischen dem Krankenhaus und der Polizeistation wurde er erschossen. Als sie die Schüsse hörte, kam die Beschwerdeführerin herbeigerannt und sah zwei Männer fliehen. Die Einsatzkräfte, die vor der Polizeistation standen, nahmen die Verfolgung entgegen den Bitten der Beschwerdeführerin nicht auf. Eine anschließende Untersuchung führte zu keinen Verhaftungen und ist immer noch anhängig. Der Gerichtshof verneint eine Verletzung des Art. 2 EMRK in substanzieller Hinsicht, überprüft dann das Verfahren auf seine Vereinbarkeit mit Art. 2 EMRK. Zunächst stellt er fest, dass direkt nach den Schüssen eine Untersuchung begann: Polizisten untersuchten den Tatort, sammelten die Patronenhülsen ein und sprachen mit der Beschwerdeführerin und Personen am Tatort. Insgesamt lasse die Vorgehensweise aber Oberflächlichkeit vermuten, so der Gerichtshof, da keine Fotografien des Tatorts gemacht worden seien, eine vollständige Autopsie unterblieben und der Bericht nach weniger als einer Stunde abgeschlossen worden sei.[1022]

Gerade bei einer umstrittenen Tatsachenlage müssten Gerichte und Behörden die Beweise ermitteln und auf ihre Beweiskraft prüfen. Im Fall

---

1020 EGMR, Urt. v. 18.11.2014, Nr. 22412/08, § 79 – *Emars vs. Lettland.*

1021 EGMR (GK), Urt. v. 08.07.1999, ECHR 1999-IV, Nr. 23763/94.

1022 EGMR (GK), Urt. v. 08.07.1999, ECHR 1999-IV, Nr. 23763/94, §§ 104-106 – *Tanrıkulu vs. Türkei.*

M.C. gegen Bulgarien[1023], in dem hinsichtlich des Vorwurfs, mehrere Männer hätten ein 14-jähriges Mädchen sexuell missbraucht, Uneinigkeit herrschte, sieht der Gerichtshof zwar die Schwierigkeit, die eine Aussage-gegen-Aussage-Situation für die Behörden und Gerichte bereithalte. Dennoch seien sie gerade in dieser Situation zweier miteinander unvereinbarer Tatsachenschilderungen dazu aufgerufen, eine Bewertung der Glaubhaftigkeit unter Einbeziehung des Kontexts und eine Überprüfung aller Umstände vorzunehmen.[1024] Im Fall war allerdings wenig unternommen worden, um die Glaubhaftigkeit zu überprüfen. Trotz gegensätzlicher Aussagen der Männer wurden diese nicht mit den Widersprüchen konfrontiert; ebenso wenig bemühten sich die Behörden, den zeitlichen Ablauf des Geschehens zu konkretisieren, oder ließen sie Nachfragen des Opfers zu.[1025]

5. Öffentlichkeit

Auch in Verfahren zur Aufklärung von Todesfällen, die nicht durch den Staat verantwortet sind, besteht eine Pflicht zur Öffentlichkeit (*public scrutiny*). Wie weit diese Pflicht gehe, bestimme sich nach dem Einzelfall, so der Gerichtshof.[1026] Im Fall *Paul und Audrey Edwards gegen Großbritannien*[1027], in dem der Sohn der Beschwerdeführer von einem Mitinhaftierten in der Zelle getötet wurde, wurde das Untersuchungsverfahren unter Ausschluss der Öffentlichkeit durchgeführt. Der Bericht wurde aber mit allen Ergebnissen, Kritik an den Versäumnissen und Handlungsempfehlungen veröffentlicht. Entgegen der Argumentation Großbritanniens, mit der Veröffentlichung des Berichts habe es seiner Pflicht aus Art. 2 EMRK genügt, stellt der Gerichtshof fest, die Veröffentlichung der Ergebnisse könne Art. 2 EMRK genügen. Dies könne aber nur dann angenommen werden, wenn im konkreten Fall der Grad der

---

[1023] EGMR, Urt. v. 04.12.2003, ECHR 2003-XII (extr.), Nr. 39272/98; Sachverhaltsschilderung s. u. → S. 334.

[1024] EGMR, Urt. v. 04.12.2003, ECHR 2003-XII (extr.), Nr. 39272/98, §§ 176 f. – *M.C. vs. Bulgarien*.

[1025] EGMR, Urt. v. 04.12.2003, ECHR 2003-XII (extr.), Nr. 39272/98, § 177 – *M.C. vs. Bulgarien*.

[1026] EGMR (GK), Urt. v. 14.04.2015, Nr. 24014/05, § 179 – *Mustafa Tunç u. Fecire Tunç vs. Türkei*.

[1027] EGMR, Urt. v. 14.03.2002, ECHR 2002-II, Nr. 46477/99; Sachverhaltsschilderung s. → S. 253.

öffentlichen Beteiligung die Rechenschaft der Amtsträger:innen theoretisch und praktisch absichere.[1028] Im Fall war das Opfer auf schreckliche Weise durch Fehler der Amtsträger zu Tode gekommen, die eigentlich zu seinem Schutz im Gefängnis eingesetzt waren. Daraus schließt der Gerichtshof, dass das öffentliche Interesse an diesem Fall deshalb zu einer weitestmöglichen Veröffentlichung führen müsse, wogegen der Staat keine Gründe für eine Geheimhaltung vorgelegt habe.[1029]

6. Beteiligung der betroffenen Personen

Insbesondere ist die Öffentlichkeit durch die Beteiligung des Opfers oder seiner Angehörigen zu gewährleisten (*accessible to the victim's family*; *the next-of-kin of the victim must be involved in the procedure*; *the victim should be able to participate effectively*). Das Verfahren muss den Angehörigen auf eine Art und Weise zugänglich gemacht werden, dass es ihre legitimen Interessen so weit wie notwendig schützt. So müssten die Familien von Verstorbenen in die Ermittlungen einbezogen und informiert werden. Sie müssten auch die Möglichkeit erhalten, weitere Beweise vorzulegen.[1030] Jedoch müsse nicht jeder Anfrage der Angehörigen hinsichtlich spezifischer Ermittlungsmittel stattgegeben werden, so der Gerichtshof.[1031] Wenn, wie im Fall Paul und Audrey Edwards gegen Großbritannien[1032], den Angehörigen der Zugang zum Verfahren nur an den Tagen ihrer eigenen Vernehmung gewährt und ansonsten keine Vertretung für sie zugelassen worden sei, somit auch das Stellen eigener Fragen nicht möglich gewesen sei, liege darin ein Verstoß gegen Art. 2 EMRK. Trotz der engen, persönlichen Betroffenheit hinsichtlich der Ermittlungen erfuhren sie erst durch den Untersuchungsbericht von

[1028] EGMR, Urt. v. 14.03.2002, ECHR 2002-II, Nr. 46477/99, § 83 – *Paul u. Audrey Edwards vs. Großbritannien.*

[1029] EGMR, Urt. v. 14.03.2002, ECHR 2002-II, Nr. 46477/99, § 83 – *Paul u. Audrey Edwards vs. Großbritannien.*

[1030] EGMR, Urt. v. 07.07.2022, Nr. 72611/14, § 73 – *Tagiyeva vs. Aserbaidschan.*

[1031] EGMR (GK), Urt. v. 14.04.2015, Nr. 24014/05, § 179 – *Mustafa Tunç u. Fecire Tunç vs. Türkei.* Zur Berücksichtigung der Rechte der beschuldigten Person aus Art. 8 EMRK EGMR (GK), Urt. v. 29.03.2016, ECHR 2016, Nr. 56925/08, § 76 – *Bédat vs. Schweiz.*

[1032] EGMR, Urt. v. 14.03.2002, ECHR 2002-II, Nr. 46477/99; Sachverhaltsschilderung s. → S. 253.

den Ergebnissen. Dies bleibe hinter einer Beteiligungsform am Verfahren zurück, die notwendig wäre, um ihre legitimen Interessen zu schützen.[1033]

Im bereits für die *konkrete Vorphase* analysierten Fall *Tătar gegen Rumänien*[1034], in dem es zu einem Unfall in einer Goldmine kam, von dem schwerwiegende Folgen für die Gesundheit der Bevölkerung und die Umwelt ausgingen, betonte der Gerichtshof, dass den Staat auch nach dem Unfall eine Informationspflicht treffe. Nur so könnten die Betroffenen in die Lage versetzt werden, mögliche Maßnahmen zur Verhinderung eines ähnlichen Unfalls oder Maßnahmen im Falle der Wiederholung eines solchen Unfalls zu erfahren.[1035] Hierdurch werden die Betroffenen ermächtigt, ihre Situation einschätzen zu können.

In seiner neuesten Entscheidung betreffend Aleksei Navalny gegen Russland[1036] bemängelt der Gerichtshof unter anderem die Beteiligungsmöglichkeiten. Der Beschwerdeführer hatte während eines innerrussischen Flugs plötzlich das Bewusstsein verloren und wurde nach einer Notlandung in ein russisches, später in ein deutsches Krankenhaus gebracht. Er überlebte nach einem langen Aufenthalt auf der Intensivstation und in einer Rehabilitationseinrichtung. Während die russischen Untersuchungen im Rahmen einer Voruntersuchung keine giftigen Substanzen fanden, teilten unabhängige Labors mit, es sei ein chemischer Nervenkampfstoff nachgewiesen worden. Der Beschwerdeführer beantragte die Einleitung einer strafrechtlichen Untersuchung wegen versuchten Mordes, doch bereits die Einleitung eines Ermittlungsverfahrens wurde abgelehnt mit der Begründung, es seien bereits Untersuchungen unternommen worden, ohne einen Anfangsverdacht zu erhärten. Der Gerichtshof sieht sich nicht in der Lage, diese Voruntersuchungen zu prüfen, da ihm keine Unterlagen hierzu vorgelegt wurden. Genauso wenig sei dem Beschwerdeführer Zugang zum Untersuchungsmaterial und Kenntnis zum Untersuchungsstand gegeben worden. Ohne förmliche Eröffnung eines Ermittlungsverfahrens habe der Beschwerdeführer nicht den Opferstatus erlangen können. Dieser wäre mit

---

[1033] EGMR, Urt. v. 14.03.2002, ECHR 2002-II, Nr. 46477/99, § 84 – *Paul u. Audrey Edwards vs. Großbritannien.*

[1034] EGMR, Urt. v. 27.01.2009, Nr. 67021/01; Sachverhaltsschilderung s. → S. 146.

[1035] EGMR, Urt. v. 27.01.2009, Nr. 67021/01, § 124 – *Tătar vs. Rumänien.*

[1036] EGMR, Urt. v. 06.06.2023, Nr. 36418/20 – *Navalnyy vs. Russland (Nr. 3).*

der Verfahrensteilnahme und Information verbunden gewesen, die ihm somit vorenthalten worden seien.[1037]

7. Gründlichkeit

Der Staat muss auch in Verfahren zur Aufklärung nichtstaatlicher Todesfälle gründlich (*thorough*) vorgehen.[1038] Wenn der Verdacht eines rassistischen Übergriffs im Raum steht, muss der Staat auch zu diesem Vorwurf ermitteln. In *Sakir gegen Griechenland*[1039] war der afghanische Beschwerdeführer in Athen von einer Gruppe bewaffneter Personen angegriffen worden. In diesem Stadtviertel fanden immer wieder fremdenfeindliche Angriffe statt. Obwohl der Beschwerdeführer im Anschluss an den Krankenhausaufenthalt zehn Tage inhaftiert war, vernahm die Polizei weder den Beschwerdeführer, noch bemühte sich nicht um die Identifikation der Täter:innen. Neben Mängeln in der Beweissicherung stellt der Gerichtshof fest, dass die Polizei es trotz der Merkmale rassistisch motivierter Gewalt versäumt habe, die Tat in den allgemeinen Gewaltkontext einzuordnen und in Archiven nach Verbindungen zu früheren Gewaltverbrechen zu suchen.[1040]

8. Adäquanz

Auch in dieser Fallgruppe fügt der Gerichtshof ein Adäquanzerfordernis (*adequate*) ein.[1041] Im Fall *Mustafa Tunç und Fecire Tunç gegen die* Türkei[1042] leistete der Sohn des beschwerdeführenden Paares seinen Militärdienst bei einer privaten Ölfirma ab, wo er durch Pistolenschüsse verletzt und im Krankenhaus für tot erklärt wurde. Eine Untersuchung mit Beweisaufnahme, Obduktion und Aussagensicherung wurde begonnen und kam zum Ergebnis, dass es ein Unfall war, bei dem sich der Sohn selbst verletzt hatte. Die zugesprochene Entschädigungssumme war der Familie des Opfers nicht ausgezahlt worden. Zunächst erklärte der Gerichtshof, dass ein Verfahren dann effektiv im Sinne des Art. 2 EMRK sei, wenn die Untersuchung adäquat

---

[1037] EGMR, Urt. v. 06.06.2023, Nr. 36418/20, §§ 142 f. – *Navalnyy vs. Russland (Nr. 3).*

[1038] EGMR (GK), Urt. v. 14.04.2015, Nr. 24014/05, § 169 – *Mustafa Tunç u. Fecire Tunç vs. Türkei.*

[1039] EGMR, Urt. v. 24.03.2016, Nr. 48475/09.

[1040] EGMR, Urt. v. 24.03.2016, Nr. 48475/09, § 72 – *Sakir vs. Griechenland.*

[1041] Vgl. → S. 196-197.

[1042] EGMR (GK), Urt. v. 14.04.2015, Nr. 24014/05.

sei. Dies geschieht unter Verweis auf sein Urteil in der Sache *Ramsahai u. a. gegen die Niederlande*[1043], in dem ein zum Tod führendes staatliches Beeinträchtigungsereignis Gegenstand der Untersuchung war. Eine Untersuchung sei dann angemessen, wenn sie fähig sei, zur Klarstellung der Tatsachenlage und, wenn notwendig, zur Identifizierung und Bestrafung der Verantwortlichen zu führen.[1044]

Im neueren Fall *Navalnyy vs. Russland (Nr. 3)*[1045] hatte der Beschwerdeführer vorgetragen, die staatliche Untersuchung seiner Vergiftung auf einem innerrussischen Flug habe weder politische Motive, noch eine staatliche Beteiligung, noch eine Nutzung einer international verbotenen Substanz behandelt. Der Gerichtshof stellt fest, dass aufgrund der besonderen Stellung des Beschwerdeführers als politischer Aktivist und bereits geäußerter Drohungen eine politische Motivation hätte untersucht werden müssen. Selbst wenn mit einer ersten Untersuchung keine toxischen Substanzen nachgewiesen werden konnten, hätte mangels anderer plausibler Erklärung der plötzlichen Erkrankung eine Vergiftung nicht ausgeschlossen werden dürfen.[1046] Die Verpflichtung zur Durchführung einer wirksamen Untersuchung betreffe die einzusetzenden Mittel und nicht die zu erzielenden Ergebnisse, sodass der Staat alle verfügbaren, angemessenen Mittel ergreifen müsse, um plausible Anschuldigungen einer Verletzung des Rechts auf Leben zu untersuchen, selbst wenn sie sich letztendlich als unbegründet erwiesen.[1047] Mangels Nutzung der verfügbaren Informationen und Quellen sei die Untersuchung als solche nicht geeignet gewesen, zur Feststellung der relevanten Tatsachen und zur Identifizierung und Bestrafung der Verantwortlichen zu führen. Daher könne sie nicht als adäquat angesehen werden.[1048]

[1043] EGMR (GK), Urt. v. 15.05.2007, ECHR 2007-II, Nr. 52391/99; Sachverhaltsschilderung s. → S. 196.

[1044] EGMR (GK), Urt. v. 14.04.2015, Nr. 24014/05, § 172 – *Mustafa Tunç u. Fecire Tunç vs. Türkei*. S. a. EGMR (GK), Urt. v. 25.06.2019, Nr. 41720/13, § 165 – *Nicolae Virgiliu Tănase vs. Rumänien*; EGMR, Urt. v. 28.01.2020, Nr. 29068/10, § 134 – *Nicolaou vs. Zypern*.

[1045] EGMR, Urt. v. 06.06.2023, Nr. 36418/20; Sachverhaltsschilderung s. → S. 266.

[1046] EGMR, Urt. v. 06.06.2023, Nr. 36418/20, §§ 148 f. – *Navalnyy vs. Russland (Nr. 3)*.

[1047] EGMR, Urt. v. 06.06.2023, Nr. 36418/20, § 153 – *Navalnyy vs. Russland (Nr. 3)*.

[1048] EGMR, Urt. v. 06.06.2023, Nr. 36418/20, §§ 154 f., 160 – *Navalnyy vs. Russland (Nr. 3)*.

9. Kooperation

In Fällen, die einen grenzüberschreitenden Aspekt beinhalten, hält der Gerichtshof eine weitere Verfahrenseigenschaft für notwendig, um der Effektivität im Sinne des Art. 2 EMRK zu genügen. Im Fall *Güzelyurtlu u. a. gegen Zypern und die Türkei*[1049] war eine Familie in ihrem Wagen frühmorgens im Gebiet Nordzypern, das vom völkerrechtlich weitgehend nicht anerkannten *De-facto*-Regime Türkische Republik Nordzypern kontrolliert wird, erschossen aufgefunden worden. Ermittlungen wurden von den zypriotischen Behörden angestellt und Haftbefehle für Verdächtige ausgefertigt. Die Türkei reagierte jedoch nicht auf die Aufforderung, diese auszuführen. Die Kooperationspflicht unter Staaten bei grenzüberschreitenden Sachverhalten (*to cooperate or seek cooperation between States in transnational cases*) sei ein Aspekt der Effektivität des Verfahrens, so der Gerichtshof.[1050] Sie ergebe sich, sobald ein anderer Staat eine Anfrage stelle, die der Kooperation bedürfe.[1051] Die Kooperationspflicht unter den Mitgliedstaaten begründet der Gerichtshof mit dem besonderen Charakter der Konvention. Diese sei ein kollektiver Vertrag zur Durchsetzung von Menschenrechten und Fundamentalfreiheiten und erfordere von den Staaten, in bestimmten Situationen gemeinsam, also kollektiv zu handeln und zum Schutz der Rechte und Freiheiten zu kooperieren.[1052] In Fällen, in denen die Aufklärung eines Todesfalles im Hoheitsgebiet eines Staats die Beteiligung eines anderen Konventionsstaats erfordere, mache der kollektive Charakter der Konvention eine Pflicht zur effektiven Kooperation des anderen Konventionsstaats erforderlich. Art. 2 EMRK verlange dabei gleichzeitig, vom einen Staat nach Hilfe zu fragen und vom anderen Staat Hilfe zu geben.[1053] Auch dies sei eine Pflicht *of means, not of result*: verlangt werde, dass die Staaten alle verständigen Schritte der Kooperation unternähmen unter Nutzung aller anwendbaren

---

1049 EGMR (GK), Urt. v. 29.01.2019, Nr. 36925/07.

1050 EGMR (GK), Urt. v. 29.01.2019, Nr. 36925/07, § 229 – *Güzelyurtlu u. a. vs. Zypern u. Türkei.*

1051 EGMR (GK), Urt. v. 29.01.2019, Nr. 36925/07, § 230 – *Güzelyurtlu u. a. vs. Zypern u. Türkei.*

1052 EGMR (GK), Urt. v. 29.01.2019, Nr. 36925/07, § 232 – *Güzelyurtlu u. a. vs. Zypern u. Türkei.*

1053 EGMR (GK), Urt. v. 29.01.2019, Nr. 36925/07, §§ 232 f. – *Güzelyurtlu u. a. vs. Zypern u. Türkei.*

internationalen Mittel hinsichtlich gegenseitigen Rechtsbeistands und strafrechtlicher Kooperation.[1054] Hierbei bewegten sich die Staaten nicht in einem rechtlichen Vakuum, sondern im Umfeld des Völkerrechts, in dem sich bezüglich des internationalen Strafrechts spezifische, formalisierte Kooperationsmodalitäten zwischen Staaten ausgebildet hätten. Wenn der Gerichtshof also zu beurteilen habe, ob die Kooperationspflicht aus Art. 2 EMRK eingehalten worden sei, dürfe er nicht übersehen, dass die völkerstrafrechtlichen Mittel den Staaten keine absoluten Pflichten auferlegten, sondern einen Ermessensspielraum beließen. Die Kooperationspflicht sei also im Licht der anwendbaren internationalen Verträge auszulegen, um Konflikte zwischen der Konvention und diesen Verträgen zu vermeiden.[1055] Der Fall trug sich auf dem Territorium von Zypern zu, über das die Türkei effektive militärische Kontrolle hatte. Es gab keine formalen diplomatischen Beziehungen zwischen den beiden Staaten. Dieser Mangel entbindet die Staaten laut dem Gerichtshof jedoch nicht von ihrer Kooperationspflicht. Vielmehr müsse mangels formeller diplomatischer Verbindungen der Staat verstärkt auf informelle und mittelbare Kooperationskanäle und den Umweg über dritte Staaten oder internationale Organisationen zurückgreifen.[1056] Im Fall hatten beide Staaten die Europaratskonventionen zu Auslieferungen (European Convention on Extradition) und zu gegenseitiger Unterstützung in Strafsachen (European Convention on Mutual Assistance in Criminal Matters) ratifiziert. Zwar entscheide der Gerichtshof nicht über die Anwendbarkeit dieser beiden Konventionen auf den Fall. Doch böten sie Anleitung, wie die Kooperationspflicht aus Art. 2 EMRK auszulegen sei, da die internationalen Instrumente als Reflexion der Entwicklung internationaler Normen zu begreifen seien.[1057] Das Verhalten der Türkei, keine begründete Antwort auf die Auslieferungsanfragen Zyperns zu geben, stehe somit im Widerspruch zu Art. 2 EMRK.

[1054] EGMR (GK), Urt. v. 29.01.2019, Nr. 36925/07, § 235 – *Güzelyurtlu u. a. vs. Zypern u. Türkei.*

[1055] EGMR (GK), Urt. v. 29.01.2019, Nr. 36925/07, § 236 – *Güzelyurtlu u. a. vs. Zypern u. Türkei.*

[1056] EGMR (GK), Urt. v. 29.01.2019, Nr. 36925/07, § 237 – *Güzelyurtlu u. a. vs. Zypern u. Türkei.*

[1057] EGMR (GK), Urt. v. 29.01.2019, Nr. 36925/07, §§ 238, 240 – *Güzelyurtlu u. a. vs. Zypern u. Türkei.*

Im Fall *Saribekyan und Balyan gegen Aserbaidschan*[1058] musste der Gerichtshof die Kooperation zwischen den Staaten Armenien und Aserbaidschan beurteilen, um über die Effektivität der Untersuchung gemäß Art. 2 EMRK entscheiden zu können. Der Sohn des beschwerdeführenden Paares wurde beim Holzsammeln nahe der armenisch-aserbaidschanischen Grenze von der aserbaidschanischen Grenzbehörde aufgegriffen und wegen des Vorwurfs, in den Plan eines Anschlags auf eine Schule verwickelt zu sein, inhaftiert. Wenige Wochen später wurde er erhängt in seiner Zelle aufgefunden. Der Gerichtshof stellt fest, dass die aserbaidschanischen Behörden weder die Angehörigen noch den armenischen Staat über die Ermittlungen informiert hätten; vielmehr erfuhr die Familie des Opfers durch aserbaidschanische Medienberichte davon. Zwar wurde die Bescheinigung über den Tod weitergegeben, doch blieben alle Anfragen auf Rechtshilfe der armenischen Behörden, die ihrerseits ein Verfahren zum Verbleib und Tod des Sohnes durchführten (um ihrer Pflicht aus Art. 2 EMRK gerecht zu werden), unbeantwortet. Auch in diesem Fall ließ der Gerichtshof die fehlenden diplomatischen Beziehungen zwischen den Ländern nicht als Grund für die Untätigkeit Aserbaidschans gelten. Auch ohne diplomatische Beziehungen bestehe die Pflicht zur Kooperation.[1059]

10. Bewertung

Wie auch in den zuvor analysierten Verfahrenssituationen beurteilt der Gerichtshof die Effektivität von Verfahren nach nicht-staatlichem Verhalten zulasten des Lebens anhand verschiedener Parameter. Zusammenfassend besteht er auf einer unabhängigen, prompten, öffentlichen, gründlichen und angemessenen Untersuchung mit ausreichender Beweissicherung unter Beteiligung der Angehörigen. Hervorzuheben ist, dass der Gerichtshof diese Parameter als untereinander verbunden ansieht: jeder für sich habe keinen Selbstzweck, sondern sie müssten zusammen ein bestimmtes Effektivitätsniveau („*degree of effectiveness*") der Untersuchung ergeben.[1060] So sei die Durchführung der Untersuchung durch ein unabhängiges Gericht nicht selbst

[1058] EGMR, Urt. v. 30.01.2020, Nr. 35746/11; Sachverhaltsschilderung s. → S. 189.

[1059] EGMR, Urt. v. 30.01.2020, Nr. 35746/11, § 73 – *Saribekyan u. Balyan vs. Aserbaidschan.*

[1060] EGMR (GK), Urt. v. 14.04.2015, Nr. 24014/05, § 225 – *Mustafa Tunç u. Fecire Tunç vs. Türkei.*

eine Voraussetzung, sondern lediglich ein Element, die Unabhängigkeit der Untersuchung als Ganzes zu gewährleisten.[1061]

Hierin ist ein Unterschied zur Rechtsprechung in Beeinträchtigungsfällen mit staatlicher Beteiligung zu sehen: insbesondere in den Verschwindensfällen führt bereits der nicht gerechtfertigte Verstoß gegen eine Verfahrensanforderung zu einer Verletzung von Art. 2 EMRK.[1062] Dies kann damit begründet werden, dass im Fall des Verschwindens noch zumindest die theoretische Möglichkeit besteht, die vermisste Person zu finden. Da es sich meist um politisch motivierte Vorgänge handelt und die Beteiligung des Staates nicht ausgeschlossen ist, soll es ihm schwer gemacht werden, den Verbleib weiterhin ungeklärt zu lassen. Deshalb prüft der Gerichtshof streng die Einhaltung aller Verfahrensanforderungen. Bei einer nicht-staatlichen Beeinträchtigung hat der Staat eher ein intrinsisches Interesse an der Aufklärung, da er selbst keine Konsequenzen zu befürchten hat.

Neben dem Individualschutz zieht der Gerichtshof teilweise auch Allgemeinwohlaspekte für die Begründung heran. So kann das öffentliche Vertrauen in die Beibehaltung der Rechtsstaatlichkeit leiden, wenn Untersuchungen nicht prompt und mit angemessener Schnelligkeit durchgeführt werden. Wie in den vorigen Kategorien erkennt der Gerichtshof auch hier die positiven Wirkungen eines effektiven Konventionsrechtsschutzes für die gesamte Bevölkerung. Da weiterhin die Verfahrensanforderungen durch das subjektive Konventionsrecht und dessen effektiven Schutz ausgebildet werden, ist die zusätzliche Begründung mit Gemeinwohlaspekten nicht als methodisch bedenklich zu bewerten. Solange eine Verfahrensanforderung notwendig ist, um den konventionsrechtlichen Individualrechtsschutz effektiv zu gestalten, ist es unschädlich, wenn damit zugleich auch gemeinwohlnützliche Entwicklungen vorangetrieben werden.

Beachtlich sind seine Ausführungen zur Unabhängigkeit gemäß Art. 2 EMRK im Vergleich zur Unabhängigkeit im Sinne des Art. 6 EMRK. Für Art. 2 EMRK ist weniger die abstrakte Organisationslage, sondern vielmehr die konkrete Situation von Bedeutung; die Unabhängigkeit der Untersuchung als Ganze im konkreten Fall müsse geprüft werden. So sei

---

1061 EGMR (GK), Urt. v. 14.04.2015, Nr. 24014/05, § 233 – *Mustafa Tunç u. Fecire Tunç vs. Türkei.*

1062 S. → S. 210.

die Unabhängigkeit zu verneinen, wenn die Untersuchung unter Beteiligung der mutmaßlich verantwortlichen Personen durchgeführt werde.[1063] Dies gibt einen Hinweis darauf, dass der Gerichtshof sich bei der Ausgestaltung konkreter Verfahrensanforderungen auf die Bedürfnisse der konkreten Situation bezieht. Ihr Gefährdungspotenzial soll durch die Verfahrensanforderungen verringert werden, nicht aber soll generalistisch auf objektiv-rechtliche Strukturen eingewirkt werden.

Die Möglichkeit der betroffenen Personen zur Beteiligung an der Verfahrenssituation legt offen, warum der Gerichtshof die Verfahrensanforderungen für notwendig erachtet: durch Information und Beteiligung erhalten die Betroffenen einerseits die Möglichkeit, die Aufarbeitung zu beeinflussen und voranzutreiben. Andererseits bekommen sie Kenntnis von den sie treffenden Umständen im Falle der Wiederholung eines solchen Ereignisses. Somit dient diese Verfahrensanforderung dazu, künftige Beeinträchtigungen zu verhindern durch die Einbeziehung der betroffenen Personen.

Der Gerichtshof entwickelt die unterschiedlichen Verfahrensanforderungen meist im Rahmen seiner Prüfung des Art. 2 EMRK. Doch auch für die Rechte aus Art. 3 und – soweit die körperliche und seelische Integrität angesprochen ist – aus Art. 8 EMRK gelten diese Maßstäbe.[1064]

Auch wenn der Schutz des Eigentums gemäß Art. 1 ZP als Konventionsrecht vorliegend nicht analysiert wird, sei darauf hingewiesen, dass sich die gefundenen Ergebnisse ausdrücklich nicht hierauf übertragen lassen. Hinsichtlich

---

[1063] Vgl. EGMR (GK), Urt. v. 14.04.2015, Nr. 24014/05, § 222 – *Mustafa Tunç u. Fecire Tunç vs. Türkei.*

[1064] So EGMR, Urt. v. 04.12.2003, ECHR 2003-XII (extr.), Nr. 39272/98 – *M.C. vs. Bulgarien* (Sachverhaltsschilderung s. u. → S. 334) auf ein Verfahren von Amts wegen im Hinblick auf die Untersuchung von Verletzungen des Art. 3 EMRK. Im Fall, in dem die Beschwerdeführerin dem Staat ineffektives Handeln nach ihrer Vergewaltigung durch mehrere Männer vorwarf, stellt der Gerichtshof fest, dass Art. 3 EMRK ein Verfahren nicht nur beim Vorwurf von Misshandlungen durch den Staat, sondern auch von Privaten fordere, § 151. Da er sich in diesem Fall auch mit Art. 8 EMRK auseinanderzusetzen hatte, fügte er hinzu, er schließe die Möglichkeit nicht aus, dass auch aus Art. 8 EMRK die positive Pflicht zu einem effektiven strafrechtlichen Verfahren erwachse, § 152. Er schließt damit, dass Art. 3 und Art. 8 EMRK eine positive Pflicht innewohne, effektive strafrechtliche Normen zur Strafbarkeit von Vergewaltigungen zu erlassen und diese in der Praxis durch effektive Untersuchungen und Strafverfolgung anzuwenden, §§ 153, 186.

nicht-staatlicher Beeinträchtigungsereignisse zeichnen sich deutliche Unterschiede im Effektivitätsmaßstab der einzelnen Konventionsrechte ab. So hat der Gerichtshof im Fall *Blumberga gegen Lettland*[1065] einen anderen Maßstab an die Effektivität angelegt, als er dies in den Fällen des Art. 2 und 3 EMRK praktiziert. Im Fall war in die beiden Häuser der Beschwerdeführerin eingebrochen worden, während sie für einige Monate in Haft war. Hierbei wurden Sachen aus ihrem Eigentum gestohlen. Der Staat ist nach dem lettischen Recht dazu verpflichtet, das Eigentum von Inhaftierten zu schützen. Strafrechtliche Verfahren wurden gegen die Beschuldigten eingeleitet, teilweise eingestellt, teilweise noch nicht abgeschlossen. Zudem klagte sie erfolglos auf Kompensation ihres Schadens. Der Gerichtshof stellt fest, dass den Staat auch bei Eingriffen von Privaten in das Eigentum anderer durch Art. 1 ZP die positive Verpflichtung treffe, ein nationales Rechtssystem zu etablieren, das effektiven Eigentumsschutz durch Recht und angemessene Rechtsmittel gewähre. Dies könne, wenn nötig, Schadensersatzmöglichkeiten einschließen. Wenn es sich um einen unter Strafandrohung verbotenen Eingriff handle, müsse eine effektive strafrechtliche Untersuchung durchgeführt werden.[1066] Diese Pflicht zur Untersuchung sei ebenfalls *one of means and not one of result*, bei Straftaten ohne Bezug zu den Rechtsgütern der Art. 2 und 3 EMRK sei die Untersuchungspflicht aber weniger fordernd: verletzt werde die Untersuchungspflicht bei weniger schweren Straftaten, wie Straftaten gegen das Eigentum, nur dann, wenn offenkundige und schwerwiegende Mängel in der strafrechtlichen Untersuchung und Verfolgung identifiziert werden könnten.[1067] Soweit eine zivilrechtliche Klage vernünftige Aussicht auf Erfolg habe, könne diese zum verfahrensrechtlichen Schutz des Eigentums bei geringfügigen Straftaten auch dann ausreichen, wenn ein strafrechtliches Verfahren nicht erfolgreich habe beendet werden können. Eine Verletzung der Untersuchungspflicht sei in einem solchen Fall nur dann festzustellen, wenn die Aussichtslosigkeit der zivilrechtlichen Klage auf diese offenkundigen und schwerwiegenden Mängel zurückgehe.[1068] Im Fall konnte dies

---

1065 EGMR, Urt. v. 14.10.2008, Nr. 70930/01.

1066 EGMR, Urt. v. 14.10.2008, Nr. 70930/01, § 67 – *Blumberga vs. Lettland.*

1067 „flagrant and serious deficiencies", so EGMR, Urt. v. 14.10.2008, Nr. 70930/01, § 67 – *Blumberga vs. Lettland.*

1068 EGMR, Urt. v. 14.10.2008, Nr. 70930/01, § 68 – *Blumberga vs. Lettland.*

der Gerichtshof mangels entsprechender Angaben der Beschwerdeführerin nicht feststellen.[1069]

II. Effektive Untersuchung nach einer Beeinträchtigung durch eine medizinische Sorgfaltspflichtverletzung

Auch die folgenden Verfahrenssituationen schließen sich an nicht-staatliche, substanzielle Beeinträchtigungen an. Der Gerichtshof selbst erfasst diese Fälle unter dem Begriff der medizinischen Sorgfaltspflichtverletzung (*medical negligence*). Sie lassen sich durch einen medizinischen Vorfall als Ausgangspunkt und als substanzielle Beeinträchtigung charakterisieren. Dieser führt zum Tod oder zur Beeinträchtigung der körperlichen oder psychischen Integrität. Den Begriff der medizinischen Sorgfaltspflichtverletzung definiert der Gerichtshof nicht genau; es scheint, dass er sich hierbei an den aus dem innerstaatlichen Recht folgenden Sorgfaltspflichten orientiert. Er übernimmt teilweise die Einordnung als Fahrlässigkeitsdelikt aus dem nationalen Strafrecht,[1070] teilweise dehnt er diesen Begriff aber auch auf medizinische Unfälle aus, in denen keine subjektive Verantwortlichkeit des medizinischen Personals aufscheint.[1071] Zur Einordnung in die Fallgruppe der medizinischen Sorgfaltspflichtverletzung mag insbesondere die Vorsatzlosigkeit und der Schauplatz im Gesundheitssektor führen. Die Analyse wird sich im Folgenden an dieser Einordnung orientieren, um Strukturen der Rechtsprechung erkennbar zu machen.

Auch wenn keine Amtsträger:innen beteiligt sind, erfordert die Konvention nach einer substanziellen Beeinträchtigung im Rahmen des Gesundheitswesens ein anschließendes staatliches Aufklärungsverfahren, das wiederum – unabhängig davon, ob es sich um eine öffentliche oder eine private medizinische Einrichtung handelt[1072] – bestimmten Verfahrensanforderungen genügen muss.

[1069] EGMR, Urt. v. 14.10.2008, Nr. 70930/01, §§ 71 f. – *Blumberga vs. Lettland.*

[1070] Vgl. EGMR, Urt. v. 19.02.1998, ECHR 1998-I, Nr. 22729/93, § 48 – *Kaya vs. Türkei.*

[1071] Vgl. → S. 278.

[1072] EGMR (GK), Urt. v. 17.01.2002, ECHR 2002-I, Nr. 32967/96, § 49 – *Calvelli u. Ciglio vs. Italien*; EGMR (GK), Urt. v. 09.04.2009, Nr. 71463/01, § 192 – Šilih vs. Slo*wenien*; EGMR (GK), Urt. v. 19.12.2017, ECHR 2017, Nr. 56080/13, § 214 – *Lopes de Sousa Fernandes vs. Portugal*; EGMR (GK), Urt. v. 31.01.2019, Nr. 78103/14, § 105 – *Fernandes de Oliveira vs. Portugal*; zuletzt (Stand: 01.05.2025) EGMR, Urt. v. 29.10.2024, Nr. 53081/14, § 68 – *Harutyun Karapetyan vs. Armenien.*

Im Fall Šilih gegen Slo*wenien*[1073] war der Sohn des beschwerdeführenden Paares wegen Übelkeit und juckender Haut im Krankenhaus mit Medikamenten behandelt worden, auf die er sehr allergisch reagierte. Nach dem Aufenthalt auf der Intensivstation verstarb er nach dem Transfer in eine andere Klinik. Ein krankenhausinternes Untersuchungsverfahren wurde eingeleitet; es folgten ebenfalls strafrechtliche und zivilrechtliche Verfahren wegen fahrlässiger Tötung. Der Gerichtshof stellt im Verfahren fest, dass im Bereich von medizinischen Sorgfaltspflichtverletzungen die Verfahrensverpflichtung aus Art. 2 EMRK den Konventionsstaat dazu verpflichte, ein effektives Justizsystem einzurichten, um sowohl die Todesursache eines erkrankten Menschen als auch die Verantwortlichkeit des medizinischen Personals zu klären.[1074] Als Begründung fügt er an, dass Verfahrensverpflichtungen aus der Konvention dort erforderlich seien, wo die Konventionsrechte andernfalls als bloß theoretisch und illusorisch, nicht aber praktikabel und effektiv wahrgenommen würden.[1075] Zusätzlich führt er den grundlegenden Charakter der Art. 2 und Art. 3 EMRK an, um die den beiden Normen innewohnende verfahrensrechtliche Verpflichtung zur Durchführung einer effektiven Untersuchung zu begründen.[1076] Hierbei verweist er auf seine Rechtsprechung in den Fällen *McCann*[1077], *Ergi*[1078], *Mastromatteo*[1079] und *Assenov*[1080], also Fälle, in denen der Staat zuvor die substanzielle Rechtsverletzung selbst herbeigeführt hat oder zumindest ein starker Verdacht hierfür besteht. Er führt aber weiter aus, dass die Verfahrensverpflichtung nicht davon abhänge, ob dem Staat die Verantwortlichkeit für den Tod, also die substanzielle Beeinträchtigung, nachzuweisen sei. Hierzu analysiert er seine eigene Rechtsprechung, die verfahrensrechtliche Vorwürfe stets getrennt von möglichen substanziellen Beeinträchtigungen behandelt hat, die Geltendmachung jener in manchen

---

1073 EGMR (GK), Urt. v. 09.04.2009, Nr. 71463/01.

1074 EGMR (GK), Urt. v. 09.04.2009, Nr. 71463/01, § 155 – Šilih vs. Slo*wenien.*

1075 EGMR (GK), Urt. v. 09.04.2009, Nr. 71463/01, § 153 – Šilih vs. Slo*wenien.*

1076 EGMR (GK), Urt. v. 09.04.2009, Nr. 71463/01, § 153 – Šilih vs. Slo*wenien.*

1077 EGMR (GK), Urt. v. 27.09.1995, Rep. A 324, Nr. 18984/91, §§ 157-164 – *McCann u. a. vs. Großbritannien.*

1078 EGMR, Urt. v. 28.07.1998, ECHR 1998-IV, Nr. 23818/94, § 82 – *Ergi vs. Türkei.*

1079 EGMR (GK), Urt. v. 24.10.2002, ECHR 2002-VIII, Nr. 37703/97, § 89 – *Mastromatteo vs. Italien.*

1080 EGMR, Urt. v. 28.10.1998, ECHR 1998-VIII, Nr. 24760/94, §§ 101-106 – *Assenov u. a. vs. Bulgarien.*

Verfahren sogar ohne zugehörige Rüge einer substanziellen Beeinträchtigung zugelassen hat.[1081] Daraus schließt er, dass sich die Pflicht einer effektiven Untersuchung zu einer gesonderten und eigenständigen Pflicht entwickelt hat.[1082] Aus seiner Formulierung („has evolved") lässt sich entnehmen, dass die Bedeutung der verfahrensrechtlichen Pflicht, insbesondere ihre Wichtigkeit für einen effektiven Konventionsrechtsschutz, sich erst im Umgang mit den konkret gerügten Fällen gezeigt hat und der Gerichtshof auf diese Tatsache mit der Aufwertung der verfahrensrechtlichen Pflicht reagiert hat.

Sobald also eine absichtliche Tötung erfolgt sei, reiche die bloße Kenntnis der Behörden für das Entstehen der Verpflichtung, ein Verfahren durchzuführen. Wenn nun eine fahrlässige oder zumindest unabsichtliche Tötung geschehen sei, dann sei der Konventionsstaat ebenfalls zur Durchführung eines Verfahrens verpflichtet.[1083] Aufgrund der Bedeutung des Art. 2 EMRK muss bei der Überprüfung der Verfahrenssituationen der *konkreten Nachphase* streng darauf geachtet werden, dass das Rechtssystem insgesamt und die konkrete Verfahrenssituation alle konventionsrechtlichen Anforderungen erfüllt.[1084]

Auch in diesen Fällen betont der Gerichtshof, die Pflicht zu einem effektiven Verfahren sei eine *obligation of means, not of result*.[1085]

Hinsichtlich der physischen und psychischen Integrität, die Teil des Schutzes des Privatlebens aus Art. 8 EMRK ist,[1086] formuliert der Gerichtshof ausdrücklich, dass die positive Verpflichtung des Staates „parallel" zur positiven Verpflichtung aus Art. 2 EMRK konstruiert werde.[1087] Zu Art. 8 EMRK

1081 EGMR (GK), Urt. v. 09.04.2009, Nr. 71463/01, § 158 m. w. N. – Šilih vs. Slo*wenien*.

1082 EGMR (GK), Urt. v. 09.04.2009, Nr. 71463/01, § 159 – Šilih vs. Slo*wenien*.

1083 Vgl. EGMR (GK), Urt. v. 09.04.2009, Nr. 71463/01, §§ 153-163 – Šilih vs. Slo*wenien*.

1084 Vgl. EGMR, Urt. v. 13.11.2012, Nr. 41108/10, § 92 – *Bajić vs. Kroatien*.

1085 Hinsichtlich medizinischer Sorgfaltspflichtverletzungen zu Art. 2 EMRK s. EGMR (GK), Urt. v. 09.04.2009, Nr. 71463/01, § 193 – Šilih vs. Slo*wenien*; EGMR (GK), Urt. v. 19.12.2017, ECHR 2017, Nr. 56080/13, § 221 – *Lopes de Sousa Fernandes vs. Portugal*; EGMR, Urt. v. 26.05.2020, Nr. 999/19, § 64 – *Aftanache vs. Rumänien*.; zu Art. 3 EMRK s. EGMR, Urt. v. 08.11.2011, ECHR 2011 (extr.), Nr. 18968/07, § 124 – *V.C. vs. Slowakei*; Urt. v. 13.11.2012, Nr. 15966/04, § 129 – *I.G. u. a. vs. Slowakei*; Urt. v. 12.06.2012, Nr. 29518/10, § 84 – *N.B. vs. Slowakei*. Zu Art. 8 EMRK hat er dies bislang nicht ausdrücklich festgestellt (Stand: 01.05.2025).

1086 *Grabenwarter/Pabel*, EMRK, § 22 Rn. 7.

1087 EGMR, Urt. v. 17.03.2016, Nr. 23796/10, § 66 – *Vasileva vs. Bulgarien*; Urt. v. 02.05.2017, Nr. 30376/13, § 86 – *Jurica vs. Kroatien*.

hat sich der Gerichtshof auch im Fall *Trocellier gegen Frankreich*[1088] geäußert. Die Beschwerdeführerin hatte nach einer Gebärmutterentfernung unter Vollnarkose vorübergehend kein Gefühl mehr im linken Bein. Eine Untersuchung zeigte, dass die Lähmung durch eine nicht bekannte psychosomatische Anfälligkeit ausgelöst worden war. Bei dieser Gelegenheit wiederholte der Gerichtshof, dass aus Art. 2 EMRK die Verpflichtung folge, ein effektives, unabhängiges Rechtssystem aufzubauen, um die Todesursache von Erkrankten in öffentlichen und privaten Kliniken aufzuklären. Dies sei zweifelsohne im selben Kontext auch auf schwerwiegende Eingriffe in das Recht auf physische und psychische Integrität als Teil des Privatlebens aus Art. 8 EMRK anzuwenden.[1089]

1. Grundsätzlich kein Verfahren von Amts wegen

Die Frage, ob ein Verfahren von Amts wegen (*official*; *of their own motion*) im Fall einer medizinischen Sorgfaltspflichtverletzung notwendig ist, lässt sich nicht unmittelbar der Rechtsprechung entnehmen; anders als in den bereits analysierten Fallgruppen, spricht der Gerichtshof vorliegend nicht von amtlichen Verfahren. Allerdings hat er sich dazu geäußert, ob ein strafrechtliches Verfahren zur Aufklärung notwendig sei oder eine zivilrechtliche Prozesssituation ausreiche.

Im Fall *Calvelli und Ciglio gegen Italien*[1090], in dem der Gerichtshof erstmals hinsichtlich einer Aufklärungspflicht nach einer medizinischen Sorgfaltspflichtverletzung entschieden hatte,[1091] war das zwei Tage alte Baby des beschwerdeführenden Paares im Krankenhaus wegen eines schwerwiegenden Lungen- und Nervensyndroms erstickt. Der behandelnde Arzt, dem die Gefahr hätte bekannt sein müssen, war nicht anwesend und konnte nur schwer erreicht werden. Der Gerichtshof hatte insbesondere die Frage zu

---

[1088] EGMR, Beschl. v. 05.10.2006, Nr. 75725/01.

[1089] EGMR, Beschl. v. 05.10.2006, Nr. 75725/01, Abschnitt 4 – *Trocellier vs. Frankreich*. S. a. EGMR, Urt. v. 02.06.2009, Nr. 31675/04, § 103 – *Codarcea vs. Rumänien*; Urt. v. 15.11.2007, Nr. 22750/02, § 62 – *Benderskiy vs. Ukraine*.

[1090] EGMR (GK), Urt. v. 17.01.2002, ECHR 2002-I, Nr. 32967/96.

[1091] EGMR (GK), Urt. v. 17.01.2002, ECHR 2002-I, Nr. 32967/96, § 51 – *Calvelli u. Ciglio vs. Italien*. S. a. EGMR, Urt. v. 06.06.2017, Nr. 9441/10, § 59 – *Sinim vs. Türkei*; Urt. v. 27.06.2006, Nr. 11562/05, § 104 – *Byrzykowski vs. Polen*; Urt. v. 26.05.2020, Nr. 999/19, §§ 60 f. – *Aftanache vs. Rumänien*.

klären, welche Art von Verfahren den Anforderungen des Art. 2 EMRK in diesem Fall genüge. Er führt aus, dass Art. 2 EMRK unter bestimmten Umständen nur dann ein rechtliches System als effektiv erachte, wenn es ein strafrechtliches, also amtliches Verfahren beinhalte.[1092] Dies sei aber nicht bei jedem unabsichtlich herbeigeführten Tod zu verlangen; gerade im Bereich medizinischer Sorgfaltspflichtverletzungen sei die Anforderung des Art. 2 EMRK erfüllt, wenn das Rechtssystem den Opfern ein zivilgerichtliches Rechtsmittel zur Verfügung stelle, das die Klärung der Verantwortung des medizinischen Personals und eine zivilrechtliche Wiedergutmachung, in Form eines Schadensersatzes und der Urteilsveröffentlichung, herbeiführe. Disziplinarmaßnahmen seien ebenfalls vorstellbar.[1093] Im Fall brauchten staatliche Ermittlungen mehrere Jahre bis zum Urteil gegen den Arzt, das letztendlich wegen eines Verfahrensfehlers aufgehoben wurde. Vor Wiederaufgreifen war der Fall verjährt. Zivilrechtlich hatte sich das beschwerdeführende Paar aber mit der Versicherung außergerichtlich geeinigt, sodass der Gerichtshof zum Schluss kommt, dass sie aufgrund der Kompensationszahlung keine Opfer im Sinne der Konvention sein könnten.[1094]

Des Weiteren verneinte er eine Konventionsverletzung im Fall *Vakrilov gegen Bulgarien*[1095]. Die Mutter des Beschwerdeführers wurde durch einen Hausarzt betreut, der vorgab, sie häufiger besucht zu haben, als es der Wahrheit entsprach. Sie starb aufgrund ihres schlechten Gesundheitszustands. Gegen den Arzt wurde ein strafrechtliches und ein disziplinarisches Verfahren eingeleitet, in dem die Gutachten zwar bescheinigten, er habe sie nicht ausreichend behandelt, doch hätte auch eine weitergehende Behandlung aufgrund ihres schlechten Zustands nur einen beschränkten Effekt gehabt. Das Strafverfahren wurde deshalb eingestellt. Der Gerichtshof stellt fest, dass in Fällen medizinischer Sorgfaltspflichtverletzungen das bulgarische Recht ein strafrechtliches

---

1092 EGMR (GK), Urt. v. 17.01.2002, ECHR 2002-I, Nr. 32967/96, § 51 – *Calvelli u. Ciglio vs. Italien.*

1093 EGMR (GK), Urt. v. 17.01.2002, ECHR 2002-I, Nr. 32967/96, § 51 – *Calvelli u. Ciglio vs. Italien*; EGMR (GK), Urt. v. 08.07.2004, ECHR 2004-VIII, Nr. 53924/00, § 90 – *Vo vs. Frankreich*; EGMR (GK), Urt. v. 19.12.2017, ECHR 2017, Nr. 56080/13, § 215 – *Lopes de Sousa Fernandes vs. Portugal.*

1094 EGMR (GK), Urt. v. 17.01.2002, ECHR 2002-I, Nr. 32967/96, § 55 – *Calvelli u. Ciglio vs. Italien.*

1095 EGMR, Beschl. v. 09.10.2012, Nr. 18698/06.

Verfahren bereitstellt, das im vorliegenden Fall ohne Urteil gegen den Arzt endete. Dennoch sei hier die Verfahrensverpflichtung aus Art. 2 EMRK nicht verletzt, da in den Fällen von medizinischer Sorgfaltspflichtverletzungen auch eine zivilgerichtliche Antwort genüge.[1096] Im bulgarischen Recht steht dem Beschwerdeführer zivilrechtlicher Schadensersatz zu; diesen habe der Beschwerdeführer zwar nicht angestrebt, er wäre ihm aber effektiv zugänglich gewesen.[1097] Dies genüge grundsätzlich, um in Fällen medizinischer Sorgfaltspflichtverletzungen die Anforderungen des Art. 2 EMRK zu erfüllen. Ebenso legt der Gerichtshof die Verfahrensverpflichtung aus Art. 3 EMRK aus; auch hier genügt im Fall einer medizinischen Sorgfaltspflichtverletzung im Grundsatz ein zivilgerichtliches Verfahren.[1098]

Aus der Auslegung, dass im Fall einer medizinischen Sorgfaltspflichtverletzung hinsichtlich Art. 2 und Art. 3 EMRK grundsätzlich kein strafrechtliches Verfahren nötig sei, sondern ein zivilrechtliches genüge,[1099] kann geschlossen werden, auf wessen Initiative ein Verfahren zu beginnen ist. Mit Ausnahme von Antragsdelikten ist mit der Strafbewehrung einer Tat auch die von Amts wegen zu erfolgende Verfolgung der Tat verbunden. Wenn aber gerade grundsätzlich kein strafrechtliches Verfahren anzuschließen ist, kann auch schwerlich aus Art. 2 und Art. 3 EMRK folgen, dass sie einen Verfahrensbeginn von Amts wegen fordern.

In Ausnahmefällen muss der Staat ein strafrechtliches Verfahren aber dennoch vorhalten. Dies hat der Gerichtshof in Fällen bejaht, in denen solche Umstände vorliegen, deren Vorliegen auf eine Sorgfaltspflichtverletzung über einen bloßen Beurteilungsfehler oder Nachlässigkeit hinaus schließen lassen. Solche Umstände lagen im Fall *Asiye Genç gegen die Türkei*[1100] vor. Die Beschwerdeführerin brachte in einem öffentlichen Krankenhaus per Kaiserschnitt einen Sohn zur Welt, der aufgrund seiner verfrühten Geburt kurz

---

[1096] Vgl. EGMR (GK), Urt. v. 19.12.2017, ECHR 2017, Nr. 56080/13, § 232 – *Lopes de Sousa Fernandes vs. Portugal.*

[1097] EGMR, Beschl. v. 09.10.2012, Nr. 18698/06, §§ 36 f. – *Vakrilov vs. Bulgarien.*

[1098] EGMR, Urt. v. 08.11.2011, ECHR 2011 (extr.), Nr. 18968/07, § 125 – *V.C. vs. Slowakei.*

[1099] So auch EGMR (GK), Urt. v. 17.07.2014, ECHR 2014, Nr. 47848/08, § 132 – *Centre for Legal Resources on behalf of Valentin Câmpeanu gegen Rumänien*; EGMR (GK), Urt. v. 08.07.2004, ECHR 2004-VIII, Nr. 53924/00, § 94 – *Vo vs. Frankreich*; EGMR, Urt. v. 18.06.2013, Nr. 48609/06, § 110 – *Nencheva u. a. vs. Bulgarien.*

[1100] EGMR, Urt. v. 27.01.2015, Nr. 24109/07.

darauf Atemprobleme bekam. Da die Klinik keine Neugeborenenstation hatte, sollte das Kind in eine andere Klinik gebracht werden. Nachdem die angefahrenen Kliniken es alle aufgrund mangelnder Kapazitäten abwiesen, verstarb das Kind im Krankenwagen. Der Gerichtshof wiederholte zwar, dass bei einer medizinischen Sorgfaltspflichtverletzung grundsätzlich kein Strafverfahren einzuleiten sei, dass aber unter bestimmten Umständen ein strafrechtliches Verfahren geführt werden müsse.[1101] Wenn die Sorgfaltspflichtverletzung über einen bloßen Beurteilungsfehler oder Nachlässigkeit hinausreiche und dennoch die Personen, die für die Lebensgefahr verantwortlich waren, nicht strafrechtlich belangt würden, sei Art. 2 EMRK verletzt. Gerade im Bereich der öffentlichen Gesundheitsversorgung müsse dies angenommen werden, wenn Verantwortliche das Leben des Einzelnen durch die Verweigerung von Gesundheitsversorgung, die grundsätzlich allen zur Verfügung steht, gefährden.[1102] Im Fall war es zu keiner strafrechtlichen Verurteilung des Klinikpersonals gekommen, obwohl das Kind nicht aufgrund eines Beurteilungsfehlers sterben musste, sondern weil gar keine Behandlung erfolgte.[1103]

2. Unabhängigkeit und Unparteilichkeit

Ein Verfahren genügt bei Vorliegen einer medizinischen Sorgfaltspflichtverletzung nur dann Art. 2 EMRK, wenn es das Kriterium der Unabhängigkeit (*independent*) erfüllt. Auch in diesen Fällen erwartet der Gerichtshof, dass das Verfahren zur Klärung der Todesumstände frei von hierarchischen oder institutionellen Verbindungen geführt wird.[1104] Nur ein effektives und unabhängiges Verfahren könne die Tatsachen ermitteln, die Beteiligten zur Verantwortung ziehen und den Opfern eine Wiedergutmachung liefern.[1105] Ebenfalls müssten die untersuchenden Personen formal und tatsächlich unabhängig von den beteiligten Personen sein.[1106] Im Bereich der medizini-

1101 EGMR, Urt. v. 27.01.2015, Nr. 24109/07, §§ 71 f. – *Asiye Genç vs. Türkei.*

1102 EGMR, Urt. v. 27.01.2015, Nr. 24109/07, § 73 – *Asiye Genç vs. Türkei.*

1103 EGMR, Urt. v. 27.01.2015, Nr. 24109/07, §§ 82 f. – *Asiye Genç vs. Türkei.*

1104 EGMR, Urt. v. 13.11.2012, Nr. 41108/10, § 90 – *Bajić vs. Kroatien.*

1105 EGMR, Urt. v. 06.06.2017, Nr. 9441/10, § 59 – *Sinim vs. Türkei.*

1106 EGMR, Urt. v. 13.11.2012, Nr. 41108/10, § 90 – *Bajić vs. Kroatien*. S. a. EGMR (GK), Urt. v. 19.12.2017, ECHR 2017, Nr. 56080/13, § 226 – *Lopes de Sousa Fernandes vs. Portugal*, ohne die Unparteilichkeit letzlich zu prüfen.

schen Fälle spielt dies insbesondere eine Rolle bei der Auswahl der Gutachter:innen (*expert witnesses*). Im Fall *Bajić gegen Kroatien*[1107] war die Schwester des Beschwerdeführers in einer Klinik wegen eines Tumors behandelt und operiert worden. Kurz darauf verstarb sie. Es wurde ein strafrechtliches Verfahren gegen den Arzt eingeleitet, in dessen Rahmen Gutachten beauftragt wurden. Der Gerichtshof sieht hierfür die Unabhängigkeit der begutachtenden Person als besonders wichtig an, da medizinische Gutachten entscheidendes Gewicht für die Beurteilung des Gerichts über die oft hochkomplexe Frage der medizinischen Sorgfaltspflichtverletzung hätten. Dies gebe ihnen eine besondere Rolle im Verfahren.[1108] Vorliegend waren nur zwei Experten gehört worden, die an derselben Universitätsfakultät wie der angeklagte Arzt lehrten. Obwohl dies nach dem kroatischen Prozessrecht einen Ausschlussgrund darstellte und der Beschwerdeführer mehrmals darauf hinwies, wurden diese Gutachter nicht ersetzt. Der Gerichtshof betont an dieser Stelle, dass nicht der Inhalt der Gutachten problematisch sei, sondern allein die Stellung der beiden Gutachter zum Angeklagten, wodurch das Vertrauen der Öffentlichkeit in das Strafrechtssystem auf dem Spiel stehe.[1109]

Im Fall *Vasileva gegen Bulgarien*[1110] wurden bei der Beschwerdeführerin Krebsmetastasen festgestellt. Die Lokalisierung war jedoch schwierig, da das ärztliche Personal auch nach mehreren bildgebenden Verfahren nicht feststellen konnte, an welcher Rippe die Krebszellen saßen. Trotz Nachfragen der Beschwerdeführerin wurde ohne weitere Voruntersuchungen eine Operation durchgeführt und Gewebe an verschiedenen Rippen entnommen. Das Gewebe war jedoch gutartig. Bei der nächsten Untersuchung zeigte sich zudem, dass sich die Metastasen vergrößert hatten. Die Beschwerdeführerin rügte, dass an den falschen Rippen Gewebe entnommen wurde. Sie hielt die Auswahl der begutachtenden Personen mangels Objektivität für ungeeignet. Der Gerichtshof verweist innerhalb der Prüfung des Art. 8 EMRK auf seine Rechtsprechung zu Art. 2 EMRK und der „parallelen“

[1107] EGMR, Urt. v. 13.11.2012, Nr. 41108/10.

[1108] EGMR, Urt. v. 13.11.2012, Nr. 41108/10, § 95 – *Bajić vs. Kroatien*. S. a. EGMR (GK), Urt. v. 19.12.2017, ECHR 2017, Nr. 56080/13, § 217 – *Lopes de Sousa Fernandes vs. Portugal*. Vgl. *Misic Radanovic*, Economic and Social Development: Book of Proceedings, 2018, S. 358, 363.

[1109] EGMR, Urt. v. 13.11.2012, Nr. 41108/10, § 102 – *Bajić vs. Kroatien*.

[1110] EGMR, Urt. v. 17.03.2016, Nr. 23796/10.

positiven Verpflichtung.[1111] Die im Verfahren hinzugezogenen, begutachtenden Fachkräfte müssten formal und *de facto* unabhängig von den beteiligten Personen sein; dafür habe der Staat zu sorgen.[1112]

3. Promptheit und angemessene Schnelligkeit

Auch in den Fällen medizinischer Sorgfaltspflichtverletzungen gilt die Anforderung, Verfahren prompt und mit angemessener Schnelligkeit (*promptness; reasonable expedition*) durchzuführen, um ein effektives Verfahren im Sinne des Art. 2 EMRK zu erhalten. Im Fall *Byrzykowski gegen Polen*[1113] war die schwangere Ehefrau des Beschwerdeführers mit Wehen in eine Klinik gekommen, wo das Kind per Kaiserschnitt zur Welt kam. Durch die Betäubung fiel die Ehefrau jedoch ins Koma und verstarb drei Wochen später. Der Sohn leidet seit der Geburt an schwerwiegenden gesundheitlichen Problemen, wodurch er ständige medizinische Betreuung benötigt. Ein Aufklärungsverfahren hinsichtlich des Todes der Ehefrau wurde am Tag ihres Todes eröffnet, doch mehrmals unterbrochen und auch nach sieben Jahren noch nicht abgeschlossen. Zwar gesteht der Gerichtshof zu, dass die medizinischen Fragen komplex seien; dies rechtfertige aber keinesfalls eine Verfahrenslänge von sieben Jahren. Der Beschwerdeführer sei noch immer in einem Zustand der Ungewissheit hinsichtlich des Ergebnisses.[1114]

Im Fall *E.M. u. a. gegen Rumänien*[1115], einem weiteren Todesfall in einer Klinik, befand der Gerichtshof eine Verfahrenslänge von knapp eineinhalb Jahren als noch effektiv.[1116] Dagegen urteilte er im Fall Šilih *gegen Slowenien*[1117], der den Tod eines Patienten im Krankenhaus nach einer allergischen Reaktion auf Medikamente betraf, dass das Verfahren nicht schnell genug durchgeführt worden sei. Mehrere monatelange Pausen und mehrere Verhandlungsortswechsel sorgten für eine jahrelange Dauer des Verfahrens; das zivilgerichtliche

---

1111 EGMR, Urt. v. 17.03.2016, Nr. 23796/10, § 66 – *Vasileva vs. Bulgarien.*

1112 EGMR, Urt. v. 17.03.2016, Nr. 23796/10, § 66 – *Vasileva vs. Bulgarien*; im Fall war Art. 8 EMRK nicht verletzt, vgl. § 78. Ebenso EGMR, Urt. v. 02.05.2017, Nr. 30376/13, §§ 86, 88 – *Jurica vs. Kroatien.*

1113 EGMR, Urt. v. 27.06.2006, Nr. 11562/05.

1114 EGMR, Urt. v. 27.06.2006, Nr. 11562/05, §§ 114 f. – *Byrzykowski vs. Polen.*

1115 EGMR, Beschl. v. 03.06.2014, Nr. 20192/07.

1116 EGMR, Beschl. v. 03.06.2014, Nr. 20192/07, § 53 – *E.M. u. a. vs. Rumänien.*

1117 EGMR (GK), Urt. v. 09.04.2009, Nr. 71463/01; Sachverhaltsschilderung s. → S. 276.

Verfahren war nach über 13 Jahren immer noch anhängig. Im Fall führte die übermäßige Länge des Verfahrens noch zu einem weiteren kritischen Aspekt: allein im erstinstanzlichen Verfahren waren sechs verschiedene Richter:innen beteiligt. Zwar sei zu akzeptieren, dass das nationale Prozessrecht am besten über die Besetzung des Gerichts entscheiden könne; dennoch sei es Aufgabe eines Staates, sein Prozessrecht so zu gestalten, dass es den verfahrensrechtlichen Anforderungen des Art. 2 EMRK genüge.[1118]

Die prompte Antwort von Seiten des Staates sei zudem wichtig, um das öffentliche Vertrauen in den Rechtsstaat zu erhalten und jeglichen Eindruck der Akzeptanz rechtswidriger Taten zu verhindern.[1119] Dieser generelle, objektive Aspekt, der auch schon in anderen Fallgruppen vom Gerichtshof als Grund für ein zügiges Verfahren genannt wird,[1120] erhält ihm zufolge im Gesundheitswesen eine noch wichtigere Rolle. Neben dem Respekt vor den Rechten der betroffenen Individuen, sprächen auch generelle Gründe für ein schnelles Aufklärungsverfahren nach einem Todesfall in einem Krankenhaus. Kenntnis der Fakten und möglicher Fehler im Gesundheitswesen seien notwendig, um es Institutionen und verantwortlichen Personen erst zu ermöglichen, Defizite zu beseitigen und ähnliche Fehler zu verhindern. Somit sei die Aufklärung wichtig für die Sicherheit aller Nutzer:innen von Gesundheitseinrichtungen. [1121]

Im Fall *I.G. u. a. gegen die Slowakei*[1122] beriefen sich die Beschwerdeführerinnen unter anderem auf ihre Rechte aus Art. 3 EMRK. Die Frauen mit ethnischer Rom:nja-Zugehörigkeit waren während des Aufenthalts in einer Klinik ohne eine vollständige Aufklärung und ohne ihre vollständige Einwilligung hierzu

---

1118 EGMR (GK), Urt. v. 09.04.2009, Nr. 71463/01, § 210 – Šilih vs. Slowenien.

1119 EGMR, Urt. v. 13.11.2012, Nr. 41108/10, § 103 – *Bajić vs. Kroatien*. S. a. EGMR (GK), Urt. v. 09.04.2009, Nr. 71463/01, § 195 – Šilih vs. Slowenien. Zum Bedürfnis, lebensbedrohliche Angriffe nicht ungestraft zu lassen, also überhaupt zu reagieren: EGMR (GK), Urt. v. 17.07.2014, ECHR 2014, Nr. 47848/08, § 133 – *Centre for Legal Resources on behalf of Valentin Câmpeanu vs. Rumänien*.

1120 Vgl. vorige Verfahrenssituationen nach staatlich verursachten Todesfällen → S. 185, Verschwinden von Personen → S. 203, Beeinträchtigungen der psychischen oder physischen Integrität → S. 213, sowie nach nicht-staatlich verursachten Todesfällen und Integritätsbeeinträchtigungen → S. 261.

1121 EGMR (GK), Urt. v. 09.04.2009, Nr. 71463/01, § 196 – Šilih vs. Slowenien; EGMR, Urt. v. 27.06.2006, Nr. 11562/05, § 117 – *Byrzykowski vs. Polen*.

1122 EGMR, Urt. v. 13.11.2012, Nr. 15966/04.

sterilisiert worden. Nachträglich hatten die Behörden ein Verfahren eingeleitet, das aber den Beschwerdeführerinnen zufolge nicht effektiv gewesen sei und die Bedeutung ihrer ethnischen Herkunft für die Sterilisation nicht ausreichend beleuchtet hatte. Der Gerichtshof stellt auch für Art. 3 EMRK fest, dass ein gründliches und schnelles Verfahren durchzuführen sei. Diese Anforderung sei im Fall verletzt, da trotz einer anzuerkennenden Komplexität alle Verfahren länger als fünf Jahre dauerten.[1123]

Hinsichtlich des Art. 8 EMRK bemerkt der Gerichtshof im Fall *S.B. gegen Rumänien*[1124], in dem es ein Verfahren zur Aufklärung medizinischer Sorgfaltspflichtverletzungen im Rahmen einer Zahnbehandlung der Beschwerdeführerin ging, dass ein über acht Jahre langes Verfahren gegen den Arzt nicht den Konventionsanforderungen genüge.[1125]

4. Beweissicherung

Zudem ergeben sich aus Art. 2 EMRK Anforderungen an die Beweissicherung (*secure the evidence*). Zunächst betont er die Wichtigkeit unabhängiger Gutachten, die bereits beim Kriterium der Unabhängigkeit analysiert wurde.[1126] Weiterhin spielt die Autopsie direkt nach dem Todeseintritt eine wichtige Rolle. In *Centre for Legal Resources on behalf of Valentin Câmpeanu gegen Rumänien*[1127], in dem ein junger Mann mit psychischer Erkrankung aufgrund seiner HIV-Infektion nicht betreut und versorgt worden war und an Unterernährung starb, warf der Gerichtshof Rumänien vor, die verantwortlichen Behörden hätten es versäumt, eine Autopsie direkt nach dem Versterben durchzuführen. Dies ist eines von vielen Versäumnissen der Behörden in diesem Fall und so wird aus dem Urteil allein nicht deutlich, dass das Fehlen der Autopsie eine besondere Bedeutung für den Gerichtshof gehabt hatte.[1128]

1123 EGMR, Urt. v. 13.11.2012, Nr. 15966/04, § 132 – *I.G. u. a. vs. Slowakei.*

1124 EGMR, Urt. v. 23.09.2014, Nr. 24453/04.

1125 EGMR, Urt. v. 23.09.2014, Nr. 24453/04, § 80 – *S.B. vs. Rumänien*. S. a. EGMR, Urt. v. 02.06.2009, Nr. 31675/04, § 90 – *Codarcea vs. Rumänien*, wobei der Gerichtshof die Schnelligkeit des Verfahrens i. R. d. Art. 6 EMRK prüft. Daneben wurde Art. 8 EMRK geprüft und als verletzt angesehen, § 90, aber nicht mangels Schnelligkeit.

1126 Vgl. → S. 281.

1127 EGMR (GK), Urt. v. 17.07.2014, ECHR 2014, Nr. 47848/08.

1128 EGMR (GK), Urt. v. 17.07.2014, ECHR 2014, Nr. 47848/08, § 146 – *Centre for Legal Resources on behalf of Valentin Câmpeanu vs. Rumänien.*

Nimmt man als weiteren Fall *Emars gegen Lettland*[1129] hinzu, wird deutlich, dass für den Gerichtshof allein die fehlende Autopsie bereits zu einer Verletzung von Art. 2 EMRK führt. Hinsichtlich der Aufklärung des durch unbekannte Dritte verursachten Todesfalls der Tochter des Beschwerdeführers führt er aus, dass eine Verletzung des Art. 2 EMRK festgestellt würde, wenn die Autopsie im Widerspruch zu nationalem Recht nicht sofort ausgeführt worden sei. Hierbei bezieht sich der Gerichtshof auf sein Urteil hinsichtlich des Todes von Valentin Câmpeanu. Aus dieser Bewertung durch den Gerichtshof ist zu schließen, dass das Fehlen einer umgehenden *post-mortem*-Untersuchung einen schwerwiegenden Fehler darstellt.

Im Fall von Valentin Câmpeanu stellt der Gerichtshof weiterhin fest, dass die Behörden es unterlassen hätten, bedeutende medizinische Beweise zu sammeln und widersprüchliche Aussagen des medizinischen Personals zu erklären. Das abschließende nationale Urteil habe sich allein auf eine Quelle bezogen und eine medizinische Sorgfaltspflichtverletzung verneint, obwohl nur wenige Informationen zur Behandlung des Toten, aber einige Berichte über die katastrophale menschliche und medizinische Situation der Einrichtung (u. a. über 129 Todesfälle in den beiden vorangehenden Jahren) vorgelegen hätten.[1130] Eine solche Beweiserhebung und Beweissicherung reicht nicht aus, um den Anforderungen des Art. 2 EMRK zu genügen.

Im Fall *Aftanache gegen Rumänien*[1131] war dem Beschwerdeführer, der an Diabetes Typ 1 leidet, in einer Apotheke schwindelig geworden. Obwohl er den gerufenen Rettungskräften von seiner Diabeteserkrankung berichtete und ein Bluttest eine Überzuckerung attestierte, verweigerten sie ihm die Zugabe von Insulin. Auch das medizinische Personal im Krankenhaus, in das er gegen seinen Willen von der Polizei gebracht wurde, verweigerte es ihm trotz seines gesundheitlichen Zustands. Ihm wurde stattdessen vorgeworfen, drogenabhängig zu sein. Die Staatsanwaltschaft hatte im anschließenden Verfahren nur die Rettungskräfte und den Beschwerdeführer, aber keine unabhängigen, zur Tatzeit anwesenden Personen gehört, obwohl solche verfügbar waren.[1132] Außerdem wurde kein medizinisches Gutachten ein-

---

1129 EGMR, Urt. v. 18.11.2014, Nr. 22412/08; Sachverhaltsschilderung s. → S. 259.

1130 EGMR (GK), Urt. v. 17.07.2014, ECHR 2014, Nr. 47848/08, § 146 – *Centre for Legal Resources on behalf of Valentin Câmpeanu vs. Rumänien.*

1131 EGMR, Urt. v. 26.05.2020, Nr. 999/19.

1132 EGMR, Urt. v. 26.05.2020, Nr. 999/19, § 68 – *Aftanache vs. Rumänien.*

geholt, obwohl der gesundheitliche Zustand des Beschwerdeführers entscheidend für den Ausgang des Verfahrens war. Dem Gerichtshof zufolge hätten der Bluttest der Rettungskräfte und die Kenntnis um die Diabetes-Krankheit zu einer weiteren Untersuchung und der Einholung medizinischer Gutachten führen müssen.[1133] Dies war im Widerspruch zu Art. 2 EMRK nicht geschehen.

5. Öffentlichkeit

Auch im Bereich medizinischer Sorgfaltspflichtverletzungen weist der Gerichtshof die Beteiligung der Öffentlichkeit (*public scrutiny*) als einen Aspekt des Art. 2 EMRK aus. Dennoch scheint die Öffentlichkeit der Untersuchung vielmehr Ziel als Mittel zu sein. Im Fall *Lopes de Sousa Fernandes gegen Portugal*[1134], in dem es um die Untersuchung zum Todesfall des Ehemanns der Beschwerdeführerin ging, dessen Gesundheitszustand sich nach einer Operation dramatisch verschlechtert hatte und der drei Monate später verstarb, führt die Große Kammer aus, dass die Todesumstände und die Verteilung der Verantwortlichkeit Fragen seien, die sie bei der Prüfung der Angemessenheit der Verfahrensanforderungen zu untersuchen habe.[1135] Diese Mechanismen seien nämlich eingerichtet worden, um den Geschehensverlauf zu beleuchten und – nicht zuletzt zum Nutzen der Beschwerdeführerin – den Sachverhalt einer öffentlichen Prüfung zu unterziehen (*the mechanisms that were in place for shedding light on the course of those events, allowing the facts of the case to be exposed to public scrutiny, not least for the benefit of the applicants*). Diese Formulierung hatte der Gerichtshof auch bereits in *Rinkūnienė gegen Litauen*[1136] und *Eugenia Lazăr gegen Rumänien*[1137] gewählt. Sie lässt darauf schließen, dass die Öffentlichkeit weniger als Bestandteil der prozessualen Rechtsgewährleistung verstanden wird, sondern vielmehr ein mit den Verfahrensanforderungen angestrebtes Ziel.[1138]

1133 EGMR, Urt. v. 26.05.2020, Nr. 999/19, § 69 – *Aftanache vs. Rumänien.*

1134 EGMR (GK), Urt. v. 19.12.2017, ECHR 2017, Nr. 56080/13.

1135 EGMR (GK), Urt. v. 19.12.2017, ECHR 2017, Nr. 56080/13, § 172 – *Lopes de Sousa Fernandes vs. Portugal.*

1136 EGMR, Beschl. v. 01.12.2009, Nr. 55779/08, Abschnitt „The Law".

1137 EGMR, Urt. v. 16.02.2010, Nr. 32146/05, § 70; Sachverhaltsschilderung s. u. → S. 290.

1138 S. a. EGMR, Urt. v. 01.03.2016, Nr. 36903/13, § 68 – *Mihu vs. Rumänien*; Urt. v. 16.11.2017, Nr. 27524/09, § 65 – *Movsesyan vs. Armenien.*

Die Anforderung der Öffentlichkeitsbeteiligung stellt der Gerichtshof auch bei medizinischen Sorgfaltspflichtverletzungen im Rahmen von Art. 3 EMRK.[1139]

6. Beteiligung der betroffenen Personen

Eine Verfahrensbeteiligung des Opfers oder seiner Angehörigen muss auch in Fällen medizinischer Sorgfaltspflichtverletzungen möglich sein (*accessible to the victim's family*; *the next-of-kin of the victim must be involved in the procedure*; *the victim should be able to participate effectively*).

So kann es zunächst um die Teilhabe an Informationen gehen. Im Fall *Zorica Jovanović gegen Serbien*[1140] hatte die Beschwerdeführerin einen gesunden Jungen zur Welt gebracht. Als sie mit ihm das Krankenhaus verlassen wollte, wurde ihr mitgeteilt, dass das Baby plötzlich verstorben sei. Ihr wurde es verwehrt, seine Leiche und das Zimmer, in dem es verstarb, zu sehen. Außerdem erhielt sie weder den Autopsiebericht noch Informationen über die Todesursache. Wann und wo ihr Sohn beerdigt wurde, erfuhr sie ebenfalls nicht. Der Gerichtshof prüft das staatliche Verhalten nach dem Verschwinden des Kindes unter dem Gesichtspunkt des Art. 8 EMRK unter Heranziehung seiner Rechtsprechung zu Art. 3 EMRK.[1141] Er hält seine allgemeinen Erwägungen in Verschwindensfällen auch in diesem sehr spezifischen Kontext hinsichtlich Art. 8 EMRK anwendbar.[1142] Auch in diesem Fall nimmt er eine andauernde Verletzung des Art. 8 EMRK an, da es der Staat weiterhin unterlassen habe, der Beschwerdeführerin glaubhafte Informationen über das Schicksal ihres Sohnes zu geben.[1143] Die gesetzgeberischen Verbesserungen im Umgang mit verschwundenen Kindern, die Serbien bereits erlassen hatte, verbesserten nur die Situation für die Zukunft;

[1139] EGMR, Urt. v. 18.10.2012, Nr. 37679/08, § 125 – *Bureš vs. Tschechien*. Zu Art. 8 EMRK bei medizinischen Sorgfaltspflichtverletzungen gibt es bislang (Stand: 01.05.2025) keine Fälle.

[1140] EGMR, Urt. v. 26.03.2013, ECHR 2013, Nr. 21794/08.

[1141] Zu den Verpflichtungen aus Art. 3 EMRK selbst bei medizinischen Sorgfaltspflichtverletzungen wurden keine Fälle zur Verfahrensbeteiligung gefunden (Stand: 01.05.2025).

[1142] EGMR, Urt. v. 26.03.2013, ECHR 2013, Nr. 21794/08, § 70 – *Zorica Jovanović vs. Serbien* mit Verweis auf EGMR (GK), Urt. v. 18.09.2009, ECHR 2009, Nrn. 16064/90 u. a., § 200 – *Varnava u. a. vs. Türkei*.

[1143] EGMR, Urt. v. 26.03.2013, ECHR 2013, Nr. 21794/08, § 74 – *Zorica Jovanović vs. Serbien*.

für die Leiden der Eltern in der Vergangenheit habe die Gesetzesreform keine Veränderungen gebracht.[1144]

Ein anderer Aspekt der Beteiligung betrifft die Gewährung von Schadensersatz. Der Fall *Sarishvili-Bolkvadze gegen Georgien*[1145] betraf den Sohn der Beschwerdeführerin, der nach einem Unfall auf die Intensivstation eines Krankenhauses kam und dort einen Monat später verstarb. Eine Kommission stellte einen medizinischen Fehler bei dessen Behandlung fest. Der Beschwerdeführerin wurde eine Schadensersatzsumme gerichtlich gewährt; ihr Antrag auf Schmerzensgeld wurde jedoch abgewiesen, da das nationale Recht hierfür keine Regelung enthielt. Der Gerichtshof befand, dass ein vollständiger, unbedingter Ausschluss von Schmerzensgeldansprüchen für Angehörige gegen Art. 2 EMRK verstoße. Zwar war dies hier schon durch das Gesetz ausgeschlossen, doch betont der Gerichtshof, dass es auch um die Interpretation und Anwendung des Gesetzes gehe.[1146]

7. Gründlichkeit

Damit eine effektive Untersuchung vorliegt, muss auch in den Fällen medizinischer Sorgfaltspflichtverletzungen eine gründliche (*thorough*) Untersuchung stattfinden. Im Fall *Ioniță gegen Rumänien*[1147] hatten sich die Eltern eines vierjährigen Jungen auf Art. 2 EMRK berufen, der nach einer Operation zur Entfernung der Polypen im Krankenhaus verstarb. Der Gerichtshof erklärte, dass Teil einer effektiven Untersuchung unter anderem Gründlichkeit sei. Dies bedeute, dass die Behörden stets ernsthaft versuchen müssten, die Todesumstände aufzuklären, und sich nicht mit schnellen oder schlecht begründeten Erklärungen zufriedengeben dürften. Hierfür müssten sie alle vernünftigen Maßnahmen ergreifen, um Beweise zu sichern.[1148] Die Krankenschwester, die das Kind in der Aufwachphase zu beobachten hatte

---

1144 EGMR, Urt. v. 26.03.2013, ECHR 2013, Nr. 21794/08, § 73 – *Zorica Jovanović vs. Serbien.*

1145 EGMR, Urt. v. 19.07.2018, Nr. 58240/08.

1146 EGMR, Urt. v. 19.07.2018, Nr. 58240/08, §§ 79, 96 – *Sarishvili-Bolkvadze vs. Georgien.*

1147 EGMR, Urt. v. 10.01.2017, Nr. 81270/12.

1148 EGMR, Urt. v. 10.01.2017, Nr. 81270/12, § 74 – *Ioniță vs. Rumänien*. S. a. EGMR (GK), Urt. v. 19.12.2017, ECHR 2017, Nr. 56080/13, §§ 226 f. – *Lopes de Sousa Fernandes vs. Portugal*; EGMR, Urt. v. 22.03.2016, Nr. 74114/12, § 113 – *Elena Cojocaru vs. Rumänien*; Urt. v. 16.01.2014, Nr. 6318/03, § 72 – *Valeriy Fuklev vs. Ukraine*; Urt. v. 01.03.2016, Nr. 36903/13, § 70 – *Mihu vs. Rumänien.*

und möglicherweise Schuld an seinem Tod trug, hatte nach dem Todesfall gekündigt und war nach Italien gezogen. Obwohl ihre Aussage zur Klärung der Todesumstände bedeutend war, wurde nichts unternommen, ihren Aufenthalt in Italien zu ermitteln oder sie für eine Aussage zurückkommen zu lassen.[1149] Dies führte in Verbindung mit einer überlangen Verfahrensdauer[1150] zur Feststellung einer Verletzung des Art. 2 EMRK.

Auch im Fall *Eugenia Lazăr gegen Rumänien*[1151] hielt der Gerichtshof die Beweislage für nicht vereinbar mit Art. 2 EMRK. Die Beschwerdeführerin hatte ihren Sohn mit Atemnot ins Krankenhaus gebracht. Er wurde dort operiert und starb wegen Atemstillstands. Im Rahmen der Untersuchung wurde ein erster Bericht erstellt, der Mängel im Notfallprotokoll des Krankenhauses feststellte, welche zur verspäteten Operation des Sohnes führten. Ein zweiter Bericht bestätigte dieses Ergebnis teilweise. Jedoch wies die gerichtsmedizinische Oberbehörde das Ergebnis ohne Begründung zurück. Der Gerichtshof befand, dass sie den Widerspruch zum Befund der untergeordneten Gremien hätte begründen müssen. Nur so könne das öffentliche Vertrauen in die Justizverwaltung aufrechterhalten werden.[1152] Insbesondere im vorliegenden Fall habe es einer Begründung bedurft, da nach dem Bericht des höheren Gremiums es für untergeordnete Einrichtungen ausgeschlossen gewesen sei, einen neuen Bericht zu verfassen.[1153]

Im Fall *V.C. gegen die Slowakei*[1154] war eine Frau für die Entbindung in eine Klinik gekommen. Während des Kaiserschnitts wurde sie sterilisiert. In ihrer Akte war eindeutig ihre ethnische Rom:nja-Zugehörigkeit vermerkt; außerdem war ein Antrag auf Sterilisation mit ihrer Unterschrift enthalten. Die Beschwerdeführerin gab an, dass sie den Begriff „Sterilisation" nicht verstanden habe und während der Geburtswehen habe unterschreiben müssen. Während ihres Krankenhausaufenthalts war sie in einem Zimmer mit anderen Romnja-Frauen untergebracht und durfte nicht die sanitären Anlagen benutzen, die Nicht-Romnja-Frauen zur Verfügung standen. Sie forderte zivilgerichtlich eine Wiedergutmachung, weil ihre Sterilisation im Widerspruch zu

---

1149 EGMR, Urt. v. 10.01.2017, Nr. 81270/12, § 83 – *Ioniță vs. Rumänien.*
1150 EGMR, Urt. v. 10.01.2017, Nr. 81270/12, §§ 89 f. – *Ioniță vs. Rumänien.*
1151 EGMR, Urt. v. 16.02.2010, Nr. 32146/05.
1152 EGMR, Urt. v. 16.02.2010, Nr. 32146/05, § 83 – *Eugenia Lazăr vs. Rumänien.*
1153 EGMR, Urt. v. 16.02.2010, Nr. 32146/05, § 84 – *Eugenia Lazăr vs. Rumänien.*
1154 EGMR, Urt. v. 08.11.2011, ECHR 2011 (extr.), Nr. 18968/07.

nationalen Gesetzen und internationalen Menschenrechtsstandards durchgeführt und sie davor nicht ausreichend aufgeklärt worden sei. Ihre Rechtsmittel blieben erfolglos. Der Gerichtshof stellt fest, dass Art. 1 und 3 EMRK eine positive Pflicht enthalten, um verschiedene Formen von Misshandlung zu verhindern und Wiedergutmachung zu ermöglichen. Genau wie bei Fällen des Art. 2 EMRK besteht das Erfordernis, ein effektives, amtliches Verfahren durchzuführen. Dieses müsse gründlich und zügig durchgeführt werden.[1155]

8. Adäquanz

Zwar nennt der Gerichtshof auch in der *konkreten Nachphase* nach Fällen medizinischer Sorgfaltspflichtverletzung die Adäquanz als Verfahrensmerkmal (*adequate*), doch erscheint der Begriff, wie in vorigen Verfahrenssituationen festgestellt,[1156] weniger als konkrete Verfassungsanforderungen, sondern vielmehr als ein Oberbegriff wie die Effektivität selbst. So spricht der Gerichtshof im Fall *E.M. u. a. gegen Rumänien*[1157], der einen Todesfall in einer Klinik betraf, dass bestimmte Aspekte des von der Klinik eingerichteten Verfahrens unter dem Aspekt der Adäquanz zu prüfen seien. Im Folgenden verweist er zur Beurteilung auf den grundsätzlichen Zweck, die Verantwortlichen Personen festzustellen und zu sanktionieren, wie er ihn eigentlich als Zweck der Effektivität nennt.[1158] Somit könnte dieses Merkmal auch hier als „Zwischenebene“ zwischen der Effektivität und den einzelnen Verfahrensanforderungen zu verstehen sein.

9. Kooperation

Bereits in anderen Fallgruppen hatte der Gerichtshof Kooperationspflichten als Anforderung des Art. 2 EMRK gesehen.[1159] Dies galt insbesondere in

---

[1155] EGMR, Urt. v. 08.11.2011, ECHR 2011 (extr.), Nr. 18968/07, §§ 123 f. – *V.C. vs. Slowakei*. Im Fall hatte der Gerichtshof keine Verletzung festgestellt. S. a. EGMR, Urt. v. 13.11.2012, Nr. 15966/04, § 129 – *I.G. u. a. vs. Slowakei*; Urt. v. 12.06.2012, Nr. 29518/10, § 84 – *N.B. vs. Slowakei*. Hinsichtlich Art. 8 EMRK gab es bislang keine Fälle zur Anforderung der Gründlichkeit (Stand: 01.05.2025).

[1156] Vgl. → S. 196.

[1157] EGMR, Beschl. v. 03.06.2014, Nr. 20192/07.

[1158] Vgl. → S. 251.

[1159] Im Rahmen der Art. 3 und Art. 8 EMRK hat der Gerichtshof zu Kooperationspflichten bislang keine Fälle entschieden (Stand: 01.05.2025).

den Fällen, in denen ein anderer Staat eine Rolle spielte.[1160] Im Bereich medizinischer Sorgfaltspflichtverletzungen leitet der Gerichtshof eine besondere Kooperationspflicht der medizinischen Sachverständigen mit den untersuchenden Instanzen her (*coopération des experts médico-légaux avec les organes d'enquête*). Im Fall *Eugenia Lazăr gegen Rumänien*[1161], in dem der Sohn der Beschwerdeführerin im Krankenhaus trotz einer Operation an Atemstillstand starb, bemängelte der Gerichtshof, dass trotz der Nachfragen der untersuchenden Instanzen kein einheitliches und wissenschaftlich fundiertes Bild von den medizinischen Vorgängen gezeichnet werden konnte. Die zur Begutachtung befragten forensischen Institute wehrten sich gegen die Fragen der Staatsanwaltschaft mit der Begründung, sobald die höhere forensische Behörde einen Fall beurteilt habe, könnten sie kein Gutachten mehr erstellen.[1162] Da dies im Fall durch Art. 28 der Regierungsverfügung Nr. 1/2000 angeordnet wurde und den Instituten keinen Spielraum gab, kann hier nur geschlossen werden, dass wenn die Regierungsverfügung den Instituten eine Wahl gelassen hätte, nur die Wahl der Kooperation mit den Ermittlungsbehörden mit Art. 2 EMRK vereinbar gewesen wäre.

10. Bewertung

Auch im Fall einer medizinischen Sorgfaltspflichtverletzung wird der Gerichtshof konkret, welche verfahrensrechtlichen Anforderungen Art. 2 EMRK stellt. Diese unterscheiden sich in ihrer Strenge und ihrem Detailgrad von denjenigen, welche bei einer vorsätzlichen Tötung in der *konkreten Nachphase* vom Konventionsstaat erwartet werden. Zudem betont der Gerichtshof in seinen neueren Urteilen, dass die Wahl der Mittel, einer positiven Verpflichtung aus der Konvention gerecht zu werden, grundsätzlich in die *margin of appreciation* des Konventionsstaates falle: Auch wenn der Staat bestimmte Maßnahmen nicht ergreife, könne er dennoch den Anforderungen des Art. 2 EMRK genügen, wenn er mit anderen Mitteln seiner Verpflichtung nachkomme. Grenze dieser Wahlmöglichkeit sei die Umsetzbarkeit in der Praxis; das Recht aus Art. 2 EMRK und das aus ihm folgende Verfahren

[1160] Vgl. → S. 269-271.
[1161] EGMR, Urt. v. 16.02.2010, Nr. 32146/05; Sachverhaltsschilderung s. → S. 290.
[1162] EGMR, Urt. v. 16.02.2010, Nr. 32146/05, § 77 – *Eugenia Lazăr vs. Rumänien.*

dürfe nicht nur theoretisch bestehen.[1163] Daraus ergibt sich der Prüfungsmaßstab des Gerichtshofs. Er überprüft, ob von den Verfahren der *konkreten Nachphase* im Ganzen gesagt werden könne, sie stellten die Tatsachenlage zusammen, zögen die beteiligten Personen zur Verantwortung und schüfen eine Wiedergutmachung für die Angehörigen. Zu prüfen sei also nicht die abstrakte Rechtslage, sondern ob das Rechtssystem als Ganzes angemessen mit dem Fall umgegangen sei.[1164] Die Verpflichtung aus Art. 3 EMRK sieht der Gerichtshof ausdrücklich als „parallel" verlaufend zu der Verpflichtung aus Art. 2 EMRK.[1165]

Im Rahmen der Prüfung des Art. 8 EMRK verweist der Gerichtshof auf die *margin of appreciation*. Den Konventionsstaaten stehe dieser Spielraum zu bei der Entscheidung, wie sie die positiven Verpflichtungen aus der Konvention erfüllen wollten.[1166] Dennoch muss es im Ergebnis ein effektives und unabhängiges Verfahren geben; der Gerichtshof entwickelt eigene Mindeststandards, um verfahrensrechtlich auf die substanzielle Beeinträchtigung zu reagieren, also die physische und psychische Integrität als Teil des Privatlebens des Art. 8 EMRK[1167] nicht nur theoretisch, sondern auch praktisch zu schützen.

Hervorzuheben ist, dass der Gerichtshof in den jüngeren Entscheidungen zu Art. 2 EMRK der Schnelligkeit eines Verfahrens eine besondere Stellung unter den verfahrensrechtlichen Anforderungen einräumt. Dies ist im Fall *Bilbija und Blažević gegen Kroatien*[1168] zu erkennen. Die Mutter der Beschwerdeführerinnen wurde mit Atemproblemen in eine Klinik eingeliefert, wo sie am gleichen Tag noch verstarb. Eine Autopsie bestätigte als Todesursache die Atemnot mit daraus folgenden Herzproblemen. Die anschließenden strafrechtlichen und verwaltungsrechtlichen Gerichtsverfahren dauerten mehrere Jahre aufgrund mehrjähriger Inaktivität in allen Verfahren. Bei der

---

1163 EGMR (GK), Urt. v. 19.12.2017, ECHR 2017, Nr. 56080/13, § 216 – *Lopes de Sousa Fernandes vs. Portugal*; EGMR, Urt. v. 26.05.2020, Nr. 999/19, § 63 – *Aftanache vs. Rumänien*.

1164 EGMR, Urt. v. 16.01.2014, Nr. 6318/03, § 67 – *Valeriy Fuklev vs. Ukraine*. Bereits angedeutet in EGMR, Urt. v. 27.06.2006, Nr. 11562/05, § 107 – *Byrzykowski vs. Polen*.

1165 Vgl. EGMR, Urt. v. 17.03.2016, Nr. 23796/10, § 66 – *Vasileva vs. Bulgarien*; Urt. v. 02.05.2017, Nr. 30376/13, § 86 – *Jurica vs. Kroatien*.

1166 EGMR, Urt. v. 17.03.2016, Nr. 23796/10, § 67 – *Vasileva vs. Bulgarien*; Urt. v. 02.05.2017, Nr. 30376/13, § 87 – *Jurica vs. Kroatien*.

1167 S. → Fn. 245.

1168 EGMR, Urt. v. 12.01.2016, Nr. 62870/13.

Untersuchung der einzelnen Verfahren bekräftigt der Gerichtshof, dass das Verfahren als Ganzes den Anforderungen des Art. 2 EMRK genügen müsse, wovon die Verfahrenslänge ein Aspekt sei.[1169] Eine überlange Verfahrensdauer bei der Aufklärung eines Todesfalls sei ein starkes Anzeichen dafür, dass das Verfahren derart fehlerhaft sei, dass es gegen Art. 2 EMRK verstoße.[1170] Dies ist als bedeutend herauszustellen, weil der Gerichtshof diese Anforderung nicht nur mit dem Individualrechtsschutz, sondern auch mit der Aufrechterhaltung des Vertrauens in den Rechtsstaat begründet.[1171] Er verstärkt also seine subjektiv-rechtliche Begründung durch die positive Wirkung, die diese Anforderung auf die staatliche Stabilität und die Ausgestaltung der objektivrechtlichen Staatsorganisation hat.

Gleiches ist hinsichtlich der Unabhängigkeit und Unparteilichkeit zu beobachten. Die Objektivität der bestellten, begutachtenden Personen soll das Vertrauen der Bevölkerung in das Strafrechtssystem aufrechterhalten. Die Verfahrensanforderung ist zwar den Individualrechten der Konvention zu entnehmen, doch nimmt der Gerichtshof auch das gesamtgesellschaftliche Ergebnis und die Wirkung auf den objektiven Rechtsrahmen in den Blick. Auch diese Auswirkungen nennt er ausdrücklich in seinen Urteilsgründen; sie verstärken die Begründung durch die subjektiven Rechte der Konvention zusätzlich.

Letztlich ist den Entscheidungen aber zu entnehmen, dass das Schutzbedürfnis der Individualrechtsgüter selbst die Verfahrenspflicht auslöst. Zwar nimmt der Gerichtshof die weiteren (objektiven) Wirkungen in den Blick, doch folgt bereits zwingend aus dem fundamentalen Charakter des Art. 2 und Art. 3 EMRK die Einrichtung einer Verfahrenssituation nach einer medizinischen Sorgfaltspflichtverletzung. Der Gerichtshof kommt nachvollziehbar zum Ergebnis, dass mit Blick auf die abschreckende und aufklärende Wirkung einer nachträglichen Verfahrenssituation der Individualrechtsgüterschutz dadurch effektiver wird. Zudem ist auch unter Heranziehung des Wortlauts des Art. 2 EMRK mit dem eindeutigen Schutzauftrag (*protected by*

1169 EGMR, Urt. v. 12.01.2016, Nr. 62870/13, § 110 – *Bilbija u. Blažević vs. Kroatien.*

1170 EGMR, Urt. v. 12.01.2016, Nr. 62870/13, § 107 – *Bilbija u. Blažević vs. Kroatien*. S. a. EGMR (GK), Urt. v. 19.12.2017, ECHR 2017, Nr. 56080/13, § 219 – *Lopes de Sousa Fernandes vs. Portugal.*

1171 S. → S. 284.

law) zuzustimmen, dass die Verfahrensanforderungen zwingend individualrechtlich gefordert werden.

III. Gerichtliche Antwort nach Beeinträchtigung durch Unfall oder höhere Gewalt

Die folgende Kategorie von Verfahrensverpflichtungen unterscheidet sich von den vorigen der *konkreten Nachphase*. Dies leuchtet ein, folgt sie zeitlich auf eine andere Art substanzieller Beeinträchtigung: es sind nun Naturkatastrophen, der Eintritt höherer Gewalt oder Unfälle, welche die Rechtsgüter der Art. 2 EMRK[1172] sowie Art. 3 EMRK und Art. 8 EMRK verletzen. Personen, die vorsätzlich unmittelbar das beeinträchtigende Ereignis bewirkten, gibt es nicht.

Der Unterscheidung Unrecht und Unglück[1173] folgend gehören diese Fälle also zur zweiten Kategorie. In diesen Unglücks-Sachverhalten geht es dem Gerichtshof weniger um die Rechenschaftspflicht der Verantwortlichen, sondern mehr um eine rechtliche und gerichtliche Aufarbeitung des Geschehens. Diese soll weniger die Verantwortlichkeit und die damit verbundenen, rechtlichen Konsequenzen für eine Person festlegen, sondern vielmehr zur Wahrheitsfindung beitragen. Anstatt von einer *„effective investigation"* zu sprechen, verwendet er in vielen dieser Fälle die Begriffe *„judicial response"* oder *„adequate judicial response"*. Eine gerichtliche Antwort sei beim Auftreten der behaupteten Verletzungen von Art. 2 EMRK gefordert.[1174] Für deren Angemessenheit spiele es keine Rolle, dass möglicherweise die Verantwortlichkeit einer Person gerichtlich nicht festgestellt worden sei.[1175] Die Klärung der Umstände der Rechtsgutsverletzung begründe den Bedarf eines Verfahrens, da häufig nur der Staat die wahren Begebenheiten in Erfahrung bringen könne.[1176] Der Gerichtshof betont, dass in diesen Situationen die

---

1172 EGMR (GK), Urt. v. 25.06.2019, Nr. 41720/13, § 138 – *Nicolae Virgiliu Tănase vs. Rumänien.*

1173 Zu den Begriffen → S. 249.

1174 EGMR (GK), Urt. v. 30.11.2004, ECHR 2004-XII, Nr. 48939/99, Überschrift (ii) vor § 91 – Öneryıldız vs. Türkei; EGMR, Urt. v. 20.03.2008, ECHR 2008 (extr.), Nrn. 15339/02 u. a., § 142 – *Budayeva u. a. vs. Russland.*

1175 EGMR, Urt. v. 20.03.2008, ECHR 2008 (extr.), Nrn. 15339/02 u. a., § 144 – *Budayeva u. a. vs. Russland.*

1176 Vgl. EGMR (GK), Urt. v. 30.11.2004, ECHR 2004-XII, Nr. 48939/99, § 93 – Öneryıldız vs. Türkei.

„judicial response" auch eine Kompensation der Betroffenen leisten muss. Somit begründet er in diesen Fällen das Bedürfnis einer Verfahrenssituation zur Klärung der Umstände und der Notwendigkeit der Kompensation.

Trotz des abgesenkten Maßstabs in Fällen, in denen substanzielle Verletzungen des Art. 2 EMRK durch Unfälle und Naturkatastrophen herbeigeführt werden, erwartet der Gerichtshof dennoch ein Verfahren, das sich auch in der Praxis als effektiv erweist.[1177] Bezugspunkt der Effektivität ist dann aber weniger die Rechenschaft der verursachenden Personen, sondern die Aufklärung der Umstände. Die Pflicht zur Untersuchung der Geschehnisse sei eine Pflicht *of means*, nicht *of result*.[1178] Im Fall *Nicolae Virgiliu Tănase gegen Rumänien*[1179] erlitt der Beschwerdeführer einen Autounfall, bei dem ein anderer Autofahrer auf seinen Wagen auffuhr und diesen in einen Lastwagen schob. Er erlitt dabei schwerwiegende Verletzungen, die den Gutachten zufolge zu einem langsamen Heilungsprozess und posttraumatischen Belastungen führten. Zwar wurde ein Ermittlungsverfahren umgehend eröffnet, in dem Beweise und Aussagen gesammelt wurden, doch wurde das Verfahren auch nach über acht Jahren nicht beendet, sodass über den davon abhängigen zivilrechtlichen Schadensersatzanspruch nicht entschieden wurde. Auf den Vorwurf, das Verfahren sei weder schnell noch effektiv abgelaufen, erklärte der Gerichtshof, dass die Konvention im sich anschließenden Verfahren einen Minimalschwellenwert an Effektivität (*minimum threshold of effectiveness*)[1180] verlange, wenn nicht eindeutig erwiesen sein sollte, dass der Tod durch einen Unfall oder ein anderes unabsichtliches Verhalten verursacht worden sei, also eine rechtswidrige Tötung zumindest als Hypothese im Raum stehe. Dass im Verfahren letztlich die Annahme eines Unfalls akzeptiert werde, habe darauf keinen Einfluss; schließlich handle es sich um eine Verpflichtung, um Klarheit zu bringen.[1181] Diese Anforderungen gälten auch,

---

1177 EGMR (GK), Urt. v. 25.06.2019, Nr. 41720/13, § 170 – *Nicolae Virgiliu Tănase vs. Rumänien*; EGMR, Urt. v. 14.06.2011, Nr. 19776/04, § 66 – *Ciechońska vs. Polen*.

1178 EGMR (GK), Urt. v. 25.06.2019, Nr. 41720/13, § 170 – *Nicolae Virgiliu Tănase vs. Rumänien*.

1179 EGMR (GK), Urt. v. 25.06.2019, Nr. 41720/13.

1180 EGMR (GK), Urt. v. 25.06.2019, Nr. 41720/13, § 161 – *Nicolae Virgiliu Tănase vs. Rumänien*.

1181 EGMR (GK), Urt. v. 25.06.2019, Nr. 41720/13, § 161 – *Nicolae Virgiliu Tănase vs. Rumänien*; EGMR, Urt. v. 06.10.2020, Nr. 5843/16, § 44 – *Spătaru vs. Rumänien*.

wenn nicht der Staat der Verursacher gewesen sei sowie bei lebensbedrohlichen Gesundheitsverletzungen.[1182]

1. Kein Verfahren von Amts wegen

Da der Gerichtshof für unabsichtliche Beeinträchtigungen zivilrechtliche, öffentlich-rechtliche oder disziplinarrechtliche Rechtsmittel als ausreichend ansieht,[1183] kann geschlossen werden, dass die Verfahrenssituation nicht notwendig von Amts wegen (*official*; *of their own motion*) einzuleiten und zu führen ist. In den Sachverhalten, in denen es um Verfahren nach einer Beeinträchtigung nicht vorsätzlicher Art geht, wird deutlich, dass der Gerichtshof sich nicht eindeutig an die innerstaatlichen Kategorien von Vorsatz, Fahrlässigkeit und Nicht-Verschulden hält. So ordnet er Naturkatastrophen wie die Schlammlawine im Fall *Budayeva u. a. gegen Russland*[1184] der Kategorie der gefährlichen Aktivitäten zu. Denn da die privaten Betreiber nicht ordnungsgemäß gehandelt hatten, sah der Gerichtshof eine gewisse Verantwortlichkeit: der Fall ist für ihn als Unrecht und nicht als reines Unglück einzuordnen. Folgerichtig verlangt er für die *konkrete Nachphase* eine Aufklärung hinsichtlich der Verantwortlichen und der genauen Umstände innerhalb eines Strafverfahrens. Der Gerichtshof bezieht sich hier auf seine Rechtsprechung im Fall Öneryıldız *gegen die Türkei*[1185] zur juristischen Aufarbeitung einer Methanexplosion auf einer Mülldeponie mit erheblichen Schäden in den umliegenden Stadtteilen. Auch wenn es sich in diesem Fall um unvorsätzliche Todesfälle handle, welche grundsätzlich kein Strafverfahren erforderten, seien hier vielmehr die Prinzipien anzuwenden, die der Gerichtshof bei vorsätzlichen Todesfällen entwickelt

---

1182 EGMR (GK), Urt. v. 25.06.2019, Nr. 41720/13, § 161 – *Nicolae Virgiliu Tănase vs. Rumänien*. Zur Anwendung des Art. 2 EMRK auf eine lebensbedrohliche Gesundheitsverletzung s. EGMR, Urt. v. 06.06.2023, Nr. 36418/20, § 101 – *Navalnyy vs. Russland (Nr. 3)*.

1183 EGMR (GK), Urt. v. 30.11.2004, ECHR 2004-XII, Nr. 48939/99, § 92 – Öneryıldız vs. Türkei; EGMR (GK), Urt. v. 25.06.2019, Nr. 41720/13, § 159 – *Nicolae Virgiliu Tănase vs. Rumänien*; EGMR, Urt. v. 12.07.2016, Nr. 45104/05, § 100 – *Kotelnikov vs. Russland*; Urt. v. 01.09.2016, Nr. 32514/12, § 131 – *Mikhno vs. Ukraine*; Urt. v. 01.09.2016, Nrn. 36314/06 u. a., § 136 – *Svitlana Atamanyuk u. a. vs. Ukraine* zum selben Flugshowunfall.

1184 EGMR, Urt. v. 20.03.2008, ECHR 2008 (extr.), Nrn. 15339/02 u. a.; Sachverhaltsschilderung s. u. → S. 347.

1185 EGMR (GK), Urt. v. 20.11.2004, ECHR 2004-XII, Nr. 48939/99; Sachverhaltsschilderung s. → S. 109.

hat. Bei diesen sei ein Strafverfahren nicht nur deshalb durchzuführen, weil solche Taten normalerweise zu einer Strafbarkeit führen. Oftmals seien die wahren Umstände weitgehend auf die Kenntnis von Behörden beschränkt. Diese Erwägung sei unbestreitbar auch auf Todesfälle anlässlich gefährlicher Aktivitäten zu übertragen. Todesfälle seien hier oftmals das Ergebnis von Umständen, die unter staatlicher Verantwortlichkeit aufträten, sodass häufig die Behörden allein genügend Kenntnis hätten, um die komplexen Ursachen zu identifizieren.[1186]

Der Fall des nicht aufgeklärten Unfalls des Beschwerdeführers in *Nicolae Virgiliu Tănase gegen Rumänien*[1187] zeigt, dass die – wenn auch nicht immer eindeutige – Einteilung nach Unglück und Unrecht[1188] hilfreich sein kann, um den Maßstab des Gerichtshofs zu finden. Hier empfiehlt der Gerichtshof nämlich folgende Vorgehensweise zur Wahl des richtigen Verfahrens: sobald durch die erste Untersuchung erwiesen sei, dass der Tod oder die lebensbedrohliche Verletzung unabsichtlich bewirkt worden sei, sei ein zivilgerichtliches Verfahren ausreichend, unabhängig davon, ob die verantwortliche Person eine amtliche oder private Person sei.[1189]

In solchen unabsichtlichen Fällen reiche es aus, wenn das Verfahren vom Opfer oder von dessen Angehörigen initiiert werde. Im Fall Çakmakçı gegen die Türkei[1190] war der Beschwerdeführer im Rahmen seiner Wehrpflicht angewiesen worden, Pfähle im Boden zu befestigen. Dafür benutzte er eine Mörsergranate, die im Werkzeugraum herumlag und von der er dachte, sie könne nicht explodieren. Beim Aufschlag explodierte sie und verletzte den Beschwerdeführer schwer. Er verlor einen Finger und einen Zeh, ein anderer Soldat beide Füße. Ein Ermittlungsverfahren wurde eingeleitet, an dessen Ende eine Verurteilung des Vorgesetzten aufgrund von Fahrlässigkeit

1186 EGMR (GK), Urt. v. 20.11.2004, ECHR 2004-XII, Nr. 48939/99, § 93 – Öneryıldız *vs. Türkei*. S. a. EGMR, Urt. v. 20.03.2008, ECHR 2008 (extr.), Nrn. 15339/02 u. a., § 140 – *Budayeva u. a. vs. Russland*; Urt. v. 01.09.2016, Nr. 32514/12, § 131 – *Mikhno vs. Ukraine*; Urt. v. 01.09.2016, Nrn. 36314/06 u. a., § 136 – *Svitlana Atamanyuk u. a. vs. Ukraine* zum selben Flugshowunfall.

1187 EGMR (GK), Urt. v. 25.06.2019, Nr. 41720/13; Sachverhaltsschilderung s. → S. 296.

1188 Zu den Begriffen → S. 249.

1189 EGMR (GK), Urt. v. 25.06.2019, Nr. 41720/13, § 163 – *Nicolae Virgiliu Tănase vs. Rumänien.*

1190 EGMR, Beschl. v. 02.05.2017, Nr. 3952/11.

stand. Ein Rechtsmittel des Beschwerdeführers auf Beginn eines zusätzlichen Verfahrens mit dem Ziel der Kompensation wurde wegen Fristablaufs zurückgewiesen. Der Gerichtshof hatte Bedenken hinsichtlich der Vereinbarkeit dieses Rechtsmittels mit Art. 2 EMRK. Ein Rechtsmittel, dessen Einlegungsfrist zu einem Zeitpunkt beginne, zu dem der Beschwerdeführer den Anspruch oder dessen zugrunde liegenden Tatsachen nicht gekannt habe oder habe kennen können, könne das Ergreifen eines solchen Rechtsmittels in unangemessener Weise behindern.[1191]

2. Unabhängigkeit und Unparteilichkeit

Auch in dieser Fallgruppe sieht der Gerichtshof die Unabhängigkeit (*independent*) der Ermittlungspersonen als eine wesentliche Anforderung des Art. 2 EMRK an. Er verlangt nicht nur das Fehlen einer hierarchischen oder institutionellen Verbindung, sondern auch eine praktische Unabhängigkeit, sodass alle ermittelnden Personen die formelle und *de facto* Unabhängigkeit zu den beteiligten Personen genießen.[1192] Der Fall *Mikhno gegen Ukraine*[1193] betraf das Geschehen während einer Flugshow der ukrainischen Luftwaffe. Ein Flugzeug stürzte ab und tötete dabei 77 Zuschauer:innen. Die Ermittlungen ergaben, dass ein technischer Fehler des Piloten und der unterstützenden Mannschaft die Hauptursache war. Zudem wurden Missstände bei den Sicherheitsvorkehrungen aufgedeckt. Der Direktor und das Pilotenteam wurden zu Gefängnisstrafen verurteilt. Der Gerichtshof erklärte, dass Ermittlungen ausreichend unabhängig durchgeführt werden müssten. Zwar müsse keine absolute Unabhängigkeit der Ermittlungspersonen bestehen, aber von den beteiligten Personen hätten sie ausreichend unabhängig zu sein. Ob der Grad an Unabhängigkeit angemessen sei, müsse von Fall zu Fall beurteilt werden. Sollte die institutionelle Unabhängigkeit fraglich erscheinen, müsse notwendig eine genauere Untersuchung durch den Gerichtshof erfolgen, als wenn das Verfahren unabhängig erfolgt sei. Dann überprüfe er, ob und wie sehr der umstrittene Umstand die Effektivität der Untersuchung

[1191] EGMR, Beschl. v. 02.05.2017, Nr. 3952/11, § 44 – Çakmakçı vs. Türkei. Im Fall wurde diesbezüglich aber keine Verletzung festgestellt.

[1192] EGMR (GK), Urt. v. 25.06.2019, Nr. 41720/13, § 168 – *Nicolae Virgiliu Tănase vs. Rumänien.*

[1193] EGMR, Urt. v. 01.09.2016, Nr. 32514/12.

und ihre Fähigkeit, die Tatsachen aufzuklären und die Verantwortlichen zu bestrafen, beeinträchtigt habe.[1194]

3. Promptheit und angemessene Schnelligkeit

Daneben spielen auch in diesen Fällen die Schnelligkeit und die Länge des Verfahrens (*promptness*; *reasonable expedition*) für den Gerichtshof eine wichtige Rolle bei der Bewertung, ob Art. 2 EMRK verletzt wurde.[1195] So stellt der Gerichtshof im Fall *Antonov gegen die Ukraine*[1196] eine Art. 2 EMRK nicht genügende Verfahrensgeschwindigkeit fest. Der Sohn des Beschwerdeführers war während eines Wanderausflugs auf der Straße von einem Auto angefahren worden und anschließend gestorben. Zwar war der Tatort am Tag des Unfalls besichtigt worden, doch die Behörden hatten erst vier Monate nach dem Unfall das Ermittlungsverfahren eingeleitet. Dadurch hatten sich wichtige Beweise verschlechtert, wie der Zustand des Körpers und die Unfallspuren auf der Straße. Das Verfahren dauerte mehr als zwölf Jahre und wurde durch mehr als zehn Rückverweisungen zur erneuten Prüfung unterbrochen. Eine solche Ermittlung könne kein Licht in die Tatsachen eines Todesfalles bringen, so der Gerichtshof.[1197]

Nicht nur die Geschwindigkeit, sondern auch die Länge des Verfahrens spielt für den Gerichtshof im Rahmen des Art. 2 EMRK eine Rolle. Im Fall İlbeyi Kemaloğlu *und Meriye Kemaloğlu gegen die Türkei*[1198] war der siebenjährige Sohn des beschwerdeführenden Paares auf dem Heimweg von der Schule in einem Blizzard erfroren. Die Schule hatte aufgrund der Wetterlage den Unterricht früher beendet, den städtischen Schulbus aber nicht angewiesen, früher zur Schule zu kommen. Der Sohn starb bei dem Versuch, im Blizzard zu Fuß nach Hause zu gehen. Nach dem Unfall wurde ein Verfahren eröffnet, in dem die Verantwortlichkeit des stellvertretenden Schulleiters festgestellt wurde

---

[1194] EGMR, Urt. v. 01.09.2016, Nr. 32514/12, § 134 – *Mikhno vs. Ukraine*; im Fall wurde keine Verletzung festgestellt, vgl. §§ 135-139. S. a. EGMR, Urt. v. 01.09.2016, Nrn. 36314/06 u. a., § 139 – *Svitlana Atamanyuk u. a. vs. Ukraine* zum selben Flugshowunfall.

[1195] Vgl. EGMR (GK), Urt. v. 25.06.2019, Nr. 41720/13, §§ 167, 184 – *Nicolae Virgiliu Tănase vs. Rumänien*; EGMR, Urt. v. 14.06.2011, Nr. 19776/04, §§ 72-76 – *Ciechońska vs. Polen*; Urt. v. 24.05.2011, Nr. 23302/03, §§ 76, 81 – *Anna Todorova vs. Bulgarien*; Urt. v. 13.11.2014, Nr. 80909/12, §§ 56, 67 f. – *Starčević vs. Kroatien*.

[1196] EGMR, Urt. v. 03.11.2011, Nr. 28096/04.

[1197] EGMR, Urt. v. 03.11.2011, Nr. 28096/04, §§ 50 f. – *Antonov vs. Ukraine*.

[1198] EGMR, Urt. v. 10.04.2012, Nr. 19986/06.

und ihm eine disziplinarische Verwarnung ausgesprochen wurde. Dagegen legten die Beschwerdeführer verwaltungsgerichtliche Rechtsmittel gezielt auf Schadensersatz und Schmerzensgeld wegen fahrlässiger Tötung durch die Behörden ein. Ihr Antrag auf Gerichtskostenhilfe wurde abgelehnt und ihre Klagen mangels Zahlung der Gerichtskosten abgewiesen. Das strafrechtliche Verfahren gegen die Schulleitung und den Klassenlehrer war acht Jahre nach dem Tod immer noch anhängig. Insbesondere zwischen dem freisprechenden Urteil des erstinstanzlichen Gerichts und dem des Kassationsgerichts lagen mehr als vier Jahre. Der Gerichtshof betrachtet die Umstände der Gerichtsverfahren im Ganzen und erkennt schwerwiegende Mängel, insbesondere die nicht begründbare Verzögerung im strafrechtlichen Verfahren und die Versagung von Gerichtskostenhilfe im verwaltungsgerichtlichen Verfahren.[1199]

4. Beweissicherung

Ein eng an die Schnelligkeit gekoppelter Verfahrensgesichtspunkt ist nach Ansicht des Gerichtshofs der Vorgang der Beweissicherung (*secure the evidence*).[1200] Hierbei verlangt der Gerichtshof auch im Fall eines Unfalls, dass die Behörden mit ausreichender Sorgfalt Beweise sichern und das Risiko minimieren, durch Versäumnisse später die Umstände nicht aufklären oder die Schuldigen verantwortlich machen zu können. Dies könne nicht den Opfern oder deren Angehörigen überlassen werden. Beweise zu sammeln, sei die Pflicht der Behörden, die solange bestehe, bis die Strafbarkeit geklärt sei und die Behörden überzeugt, dass keine Anhaltspunkte für die Weiterführung des Verfahrens bestünden.[1201]

Im Fall *Ciechońska gegen Polen*[1202] war der Ehemann der Beschwerdeführerin während eines Spaziergangs in einem Gesundheitsresort von einem Baum erschlagen worden. In der sich anschließenden Ermittlung wurden zahlreiche Erklärungen vorgebracht, jedoch wurde dies durch eine mangelhafte Beweiserhebung überschattet. Die Baumteile wurden nicht verwahrt, Fotografien hatten eine schlechte Aufnahmequalität. Der Gerichtshof stellt

---

1199 EGMR, Urt. v. 10.04.2012, Nr. 19986/06, §§ 45 f. – İlbeyi Kemaloğlu *u. Meriye Kemaloğlu vs. Türkei.*

1200 EGMR, Urt. v. 24.05.2011, Nr. 23302/03, § 77 – *Anna Todorova vs. Bulgarien.*

1201 EGMR (GK), Urt. v. 25.06.2019, Nr. 41720/13, § 162 – *Nicolae Virgiliu Tănase vs. Rumänien.*

1202 EGMR, Urt. v. 14.06.2011, Nr. 19776/04.

deshalb und wegen anderer Verfahrensfehler eine Verletzung des Art. 2 EMRK fest.[1203]

Auch im Fall *Banel gegen Litauen*[1204] stellt der Gerichtshof Mängel bei der Sorgfalt der Beweisführung fest und somit eine Verletzung von Art. 2 EMRK. Der 13-jährige Sohn des beschwerdeführenden Paares wurde beim Spielen von herabstürzenden Balkonteilen getroffen und starb an seinen Verletzungen. Im Verfahren stellte sich heraus, dass die Stadtverwaltung bereits vier Monate vor dem Unfall von der Gefahr herabstürzender Teile gewusst hatte. Der Gerichtshof stellt im nach dem Todesfall eingeleiteten Verfahren gewisse Mängel fest. So seien die strafrechtlichen Ermittlungen durch drei Rückverweisungen geprägt worden, die zu erneuter Beweissicherung geführt hatten. Auf die Rechtsmittel des beschwerdeführenden Paares seien die Endentscheidungen jedes Mal wieder aufgehoben worden, sodass kein Ergebnis zustande kam. Diesbezüglich merkt der Gerichtshof an, dass er zwar seine Rechtsprechung zu Art. 2 EMRK beachte, wonach es weder ein Recht auf Verurteilung einer dritten Person noch einen Anspruch darauf gebe, dass jedes Strafverfahren mit einer Verurteilung ende. Im vorliegenden Fall sei jedoch aus den Gerichtsentscheidungen erkennbar, dass die ermittelnden Personen ohne angemessene Sorgfalt bei der Beweissicherung gehandelt hätten und Möglichkeiten hätten verstreichen lassen, die Verantwortlichen zu verurteilen.[1205]

5. Gründlichkeit

Zudem muss auch im Fall einer *judicial response* gründlich (*thorough*) vorgegangen werden. Eine Untersuchung ist laut dem Gerichtshof dann gründlich, wenn die Behörden den ernsthaften Versuch unternommen hätten, die Wahrheit herauszufinden und sich nicht mit schnellen, schlecht begründeten Erklärungen abzufinden.[1206]

Der Sohn der Beschwerdeführerin im Fall *Anna Todorova gegen Bulgarien*[1207] starb an den Folgen eines Autounfalls, bei dem sein Wagen mit ihm und

---

1203 EGMR, Urt. v. 14.06.2011, Nr. 19776/04, §§ 75, 79 – *Ciechońska vs. Polen.*

1204 EGMR, Urt. v. 18.06.2013, Nr. 14326/11.

1205 EGMR, Urt. v. 18.06.2013, Nr. 14326/11, § 71 – *Banel vs. Litauen.*

1206 Vgl. EGMR (GK), Urt. v. 25.06.2019, Nr. 41720/13, § 166 – *Nicolae Virgiliu Tănase vs. Rumänien.*

1207 EGMR, Urt. v. 24.05.2011, Nr. 23302/03.

einer weiteren Person mit einem LKW zusammenstieß. Der Gerichtshof befand, dass es nicht danach ausgesehen habe, dass die Behörden ausreichend Aufwand betrieben hätten, um Beweise zu erheben und Tatsachen zu klären. Hinsichtlich des Unfallablaufs war unklar geblieben, ob der Sohn der Beschwerdeführerin oder der Mitfahrer am Steuer gesessen hatte und damit den Unfall verursacht hatte. Der Gerichtshof betont, dass es Aufgabe der nationalen Behörden sei, aus zwei vorgetragenen Ablaufschilderungen die wahre zu erkennen. Für Art. 2 EMRK sei allein relevant, ob sie einen vernünftigen Versuch unternommen hätten, die Wahrheit herauszufinden.[1208] Dies sei im Fall auch aufgrund der erheblichen Verzögerungen nicht gelungen, sodass eine Verletzung des Art. 2 EMRK vorliege.[1209]

6. Bewertung

Durch die Analyse der Rechtsprechung zu Fällen nicht-staatlicher fahrlässiger oder unverschuldeter Schäden an Konventionsrechtsgütern wird deutlich, dass der Gerichtshof einen anderen Fokus setzt als den bei vorsätzlichen Verletzungen[1210]. Dies leuchtet ein, da auch das Verfahrensziel – Aufklärung mehr, denn Rechenschaft – ein anderes ist als bei vorsätzlich verursachten substanziellen Beeinträchtigungen. Die in diesem Kapitel getroffene Einteilung folgt dieser Unterscheidung, auch wenn sie sich nicht immer klar an den strafrechtlichen Begriffen von Vorsatz und Fahrlässigkeit orientiert. Dies ist dem Umstand geschuldet, dass der Gerichtshof dies auch nicht tut. Er ordnet die substanziellen Beeinträchtigungen vielmehr danach ein, was durch eine Verfahrenssituation im Nachhinein an Konventionsrechtsschutz erreicht werden soll. Kann und muss ein Verfahren die Verantwortlichen identifizieren, um sie persönlich zu sanktionieren und hinsichtlich der Wiederholungsmöglichkeit abzuschrecken? Oder war dieser Ausgang nicht vorhergesehen und gewollt, sodass das Konventionsrecht bereits effektiven Schutz durch Aufklärung der Umstände erfährt?

Die vorgenommene Einteilung entspricht zwar der grundsätzlichen Rechtsprechungslinie, doch lässt sich die eindeutige Unterteilung in der Verwendung unterschiedlicher Begriffe nicht immer wiederfinden. In den

[1208] EGMR, Urt. v. 24.05.2011, Nr. 23302/03, § 77 – *Anna Todorova vs. Bulgarien.*
[1209] EGMR, Urt. v. 24.05.2011, Nr. 23302/03, §§ 78 f. – *Anna Todorova vs. Bulgarien.*
[1210] Vgl. → S. 250-275.

analysierten Fällen spricht der Gerichtshof häufig über eine effektive oder angemessene gerichtliche Antwort, *„judicial response"*, die der Staat auf einen Todesfall hin zu geben habe. Er verwendet diesen Begriff aber nicht in allen Fällen fahrlässiger oder unverschuldeter Verletzung und dafür teilweise auch in Fällen gefährlicher Aktivitäten – in *Kolyadenko u. a. gegen Russland*[1211] und *Budayeva u. a. gegen Russland*[1212] hält er sogar im Tenor fest, dass Art. 2 EMRK durch den Mangel einer angemessenen gerichtlichen Antwort verletzt worden sei. Im Fall *Y.P. gegen Russland*, in dem die Beschwerdeführerin im Rahmen eines Kaiserschnitts ohne ihr Einverständnis sterilisiert wurde, nimmt er ebenfalls den Mangel einer angemessenen gerichtlichen Antwort (*the lack of an adequate judicial response*) in den Tenor der Zulässigkeitsentscheidung auf.[1213] In seiner sonstigen Rechtsprechung nennt der Gerichtshof den Begriff (*adequate*) *judicial response* nur im Rahmen des Art. 5 Abs. 4 EMRK; ein Bezug zu den hier analysierten Fällen scheint jedoch nicht zu bestehen. Lediglich in einem Fall, *I.C. gegen Rumänien*[1214], verwendet er ihn im Rahmen einer vorsätzlichen Verletzung durch Private.[1215] Hier gebraucht er diesen Begriff aber in Kombination mit der Verpflichtung zu einer effektiven Untersuchung, sodass beide Aspekte hier eine Rolle spielen.[1216]

Dennoch wird für die vorliegende Analyse dieser Begriff als Kennzeichnung dafür gesehen, dass in diesen Unglücksfällen Art. 2 EMRK eine andere staatliche Verfahrensreaktion erwartet.

Während in den Fällen absichtlicher nicht-staatlicher Beeinträchtigungen und solcher, die im Gesundheitswesen geschehen, der Gerichtshof die Anforderungen von Art. 2 EMRK erst als erfüllt ansieht, wenn ein effektives Verfahren mit Sachverhaltsaufklärung und Rechenschaftsmöglichkeit

---

1211 EGMR, Urt. v. 28.02.2012, Nrn. 17423/05 u. a., §§ 199, 202 f., Tenor 3. Punkt. Sachverhaltsschilderung s. → S. 257.

1212 EGMR, Urt. v. 20.03.2008, ECHR 2008 (extr.), Nrn. 15339/02 u. a., Tenor 3. Punkt. Sachverhaltsschilderung s. u. → S. 347.

1213 EGMR, Urt. v. 20.09.2022, Nr. 43399/13, Tenor 1. Punkt – *Y.P. vs. Russland*

1214 EGMR, Urt. v. 24.05.2016, Nr. 36934/08.

1215 Stand: 01.05.2025; in EGMR, Urt. v. 22.03.2022, Nr. 9077/18, § 134 – *Y. u. a. vs. Bulgarien* als weiterer vorsätzlicher Tat einer Privatperson wird der Begriff auch verwendet, aber im Rahmen der Prüfung des Art. 14 i. V. m. Art. 2 EMRK und nicht als eigenständiger Prüfungspunkt.

1216 So verwendet er in manchen *judicial-response*-Verfahrenssituationen zusätzlich auch den Begriff „effective investigation", vgl. Nachweise → Fn. 1226.

durchgeführt wurde, leitet er in Unglücksfällen[1217] aus Art. 2 EMRK etwas anderes ab. Das Recht kann Unglücksfälle nur bedingt verhindern und gerade nicht die rechtliche Verantwortung bestimmter Personen feststellen. Aber es kann durch ein Verfahren zeigen, dass es nicht unerheblich ist, dass Unglücksfälle geschehen. Auch auf diese muss das Recht eine Antwort liefern, weil auch durch Unglücksfälle rechtlich geschützte Güter verletzt werden. Im Kontext der Konvention ist deshalb auch in dieser Kategorie ein Verfahren erforderlich.

Die Anforderungen an das Verfahren sind nicht gleichzusetzen mit jenen, die für absichtliche nicht-staatliche Beeinträchtigungen erkannt wurden. So hält der Gerichtshof ein amtliches Verfahren nicht für notwendig; auch ein Verfahren, das auf die Initiative des Opfers oder seiner Angehörigen hin eingeleitet wurde, sei ausreichend. Dem entsprechend finden sich in der Rechtsprechung auch keine Fälle zu Beteiligtenrechten, da diese durch ihre Verfahrensinitiative zugleich Verfahrensbeteiligte werden.

Auch misst der Gerichtshof der Öffentlichkeit nicht dieselbe Bedeutung wie in anderen Verfahrenssituationen zu. Dies lässt sich damit begründen, dass es in den meisten Fällen um individuelle Aufarbeitung und Kompensation geht.

Wie in den vorigen Kategorien legt der Gerichtshof denselben Maßstab an Art. 2 und Art. 3 EMRK an. Art. 8 EMRK, soweit er die physische und psychische Integrität der Person schützt, wird ebenfalls einbezogen.

Im Hinblick auf die Übertragbarkeit auf Art. 1 ZP sei darauf hingewiesen, dass die Aufklärungspflicht, die sich aus Art. 1 ZP ergeben kann, weniger streng als diejenige bei Verletzungen von Art. 2 und Art. 3 EMRK ist. So entschied der Gerichtshof im Fall *Budayeva u. a. gegen Russland*[1218], dass zwischen Naturkatastrophen und von Menschen verursachten Gefahren unterschieden werden müsse. Positive staatliche Verpflichtungen bezüglich des Eigentumsschutzes gingen im Fall von Unwettergefahren nicht notwendigerweise so weit wie bei gefährlichen Aktivitäten.[1219] Und auch hinsichtlich des Pflichtenumfangs sei ein Unterschied zu Art. 2 EMRK zu sehen: während Art. 2 EMRK die Behörden verpflichte, im Rahmen der Katastrophenhilfe

---

1217 Zu den Begriffen Unrecht und Unglück → S. 249.

1218 EGMR, Urt. v. 20.03.2008, ECHR 2008 (extr.), Nrn. 15339/02 u. a.

1219 EGMR, Urt. v. 20.03.2008, ECHR 2008 (extr.), Nrn. 15339/02 u. a., § 174 – *Budayeva u. a. vs. Russland.*

alles in ihrer Macht Stehende zu tun, um dieses Recht zu schützen, könne die Verpflichtung zum Schutze der friedlichen Nutzung von Eigentum nicht absolut verstanden werden und deshalb nicht über das hinausgehen, was unter den gegebenen Umständen angemessen sei.[1220] Für die Verfahrenspflicht zur unabhängigen Untersuchung und zu einer gerichtlichen Antwort bedeute dies, dass sie nicht gleich bedeutsam wie die Verfahrenspflichten nach dem Verlust eines Menschenlebens seien.[1221]

Die Pflichten des Staates aus der *abstrakten* und *konkreten Vorphase* werden bis in die *konkrete Nachphase* hineingeführt, wenn der Gerichtshof ausführt, dass in Todesfällen, für die möglicherweise der Staat verantwortlich sei (durch ein Unterlassen entgegen einer Pflicht der *Vorphasen*), der Staat die Pflicht (in der *Nachphase*) habe, mit allen ihm zur Verfügung stehenden Mitteln eine angemessene Reaktion (*adequate response*) – gerichtlich oder anderweitig – sicherzustellen, damit der zum Schutz des Rechts auf Leben geschaffene Rechts- und Verwaltungsrahmen (der *abstrakten Vorphase*) ordnungsgemäß umgesetzt werde und etwaige Verletzungen dieses Rechts geahndet würden.[1222]

C. Bewertung der konkreten Nachphase

Die Analyse der *konkreten Nachphase* zeigt deutlich, dass mit dem Ende der substanziellen Beeinträchtigung die Wirkung der Konventionsrechte nicht erlischt, sondern insbesondere durch Verfahrensanforderungen zur

---

[1220] EGMR, Urt. v. 20.03.2008, ECHR 2008 (extr.), Nrn. 15339/02 u. a., § 175 – *Budayeva u. a. vs. Russland.*

[1221] EGMR, Urt. v. 20.03.2008, ECHR 2008 (extr.), Nrn. 15339/02 u. a., § 178 – *Budayeva u. a. vs. Russland.*

[1222] EGMR (GK), Urt. v. 20.11.2004, ECHR 2004-XII, Nr. 48939/99, § 91 – Öneryıldız *vs. Türkei*; EGMR, Urt. v. 20.03.2008, ECHR 2008 (extr.), Nrn. 15339/02 u. a., § 138 – *Budayeva u. a. vs. Russland*; zuletzt (Stand: 01.05.2025) EGMR, Urt. v. 26.11.2024, Nr. 1718/21, § 146 – *A.P. vs. Österreich*. S. a. EGMR, Urt. v. 30.08.2022, Nr. 21648/11, § 87 – *Traskunova vs. Russland* mit der Feststellung der Verletzung von Art. 2 EMRK, weil die Wirksamkeit des rechtlichen Rahmens zum Schutz der psychisch kranken und daher schutzbedürftigen Tochter der Beschwerdeführerin im Zusammenhang mit klinischen Versuchen mit experimentellen Arzneimitteln nicht sichergestellt war und der Staat der Beschwerdeführerin in diesem Zusammenhang keine angemessene rechtliche Antwort gegeben hatte.

Aufklärung und Untersuchung anhält. Diese rechtliche Aufarbeitung des Geschehenen in einem Verfahren zeugt vom Aspekt der Retrospektivität von Recht, das durch Tatsachenermittlung und Klärung der Verantwortung reagieren kann, aber nichts ungeschehen werden lässt. Wichtig ist dem Gerichtshof aber, dass substanzielle, staatliche wie nicht-staatliche Verstöße vom Recht nicht unbeantwortet bleiben: indem das Recht auf einen Verstoß reagiert, bestätigt es die Rechtswidrigkeit des vorangegangenen Verhaltens; es bestätigt, dass es nicht unerheblich ist, ob im Einklang oder im Widerspruch zum Recht gehandelt wird. Dies gilt nicht nur für Normen im Gemeininteresse, sondern auch für subjektive Rechte. Der Verstoß gegen eine individualschützende Norm ist der Rechtsgemeinschaft nicht egal; der Verstoß wird untersucht und die verantwortlichen Personen werden zur Rechenschaft gezogen. Dies wird im Fall der Konvention sehr deutlich, da der Gerichtshof ein Verfahren nur dann als effektiv ansieht, wenn es gerade zur Aufklärung und Rechenschaft beiträgt. Ein Konventionsstaat hält also nur dann seine konventionsrechtlichen Pflichten ein, wenn er den subjektiven Rechten durch eine an die Verletzung anschließende Verfahrenssituation „Nach-Achtung" verschafft.[1223]

Eine Einteilung der *konkreten Nachphase* wurde mittels der Unterscheidung nach dem Grad der Verantwortlichkeit versucht. Es konnte gezeigt werden, dass der Gerichtshof teilweise deutlich danach differenziert, ob es sich um eine vorsätzliche oder eine vorsatzlose substanzielle Beeinträchtigung handelt. Allerdings konnte der Rechtsprechung keine Definition der Begriffe „Vorsatz" und „Fahrlässigkeit" entnommen werden. Somit hat sich diese Analyse an den nicht immer trennscharfen Begriffen der Rechtsprechung orientiert und hat deshalb hinsichtlich ihrer Kategorienbildung lediglich Orientierungswirkung. Um eine Struktur in der Rechtsprechung aufzuzeigen, ist sie gleichwohl hilfreich. So zeigen sich unterschiedliche Maßstäbe

1223 *Grabenwarter/Pabel*, EMRK, § 19 Rn. 12 hingegen sehen organisatorische Verpflichtungen (der hier so bezeichneten *konkreten Vorphase*) auf eine „effektive Grundrechtsverwirklichung" ausgerichtet, während die nachfolgenden Untersuchungspflichten eine „abstrakte Verlängerung der Schutzpflicht oder Gewährleistungspflicht" darstellen. Damit verfolgen sie einen generalpräventiven Zweck, „nämlich einerseits den wirkungsvollen Vollzug der Gesetze sicherzustellen, die das Grundrecht schützen, andererseits – bei Verletzungen durch staatliche Eingriffe – zu gewährleisten, dass die individuellen Organe zur Verantwortung gezogen werden".

für Verletzungen, die eher als Unrecht, und solche, die als Unglück einzuordnen sind.[1224]

Eine weitere Differenzierung nimmt der Gerichtshof zumindest verbal vor, indem er nach vorsätzlichen Verletzungen und medizinischen Sorgfaltspflichtverletzungshandlungen eine effektive Untersuchung (*effektive investigation*) fordert, in Unglücksfällen[1225] hingegen von einer gerichtlichen Antwort (*judicial response*) spricht, die der Staat zu leisten hat. So fordert der Gerichtshof auch nur im Fall der effektiven Untersuchung ein Verfahren von Amts wegen. Hinsichtlich anderer Verfahrensanforderungen ergeben sich aber durchaus Überschneidungen. Auch verwendet der Gerichtshof die beiden Begriffe teilweise auch im Rahmen derselben Entscheidung.[1226] Somit ist die gewählte Einteilung hilfreich, die Fallgruppen zu strukturieren, da sie sich an der Einteilung orientiert, die der Gerichtshof selbst trifft und im Fall *Mikhno gegen die Ukraine*[1227] erläutert:

1) Bei lebensbedrohlichen Verletzungen und Todesfällen nach Unfällen und Naturkatastrophen erfordere Art. 2 EMRK ein effektives Justizsystem, das die Umsetzungen des gesetzlichen Rahmens sichere und eingerichtet worden sei, um Lebensschutz durch eine angemessene Entschädigung zu bieten. Nur unter bestimmten Umständen müsse ein solches System strafrechtliche Mittel enthalten.

2) Bei gefährlichen Aktivitäten hingegen sei eine amtliche strafrechtliche Untersuchung unverzichtbar, da die Behörden oftmals die Einzigen seien, die ausreichend Wissen hätten, um das komplexe Phänomen zu identifizieren, das zum Unfall geführt habe.[1228] Damit diese Untersuchung den Anforderungen des Art. 2 EMRK genüge, müssten einige Parameter erfüllt sein: die Angemessenheit investigativer Mittel, die Schnelligkeit der Untersuchung, die Beteiligung der

[1224] Zu den Begriffen → S. 249.

[1225] Vgl. → S. 295-306.

[1226] Vgl. EGMR (GK), Urt. v. 20.11.2004, ECHR 2004-XII, Nr. 48939/99, §§ 111, 148 – Öneryıldız *vs. Türkei*; EGMR, Urt. v. 30.11.2021, Nr. 69736/12, §§ 70, 72, Überschrift vor § 62 – *Derenik Mkrtchyan u. Gayane Mkrtchyan vs. Armenien*.

[1227] EGMR, Urt. v. 01.09.2016, Nr. 32514/12.

[1228] EGMR, Urt. v. 01.09.2016, Nr. 32514/12, § 131 – *Mikhno vs. Ukraine*. S. a. EGMR, Urt. v. 01.09.2016, Nrn. 36314/06 u. a., § 136 – *Svitlana Atamanyuk u. a. vs. Ukraine* zum selben Flugshowunfall.

> Familie des Opfers, die Unabhängigkeit der Untersuchung. Um eine effektive Untersuchung zu erhalten, müsse diese zuerst angemessen, also fähig sein, die Tatsachen zu ermitteln und die verantwortlichen Personen zu identifizieren und zu bestrafen.[1229] Diese Anforderungen gälten auch für den gerichtlichen Prozess. Zwar sei ein Verfahren gegen eine bestimmte Person oder mit einem bestimmten Ergebnis nicht Teil der Verpflichtung aus Art. 2 EMRK. Wenn die Lebens- oder Gesundheitsverletzung nicht vorsätzlich herbeigeführt worden war, müsse nicht in jedem Fall ein Strafverfahren durchgeführt werden. Bei medizinischen Sorgfaltspflichtverletzungen sowie bei Fahrlässigkeit von Staats- oder Privatpersonen könne Art. 2 EMRK auch durch ein zivilrechtliches Rechtsmittel genügt werden, wenn dieses zur Haftbarkeit der Verantwortlichen führe und eine angemessene Entschädigung durch Schadensersatz und die Urteilsveröffentlichung erreichen könne.[1230] Auch disziplinarische Verfahren seien hierbei vorstellbar. Gleichzeitig müssten nationale Gerichte vorbereitet sein, lebensgefährliche Angriffe unter keinen Umständen unbestraft zu lassen.[1231]

Hinsichtlich der einzelnen Verfahrensanforderungen geht der Gerichtshof ebenso detailliert und präzise vor wie in anderen Kategorien. Gerade im Hinblick auf die Vorhersehbarkeit konventionsrechtlicher Verpflichtungen wäre aber eine eindeutige Unterscheidung in den Begrifflichkeiten wünschenswert. Genauso verhält es sich mit der Einteilung in unbeabsichtigte Beeinträchtigungen, gefährliche Aktivitäten und vorsätzliche Schädigungen. Die hier vorgenommene Unterscheidung in „Unglück" und „Unrecht" orientiert sich an der erkennbaren Struktur der Rechtsprechung, doch ist sie nicht

---

1229 EGMR, Urt. v. 01.09.2016, Nr. 32514/12, § 132 – *Mikhno vs. Ukraine*. S. a. EGMR, Urt. v. 01.09.2016, Nrn. 36314/06 u. a., § 137 – *Svitlana Atamanyuk u. a. vs. Ukraine* zum selben Flugshowunfall.

1230 EGMR (GK), Urt. v. 25.06.2019, Nr. 41720/13, §§159-163 – *Nicolae Virgiliu Tănase vs. Rumänien*. S. a. EGMR (GK), Urt. v. 30.11.2004, ECHR 2004-XII, Nr. 48939/99, § 92 – Öneryıldız *vs. Türkei*; EGMR, Urt. v. 12.07.2016, Nr. 45104/05, § 100 – *Kotelnikov vs. Russland*; Urt. v. 01.09.2016, Nr. 32514/12, § 131 – *Mikhno vs. Ukraine*; Urt. v. 01.09.2016, Nrn. 36314/06 u. a., § 136 – *Svitlana Atamanyuk u. a. vs. Ukraine* zum selben Flugshowunfall.

1231 EGMR, Urt. v. 01.09.2016, Nr. 32514/12, § 133 – *Mikhno vs. Ukraine*. S. a. EGMR, Urt. v. 01.09.2016, Nrn. 36314/06 u. a., § 138 – *Svitlana Atamanyuk u. a. vs. Ukraine* zum selben Flugshowunfall.

in allen Fällen trennscharf. Eine klare Einteilung durch den Gerichtshof würde sowohl den Betroffenen ihre Rechtedurchsetzung, als auch den Staaten ihre Pflichtenumsetzung erleichtern.

Noch deutlicher als in der *konkreten Vorphase* wird in den Kategorien der *konkreten Nachphase* erkennbar, dass der Gerichtshof von der Beeinträchtigungssituation aus vorgeht. In Verfahrenssituationen der *konkreten Nachphase* haben der Staat und der Gerichtshof auch dieselbe Perspektive: beide blicken *ex post* auf das Beeinträchtigungsereignis. So entwickelt der Gerichtshof auch eindeutig ergebnisbezogen die Verfahrensanforderungen aus den Konventionsrechten.

So hat der Gerichtshof für Beeinträchtigungen der Art. 2 und Art. 3 EMRK einen Katalog von Verfahrensanforderungen entwickelt, die er für die Einhaltung des konventionsrechtlichen Schutzes für notwendig erachtet. Dieser gilt für Verfahrenssituationen nach staatlichen wie nicht-staatlichen substanziellen Beeinträchtigungen. Lediglich bei den „Unglücksfällen" schränkt er die Auswahl ein und sieht kein konventionsrechtliches Bedürfnis nach einem Verfahren von Amts wegen, das dieselben Mitwirkungsrechte der Betroffenen und dieselbe Öffentlichkeitsbeteiligung gewährleistet wie in Fällen vorsätzlicher Beeinträchtigung.

Hinsichtlich der Verfahrenssituationen, die Art. 5 EMRK betreffen, geht der Gerichtshof anders vor. Zunächst nutzt er die ausdrücklichen Verfahrensanforderungen des Art. 5 EMRK. Nur soweit diese in bestimmten Situationen kein wirksames Schutzniveau erreichen, führt er zusätzliche Verfahrensanforderungen, die auf den konkreten Effektivitätsmangel reagieren, ein.

Mit dieser – hinsichtlich Art. 2 und Art. 3 EMRK im Wesentlichen einheitlichen – Verfahrensgestaltung gibt der Gerichtshof eindeutig vor, welche Verfahrensanforderungen er zur Erfüllung der Konventionspflichten von den Staaten erwartet. Ein Staat muss also, sobald er das Untersuchungsverfahren regelt, diese Anforderungen aufnehmen. Während in anderen Kategorien erkennbar ist, dass dem Gerichtshof vor allem das Ergebnis wichtig ist, er also den Staaten die Mittel und die Umsetzungsart überlässt,[1232] ist er hier sehr konkret in der Verfahrensgestaltung. Die einzelnen Bestandteile, die eine Untersuchung effektiv machen, werden von ihm festgelegt. Diese

---

1232 → S. 149, 337, 361.

Tabelle 4: *Konkrete Nachphase* – Verfahrenssituation nach einer staatlichen substanziellen Beeinträchtigung (Teil 2 Kapitel 3 A.)

	Effektive Untersuchung nach			**Verfahr. n. Beginn e. d. Freiheit entzieh. Akts**	**Unter-suchungs- od. Präventiv-haft**	**Abschie-bungs-haft**
Konkrete Nachphase	**Todes-fall**	**Verschwin-den**	**Beeintr. phy./psy. Integrität**			
Verfahren v. Amts wegen	X	X	X		X	
Unabhängig- u. Unpartei-lichkeit	X	X	X		X	
Schnelligkeit	X	X	X			X
Beweissi-cherung	X	X	X	X		
Öffentlichkeit	X	X	X			
Beteiligung d. betroff. Pers.	X	X	X		X (Anhörung)	
Weitergabe v. Informationen				X		X
Rechtlicher Beistand				X		
Akteneinsicht				X		
Gründlichkeit	X	X	X			
Adäquanz	X	X	X			
Dokumen-tation (Haftbuch)				X		
Gerichts-beschluss				X		
Prüfung d. Begründetheit					X	
Prüfung in angemess. Abständen				X		
Sorgfältige Prüfung					X	X
Effektive Rechtsmittel				X (körperl. U.)		X

Tabelle 5: *Konkrete Nachphase* – Verfahrenssituation nach einer nicht-staatlichen substanziellen Beeinträchtigung (Teil 2 Kapitel 3 B.)

	Effektive Untersuchung nach einer		Gerichtliche Antwort nach Beeinträchtigung durch Unfall oder höhere Gewalt
Konkrete Nachphase	vorsätzl. Beeinträchtigung v. Leben, phys./ psych. Integrität	Beeinträchtigung durch med. Sorgfaltspflichtverletzung	
Verfahren v. Amts wegen	X	X	
Unabhängigkeit u. -parteilichkeit	X	X	X
Schnelligkeit	X	X	X
Beweissicherung	X	X	X
Öffentlichkeit	X	X	
Beteiligung d. betroff. Pers.	X	X	
Gründlichkeit	X	X	X
Adäquanz	X	X	
Kooperation	X	X	

hat ein Staat also nach Abschluss seiner Deliberationsphase, in der er eine Gefährdung für die Rechtsgüter der Art. 2 und Art. 3 EMRK feststellt, in seine Entscheidung aufzunehmen und seine bisherige Verfahrenssituation diesbezüglich umzugestalten. Der Spielraum für die Konventionsstaaten ist hier wesentlich geringer. Dies kann damit zusammenhängen, dass sie sich nicht mehr in einer *Vorphase* mit Unsicherheiten befinden, sondern nun effektiv aufgeklärt und vor allem hinsichtlich künftiger Verletzungen abgeschreckt werden müssen.

Die Analyse der Verfahrenssituationen zeigt also eindeutig den auch hier bestehenden Bezug zum Individualrecht. Auch in dieser Phase bleibt der Gerichtshof seiner Linie treu, das Ziel effektiven Konventionsrechtsschutzes zu verfolgen – wenn das Mittel hierfür die Veränderung objektiven Rechts ist, dann wird dieses genutzt. Auf den ersten Blick mag dies überraschen, da – mit Ausnahme der andauernden Beeinträchtigungen hinsichtlich Art. 5 EMRK[1233] – die eigentliche substanzielle Beeinträchtigung eigentlich

[1233] S. o. ab → S. 223.

beendet ist: der Mensch ist tot, verletzt oder verschwunden. Doch es überzeugt, dass der Gerichtshof auch ein nachträgliches Verfahren für notwendig erachtet, um individuellen Konventionsrechtsschutz effektiv zu gewährleisten. Auch im Fall, dass nur Anzeichen für eine Beteiligung des Staates am Tod oder am Verschwinden sprechen, ist ein Untersuchungsverfahren für einen effektiven Konventionsrechtsschutz unbedingt notwendig. Gerade in diesen Fällen besteht besonders viel Unsicherheit über die substanzielle Beeinträchtigung. Außerdem entstünde ein nicht gewollter Anreiz, wenn Staaten dann keine Untersuchung durchführen müssten, wenn sie besonders effektiv die Beweise für eine Tötung oder ein Verschwindenlassen beseitigt hätten.[1234]

Ohne eine Antwort der Rechtsordnung auf die Beeinträchtigung, ohne das Recht, das sich wenigstens „Nach-Achtung“ verschafft, würden also die Umstände unklar bleiben und vor allem keine Anreize für den Staat gesetzt werden, solches nicht zu wiederholen. Im Einklang damit hat sich die Pflicht zur effektiven Untersuchung in der Rechtsprechung zu einer eigenständigen, von der substanziellen Beeinträchtigung unabhängigen Verfahrenspflicht entwickelt.[1235] Denn für den Gerichtshof wurde durch die den eingereichten Beschwerden zugrunde liegenden Sachverhalte deutlich, dass konventionsrechtlicher Schutz in der Praxis nur gemeinsam mit einem Schutz durch Verfahrensanforderungen effektiv wird.

Auch die nach (dem Beginn) der substanziellen Beeinträchtigung stattfindenden Verfahrenssituationen sind individualrechtlich initiiert, denn ohne sie blieben manche Konventionsrechtsverstöße innerstaatlich ohne Ausgleich; ohne rechtliche Reaktion und Sanktion bliebe der rechtswidrige Zustand bestehen. Erst mit der Antwort des Rechts gelingt ein effektiver Schutz vor weiteren Verstößen. Dass damit zugleich objektiv-rechtliche Elemente einer rechtsstaatlichen Organisation, wie schnelle und öffentliche Verfahren, gefördert werden, ist ein vom Gerichtshof gern akzeptiertes Nebenprodukt.

Abschließend soll auch hinsichtlich der *konkreten Nachphase* beispielhaft die Art der Entscheidungsumsetzung der beklagten Staaten betrachtet

---

[1234] Vgl. *Krieger, Heike*, Funktionen von Grund- und Menschenrechten (Kap. 6), in: EMRK/GG Konkordanzkommentar, Rn. 119, wonach der Gerichtshof die verfahrensrechtliche Schutzwirkung oft heranzieht, wenn er aufgrund von Beweisschwierigkeiten keine substanzielle Verletzung feststellen kann.

[1235] S. → S. 277.

werden. Auch hier ist zu beobachten, dass sie mit Änderungen der objektivrechtlichen Grundlagen reagieren.

Im Fall *Assenov u. a. gegen Bulgarien*[1236], in dem der Beschwerdeführer zwei Jahre in Untersuchungshaft saß und seine Haft erst drei Monate nach ihrem Beginn richterlich überprüft wurde, wurde nach dem Urteil des Gerichtshofs die bulgarische Strafprozessordnung geändert. Die staatsanwaltlich beantragte Untersuchungshaft darf nun ohne richterliche Überprüfung nur noch 72 Stunden andauern.[1237] Das Gericht entscheidet im Beisein der beschuldigten Person und ordnet die Haft an, wenn Haftgründe vorliegen. Bei deren Wegfall muss die Haft durch eine mildere Maßnahme ersetzt werden.[1238] Zudem muss das Gericht innerhalb von drei Tagen in einer öffentlichen Verhandlung über den Antrag einer Haftprüfung entscheiden.[1239]

Nach der Entscheidung der Großen Kammer im Fall Šilih[1240] änderte Slowenien ebenfalls die den Sachverhalt betreffenden Normen. Nachdem der Sohn des beschwerdeführenden Paares aufgrund eines allergischen Schocks im Krankenhaus verstorben war und das anschließende Verfahren nur zögerlich geführt wurde, wurde das Gesetz über die Rechte von erkrankten Personen im Gesundheitswesen geändert. Bei schweren Körperverletzungen oder Todesfällen nach medizinischer Sorgfaltspflichtverletzung muss das Strafverfahren nun besonders zügig durchgeführt werden.[1241] Zudem wurde die angemessene Zusammenarbeit zwischen den Justizbehörden, den Gesundheitsbehörden, der Justiz und der Staatsanwaltschaft gefördert.[1242]

[1236] EGMR, Urt. v. 28.10.1998, ECHR 1998-VIII, Nr. 24760/94; Sachverhaltsschilderung s. S. 154.

[1237] Ministerkomitee, Resolution v. 19.09.2000 (721. Sitzung Oktober 2000), ResDH(2000)109, Anhang, I. 1. Spiegelstrich - *Assenov u. a. vs. Bulgarien.*

[1238] Ministerkomitee, Resolution v. 19.09.2000 (721. Sitzung Oktober 2000), ResDH(2000)109, Anhang, I. 2. Spiegelstrich – *Assenov u. a. vs. Bulgarien.*

[1239] Ministerkomitee, Resolution v. 19.09.2000 (721. Sitzung Oktober 2000), ResDH(2000)109, Anhang, I. 3. Spiegelstrich – *Assenov u. a. vs. Bulgarien.*

[1240] EGMR (GK), Urt. v. 09.04.2009, Nr. 71463/01; Sachverhaltsschilderung s. → S. 276.

[1241] Maßnahmenbericht v. 25.05.2018 (1318. Sitzung Juni 2018), DH-DD(2018)538, Rn. 16 – Šilih *vs. Slowenien.*

[1242] Maßnahmenbericht v. 25.05.2018 (1318. Sitzung Juni 2018), DH-DD(2018)538, Rn. 21 – Šilih *vs. Slowenien.*

KAPITEL 4

Die abstrakte Vorphase

Als letztes schließt sich die Analyse der eigentlich frühesten Phase an. Im Blickpunkt des Gerichtshofs steht hier die Funktion von Recht als normative Verhaltensvorgabe.[1243] Durch staatliches Recht werden Verhaltensweisen ge- oder verboten, es werden Anreize oder Abschreckungen geschaffen, um menschliches Verhalten zu steuern. Der Beginn der *abstrakten Vorphase* knüpft an den Moment an, ab dem der Staat von einem Umstand erfährt und dabei ein Regelungsbedürfnis erkennt oder hätte erkennen müssen. Damit wird die Rechtsprechung im *Osman*-Fall[1244] auf die Situation der *abstrakten Vorphase* übertragen: Für die Bejahung einer positiven Pflicht müsse nachgewiesen sein, so die Große Kammer des Gerichtshofs, dass die Behörden zu diesem Zeitpunkt vom Bestehen eines realen und unmittelbaren Risikos für das Leben einer bestimmten Person oder Personengruppe wussten oder hätten wissen müssen, und sie es versäumten, Maßnahmen in ihrer Macht zu ergreifen, die vernünftigerweise zur Vermeidung des Risikos erwartet werden konnten.[1245] Bezogen auf die *abstrakte Vorphase* liegt ihr Beginn im Zeitpunkt, ab dem der Staat von der abstrakten Gefährdungslage weiß oder hätte wissen müssen. Konkret hat sich noch keine Gefahr angebahnt, aber die Möglichkeit der Zuspitzung einer noch abstrakten Gefährdungslage

1243 Vgl. allgemein und zum rechtsnormativen Wesen von Verfassungsrecht *Cremer*, Anwendungsorientierte Verfassungsauslegung, S. 515-534, insb. 515 f.

1244 EGMR (GK), Urt. v. 28.10.1998, ECHR 1998-VIII, Nr. 23452/94, § 116 – *Osman vs. Großbritannien*. S. → S. 83.

1245 EGMR (GK), Urt. v. 28.10.1998, ECHR 1998-VIII, Nr. 23452/94, § 116 – *Osman vs. Großbritannien*.

muss erkennbar sein. Dies kann bejaht werden, wenn der Staat von übermäßigem Schusswaffengebrauch bei Polizeieinsätzen, von einer regionalen Müllentsorgungsproblematik oder aber auch von einem gesetzlich bislang nicht erfassten Familienstatus erfährt oder hätte erfahren können. Ab diesem Moment stellt der Gerichtshof Verpflichtungen an die Konventionsstaaten.

Ausgehend von den Ergebnissen der beiden konkreten Phasen kann immer eine abstrakte Pflicht festgestellt werden, die konkreten Verpflichtungen von *konkreter Vor-* und *Nachphase* in Recht zu gießen. Es reicht nicht aus, dass *ad hoc* ein Verfahren unabhängig, schnell und gründlich durchgeführt wird; es muss rechtlich festgeschrieben sein, dass dies einzuhalten ist. Nur so sieht der Gerichtshof es als gesichert an, dass die Konventionsrechte effektiv gewahrt werden. Wenn es vom Verhalten des Staates im Einzelfall abhängt, ob und wie eine Verfahrenssituation durchgeführt wird, dann besteht stets die Gefahr, dass eben keine oder eine nicht der Konvention genügende Verfahrenssituation stattfindet. Die effektive Konventionsrechtsgewährung wäre abhängig vom Willen der entscheidenden Person. Diesem Risiko begegnet der Gerichtshof mit der Anforderung, dass abstrakt-generell eine Verfahrenssituation eingerichtet ist und diese durch Regelungen bestimmte Anforderungen erfüllt. Wie sich zeigen wird, fordert er die Staaten zwar nicht ausdrücklich auf, ihre Gesetze zu ändern. Doch häufig ist es die einzige Möglichkeit, um einen konventionsrechtskonformen Zustand (wieder-)herzustellen: Da eine konventionswidrig ausgestaltete Verfahrenssituation durch abstrakt-generelle Regelungen eingerichtet wurde, müssen diese geändert werden, um die Verfahrenssituation konventionsgemäß zu gestalten. Eine Verfahrenssituation, die gar nicht geregelt wurde, wird – ansonsten hängt ihre Einleitung von der Willkür der im konkreten Fall entscheidenden Person ab – in einer Norm mit Wirkung über den Einzelfall hinaus organisiert werden. Dass die Staaten dies erkannt und akzeptiert haben, zeigt die Staatenpraxis, die hier beispielhaft dargestellt wurde.[1246] So haben die Staaten meist ihre bestehenden rechtlichen Grundlagen geändert oder neue erlassen, um den Vorgaben der Konvention und den Anforderungen des Gerichtshofs an einen effektiven Konventionsrechtsschutz zu genügen.

Beendet wird die *abstrakte Vorphase* mit dem konkreten substanziellen Beeinträchtigungsereignis. Zwar kann es sein, dass davor noch eine *konkrete*

[1246] → S. 170, 313 u. 378.

Vorphase liegt, doch beendet sie nicht die Verpflichtungen, die der *abstrakten Vorphase* innewohnen. Diese bleiben bestehen, bis sich die Gefährdung im Beeinträchtigungsereignis realisiert hat, unabhängig davon, ob – meist andere staatliche Stellen – Verpflichtungen der *konkreten Vorphase* zu erfüllen haben. Auch wenn zurecht gesagt werden könnte, dass die abstrakte Pflicht des Staates, auf Gefahren zu reagieren und wenn nötig Normen zu erlassen, nie endet, bedeutet dies dennoch nicht, dass die *abstrakte Vorphase*, wie sie hier verstanden wird, durchgehend bestehen bleibt. Durch den Bezug auf ein konkretes substanzielles Beeinträchtigungsereignis und ihre Definition in Abhängigkeit zu diesem endet die *abstrakte Vorphase* mit seinem Eintritt. Ab seinem Eintritt kann der Staat die betroffene Person hinsichtlich ihres konkreten Konventionsrechts nicht mehr vor einer drohenden Gefahr schützen; Pflichten, durch abstrakte Normen das konkret verletzte Gut zu schützen, sind nicht mehr erfüllbar oder haben sich in konkrete Pflichten gewandelt, die kurzfristig noch Schutz ermöglichen. Abstrakt-generelle Regelungen sind dann auch aufgrund ihrer grundsätzlichen *ex-tunc*-Wirkung nicht mehr zum effektiven Schutz, wie ihn der Gerichtshof fordert, geeignet.

Die *abstrakte Vorphase* liegt in gewisser Hinsicht am weitesten vom Beeinträchtigungsereignis entfernt. Meist wird diese Phase lange davor beginnen. In jedem Fall werden die in ihr verpflichteten staatlichen Stellen die Verbindung der Gefahrsituation mit dem späteren Opfer nicht kennen. Dass sich dennoch gewisse Verpflichtungen der Konvention bereits in diesem frühen Stadium entfalten, zeigt sich an der Rechtsprechung des Gerichtshofs. Er führt in mehreren Fällen aus, dass die positive Verpflichtung, beispielsweise aus Art. 2 EMRK, angemessene Schritte zum Lebensschutz zu ergreifen, nicht nur in Situationen, in denen einzelne Personen bereits als gefährdet zu identifizieren seien, bestehe. Diese Verpflichtung existiere auch in Situationen, die generellen Schutz der Gesellschaft erforderten.[1247] Die positive Verpflichtung zur Setzung eines Regelwerks müsse so konstruiert werden,

---

[1247] EGMR, Urt. v. 07.05.2020, Nr. 43881/10, § 53 – *Vardosanidze vs. Georgien* zum Schutz vor Kohlenmonoxidvergiftungen; EGMR (GK), Urt. v. 25.06.2019, Nr. 41720/13, § 135 – *Nicolae Virgiliu Tănase vs. Rumänien* zur Sicherheit im Straßenverkehr; EGMR, Urt. v. 4.10.2016, Nr. 69546/12, § 50 m. w. N. – *Cevrioğlu vs. Türkei* zur Absicherung von Baustellen.

dass sie im Kontext jeder lebensgefährdenden Aktivität anwendbar sei.[1248] Der Gerichtshof fordert deshalb die Kodifikation der einzelnen Verfahrensgarantien und mehr noch: einen rechtlichen und administrativen Rahmen. So muss ein Konventionsstaat, nicht nur, wie sich aus der Analyse der *konkreten Vorphase* ergeben hat, Prävention in der konkreten Verfahrenssituation leisten. Bereits davor, wenn von der konkreten Gefahr noch keine Rede ist, muss er rechtlich und administrativ vorsorgen.

Die *abstrakte Vorphase* liegt zwar vor der bereits erörterten *konkreten Vorphase*, doch werden die Verpflichtungen, die sich aus ihr ergeben deutlicher im Wissen um die Ausgestaltung der daran anschließenden *konkreten Vorphase* und auch der *konkreten Nachphase*.

Bereits in der *abstrakten Vorphase* kann durch das Nicht-Regeln ein Rechtsgut gefährdet sein. Somit muss ein subjektives Recht auch zu diesem Zeitpunkt bereits Schutz entfalten. Auch so weit entfernt von einer konkreten Gefährdung kann das subjektive Recht in staatliche Entscheidungen einbezogen werden. Zwar kann das Subjekt zu diesem frühen Zeitpunkt nichts einklagen, da grundsätzlich kein Anspruch auf Gesetzgebung besteht. Dennoch wirkt sich das subjektive Recht aus, indem es die Verpflichtung zur Regelung durch objektives Recht festsetzt. Wenn die substanzielle Beeinträchtigung später eintritt, spielen bei der Beurteilung einer Konventionsrechtsverletzung auch die „frühen“ Mängel staatlichen Handelns eine Rolle.

Auch auf die *abstrakte Vorphase* kann die zu Beginn errichtete rechtliche Konstruktion[1249] angewandt werden. Vor Konkretisierung auf eine bestimmte Person und Situation findet eine Verfahrenssituation statt. Sie hat einen thematischen Bezug zum später möglicherweise eintretenden substanziellen Beeinträchtigungsereignis, doch liegt sie zeitlich vor diesem. In dieser *abstrakten Vorphase* werden spätere Verfahrenssituationen geregelt und organisiert, meist durch die Setzung eines rechtlichen Rahmens. Hierbei werden die Konventionsrechte der später betroffenen Person nicht oder nicht ausreichend gewährleistet. So wird entweder keine Verfahrenssituation organisiert oder lediglich eine, in der nur unzureichender Schutz gewährt wird. Durch das

---

[1248] EGMR (GK), Urt. v. 17.07.2014, ECHR 2014, Nr. 47848/08, § 130 – *Centre for Legal Resources on behalf of Valentin Câmpeanu vs. Rumänien*; EGMR, Urt. v. 07.05.2020, Nr. 43881/10, § 53 – *Vardosanidze vs. Georgien*; Urt. v. 14.06.2011, Nr. 19776/04, § 63 – *Ciechońska vs. Polen*.

[1249] S. → S. 61 ff.

staatliche Verhalten in der *abstrakten Vorphase* wird die noch bevorstehende Beeinträchtigung wahrscheinlicher gemacht oder überhaupt erst ermöglicht. Diese tritt anschließend ein und der Staat kann nun erkennen, dass schon sein Verhalten in der *abstrakten Vorphase* zum Schutz der Konventionsrechtsgüter vor weiteren Beeinträchtigungen notwendig ist und sich deshalb Pflichten aus der Konvention ergeben.

Werden solche prognostizierten Folgen bereits in der *abstrakten Vorphase* für den Staat erkennbar, hat er alle Tatsachen zu ermitteln (Deliberationsphase[1250]), um zu entscheiden, ob (Schutz *durch* Verfahren) und wie (Schutz *im* Verfahren) er zu diesem frühen Zeitpunkt die drohende Beeinträchtigung durch Einrichtung und Ausgestaltung einer Verfahrenssituation verhindern oder abschwächen kann. Er hat dann die Pflicht, sich durch Regelungen zu rüsten, um im konkreten Fall auf die Gefahr reagieren zu können. Auch wenn die *abstrakte Vorphase* zeitlich weit vor dem substanziellen Beeinträchtigungsereignis liegen mag, muss der Staat bereits hier sein Verhalten auf die Anforderungen der Konvention abstimmen.

Beim ersten Zugriff auf die nun folgenden Fälle fällt zunächst auf, dass der Gerichtshof Mängel in dieser Phase dem *substantial limb* eines Konventionsrechts zuordnet, also eine Verletzung eines Konventionsrechts in seiner materiell-rechtlichen Dimension annimmt.[1251] Dies muss nicht unbedingt der hier vorgenommenen Einordnung als Verfahrenspflicht widersprechen. Der Gerichtshof mag es als eine substanzielle Verpflichtung ansehen, weil in der *abstrakten Vorphase* häufig die gesetzgeberische Pflicht, Inhalte zu schaffen, besteht. In dieser Arbeit wird hingegen betont, dass die Staaten durch eine Verfahrenssituation, nämlich ein legislatives Verfahren, diese Inhalte schaffen.

Während in den bereits analysierten Phasen der Gerichtshof meist sehr detaillierte Vorgaben an das Handeln der Konventionsstaaten gestellt hat, ist in der *abstrakten Vorphase* anderes zu beobachten. Für diese frühe Phase leitet er nur in wenigen Fällen konkrete Handlungsvorgaben aus der Konvention ab. Im Grundsatz gesteht er den Konventionsstaaten in diesem Stadium einen großen Spielraum zu. Dies steht nicht im Widerspruch zu der Auslegung der Konvention in den anderen Phasen. Vielmehr verdeutlicht es, dass der

---

1250 Vgl. → S. 64-67.

1251 Vgl. beispielhaft EGMR, Urt. v. 20.03.2008, ECHR 2008 (extr.), Nrn. 15339/02 u. a., in Überschrift vor § 147 u. in § 160 – *Budayeva u. a. vs. Russland.*

Gerichtshof von der Gefahr für ein konkretes Rechtsgut ausgeht und danach die Verpflichtungen der Konventionsstaaten bestimmt. In der *abstrakten Vorphase* hat sich die Gefahr noch nicht auf das Rechtsgut einer bestimmten Person konkretisiert; es besteht vielmehr nur die Möglichkeit der Zuspitzung einer noch abstrakten Gefährdungslage, sodass auch die Vorgaben der Konvention an die Konventionsstaaten lediglich abstrakter Art sind. Zu diesem frühen Zeitpunkt ist die Verhinderung einer Gefahr noch auf verschiedenen Wegen möglich; welcher Weg zu wählen ist, steht als Entscheidung dem nationalen Normgeber zu. Dies ist eine Ausprägung der *margin of appreciation*, da der Beurteilungsspielraum der Konventionsstaaten mit dem bereits bestehenden Schutz durch nationales Recht, also dem Aufbau eines rechtlichen Rahmens, verknüpft wird.[1252] In Fällen, in denen der Staat keinen rechtlichen Rahmen errichtet hat, prüft der Gerichtshof die Anforderungen der Konvention streng. Ansonsten gesteht er den Staaten die Wahl über die inhaltliche Ausgestaltung der Regeln weitgehend frei zu. Zumindest hinsichtlich Art. 8 EMRK ist in der Rechtsprechung des Gerichtshofs zu sehen, dass zugunsten des beklagten Staates berücksichtigt wird, wenn er das Bestehen widerstreitender Rechte und das Bedürfnis des fairen Ausgleichs erkannt hat.[1253] Dies fügt sich auch in das Verständnis demokratischer Gesetzgebung ein: „Der Individualschutz hängt zwar von vorheriger abstrakt-genereller Regelung ab. Diese aber darf – zumal in demokratischen Gemeinwesen – nicht durch das Recht eines einzelnen prädeterminiert werden."[1254]

A. Verfahrenssituation vor einer staatlichen substanziellen Beeinträchtigung

Staatliche Beeinträchtigungsereignisse bewirken nicht nur bestimmte Verfahrenspflichten in *konkreter Vor-* u nd *Nachphase*. Die Gefahr ihres Eintritts löst zudem die konventionsrechtliche Pflicht aus, ein Verfahren zur Schaffung abstrakt-genereller Regelungen durchzuführen. Auch hier lässt sich

---

[1252] *Lavrysen*, in: Human Rights, S. 69, 126 f.

[1253] Vgl. ausdrücklich nur EGMR (GK), Urt. v. 15.03.2012, ECHR 2012, Nrn. 4149/04 u. 41029/04, § 66 – *Aksu vs. Türkei* mit Verweis *mutatis mutandis* auf die Rechtsprechung zu Art. 10 EMRK: u. a. EGMR, Urt. v. 06.02.2001, ECHR 2001-I, Nr. 41205/98, § 69 – *Tammer vs. Estland.*

[1254] *Cremer*, in: Enzyklopädie Europarecht, § 3 Rn. 108.

beobachten: die Pflicht *zu regeln* entsteht durch die drohende Gefahr und je drängender die Gefahr für ein Konventionsrechtsgut ist, desto eher drängt die Konvention dazu, *genau zu regeln*. Es wird sich zeigen, dass hinsichtlich der folgenden bevorstehenden staatlichen Beeinträchtigungssituationen bereits vor ihrem Entstehen konventionsrechtliche Pflichten existieren. Der Staat muss sich für ihren Eintritt rüsten. Insbesondere Art. 2 und Art. 5 EMRK werden so ausgelegt, dass ohne die Aufstellung eines rechtlichen und administrativen Rahmens der Staat nicht alle Mittel ergriffen hat, um effektiven Schutz zu gewähren. Es wird deutlich, dass für den Gerichtshof von einem abstrakt-generellen Rahmen eine bedeutende Schutzwirkung ausgeht, die er in den nun folgenden Beeinträchtigungssituationen für erforderlich hält.

I. Staatliche Beeinträchtigung von Leben und physischer und psychischer Integrität

Schutz vor staatlicher Beeinträchtigung subjektiver Rechtsgüter lässt sich nicht nur in der Beeinträchtigungssituation selbst oder unmittelbar davor realisieren. Häufig sind zum Zeitpunkt des Entstehens einer konkreten Gefahr nur noch begrenzte Handlungsspielräume vorhanden; bestimmte Kausalverläufe lassen sich vom Staat dann nicht mehr aufhalten. Auch deshalb wendet sich der Gerichtshof der frühen, *abstrakten Vorphase* zu, die dem Staat mehr Gestaltungsmöglichkeiten bieten kann, auf möglicherweise eintretende substanzielle Beeinträchtigungsereignisse und diesbezügliches menschliches Verhalten einzuwirken.

Bereits ab dem Zeitpunkt, wenn der Staat von einer Gefährdung erfährt oder Kenntnis von ihr haben müsste, muss er Maßnahmen ergreifen. Im Fall *Makaratzis gegen Griechenland*[1255], in dem der Beschwerdeführer bei einer Verfolgungsjagd durch die Polizei schwer verletzt wurde, führt der Gerichtshof folgendes aus: Da Art. 2 EMRK – wie auch Art. 3 EMRK – zu den fundamentalen Garantien der Konvention gehöre, müssten Fälle, in denen der Verlust des Lebens gerechtfertigt werden könne, streng begrenzt sein. Nach Inhalt und Zweck der Konvention sei es erforderlich, Art. 2 EMRK so zu definieren und anzuwenden, dass seine Anforderungen praktikabel und effektiv seien.[1256]

1255 EGMR (GK), Urt. v. 20.12.2004, ECHR 2004-XI, Nr. 50385/99.

1256 EGMR (GK), Urt. v. 20.12.2004, ECHR 2004-XI, Nr. 50385/99, § 56 – *Makaratzis vs. Griechenland*.

Nach Art. 2 Abs. 1 EMRK müsse der Staat nicht nur vorsätzliche und ungerechtfertigte Lebensgefahren verhindern, sondern erforderliche Maßnahmen ergreifen, um in der eigenen Rechtsordnung die Leben der Rechtsträger zu schützen. Dies werde zuallererst durch die Einsetzung eines angemessenen rechtlichen und administrativen Rahmens erreicht. Dieser solle Angriffe verhindern und dabei durch ein Rechtsdurchsetzungssystem zur Prävention, zur Hemmung und zur Bestrafung solcher Rechtsverletzungen verstärkt werden.[1257] Verankerung im Wortlaut findet diese Auslegung des Art. 2 EMRK hinsichtlich des rechtlichen und administrativen Rahmens in der Formulierung *„protected by law"*. Hieraus schließt der Gerichtshof, dass ein effektiver Schutz durch das Recht nur dann gegeben ist, wenn Maßnahmen durch dieses Recht hinreichend geregelt (*sufficiently regulated*) sind.[1258]

Im Fall *Giuliani und Gaggio gegen Italien*[1259] hatten Angehörige eines Demonstranten der G8-Proteste in Genua im Jahr 2001 die Beschwerde eingelegt. Als Gewalt zwischen der Polizei und der Demonstration ausbrach, wurden aus einem belagerten Polizeijeep zwei Schüsse abgefeuert. Diese trafen den Sohn und Bruder der Beschwerdeführer:innen tödlich. Anschließend fuhr der Jeep noch zweimal über seinen toten Körper. Untersuchungen der Vorfälle wurden umgehend nach den Demonstrationen eingeleitet, später aber ausgesetzt. Der Gerichtshof stellt hier klar, dass die Schutzpflicht des Staates für das Leben aus Art. 2 EMRK auch die Aufstellung eines angemessenen rechtlichen und administrativen Rahmens (*legal and administrative framework*) erfordert, da eine Gefährdung nicht nur von der Gewaltanwendung ausgehe, sondern auch von den Planungs- und Kontrollaktivitäten der Polizei. Da unreguliertes und willkürliches Verhalten staatlicher Sicherheitskräfte inkompatibel mit dem effektiven Respekt vor Menschenrechten sei, müssten Polizeioperationen ausreichend vom nationalen Recht durch einen Rahmen aus angemessenen und effektiven Schutzvorkehrungen gegen Willkür und Machtmissbrauch reguliert

---

[1257] EGMR (GK), Urt. v. 20.12.2004, ECHR 2004-XI, Nr. 50385/99, § 57 – *Makaratzis vs. Griechenland.*

[1258] EGMR (GK), Urt. v. 20.12.2004, ECHR 2004-XI, Nr. 50385/99, § 58 – *Makaratzis vs. Griechenland.*

[1259] EGMR (GK), Urt. v. 24.03.2011, ECHR 2011 (extr.), Nr. 23458/02. Schon in der *konkreten Vorphase* s. → S. 89.

werden.[1260] Er bezieht sich dabei auch auf einen bereits entschiedenen Fall, *Makaratzis gegen Griechenland*[1261], in dem der Beschwerdeführer das Rotlicht einer Ampel missachtet hatte, woraufhin die Polizei die Verfolgung aufnahm und ihn nach einer langen, chaotischen Verfolgungsjagd stoppte. Bei *ad-hoc*-Einsätzen wie geplanten Maßnahmen solle die Polizei nicht in einem Vakuum gelassen, so die Große Kammer, sondern mit ihrer Arbeit in einen rechtlichen und administrativen Rahmen, der die Umstände zulässigen Gewalteinsatzes nenne, eingebettet werden.[1262] Wenn es bereits bei *ad-hoc*-Einsätzen stets eine Rückbindung an den rechtlichen Rahmen geben muss und dieser damit auch überprüfbar wird, dann muss dies erst recht für die Phase gelten, die sich bei geplanten und koordinierten Polizeiaktionen zwischen die abstrakte Regelung und die ausgeführte Maßnahme schiebt: die Planung und Organisation des Einsatzes. Auch diese kann vom Gerichtshof auf ihre Vereinbarkeit mit Art. 2 EMRK überprüft werden.[1263]

Dass gerade bei staatlichem, exekutivischem Handeln ein rechtlicher und administrativer Rahmen von der Konvention gefordert wird, hat sich in der Rechtsprechung des Gerichtshofs etabliert. Ob und welche inhaltlichen Anforderungen an diesen Regelungsrahmen gestellt werden, steht weniger im Fokus dieser Arbeit; vielmehr interessiert, dass aus der Konvention folgt, dass die Konventionsstaaten so früh, also vor dem Erkennen einer konkreten Gefahr bereits zum Schutz der Konventionsrechte durch ein Normsetzungsverfahren tätig werden müssen.

II. Staatlicher Schusswaffengebrauch

Für den staatlichen Schusswaffengebrauch als eine bestimmte Lebens- und Gesundheitsbeeinträchtigung verengt der Gerichtshof den Handlungsrahmen

[1260] EGMR (GK), Urt. v. 24.03.2011, ECHR 2011 (extr.), Nr. 23458/02, §§ 209, 249 – *Giuliani u. Gaggio vs. Italien*; EGMR (GK), Urt. v. 20.12.2004, ECHR 2004-XI, Nr. 50385/99, § 58 – *Makaratzis vs. Griechenland*; EGMR, Urt. v. 26.02.2004, Nrn. 43577/98 u. 43579/98, § 97 – *Nachova u. a. vs. Bulgarien*; zuletzt (Stand: 01.05.2025) EGMR, Urt. v. 11.06.2024, Nr. 47909/19, § 48 – *T.V. vs. Kroatien*.

[1261] EGMR (GK), Urt. v. 20.12.2004, ECHR 2004-XI, Nr. 50385/99.

[1262] EGMR (GK), Urt. v. 20.12.2004, ECHR 2004-XI, Nr. 50385/99, § 59 – *Makaratzis vs. Griechenland*. S. a. EGMR, Urt. v. 26.07.2005, Nrn. 35072/97 u. 37194/97, § 105 – *Şimşek u. a. vs. Türkei*.

[1263] EGMR (GK), Urt. v. 20.12.2004, ECHR 2004-XI, Nr. 50385/99, § 60 – *Makaratzis vs. Griechenland*.

der Konventionsstaaten noch. Hierfür definiert er genauer, was für ein gesetzlicher und administrativer Rahmen (*legal and administrative framework*) errichtet werden müsse. Im Fall der tödlich endenden G8-Demonstration, *Giuliani und Gaggio gegen Italien*[1264], stellt die Große Kammer des Gerichtshofs klar, dass die Schutzpflicht des Staates für das Leben aus Art. 2 EMRK auch die Aufstellung eines angemessenen rechtlichen und administrativen Rahmens erfordere, der die begrenzten Umstände nenne, in denen staatliche Einsatzkräfte Gewalt und Schusswaffen verwenden dürften. In Übereinstimmung mit dem Prinzip der strengen Verhältnismäßigkeit, das Art. 2 EMRK innewohne, müsse der nationale Rechtsrahmen sich auf Schusswaffen beziehen, die abhängig von der sorgfältigen Bewertung der Situation benutzt würden.[1265] Staatliche Gewalt, gerade wenn sie unmittelbar körperlich für die betroffenen Personen spürbar ist, muss in einen rechtlichen und administrativen Rahmen eingehegt sein.

Auch hinsichtlich der Beeinträchtigung von Art. 3 EMRK wiederholt der Gerichtshof diese Anforderung. Im Fall İzci *gegen die Türkei*[1266] ging es um eine Demonstration in Istanbul zum Frauentag, bei der es zu Ausschreitungen zwischen der Polizei und den Demonstrierenden kam. Die Polizei setzte dabei Tränengas und Schlagstöcke ein, ohne zuvor Warnungen auszusprechen. In seiner Feststellung, dass hier Art. 3 EMRK durch die türkische Polizei verletzt worden sei, verwendet er hinsichtlich des prozessualen Aspekts die Formulierung aus *Makaratzis gegen Griechenland*: auch hinsichtlich Art. 3 EMRK dürften Einsatzkräfte nicht in einem Vakuum gelassen werden, wenn es um ihre Pflichten gehe. Sie müssten – in vorbereiteten Polizeioperationen wie in spontanen Einsätzen – einen rechtlichen und administrativen Rahmen erhalten, der ihnen die Situationen aufzeige, in denen Gewalt und Schusswaffengebrauch ausnahmsweise erlaubt seien.[1267]

In weiteren Urteilen erläutert er die Anforderung an einen rechtlichen und administrativen Rahmen genauer. Insbesondere müsse der Einsatz im Gesetz davon abhängig gemacht werden, welche Tat die Person begangen

---

1264 EGMR (GK), Urt. v. 24.03.2011, ECHR 2011 (extr.), Nr. 23458/02.

1265 EGMR (GK), Urt. v. 24.03.2011, ECHR 2011 (extr.), Nr. 23458/02, § 209 – *Giuliani u. Gaggio vs. Italien*.

1266 EGMR, Urt. v. 23.07.2013, Nr. 42606/05 – İzci *vs. Türkei*.

1267 EGMR, Urt. v. 23.07.2013, Nr. 42606/05, § 63 – İzci *vs. Türkei*. S. a. den Fall EGMR, Urt. v. 16.07.2013, Nr. 44827/08, § 49 – *Abdullah Yaşa u. a. vs. Türkei*, in dem es um fehlende spezifische Regeln für den Einsatz von Tränengas ging.

habe und welche Bedrohung von ihr ausgehe.[1268] Da die Möglichkeit der Rechtfertigung eines Todes nach Art. 2 EMRK im Übrigen kein Freibrief sei, müssten Polizeiaktionen vom nationalen Recht ausreichend geregelt und autorisiert sein und sich im Rahmen eines angemessenen und effektiven Sicherungssystems gegen Willkür und Machtmissbrauch bewegen.[1269] Ein rechtlicher und administrativer Rahmen solle im Lichte internationaler Standards die begrenzten Situationen benennen, in denen die Polizei Gewalt und Schusswaffen benutzen dürfe.[1270]

Nicht nur die Exekutive bei der Ausführung einer Polizeiaktion, sondern gerade die Legislative bei der Erstellung von polizeieinsatzregelnden Gesetzen müsse erkennbar vom Grundsatz geleitet sein, dass der Schusswaffengebrauch auf das absolut Notwendige zu beschränken sei. Gesetze müssten klare Vorgaben hierzu enthalten, um das Risiko überflüssiger Schäden zu reduzieren und den Schusswaffeneinsatz mit ungerechtfertigten Folgen auszuschließen.[1271] Es dürfe durch vage gesetzliche Formulierungen insbesondere kein Freibrief zum Einsatz von Schusswaffen ausgestellt werden.[1272] Dies gelte auch für den Schusswaffengebrauch in Haftoperationen, wie der Fall *Nachova u. a. gegen Bulgarien*[1273] zeigt. Im Fall waren zwei Männer mit Rom:nja-Zugehörigkeit unbewaffnet aus dem Militärdienst geflohen und auf der Flucht von der Militärpolizei erschossen worden. Die Polizeianweisungen zum Schusswaffeneinsatz waren sehr unbestimmt und nicht veröffentlicht. Trotz der Hinweise auf eine Diskriminierung aufgrund ihrer Rom:nja-Zugehörigkeit gab es diesbezüglich keine Aufklärung. Auch wenn es um die Ausführung einer Haftoperation gehe, müsse der Rechtsrahmen den Gebrauch von Schusswaffen strikter Verhältnismäßigkeit unterwerfen und diese nur nach einer sorgfältigen Bewertung der Umstände zulassen, so der

---

[1268] EGMR (GK), Urt. v. 06.07.2005, ECHR 2005-VII, Nrn. 43577/98 u. 43579/98, § 96 – *Nachova u. a. vs. Bulgarien.*

[1269] EGMR (GK), Urt. v. 20.12.2004, ECHR 2004-XI, Nr. 50385/99, § 58 – *Makaratzis vs. Griechenland Makaratzis.*

[1270] EGMR (GK), Urt. v. 20.12.2004, ECHR 2004-XI, Nr. 50385/99, § 59 – *Makaratzis vs. Griechenland Makaratzis.*

[1271] EGMR, Urt. v. 13.04.2017, ECHR 2017 (extr.), Nrn. 26562/07 u. a., § 595 – *Tagayeva u. a. vs. Russland.*

[1272] EGMR, Urt. v. 09.11.2010, Nr. 22746/03, § 70 – Ölmez u. a. vs. Türkei.

[1273] EGMR (GK), Urt. v. 06.07.2005, ECHR 2005-VII, Nrn. 43577/98 u. 43579/98; Sachverhaltsschilderung s. → S. 92.

Gerichtshof; insbesondere seien die Schwere der den Flüchtenden vorgeworfenen Straftat und die von ihnen ausgehende Gefahr einzubeziehen.[1274] Eine solch mangelhafte rechtliche Einbettung einer Polizeiaktion verrate eine bedauerliche Gleichgültigkeit hinsichtlich der überragenden Bedeutung des Rechts auf Leben, so der Gerichtshof.[1275]

III. Verfahren nach und während Freiheitsentziehungen

Auch hinsichtlich freiheitsentziehender Beeinträchtigungen ist für die Gewährleistung der Konventionsrechte erforderlich, dass die Staaten bereits in der *abstrakten Vorphase* bestimmte Pflichten erfüllen. So muss die Haftprüfung des Art. 5 Abs. 4 EMRK in ein funktionierendes Justizsystem eingebettet sein.[1276] Im Fall *M.B. gegen die Schweiz*[1277] rügte die Beschwerdeführerin die Dauer des Verfahrens ihrer Haftprüfung und ihrer Entlassung. Die Schweiz hatte für diese Verfahren einen zweistufigen Instanzenaufbau gewählt, der eine längere Verfahrensdauer verursachte. Der Gerichtshof stellt fest, dass der Umstand, eine Verwaltungsbehörde der Entscheidung des Bundesgerichts vorzuschalten, nicht als Rechtfertigung dienen könne, der Beschwerdeführerin ihre Rechte aus Art. 5 Abs. 4 EMRK vorzuenthalten. Es sei Sache des Staates, sein Justizsystem so zu organisieren, dass seine Gerichte die Anforderungen dieser Norm erfüllen könnten (*to organise its judicial system in such a way as to enable its courts to comply with the requirements*).[1278] So können sie sich auch nicht darauf berufen, dass das Gericht unter übermäßiger Arbeitsbelastung leide und deshalb zunächst heiklere Haftfälle behandle.[1279]

IV. Abschiebungen, Ausweisungen und Auslieferungen

Aus Art. 5 Abs. 1 S. 2 lit. f EMRK entnimmt der Gerichtshof, dass eine Inhaftierung zum Zweck der Abschiebung, Ausweisung oder Auslieferung

---

[1274] EGMR (GK), Urt. v. 06.07.2005, ECHR 2005-VII, Nrn. 43577/98 u. 43579/98, § 96 – *Nachova u. a. vs. Bulgarien.*

[1275] EGMR (GK), Urt. v. 06.07.2005, ECHR 2005-VII, Nrn. 43577/98 u. 43579/98, § 105 – *Nachova u. a. vs. Bulgarien*

[1276] Vgl. *Dörr, Oliver*, Freiheit der Person (Kap. 13), in: EMRK/GG Konkordanzkommentar, Rn. 23.

[1277] EGMR, Urt. v. 30.11.2000, Nr. 28256/95.

[1278] EGMR, Urt. v. 30.11.2000, Nr. 28256/95, § 42 – *M.B. vs. Schweiz.*

[1279] EGMR, Urt. v. 25.10.1989, Rep. A 164, Nr. 11400/85, § 25 – *Bezicheri vs. Italien.*

nur dann „rechtmäßig“ sei, wenn sie auf einer Rechtslage basiere, die inhaftierte Personen vor willkürlicher Freiheitsentziehung schütze. Dies konnte er im Fall *Nasrulloyev gegen Russland*[1280] nicht feststellen, da das nationale Gesetz weder präzise noch vorhersehbar gestaltet war und widersprüchliche und einander ausschließende Standpunkte der beteiligten Behörden zuließ.[1281]

Im Fall *Toniolo gegen San Marino und Italien*[1282] lebte der italienische Beschwerdeführer in San Marino, als die italienische Staatsanwaltschaft ein Ermittlungsverfahren wegen Geldwäsche und anderer Straftaten gegen ihn einleitete. Nach Anordnung der Sicherungsverwahrung durch das Tribunal in Rom stellte der italienische Justizminister einen Antrag auf Auslieferung und Sicherungsverwahrung bei den Justizbehörden von San Marino. Völkerrechtliche Grundlage hierfür sollten die Konvention der Freundschaft und Guten Nachbarschaft zwischen Italien und San Marino aus dem Jahr 1939 und die Europäische Konvention über Auslieferungen von 1957 sein. Die Konventionen enthalten unterschiedliche formale Anforderungen an Auslieferungen, insbesondere hinsichtlich der einzuhaltenden Fristen. Der Beschwerdeführer wurde in San Marino festgenommen. Hiergegen legte er Rechtsmittel ein mit den Argumenten, es läge mangels Fluchtgefahr kein Haftgrund vor. Dies wurde von einem Gericht in San Marino zurückgewiesen. Als der Beschwerdeführer über die Auslieferung aufgeklärt wurde, verweigerte er wegen der Abwesenheit seines Anwalts die Unterschrift. Dennoch wurde der Beschwerdeführer der italienischen Polizei übergeben; sein Anwalt wurde erst über eine Stunde später darüber informiert. Gegen die gerichtliche Entscheidung über die Sicherungsverwahrungsanordnung und die Auslieferung selbst legte der Beschwerdeführer erfolglos verschiedene Rechtsmittel ein. Er trug vor, dass trotz fehlender Flucht- oder Verschleierungsgefahr die Sicherungsverwahrung angeordnet worden sei. Zudem wurde das Auslieferungsverfahren nicht ordnungsgemäß durchgeführt: es habe keine Anhörung gegeben und zum Zeitpunkt der Auslieferung habe sein Anwalt weder Zugang zu ihm noch zu den Akten gehabt. Im Übrigen sei das Auslieferungsverfahren rechtswidrig, da sein erster Teil in

[1280] EGMR, Urt. v. 11.10.2007, Nr. 656/06.

[1281] EGMR, Urt. v. 11.10.2007, Nr. 656/06, §§ 76 f. – *Nasrulloyev vs. Russland*. S. a. EGMR, Urt. v. 24.04.2008, Nr. 2947/06, § 140 – *Ismoilov u. a. vs. Russland*; EGMR, Urt. v. 19.06.2008, Nr. 8320/04, §§ 129 f. – *Ryabikin vs. Russland*.

[1282] EGMR, Urt. v. 26.06.2012, Nr. 44853/10.

Übereinstimmung mit der Konvention von 1939 und sein zweiter Teil in Übereinstimmung mit der Konvention von 1957 durchgeführt worden sei, letztere wegen eines völkerrechtlichen Vorbehalts jedoch keine Anwendung hätte finden dürfen.

Hinsichtlich Art. 5 Abs. 1 lit. f EMRK stellt der Gerichtshof fest, dass die Vorgabe des Art. 5 Abs. 1 EMRK an die Rechtmäßigkeit einer Freiheitsentziehung, insbesondere die Anforderung eines durch Gesetze vorgeschriebenen Verfahrens *„a procedure prescribed by law"* auf die Regeln des nationalen Rechts zurückverweise. Dies umfasse auch die im jeweiligen Staat geltenden völkerrechtlichen Regeln. Zwar ergebe sich daraus zunächst, dass die materiellen und verfahrensrechtlichen Regeln des nationalen Rechts eingehalten werden müssten; darüber hinaus müsse eine Freiheitsentziehung aber auch stets mit dem Zweck des Art. 5 EMRK übereinstimmen, der darin bestehe, Einzelne vor staatlicher Willkür zu schützen.[1283] Wenn also die Einhaltung nationalen Rechts der Maßstab für eine Verletzung des Art. 5 EMRK sei, dann könne und müsse der Gerichtshof selbst auch Gerichtsbarkeit und damit Prüfungskompetenz bezüglich dieses nationalen Rechts haben. Völkerrechtliche Verträge könnten die rechtliche Grundlage für das Auslieferungsverfahren und die Auslieferungshaft sein[1284]; für die Einhaltung der Anforderung *„in accordance with a procedure prescribed by law"* sei aber auch die Qualität des Rechts[1285] von Bedeutung. Diese Anforderung sei dann zu bejahen, wenn das Recht im Einklang mit der *„rule of law"*, der Rechtsstaatlichkeit stehe, welche allen Vorschriften der Menschenrechtskonvention inhärent sei.[1286] Um das Rechtsstaatsgebot zu erfüllen und eine willkürliche Rechtsanwendung auszuschließen, müsse das nationale Recht in seiner Anwendung ausreichend zugänglich, bestimmt und vorhersehbar (*sufficiently accessible, precise and foreseeable*) sein.[1287] Der Gerichtshof hält es für bedenklich, dass die agierenden Behörden selbst nicht eindeutig hätten angeben können, welche der beiden Konventionen

---

[1283] EGMR, Urt. v. 26.06.2012, Nr. 44853/10, § 44 – *Toniolo vs. San Marino u. Italien*; vgl. *Dörr, Oliver*, Freiheit der Person (Kap. 13), in: EMRK/GG Konkordanzkommentar, Rn. 220. S. a. *Riedel*, EuGRZ 1980, S. 192, 198.

[1284] EGMR, Urt. v. 26.06.2012, Nr. 44853/10, § 46 – *Toniolo vs. San Marino u. Italien.*

[1285] EGMR, Urt. v. 26.06.2012, Nr. 44853/10, § 46 – *Toniolo vs. San Marino u. Italien.*

[1286] EGMR, Urt. v. 26.06.2012, Nr. 44853/10, § 46 – *Toniolo vs. San Marino u. Italien.*

[1287] EGMR, Urt. v. 26.06.2012, Nr. 44853/10, § 46 – *Toniolo vs. San Marino u. Italien*

auf den Fall anzuwenden sei, sodass eine bestimmte und vorhersehbare Rechtsanwendung nicht gewährleistet gewesen sei. Zudem merkt der Gerichtshof an, dass zwar die nach Angaben der Regierung zugrunde gelegte Konvention von 1957 materiell- und verfahrensrechtliche Anforderungen stelle, dennoch aber im Übrigen auf das nationale Verfahrensrecht für Auslieferungsfälle verweise, welches also den Schutz vor willkürlichen Entscheidungen zu leisten habe.[1288] Es enthalte jedoch lediglich eine einzige anwendbare Vorschrift im Strafgesetzbuch von San Marino, die materielle Auslieferungsvoraussetzungen, aber keine Verfahrensanforderungen festlege.[1289] Mangels gesetzlicher Vorkehrungen, willkürliche Entscheidungen in Auslieferungsverfahren zu vermeiden, habe San Marino das Recht des Beschwerdeführers aus Art. 5 Abs. 1 lit. f EMRK verletzt.

V. Gefährliche Aktivitäten

Da keine Maßstabsunterschiede im Hinblick auf private und staatliche gefährliche Aktivitäten in der *abstrakten Vorphase* erkennbar sind, werden die staatlichen gemeinsam mit den privaten gefährlichen Aktivitäten analysiert.[1290]

VI. Bewertung

Wirft man einen genaueren Blick auf die Pflichten der *abstrakten Vorphase* vor staatlichen substanziellen Beeinträchtigungen, zeigt sich eine vorherrschende Pflicht, die zugleich den Staaten Spielraum einräumt. Allen Bereichen ist gemeinsam, dass der Gerichtshof einen rechtlichen und administrativen Rahmen fordert. Meist geht er nicht oder nur abstrakt auf den Inhalt ein – die staatliche Pflicht ist bereits erfüllt, wenn er überhaupt einen Rahmen geschaffen hat. Der Regelungsrahmen kann das substanzielle Beeinträchtigungsereignis selbst – staatliche Schusswaffeneinsätze, gefährliche Aktivitäten – zum Gegenstand haben, kann aber auch Pflichten der *konkreten Vorphase* – geplante Polizeieinsätze – oder der *konkreten Nachphase* – Ausgestaltung des Verfahrens nach Art. 5 Abs. 4 EMRK – abstrakt regeln.

Diese Pflichten entnimmt der Gerichtshof nicht nur dem Art. 2 EMRK, sondern auch den Rechten aus Art. 3, Art. 5 und Art. 8 EMRK. Wie auch

---

1288 EGMR, Urt. v. 26.06.2012, Nr. 44853/10, § 49 – *Toniolo vs. San Marino u. Italien.*

1289 EGMR, Urt. v. 26.06.2012, Nr. 44853/10, § 50 – *Toniolo vs. San Marino u. Italien.*

1290 S. → S. 342-346.

bei Art. 2 EMRK hat der Gerichtshof bei Art. 5 EMRK einen unmittelbaren Anknüpfungspunkt im Wortlaut. Ruft man sich den Fall *Toniolo gegen San Marino und Italien*[1291] in Erinnerung, gab es hinsichtlich der Auslieferung nur eine einzige innerstaatliche Regelung in San Marino, die Auslieferungen regelte. Diese selbst enthielt materielle Auslieferungsvoraussetzungen, legte aber keine Anforderungen an das Auslieferungsverfahren fest. Schon der Wortlaut „*procedure prescribed by law*" selbst schreibt den Staaten vor, dass lediglich Freiheitsentziehungen in Verfahren, die gesetzlich vorgeschrieben sind und die den dort aufgestellten gesetzlichen Anforderungen auch entsprechen, rechtfertigbar sind. Alle sonstigen Freiheitsentziehungen stellen schon allein mangels eines gesetzlich geregelten Verfahrens eine Konventionsrechtsverletzung dar.

Es wird deutlich, dass der Gerichtshof sich nicht auf die Erfüllung der Pflichten in der *konkreten Vorphase* und der *konkreten Nachphase* verlassen möchte. Gerade die Abhängigkeit von der konkreten entscheidungsbefugten Person steht für ihn im Widerspruch zu einem effektiven Konventionsrechtsschutz. Mit den Pflichten aus der *abstrakten Vorphase* hat er ein Mittel gefunden, Einzelne wirksam vor staatlicher Willkür zu schützen. Durch abstrakt-generelle Regelungen wird der staatliche Entscheidungsspielraum in der konkreten Situation eingeschränkt; durch Normen wird vorab festgelegt, wie sich Verfahrenssituationen gestalten und welchen Schutz sie den Betroffenen gewähren. Der Gerichtshof ergänzt die Pflichten der konkreten Phasen mit dem zu schaffenden rechtlichen und administrativen Rahmen also um ein wichtiges Mittel, um wirksamen Schutz der konventionsrechtlichen Individualgüter zu gewährleisten.

B. Verfahrenssituation vor einer nicht-staatlichen substanziellen Beeinträchtigung

Nicht nur im Fall einer drohenden substanziellen Beeinträchtigung durch den Staat entfaltet die Konvention abstrakte Regelungspflichten. Auch bei nicht-staatlichen Gefahren muss ein Konventionsstaat bestimmte Sachverhaltskonstellationen bereits in der *abstrakten Vorphase* regeln. In den folgenden Beeinträchtigungssituationen wird deutlich, dass der Gerichtshof einem

[1291] EGMR, Urt. v. 26.06.2012, Nr. 44853/10.

vorab bestehenden rechtlichen und administrativen Regelungsrahmen eine bedeutende Schutzwirkung zuspricht. So hält er es auch bei nicht-staatlichen Gefahren für erforderlich, dass der Staat vorab normsetzend tätig wird. Zudem werden sich in der Rechtsprechung vereinzelt weitere Anforderungen zeigen, die dem Gerichtshof für einen effektiven Rechtsgüterschutz notwendig erscheinen.

I. Vorsätzliche Beeinträchtigung des Lebens und der physischen und psychischen Integrität

Das Leben, die physische und die psychische Integrität eines Menschen erfahren durch die besondere Bedeutung von Art. 2 und Art. 3 EMRK fundamentalen Schutz. Er beschränkt sich nicht auf staatliche Beeinträchtigungen; auch wenn von der rechtsinnehabenden oder einer anderen privaten Person eine Gefahr ausgeht, muss der Staat eingreifen und einen rechtlichen und administrativen Rahmen (*legal and administrative framework*) schaffen. Wenn eine besondere Schutzbedürftigkeit bestehe, der nicht durch einfache rechtliche Regeln gedient werden könne, müsse ein effektives Rechtssystem, wie es Art. 2 EMRK fordere, auch strafrechtliche Folgen enthalten, so der Gerichtshof.[1292] Der Schutz des Lebens aus Art. 2 EMRK lege den Konventionsstaaten die primäre Pflicht auf, effektive Strafrechtsnormen (*effective criminal law provisions*) zu erlassen, um die Begehung von Straftaten zu verhindern, und diese mit Rechtsdurchsetzungsmechanismen zur Prävention, Bekämpfung und Bestrafung von Verstößen zu verstärken,[1293] wie er beispielsweise im Urteil *Branko Tomašić u. a. gegen Kroatien* annahm. Im Fall wurde ein Mann trotz mehrmaliger Todesdrohungen gegenüber Frau und Tochter dennoch nicht von den Behörden aufgehalten, dies in die Tat umzusetzen.

Diese Verpflichtung folgt auch dann aus Art. 2 EMRK, wenn der Tod möglicherweise durch die Fahrlässigkeit des Opfers selbst eintrat, wie der Fall *Mustafa Tunç und Fecire Tunç gegen die* Türkei[1294] zeigt, in dem der Sohn des beschwerdeführenden Paares durch Pistolenschüsse tödlich verletzt wurde, die er möglicherweise selbst abgegeben hatte.

1292 EGMR, Urt. v. 15.01.2009, Nr. 46598/06, § 64 – *Branko Tomašić u. a. vs. Kroatien.*

1293 EGMR, Urt. v. 15.01.2009, Nr. 46598/06, § 49 – *Branko Tomašić u. a. vs. Kroatien.* S. a. Vgl. EGMR, Urt. v. 28.03.2000, ECHR 2000-III, Nr. 22492/93, § 62 – *Kılıç vs. Türkei.*

1294 EGMR (GK), Urt. v. 14.04.2015, Nr. 24014/05, § 171; Sachverhaltsschilderung s. → S. 267.

In *Opuz gegen die Türkei*[1295] setzt sich der Gerichtshof ausführlich mit dem türkischen Strafrecht auseinander. Zwischen dem Ehemann der Beschwerdeführerin und ihrer Mutter kam es häufiger zu Eskalationen, bei denen sie und ihre Mutter auch verletzt wurden. Nach jahrelangem Konflikt erschoss der Ehemann die Mutter. Die Behörden hatten Kenntnis von der Lage, handelten aber erst nach diesem Todesfall hinsichtlich der erheblichen Gefahr für die Beschwerdeführerin. Das Verfahren zuvor hat lang gedauert, unter anderem auch, weil die Beschwerdeführerin und ihre Mutter den Strafantrag hinsichtlich der ersten Körperverletzungen zunächst zurückgenommen hatten und die Behörden daraufhin ihre Ermittlungen einstellen mussten. Die Regierung berief sich deshalb darauf, dass es keine weiteren staatlichen Handlungsmöglichkeiten gegeben habe. Ein Vorgehen von Amts wegen hätte in ihre Rechte aus Art. 8 EMRK eingegriffen.[1296] Zunächst stellt der Gerichtshof fest, dass es zwar keinen Konsens unter den Konventionsstaaten hinsichtlich der Verfahrensvoraussetzungen für Strafverfahren bei häuslicher Gewalt gebe, aber anhand der gewählten innerstaatlichen Kriterien erkennbar sei, dass die Staaten ihre Pflicht anerkannten, die Rechtsgüter der Opfer aus Art. 2, Art. 3 oder Art. 8 EMRK bei ihrer Entscheidung zu berücksichtigen.[1297] Im türkischen Strafrecht war das Ermittlungsverfahren im Fall häuslicher Gewalt streng vom Strafantrag des Opfers abhängig, solange keine Verletzung eingetreten war, die eine zehntägige Krankschreibung erforderte. Insbesondere diese Vorgabe des rechtlichen Rahmens ließ den Gerichtshof zu der Beurteilung kommen, dass das Strafrechtssystem den Anforderungen aus der Konvention nicht gerecht werde. Dadurch werde kein effektives System zur Bestrafung aller häuslichen Gewaltformen und zur Absicherung der Opfer eingerichtet. Angesichts der Schwere der Taten hätte ein Verfahren von Amts wegen möglich sein müssen.[1298]

Im Fall *Osman gegen Großbritannien*[1299] wurde die Beschwerde eingelegt von der Ehefrau und dem Sohn des Opfers, das von einem Lehrer des Sohnes erschossen wurde. Der Lehrer zeigte einige Zeit eine besondere Zuneigung zum beschwerdeführenden Sohn, indem der Lehrer auch einen Freund des

1295 EGMR, Urt. v. 09.06.2009, ECHR 2009, Nr. 33401/02.
1296 EGMR, Urt. v. 09.06.2009, ECHR 2009, Nr. 33401/02, § 137 – *Opuz vs. Türkei.*
1297 EGMR, Urt. v. 09.06.2009, ECHR 2009, Nr. 33401/02, § 138 – *Opuz vs. Türkei.*
1298 EGMR, Urt. v. 09.06.2009, ECHR 2009, Nr. 33401/02, § 145 – *Opuz vs. Türkei*
1299 EGMR (GK), Urt. v. 28.10.1998, ECHR 1998-VIII, Nr. 23452/94.

Beschwerdeführers verfolgte und Gerüchte über ihn in die Welt setzte, um sie voneinander zu entfremden, Sachbeschädigungen auf dem Grundstück der Beschwerdeführer anrichtete und seinen eigenen Namen in den Namen des beschwerdeführenden Sohnes änderte (es stellte sich heraus, dass bereits sein voriger Name an den Namen eines früheren Schülers angelehnt war). Die Eltern informierten die Schulleitung, die das Verhalten des Lehrers als „überwältigend eifersüchtig" einordnete. Psychotherapie wurde angeordnet, doch der Lehrer blieb an der Schule. Aus dem Kalender des Schulleiters ergibt sich, dass er die Polizei über die Entwicklungen informiert hatte; einen Polizeibericht gibt es hierzu nicht. Schließlich verschwand der Lehrer, tauchte doch eines Tages bei der beschwerdeführenden Familie auf, tötete den Vater, verletzte den Sohn schwer und fuhr anschließend zum stellvertretenden Schulleiter, verletzte diesen und erschoss dessen Sohn. Der Gerichtshof betonte zunächst, dass die Pflicht, ein effektives Strafrechtssystem zu etablieren, nicht nur zur Bekämpfung und Sanktionierung von Straftaten diene, sondern auch Prävention schaffen müsse.[1300] Diese Pflicht leitete der Gerichtshof im Fall für Vater und Sohn aus Art. 2 EMRK ab, obwohl nur der Vater getötet worden war. Wie bereits in vorig analysierten Fällen[1301] ist somit eine Anwendbarkeit des Art. 2 EMRK auch bei bloßer, unmittelbarer Gefährdung des Lebens zu bejahen.[1302]

Hinsichtlich der Verpflichtungen aus Art. 3 EMRK entschied der Gerichtshof im Fall *A. gegen Großbritannien*[1303]. Der neunjährige Beschwerdeführer und sein Bruder wurden in eine lokale Kindesschutzeinrichtung aufgenommen, nachdem der Nachbar ihrer Mutter sie geschlagen hatte. Sie kehrten in die Obhut ihrer Mutter zurück, die unerwartet diesen Nachbarn geheiratet hatte. Medizinische Untersuchungen stellten bei dem Beschwerdeführer zu mehreren Anlässen erhebliche Verletzungen fest, die ihm sein neuer Stiefvater mit einem Stock zugefügt hatte. Im Verfahren wegen Körperverletzung gab der Stiefvater die Taten zu, die seiner Ansicht nach notwendig und vernünftig für die Erziehung des Beschwerdeführers waren. Er wurde freigesprochen.

1300 EGMR (GK), Urt. v. 28.10.1998, ECHR 1998-VIII, Nr. 23452/94, § 115 – *Osman vs. Großbritannien*.

1301 Vgl. o. → S. 250.

1302 EGMR (GK), Urt. v. 28.10.1998, ECHR 1998-VIII, Nr. 23452/94, § 115 – *Osman vs. Großbritannien*. So auch *Dröge*, Positive Verpflichtungen, S. 44 f.

1303 EGMR, Urt. v. 23.09.1998, ECHR 1998-VI, Nr. 25599/94.

Der Gerichtshof wendet Art. 3 EMRK an, da bei Kindern die Schwere der Misshandlungen anders zu bewerten sei als bei Erwachsenen.[1304] Gemäß Art. 1 i. V. m. Art. 3 EMRK müsse der Staat absichern, dass jede Person in seiner Hoheitssphäre vor Folter und unmenschlicher oder erniedrigender Behandlung oder Strafe von staatlicher und privater Seite geschützt sei. Dass im britischen Recht Züchtigung aus erzieherischen Gründen eine Rechtfertigung einer Körperverletzung zulasten eines Kindes ist, sei nicht mit Art. 3 EMRK zu vereinen, da dadurch kein adäquater, effektiver Schutz für Kinder gewährleistet werde.[1305]

II. Beeinträchtigung des Privatlebens im Sinne des Art. 8 EMRK

In der Rechtsprechung ist zu beobachten, dass nicht nur im Fall von Beeinträchtigung von Leben, physischer und psychischer Integrität aus der Konvention ein Bedürfnis nach strafrechtlicher Normierung abgeleitet wird. In Fällen diskriminierter Gruppen, etwa aus Gründen der Ethnie oder von Behinderungen, kann eine ausbleibende staatliche Regelung erhebliche Auswirkungen auf das Privatleben im Sinne des Art. 8 EMRK haben.

Im Fall *M.C. gegen Bulgarien*[1306] war der Ausgangspunkt die Einstellung des strafrechtlichen Ermittlungsverfahrens, gerichtet gegen mehrere Männer, denen zur Last gelegt wurde, ein 14jähriges Mädchen gegen ihren Willen sexuell missbraucht zu haben. Grund für die Verfahrenseinstellung war, dass nach bulgarischem Recht die gesetzliche Definition einer Vergewaltigung sehr eng war, sodass nur Fälle mit „unmittelbaren" Beweisen verfolgt wurden, in denen eine erhebliche physische Gegenwehr des Opfers beweisbar war. Den Vorwurf der Beschwerdeführerin, keinen effektiven gesetzlichen Schutz vor Vergewaltigungen eingerichtet zu haben, bestätigt auch der Gerichtshof, der die Errichtung eines effektiven Strafrechtssystems zu den Verpflichtungen aus Art. 3 und Art. 8 EMRK zählt. Effektiver Schutz des Privatlebens gemäß Art. 8 EMRK könne den Erlass von Regelungen erfordern, die in das Verhältnis Privater einwirken. Zwar liege die Ausgestaltung im Gestaltungsspielraum des

---

[1304] EGMR, Urt. v. 23.09.1998, ECHR 1998-VI, Nr. 25599/94, § 21 – *A. vs. Großbritannien.* S. a. EGMR, Urt. v. 22.11.2022, Nr. 44394/15, § 128 – *G.M. u. a. vs. Republik Moldau* mangels geschlechts- und behinderungsspezifischen Schutzes gegen institutionalisierte medizinische Gewalt.

[1305] EGMR, Urt. v. 23.09.1998, ECHR 1998-VI, Nr. 25599/94, §§ 23 f. – *A. vs. Großbritannien.*

[1306] EGMR, Urt. v. 04.12.2003, ECHR 2003-XII (extr.), Nr. 39272/98.

Staates. Jedoch erfordere eine effektive Abschreckung von schwerwiegenden Handlungen wie Vergewaltigungen, bei denen Grundwerte und essentielle Aspekte des Privatlebens gefährdet würden, effiziente strafrechtliche Normen (*efficient criminal-law provisions*).[1307] Existiere also kein effektiv gestaltetes und angewandtes Strafrechtssystem, das alle Formen von Vergewaltigung und sexuellem Missbrauch bestrafe, liege eine Verletzung von Art. 8 EMRK vor.[1308]

Hinsichtlich dieses Falls ist anzumerken, dass der Gerichtshof über die reine Pflicht zur Errichtung eines gesetzlichen Rahmens hinausgeht, indem er inhaltliche Vorgaben macht.[1309] Da die bulgarische Regierung dem Gerichtshof keine konsistente und klare Definition von Vergewaltigungen nach bulgarischem Recht vorlegen konnte, griff der Gerichtshof zurück auf die Urteile des bulgarischen obersten Gerichtshofs, das zu großer Mehrheit nur Fälle mit bedeutendem Gewaltanteil als Vergewaltigung verurteilte, während Fälle mit keiner bis wenig physischer Gegenwehr nicht verfolgt wurden.[1310] Der Gerichtshof beurteilt folglich mittels einer Analyse der nationalen Rechtsprechung den Inhalt des Gesetzes, sodass daraus geschlossen werden kann, dass bereits in der *abstrakten Vorphase* aus Art. 3 und 8 EMRK auch Verpflichtungen für den Inhalt des Gesetzes, also hier die Definition von Vergewaltigungen folgen. Zwar könnte man sagen, dass der Gerichtshof diese Ausführungen lediglich macht, um das Argument der Beschwerdeführerin, der Begriff der Vergewaltigung werde in der bulgarischen Praxis restriktiv gehandhabt, auf seine Tatsachenbasis hin zu prüfen.[1311] Jedoch kann es auch als inhaltliche Vorgabe hinsichtlich der Gesetzgebungsentscheidung verstanden werden.[1312] Dass dies auch der bulgarische Staat und damit auch das Ministerkomitee so verstanden hat, könnte aus seiner Form der Urteilsumsetzung geschlossen werden: der Bericht des Gesetzgebungsrats ergab, dass

---

1307 EGMR, Urt. v. 04.12.2003, ECHR 2003-XII (extr.), Nr. 39272/98, § 150 – *M.C. vs. Bulgarien*.

1308 EGMR, Urt. v. 04.12.2003, ECHR 2003-XII (extr.), Nr. 39272/98, § 185 – *M.C. vs. Bulgarien*.

1309 Wobei die Vorgabe zum Erlass *straf*rechtlicher Normen auch bereits als inhaltliche Vorgabe verstanden werden kann.

1310 EGMR, Urt. v. 04.12.2003, ECHR 2003-XII (extr.), Nr. 39272/98, § 173 – *M.C. vs. Bulgarien*.

1311 EGMR, Urt. v. 04.12.2003, ECHR 2003-XII (extr.), Nr. 39272/98, § 174 – *M.C. vs. Bulgarien*.

1312 *Lavrysen*, in: Human Rights, S. 69, 99.

keine Änderung des Strafgesetzbuchs notwendig sei. Die Veränderungen seien nämlich auch durch eine Anweisung an die Ermittlungsbehörden zur Auslegung des Gesetzes erreichbar. Folglich wurden methodologische Anweisungen für den Umgang mit der Ermittlung von Vergewaltigungen an alle regionalen Ermittlungseinrichtungen gegeben. Zusätzlich wurde das Urteil des Gerichtshofs verteilt mit einem Brief, der konkrete Verpflichtungen aussprach. So sollten Beweise zum psychischen Zustand der Opfer, insbesondere bei Minderjährigen, gesammelt werden.[1313]

Dass auch der Schutz des Privatlebens strafrechtliche Normen erfordern kann, bestätigt das Urteil im Fall *R.B. gegen Ungarn*[1314]. Die Beschwerdeführerin war aufgrund ihrer ethnischen Romnja-Zugehörigkeit von vier Teilnehmern einer Anti-Rom:nja-Kundgebung beleidigt und mit einer Axt bedroht worden. Das Verfahren nach ihrer Strafanzeige wurde eingestellt. Der Begriff des Privatlebens im Sinne des Art. 8 EMRK umfasse mehrere Aspekte physischer und sozialer Identität, auch die der ethnischen Zugehörigkeit, so der Gerichtshof. Eine Beeinträchtigung des Privatlebens der Person einer Identitätsgruppe könne also vorliegen, wenn eine negative Stereotypisierung ein Ausmaß erreiche, das das Identitäts- und das Selbstwertgefühl der Gruppenmitglieder beeinträchtige.[1315] Hinsichtlich der strafrechtlichen Instrumente stellt der Gerichtshof fest, dass die Belästigungen regelnde Norm keine Elemente enthalte, die auf rassistische Motive hinweise. Zudem sehe sie keinen Rechtsweg vor, um gegen mutmaßlich rassistisch motivierte Beleidigungen vorzugehen.[1316]

Hinsichtlich des Schutzes von Menschen mit Behinderungen entschied der Gerichtshof im Fall *X. u. Y. gegen die Niederlande*[1317]. Y. lebte in einem privaten Heim für Kinder mit geistigen Behinderungen. In der Nacht nach ihrem 16. Geburtstag wurde Y. vom Schwiegersohn der Heimleiterin, der nicht angestellt war, in sein Zimmer gebracht, wo er sie sexuell missbrauchte. Da Y. aufgrund ihrer geistigen Behinderung selbst nichts unternehmen konnte, zeigte

---

1313 Ministerkomitee, Resolution v. 10.03.2011 (1108. Sitzung März 2011), CM/ResDH(2011)3, Anhang, II. – *M.C. vs. Bulgarien.*

1314 EGMR, Urt. v. 12.04.2016, Nr. 64602/12.

1315 EGMR, Urt. v. 12.04.2016, Nr. 64602/12, § 78 – *R.B. vs. Ungarn.*

1316 EGMR, Urt. v. 12.04.2016, Nr. 64602/12, §§ 89 f. – *R.B. vs. Ungarn.* S. a. EGMR, Urt. v. 17.01.2017, Nr. 10851/13, §§ 72-80 – *Király u.* Dömötör *vs. Ungarn.*

1317 EGMR, Urt. v. 26.03.1985, ECHR A 91, Nr. 8978/80.

ihr Vater X. die Vergewaltigung an. Y. litt seitdem unter schweren geistigen Störungen. Die Staatsanwaltschaft entschied, das Verfahren nicht zu eröffnen unter der Auflage, dass der Täter zwei Jahre lang keine gleichartigen Delikte begehe. X. erhob dagegen Beschwerde, die jedoch vom Gericht zurückgewiesen wurde mit der Begründung, ab dem Alter von 16 Jahren sei er nicht mehr dazu ermächtigt, für seine Tochter den Antrag zu stellen, auch wenn sie selbst geistig nicht in der Lage dazu sei. Der Gerichtshof prüft eine Verletzung des Rechts der Y. aus Art. 8 EMRK, da positive Verpflichtungen des Staates hieraus bis in die Sphäre privater Beziehungen zwischen Individuen reichten.[1318] Zwar stehe den Konventionsstaaten in diesem Bereich eine weite *margin of appreciation* zu, denn Schutz lasse sich auf unterschiedliche Weisen realisieren. Nicht immer sei der Einsatz des Strafrechts die einzige Antwort.[1319] Die Regierung wies auf zivilrechtliche Ansprüche hin, die X. und. Y. gegen den Täter und die Heimleitung durchsetzen konnten, doch sei im Fall einer solchen Tat der rein zivilrechtliche Schutz unzureichend, so der Gerichtshof. Die fundamentalen Werte und der essentielle Gehalt des Privatlebens seien betroffen und benötigten nicht weniger als den Schutz durch das Strafrecht. Dass dies auch dem Rechtssystem der Niederlande innewohne, zeige sich daran, dass dies der einzige straflose Fall von Vergewaltigungstaten sei; alle anderen Konstellationen unterlägen dem Regime des Strafrechts.[1320] Zur Erfüllung der Verpflichtungen aus Art. 8 EMRK haben die Konventionsstaaten in diesen Fällen das Strafrecht einzusetzen; ihre *margin of appreciation* ist somit begrenzt.

Daran anschließend sind ebenfalls die Ausführungen der Großen Kammer im bereits analysierten Fall *Centre for Legal Resources on behalf of Valentin Câmpeanu gegen Rumänien*[1321] zu nennen. Dort stellt sie fest, dass Valentin Câmpeanu im Entscheidungsverfahren hinsichtlich seiner Unterbringung keinen rechtlichen Beistand erfahren hatte.[1322] Bezogen auf die abstrakte Rechtslage bemerkt sie, dass der bestehende rechtliche Rahmen nicht geeignet gewesen sei, den besonderen Bedürfnissen von Menschen mit geistigen

---

1318 EGMR, Urt. v. 26.03.1985, ECHR A 91, Nr. 8978/80, § 23 – *X. u. Y. vs. Niederlande.*

1319 EGMR, Urt. v. 26.03.1985, ECHR A 91, Nr. 8978/80, § 24 – *X. u. Y. vs. Niederlande.*

1320 EGMR, Urt. v. 26.03.1985, ECHR A 91, Nr. 8978/80, §§ 26 f. – *X. u. Y. vs. Niederlande.*

1321 EGMR (GK), Urt. v. 17.07.2014, ECHR 2014, Nr. 47848/08; Sachverhaltsschilderung s. → S. 1.

1322 Vgl. die Verpflichtungen in der *konkreten Vorphase* → S. 103.

Behinderungen gerecht zu werden, insbesondere die praktische Möglichkeit des Zugangs zu allen verfügbaren Rechtsbehelfen betreffend. Mit Verweis auf weitere Fälle gegen Rumänien hielt sie weder die Rechtsbehelfe selbst noch den Zugang zu ihnen für angemessen.[1323]

Im Fall *Shtukaturov gegen Russland*[1324], in dem für den volljährigen, am Borderline-Syndrom leidenden Beschwerdeführer gegen seinen Willen seine Mutter als Vormund eingesetzt wurde, führt der Gerichtshof aus, dass das russische Recht nur zwischen voller Geschäftsfähigkeit und voller Unzurechnungsfähigkeit unterscheide und keine Grenzfälle berücksichtige. Dies entspreche nicht der Empfehlung des Ministerkomitees, wonach die innerstaatliche Gesetzgebung eine „maßgeschneiderte Antwort" auf jeden einzelnen Fall psychischer Krankheit geben sollte, und stehe als Eingriff in das Privatleben gemäß Art. 8 EMRK in keinem Verhältnis zu dem legitimen Ziel, die Interessen und die Gesundheit anderer zu schützen.[1325]

III. Beeinträchtigung durch eine medizinische Sorgfaltspflichtverletzung

1. Rechtlicher und administrativer Rahmen

Bereits die Analyse der *konkreten Nachphase* hat gezeigt, dass sich für den Gesundheitssektor aus Art. 2 EMRK besondere staatliche Pflichten ergeben.[1326] Die Verpflichtung, nach einer Beeinträchtigung im Gesundheitssektor eine effektive Untersuchung durchzuführen, fordert die Staaten aber bereits in der *abstrakten Vorphase* zum Handeln auf. In abstrakt-generellen Regelungen müssen sie sicherstellen, dass Fälle medizinischer Sorgfaltspflichtverletzungen aufgeklärt und Verantwortliche identifiziert werden.

Im Fall *Bilbija und Blažević gegen Kroatien*[1327], in dem die Mutter der Beschwerdeführerinnen mit Atemproblemen in eine Klinik eingeliefert worden war, wo sie am gleichen Tag noch verstarb, und die Gerichtsverfahren um ihren Tod aufgrund mehrjähriger Inaktivität viele Jahre dauerten,

---

[1323] EGMR (GK), Urt. v. 17.07.2014, ECHR 2014, Nr. 47848/08, § 152 m. w. N. – *Centre for Legal Resources on behalf of Valentin Câmpeanu vs. Rumänien*.

[1324] EGMR, Urt. v. 27.03.2008, ECHR 2008, Nr. 44009/05; Sachverhaltsschilderung s. → S. 105.

[1325] EGMR, Urt. v. 27.03.2008, ECHR 2008, Nr. 44009/05, § 95 – *Shtukaturov vs. Russland*.

[1326] S. → S. 275-295.

[1327] EGMR, Urt. v. 12.01.2016, Nr. 62870/13; Sachverhaltsschilderung s. → S. 293.

führt der Gerichtshof aus, dass Art. 2 EMRK ein effektives unabhängiges Justizsystem (*effective independent judicial system*) fordere, damit Todesursache und Verantwortliche festgestellt werden könnten.[1328] Im Folgenden überprüft der Gerichtshof unter Art. 2 EMRK die Fähigkeit des nationalen Rechtssystems, die Verantwortlichkeit für fahrlässige Handlungen im Gesundheitssektor zu klären. Im Fall einer unvorsätzlichen Tötung müsse, so der Gerichtshof, eine effektive Antwort durch Verfahren (*effective procedural response*) folgen, welche bejaht werden könne, wenn den Opfern ein zivilgerichtliches Rechtsmittel zur Verfügung stehe, um die Haftbarkeit des behandelnden medizinischen Personals zu ermitteln und eine angemessene zivilrechtliche Entschädigung zu erhalten.[1329] Damit verlangt der Gerichtshof, dass ein Staat seine Regelungsmöglichkeiten in der *abstrakten Vorphase* nutzt, um eine Verfahrenssituation einzurichten, die effektiv auf medizinische Sorgfaltspflichtverletzungen antwortet. Er überprüft also nicht nur die Handhabung nach einer konkreten Beeinträchtigung[1330], sondern erwartet einen rechtlichen Rahmen für den generellen Umgang mit solchen Ereignissen.

Regelungspflichten treffen die Staaten aber nicht nur für die Aufarbeitung eines bereits eingetretenen Falles einer medizinischen Sorgfaltspflichtverletzung. Bereits davor muss der Staat Möglichkeiten nutzen, um durch abstrakt-generelle Regelungen Schutz zu erreichen und den Eintritt von konkreten Beeinträchtigungsereignissen zu verhindern. Laut dem Gerichtshof ist es nicht ausgeschlossen, dass die Handlungen und Unterlassungen der Behörden im Rahmen der öffentlichen Gesundheitspolitik unter bestimmten Umständen eine Verletzung des Art. 2 EMRK begründen können.[1331] Im soeben analysierten Fall *Bilbija und Blažević gegen Kroatien*[1332] führt der Gerichtshof ebenfalls aus, dass der Staat verpflichtet sei, Regeln für öffentliche wie private Kliniken zu erlassen, um angemessene Mittel zum Lebensschutz

[1328] EGMR, Urt. v. 12.01.2016, Nr. 62870/13, § 99 – *Bilbija u. Blažević vs. Kroatien.*

[1329] EGMR, Urt. v. 12.01.2016, Nr. 62870/13, § 101 – *Bilbija u. Blažević vs. Kroatien*; EGMR, Urt. v. 23.09.2014, Nr. 24453/04, § 66 – *S.B. vs. Rumänien.*

[1330] S. → S. 275-295.

[1331] EGMR, Beschl. v. 4.05.2000, ECHR 2000-V, Nr. 45305/99, Abschnitt „The Law" 1. – *Powell vs. Großbritannien*; EGMR, Urt. v. 30.06.2015, Nr. 32086/07, § 62 – *Altuğ u. a. vs. Türkei.*

[1332] EGMR, Urt. v. 12.01.2016, Nr. 62870/13; Sachverhaltsschilderung s. → S. 293.

von Erkrankten einzusetzen (*regulations compelling hospitals, whether public or private, to adopt appropriate measures for the protection of their patients' lives*).[1333] Die erhebliche Bedeutung, die er abstrakten Regelungen zumisst, wird im Folgenden deutlich: Wenn ein Konventionsstaat Regelungen zur Wahrung hoher Standards für Arbeitskräfte im Gesundheitssektor und zum Schutz des Lebens von zu behandelnden Personen aufgestellt habe, führe ein Beurteilungsfehler einer Arbeitskraft im konkreten Fall nicht zu einer Verletzung von Art. 2 EMRK.[1334] So kann also die Einrichtung eines rechtlichen Rahmens für Kliniken die Beurteilung eines konkreten Versagens zum Zeitpunkt der substanziellen Beeinträchtigung beeinflussen. Somit müssen nicht nur die Pflichten der *konkreten Nachphase* rechtlich und administrativ vorgeschrieben sein; auch der Einsatz faktischer präventiver Mittel[1335] soll durch das abstrakte Recht gewährleistet werden und das Verhalten medizinischer Fachkräfte, bei dem Beurteilungsfehler entstehen können, in einen abstrakten Regelungsrahmen eingebettet sein. Der Gerichtshof prüft also, wie sie im Recht zur Verfügung gestellt (*abstrakte Vorphase*) und wie sie in der Praxis umgesetzt werden (*konkrete Vorphase*).[1336]

Schon im Fall *Altuğ u. a. gegen die* Türkei[1337] wird dies erkennbar. Im Fall kam die (Groß-)Mutter der Beschwerdeführer:innen wegen Bauchschmerzen in ein privates Krankenhaus. Nachdem ihr ein Penicillin-basiertes Medikament gegeben wurde, erlitt sie einen allergischen Schock, der zu einem Herzstillstand führte. Trotz der Wiederbelebungsmaßnahmen verstarb sie. Auch hinsichtlich der Phase vor der medizinischen Behandlung sei der Staat verpflichtet, die erforderlichen rechtlichen und administrativen Maßnahmen zu treffen, so der Gerichtshof, damit klinisches Personal die absehbaren Folgen berücksichtige, die ein medizinischer Eingriff auf die körperliche Unversehrtheit der Erkrankten haben könne; ebenso seien die Erkrankten vorher zu informieren,

---

[1333] EGMR, Urt. v. 12.01.2016, Nr. 62870/13, § 99 – *Bilbija u. Blažević vs. Kroatien.*

[1334] EGMR, Urt. v. 12.01.2016, Nr. 62870/13, § 100 – *Bilbija u. Blažević vs. Kroatien.* Zum Fall, dass die innerstaatlichen Regeln nicht eingehalten wurden EGMR, Urt. v. 20.09.2022, Nr. 43399/13, § 58 – *Y.P. vs. Russland.*

[1335] Diese fanden in der Analyse der *konkreten Vorphase* keine Erwähnung, da es sich bei diesen nicht um Verfahrenspflichten, sondern um Verpflichtungen zum faktischen Handeln des Staates zum Schutz vor Lebensgefahren handelt.

[1336] EGMR, Urt. v. 12.01.2016, Nr. 62870/13, § 102 – *Bilbija u. Blažević vs. Kroatien.*

[1337] EGMR, Urt. v. 30.06.2015, Nr. 32086/07.

damit sie eine aufgeklärte Zustimmung geben könnten.[1338] Auch hier wird deutlich, dass der Gerichtshof aus Art. 2 EMRK neben Pflichten der *konkreten Vorphase* – die Information und Beteiligung der betroffenen Person – auch die Pflicht zur Regelung der medizinischen Entscheidungsfindung in der *abstrakten Vorphase* ableitet.

Im Fall *Calvelli und Ciglio gegen Italien*[1339] starb das Kind der Beschwerdeführer zwei Tage nach der Geburt im Krankenhaus aufgrund eines schwerwiegenden Lungen- und Nervensyndroms. Der Arzt, dem aufgrund der Krankheitsvorgeschichte die Gefahr hätte bekannt sein müssen, war nicht anwesend und nicht zu erreichen. Der Gerichtshof erwartet, dass auch Krankenhäuser und andere Einrichtungen für öffentliche Gesundheit im Hinblick auf Art. 2 EMRK Regelungen erlassen, um präventiv das Leben von erkrankten Personen schützen (*regulations compelling hospitals, whether public or private, to adopt appropriate measures for the protection of their patients' lives*).[1340]

Staaten haben somit die Pflicht, ihr Gesundheitswesen so auszugestalten, dass es den Anforderungen des Art. 2 EMRK genügt.[1341]

2. Koordination zwischen Einrichtungen im Gesundheitswesen

Zudem fordert der Gerichtshof im Gesundheitssektor über den konkreten Fall hinaus eine Koordination zwischen Gesundheitseinrichtungen (*effective coordination between the hospitals*). Im Fall *Asiye Genç gegen die* Türkei[1342], in dem der zu früh geborene Sohn der Beschwerdeführerin wegen der fehlenden Aufnahmebereitschaft der umliegenden Krankenhäuser kurz nach der Geburt verstarb, bemängelt der Gerichtshof das Fehlen einer Koordination zwischen den Kliniken. Drei Aspekte stellt der Gerichtshof heraus, die das Leben des Kindes gefährdet hatten. Neben dem Fehlen einer schnellen Untersuchung und dem Ausstattungsmangel auf der Neugeborenenstation

---

1338 EGMR, Urt. v. 30.06.2015, Nr. 32086/07, § 65 – *Altuğ u. a. vs. Türkei.*

1339 EGMR (GK), Urt. v. 17.01.2002, ECHR 2002-I, Nr. 32967/96.

1340 EGMR (GK), Urt. v. 17.01.2002, ECHR 2002-I, Nr. 32967/96, § 49 – *Calvelli u. Ciglio vs. Italien*; zur Verpflichtung eines effektiven Strafrechtssystems, um Verletzungen aufzuklären und zu sanktionieren s. → S. 331-334.

1341 *Grabenwarter/Pabel*, EMRK, § 20 Rn. 25 mit Verweis auf EGMR, Urt. v. 09.04.2013, ECHR 2013, Nr. 13423/09 – *Mehmet Şentürk u. Bekir Şentürk vs. Türkei* u. Urt. v. 27.01.2015, Nr. 24109/07 – *Asiye Genç vs. Türkei.*

1342 EGMR, Urt. v. 27.01.2015, Nr. 24109/07; Sachverhaltsschilderung s. → S. 280.

sei das Fehlen einer effektiven Koordinierung zwischen den Kliniken Ursache der Lebensgefahr gewesen.[1343]

IV. Gefährliche Aktivitäten

Auch im Bereich – staatlich wie privat organisierter – gefährlicher Aktivitäten sieht der Gerichtshof die positive Pflicht aus Art. 2 EMRK angesprochen, einen gesetzlichen und administrativen Rahmen zur effektiven Abwehr von Lebensgefährdungen (*legislative and administrative framework designed to provide effective deterrence against threats to the right to life*) zu errichten.[1344] Diese Verpflichtung, so der Gerichtshof, müsse so konstruiert werden, dass sie im Bereich jeder – privaten wie öffentlichen – Aktivität, in der eine Lebensgefahr drohen könne, Anwendung finde. Gerade bei industriellen Risiken oder gefährlichen Aktivitäten sei sie anzuwenden.[1345] Eine gefährliche Aktivität kann aber auch in der Teilnahme an einer klinischen Studie zu einem nicht zugelassenen Medikament liegen; auch hier treffen den Staat besondere Pflichten.[1346]

Materielle wie prozessuale Aspekte werden in dieser Pflicht vereint, neben anderen eben auch die Pflicht, regulatorische Mittel zu ergreifen.[1347] Im Urteil *Vardosanidze gegen Georgien*[1348] führt der Gerichtshof dies näher aus. Im Fall war durch eine Gasexplosion der Sohn der Beschwerdeführerin zu Tode gekommen. Im Rahmen einer Sicherheitsüberprüfung hatten Techniker:innen festgestellt, dass der gasbetriebene Wassererhitzer nicht richtig eingebaut worden war. Laut Inspektionsprotokoll wurde der Erhitzer von der Gasleitung

---

[1343] EGMR, Urt. v. 27.01.2015, Nr. 24109/07, § 77 – *Asiye Genç vs. Türkei.*

[1344] EGMR, Urt. v. 27.01.2009, Nr. 67021/01, § 88 – *Tătar vs. Rumänien*; Urt. v. 20.03.2008, ECHR 2008 (extr.), Nrn. 15339/02 u. a., § 129 – *Budayeva u. a. vs. Russland* mit Verweis *mutatis mutandis* auf u. a. EGMR (GK), Urt. v. 28.10.1998, ECHR 1998-VIII, Nr. 23452/94, § 115 – *Osman vs. Großbritannien*; EGMR, Urt. v. 14.03.2002, ECHR 2002-II, Nr. 46477/99, § 54 – *Paul u. Audrey Edwards vs. Großbritannien* (nicht-staatliche Beeinträchtigung des Lebens).

[1345] EGMR, Urt. v. 20.03.2008, ECHR 2008 (extr.), Nrn. 15339/02 u. a., § 130 – *Budayeva u. a. vs. Russland.*

[1346] S. EGMR, Urt. v. 30.08.2022, Nr. 21648/11, §§ 72 f. – *Traskunova vs. Russland.*

[1347] Vgl. EGMR, Urt. v. 20.03.2008, ECHR 2008 (extr.), Nrn. 15339/02 u. a., § 131 – *Budayeva u. a. vs. Russland.* Aber EGMR, Urt. v. 24.07.2014, Nrn. 60908/11 u. a., § 112 – *Brincat u. a. vs. Malta*, dass der Gerichtshof nicht ausschließen könne, dass unter bestimmten Voraussetzungen die positive Verpflichtung auch bei Fehlen eines Legislativrahmens durch praktische Maßnahmen erfüllt werden könne (im Fall wurde dies aber verneint).

[1348] EGMR, Urt. v. 07.05.2020, Nr. 43881/10.

getrennt und dem dort wohnhaften Sohn eine Einweisung in den Gebrauch des Erhitzers gegeben. 10 Monate später wurde dieser tot in seiner Wohnung aufgefunden. Todesursache war eine Kohlenmonoxidvergiftung, die durch die nachlässige Verbindung von Erhitzer und Gasleitung entstand. Die positive Verpflichtung zur Rechtsetzung erwachse hier aus einer Situation, in der noch keine einzelnen Betroffenen zu individualisieren gewesen seien; dennoch greife diese hier, um generellen Schutz der Gesellschaft (*general protection to society*) zu gewährleisten.[1349] Auch wenn der Gerichtshof hier mit einem generellen Ziel, dem Schutz der ganzen Gesellschaft, argumentiert, verliert seine Begründung nicht den Bezug zum Individualrecht. In der frühen, *abstrakten Vorphase* hat sich noch kein gefährdetes Individuum konkretisiert. Dennoch bedarf es nun schon des Schutzes durch eine staatliche Regelung. Da diese Einzelperson in jedem Fall Teil der Gesellschaft ist, kann der Staat ihren Schutz erreichen, indem er Regelungen erlässt, die die ganze Gesellschaft schützen. Soweit sich die Gefahr nicht zumindest auf eine ungefähr umrissene Personengruppe bezieht und er Regelungen zu deren Schutz erlässt, kann der Staat das Ziel des Individualschutzes in dieser frühen Phase nur durch die Gesellschaft schützende Normen erreichen. Dass damit auch später nicht beeinträchtigte Personen normativen Schutz erhalten, ist ein Nebenprodukt, das sich aus der frühen Fälligkeit der Pflichterfüllung ergibt.

Art. 2 und Art. 8 EMRK sind die beeinträchtigten Konventionsrechte dieser Kategorie; vom Umfang der positiven Verpflichtungen sieht der Gerichtshof hinsichtlich der beiden Rechte keinen Unterschied.[1350]

Die Verpflichtung innerhalb der abstrakten Vorphase hinsichtlich gefährlicher Aktivitäten endet jedoch nicht mit der Setzung eines allgemeinen Legislativ- und Administrativrahmens. Im Fall *Băcilă gegen Rumänien*[1351] waren die Behörden nicht gegen die Umweltverschmutzung vorgegangen, die von einer Blei- und Zinkfabrik in der Nähe des Wohnorts der Beschwerdeführerin ausging. Der Gerichtshof führt aus, dass für die Konventionsstaaten eine Verpflichtung bestehe, eine auf gefährlichen Tätigkeiten und die damit

---

1349 Vgl. EGMR, Urt. v. 07.05.2020, Nr. 43881/10, § 53 – *Vardosanidze vs. Georgien*.

1350 EGMR (GK), Urt. v. 30.11.2004, ECHR 2004-XII, Nr. 48939/99, § 90 – Öneryıldız *vs. Türkei*; EGMR, Urt. v. 24.07.2014, Nrn. 60908/11 u. a., § 102 – *Brincat u. a. vs. Malta*; Urt. v. 28.02.2012, Nrn. 17423/05 u. a., § 216 – *Kolyadenko u. a. vs. Russland*; Urt. v. 20.03.2008, ECHR 2008 (extr.), Nrn. 15339/02 u. a., § 133 – *Budayeva u. a. vs. Russland*.

1351 EGMR, Urt. v. 30.03.2010, Nr. 19234/04.

verbundenen Risiken angepasste Regelung zu schaffen. Sie müssten – hinsichtlich des Art. 8 EMRK wie auch des Art. 2 EMRK[1352] – die Lizensierung, den Aufbau, die Ausführung, die Sicherheit und Überprüfung dieser Aktivität lenken (*govern the licensing, setting up, operation, security and supervision of the activity*) und für alle Beteiligten die Verpflichtung aussprechen, praktische Maßnahmen zu ergreifen, um den effektiven Schutz der Menschen, deren Leben möglicherweise gefährdet wird, zu gewährleisten (*make it compulsory for all those concerned to take practical measures to ensure the effective protection of citizens whose lives might be endangered by the inherent risks*).[1353] Eine dieser praktischen Maßnahmen sei die Weitergabe von Information durch den Staat, um den Betroffenen eine eigene Risikobewertung zu ermöglichen.[1354]

Die Regelungen sollten zudem angemessene, die technischen Aspekte der Aktivität berücksichtigende Verfahren etablieren, um Mängel in den Prozessen und Fehler der Verantwortlichen zu identifizieren.[1355] Somit muss schon in der *abstrakten Vorphase* ein Verfahren geregelt werden, das in der *konkreten Nachphase* zur Aufarbeitung eingesetzt werden kann. Hierbei sei wichtig, so betont es die Große Kammer im Urteil Öneryıldız *gegen die Türkei*[1356], in dem es um die Versäumnisse des türkischen Staates bei einer Methanexplosion auf einer Mülldeponie nahe einer Siedlung ging, dass die Regelungen auf die speziellen Besonderheiten der Aktivität, insbesondere auf das Niveau des potenziellen Risikos für Menschenleben, ausgerichtet sind.[1357] Im Fall

---

1352 EGMR (GK), Urt. v. 30.11.2004, ECHR 2004-XII, Nr. 48939/99, § 90 – Öneryıldız *vs. Türkei*.

1353 EGMR (GK), Urt. v. 30.11.2004, ECHR 2004-XII, Nr. 48939/99, § 90 – Öneryıldız *vs. Türkei*; EGMR, Urt. v. 30.03.2010, Nr. 19234/04, § 61 – *Băcilă vs. Rumänien*; Urt. v. 28.02.2012, Nrn. 17423/05 u. a., § 158 – *Kolyadenko u. a. vs. Russland*; Urt. v. 20.03.2008, ECHR 2008 (extr.), Nrn. 15339/02 u. a., § 132 – *Budayeva u. a. vs. Russland*; Urt. v. 30.08.2022, Nr. 21648/11, § 73 – *Traskunova vs. Russland*.

1354 Vgl. → S. 110.

1355 EGMR, Urt. v. 20.03.2008, ECHR 2008 (extr.), Nrn. 15339/02 u. a., § 132 – *Budayeva u. a. vs. Russland*. S. a. EGMR (GK), Urt. v. 30.11.2004, ECHR 2004-XII, Nr. 48939/99, § 90 – Öneryıldız vs. Türkei; EGMR, Urt. v. 28.02.2012, Nrn. 17423/05 u. a., § 159 – *Kolyadenko u. a. vs. Russland*; Urt. v. 07.05.2020, Nr. 43881/10, § 54 – *Vardosanidze vs. Georgien*.

1356 EGMR (GK), Urt. v. 30.11.2004, ECHR 2004-XII, Nr. 48939/99; Sachverhaltsschilderung s. → S. 109.

1357 EGMR (GK), Urt. v. 30.11.2004, ECHR 2004-XII, Nr. 48939/99, § 90 – Öneryıldız *vs. Türkei*.

bemängelte er, dass es kein kohärentes Überwachungssystem gegeben habe. Ein solches hätte die verantwortlichen Personen dazu ermutigt, Maßnahmen zum angemessenen Schutz der Öffentlichkeit sowie zur Koordinierung und Kooperation verschiedener Verwaltungsbehörden zu ergreifen (*coherent supervisory system to encourage those responsible to take steps to ensure adequate protection of the public and coordination and cooperation between the various administrative authorities*). Dies wäre wichtig gewesen, um lebensbedrohende Risiken zu vermeiden.[1358] Durch seine Formulierung wird deutlich, dass der Gerichtshof für den Schutz der Konventionsrechtsgüter noch einen weiteren Mechanismus nutzen möchte. Die koordinierenden präventiven Mittel sollen nicht nur in der konkreten Verfahrens- und Beeinträchtigungssituation eine willkürresistente Grundlage bieten, sondern sie sollen auch auf die Einstellung der staatlichen Handelnden einwirken. Diese sollen dadurch motiviert werden, schützend und kooperierend zu agieren. Dadurch kann der Schutz der Konventionsrechtsgüter in der konkreten Situation noch effektiver werden.

Gerade im Bereich gefährlicher Aktivitäten hält der Gerichtshof passgenaue Regelungen für besonders wichtig. Auch wenn der Staat selbst wie im Fall *Mučibabić gegen Serbien*[1359] gefährliche Aktivitäten unternimmt, organisiert oder sie autorisiert, muss er das Risiko durch ein Regelwerk kontrollieren. Der Sohn des Beschwerdeführers war bei einem Unfall bei der geheimen, unter staatlicher Schirmherrschaft privat betriebenen Produktion von Raketentreibstoff gestorben. Zwar konnte der Gerichtshof im vorliegenden Fall den rechtlichen und administrativen Rahmen und mögliche Präventivmaßnahmen nicht überprüfen, da die Explosion vor dem Beitritt Serbiens zur Konvention stattgefunden hatte.[1360] Im Rahmen der Prüfung der Verletzung von Pflichten der *konkreten Nachphase* stellt der Gerichtshof aber fest, dass das Strafverfahren dreizehn Jahre nach der Anklagebestätigung und zwanzig Jahre nach dem Unfall noch immer in zweiter Instanz anhängig gewesen sei. Zudem handle es sich um einen Fall von erheblicher politischer und drängender öffentlicher Empfindlichkeit (*sensitivity*), in dem es zugegebenermaßen Behinderungen durch verschiedene

---

[1358] EGMR (GK), Urt. v. 30.11.2004, ECHR 2004-XII, Nr. 48939/99, § 109 – Öneryıldız *vs. Türkei*.

[1359] EGMR; Urt. v. 12.07.2016, Nr. 34661/07.

[1360] EGMR; Urt. v. 12.07.2016, Nr. 34661/07, §§ 95 f. – *Mučibabić vs. Serbien*.

Seiten gegeben habe. Beides – Empfindlichkeit und Behinderungen – seien jedoch weniger eine Entschuldigung für die Verzögerung als vielmehr ein weiterer Grund dafür, dass der Staat sein Justizsystem so zu organisieren habe, dass die früheren Mängel und Versäumnisse durch die rasche und sorgfältige Feststellung des Sachverhalts im Strafverfahren überwunden und die Verantwortlichen gegebenenfalls vor Gericht gestellt würden, um jeglichen Anschein einer Vertuschung zu vermeiden oder zu widerlegen.[1361] Somit schließt der Gerichtshof von Mängeln in der Pflichtenerfüllung der *konkreten Nachphase* auf die Pflicht zur Gewährleistung von Schutz, den der Staat in der *abstrakten und der konkreten Vorphase leisten muss.*

V. Naturkatastrophen

1. Rechtlicher und administrativer Rahmen mit Raumplanung und kontrollierter Stadtentwicklung

Wie auch in den vorigen Regelungsbereichen betont der Gerichtshof auch beim Schutz vor Naturkatastrophen den Gestaltungsspielraum der Staaten bei der gesetzlichen Ausgestaltung. Es gebe unterschiedliche Wege, Konventionsrechte zu sichern, sodass nicht gleich eine Konventionsrechtsverletzung anzunehmen sei, sobald eine Maßnahme unterlassen wurde; durch andere Maßnahmen könne noch immer die positive Verpflichtung erfüllt werden.[1362] Dennoch macht der Gerichtshof in diesem Bereich recht genaue Vorgaben, zu welchen Themen die Konventionsstaaten gesetzgeberisch tätig werden sollen. Die Grenze dieser Verpflichtung ist erst dann erreicht, wenn die Erfüllung der Verpflichtung eine unmögliche oder unangemessene Belastung darstellt. Diese Überlegung, so der Gerichtshof, müsse bei Naturkatastrophen, die gerade außerhalb menschlicher Kontrolle lägen, stärker einbezogen und gewichtet werden als bei menschengemachten Risiken, wie gefährlichen Aktivitäten.[1363]

[1361] EGMR; Urt. v. 12.07.2016, Nr. 34661/07, § 134 – *Mučibabić vs. Serbien.*

[1362] EGMR, Urt. v. 20.03.2008, ECHR 2008 (extr.), Nrn. 15339/02 u. a., § 134 – *Budayeva u. a. vs. Russland.* S. a. EGMR, Urt. v. 9.06.2005, ECHR 2005-V, Nr. 55723/00, § 96 – *Fadeyeva vs. Russland*; Urt. v. 07.05.2020, Nr. 43881/10, § 54 – *Vardosanidze vs. Georgien.*

[1363] Vgl. EGMR, Urt. v. 20.03.2008, ECHR 2008 (extr.), Nrn. 15339/02 u. a., § 135 – *Budayeva u. a. vs. Russland*, wo der Gerichtshof dies den Staaten auch für schwierige soziale oder technische Bereiche zugesteht (mit Verweis auf EGMR (GK), Urt. v. 08.07.2003,

Einen besonderen Aspekt gesetzgeberischer Naturkatastrophenprävention spricht der Gerichtshof im Fall *M. Özel u. a. gegen die Türkei*[1364] an. Bei einem Erdbeben stürzten die Gebäudekomplexe, in denen die Beschwerdeführer:innen und ihre Angehörigen lebten, ein. Dabei kamen 195 Menschen ums Leben. Vorgeworfen wurde der türkischen Regierung, dass die Kommunalbehörden den Bau von fünf- und mehrstöckigen Wohngebäuden in einem ausgewiesenen Erdbebengebiet genehmigt hatten und es unterließen, notwendige Kontrollen der Bauvorschriften durchzuführen. Im Rahmen der Prüfung, ob die Beschwerdefrist eingehalten wurde, führt der Gerichtshof aus, dass es sich bei Erdbeben um Ereignisse jenseits von staatlichem Einfluss handle. Ihre Verhütung könne nur darin bestehen, Maßnahmen zur Verringerung der Auswirkungen zu ergreifen, also zur Beschränkung der katastrophalen Folgen auf ein Minimum. Er sei diesbezüglich der Auffassung, dass die Vorbeugung eine angemessene Raumplanung und eine kontrollierte Stadtentwicklung (*appropriate spatial planning and controlled urban development*) umfasse. Im Fall sei den Behörden das Erdbebenrisiko sehr wohl bekannt gewesen, da das Gebiet nach den Raumplanungsdokumenten als „Katastrophengebiet" eingestuft worden sei. Zudem seien die Baugenehmigungen in diesem Gebiet an die Einhaltung bestimmter Baunormen geknüpft worden.[1365] Da dieser Vorwurf außerhalb der Sechsmonatsfrist eingereicht wurde, äußerte sich der Gerichtshof im Rahmen der Begründetheit nur zum Verfahren der *konkreten Nachphase*. Aus den Ausführungen zur Zulässigkeit nach Art. 35 EMRK lässt sich aber bereits entnehmen, dass er – hätte er die Begründetheit prüfen dürfen – zum Ergebnis der Verletzung von Art. 2 EMRK durch mangelhafte Raumplanung und Stadt entwicklung gekommen wäre. Diese wäre eine Pflicht der *abstrakten Vorphase* gewesen, durch die ein rechtlicher Rahmen für die Bautätigkeit und ein Schutz für die Individualrechtsgüter der Anwohner:innen geschaffen worden wäre.

2. Aufklärungs- und Frühwarnsystem

Eine weitere Pflicht aus Art. 2 EMRK ist der *abstrakten Vorphase* zuzuordnen. Im Fall *Budayeva u. a. gegen Russland*[1366] ging es um den Umgang der

ECHR 2003-VIII, Nr. 36022/97, §§ 100 f. – *Hatton u. a. vs. Großbritannien* u. EGMR (GK), Urt. v. 30.11.2004, ECHR 2004-XII, Nr. 48939/99, § 107 – Öneryıldız *vs. Türkei*).

1364 EGMR, Urt. v. 17.11.2015, Nrn. 14350/05 u. a.

1365 Vgl. EGMR, Urt. v. 17.11.2015, Nrn. 14350/05 u. a., § 174 – *M. Özel u. a. vs. Türkei.*

1366 EGMR, Urt. v. 20.03.2008, ECHR 2008 (extr.), Nrn. 15339/02 u. a.

Behörden mit Schlammlawinen. Die Beschwerdeführer:innen wohnen in einer Stadt, die jedes Jahr von Schlammlawinen bedroht wird; bereits im Jahr 1999 hatten sie viel zerstört. Im darauffolgenden Jahr waren diese aber so schwerwiegend, dass der Ehemann einer Beschwerdeführerin getötet und ihr Sohn verletzt wurde. Ebenfalls wurden Häuser und sonstige Besitztümer zerstört. Die Staatsanwaltschaft lehnte die Eröffnung eines Strafverfahrens mit Verweis auf den Unfallcharakter ab. Auch die Behörden begegneten dem Vorwurf des Nichtstuns mit der Aussage, die Schlammlawinen hätten nicht vorhergesagt oder gestoppt werden können. Der Gerichtshof stellt fest, dass durch die regelmäßige Betroffenheit der Region durch Schlammlawinen und frühere Vermeidungspläne anzunehmen sei, dass auch in dem betreffenden Jahr die Behörden und die Bevölkerung mit Schlammlawinen gerechnet hätten. Dass die Behörden auch mit einer höheren Gefährlichkeit der diesjährigen Schlammlawinen hätten rechnen können, habe sich durch die Warnungen eines Berginstituts gezeigt, die seit dem vorigen Jahr an die Behörden gesandt worden seien. Dennoch seien keine Beobachtungsposten in den Bergen eingerichtet worden, um eine frühzeitige Warnung zu ermöglichen. Stattdessen seien bis zum Tag der Lawinen überhaupt keine wirksamen Maßnahmen ergriffen worden.[1367] Somit müsse eine kausale Verbindung zwischen dem behördlichen Versagen und der Todesgefahr für die Bevölkerung gesehen werden.[1368]

Im Fall *Kolyadenko u. a. gegen Russland*[1369], in dem ein Fluss überschwemmt wurde und dadurch unter anderem das Leben der Beschwerdeführer:innen beeinträchtigt wurden, spielt auch das trotz gerichtlicher Anordnung nicht eingerichtete Frühwarnsystem für den Gerichtshof eine Rolle, um zum Ergebnis der Verletzung von Art. 2 EMRK zu kommen. So hätten es die Behörden trotz mehrfacher Aufforderung versäumt, ein funktionsfähiges Notfallwarnsystem einzurichten und aufrechtzuerhalten, um im Fall eines massiven Wasseraustritts aus dem Stausee Alarm auszulösen. Dieses wiedereinzurichten stelle unter den Umständen des vorliegenden Falles keine unmögliche oder unverhältnismäßige Belastung für die Behörden dar.[1370]

[1367] EGMR, Urt. v. 20.03.2008, ECHR 2008 (extr.), Nrn. 15339/02 u. a., § 156 – *Budayeva u. a. vs. Russland.*

[1368] EGMR, Urt. v. 20.03.2008, ECHR 2008 (extr.), Nrn. 15339/02 u. a., § 158 – *Budayeva u. a. vs. Russland.*

[1369] Urt. v. 28.02.2012, Nrn. 17423/05 u. a.; Sachverhaltsschilderung s. → S. 257.

[1370] Urt. v. 28.02.2012, Nrn. 17423/05 u. a., §§ 177, 183 – *Kolyadenko u. a. vs. Russland.*

VI. Bewertung

Wie bereits in den anderen Phasen gesehen, verfolgt der Gerichtshof hinsichtlich der Rechtsgüter von Art. 2 und Art. 3 EMRK einen umfassenden Schutz. Um diesen zu erreichen, entnimmt er auch für drohende nicht-staatliche Beeinträchtigungen der Konvention die Verpflichtung zu einem staatlichen Regelungsrahmen. Die Art und Weise der Regelung stehe im Ermessen der Konventionsstaaten. Notwendig sei aber, dass bezogen auf den konkreten Fall der Staat alles Nötige getan haben müsse, um eine Lebensgefährdung der Betroffenen zu verhindern.[1371]

Im Fall der hier analysierten nicht-staatlichen Beeinträchtigungen hat der Staat – wie bereits in den Kategorien der nicht-staatlichen Beeinträchtigungen der *konkreten Vor-*[1372] und *Nachphase*[1373] – nur eine Wächterposition inne. Zum Zeitpunkt der *abstrakten Vorphase* kommt erschwerend hinzu, dass sich das staatliche Verhalten bezieht auf zukünftige Beeinträchtigungen, deren Eintritt nicht sicher ist. So sind die Folgen staatlichen Tuns oder Unterlassens nur schwer zu greifen. Dennoch hält der Gerichtshof gerade das Verhalten des Staates in der *abstrakten Vorphase* für entscheidend für einen effektiven Konventionsrechtsschutz. Nur durch die im Vorhinein getroffene Regelung und Organisation von Verfahrens- und Beeinträchtigungssituationen wird ein wirksamer Schutz für die betroffenen Personen erreicht. Ohne diesen sind sie zu einem gewissen Grad stets der Willkür der entscheidenden Personen ausgesetzt, wodurch die substanziellen Konventionsrechte im Einzelfall nur noch theoretisch gälten.

Der Gefahr, die der Gerichtshof in der konkreten Umsetzung und dem Spielraum der entscheidenden Person sieht, begegnet er auch mit der Aufforderung an die Staaten, Normen zu erlassen, die seine Entscheidungsträger:innen zu rechtstreuem Verhalten anhalten.

[1371] EGMR, Urt. v. 09.06.1998, ECHR 1998-III, Nr. 23413/94, § 36 – *L.C.B. vs. Großbritannien*. Zu Art. 8 EMRK: EGMR (GK), Urt. v. 19.02.1998, ECHR 1998-I, Nr. 14967/89, § 58 – *Guerra u. a. vs. Italien*, u. EGMR, Urt. v. 09.12.1994, ECHR A 303-C, Nr. 16798/90, § 55 – *López Ostra vs. Spanien*. Hinsichtlich einer Gefahr für das Eigentum aus Art. 1 ZP: zum Rechtsrahmen, EGMR (GK), Urt. 28.07.1999, ECHR 1999-V, Nr. 22774/93, §§ 54-56 – *Immobiliare Saffi* sowie *Dröge*, Positive Verpflichtungen, S. 52; zum Erfordernis eines Strafrechtssystems EGMR, Urt. v. 14.10.2008, Nr. 70930/01, § 67 – *Blumberga vs. Lettland*.

[1372] S. → S. 101.

[1373] S. → S. 249.

Wie wichtig der Gerichtshof diese Regelungspflicht für den Schutz der Rechtsgüter erachtet, zeigt sich insbesondere an Fällen, in denen ein Regelungsrahmen vorlag, aber Versäumnisse im konkreten Ablauf des Einzelfalls anfielen. So kann das Aufstellen angemessener Regelungen zur Prävention sogar dazu führen, dass staatliche Fehler im konkreten Fall nicht als Verletzung von Art. 2 EMRK angesehen werden.[1374] Dies ist allerdings nicht generell in der Rechtsprechung des Gerichtshofs zu beobachten. Trotzdem lässt sich daran die besondere Bedeutung ablesen, die der Gerichtshof der rechtlichen Regelung und Organisation späterer Verfahrens- und Beeinträchtigungssituationen zumisst. Er sieht darin wohl einen effektiven Weg, einer Vielzahl drohender Konventionsrechtsverletzungen zu begegnen und ihre Wirkung für die Betroffenen abzuwenden oder abzuschwächen. Durch die Reduzierung von Willkür und Situationsabhängigkeit wird das gefühlte Ausgeliefertsein der betroffenen Person reduziert, weil – auch wenn sie sich in einer Situation der Abhängigkeit von Staat oder Dritten befindet – das Gefühl aufkommen kann, ein (bestenfalls demokratisch) legitimiertes Entscheidungsgremium habe bereits vorab abstrakt über ihre Situation und den Schutz ihrer Rechtsgüter befunden.

Gerade in der *abstrakten Vorphase* bei nicht-staatlichen Beeinträchtigungen ist der Gerichtshof versucht, mit generellen Zielen, wie dem Schutz der ganzen Gesellschaft, zu argumentieren. Dies leuchtet auch ein, da sich die konkrete Gefahr für ein Individuum und seine Rechtsgüter erst später herausstellen wird. Dennoch verliert seine Begründung nicht den Bezug zum Individualrecht. Für den Staat ist nämlich erkennbar (und muss es sein, damit er zum Handeln verpflichtet ist), dass eine noch nicht konkretisierte Person hinsichtlich ihrer Konventionsrechtsgüter möglicherweise gefährdet sein wird. Mangels Konkretisierung wird der Staat eine Regelung erlassen müssen, die notgedrungen auch andere, später nicht betroffene Individuen schützt, um den Schutz der später beeinträchtigten Person sicherzustellen. Normen, die dem Schutz der Gesellschaft oder einer ungefähr bestimmbaren Personengruppe dienen, können hierbei weiterhelfen. Dass damit die Norm über das von der Konvention und dem Gerichtshof intendierte Ziel – den Individualschutz – hinausschießt und auch später nicht beeinträchtigte Personen normativen Schutz erhalten, ist hinzunehmen, um eine

[1374] EGMR, Urt. v. 12.01.2016, Nr. 62870/13, § 100 – *Bilbija u. Blažević vs. Kroatien*.

effektive Konventionsrechtssicherung zu erhalten. Zudem wird ein zielgenauerer Schutz aufgrund der frühen Fälligkeit der Pflichterfüllung anders nicht immer möglich sein.

C. Verfahrenssituation, deren rechtliche Entscheidung eine substanzielle Beeinträchtigung ermöglicht

In der *konkreten Vorphase* wurde in der Kategorie „Verfahrenssituation, deren rechtliche Entscheidung eine substanzielle Beeinträchtigung ermöglicht"[1375] bereits herausgearbeitet, dass auch aus der Verfahrenssituation selbst und vor allem deren Ergebnis eine substanzielle Verletzung eines Konventionsrechts folgen kann. So wurde beispielsweise gezeigt, dass in Adoptionsverfahren entschieden wird, wer nach Verfahrensende tatsächlich sein Recht aus Art. 8 EMRK auf ein Familienleben ausüben kann. Wer hingegen unterliegt, hat keine Möglichkeit, danach ein Familienleben mit diesem Kind zu führen.[1376]

Verfahren sind also – wie gesehen – Situationen, die Schutz bieten, von denen aber auch ein gewisses Risiko ausgeht. Da zahlreiche Lebensbereiche von rechtlichen Verfahren durchdrungen und geprägt sind, ist es umso wichtiger – wie auch die Rechtsprechung zeigt –, Verfahren effektiv auszugestalten. Dieses Bedürfnis stand hinter vielen Entscheidungen der Kategorie „Verfahrenssituation, deren rechtliche Entscheidung eine substanzielle Beeinträchtigung ermöglicht"[1377] der *konkreten Vorphase*.

Doch nicht erst die effektive Verfahrensausgestaltung ist wichtig für die spätere Rechtsausübung – schon die Zugänglichkeit zu einer Verfahrenssituation kann entscheidend sein. Wird einer Person kein Zugang zu einem bestimmten Verfahren gewährt, das für sie aber Folgen hinsichtlich ihrer Rechtspositionen hat, kann sie nicht auf die effektiven Verfahrensmöglichkeiten zugreifen und damit auch nicht für die eigene Rechtsposition durch Beeinflussung des Verfahrensergebnisses eintreten. Somit kann es vorkommen, dass die substanzielle Verletzung eingeleitet oder ihr Eintritt zumindest wahrscheinlicher wird, indem die rechtsinnehabende Person keinen Zugang zu einer Verfahrenssituation (der *konkreten Vorphase*) hat.

1375 S. → S. 113-163.
1376 S. ab → S. 114.
1377 S. → S. 113-163.

Übersetzt in die rechtstheoretische Konstruktion einer Verfahrenssituation wird also die Person insoweit als Rechtsperson nicht wahrgenommen. Sie und ihr Interesse werden nicht in die rechtliche Situation „übersetzt", denn ihre (verfahrens-)rechtliche Anerkennung bleibt aus. Indem aber ein Staat durch abstrakt-generelle Regelungen eine Person aufgrund einer Eigenschaft, eines Interesses oder einer Situation als Rechtsperson anerkennt, kann sie an einer Verfahrenssituation, die ihre Eigenschaft, ihr Interesse oder ihre Situation betrifft, teilnehmen und wird von staatlichen Entscheidungsinstanzen wahrgenommen („wahr"-„genommen"). Dies wiederum bewirkt – wie theoretisch[1378] und in der *konkreten Vorphase*[1379] gesehen –, dass die Verfahrenssituation so ausgestaltet werden kann, dass sie eine Entscheidung zum Ergebnis hat, die das Interesse der Person ausreichend berücksichtigt und zu keiner substanziellen Konventionsrechtsverletzung führt. Somit ist die rechtliche Anerkennung durch den Gesetzgeber als eine Kategorie der *abstrakten Vorphase* zu sehen.

Dies wird sich auch in der analysierten Rechtsprechung zeigen. Der Gerichtshof macht deutlich, dass bei normgeprägten Rechtsgütern ohne die rechtliche Anerkennung in kaum einem Lebensbereich die Rechtsausübung möglich ist. Eindrücklich wird sich darstellen, warum den Staaten zwar auch in diesem Bereich ein Einschätzungsspielraum zusteht, dieser aber durch die weitreichenden Konsequenzen eines normgeberischen Unterlassens stark beschränkt ist.

I. Rechtliche Anerkennung der biologischen Verbindung zwischen Eltern und Kind

Betrachtet man die faktische Schutzdimension von Art. 8 EMRK werden unter Familienleben nicht nur ehebasierte Beziehungen verstanden, sondern auch *de-facto*-Familien, deren Mitglieder einander ohne eine eheliche Verbindung familiär zugehörig sind.[1380] Im Fall *Marckx gegen Belgien*[1381] aus dem Jahr 1979 wehrte sich eine nichtverheiratete Mutter dagegen, dass ihr bestimmte, verheirateten Müttern zustehende Rechte verweigert wurden.

[1378] S. → S. 61-69.

[1379] S. → S. 113-163.

[1380] Vgl. EGMR (Pl.), Urt. v. 18.12.1986, Rep. A112, Nr. 9697/82, § 55 – *Johnston u. a. vs. Irland*; EGMR, Urt. v. 26.05.1994, Rep. A 290, Nr. 16969/90, § 44 – *Keegan vs. Irland*.

[1381] EGMR (Pl.), Urt. v. 13.06.1979, Rep. A31, Nr. 6833/74.

Nach der damaligen Rechtslage konnte sie als unverheiratete Mutter die gleiche rechtliche Verbindung wie verheiratete Mütter zwischen ihr und ihrer leiblichen Tochter sowie zwischen ihrer Familie und ihrer Tochter nur dadurch erreichen, dass sie heiratete und anschließend ihre leibliche Tochter adoptierte. Die fehlende rechtliche Verbindung zwischen Mutter und Tochter verletze die Beschwerdeführerin in Art. 8 EMRK (i. V. m. Art. 14 EMRK), so der Gerichtshof. Die Verbindung einer alleinerziehenden, nichtverheirateten Mutter zu ihrem Kind sei eine Form von Familie im Sinne des Art. 8 EMRK. Wenn der Staat also in seinem Rechtssystem Regelungen erschaffe, die für diese Familienverbindungen gälten, dann müssten diese ein normales Familienleben erlauben, zu dem auch die Integration des Kindes in die Familie der Mutter gehöre.[1382] In diesem Fall entnahm der Gerichtshof erstmals eine positive Verpflichtung aus Art. 8 EMRK und zwar die Errichtung eines Familienrechtssystems, das eine rechtliche Beziehung zwischen Eltern und Kind ab der Geburt des Kindes anerkennt, ohne dass das Elternteil dies erst in einem Gerichtsverfahren feststellen lassen muss.[1383]

Dies schützt gerade auch die Beziehung zwischen unehelichen Kindern und ihren biologischen Vätern.[1384] Um effektiven Schutz zu gewährleisten, müssen nicht nur tatsächliche Barrieren abgeschafft werden. Es muss vor allem in rechtlichen Verfahren der Beziehung zwischen Vater und Kind eine Bedeutung zugemessen werden und der Person des Vaters ein Zugang zum Verfahren gegeben werden. Im Fall *Keegan gegen Irland*[1385] wollte der Beschwerdeführer gegen die Adoption seiner leiblichen Tochter vorgehen und selbst das Sorgerecht erhalten. Die von ihm bereits vor der Geburt getrenntlebende Mutter hatte das Adoptionsverfahren eingeleitet und das Kind zu den Adoptiveltern gegeben. Das Adoptionsverfahren durfte zwar nicht ohne die Einwilligung der Mutter und des Vormunds durchgeführt werden. Als unverheirateter Vater war der Beschwerdeführer aber nicht – wie ein verheirateter Vater – Vormund, sondern musste erst durch ein Gericht dazu ernannt werden. Im Gerichtsverfahren wurde ihm zunächst

---

1382 EGMR (Pl.), Urt. v. 13.06.1979, Rep. A31, Nr. 6833/74, § 31 – *Marckx vs. Belgien.*

1383 *Mowbray,* Positive obligations, S. 151 f.

1384 Zu Art. 14 i. V. m. Art. 8 EMRK hinsichtlich der Beziehung eines alleinerziehenden Vaters zu seinem Kind s. EGMR, Urt. v. 30.06.2022, Nr. 61657/16, §§ 39-43 – *Paparrigopoulos vs. Griechenland.*

1385 EGMR, Urt. v. 26.05.1994, Rep. A 290, Nr. 16969/90.

die Vormundschaft zugesprochen, dann aber höchstrichterlich aberkannt. Der Gerichtshof wies zunächst den Einwand zurück, es handle sich aufgrund der nicht anhaltenden Beziehung der Eltern nicht um eine Familie im Sinne des Art. 8 EMRK. Ein Kind, das in einer ehelichen wie unehelichen Beziehung zur Welt komme, sei *ipso iure* Teil dieser Familie. Zwischen dem Kind und seinen Eltern bestehe eine Verbindung, die einem Familienleben gleichkomme, auch wenn zum Zeitpunkt der Geburt die Eltern nicht mehr zusammenwohnten oder ihre Beziehung beendet gewesen sei.[1386] Ob positive oder negative Verpflichtung – wenn eine Familienverbindung bestehe, müsse der Staat Fortentwicklung der Familienverbindung verhelfen und müsse rechtliche Sicherungen schaffen, um ab der Geburt die kindliche Eingliederung in die Familie zu ermöglichen. Im Fall erkennt der Gerichtshof an, dass das Recht dem Beschwerdeführer eine Möglichkeit gegeben hat, die Vormundschaft und das Sorgerecht zu erhalten. Problematisch sei hier aber gewesen, dass das Kind ohne das Wissen und die Einwilligung seines Vaters direkt nach der Geburt zur Adoption gegeben worden sei. Dadurch wachse eine Verbindung zwischen dem Kind und seinen Adoptiveltern, sodass es nach einer gewissen Zeit nicht mehr dem Interesse des Kindes entspreche, zu seinen biologischen Eltern zurückzukehren. Diese Situation gefährde nicht nur die ordnungsgemäße Entwicklung der Bindung des Beschwerdeführers zu dem Kind, sondern setze auch einen Prozess in Gang, der sich wahrscheinlich als unumkehrbar erweise, wodurch der Beschwerdeführer in seinem Streit um das Sorgerecht erheblich benachteiligt würde.[1387] Um einen effektiven Konventionsrechtsschutz zu gewährleisten, ist es somit von großer Bedeutung, dass das nationale Recht den Elternteil bereits vor dem konkreten Verfahren als relevante Rechtsperson anerkennt und ihm einen Verfahrenszugang gewährt. Laut dem Gerichtshof setzt die geforderte Achtung des Familienlebens voraus, dass die biologische und die soziale Realität Vorrang hätten vor der gesetzlichen Vermutung, die weder den Tatsachen noch den Wünschen der Betroffenen entspricht, ohne jemandem zu nutzen.[1388] Für ein solches Verständnis spricht auch, dass der Gerichtshof

[1386] EGMR, Urt. v. 26.05.1994, Rep. A 290, Nr. 16969/90, § 44 – *Keegan vs. Irland*. S. a. EGMR, Urt. v. 27.10.1994, Rep. A 297-C, Nr. 18535/91, § 30 – *Kroon u. a. vs. Niederlande*.

[1387] EGMR, Urt. v. 26.05.1994, Rep. A 290, Nr. 16969/90, § 55 – *Keegan vs. Irland*.

[1388] EGMR, Urt. v. 27.10.1994, Rep. A 297-C, Nr. 18535/91, § 40 – *Kroon u. a. vs. Niederlande*.

nicht nur tatsächlich bestehende Familienbeziehungen, sondern auch ein potenzielles Familienleben in den Schutz des Art. 8 EMRK einbezieht.[1389]

Auch der Fall *L.D. u. P.K. gegen Bulgarien*[1390] zeigt die Wichtigkeit der rechtlichen Anerkennung der Familienzugehörigkeit einer Person, die in der gesetzlichen Bereitstellung eines Verfahrenszugangs mündet. Betroffen waren hier zwei biologische Väter, die die Vaterschaft für ihre Kinder nicht anerkennen konnten, da bereits andere Männer als rechtliche Väter eingetragen worden waren. Die nationalen Gerichte wiesen ihre Vaterschaftsanfechtungen zurück mit der Begründung, eine andere rechtliche Vater-Kind-Beziehung bestehe bereits. Dass die gesetzliche Regelung keine Ausnahmen zulässt und damit die besonderen Umstände der tatsächlichen Familienkonstellation nicht berücksichtigt[1391] sowie kein effektives Rechtsmittel zur Verfügung steht,[1392] wertet der Gerichtshof als Verletzung des Art. 8 EMRK.[1393]

Hervorzuheben ist der Fall *Krušković gegen Kroatien*[1394], da hier deutlich wird, dass die rechtliche Nichtbeachtung eines Elternteils nicht nur für die Beziehung zu seinem Kind gravierende Folgen hat. Der unverheiratete Beschwerdeführer wurde als Vater eines Kindes in das Geburtsregister eingetragen. Als die Behörde erfuhr, dass der Beschwerdeführer aufgrund einer Persönlichkeitsstörung zu diesem Zeitpunkt nicht geschäftsfähig war, löschte sie den Eintrag wieder. Mangels Geschäftsfähigkeit (*legal capacity*) hatte der Beschwerdeführer keine Möglichkeit, selbst seine Vaterschaft prozessual zu

1389 EGMR, Beschl. v. 29.06.1999, ECHR 1999-VI, Nr. 27110/95, Abschnitt „The Law" 2. (a) – *Nylund vs. Finnland*. Der Schutz im Verfahren wird vom Gerichtshof aber davon abhängig gemacht, wie weit tatsächlich oder potenziell ein Familienleben existiert; ein hypothetisches Familienleben wird dagegen nicht geschützt, vgl. EGMR, Urt. v. 22.03.2012, Nr. 45071/09, § 58 f. – *Ahrens vs. Deutschland*; Urt. v. 22.03.2012, Nr. 23338/09, § 61 f. – *Kautzor vs. Deutschland*.

1390 EGMR, Urt. v. 08.12.2016, Nrn. 7949/11 u. 45522/13.

1391 EGMR, Urt. v. 08.12.2016, Nrn. 7949/11 u. 45522/13, §§ 65, 75 – *L.D. u. P.K. vs. Bulgarien*.

1392 EGMR, Urt. v. 08.12.2016, Nrn. 7949/11 u. 45522/13, §§ 71-74 – *L.D. u. P.K. vs. Bulgarien*.

1393 S. a. EGMR, Urt. v. 18.05.2006, Nr. 55339/00, § 79 – *Różański vs. Polen*, in dem der Gerichtshof im Fehlen eines direkten Rechtsmittels zur Vaterschaftsanerkennung des biologischen Vaters, in den fehlenden gesetzlichen Ermessensleitlinien, wie Behörden im Fall der Vaterschaftsanzweiflung durch einen anderen Mann ihr Ermessen ausüben sollten, sowie der oberflächlichen Weise, wie die Behörden im Verfahren mit den Anträgen des Beschwerdeführers umgingen, eine Verletzung von Art. 8 EMRK sah. Vgl. auch EGMR, Urt. v. 13.10.2020, Nr. 32495/15 – *Koychev vs. Bulgarien*.

1394 EGMR, Urt. v. 21.06.2011, Nr. 46185/08.

beweisen oder anerkennen zu lassen. Das zuständige Sozialhilfezentrum strengte das Verfahren schließlich auf Drängen des Beschwerdeführers an, sodass seine Vaterschaft geklärt werden konnte. Der Gerichtshof unterstreicht hier, dass der fehlende Verfahrenszugang den Beschwerdeführer zweieinhalb Jahre lang in einer rechtlichen Leere zurückgelassen habe. Dass das Sozialhilfezentrum schließlich das Verfahren eingeleitet habe, spiele keine Rolle, da es weder eine diesbezügliche Rechtspflicht noch eine Frist zum Beginn eines solchen Verfahrens gegeben habe.[1395] Beschränkungen der Geschäftsfähigkeit widersprächen nicht grundsätzlich Art. 8 EMRK, doch müssten sie verfahrensrechtlich abgesichert sein.[1396] So hatte der fehlende Verfahrenszugang nicht nur die rechtliche Beziehung zu seinem Kind offen gelassen; zusätzlich wurde der Beschwerdeführer als Person rechtlich nicht wahrgenommen und zweieinhalb Jahre in einer rechtlichen Ungewissheit gelassen.

II. Rechtliche Anerkennung der *de-facto*-Verbindung zwischen Eltern und Kind

Nicht nur das Familienleben der biologischen Eltern zu ihrem Kind, sondern auch das der Personen, die die soziale Elternschaft wahrnehmen, muss beim Eintritt in eine Verfahrenssituation berücksichtigt werden. Der Fall *Nazarenko gegen Russland*[1397] betraf den Beschwerdeführer, der als Vater eingetragen wurde, als dessen Ehefrau ein Kind bekam. Als sie sich scheiden ließen, hatten sie weiterhin das gemeinsame Sorgerecht für die Tochter. Im Rahmen einer wegen aufgekommener Zweifel durchgeführten Vaterschaftsanfechtung stellte sich heraus, dass der Beschwerdeführer nicht der biologische Vater war. Daraufhin verlor er alle Rechte hinsichtlich des Kindes, auch das Besuchsrecht. Der Gerichtshof bejahte die Anwendbarkeit des Art. 8 EMRK für die Vater-Tochter-Beziehung des Beschwerdeführers, da die Annahme eines Familienlebens im Sinne des Art. 8 EMRK davon abhänge, ob tatsächlich enge persönliche Verbindungen bestünden.[1398] Da der Beschwerdeführer seine Vaterschaft bis zur Anfechtung nicht in

---

[1395] EGMR, Urt. v. 21.06.2011, Nr. 46185/08, § 26 – *Krušković vs. Kroatien.*

[1396] EGMR, Urt. v. 21.06.2011, Nr. 46185/08, §§ 30 f. – *Krušković vs. Kroatien.*

[1397] EGMR, Urt. v. 16.07.2015, ECHR 2015 (extr.), Nr. 39438/13.

[1398] EGMR, Urt. v. 16.07.2015, ECHR 2015 (extr.), Nr. 39438/13, § 56 – *Nazarenko vs. Russland.*

Zweifel gezogen habe, habe er die Tochter mehr als fünf Jahre lang großgezogen und sich um sie gekümmert, sodass zwischen den beiden ein enges persönliches Verhältnis bestanden habe, das ein Familienleben im Sinne des Art. 8 EMRK darstelle.[1399] Die starren Regeln hinsichtlich der Kontakt- und Besuchsrechte seien im Hinblick auf Art. 8 EMRK bedenklich. Diese zählten die kontaktberechtigten Personen (Eltern, Großeltern, Geschwister, andere Verwandte) abschließend auf, ohne eine Ausnahme für die Vielzahl von tatsächlichen Familienkonstellationen oder zugunsten des Kindeswohls bereitzuhalten. Aus dieser Regelung folge, dass eine Person wie der Beschwerdeführer, die mit einem Kind nicht verwandt sei, aber lange Zeit für es gesorgt und dadurch eine enge Beziehung zu ihm habe, unter keinen Umständen ein Kontaktrecht erhalten könne – ungeachtet des Kindeswohls.[1400] Von derselben Rechtslage betroffen war im Fall *V.D. u. a. gegen Russland*[1401] eine Pflegemutter. Ihr Pflegekind wohnte ab dem Alter von acht Monaten für neun Jahre bei ihr und kehrte dann zu seinen biologischen Eltern zurück. Ihr wurde jeglicher Kontakt verweigert und mangels biologischer Verwandtschaft konnte sie keine Rechtsmittel einlegen oder sich im Verfahren beteiligen. Hinsichtlich der Entscheidung, das Kind zurück in die Obhut seiner biologischen Eltern zu geben, bewegten sich die nationalen Gerichte in dem ihnen zustehenden Einschätzungsspielraum und ihre Entscheidungen basierten auf einschlägigen und hinreichenden Gründen.[1402] Mit Bezug auf den *Nazarenko*-Fall wiederholt der Gerichtshof aber, dass der den starren rechtlichen Regelungen folgende, vollständige und automatische Ausschluss der Beschwerdeführerin aus dem Leben ihres ehemaligen Pflegekindes Art. 8 EMRK nicht respektiere.[1403] Die nationalen Gerichtsentscheidungen im Fall zeigten, dass keine Versuche unternommen wurden, die besonderen Umstände des Falles einzuschätzen. Weder sei die Beziehung zwischen der Beschwerdeführerin und ihrem ehemaligen Pflegekind in die Entscheidungsfindung einbezogen, noch sei gefragt

---

[1399] EGMR, Urt. v. 16.07.2015, ECHR 2015 (extr.), Nr. 39438/13, § 58 – *Nazarenko vs. Russland.*

[1400] EGMR, Urt. v. 16.07.2015, ECHR 2015 (extr.), Nr. 39438/13, § 65 – *Nazarenko vs. Russland.*

[1401] EGMR, Urt. v. 09.04.2019, Nr. 72931/10.

[1402] EGMR, Urt. v. 09.04.2019, Nr. 72931/10, § 121 – *V.D. u. a. vs. Russland.*

[1403] EGMR, Urt. v. 09.04.2019, Nr. 72931/10, § 128 – *V.D. u. a. vs. Russland.*

worden, ob die Aufrechterhaltung des Kontakts gut oder schlecht für das Kind sei oder ob die Interessen der Beschwerdeführerin oder diejenigen der biologischen Eltern hier den Vorrang erhalten sollten.[1404] Nicht verwandte Personen, die aber möglicherweise in der Vergangenheit eine enge Verbindung zu dem Kind gepflegt hatten, nicht als Verfahrensbeteiligte im Verfahren um Besuchsrechte anzuerkennen, verletzt somit Art. 8 EMRK.

III. Rechtliche Anerkennung von Eltern-Kind-Beziehung nach Leihmutterschaft

Bei der Frage der rechtlichen Anerkennung von Eltern-Kind-Beziehung sind auch die Entscheidungen des Gerichtshofs zur Leihmutterschaft in den Blick zu nehmen.[1405] Das Privatleben im Sinne des Art. 8 EMRK erfordert laut dem Gerichtshof, dass jede:r in der Lage sein sollte, Einzelheiten der individuellen Identität festzustellen. Wenn die Eltern-Kind-Beziehung betroffen sei, stehe ein wesentlicher Aspekt dieser Identität auf dem Spiel.[1406] Die Anerkennung einer rechtlichen Eltern-Kind-Beziehung ist aber gerade bei Kindern, die mithilfe einer Leihmutter geboren wurden, aufgrund der verschiedenen, oft widerstreitenden Interessen nicht einfach festzustellen. In den Fällen *Mennesson gegen Frankreich*[1407] und *Labassee gegen Frankreich*[1408]ging es um zwei Ehepaare, für die in Amerika Leihmütter mit dem Sperma der Ehemänner und Eizellspenden Zwillinge bzw. eine Tochter zur Welt brachten. Die Eheleute wurden durch Gerichtsentscheidungen US-amerikanischer Gerichte als Eltern der Kinder anerkannt. Die französischen Behörden und Gerichte verweigerten trotz der biologischen Verbindung zwischen den Kindern und den Vätern die Eintragung in das französische Geburtenregister und damit die rechtliche Anerkennung der Eltern-Kind-Beziehungen. Sie begründeten dies damit, dass sie mit der Anerkennung einem Leihmutterschaftsvertrag rechtliche Wirkung verliehen, obwohl dieser nach französischem Recht nichtig sei. Nach ihrer Auffassung seien durch die Verweigerung keine Rechte der Kinder verletzt,

---

[1404] EGMR, Urt. v. 09.04.2019, Nr. 72931/10, § 129 – *V.D. u. a. vs. Russland.*

[1405] S. hierzu *Cremer/Jaber/Longin*, in: Familienformen, S. 137, 153 f., 161 ff.

[1406] EGMR, Urt. v. 26.06.2014, ECHR 2014 (extr.), Nr. 65192/11, § 96 – *Mennesson vs. Frankreich.*

[1407] EGMR, Urt. v. 26.06.2014, ECHR 2014 (extr.), Nr. 65192/11.

[1408] EGMR, Urt. v. 26.06.2014, Nr. 65941/11.

da sie weiterhin eine nach US-amerikanischem Recht anerkannte rechtliche Beziehung zu ihren Eltern hätten und der Staat sie nicht daran hindere, bei ihren Eltern in Frankreich aufzuwachsen. Dagegen wertet der Gerichtshof, dass aufgrund der wichtigen Bedeutung der Eltern-Kind-Beziehung für die eigene Identität der Schutzbereich des Privatlebens im Sinne des Art. 8 EMRK betroffen sei, wenn durch die fehlende Anerkennung auch die eigene Position im innerstaatlichen Rechtssystem rechtlich unsicher werde und damit ihre Identität in der französischen Gesellschaft untergraben werde.[1409] Er akzeptiere die Intention Frankreichs, seine Staatsangehörigen daran zu hindern, im Ausland von Reproduktionsmethoden Gebrauch zu machen, die in Frankreich verboten seien. Die Nichtanerkennung betreffe aber nicht nur die Eltern, die sich für diese Methode entschieden hätten, sondern auch ihre Kinder. Diese würden erheblich in ihrem Recht auf Achtung ihres Privatlebens betroffen, da dieses auch die Feststellung der eigenen Identität, einschließlich der eigenen Eltern-Kind-Beziehung umfasse.[1410] Angesichts der schwerwiegenden Auswirkungen auf die Identität der Kinder, die auf die Nichtanerkennung einer rechtlichen Beziehung zu ihren biologischen Vätern folgten, habe der Staat seinen zulässigen Einschätzungsspielraum überschritten.[1411] Somit können die Konventionsstaaten weiterhin die Leihmutterschaft als Reproduktionsmodell verbieten und einen Elternschaftsnachweis bei der Erstellung von Ausweisdokumenten fordern. Sie müssen jedoch aus Respekt vor dem Privatleben des Kindes eine Möglichkeit schaffen, die *biologische* Beziehung zwischen Vater und Kind rechtlich anerkennen zu lassen.[1412]

Zur rechtlichen Anerkennung der nicht-biologischen, aber beabsichtigten sozialen Mutter eines durch Leihmutterschaft geborenen Kindes hat sich der Gerichtshof im Rahmen seiner ersten beratenden Stellungnahme (*advisory opinion)* gemäß Art. 1 ZP 16 geäußert. Nach dem Urteil des Gerichtshofs im

---

1409 EGMR, Urt. v. 26.06.2014, ECHR 2014 (extr.), Nr. 65192/11, § 96 – *Mennesson vs. Frankreich.*

1410 EGMR, Urt. v. 26.06.2014, ECHR 2014 (extr.), Nr. 65192/11, § 99 – *Mennesson vs. Frankreich.*

1411 EGMR, Urt. v. 26.06.2014, ECHR 2014 (extr.), Nr. 65192/11, § 100 – *Mennesson vs. Frankreich.* S. a. EGMR, Urt. v. 26.06.2014, Nr. 65941/11, § 79 – *Labassee vs. Frankreich*; Urt. v. 21.07.2016, Nrn. 9063/14 u. 10410/14, §§ 55-58 – *Foulon u. Bouvet vs. Frankreich*; Urt. v. 19.01.2017, Nr. 44024/13, §§ 29-32 – *Laborie vs. Frankreich.*

1412 Vgl. EGMR, Urt. v. 26.06.2014, ECHR 2014 (extr.), Nr. 65192/11, §§ 99 f. – *Mennesson vs. Frankreich*; Urt. v. 26.06.2014, Nr. 65941/11, §§ 78 f. – *Labassee vs. Frankreich.*

Fall *Mennesson gegen Frankreich* wurde die Rechtslage in Frankreich geändert, sodass fortan der biologische Vater eines durch Leihmutterschaft geborenen Kindes als dessen Vater in das Geburtenregister eingetragen werden konnte. Hinsichtlich der beabsichtigten sozialen Mutter war dies weiterhin nicht möglich. Soweit sie mit dem biologischen Vater verheiratet war, konnte sie das Kind adoptieren.[1413] Im Rahmen eines erneuten Rechtsmittels der Eltern Mennesson ersuchte der Kassationsgerichtshof den Gerichtshof um die Erstellung eines Rechtsgutachtens. Es enthielt die Fragen, ob Art. 8 EMRK erfordere, dass das innerstaatliche Recht auch eine Möglichkeit der Anerkennung einer rechtlichen Eltern-Kind-Beziehung mit der beabsichtigten sozialen Mutter schaffe, die nach ausländischem Recht als rechtliche Mutter festgestellt wurde, sowie ob der Staat eine Anerkennung durch Eintragung im Geburtenregister vornehmen müsse oder auch ein anderes Mittel, wie beispielsweise eine Adoption, zugelassen werden könne. Der Gerichtshof stellt fest, dass die fehlende rechtliche Beziehung zur beabsichtigten sozialen Mutter ähnliche Auswirkungen habe, wie das Fehlen der Verbindung zum biologischen Vater: es versetze das Kind in einen Zustand der Rechtsunsicherheit hinsichtlich seiner Identität in der Gesellschaft.[1414] Die Nichtanerkennung habe Auswirkungen auf die Staatsangehörigkeit, die Erbenstellung, aber auch die Versorgung durch die Mutter im Falle einer Trennung der Eltern oder des Todes des Vaters.[1415] Vor diesem Hintergrund und dem Aspekt, dass das Wohl des Kindes auch die rechtliche Anerkennung von Personen, die für seine Erziehung, Bedürfnisbefriedigung und Gewährleistung seines Wohlergehens verantwortlich seien, umfasse, sei die generelle und absolute Unmöglichkeit der Anerkennung einer rechtlichen Beziehung zu seiner beabsichtigten

1413 EGMR, beratende Stellungnahme (Protokoll 16) v. 10.04.2019, P16-2018-001, § 14 – *Advisory opinion concerning the recognition in domestic law of a legal parent-child relationship between a child born through a gestational surrogacy arrangement abroad and the intended mother.*

1414 EGMR, beratende Stellungnahme (Protokoll 16) v. 10.04.2019, P16-2018-001, § 40 – *Advisory opinion concerning the recognition in domestic law of a legal parent-child relationship between a child born through a gestational surrogacy arrangement abroad and the intended mother.*

1415 EGMR, beratende Stellungnahme (Protokoll 16) v. 10.04.2019, P16-2018-001, § 40 – *Advisory opinion concerning the recognition in domestic law of a legal parent-child relationship between a child born through a gestational surrogacy arrangement abroad and the intended mother.*

sozialen Mutter nicht kindeswohlgerecht.[1416] Aus diesem Grund und dem aus den gravierenden Folgen für die Identität des Kindes entspringenden, eingeschränkten Einschätzungsspielraums der Staaten erfordere es das Recht des Kindes auf Achtung des Privatlebens, dass eine rechtliche Anerkennung der Beziehung zwischen Kind und sozialer Mutter ermöglicht werde.[1417] Bei der Entscheidung, wie diese Anerkennung zu erreichen sei, gesteht der Gerichtshof den Konventionsstaaten allerdings einen Einschätzungsspielraum zu. Von der Wahl der Mittel sei die Identität nämlich weniger betroffen.[1418] Wichtig sei allerdings, dass die Unsicherheit über das Rechtsverhältnis zur beabsichtigten sozialen Mutter möglichst kurz andauere.[1419] Somit könnten die Konventionsstaaten bei der Wahl der Mittel ihren Beurteilungsspielraum und Alternativen zur Eintragung im Geburtenregister nutzen; insbesondere die Adoption könne akzeptabel sein, solange das gesetzlich festgelegte Verfahren unverzüglich und wirksam im Einklang mit dem Kindeswohl durchgeführt werde.[1420] Sobald eine tatsächliche Familienbeziehung zwischen dem Kind und seiner sozialen Mutter gewachsen sei, müsse ein Mechanismus

---

[1416] EGMR, beratende Stellungnahme (Protokoll 16) v. 10.04.2019, P16-2018-001, § 42 – *Advisory opinion concerning the recognition in domestic law of a legal parent-child relationship between a child born through a gestational surrogacy arrangement abroad and the intended mother.*

[1417] Ob das Kind mit den Eizellen der sozialen Mutter (d.h. auch der genetischen Mutter) oder mit Spenderzellen gezeugt worden sei, spielt für dieses Ergebnis keine Rolle, vgl. EGMR, beratende Stellungnahme (Protokoll 16) v. 10.04.2019, P16-2018-001, § 47 – *Advisory opinion concerning the recognition in domestic law of a legal parent-child relationship between a child born through a gestational surrogacy arrangement abroad and the intended mother.*

[1418] EGMR, beratende Stellungnahme (Protokoll 16) v. 10.04.2019, P16-2018-001, § 51 – *Advisory opinion concerning the recognition in domestic law of a legal parent-child relationship between a child born through a gestational surrogacy arrangement abroad and the intended mother.*

[1419] EGMR, beratende Stellungnahme (Protokoll 16) v. 10.04.2019, P16-2018-001, §§ 49, 54 – *Advisory opinion concerning the recognition in domestic law of a legal parent-child relationship between a child born through a gestational surrogacy arrangement abroad and the intended mother.* Zum Fall eines gleichgeschlechtlichen Elternpaares EGMR, Urt. v. 22.11.2022, Nrn. 58817/15 u. 58252/15, §§ 88 f. – *D.B. u. a. vs. Schweiz.*

[1420] EGMR, beratende Stellungnahme (Protokoll 16) v. 10.04.2019, P16-2018-001, § 55 – *Advisory opinion concerning the recognition in domestic law of a legal parent-child relationship between a child born through a gestational surrogacy arrangement abroad and the intended mother.*

vorhanden sein, der fähig sei, diese Beziehung zu erkennen.[1421] Allerdings müssten die beabsichtigten sozialen Eltern nicht sofort und automatisch als solche vom Recht anerkannt werden.[1422]

Im Fall *Gözüm gegen die Türkei*[1423] hatte die alleinstehende Beschwerdeführerin ein Kind adoptiert. In dessen Geburtsurkunde wurde zwar sein ursprünglicher Nachname in den Nachnamen der Beschwerdeführerin geändert, ihr Name wurde jedoch nicht in das Feld „Mutter" eingetragen. Während des Berufungsverfahrens verabschiedete der Gesetzgeber ein Gesetz, das es alleinstehenden Adoptivmüttern ermöglichte, ihren Namen anstelle der biologischen Mutter eintragen zu lassen. Ihre Berufung wurde dennoch zurückgewiesen. Hinsichtlich der ursprünglichen Rechtslage zu Alleinstehendenadoptionen stellt der Gerichtshof eine Rechtslücke fest, die der Gesetzgeber offensichtlich nicht gesehen und nicht derart geregelt habe, dass ein gerechter Ausgleich zwischen Allgemeininteresse und widerstreitenden Individualinteressen hergestellt werde.[1424]

Wie weit Art. 8 EMRK eine rechtliche Anerkennung der Eltern-Kind-Beziehung fordert, hängt – das ist an den soeben analysierten Fällen zu sehen – von der Betroffenheit des tatsächlichen oder potenziellen Familien- oder Privatlebens ab. Die Konvention gesteht den Betroffenen dann eine Verfahrensposition durch rechtliche Anerkennung zu, wenn es erforderlich ist, um nach dem Verfahren tatsächlich ein selbstbestimmtes Familien- oder Privatleben führen zu können.

Im Fall *Paradiso und Campanelli gegen Italien*[1425] gab es hingegen kein von der EMRK anerkanntes Familien- oder Privatleben. Ein italienisches Ehepaar hatte eine Leihmutter in Russland beauftragt, ein Kind auszutragen. Dieses war aus Spendereizelle und Spendersamenzelle entstanden und hatte somit keine biologische Verbindung zum beschwerdeführenden Paar. Die italienischen Behörden verweigerten dem Kind die Einreise aufgrund

---

[1421] EGMR, beratende Stellungnahme (Protokoll 16) v. 10.04.2019, P16-2018-001, § 54 – *Advisory opinion concerning the recognition in domestic law of a legal parent-child relationship between a child born through a gestational surrogacy arrangement abroad and the intended mother.*

[1422] EGMR, Beschl. v. 31.05.2022, Nr. 32185/20, § 56 – *H. vs. Großbritannien.*

[1423] EGMR, Urt. v. 20.01.2015, Nr. 4789/10.

[1424] EGMR, Urt. v. 20.01.2015, Nr. 4789/10, § 53 – *Gözüm vs. Türkei.*

[1425] EGMR (GK), Urt. v. 24.01.2017, ECHR 2017, Nr. 25358/12.

entgegenstehenden nationalen Adoptionsrechts. Der Gerichtshof sah darin keine Verletzung des Rechts auf Achtung des Familienlebens im Sinne des Art. 8 EMRK. Anders als in den zuvor genannten Fällen bestand keine biologische Verbindung zum beabsichtigten sozialen Vater und das Kind hatte noch keine wesentliche Lebenszeit mit dem beschwerdeführenden Paar verbracht. Deshalb wertet der Gerichtshof das öffentliche Interesse an der Durchsetzung des Leihmutterschaftsverbots schwerer als das Interesse des beschwerdeführenden Paars und stellt fest, dass die Trennung von beabsichtigten sozialen Eltern und Kind im zulässigen Rahmen des staatlichen Beurteilungsspielraums gelegen habe.[1426] Im Fall *Valdís Fjölnisdóttir u. a. gegen Island*[1427] hatten die beiden Beschwerdeführerinnen, ein gleichgeschlechtliches Paar, ein mit ihnen biologisch nicht verwandtes Kind durch eine Leihmutterschaft in den USA bekommen. Das Kind wurde von den isländischen Behörden nach einer Gesetzesänderung in das Geburtenregister aufgenommen, die Beschwerdeführerinnen aber nicht als Eltern eingetragen; das Kind lebte als Pflegekind bei ihnen. Der Gerichtshof stellt zunächst fest, dass – anders als im *Paradiso-und-Campanelli*-Fall – der Schutzbereich des Art. 8 EMRK hinsichtlich des Familienlebens eröffnet sei. Zwar bestehe keine biologische Verbindung, doch habe das Kind sein ganzes Leben rechtmäßig durch die Pflegevereinbarung bei den Beschwerdeführerinnen gelebt und nach deren Scheidung abwechselnd bei einer der beiden gewohnt und Zugang zu beiden gehabt.[1428] Der Gerichtshof stellt fest, dass durch die staatliche Maßnahme in diesem Fall das tatsächliche Familienleben nicht unterbrochen worden sei; vielmehr habe der Staat Maßnahmen ergriffen, um das Kind durch die beabsichtigten sozialen Eltern pflegen zu lassen. Bis zur Scheidung sei ihnen eine Adoption möglich gewesen und danach sei der Pflegevertrag so angepasst worden, dass beiden Müttern das gleiche Sorgerecht erhalten geblieben sei. Der Staat habe somit Schritte unternommen, den Beschwerdeführerinnen und ihrem Kind trotz der rechtlichen Nichtanerkennung ein Familienleben zu ermöglichen. Die Unsicherheit und

---

1426 EGMR (GK), Urt. v. 24.01.2017, ECHR 2017, Nr. 25358/12, § 215 – *Paradiso u. Campanelli vs. Italien.*

1427 EGMR, Urt. v. 18.05.2021, Nr. 71552/17. Das Kind war im Fall ebenfalls Beschwerdeführer; aus Gründen der Vereinfachung werden im Folgenden nur die sozialen Mütter Beschwerdeführerinnen genannt.

1428 EGMR, Urt. v. 18.05.2021, Nr. 71552/17, §§ 60 f. – *Valdís Fjölnisdóttir u. a. vs. Island.*

Angst, die durch die Nichtanerkennung der Elternschaft bestanden habe, sei durch die dauerhafte Pflegevereinbarung wesentlich gelindert worden.[1429] Tatsächliche, praktische Hindernisse durch die Nichtanerkennung erschienen für das Ausleben eines Familienlebens daher eher begrenzt.[1430] Hier wird deutlich, dass der Gerichtshof den Schutz durch rechtliche Anerkennung so dosiert, wie das Verfahren negative Auswirkungen auf die tatsächliche Ausübung des Konventionsrechts haben kann.

IV. Rechtliche Anerkennung gleichgeschlechtlicher Partnerschaften

Mit dem Urteil im Fall *Schalk und Kopf gegen Österreich*[1431], das feststellte, dass gleichgeschlechtliche Paare wie verschiedengeschlechtliche ein Familienleben im Sinne des Art. 8 EMRK führen könnten, entstehen auch Verpflichtungen für die *abstrakte Vorphase*. Zwar besteht aus der Konvention keine Pflicht, das Institut der Ehe für gleichgeschlechtliche Paare zu öffnen, doch muss eine Form der registrierten Partnerschaft offenstehen. Die Rechtsträger:innen des Art. 8 EMRK müssen somit vom Staat in ihrer Eigenschaft als gleichgeschlechtliches Paar wahrgenommen und nicht als nicht-ehetaugliche Verbindung ignoriert werden. Der Fall *Oliari u. a. gegen Italien*[1432] betraf die Rechtslage in Italien, nach der nur verschiedengeschlechtliche Paare heiraten konnten. Das italienische Verfassungsgericht bestätigte ihre Vereinbarkeit mit dem verfassungsrechtlichen Recht auf Heirat, wies aber gleichzeitig darauf hin, dass das Parlament die rechtliche Anerkennung von Rechten und Pflichten gleichgeschlechtlicher Paare zu regeln habe. Dies geschah nicht. Der Gerichtshof wiederholt, dass gleichgeschlechtliche Paare dasselbe Bedürfnis nach rechtlicher Anerkennung und rechtlichem Schutz ihrer Beziehung hätten wie verschiedengeschlechtliche Paare.[1433] Dagegen sei die rechtliche Lage in Italien nicht geeignet, die Grundbedürfnisse

---

1429 EGMR, Urt. v. 18.05.2021, Nr. 71552/17, § 71 – *Valdís Fjölnisdóttir u. a. vs. Island.*

1430 EGMR, Urt. v. 18.05.2021, Nr. 71552/17, §§ 72, 75 – *Valdís Fjölnisdóttir u. a. vs. Island.*

1431 EGMR, Urt. v. 24.06.2010, Nr. 30141/04, ECHR 2010, § 94 – *Schalk u. Kopf vs. Österreich.*

1432 EGMR, Urt. v. 21.07.2015, Nrn. 18766/11 u. 36030/11.

1433 EGMR, Urt. v. 21.07.2015, Nrn. 18766/11 u. 36030/11, § 165 – *Oliari u. a. vs. Italien.* S. a. EGMR (GK), Urt. v. 07.11.2013, ECHR 2013 (extr.), Nrn. 28381/09 u. 32684/09, §§ 78, 81 – *Vallianatos u. a. vs. Griechenland*; EGMR, Urt. v. 24.06.2010, Nr. 30141/04, ECHR 2010, § 99 – *Schalk u. Kopf vs. Österreich.*

gleichgeschlechtlicher Paare zu sichern, und zudem unsicher, da die von Italien eingerichtete „Zusammenlebensvereinbarung“ nicht an die Paareigenschaft, sondern an den Wohnsitz anknüpfe. Die gesetzgeberische Untätigkeit sei nicht zu rechtfertigen, sodass Italien seiner Verpflichtung, einen spezifischen rechtlichen Rahmen zur Anerkennung und zum Schutz gleichgeschlechtlicher Gemeinschaften (*specific legal framework providing for the recognition and protection of their same-sex unions*) einzurichten, nicht nachgekommen sei.[1434] Der weite Einschätzungsspielraum, der den Staaten bei der Ausgestaltung rechtlicher Anerkennung zukomme, sei hier überschritten.[1435]

Im Urteil *Fedotova u. a. gegen Russland*[1436] geht die Große Kammer auf die von Russland vorgetragenen Gründe des öffentlichen Interesses ein. Die beschwerdeführenden gleichgeschlechtlichen Paare hatten ihre Eheschließung angemeldet. Diese wurde ihnen verweigert, da die Ehe aus Gründen des öffentlichen Interesses gleichgeschlechtlichen Paaren nicht zugänglich sei. Der Grund, das traditionelle Familienbild zu schützen, rechtfertige die Beeinträchtigung von Art. 8 EMRK nicht. Es gebe keine Anzeichen, dass die rechtliche Anerkennung homosexueller Paare, die in einer stabilen und verbindlichen Partnerschaft lebten, die Zukunft des traditionellen Familienbildes schädige. Verschiedengeschlechtliche Paare könnten weiterhin heiraten, sodass keine Schwächung ihrer Rechte mit der rechtlichen Anerkennung gleichgeschlechtlicher Paare verbunden sei.[1437]

Auch das Argument, die Mehrheit der russischen Bevölkerung lehne Homosexualität ab, reicht nicht für eine Rechtfertigung aus. Es wäre unvereinbar mit den der Konvention zugrunde liegenden Werten, wenn die Ausübung der Konventionsrechte durch eine Minderheitengruppe davon abhängig wäre, dass sie von der Mehrheit akzeptiert werde. Dann hätte die Minderheitengruppe lediglich theoretische, aber nicht, wie in der Konvention gefordert, praktische und effektive Rechte.[1438]

Auch dass der Staat mit der Verweigerung Minderjährige vor der Förderung von Homosexualität schützen möchte, bietet keine Grundlage. Gesetze,

---

1434 EGMR, Urt. v. 21.07.2015, Nrn. 18766/11 u. 36030/11, §§ 180-185 – *Oliari u. a. vs. Italien.*

1435 EGMR, Urt. v. 21.07.2015, Nrn. 18766/11 u. 36030/11, § 185 – *Oliari u. a. vs. Italien.* S. a. EGMR, Urt. v. 13.07.2021, Nrn. 40792/10 u. a., § 56 – *Fedotova u. a. vs. Russland.*

1436 EGMR (GK), Urt. v. 17.01.2023, Nrn. 40792/10 u. a.

1437 EGMR (GK), Urt. v. 17.01.2023, Nrn. 40792/10 u. a., § 212 – *Fedotova u. a. vs. Russland.*

1438 EGMR (GK), Urt. v. 17.01.2023, Nrn. 40792/10 u. a., § 218 – *Fedotova u. a. vs. Russland.*

die die voreingenommene Haltung der heterosexuellen Mehrheit gegenüber der homosexuellen Minderheit verkörperten, verstärkten die Stigmatisierung und förderten Homophobie. Dies sei mit den demokratischen Werten von Gleichheit, Pluralismus und Toleranz unvereinbar, sodass der Einschätzungsspielraum überschritten sei.[1439]

V. Rechtliche Anerkennung transsexueller Personen

Die rechtliche Anerkennung als staatlicher Akt und der damit einhergehende Zugang zum Verfahren spielt für die Rechte aus Art. 8 EMRK von transsexuellen Menschen eine große Rolle. Für eine Person, deren ursprüngliches biologisches Geschlecht von ihrem empfundenen Geschlecht abweicht, kann von erheblicher Bedeutung sein, dass ihre Geschlechtszuweisung in amtlichen Dokumenten mit dieser Entwicklung Schritt hält. Änderungen von Namen und Geschlechtsneuzuweisungen geschehen in Verfahren. Diese werden aber nur von Staaten bereitgehalten, die überhaupt die Geschlechtsänderung einer Person rechtlich anerkennen.

Nicht immer hat der Gerichtshof eine Verweigerung der Geschlechtsneuzuweisung als Verletzung von Art. 8 EMRK angesehen.[1440] Der Gerichtshof befand vielmehr, dass es im hinsichtlich positiver Verpflichtungen zulässigen Einschätzungsspielraum der Konventionsstaaten liege, wenn sie nicht alle Dokumente änderten.[1441] Im Fall *Christine Goodwin gegen Großbritannien*[1442] wurde der Beschwerdeführerin, die seit ihrer geschlechtsangleichenden Operation als Frau lebte, die rechtliche Anerkennung ihrer Geschlechtsänderung verweigert. So sei sie durch ihre Sozialversicherungsnummer noch immer als männlich verzeichnet und ihre Akte sei als „sensibel“ gekennzeichnet worden, was zu praktischen Schwierigkeiten geführt habe. Der Gerichtshof führt hier nun aus, dass das Wesen der Konvention die Achtung der Menschenwürde und der menschlichen Freiheit sei. Insbesondere gemäß Art. 8 EMRK, wo der Begriff der persönlichen Autonomie ein wichtiges, der Auslegung der

---

1439 EGMR (GK), Urt. v. 17.01.2023, Nrn. 40792/10 u. a., §§ 222, 224 – *Fedotova u. a. vs. Russland.*

1440 Zur Rechtsprechungsentwicklung s. *Mowbray*, Positive obligations, S. 130-138.

1441 Vgl. EGMR (Pl.), Urt. v. 17.10.1986, Rep. A106, Nr. 9532/81, § 44 – *Rees vs. Großbritannien*, in dem Großbritannien die Namensänderung und die Geschlechtsneuzuweisung im Pass zuließ, eine Änderung in der Geburtsurkunde aber verweigerte.

1442 EGMR (GK), Urt. v. 11.07.2002, ECHR 2002-VI, Nr. 28957/95.

Garantien zugrunde liegendes Prinzip sei, werde die persönliche Sphäre jeder einzelnen Person geschützt, einschließlich des Rechts, Einzelheiten über ihre Identität als Individuum festzustellen. Im 21. Jahrhundert könne das Recht transsexueller Menschen auf gleiche persönliche Entfaltung und gleiche körperliche und moralische Sicherheit nicht als Streitfrage gesehen werden, für deren Klärung weitere Zeit verstreichen müsse. Die unbefriedigende Situation, in der postoperative transsexuelle Menschen als nicht ganz das eine oder andere Geschlecht in einer Zwischenzone lebten, sei nicht länger tragbar.[1443]

In der Folgerechtsprechung stellt der Gerichtshof 2014 fest, dass die rechtliche Anerkennung der Geschlechtsneuzuweisung als positive Verpflichtung aus Art. 8 EMRK folge für Personen, die operativ eine Geschlechtsanpassung vorgenommen hätten,[1444] aber auch für Menschen, die sich ohne operative Maßnahmen einem anderen Geschlecht zugehörig fühlten.[1445] Da keine wesentlichen Aspekte des öffentlichen Interesses diesem subjektiven Interesse entgegenstünden, komme er zum Schluss, dass die der Konvention innewohnende Abwägung zugunsten von Art. 8 EMRK ausfalle. Die Entscheidung der Regierung, die Anerkennung zu verweigern, sei nicht mehr von ihrem Ermessensspielraum gedeckt.[1446]

Wie wichtig ein rechtlicher Rahmen für die Verwirklichung der Rechte des Art. 8 EMRK ist, zeigt der Fall *L. gegen Litauen*[1447]. Der Beschwerdeführer war als Mädchen zur Welt gekommen, unterzog sich aber einer teilweisen Geschlechtsangleichung, um sein Äußeres seinem empfundenen Geschlecht anzupassen. Die fehlenden chirurgischen Eingriffe zur vollständigen Geschlechtsangleichung hatte er erst vornehmen lassen wollen, nachdem die Durchführungsvorschriften über die vollständige Geschlechtsangleichung vom Parlament erlassen worden waren. Da der Gesetzgebungsprozess bislang

---

1443 EGMR (GK), Urt. v. 11.07.2002, ECHR 2002-VI, Nr. 28957/95, § 90 – *Christine Goodwin vs. Großbritannien* u. vom selben Tag EGMR (GK), Urt. v. 11.07.2002, Nr. 25680/94, § 70 – *I. vs. Großbritannien*.

1444 Vgl. EGMR (GK), Urt. v. 16.07.2014, ECHR 2014, Nr. 37359/09, § 68 – *Hämäläinen vs. Finnland*.

1445 Vgl. EGMR, Urt. v. 06.04.2017, ECHR 2017, Nrn. 79885/12 u. a., §§ 94 f. – *A.P., Garçon u. Nicot vs. Frankreich*.

1446 EGMR (GK), Urt. v. 11.07.2002, ECHR 2002-VI, Nr. 28957/95, § 93 – *Christine Goodwin vs. Großbritannien*. S. a. EGMR, Urt. v. 09.07.2020, Nr. 41701/16, § 74 – *Y.T. vs. Bulgarien*.

1447 EGMR, Urt. v. 11.09.2007, ECHR 2007-IV, Nr. 27527/03.

nicht abgeschlossen wurde, blieb der Beschwerdeführer nach innerstaatlichem Recht – in der Geburtsurkunde, dem Reisepass, im Universitätsdiplom – eine Frau, auch wenn er sich zumindest einen geschlechtsneutralen Namen geben durfte. Der Gerichtshof stellt fest, dass durch diese Gesetzeslücke der Beschwerdeführer in einer Situation quälender Unsicherheit hinsichtlich seines Privatlebens und der Anerkennung seiner wahren Identität zurückgelassen worden sei. Der Gesetzgebungsprozess dauere nun mehr als vier Jahre und halte den Beschwerdeführer fest in der Zwischenstellung eines präoperativen Transsexuellen, der sich einer Teiloperation unterzogen habe und gewisse Personenstandsdokumente ändern könne. Solange er sich jedoch nicht einer vollständigen Operation unterzogen habe, werde er durch das Personenstandsrecht in wichtigen Situationen seines Privatlebens eine Frau bleiben.[1448]

Auch im Fall *X. gegen „Die frühere jugoslawische Republik Mazedonien“*[1449], in dem das Fehlen einer ausdrücklichen innerstaatlichen Regel zur Änderung des Geschlechtseintrags im Personenstandsregister thematisiert wird, macht der Gerichtshof deutlich, wie wichtig der Zugang zum Verfahren ist, um faktisch die eigene Identität zu etablieren. Neben der ausdrücklichen Zulassung von Geschlechtsänderungen im Personenstandsrecht fehlte im innerstaatlichen Recht die Festlegung der hierfür geltenden Voraussetzungen und anwendbarer Verfahren einschließlich der Zuständigkeitsregelung für die Antragsentscheidung. Diese rechtlichen Unsicherheiten führten dazu, dass an den Beschwerdeführer unterschiedliche Beweisanforderungen und Voraussetzungen gestellt wurden und sich die Zuständigkeit der amtlichen Stellen während des Verfahrens änderte.[1450] Der Gerichtshof stellt fest, dass dieser Rechtsrahmen eine Reihe wichtiger Fragen für die rechtliche Geschlechtsanerkennung unbeantwortet lasse und für den Beschwerdeführer zu einer Situation quälender Unsicherheit und daraus resultierender langfristiger negativer Folgen für seine psychische Gesundheit geführt habe.[1451] Somit sehe der derzeitige Rechtsrahmen keine schnellen, transparenten und

---

[1448] EGMR, Urt. v. 11.09.2007, ECHR 2007-IV, Nr. 27527/03, §§ 57, 59 – *L. vs. Litauen*.

[1449] EGMR, Urt. v. 17.01.2019, Nr. 29683/16.

[1450] Vgl. EGMR, Urt. v. 17.01.2019, Nr. 29683/16, § 68 – *X. vs. "Die ehemalige jugoslawische Republik Mazedonien"*.

[1451] EGMR, Urt. v. 17.01.2019, Nr. 29683/16, §§ 69 f. – *X. vs. "Die ehemalige jugoslawische Republik Mazedonien"*.

zugänglichen Verfahren (*quick, transparent and accessible procedures*) für die Änderung des eingetragenen Geschlechts von transsexuellen Personen in Geburtsurkunden vor.[1452]

Auch für das innerstaatliche Namensrecht folgt aus Art. 8 EMRK die staatliche Pflicht, eine geschlechtliche Umorientierung rechtlich anerkennen zu müssen. Im Fall *S.V. gegen Italien*[1453] musste aufgrund der gegenseitigen Abhängigkeit von Bewilligung der Geschlechtsanpassung und Namensänderung die Beschwerdeführerin zweieinhalb Jahre auf die Änderung ihres Vornamens warten. Der Gerichtshof erkennt im Fall zwar das öffentliche Interesse an, die genaue Registrierung der Bevölkerung zu gewährleisten oder die persönliche Identifizierung und die Erkennbarkeit der Bindung an eine Familie zu sichern. Dies dürfe in die Abwägung einbezogen werden, doch sei der Ermessensspielraum bei Regelungen bezüglich des besonders intimen Bereichs des Privatlebens, nämlich des Rechts auf Geschlechtsidentität, eng beschränkt.[1454] Der Gerichtshof stellt fest, dass das gerichtliche Verfahren zur Anerkennung der Geschlechtsidentität zum maßgeblichen Zeitpunkt so starr gewesen sei, dass es die Beschwerdeführerin für eine unangemessen lange Zeit in eine anormale Lage versetzt habe, in der sie Gefühle der Verwundbarkeit, der Demütigung und der Angst erlebt haben könnte.[1455]

VI. Rechtliche Anerkennung der eigenen Ethnie und des Lebensstils einer Minderheit

Auch hinsichtlich der Ethnie und des Lebensstils von Minderheiten spielt die rechtliche Anerkennung für die Realisierung des Privatlebens gemäß Art. 8 EMRK eine wichtige Rolle. Im Fall *Ciubotaru gegen die Republik*

1452 EGMR, Urt. v. 17.01.2019, Nr. 29683/16, § 70 – *X. vs. "Die ehemalige jugoslawische Republik Mazedonien"*. S. a. EGMR, Urt. v. 11.10.2018, Nr. 55216/08, § 73 – *S.V. vs. Italien* mit Verweis auf Ministerkomitee, Empfehlung v. 31.03.2010 (1081. Sitzung März 2010), CM/Rec(2010)5; EGMR Urt. v. 22.06.2023, Nr. 54006/20, § 76 – *R.K. vs. Ungarn*.

1453 EGMR, Urt. v. 11.10.2018, Nr. 55216/08.

1454 EGMR, Urt. v. 11.10.2018, Nr. 55216/08, § 62 – *S.V. vs. Italien* mit Verweis auf EGMR (GK), Urt. v. 16.07.2014, ECHR 2014, Nr. 37359/09, § 67 – *Hämäläinen vs. Finnland* u. EGMR, Urt. v. 06.04.2017, ECHR 2017, Nrn. 79885/12 u. a., § 123 – *A.P., Garçon u. Nicot vs. Frankreich*.

1455 EGMR, Urt. v. 11.10.2018, Nr. 55216/08, §§ 71 f. – *S.V. vs. Italien*.

Moldau[1456] war der Beschwerdeführer in seinen Ausweispapieren als Moldauer registriert worden. Er beantragte die Änderung des Eintrags und wollte die Zugehörigkeit als Rumäne anerkennen lassen. Der Staat verweigerte dies mit der Begründung, seine Eltern seien ohne rumänische Zugehörigkeit eingetragen; dass er andere Gründe vortrage, sei nicht von Belang. Ihm wurde geraten, in den Nationalarchiven nach Beweisen der rumänischen Herkunft seiner Vorfahren zu suchen. Der Gerichtshof stellt fest, dass die ethnische Identität einer Person gemeinsam mit Aspekten wie Name, Geschlecht, Religion und sexuelle Ausrichtung einen wesentlichen Faktor ihres Privatlebens und ihrer Identität darstelle. Dies gelte insbesondere in einer Gesellschaft wie derjenigen der Republik Moldau, in der ethnische Zugehörigkeiten seit langem Gegenstand sozialer Spannungen seien und sie durch die amtliche Registrierung entscheidend auch für die Bestimmung der ethnischen Zugehörigkeit der nächsten Generationen sei.[1457] Der Gerichtshof gesteht dem Staat zu, objektive Beweise für die behauptete ethnische Zugehörigkeit zu verlangen. Im vorliegenden Fall schaffe die Rechtslage aber unüberwindbare Hindernisse für Personen, die eine andere ethnische Zugehörigkeit als die ihrer Eltern eintragen lassen wollten. Der Beschwerdeführer könne gemäß dem Gesetz nur dann die Zugehörigkeit anerkennen lassen, wenn er nachweise, dass ein Elternteil mit rumänischer Volkszugehörigkeit registriert sei, was angesichts der historischen Gegebenheiten in der Republik Moldau eine unverhältnismäßige Belastung darstelle.[1458] Dem Beschwerdeführer stünden andere objektiv nachprüfbare Verbindungen, wie Sprache, Name, Empathie und anderes zur Verfügung, die aber nach dem geltenden Recht nicht als objektive Beweise herangezogen werden dürften. Damit verletze das eingerichtete Verfahren zur Änderung der ethnischen Zugehörigkeit das Recht aus Art. 8 EMRK.[1459]

Auch der traditionelle Lebensstil einer Minderheit kann Teil des Privat- u nd Familienlebens im Sinne des Art. 8 EMRK sein. Der Staat muss bei seinen Tätigkeiten berücksichtigen, welche Wirkungen für den Lebensstil einer

---

[1456] EGMR, Urt. v. 27.04.2010, Nr. 27138/04.
[1457] EGMR, Urt. v. 27.04.2010, Nr. 27138/04, § 53 – *Ciubotaru vs. Republik Moldau.*
[1458] EGMR, Urt. v. 27.04.2010, Nr. 27138/04, § 57 – *Ciubotaru vs. Republik Moldau.*
[1459] EGMR, Urt. v. 27.04.2010, Nr. 27138/04, §§ 58 f. – *Ciubotaru vs. Republik Moldau.*

Minderheit daraus folgen.[1460] Im Fall *Connors gegen Großbritannien*[1461] ging es um den Lebensstil einer Rom:nja-Familie und die Frage der Beeinträchtigung ihrer Rechte aus Art. 8 EMRK durch die Verweigerung eines Wohnwagenplatzes und mehrerer Räumungen. Zum Verfahren stellt der Gerichtshof fest, dass die konkret zur Verfügung stehenden Verfahrensgarantien wichtig seien, um erkennen zu können, ob der Staat bei der Errichtung des rechtlichen Rahmens innerhalb seines Ermessensspielraums geblieben sei. So prüfe der Gerichtshof insbesondere, ob der Entscheidungsprozess, der zu den Eingriffsmaßnahmen geführt habe, fair war und die in Art. 8 EMRK gewährleisteten Interessen gebührend beachtet habe.[1462] Die schutzbedürftige Position von Rom:nja als Minderheit bedeute, dass ihre Bedürfnisse und ihr Lebensstil sowohl im rechtlichen Rahmen als auch bei der Entscheidung im Einzelfall in besonderer Weise berücksichtigt werden müssten. Es bestehe eine positive Verpflichtung aus Art. 8 EMRK, die Lebensweise von Sinti:zze und Rom:nja zu erleichtern.[1463] Nicht erst in der konkreten Entscheidungsfindung muss also der Staat den besonderen Lebensstil von Minderheiten berücksichtigen; bereits bei Errichtung des einschlägigen Regelungsrahmens ist er verpflichtet, die schutzbedürftige Position von Minderheiten besonders zu beachten.[1464]

VII. Bewertung

Die vielen Fallgruppen dieser Kategorie zeigen, dass der Gerichtshof häufig effektiven Konventionsrechtsschutz erst dadurch gewährleistet sieht, dass den berechtigten Personen auch ein Verfahrenszugang gegeben wird. Mangels rechtlicher Einrichtung besteht die Gefahr einer Konventionsverletzung, denn ohne die Wahrnehmung der betroffenen Person in der Verfahrenssituation, verringert sich meist die Einbringung ihrer Rechtsposition in das Verfahren und in dessen Ergebnis. Dieses Bedürfnis konventionsrechtlich abzusichern,

---

[1460] Vgl. hinsichtlich eines Dammbaus in Nordnorwegen und der dort lebenden Minderheit der Lappen EKMR, Beschl. v. 03.10.1983, D.R. 35, p. 30, Nrn. 9278/81 u. 9415/81 – *G. u. E. vs. Norwegen*. S. a. *Böhringer, Ayşe-Martina /Marauhn, Thilo*, Privat- und Familienleben (Kap. 16), in: EMRK/GG Konkordanzkommentar, Rn. 38.

[1461] EGMR, Urt. v. 27.05.2004, Nr. 66746/01.

[1462] EGMR, Urt. v. 27.05.2004, Nr. 66746/01, § 83 – *Connors vs. Großbritannien*.

[1463] EGMR, Urt. v. 27.05.2004, Nr. 66746/01, § 84 – *Connors vs. Großbritannien*.

[1464] Vgl. auch EGMR (GK), Urt. v. 18.01.2001, ECHR 2001-I, Nr. 27238/95, § 96 – *Chapman vs. Großbritannien*.

leuchtet ein. Erst mit der Wahrnehmung einer faktischen Eigenschaft durch das Recht und mit ihrer rechtlichen Anerkennung wird ihr:e Träger:in in die abstrakt-generell geregelte Materie und alle ihre konkreten Folgen aufgenommen. Für einen effektiven Konventionsrechtsschutz und eine effektive Ausübung der Konventionsrechte ist die Wahrnehmung durch das objektive Verfahrensrecht unbedingt notwendig.

Gleichzeitig wird anhand der Fallanalyse auch deutlich, dass der Schutz durch rechtliche Anerkennung danach dosiert wird, wie die Verfahrenssituation Einfluss auf die tatsächliche Ausübung des Konventionsrechts haben kann.[1465] Wenn der Staat der rechtlichen Unsicherheit auf andere Weise angemessen begegnet, erkennt der Gerichtshof dies an. Unbedingt vermeiden möchte er nur, dass eine Person rechtlich nicht wahrgenommen wird.

Bei der Wahl der Mittel gesteht der Gerichtshof den Staaten den Art. 8 EMRK zu entnehmenden Einschätzungsspielraum zu. Solange sie im Ergebnis eine rechtliche Einbettung der betroffenen Personen und mit dieser ihre Wahrnehmung im Recht erreichen, überlässt er den Staaten die genaue Ausgestaltung. Jedoch ist dieser Spielraum begrenzt. Gerade mit Blick auf die Auswirkungen auf das Kindeswohl hält der Gerichtshof die Möglichkeiten der Staaten für begrenzt.

Seinen Entscheidungen zur rechtlichen Anerkennung transsexueller Personen entstammt die Formulierung, dass das Wesen der Konvention die Achtung der Menschenwürde und der menschlichen Freiheit sei (*very essence of the Convention is respect for human dignity and human freedom*). Er nutzt dies in den Entscheidungen, um gerade aus der persönlichen Selbstbestimmung des Art. 8 EMRK ein Recht auf Feststellung der individuellen Identität zu entnehmen. Der Staat muss also seine Kompetenzen zurücknehmen oder auch seine Möglichkeiten dem Individuum zur Verfügung stellen, damit dieses selbstbestimmt leben kann.[1466]

Um die Notwendigkeit der rechtlichen Anerkennung bestimmter Eigenschaften zu betonen, bekräftigt der Gerichtshof, dass die Konvention Rechte

---

1465 EGMR, Urt. v. 18.05.2021, Nr. 71552/17, §§ 71 f., 75 – *Valdís Fjölnisdóttir u. a. vs. Island*.

1466 Eine ähnliche Argumentationslinie findet sich in Fällen zum Suizid in staatlicher Unterbringung, vgl. EGMR (GK), Urt. v. 31.01.2019, Nr. 78103/14, § 112 – *Fernandes de Oliveira vs. Portugal*; EGMR, Urt. v. 02.09.2021, Nr. 14742/18, § 37 – *Ražnatović vs. Montenegro*; zum assistierten Suizid EGMR, Urt. v. 29.04.2002, ECHR 2002-III, Nr. 2346/02, § 65 – *Pretty vs. Großbritannien*.

schütze, die nicht theoretisch und illusorisch, sondern praktisch und effektiv seien[1467] – einen Grundsatz, den er wie analysiert ansonsten vielmehr in den konkreten Phasen als argumentative Stütze nennt. Dass er den Grundsatz auch hier anführt, zeigt, dass auch die *abstrakte Vorphase* und ihre Pflichten auf dieselbe Weise mit dem substanziellen Konventionsrecht verbunden sind wie die nachfolgenden Pflichten.

Wenn ein Staat durch abstrakt-generelle Normen rechtliche Anerkennung schafft, beeinflusst dies zum einen sein Verhalten in den konkret dadurch geregelten Verfahrenssituationen. Für die entscheidungsbefugten Personen ist dies nun die Grundlage für die Ausgestaltung des Verfahrens. Ein biologischer Vater kann nun an einem das Kind betreffenden Verfahren teilnehmen, eine transsexuelle Person kann das Verfahren zur Änderung ihres Personenstands anstrengen. Ohne rechtliche Anerkennung wäre dies nicht möglich. Genauso werden die rechtlichen Beziehungen zu anderen Einzelpersonen gesichert. Ein uneheliches Kind hat nun einen rechtlichen Vater mit finanziellen und betreuungsrechtlichen Ansprüchen, ein homosexuelles Paar kann seine Beziehung erbrechtlich gestalten. Sie alle erhalten dadurch Rechtssicherheit durch die rechtliche Anerkennung. Als positive gesellschaftliche Wirkung ist außerdem zu beobachten, dass marginalisierte Gruppen dadurch sichtbarer werden und damit ihre Stellung in der Gesellschaft anerkannt wird.

D. Bewertung der abstrakten Vorphase

Aus der Analyse der *abstrakten Vorphase* lässt sich zunächst entnehmen, dass die Konventionsstaaten hinsichtlich ihrer Normgebung keineswegs konventionsrechtlich ungebunden sind. Der Gerichtshof entnimmt aus der Konvention für zahlreiche Lebensbereiche – sei es mit staatlicher Beteiligung, sei es für Lebenssachverhalte unter Privaten – einen gesetzgeberischen Regelungsauftrag. Wenn der Staat die Möglichkeit der Zuspitzung einer abstrakten Gefährdungslage erkennt, muss er reagieren. In dieser frühen Phase kann er dann (nur) zu abstrakt-generellen Mitteln greifen; präziser kann er mangels konkreter Gefahr nicht werden. Die Anforderungen der Schaffung eines rechtlichen und administrativen Rahmens hat sich als effektives Mittel herausgebildet und zieht sich durch alle Kategorien. Gemäß

[1467] EGMR, Urt. v. 11.10.2018, Nr. 55216/08, § 71 – *S.V. vs. Italien.*

dem Gerichtshof reicht es zur Erfüllung der Konventionsanforderungen nicht aus, *ad hoc* bestimmte Verfahrensanforderungen zu gewährleisten; die Konventionsstaaten müssen einen abstrakt-generellen Rahmen schaffen, um künftige substanzielle Beeinträchtigungen von Konventionsrechtsgütern zu verhindern. *Wie* sie die Lebensbereiche regeln, ist den Konventionsstaaten überlassen,[1468] doch die Entscheidung über das *Ob* trifft die Konvention für sie.

Der Gerichtshof verknüpft den Beurteilungsspielraum der Konventionsstaaten mit dem bereits bestehenden Schutz durch innerstaatliches Recht, also dem Aufbau eines rechtlichen Rahmens.[1469] In Fällen, in denen der Staat keinen rechtlichen Rahmen errichtet hat, prüft der Gerichtshof die Anforderungen der Konvention streng. Wenn nationale Behörden in einem Fall das Bestehen widerstreitender Rechte und das Bedürfnis des fairen Ausgleichs erkannt haben, berücksichtigt der Gerichtshof das zugunsten des Staates.[1470] Soweit der Staat sich in der Deliberationsphase der Gefahr bewusst war und Mittel ergriffen hat, gesteht der Gerichtshof ihm für die Auswahlentscheidung einen Einschätzungsspielraum zu. Dies fügt sich auch in das Verständnis demokratischer Gesetzgebung ein.[1471] Somit dient die *margin of appreciation* auch dazu, die Änderung des objektiven Rechts, die zwar individualrechtlich intendiert ist, an eine demokratisch getroffene Willensentscheidung zu koppeln.

Zwar nennt der Gerichtshof im Zusammenhang der *abstrakten Vorphase* die Formulierung nicht, doch zeigt sich auch hier der Charakter der *obligation*

[1468] *Lavrysen*, in: Human Rights, S. 69, 91 ff. u. 115 ff. trifft eine andere Einteilung in substanzielle und prozessuale Pflichten, die aber gerade hinsichtlich der Verfahrensanforderungen zu mit den Resultaten dieser Arbeit übereinstimmenden Ergebnissen kommt.

[1469] *Lavrysen*, in: Human Rights, S. 69, 126 f.

[1470] Vgl. Nachweise in → Fn. 1253. S. aber *Lavrysen*, in: Human Rights, S. 69, 90: “The problem with these obligations is that they are seldom straightforward: while they do give the human rights holder an abstract claim to a certain good […], providing him or her that good in practice often allows a wide range of possible implementation modalities (e.g. how to organize an educational system). The fulfillment of a right thus equally requires ‘translation’ into domestic law. Secondly, substantive guarantees protect against arbitrariness. The protection of human rights cannot simply be made dependent of unfettered discretion of state authorities. Discretion and arbitrariness are two sides of the same coin: wide discretion in the protection of human rights encompasses the risk of arbitrary decision-making.”

[1471] Vgl. *Cremer*, in: Enzyklopädie Europarecht, § 3 Rn. 108.

of means: Der Gerichtshof besteht lediglich darauf, dass die Staaten Regelungen erlassen; wie Rechtsgüterschutz in ihrem Rechtssystem gewährleistet werden soll, haben sie selbst zu entscheiden. Er gibt also die Ausgestaltung des Schutzes an die Konventionsstaaten zurück. Zu betonen ist außerdem, dass sich die *abstrakte Vorphase* nicht darin erschöpft, die Verpflichtungen der nachfolgenden, konkreten Phasen zu kodifizieren. Auch zur Vermeidung der substanziellen Beeinträchtigung selbst verlangt der Gerichtshof in manchen Fällen einen rechtlichen und administrativen Rahmen. Das Gesetz ist also Vorbereitungsgrundlage für staatliches Verfahrenshandeln, aber auch (begrenzende) Grundlage für den faktischen staatlichen Zugriff auf Rechtspositionen.

In besonderen Situationen geht die Verpflichtung der *abstrakten Vorphase* aber noch weiter: der Staat muss zur Erfüllung seiner Verpflichtung aus der Konvention Warnsysteme, Überwachungskanäle und Meldeketten einrichten, wenn diese notwendig sind, um substanzielle Verletzungen zu vermeiden.

Wie bereits in den anderen Phasen gesehen, verfolgt der Gerichtshof hinsichtlich der Rechtsgüter von Art. 2 und Art. 3 EMRK einen umfassenden Schutz. So folgt aus diesen Individualrechten im staatlichen wie im privaten Bereich eine Pflicht zum Erlass eines Regelungsrahmens. Dies betrifft insbesondere die Verhinderung substanzieller Verletzungen; aber auch für Vorbereitungsverfahren vor und Untersuchungen nach Beeinträchtigungen erwartet der Gerichtshof ein innerstaatliches Regelwerk.

Sowohl in den Fallgruppen mit als auch ohne staatliche Beteiligung müssen die Staaten die Gefahren durch ein Regelwerk und einen Verwaltungsapparat reduzieren. Soweit der Gerichtshof zusätzliche generelle Maßnahmen erkennt, die vom Staat auch im Vorhinein hätten erkannt werden können und die den Konventionsrechtsschutz effektiver machen, werden diese von Art. 2 und Art. 3 ebenfalls gefordert.

Tabelle 6: *Abstrakte Vorphase* – Verfahrenssituation vor einer staatlichen substanziellen Beeinträchtigung (Teil 2 Kapitel 4 A.)

Abstrakte Vorphase	**Beeintr v. Leben, phys./psych. Integrität**	**Schusswaffengebrauch**	**Freiheitsentziehungen**	**Abschiebung, Ausweisung, Auslieferung**	**Gefährliche Aktivitäten**
Rechtl. u. adm. Rahmen	**X**	**X**	**X**	**X**	**X**

Tabelle 7: *Abstrakte Vorphase* – Verfahrenssituation vor einer nicht-staatlichen substanziellen Beeinträchtigung (Teil 2 Kapitel 4 B.)

Abstrakte Vorphase	**Vorsätzl. Beeintr. v. Leben, phys./psych. Integrität**	**Beeintr. Privatleben (Art. 8 EMRK)**	**Med. Sorgfalts-pflicht-verletzung**	**Gefährliche Aktivitäten**	**Naturkatastrophen**
Rechtl. u. adm. Rahmen	**X**	**X**	**X**	**X**	**X**
Effekt. Strafrechtssystem	**X**	**X**	**(X)**		
Koordination			**X**		
Aufklär- u. Warnsystem					**X**

Die Kategorie der Verfahrenssituationen, deren rechtliche Entscheidung eine substanzielle Beeinträchtigung ermöglicht, nimmt eine Sonderrolle ein. Auch hier wird die Verfahrenssituation durch einen Rechtsrahmen erst initiiert. Besonders eindrücklich zeigen die analysierten Fälle aber, dass auch eine konventionskonform ausgestaltete Verfahrenssituation nur ungenügenden Schutz bietet, wenn eine von der Entscheidung betroffene Person keinen Zugang zur Verfahrenssituation hatte. Sie wird dann den rechtlichen Wirkungen der Verfahrensentscheidung unterworfen, ohne im Verfahren und vom Recht als Person wahrgenommen zu werden. Hinsichtlich der erkannten Verpflichtungen rechtlicher Anerkennung tritt die spezielle Rolle von Art. 8 EMRK hervor. Die Achtung des Familien- u nd des Privatlebens schafft besondere Verpflichtungen in der *abstrakten Vorphase*. In den normgeprägten Lebensbereichen eines nicht nur biologisch initiierten Familienlebens und von rechtlichen Bewertungen abhängigen Privatlebens folgt aus Art. 8 EMRK, dass durch abstrakt-generelle Regelungen ein Zugang gewährt werden muss zu Verfahren, die entscheidend für das weitere Familien- und Privatleben sind. So ist es in den mehrpoligen Rechtsverhältnissen in Partnerschafts- und Familienkonstellationen, in denen eine staatliche Entscheidung rechtlich relevant wird, für den Konventionsrechtsschutz wichtig, dass alle Betroffenen am Verfahren beteiligt werden. Ohne die rechtliche Anerkennung der biologischen Verbindung eines Vaters zu seinem unehelichen Kind, wird weder sein elterliches Recht, noch das Recht seines Kindes auf familiäre Eingliederung aus Art. 8 EMRK effektiv gewahrt. Zurecht erkennt der Gerichtshof, dass mit der Anerkennung einer rechtlichen Verbindung zahlreiche familien- und erbrechtliche Folgen verbunden sind. Darüber hinaus ist ihm bewusst, welche tiefgreifende Wirkung von der Entscheidung für die psychische Entwicklung des Kindes und die Identität aller Betroffenen ausgeht.

Die rechtliche Anerkennung als Ermöglichung einer eigenen Identitätsfindung und Selbstbestimmung zeigt sich besonders eindrücklich in den Fällen homo- und transsexueller Personen. Ohne die rechtliche Anerkennung ihrer sexuellen Orientierung bleibt es gleichgeschlechtlichen Paaren verwehrt, ihre engste zwischenmenschliche Beziehung in einen rechtlichen Status zu versetzen. Ohne diesen können sie bestimmte rechtliche Folgen nicht auslösen und bleiben hinsichtlich ihrer Partnerschaft, die – wie auf Dauer angelegte heterosexuelle Beziehungen auch – auf die gegenseitige Unterstützung, Sorge und die Planung einer gemeinsamen Zukunft ausgerichtet ist, in dauerhafter Unsicherheit. Noch gravierender wirkt sich die fehlende rechtliche Anerkennung auf das Leben transsexueller Personen aus. Ohne die rechtliche Angleichung des Geschlechts bleibt ein großer Teil ihres Lebens verbunden mit ihrer früheren geschlechtlichen Identität und macht eine vollständige Transformation und ein selbstbestimmtes Leben unmöglich.

Tabelle 8: *Abstrakte Vorphase* – Verfahrenssituation, deren rechtliche Entscheidung eine substanzielle Beeinträchtigung ermöglicht (Teil 2 Kapitel 4 C.)

Abstrakte Vorphase	Biologische Eltern-Kind-Verbindung	*de facto* Eltern-Kind-Verbindung	Eltern-Kind-Verbindung nach Leihmutterschaft	Gleichgeschlechtl. Partnerschaft	Transsexualität	Ethnie u. Lebensstil v. Minderheit
Rechtl. Anerkennung	X	X	X	X	X	

Wenn ein Staat zur Umsetzung einer gegen ihn ergangenen Entscheidung einen konventionskonformen rechtlichen Rahmen oder die rechtliche Anerkennung mit Verfahrenszugang einrichtet, wird dadurch das objektive Recht verändert. Die innerstaatliche Rechtsordnung wird um abstrakt-generelle Regelungen ergänzt oder ihr Inhalt wird modifiziert. In objektiver Hinsicht verursacht die hier analysierte Auslegung des Gerichtshofs eine Veränderung eines nicht-subjektiven Teils der innerstaatlichen Rechtsordnung.

Die subjektiv-rechtliche Perspektive wird erst wirklich sichtbar im Zeitpunkt des (hypothetischen) Eintritts der substanziellen Beeinträchtigung. Erst in diesem Zeitpunkt wird deutlich, welche Auswirkungen eine Veränderung der abstrakt-generellen Regelungslage für die konkrete Gefahr hatte oder hätte haben können. Dann aber wird klar, dass in den analysierten Fällen durch staatliches Tätigwerden in der *abstrakten Vorphase* die Beeinträchtigung der konkret betroffenen Person vermieden oder weniger wahrscheinlich geworden ist; im Fall des Untätigbleibens konnte die Beeinträchtigung also deshalb eintreten. Diese schützende Wirkung von Maßnahmen in der *abstrakten Vorphase* berechtigen den Gerichtshof, solche Maßnahmen von den Staaten zu verlangen. Dass sie zugleich die objektive Rechtsordnung verändern ist Nebenprodukt und aufgrund der besonderen Gefahrenlage – einer Gefahr in der Verfahrenssituation – hinzunehmen.

Dass nicht nur der Gerichtshof diese Auslegung, also Pflichten in der *abstrakten Vorphase*, annimmt, sondern auch die Konventionsstaaten sich zu einer konventionsrechtlich geprägten Deliberationsphase verpflichtet sehen, lässt sich in der Praxis des Europarats beobachten. Indem die Staaten die Entscheidungen umsetzen, zeigen sie die Anerkennung dieser Auslegung im dialogischen Verfahren[1472], in dem sie sich mit dem Gerichtshof befinden. So ist erkennbar, dass beklagte Staaten nach der Feststellung einer Pflichtverletzung in der *abstrakten Vorphase* das innerstaatliche objektive Recht hinsichtlich der Verfahren ändern.

Im Fall *Toniolo gegen San Marino und Italien*[1473] und dem vollständigen Fehlen von Verfahrensnormen für Auslieferungen erließ San Marino als generelle Maßnahme ein Gesetz mit Regeln zu Auslieferungsverfahren, die insbesondere auch eine Möglichkeit der gerichtlichen Überprüfung von Auslieferungs- und Auslieferungshaftentscheidungen vorsehen.[1474]

1472 Hierzu *Cremer, Hans-Joachim*, Regeln der Konventionsinterpretation (Kap. 4), in: EMRK/GG Konkordanzkommentar, Rn. 129.

1473 EGMR, Urt. v. 26.06.2012, Nr. 44853/10.

1474 Maßnahmenbericht v. 26.11.2014 (1221. Sitzung März 2015), DH-DD(2014)1447, Mesures générales 2. Spiegelstrich – *Toniolo vs. San Marino*.

Hinsichtlich des Regelungsrahmens bei häuslicher Gewalt im Fall *Branko Tomašić u. a. gegen Kroatien*[1475] reagierte der beklagte Staat mit einer Änderung des Strafgesetzbuchs, wodurch die Definition von häuslicher Gewalt angepasst und der Opferkreis erweitert wurde. Ebenfalls wurden besondere Sicherheitsmaßnahmen, wie verpflichtende psychologische Behandlungen für Täter:innen, Kontaktverbot und Überwachung nach einer Haft, gesetzlich verankert.[1476]

Gleiches ließ sich nach der Entscheidung *Bilbija und Blažević gegen Kroatien*[1477] beobachten. Um auf den Tod der Mutter nach einer medizinischen Sorgfaltspflichtverletzung und das jahrelang andauernde Verfahren zu reagieren, ergriff Kroatien im Rahmen der Urteilsumsetzung neben der individuellen Entschädigungszahlung auch generelle Maßnahmen. So erließ der Staat einen neuen rechtlichen Rahmen, ein Gesetz und Verordnungen zum Umgang mit medizinischen Sorgfaltspflichtverletzungen, der sicherstellen soll, dass die Behörden solche Fälle hinsichtlich aller relevanten Vorwürfe prüfen. Dieser Rahmen beinhaltet Zuständigkeitsregelungen für Gerichte, Regelungen für deren Unabhängigkeit sowie Verfahrensanforderungen zum rechtlichen Gehör, Beweisanträgen und Rechtsmitteln.[1478] Auf das langsame Vorankommen, das Ausbleiben einer Antwort an die Antragstellerinnen sowie den Verlust der Akte durch die Staatsanwaltschaft reagierte der kroatische Staat mit einer Änderung der Strafprozessordnung insbesondere durch Fristen für die Staatsanwaltschaft.[1479]

Der beklagte türkische Staat im Fall *Asiye Genç*[1480] unternahm im Rahmen der Urteilsumsetzung generelle Maßnahmen, zu denen auch der Einsatz einer Koordinationskommission gehörte. Im Maßnahmenplan zum Fall *Oyal*[1481], welcher der führende Fall in der vom Ministerkomitee zur Umsetzungsüberwachung gebildeten Gruppe ist, zu dem auch *Asiye Genç*

1475 EGMR, Urt. v. 15.01.2009, Nr. 46598/06.

1476 Maßnahmenbericht v. 26.08.2020 (1383. Sitzung [DH] September/Oktober 2020), DH-DD(2020)728, Rn 34 f. – *Branko Tomašić u. a. vs. Kroatien.*

1477 EGMR, Urt. v. 12.01.2016, Nr. 62870/13; Sachverhaltsschilderung s. → S. 293.

1478 Überarbeiteter Maßnahmenbericht v. 08.10.2018 (1331. Sitzung [DH] Dezember 2018), DH-DD(2018)852-rev, Rn. 40 f. – *Bajić Gruppe vs. Kroatien.*

1479 Überarbeiteter Maßnahmenbericht v. 08.10.2018 (1331. Sitzung [DH] Dezember 2018), DH-DD(2018)852-rev, Rn. 50 ff. – *Bajić Gruppe vs. Kroatien.*

1480 EGMR, Urt. v. 27.01.2015, Nr. 24109/07.

1481 EGMR, Urt. v. 23.03.2010, Nr. 4864/05 – *Oyal vs. Türkei.*

gegen die Türkei gehört, wird vom *Hospital Coordination System* berichtet, das nun den Belegungsstatus von Krankenhausbetten sowie Brutkästen und Beatmungsgeräten überwacht.[1482]

In der Kategorie der Verfahrenssituationen, deren rechtliche Entscheidung beeinträchtigungsermöglichend wirkt, kann auf eine Gefahr, die mangels rechtlicher Anerkennung bestimmter personenbezogener Eigenschaften und der damit verbundenen ungeklärten Statusfrage einer Person für ihre Selbst- und Identitätsbestimmung besteht, nur durch eine abstrakt-generelle Regelung reagiert werden. Dies ist auch in der Praxis zu beobachten. Nach der Entscheidung des Gerichtshofs im Fall *Keegan gegen Irland*[1483], in dem einem Vater die Beteiligung am Adoptionsverfahren seines leiblichen Kindes verwehrt wurde, hat Irland ein Gesetz erlassen, das den biologischen Vater als rechtlich relevante Person in Adoptionsverfahren anerkennt. Der *Adoption Act* von 1998 konstituiert ein Verfahren, in dem ein biologischer Vater oder jede Person, die Vater eines unehelichen Kindes zu sein glaubt, befragt wird, bevor ein Adoptionsverfahren beginnt. Dadurch hat der Vater die Möglichkeit, sein Recht auf Beantragung der Vormundschaft oder des Sorgerechts auszuüben. Hierfür hat er 21 Tage Zeit, in denen das Adoptionsverfahren nicht betrieben werden darf.[1484]

Hinsichtlich der rechtlichen Anerkennung transsexueller Personen änderte Großbritannien in Umsetzung der Entscheidung *Christine Goodwin*[1485] den *Gender Recognition Act*, der transsexuellen Menschen, die entscheidende Schritte unternommen haben, um vollständig und dauerhaft in ihrem empfundenen Geschlecht zu leben, die rechtliche Anerkennung dieses Geschlechts ermöglicht. Die Anerkennung wird für alle Zwecke gewährt und in einem *Gender Recognition Certificate* festgehalten.[1486]

1482 Maßnahmenbericht v. 30.01.2020 (1369. Sitzung [DH] März 2020), DH-DD(2020)86, § 61 – *Oyal Gruppe vs. Türkei.*

1483 EGMR, Urt. v. 26.05.1994, Rep. A 290, Nr. 16969/90.

1484 Ministerkomitee, Resolution v. 19.02.1999 (659. Sitzung Februar 1999), DH(99)123, Anhang – *Keegan vs. Irland.*

1485 EGMR (GK), Urt. v. 11.07.2002, ECHR 2002-VI, Nr. 28957/95.

1486 Vgl. Ministerkomitee, Resolution v. 13.09.2011 (1120. Sitzung September 2011), CM/ResDH(2011)175, Anhang, II. – *I. u. Christine Goodwin vs. Großbritannien.*

Zusammenführung und Ausblick

Nachdem der rechtstheoretische Ausgangspunkt ausführlich der Rechtsprechung des Gerichtshofs gegenübergestellt wurde, werden nun die theoretischen und praktischen Ergebnisse zusammengeführt.

A. Der theoretische Ausgangspunkt

Rechtstheoretisch ist von der Konstruktion ausgegangen worden, dass die subjektiven Konventionsrechte ihre Träger:innen im innerstaatlichen Rechtsraum effektiv vor einer substanziellen Beeinträchtigung schützen wollen. Eine Gefahr kann aber nicht nur durch faktische Eingriffe eintreten, sondern auch mangels staatlicher Verfahrensschaffung oder durch eine ineffektive Verfahrensausgestaltung entstehen. In objektiv-rechtlich geschaffenen Verfahrenssituationen kann ein Schutz vor Beeinträchtigungen nicht anders etabliert werden als durch die Anpassung der objektiv-rechtlichen Grundlage dieser Verfahrenssituation. Das subjektive Konventionsrecht gibt dem Staat also die Pflicht auf, in solchen rechtlich geprägten Verfahrenssituationen den Schutz der Konventionsrechtsgüter durch Änderung des objektiven Rechts herbeizuführen. Je nach der konkreten Verfahrenssituation und der drohenden Gefahr wird das subjektive Recht andere Anforderungen stellen – immer mit Blick auf einen effektiven Schutz seines Rechtsguts. So werden sich aus dem subjektiven Recht andere Anforderungen ergeben, wenn eine akute Gefahr droht (*konkrete Vorphase*), als wenn diese noch abstrakt ist (*abstrakte Vorphase*); ebenfalls wird es anderen Schutz erwarten, wenn die Beeinträchtigung bereits eingetreten ist oder noch andauert (*konkrete Nachphase*). Dieser konventionsrechtliche Pflichtinhalt entsteht aber nicht, weil das subjektive Recht die Änderung des objektiven Rechts bezweckt, sondern weil es auf effektiven Konventionsrechtsschutz abzielt und dieser in rechtlich geprägten Situationen nicht anders zu realisieren ist. Die Änderung des objektiven Rechts ist vom subjektiven Recht nicht intendiert; sie resultiert aus der rechtlichen Umgebung. Dieser Vorgang kann Reflexwirkung des subjektiven Rechts genannt werden, da der subjektive Rechtsgehalt intentionslos zur Veränderung des objektiven Rechts führt.

B. Die Praxis des Gerichtshofs

Bezogen auf das substanzielle Beeinträchtigungsereignis konnten in der Rechtsprechung drei Zeitphasen ausgemacht werden: die *abstrakte* und die *konkrete Vorphase* und die *konkrete Nachphase*. Innerhalb der drei Phasen wurden die unterschiedlichen Verfahrenssituationen nach der staatlichen Beteiligung eingeordnet. Die Unterteilung orientiert sich weder an der Abgrenzung positiver und negativer Pflichten oder an den Definitionen von Abwehrrecht und Schutzpflicht, sondern ordnet das Verhalten der Konventionsstaaten zeitlich zur materiellen Beeinträchtigung ein. Es ergab sich ein buntes Bild, das dennoch gewisse Strukturen aufweist und verallgemeinerungsfähige Aussagen zulässt.

Untersucht wurde die Rechtsprechung zu Art. 2, Art. 3, Art. 5 sowie Art. 8 EMRK. Diese wurden ausgewählt, um mit Art. 2 und Art. 3 EMRK Rechte zu berücksichtigen, deren Rechtsgüterschutz aufgrund der irreversiblen Folgen ihrer Verletzung vom Gerichtshof als drängend verstanden wird. Daneben wurde Art. 5 EMRK gewählt, um die Entwicklung von judikativ erschaffenen Verfahrensanforderungen bei einem originär verfahrensrechtlich ausgestalteten Konventionsrecht zu verfolgen. Art. 8 EMRK vervollständigt als ein hinsichtlich des Familien- und Privatlebens normgeprägtes Recht die Auswahl.

In der Analyse der Praxis hat sich bestätigt, dass der Gerichtshof verfahrensrechtliche Anforderungen immer vom substanziellen Beeinträchtigungsereignis aus konstruiert. Wenn der Staat im Zeitpunkt der Verletzung keinen wirksamen Schutz bieten kann, der Schutz des betroffenen Rechtsguts also theoretisch und illusorisch wird,[1487] dann entfalten die untersuchten Konventionsrechte auch verfahrensrechtlichen Schutz – abhängig von der Situation vor oder nach dem Beeinträchtigungsereignis.[1488] Aus den völkerrechtlichen subjektiven Rechten werden Anforderungen an die Ausgestaltung des innerstaatlichen Verfahrensrechts entnommen. Um die unterschiedlichen Vorgaben zu verdeutlichen, wurde auch die Analyse der Rechtsprechung in Fälle der *konkreten Vor-* und *Nachphase* sowie der *abstrakten Vorphase* unterteilt.

I. Die konkrete Vorphase in der Praxis

In der *konkreten Vorphase*[1489] konnte beobachtet werden, dass die Weitergabe von Informationen als Verfahrensanforderung Teil aller Kategorien ist. Ob es sich um eine Verfahrenssituation vor einer staatlichen oder nicht-staatlichen substanziellen Verletzung handelt oder die Verfahrenssituation in eine rechtliche Entscheidung mündet, die eine substanzielle Beeinträchtigung ermöglicht: In allen Fallgruppen fordert der Gerichtshof zur Sicherstellung effektiven Konventionsrechtsschutzes, dass der Staat ihm verfügbare Informationen an die (potenziell) Betroffenen weitergibt. Eine Ausnahme stellt dabei nur die Fallgruppe „Polizei- u nd Militärplanung" dar, in der bereits aus der Natur einer verdeckten Einsatzkräfteplanung folgt, dass keine Informationen an die gesuchte Person weitergegeben werden. Dennoch ist die Weitergabe von Informationen zwischen den Einheiten des Einsatzes ein Verfahrensbestandteil, der aus Art. 2 EMRK folgt.

Den Fallgruppen „Zwangsweise Unterbringung", „Familienrechtliche Verfahrenssituationen" und „Abschiebungs- und Ausweisungsverfahren" ist gemein, dass der Gerichtshof in ihnen die Rolle der rechtlichen Vertretung hervorhebt. Dies kann damit zusammenhängen, dass in diesen Verfahrenssituationen die Folgen bestimmter faktischer Umstände hinsichtlich der

---

[1487] Vgl. EGMR (GK), Urt. v. 17.07.2014, ECHR 2014, Nr. 47848/08, § 105 – *Centre for Legal Resources on behalf of Valentin Câmpeanu vs. Rumänien*; EGMR (GK), Urt. v. 09.07.2021, Nr. 6697/18, § 162 – *M.A. vs. Dänemark*.

[1488] Aus diesem Konventionsverständnis „eines umfassenden Schutzes, der allenfalls wenig weiße Flecken bestehen lässt, resultieren weitgehende Kontrollmöglichkeiten des Gerichtshofs. S. hierzu *Nußberger*, JZ 2019, S. 421, 424.

[1489] S. o. ab → S. 83.

rechtlichen Bewertung für betroffene, nicht juristisch vorgebildete Personen nur schwer zu durchschauen sind und die persönliche Betroffenheit und emotionale Einbindung eine selbstständige Verfahrensbeteiligung zumindest erschweren. Um dem entgegen zu wirken und das Verfahren als eine den Konventionsrechtsschutz erfüllende Situation auszugestalten, hilft die Bereitstellung rechtlicher Unterstützung.

Einleuchtend ist es, dass der Gerichtshof in allen Fallgruppen der Verfahrenssituationen, deren rechtliche Entscheidung eine substanzielle Beeinträchtigung ermöglicht, die Verfügbarkeit effektiver Rechtsmittel als Verfahrensanforderung sowohl von Art. 2, von Art. 3 EMRK als auch von Art. 8 EMRK ansieht. Da in dieser Kategorie von der Verfahrenssituation und ihrem Ausgang selbst die Gefahr für das Konventionsrecht ausgeht, ist eine erneute innerstaatliche Kontrolle der rechtsgestaltenden Entscheidungen für den Gerichtshof essentiell.

In den Fallgruppen mit Relevanz für das Familien- u nd Privatleben (Art. 8 EMRK) fällt zudem auf, dass die Beteiligung der betroffenen Personen ausgeprägter ist als in Verfahrenssituationen mit Bezug zu Leben (Art. 2 EMRK) und Gesundheit (Art. 3 und Art. 8 EMRK). Hierin kann ein direkter Bezug zum Kerngehalt des Art. 8 EMRK gesehen werden. Hinsichtlich der Achtung von Familien- und Privatleben steht die individuelle Selbstbestimmung im Fokus; die Rechtsträger:innen des Art. 8 EMRK sollen sich in der Lage befinden, ihr Familien- und Privatleben selbstbestimmt zu gestalten; der Staat muss diese Entscheidungs- und Gestaltungsfreiheit achten. Wenn der Gerichtshof nun in Verfahrenssituationen hinsichtlich Art. 8 EMRK Anhörungsrechte von Eltern und Kindern, eine rechtliche Vertretung und Informationspflichten fordert, stimmt dies mit dem allgemeinen Ziel des Art. 8 EMRK überein, eine selbstständige und selbstbestimmte Position zu gewähren.

Art. 5 EMRK spielt in der *konkreten Vorphase* – nach der Rechtsprechungsänderung zur zwangsweisen Unterbringung[1490] – eine untergeordnete Rolle.

Trotz der gefundenen Gemeinsamkeiten wird offenbar, dass der Gerichtshof sich jeder Situation neu widmet, um die konkreten Risiken für das Konventionsrecht zu erkennen und darauf mit verfahrensrechtlichen Schutzmöglichkeiten zu reagieren. Es zeigt sich auch, dass er danach unterscheidet, von wem im Anschluss an die *konkrete Vorphase* die Gefahr ausgeht: handelt

[1490] S. → S. 102.

es sich um eine staatliche Beeinträchtigung, dann hat der Staat auch während des Beeinträchtigungsereignisses Schutzpflichten. Geht die Beeinträchtigung hingegen von nicht-staatlicher Seite aus, kann während der *konkreten Vorphase* die letzte Möglichkeit für den Staat bestehen, für effektiven Schutz zu sorgen. Dann obliegen ihm weitergehende Maßnahmen, um der Gefahr in der Beeinträchtigungssituation vorzubeugen.

In den Verfahrenssituationen, die durch ihr Ergebnis die Beeinträchtigung erst ermöglichen, gibt es keine andere Möglichkeit der Schutzgewährung als eine Verfahrensumgestaltung, da das Verfahrensergebnis Bedingung für den späteren Eintritt der Beeinträchtigung ist und durch seine Bindungswirkung, den Staat an einer späteren Intervention hindert.

Anhand der Unterteilung kann sichtbar gemacht werden, wie der Gerichtshof jeweils die Mängel der praktischen Gewährung der Konventionsrechte identifiziert und dann mit Verfahrensanforderungen entgegenwirkt. Auch durch diese Passgenauigkeit wird nochmals deutlicher, dass für ihn der Individualschutz das Ziel ist und dessen Verwirklichung nur durch die Änderung des objektiven Rechts eintreten kann.

II. Die konkrete Nachphase in der Praxis

In der *konkreten Nachphase*[1491] können die Verfahrenssituationen in die Kategorien nach staatlicher und nach nicht-staatlicher substanzieller Beeinträchtigung aufgeteilt werden; eine dritte Kategorie gibt es – anders als in der *abstrakten* und der *konkreten Vorphase* – nicht. Allgemein ist mit den Worten der Großen Kammer in Šilih *gegen Slowenien*[1492] zu Art. 2 EMRK die Ausprägung von Verfahrensrechten aus der Konvention folgendermaßen zu beschreiben: Um die Rechtsgüter der Konvention nicht nur theoretisch oder illusorisch, sondern praktisch und effektiv zu schützen, ist es in unterschiedlichen Zusammenhängen erforderlich, aus den Konventionsnormen auch verfahrensrechtliche Verpflichtungen zu gewinnen. Effektiv wird der Schutz für den Gerichtshof aber nur dann, wenn auch nach Eintritt oder Beginn der substanziellen Beeinträchtigung die Verfahrensverpflichtungen nicht enden. Der Staat hat aus der Konvention nicht nur davor und währenddessen für Schutz zu sorgen. Diese Konsequenz mag im ersten Moment aus dem

1491 S. o. ab → S. 173.

1492 EGMR (GK), Urt. v. 09.04.2009, Nr. 71463/01; Sachverhaltsschilderung s. → S. 276.

vom Gerichtshof gesetzten Rahmen fallen: wie sollte Individualrechtsschutz noch realisiert werden, wenn die Verletzung schon eingetreten ist, wenn also beispielsweise die Person bereits getötet wurde? Auch dann ist nach der Argumentation des Gerichtshofs noch Individualschutz möglich und nötig. Erst wenn die Umstände untersucht und die verantwortlichen Personen sanktioniert wurden, enden die staatlichen Pflichten. Bis dahin aber besteht die Beeinträchtigung einer konkreten Person fort, auch wenn sie bereits gestorben ist. Für den Gerichtshof folgt dies auch aus dem grundlegenden Charakter der Art. 2 und Art. 3 EMRK. Obwohl die Nichteinhaltung der verfahrensrechtlichen Pflicht zur Durchführung einer effektiven Untersuchung auch Folgen für das Recht aus Art. 13 EMRK hat, wird sie auch als Verletzung einer eigenständigen Pflicht aus Art. 2 EMRK angesehen, die verankert ist in der Forderung des Wortlauts, das Recht auf Leben durch das Gesetz zu schützen (*shall be protected by law*, Art. 2 Abs. 1 S. 1 EMRK).[1493]

Diese verfahrensrechtliche Pflicht hängt nicht davon ab, ob der Staat für den Tod verantwortlich ist; steht die Behauptung einer vorsätzlichen Tötung im Raum, von der der Staat erfährt, entsteht bereits *ipso facto* die Pflicht, eine effektive Untersuchung durchzuführen.[1494] Auch wenn er also keine Verantwortung für die substanzielle Beeinträchtigung hat, ist er verpflichtet, die Tötung zu untersuchen. Ansonsten entstünde der Eindruck, Verletzungen des Rechts auf Leben würden vom Staat und dem innerstaatlichen Recht geduldet. Bereits dieser Anschein führte aber dazu, dass der Lebensschutz nicht mehr effektiv ausgestaltet wäre: potenzielle zukünftige Opfer spürten eine größere Gefahr und potenzielle zukünftige Täter:innen wären von den rechtlichen Konsequenzen nicht ausreichend abgeschreckt. Hier geht es dem Gerichtshof also weiterhin um Individualschutz, aber auch um Individualschutz zugunsten künftiger Opfer.

Es wurde der Versuch unternommen, die Rechtsprechung hinsichtlich verschiedener Verantwortlichkeitsgrade zu strukturieren. Der Gerichtshof lässt erkennen, dass er an die Verfahrenssituationen zur Aufklärung vorsätzlicher oder medizinisch sorgfaltswidriger Lebens- oder Gesundheitsbeeinträchtigungen einen strengeren Maßstab anlegt als an vorsatzlose Beeinträchtigungen. In den Fallgruppen „Effektive Untersuchung nach einem Todesfall“, „nach dem

---

[1493] EGMR (GK), Urt. v. 09.04.2009, Nr. 71463/01, § 154 m. w. N. – Šilih vs. Slo*wenien*.
[1494] EGMR (GK), Urt. v. 09.04.2009, Nr. 71463/01, § 156 m. w. N. – Šilih vs. Slo*wenien*.

Verschwinden einer Person", „nach Beeinträchtigung der physischen oder psychischen Integrität einer Person" durch den Staat sowie „Effektive Untersuchung nach einer vorsätzlichen Beeinträchtigung von Leben oder physischer und psychischer Integrität" und „nach einer Beeinträchtigung durch eine medizinischer Sorgfaltspflichtverletzung" nach nicht-staatlichen Beeinträchtigungen lassen sich hinsichtlich der einzelnen Verfahrensanforderungen große Übereinstimmung erkennen. In all diesen Fallgruppen fordert der Gerichtshof eine Untersuchung, die sich eignet, die Umstände des substanziellen Beeinträchtigungsereignisses und die Verantwortlichkeit der beteiligten Personen zu klären, und damit effektiv ist. Um eine effektive Untersuchung (*effective investigation*) anzunehmen, muss ein amtliches Verfahren (*official*; *automatic*) einer unabhängigen und unparteilichen (*indipendent*) Einheit prompt und mit angemessener Schnelligkeit (*promptness*; *reasonable expedition*), unter Sicherung aller Beweise (*secure the evidence*), gründlich (*thorough*), öffentlich (*public*) und unter Beteiligung des Opfers oder – im Todesfall – seiner Angehörigen (*accessible to the victim*['*s family*]) durchgeführt werden. Nicht abschließend geklärt werden konnte die Rolle des Merkmals der Adäquanz (*adequate*). Aus der Rechtsprechung entsteht aber der Eindruck, dass der Gerichtshof das Merkmal als „Prüfungsschritt" zwischen die Effektivität und die einzelnen Verfahrensanforderungen versteht.[1495]

In der Fallgruppe „Gerichtliche Antwort auf einen Unfall oder höhere Gewalt" konnte ein anderer Maßstab festgestellt werden. Hier löst gerade keine Vorsatztat die Verfahrenspflichten aus; stattdessen soll ein Unglücksfall[1496] aufgeklärt werden. Ein Verfahren von Amts wegen ist hier laut dem Gerichtshof nicht erforderlich; ebenso wenig verlangt der Gerichtshof stets eine öffentliche Aufarbeitung. Die Beteiligung der Betroffenen ist durch ihre Pflicht, das Verfahren selbst zu beginnen, bereits gegeben.

Die Pflichten aus Art. 5 EMRK nehmen in der *konkreten Nachphase* eine Sonderrolle ein. Während die anderen Verfahrenspflichten vom Gerichtshof weitgehend parallel in den Untersuchungsverfahren staatlicher wie nichtstaatlicher Beeinträchtigungen konstruiert werden, prägt Art. 5 EMRK andere Verfahrensverpflichtungen aus. Dies lässt sich mit zwei Überlegungen begründen. Zum einen stellt Art. 5 EMRK bereits dem Wortlaut nach eigene

---

1495 S. u. → S. 196 u. 291.

1496 Zu den Begriffen Unrecht und Unglück → S. 249.

Verfahrensverpflichtungen auf, die von der Rechtsprechung lediglich ergänzt werden. Dies ist eine andere Situation als bei den Rechten aus Art. 2, Art. 3 und Art. 8 EMRK, die keine ausdrücklichen Verfahrensanforderungen beinhalten. Eine Rolle mag zum anderen spielen, dass die Verfahrenssituation zwar – wie die anderen Verfahren der *konkreten Nachphase* – mit Eintritt des substanziellen Beeinträchtigungsereignisses beginnt. Besonders ist aber, dass die Beeinträchtigung der Freiheitsentziehung während der beginnenden Verfahrenssituation andauert und somit eine anhaltende substanzielle Beeinträchtigung darstellt. Mit dieser lässt sich beispielsweise begründen, dass eine verstärkte Beteiligung des Betroffenen durch Anhörungsrechte sowie Akteneinsichtsrechte und rechtliche Unterstützung im Fall der Haftprüfung von Art. 5 EMRK gefordert wird.

Die Frage der verfahrensrechtlichen Verpflichtungen ist stets getrennt von der Prüfung substanzieller Beeinträchtigungshandlungen zu halten. So kann eine Verletzung der Verfahrenspflicht aus Art. 2 EMRK auch dann festgestellt werden, wenn keine Rüge des substanziellen Gehalts des Art. 2 EMRK erfolgt ist. Somit handelt es sich um eine gesonderte, eigenständige Pflicht, die zwar durch Handlungen, die den materiellen Aspekt des Art. 2 EMRK betreffen, ausgelöst wird, aber selbstständig verletzt werden kann.[1497] Der Gerichtshof hat dies im Laufe seiner Rechtsprechung festgestellt.[1498] Begründet werden kann dies damit, dass verfahrensrechtliche und andere Pflichten zwar alle das Ziel haben, die substanzielle Beeinträchtigung zu vermeiden. Sie sind aber in unterschiedlichen Situationen zu erfüllen, sodass der Staat über unterschiedliche Mittel verfügt. Die Gefahr für das Leben der anwesenden Personen bei einem polizeilichen Zugriff zu minimieren, kann durch die Ausstattung der Polizei mit einer Auswahl von letal und grundsätzlich nicht letal wirkenden Waffen geschehen. Diese Maßnahme wird ergänzt durch die Schulung der Einsatzkräfte, beim Zugriff nach dem Grundsatz der Verhältnismäßigkeit vorzugehen. Beide Maßnahmen können unabhängig voneinander ergriffen werden. Effektiv wird der Lebensschutz aber wohl erst mit der Anwendung beider: denn fehlt den Einsatzkräften Tränengas, werden sie zu ihrem eigenen Schutz zur Schusswaffe greifen müssen, und mangels eines geschulten Bewusstseins für die gefährdeten Rechtsgüter werden sie auch bei Vorhandensein von Tränengas schon aus Effizienzgründen die Schusswaffe nutzen.

[1497] EGMR (GK), Urt. v. 09.04.2009, Nr. 71463/01, §§ 158 f. m. w. N. – Šilih vs. Slo*wenien*.
[1498] S. → S. 277.

Da es sich also um unterschiedliche Maßnahmen handelt, ist das Unterlassen einer auch unabhängig von der anderen dem Staat vorzuwerfen.

Dieses Verständnis verfahrensrechtlicher Konventionspflichten ist nicht nur in den Fällen des Art. 2 EMRK zu beobachten. Auch für die anderen untersuchten Konventionsrechte konstruiert der Gerichtshof die Verfahrensanforderungen als selbstständige verfahrensrechtliche Pflichten, die in einer Beziehung zu einem substanziellen Beeinträchtigungsereignis, aber nicht in Abhängigkeit zu einer konkreten Verletzung stehen. Sie bilden ebenfalls eigenständige Verpflichtungen aus den Konventionsnormen. Dies überzeugt, da sich auch bei den anderen untersuchten Konventionsrechten unabhängig voneinander verfügbare Maßnahmen identifizieren lassen. So stellt eine Festnahme, die nicht in eine Fallgruppe des Art. 5 Abs. 1 S. 2 EMRK fällt, eine substanzielle Verletzung des Rechts auf Freiheit dar. Der Staat hat also die Pflicht, andere Freiheitsentziehungen als jene des Art. 5 Abs. 1 S. 2 EMRK zu unterlassen. Zugleich obliegen ihm nach Art. 5 Abs. 2-4 EMRK verfahrensrechtliche Pflichten. Diese bestehen daneben und sind nicht davon abhängig, ob der Staat seine substanzielle Pflicht aus Art. 5 Abs. 1 EMRK einhält: wann immer der Staat eine Person festnimmt, muss er das Verfahren im Einklang mit Art. 5 EMRK führen. Die ausdrücklichen Verfahrenspflichten des Art. 5 EMRK verfolgen – wie die substanzielle Pflicht aus Art. 5 Abs. 1 EMRK den Zweck, ungerechtfertigte Festnahmen zu verhindern; die Pflicht der Informationsweitergabe an die festgenommene Person und der gerichtlichen Haftüberprüfung versuchen, durch Ermächtigung der festgenommenen Person und durch Einbindung einer unabhängigen staatlichen Instanz ungerechtfertigte Freiheitsentziehungen umgehend zu beenden.

Ebenso verhält es sich mit den durch die Rechtsprechung aus Art. 5 EMRK entwickelten Verfahrensanforderungen. Sie richten Kontrollmechanismen und Dokumentationsmöglichkeiten ein, um substanzielle Beeinträchtigungen besser aufdecken zu können und dem Staat weniger Anreize zu ungerechtfertigten Festnahmen zu setzen.

III. Die abstrakte Vorphase in der Praxis

Die *abstrakte Vorphase*[1499] befindet sich zeitlich vor der substanziellen Beeinträchtigung. Obwohl in ihr lediglich eine abstrakte Gefährdungslage besteht,

[1499] S. o. ab → S. 315.

die sich möglicherweise zulasten eines konkreten Rechtsguts zuspitzen kann, besteht bereits in ihr die staatliche Pflicht zu handeln. Der Gerichtshof erkennt nämlich zurecht, dass in dieser frühen Phase durch prospektives Verhalten bereits effektiver Schutz geleistet werden kann und dadurch spätere Beeinträchtigungen vermeidbar oder zumindest weniger wahrscheinlich werden.

Durch die Analyse der Rechtsprechung werden zwei bedeutende Pflichtenbereiche erkennbar.

1) Zum einen erwartet der Gerichtshof von den Konventionsstaaten, dass sie bereits im Vorfeld drohender staatlicher wie nicht-staatlicher Beeinträchtigungsereignisse den Schutz der Konventionsrechtsgüter durch einen rechtlichen und administrativen Rahmen (*legal and administrative framework*) sichern. Einen solchen fordert er beispielsweise für den staatlichen Schusswaffengebrauch, Auslieferungen und gefährliche staatliche Aktivitäten, aber genauso für Beeinträchtigungen des Lebens, der Gesundheit und des Privatlebens von privater Seite. Schon weit vor der Konkretisierung einer Gefahr müssen abstrakt-generelle Normen erlassen werden, die in möglicherweise eintretenden Beeinträchtigungsereignissen Schutz bieten. Nur vereinzelt geht der Gerichtshof auf konkrete Regelungsinhalte ein; grundsätzlich unterliegt die Ausgestaltung dieses Rahmens den Konventionsstaaten und ihrem Einschätzungsspielraum.
   Diese Freiheit ist den Konventionsstaaten zuzugestehen. Gerade im Rahmen der Erfüllung positiver Handlungspflichten sind es die Konventionsstaaten, die aufgrund ihrer Kenntnis der eigenen Rechtsordnungen und gesellschaftlichen Umstände die Auswahl der Mittel treffen sollten. Im Fall einer positiven Pflicht, die zu einer Änderung des objektiven Rechts führt, ist es sogar besonders wichtig, durch einen solchen Spielraum die Rechtsänderung an eine demokratisch getroffene Willensentscheidung zu koppeln. Das subjektive Konventionsrecht intendiert zwar diese Änderung und verpflichtet die Staaten zu einer Regelung, mit der sein wirksamer Schutz gewährleistet wird, doch sollte Auswahl und Ausgestaltung der Rechtsänderung dem demokratisch legitimierten Normsetzungsgremium nicht entzogen werden.
2) Als zweiter wichtiger Pflichtenkreis ist die Pflicht zur rechtlichen Anerkennung bestimmter faktischer Eigenschaften von Personen erkannt worden. Nur wenn das objektive Recht die Eigenschaft einer Person wahrnimmt, kann sie in einer Verfahrenssituation Einfluss nehmen. Wenn also eine biologische Vater-Kind-Beziehung nicht

> rechtlich anerkannt wird, wird der Vater keine Rolle in einem familienrechtlichen Verfahren spielen, da er vom Recht nicht als „familienrelevant" eingeordnet wird. Dies hat weitreichende Folgen für den Vater, aber auch für das Kind. Erst wenn die biologische Beziehung vom Recht als relevant erachtet und als rechtliches Kriterium angesehen wird, können Vater und Kind angemessenen Schutz im Verfahren erhalten. Dies ist notwendig für eine wirksame Ausübung von Art. 8 EMRK, da ein im familienrechtlichen Verfahren festgelegter Status große Bereiche des täglichen Lebens und die Planung der Zukunft beeinflusst.

Neben der biologischen Familienbeziehung wurden solche Eigenschaften ebenfalls in sozialer, also *de-facto*-Elternschaft, gleichgeschlechtlicher Partnerschaft, Transsexualität und ethnischer Zugehörigkeit mit einem zugehörigen Lebensstil identifiziert. Für diese Themen betreffende Verfahrenssituationen ist es entscheidend, dass zunächst die Eigenschaft abstrakt-generell anerkannt wird, um der zugehörigen Person Zugang zum Verfahren zu ermöglichen und damit Konventionsrechtsschutz zu gewähren. Ohne die rechtliche Anerkennung gleichgeschlechtlicher Partnerschaften wird den Betroffenen die (erb-)rechtliche Absicherung ihrer auf Dauer angelegten Lebenssituation verwehrt; sie bleiben ohne die Option, ihre gemeinsame Zukunft zu planen, in einem Zustand rechtlicher Unsicherheit. Ebenso verhält es sich im Fall der Verwehrung der rechtlichen Anerkennung einer Geschlechtsanpassung transsexueller Personen. Ihre Identitätsanpassung kann ohne die rechtliche Anerkennung niemals vollständig abgeschlossen werden, da sie dadurch in vielen Lebensbereichen in ihrer früheren geschlechtlichen Identität verharren müssen ohne Möglichkeit, die rechtliche Festlegung selbstbestimmt an die jetzige Wirklichkeit anzupassen.

Durch die Normprägung dieser Lebensbereiche kann das Recht auf ein selbstbestimmtes Privat- und Familienleben aus Art. 8 EMRK nur durch eine Änderung der abstrakt-generellen, statusrechtlichen Lage herbeigeführt werden. Ohne diese verblieben die Betroffenen in einem Zustand nicht endender rechtlicher Unsicherheit, der nicht mit den Gewährleistungen des Art. 8 EMRK vereinbar ist.

Zwar mag die weite Vorwirkung der Konventionsrechte hinein in die *abstrakte Vorphase* auf den ersten Blick irritieren, geht es den Konventionsrechten doch eigentlich um individuellen Menschenrechtsschutz. Doch anhand der Fälle wird eindrücklich deutlich, dass die staatlichen Pflichten in der *abstrakten Vorphase* unbedingt notwendig sind, um in einer konkreten Beeinträchtigungssituation effektiven Individualrechtsschutz realisieren zu können. Nur wenn der Staat rechtzeitig einen rechtlichen und administrativen Rahmen aufgestellt hat, um staatliches Verhalten zu programmieren, werden staatliche Verhaltensweisen weniger willkürlich und staatliche Beeinträchtigungen weniger wahrscheinlich. Und nur wenn sich die aufgezeigten tatsächlichen Eigenschaften im Recht wiederfinden, können normgeprägte Lebensbereiche menschenrechtlich geschützte Veränderungen tatsächlicher Lebensumstände angemessen abbilden, sodass die Rechtsträger:innen ihr Leben selbstbestimmt gestalten können.

So sind die Änderungen im objektiven Recht auch in dieser Phase subjektiv rechtlich intendiert: Nur durch eine Rechtsänderung kann effektiver Individualschutz realisiert werden. Es besteht aus der Konvention also die staatliche Pflicht hierzu.

C. Die Begründung des Gerichtshofs

Trotz der Verschiedenheit der analysierten Verfahrenssituationen und der untersuchten Konventionsrechte ist der Ausgangspunkt der Begründung des Gerichtshofs immer derselbe: die von den Konventionsrechten gewährleisteten Rechtsgüter sollen wirksamen und praktischen Schutz erfahren und nicht nur theoretisch und illusorisch bestehen.[1500] Mit diesem teleologischen Argument legt der Gerichtshof die Konvention dynamisch-evolutiv aus,[1501] um auch in neuen oder unerwartet rechtsgutgefährdenden Situationen das Schutzniveau zu erhalten.

Im Mittelpunkt steht für den Gerichtshof der Individualschutz, den er durch Verfahrensanforderungen effektiv stärken möchte. Sie sind Teil des in der Konvention angelegten Schutzumfangs.[1502] Ausgangspunkt ist stets der

---

[1500] Vgl. EGMR (GK), Urt. v. 17.07.2014, ECHR 2014, Nr. 47848/08, § 105 – *Centre for Legal Resources on behalf of Valentin Câmpeanu vs. Rumänien*; EGMR (GK), Urt. v. 09.07.2021, Nr. 6697/18, § 162 – *M.A. vs. Dänemark*.

[1501] Hierzu *Krieger, Heike*, Funktionen von Grund- und Menschenrechten (Kap. 6), in: EMRK/GG Konkordanzkommentar, Rn. 31.

[1502] *Krieger, Heike*, Funktionen von Grund- und Menschenrechten (Kap. 6), in: EMRK/GG Konkordanzkommentar, Rn. 128.

materielle Gehalt der Konventionsrechte. So beginnt er seine Argumentation meist damit zu betonen, dass Menschenrechtsschutz wirksam sein muss, um in der Praxis für die Rechtsträger:innen einen Unterschied zu machen. Ohne die verfahrensrechtliche Absicherung liefen viele Rechte in der Praxis leer, weil entweder ein präventiver Schutz durch den Staat nicht strukturell angelegt wäre oder nach einem Eingriff durch den Staat dessen Rechtmäßigkeit nicht willkürfrei und unabhängig überprüft würde.

Zudem verweist er auf die besondere Bedeutung von Art. 2 und Art. 3 EMRK, die er als Kernelemente der Konvention versteht. Aufgrund ihres Wertes sind die Rechtsgüter dieser Rechte absolut, also auch mithilfe ergänzender Verfahrensanforderungen zu schützen.

Für die Begründung von Verfahrenspflichten aus Art. 2 und Art. 3 EMRK zieht der Gerichtshof zudem den Wortlaut des Art. 2 EMRK heran, der ausdrücklich zum gesetzlichen Schutz verpflichtet. Insbesondere in Verbindung mit der aus Art. 1 EMRK folgenden, allgemeinen Verpflichtung der Konventionsstaaten, jeder Person umfassenden, also auch verfahrensrechtlichen Schutz ihrer Menschenrechte zu gewährleisten, leitet er ab, dass Verfahrensanforderungen vor einer drohenden oder nach einer eingetretenen Beeinträchtigung der Rechtsgüter der Art. 2 und Art. 3 EMRK für einen wirksamen Konventionsrechtsschutz notwendig sind.

In den Fällen des Art. 5 EMRK, die hauptsächlich der *konkreten Nachphase* zuzuordnen sind, begründet er das Bedürfnis nach den zusätzlichen Verfahrensanforderungen aus der Norm selbst.[1503] Wenn die ausdrücklich normierten Verfahrenspflichten im konkreten Fall nicht ausreichen und deshalb der Schutz des Art. 5 EMRK lediglich theoretisch besteht, sieht der Gerichtshof die Notwendigkeit, zur Überbrückung ergänzende Verfahrensanforderungen abzuleiten, die die betroffene Person wieder in die von Art. 5 EMRK geschützte Verfahrenssituation bringen.

Eine besondere Begründung fügt der Gerichtshof hinsichtlich Art. 8 EMRK beispielsweise in den Fällen zur rechtlichen Anerkennung transsexueller Personen[1504] hinzu: er argumentiert, dass das Wesen der Konvention die Achtung der Menschenwürde und der menschlichen Freiheit sei (*very*

[1503] So auch *Krieger, Heike*, Funktionen von Grund- und Menschenrechten (Kap. 6), in: EMRK/GG Konkordanzkommentar, Rn. 128.

[1504] → S. 366 u. 372.

essence of the Convention is respect for human dignity and human freedom) und deshalb insbesondere bei Art. 8 EMRK und seinem Schutzgehalt der persönlichen Selbstbestimmung einzubeziehen sei. Dies als Leitmotiv hinter allen untersuchten Konventionsrechten zu vermuten, ginge jedoch mangels weiterer Anhaltspunkte in der Rechtsprechung zu weit. Gerade in vielen Verfahrenssituationen und ihren zusätzlichen Anforderungen aus Art. 2 und Art. 3 EMRK geht es nicht primär um die persönliche Selbstbestimmung. Polizeiliche Planungen in der *konkreten Vorphase* oder Untersuchungen eines Todesfalls in der *konkreten Nachphase* stellen Situationen dar, in denen aktives staatliches Tun verlangt ist und weniger staatliche Zurückhaltung zur Gewährung einer selbstbestimmten Entscheidung der Betroffenen. In andere Verfahrenssituationen hingegen wäre die Argumentation gut übertragbar: wenn es um das Verfahren im Rahmen einer zwangsweisen Unterbringung oder um staatliche Aufklärung der Bevölkerung vor drohenden Naturkatastrophen geht, betont der Gerichtshof, dass die konventionsrechtlichen Verfahrensanforderungen gerade der Selbstermächtigung der gefährdeten Personen dienen. Sie sollen informierte Entscheidungen treffen und ihre Lage selbst beeinflussen können. In diesen Fällen nutzt der Gerichtshof bislang diese Formulierung aber nicht. Sie ist in der Rechtsprechung ansonsten nur im Rahmen der Prüfung des Art. 2 EMRK in Fällen des Suizids (in staatlicher Unterbringung) zu finden.[1505]

Es ist anzunehmen, dass sich die gefundenen Ergebnisse auch auf weitere Fallgruppen übertragen lassen. Die Bildung der verschiedenen Kategorien und Einordnung nach unterschiedlichen Verantwortlichkeitsgrade kann dabei helfen. Dies gilt zumindest für die Rechte aus Art. 2, Art. 3, Art. 5 sowie Art. 8 EMRK. Aber auch für andere Konventionsrechte dürften sich die Ergebnisse fruchtbar machen lassen. Für die Einteilung der Rechtsprechung wurden bewusst allgemeine Oberbegriffe wie staatliches/nicht-staatliches oder vorsätzliches/vorsatzloses Beeinträchtigungsereignis gewählt, die sich mit einer gewissen Umsicht auch auf Verfahrenssituationen anderer Konventionsrechte übertragen lassen müssten. Zu Verfahrenssituationen zum Schutz des Eigentums aus Art. 1 ZP wurden in der Analyse an den entscheidenden, insbesondere abweichenden Stellen Hinweise gegeben.[1506]

[1505] → Fn. 1466.

[1506] → S. 273 u. 305 sowie Fn. 340 u. 1371.

Die evolutiv-dynamische Rechtsprechungslinie des Gerichtshofs wird teilweise kritisch gesehen.[1507] Doch anders als bei Ausweitungen des substanziellen Gehalts der Konventionsrechte ist die Entwicklung von zusätzlichen Verfahrensanforderungen weniger brisant. Zwar führen sie zu einer Pflicht zur Änderung des objektiven Rechts des beklagten Staats. Es handelt sich jedoch lediglich um das die Verfahrenssituation konstituierende und ausgestaltende objektive Recht. Staaten können weiterhin Normen erlassen, die Verfahrensergebnisse in der ein oder anderen Weise – soweit nicht bereits vom substanziellen Gehalt der Konventionsrechte bestimmt – hervorbringen. Die hier analysierten Verfahrensanforderungen bestimmen lediglich, dass es einen staatlich strukturierten, konventionsrechtssensiblen Weg zu diesem Ergebnis geben muss. Hierbei ist – wie sich auch in der Staatenpraxis zeigt – mit einer größeren Bereitschaft zur Umsetzung zu rechnen als in manch umstrittener inhaltlichen Erweiterung des Konventionsgehalts. Zudem übersieht auch hier der Gerichtshof nicht, dass den Staaten ein Einschätzungsspielraum bei der Umsetzung der Pflicht eingeräumt ist.

Eine Sonderrolle nimmt hier die *abstrakte Vorphase* ein, deren Verpflichtungen zu einer rechtlichen Anerkennung auch materiell-rechtliche Änderungen der innerstaatlichen Rechtsordnung intendieren. Doch ist dem Gerichtshof zuzustimmen, wenn er überzeugend aufzeigt, dass ohne die rechtliche Anerkennung weite Teile der tatsächlichen Ausübung des Art. 8 EMRK vorenthalten bleiben und somit allein eine Rechtsänderung ein selbstbestimmtes Leben herbeiführen kann.

D. Zusammenführung von Theorie und praktischer Umsetzung

Führt man abschließend die angenommene rechtstheoretische Konstruktion und die Ergebnisse der Rechtsprechungsanalyse zusammen, zeigt sich ein harmonisches Bild: die Rechtsprechungslinien bestätigen die gewählte theoretische Konstruktion.

[1507] *Krieger, Heike*, Funktionen von Grund- und Menschenrechten (Kap. 6), in: EMRK/GG Konkordanzkommentar, Rn. 78 f. mit einem Überblick zur Kritik an der Ausbildung positiver Handlungspflichten.

Genau wie in der rechtlichen Konstruktion bildet auch für den Gerichtshof die substanzielle Beeinträchtigung den Ausgangspunkt. Um diese effektiv zu vermeiden oder ihre negativen Auswirkungen auf das Rechtsgut zu verringern, sieht er Verfahrensanforderungen als notwendig an. Diese bestehen, wenn ansonsten keine effektive und praktische Rechtegewährleistung möglich wäre. Dass mit der Einrichtung von Verfahrensanforderungen die Veränderung der konstituierenden, objektiv-rechtlichen Grundlage einher geht, folgt aus dem Umstand, dass Verfahrenssituationen stets durch abstrakt-generelle Normen entstehen. Anders als durch die Änderung objektiven Rechts ist eine Verfahrensanforderung nicht herbeizuführen. Dieser Argumentationsgang verläuft gleich wie jener der Konstruktion der objektiven Reflexwirkung subjektiver Rechte: Ziel des subjektiven Rechts ist die Gewährleistung des geschützten Guts für dessen Träger:in. Mit diesem Ziel haben die Konventionsstaaten die Konvention ratifiziert und sind folglich nicht nur in konkreten substanziellen Beeinträchtigungssituationen an sie gebunden, sondern auch dann, wenn sie abstrakt-generelle Verfahrensregeln schaffen, mit denen Individualrechtsträger:innen möglicherweise konfrontiert sind. Die subjektiven Konventionsrechte sind die Wurzel für die menschenrechtsgewährleistende Verfahrens- und Organisationsausgestaltung.

Deutlich wird, dass der Gerichtshof auch nicht darüber hinaus gehen möchte. Er sieht zwar die Vorteile, die durch die Verstärkung der rechtsstaatlichen Elemente für die Staatsorganisation eintreten, doch fordert er sie von den Staaten nur ein, soweit sie für einen effektiven, individuellen Konventionsrechtsschutz erforderlich sind.

Als Beispiel für die Anpassung an die konkrete Beeinträchtigungssituation sind nochmals die Fallgruppen familienrechtlicher Verfahrenssituationen der *konkreten Vorphase* herauszugreifen. In diesen sieht der Gerichtshof eine besondere Gefahr im Ablauf der Zeit. Je länger Familienmitglieder getrennt voneinander sind, desto mehr entfremden sich insbesondere jüngere Familienmitglieder von ihren eigentlichen Bezugspersonen. Dieser Gefahr der faktischen Beendigung eines Familienverhältnisses durch eine überlange Verfahrenssituation begegnet der Gerichtshof, indem er strenge Anforderungen an die Schnelligkeit und die Länge solcher Verfahren aufstellt. Demgegenüber spielt für den Gerichtshof die Schnelligkeit bei umwelt- und wirtschaftspolitischen Entscheidungsverfahren keine Rolle, da sich ohne die verfahrensbeendende Entscheidung keine negativen Effekte für die betroffenen Konventionsrechte ergeben; ein besonderes Bedürfnis eines beschleunigten Verfahrens besteht hier somit nicht. Dagegen ist gerade aufgrund der Entscheidungswirkung die Einrichtung effektiver Rechtsmittel in beiden Verfahrenssituationen essentiell und deshalb auch in beiden Fallgruppen etabliert.

Dass der Gerichtshof die Verfahrensanforderungen ebenfalls nach den betroffenen Konventionsrechten auswählt, wird anhand eines Überblicks über die Fallgruppen deutlich.[1508]

Dass alle untersuchten Konventionsrechte Verfahrensanforderungen stellen, ist eine Gemeinsamkeit der Normen. Doch betrachtet man die Verfahrensanforderungen genauer, zeigen sich hinsichtlich der einzelnen Rechte Unterschiede.

Zusammenfassend sei gesagt, dass Art. 2 und Art. 3 EMRK aufgrund ihrer Wichtigkeit einen Verfahrensschutz erfordern, der nicht nur auf Schutz, sondern auch auf Abschreckung angelegt ist. Als subjektiv-rechtliche Fundamentalgarantien fordern sie starke Verfahrenspflichten. Gerade in diesen Fällen erkennt der Gerichtshof, dass die Einhaltung dieser Normen nicht nur den Einzelnen dient, sondern zugleich rechtsstaatliche Vorteile für den Staat als Gemeinwesen hat. Wenn ein Staat den Rechtsgüterschutz von Leben, körperlicher und seelischer Integrität ernst nimmt, begünstigt er nicht nur die Einzelnen, denen eine Beeinträchtigung droht, sondern er gibt allen Bürger:innen das Vertrauen, dass schwerwiegende rechtswidrige Taten nicht folgenlos bleiben. Um dieses Zutrauen in den Staat nicht zu gefährden, nimmt der Gerichtshof es gerne an, dass Untersuchungen in der *konkreten Nachphase* unabhängig, schnell und öffentlich durchzuführen sind – auch wenn die Pflicht hierzu eindeutig individualrechtlich intendiert ist.

Ein klarer Fokus auf das spezifische Beeinträchtigungsereignis und das betroffene Konventionsrecht ist auch der Rechtsprechung zu Untersuchungspflichten nach dem Verschwinden einer Person zu entnehmen. Der Gerichtshof weitet den Schutzbereich hinsichtlich der nachweisbaren Tatsachen aus, allein um der spezifischen Beeinträchtigungssituation Herr zu werden: wenn eine Person nach der staatlichen Kontaktaufnahme verschwindet und der Staat dazu schweigt, müssen die Anforderungen an den Nachweis gesenkt werden, um überhaupt die Möglichkeit effektiven Konventionsrechtsschutzes

1508 S. Tabellen → S. 167 f., 311 f. u. 375-377.

zu erhalten. Erst in der Untersuchungssituation können Tatsachen erforscht und Verantwortlichkeiten geklärt werden; dazu ist ein Staat aber erst dann verpflichtet, wenn der zugrunde liegende, vorgetragene Sachverhalt die Konvention zu aktivieren vermag. Diese Herabsenkung weitet der Gerichtshof aber nicht auf andere behauptete Todesfälle aus, sondern wendet sie nur in der spezifischen Situation des Verschwindens an, um diesbezüglich überhaupt Verfahrensanforderungen aus Art. 2 EMRK entnehmen zu können.

Dagegen beinhaltet Art. 5 EMRK bereits effektive Verfahrensrechte. Nur soweit diese in besonderen Situationen nicht greifen können, bilden sich weitere Verfahrensanforderungen zur Überbrückung einer Situation unwirksamen Schutzes aus. In diesen Situationen fällt dem Gerichtshof die Begründung mit dem Bedürfnis der Einzelperson nach Schutz in und durch Verfahrenssituationen leichter, da Art. 5 Abs. 2-4 EMRK bereits ausdrücklich Verfahrensanforderungen zum Schutz des betroffenen Individuums enthalten. Anhand dieser Fälle bestätigen die ausdrücklichen Verpflichtungen, dass die Konvention selbst Verfahrenssituationen als schutzermöglichende, aber auch als gefährdende Situation eingeschätzt und darauf mit Verfahrensanforderungen reagiert.

Hinsichtlich Art. 8 EMRK wird insbesondere dann ein zusätzlicher Schutz in und durch eine Verfahrenssituation zum einen nötig, wenn die Selbstbestimmung der betroffenen Person aufgelöst wird. Wie bereits beschrieben verlangt der Gerichtshof in Verfahrenssituationen, die das Familien- oder Privatleben aus Art. 8 EMRK betreffen, aktive Beteiligungsmöglichkeiten der Betroffenen durch Anhörungsrechte, rechtliche Vertretung und Informationspflichten in der *konkreten Vorphase*, aber auch selbstständigen Zugang zum Verfahren durch rechtliche Anerkennung bereits in der *abstrakten Vorphase*, um die eigene Position selbstbestimmt in das Verfahren einbringen zu können. Indem dies gewährt wird, kann auch ein selbstbestimmtes Familien- oder Privatleben mit den rechtlichen Verfahrensfolgen erreicht werden.

Zum anderen ist der Staat zur Änderung des objektiven Rechts verpflichtet, wenn es sich um einen normgeprägten Lebenssachverhalt handelt, sodass die Verwirklichung des individuellen Rechts nur über eine Einbettung in das objektive Verfahrensrecht geschehen kann.

Die Konstruktion der objektiven Reflexwirkung subjektiver Konventionsrechte kann den kritischen Stimmen, der Gerichtshof dehne den Wirkungsbereich der Konvention unzulässig weit aus, entgegengehalten werden und mehr noch: sie kann ihnen ob ihrer Bedenken Beruhigung verschaffen:

Die objektive Reflexwirkung der Konventionsrechte zeigt, dass es sich nicht um eine unzulässige Ausdehnung in die innerstaatliche Organisation von Hoheitsgewalt handelt, wenn der Gerichtshof aus der Konvention Verfahrensanforderungen ableitet. Die Staaten haben sich nicht nur zur Achtung der Konvention in substanziellen Beeinträchtigungssituationen verpflichtet, sodass sie auch bei der „Programmierung" künftiger Verfahrenssituationen ihre Konventionsverpflichtung beachten müssen.

Beruhigen kann diese Konstruktion, da sie den Wirkungsbereich der Konvention eindeutig begrenzt. Wo Organisation und Verfahren keinen Einfluss auf die Gewährleistung subjektiver Rechte haben, stellt die Konvention keine Anforderungen und der Gerichtshof darf den Konventionsstaaten keine Vorgaben machen. Nur soweit das Verfahren für das subjektive Recht der betroffenen Person relevant ist, steht das Verfahrensrecht unter konventionsrechtlicher Prüfung und kann zur Verletzung der Konvention führen.

Dies stellt auch einen wichtigen Unterschied zum innerstaatlichen Grundrechtsschutz durch Organisation und Verfahren dar: Die Konvention wirkt mit ihrer objektiven Reflexwirkung nur punktuell auf das innerstaatliche Verfahrensrecht ein, während der Grundrechtsschutz durch Verfahren die deutsche Rechtsordnung als Ganzes durchdringt.[1509] Nur wo die Konventionsrechte durch das Verfahrensrecht gewährleistet werden müssen, gibt die Konvention Impulse für dessen Gestaltung.

Die Analyse bestätigt also die zugrunde gelegte rechtliche Konstruktion. Allein der Schutz des individuellen Rechtsguts soll realisiert werden. Wenn in der besonderen Lage einer Verfahrenssituation dies nur durch Änderung des objektiven Rechts möglich ist, dann muss der Staat diese unternehmen. Da diese Veränderung des objektiven Rechts aber vom subjektiven Recht nicht intendiert ist, geschieht sie immer nur in dem Maße, wie sie zur Gewährleistung effektiver Konventionsrechte notwendig ist; darüberhinausgehende Wirkungen sind ein Reflex des subjektiven Rechts.

E. Ausblick

Die Analyse der Rechtsprechung des Gerichtshofs zeigt, dass seine verfahrensrechtliche Auslegung der Konventionsnormen weniger revolutionär, als vielmehr konsequent ist. Sie rückt den Kernauftrag der Konvention,

[1509] Vgl. → S. 40-43.

den Individualrechtsschutz der betroffenen Personen, in den Mittelpunkt. So ist in allen analysierten *Phasen* die substanzielle Beeinträchtigung der Ausgangspunkt für die Ausprägung verfahrensrechtlicher Pflichten;[1510] sowohl argumentativ, als auch hinsichtlich des benötigten Umfangs verfahrensrechtlicher Absicherung orientiert sich die Rechtsprechung am substanziellen Beeinträchtigungsereignis. Folgerichtig kreiert der Gerichtshof weder zahl- noch wahllos Verfahrenspflichten; die spezifische subjektiv-rechtliche Essenz der Konventionsnorm überträgt sich in den Schutz durch das Verfahrensrecht.

Dieses Bewusstsein für den Inhalt der Konventionsrechte erwartet der Gerichtshof auch von den Staaten, wenn sie im Rahmen der Deliberationsphase das Bedürfnis nach verändertem objektivem Recht ermitteln. Sie sind dann angehalten, sich ihrer konventionsrechtlichen Verpflichtungen bewusst zu sein und auf mögliche Gefahren mithilfe des objektiven Rechts zu reagieren.

Insgesamt wird durch die Analyse der Rechtsprechung erkennbar, dass der Gerichtshof vermehrt dann unterstützende Verfahrenspflichten fordert, wenn erstens Unsicherheit hinsichtlich des Eintritts des Beeinträchtigungsergebnisses besteht. Im Fall umwelt- und wirtschaftspolitischer Entscheidungsverfahren der *konkreten Vorphase* ist noch nicht festgestellt worden, ob von einem Projekt wirklich negative Auswirkungen auf ein Rechtsgut ausgehen oder nicht. Allein eine Prognose steht im Raum; um dieser Gefahr am besten zu begegnen, erwartet der Gerichtshof, dass die Staaten ein Verfahren durchführen. Genauso kann Unsicherheit nach einer Verletzung bestehen: in den Fällen der *konkreten Nachphase*, die das Opfer oder die Angehörigen im Ungewissen über den Geschehensablauf lassen, prägen die untersuchten Konventionsrechte ebenfalls Verfahrenspflichten aus.

Zweitens kann laut dem Gerichtshof eine spezifisch gestaltete Verfahrenssituation Schutz gewährleisten, wenn die Umgebung des Beeinträchtigungsereignisses eine rechtliche ist. Dies wird deutlich in den Fällen der rechtlichen Anerkennung in der *abstrakten Vorphase*: hier drohen durch die Nichtberücksichtigung einer persönlichen Eigenschaft der Person rechtliche Konsequenzen für zahlreiche Lebensbereiche wie den Familienstand, die eingetragene Geschlechtszugehörigkeit oder die rechtliche Abstammung.

1510 EGMR (GK), Urt. v. 09.04.2009, Nr. 71463/01, § 159– Šilih vs. Slowenien.

Das Beeinträchtigungsereignis ist selbst Teil der rechtlichen Umgebung, sodass nur durch rechtliche Mittel der Gefahr beizukommen ist.

Drittens verlangt der Gerichtshof dann eine bestimmte Verfahrensausgestaltung, wenn die rechtliche Lage durch abstrakt-generelle Normen so verdichtet ist, dass eine Verletzung mangels exekutiven Entscheidungsspielraums „vorprogrammiert“ ist. Wenn die Regeln zum staatlichen Schusswaffengebrauch in der *abstrakten Vorphase* ohne hinreichende Präzision oder bestimmte Voraussetzungen gefasst sind, sind nach Art. 2 EMRK nicht gerechtfertigte Schusswaffeneinsätze und daraus folgende Todesfälle bereits durch die abstrakt-generelle Lage abzusehen.

Wenn eine Situation eine dieser drei Charakteristika erfüllt, sollte ein Staat besonders umsichtig darauf achten, ob nicht die Einrichtung oder Umgestaltung einer Verfahrenssituation hinsichtlich einer drohenden substanziellen Beeinträchtigung der Konventionsrechtsgüter effektiveren Schutz bietet. Dass der Gerichtshof aufgrund neuer Gefährdungslagen weitere Verfahrensanforderungen ableitet, ist nicht auszuschließen. Diese drei Motive können den Staaten in neuen Situationen also Orientierung hinsichtlich ihrer Verpflichtung geben.

Mit diesem Verständnis lässt sich ein positives Signal für den Menschenrechtsschutz in Europa senden.

Die Analyse der Rechtsprechung bietet keinen Anlass, eine von der Konvention nicht intendierte, eigenmächtige Ausweitung seiner Befugnisse durch den Gerichtshof zu befürchten. Vielmehr erscheint sein Vorgehen eine konsequente Verfolgung der von den Konventionsstaaten niedergelegten Kerninhalte der Konvention zu sein. Die hier entwickelte rechtstheoretische Grundlage kann die Vorgehensweise des Gerichtshofs verdeutlichen. Denn sie macht sichtbar, dass das subjektive Recht nur wegen der rechtlichen Situation, der Verfahrenssituation, objektives Recht verändert. Es intendiert also nicht die Veränderung des objektiven Rechts; sie geschieht, weil das subjektive Recht effektiven Rechtsgüterschutz erreichen will. Es kann hierbei von einem objektiven Rechtsreflex der subjektiven Rechte der Europäischen Menschenrechtskonvention gesprochen werden.

Die Rechtsprechung des Gerichtshofs ist weniger als Ausdehnung seiner Kompetenzen in das innerstaatliche objektive Recht zu verstehen; mit seinem Verständnis der Konventionsrechte lassen sich menschenrechtliche Standards durch und in Verfahrenssituationen absichern und verbessern. Und dies ist ein erfolgsversprechender Bestandteil europäischen Menschenrechtsschutzes! Hinsichtlich der Inhalte und der substanziellen Reichweite der Konventionsrechte besteht nicht immer ein staatenübergreifender Konsens[1511] und damit auch nicht die Sicherheit der Aufnahme substanzieller Änderungen der innerstaatlichen Normen durch die Staaten. Dagegen zeigt sich im Verständnis des Gerichtshofs[1512], aber noch wichtiger in der Entscheidungsumsetzungspraxis der verpflichteten Konventionsstaaten und dem damit verbundenen dialogischen Austausch eine größere Bereitschaft, verfahrensrechtliche, mit dem Rechtstaatsprinzip verknüpfte Anforderungen in die eigene Rechtsordnung aufzunehmen. Hierbei sind insbesondere die Unabhängigkeit der entscheidenden Instanz, Anhörungs- und Beteiligungsmöglichkeiten sowie eine faire Verfahrensrollenverteilung zu nennen. Mit dem Bild der Verfahrenssituation gesprochen: auch wenn bezogen auf das Verfahrensergebnis nicht alle Beteiligten einverstanden sein werden; darauf, dass das Verfahren für sie alle angemessen ablaufen soll, werden sie sich aber einigen können – auch weil – unter der Voraussetzung, dass die Rollen wechseln können – nicht ausgeschlossen ist, dass in der nächsten Verfahrenssituation ihre Seiten vertauscht sind.

Da die inhaltliche Ausdehnung menschenrechtlichen Schutzes durch den Gerichtshof nicht (mehr) ohne Gegenwehr aufgenommen wird,[1513] mögen gerade die gefundenen verfahrensrechtlichen Reflexwirkungen der subjektiven Konventionsrechte im objektiven Recht für die Erhaltung und den Schutz von Menschenrechten in Europa ein positives Signal sein.

[1511] Hierzu *Cremer, Hans-Joachim*, Regeln der Konventionsinterpretation (Kap. 4), in: EMRK/GG Konkordanzkommentar, Rn. 75, 82; s. a. *Krieger, Heike*, Funktionen von Grund- und Menschenrechten (Kap. 6), in: EMRK/GG Konkordanzkommentar, Rn. 78 f. mit einem Überblick zur Kritik an der Ausbildung positiver Handlungspflichten.

[1512] *Nußberger*, JZ 2019, S. 421, 426.

[1513] *Nußberger*, JZ 2019, S. 421, 428.

Literaturverzeichnis

Alexy, Robert, Theorie der Grundrechte, 4. Aufl., Frankfurt am Main 2001

Bachof, Otto, Reflexwirkungen und subjektive Rechte im öffentlichen Recht, in: ders. (Hrsg.), Forschungen und Berichte aus dem Öffentlichen Recht: Gedächtnisschrift für Walter Jellinek, 12. Juli 1885 - 9. Juni 1955, München 1955, S. 287-307

Becker, Hans-Jürgen, Das Gewaltmonopol des Staates und die Sicherheit des Bürgers, Der Ewige Landfriede – vor 500 Jahren, NJW 1995, S. 2077-2081

Bishop, Cheryl Ann, Access to Information as a Human Right, El Paso 2012

Braig, Katharina, Umweltschutz durch die Europäische Menschenrechtskonvention, Basel 2013 (zugl. Diss. Basel u. a. 2012)

Bühler Ottmar, Altes und Neues über Begriff und Bedeutung der subjektiven öffentlichen Rechte, in: Otto Bachof (Hrsg.), Forschungen und Berichte aus dem Öffentlichen Recht: Gedächtnisschrift für Walter Jellinek, 12. Juli 1885 - 9. Juni 1955, München 1955, S. 269-286

Calliess, Christian, Sicherheit im freiheitlichen Rechtsstaat – Eine verfassungsrechtliche Gratwanderung mit staatstheoretischem Kompass, ZRP 2002, S. 1-7

Calliess, Christian, Rechtsstaat und Umweltstaat: zugleich ein Beitrag zur Grundrechtsdogmatik im Rahmen mehrpoliger Verfassungsrechtsverhältnisse, Tübingen 2001 (zugl. Habil. Saarbrücken 2000)

Calliess, Christian, Ansätze zur Subjektivierung von Gemeinwohlbelangen im Völkerrecht – Das Beispiel des Umweltschutzes, ZUR 2000, S. 246-257

Classen, Claus Dieter, Staatsrecht II, Grundrechte, München 2018

Crawford, James/Brownlie, Ian, Brownlie's Principles of International Law, 9. Aufl., Oxford 2019

Cremer, Hans-Joachim, Funktionen der Grundrechte (§ 3), in: Christoph Grabenwarter (Hrsg.), Enzyklopädie Europarecht, Europäischer Grundrechteschutz (Bd. 2), 2. Aufl., Baden-Baden 2022, S. 113-194

Cremer, Hans-Joachim, Fünf Thesen zur subjektiven Rechtsqualität völkerrechtlich gewährleisteter Menschenrechte, in: Dirk Hanschel

(Hrsg.), Mensch und Recht: Festschrift für Eibe Riedel zum 70. Geburtstag, Berlin 2013, S. 33-48

Cremer, Hans-Joachim, Anwendungsorientierte Verfassungsauslegung, der Status des Bundestagsabgeordneten im Spiegel der Rechtsprechung des Bundesverfassungsgerichts, Baden-Baden 2000 (zugl. Habil. Heidelberg 1999)

Cremer, Hans-Joachim/Jaber, Layla Kristina/Longin, Katharina, Zur Wirkung des Rechts auf Achtung des Familienlebens nach Art. 8 EMRK im deutschen Recht, in: Gerd Brudermüller/Kurt Seelmann (Hrsg.), Neue Familienformen und ihre Herausforderungen, Würzburg 2018, S.137-180

Dörr, Oliver/Grote, Rainer/Marauhn, Thilo (Hrsg.), EMRK/GG Konkordanzkommentar zum europäischen und deutschen Grundrechtsschutz, 3. Aufl., Tübingen 2022

Dreier, Horst (Hrsg.), Grundgesetz Kommentar, Band I, Präambel, Art. 1-19, 3. Aufl., Tübingen 2013

Dreier, Horst (Hrsg.), Grundgesetz Kommentar, Band II, Art. 20-82, 3. Aufl., Tübingen 2015

Dröge, Cordula, Positive Verpflichtungen der Staaten in der Europäischen Menschenrechtskonvention, Berlin u. a. 2003 (zugl. Diss. Heidelberg 2001/2002)

Dürig, Günter/Herzog, Roman/Scholz, Rupert (Hrsg.), Grundgesetz, Kommentar, begründet von Theodor Maunz u. Günter Dürig, Band III, Art. 17-28, München, Stand: 99. Aktualisierung September 2022

Epping, Volker/Heintschel von Heinegg (Hrsg.), Ipsen Völkerrecht, begründet von Eberhard Menzel, 8. Aufl., München 2024

Europarat, Collected edition of the "Travaux préparatoires" of the European Convention on Human Rights. Bd. 1: Preparatory Commission of the Council of Europe, Committee of Ministers, Consultative Assembly, 11 may - 8 september 1949, Den Haag 1975

Grabenwarter, Christoph/Pabel, Katharina, Europäische Menschenrechtskonvention, 7. Aufl., München 2021

Häberle, Peter, Grundrechte im Leistungsstaat, VVDStRL 1972, S. 44-131

Hobe, Stephan, Einführung in das Völkerrecht, 11. Aufl., Tübingen 2020

Hößlein, Marco, Judikatives Unrecht: subjektives Recht, Beseitigungsanspruch und Rechtsschutz gegen den Richter, Berlin 2007 (zugl. Diss. Mannheim 2006)

Ipsen, Knut/Heintschel von Heinegg (Hrsg.), Völkerrecht, begründet von Eberhard Menzel, 7. Aufl., München 2018

Jellinek, Georg, System der subjektiven öffentlichen Rechte, Freiburg im Breisgau 1892

Jhering, Rudolf von, Geist des römischen Rechts auf den verschiedenen Stufen seiner Entwicklung, 3,1, 5. Aufl., Leipzig 1906

Jötten, Sara, Enforced Disappearances and EMRK, Berlin 2012 (zugl. Diss. Kiel 2011)

Kahl, Wolfgang/Waldhoff, Christian/Walter, Christian (Hrsg.), Bonner Kommentar zum Grundgesetz, Band 1: Art. 1, München, 141. Stand: 219. Aktualisierung Juni 2023

Kahl, Wolfgang/Waldhoff, Christian/Walter, Christian (Hrsg.), Bonner Kommentar zum Grundgesetz, Band 6: Art. 17a-19, München, Stand: 219. Aktualisierung Juni 2023

Karpenstein, Ulrich/Mayer, Franz C. (Hrsg.), Konvention zum Schutz der Menschenrechte und Grundfreiheiten: Kommentar, 3. Aufl., München 2022

Kelsen, Hans, Principles of International Law, 2. Aufl., New York u. a. 1967

Klein, Eckart, Staatliches Gewaltmonopol, in: Otto Depenheuer/Christoph Grabenwarter (Hrsg.), Verfassungstheorie, Tübingen 2010, S. 635-656

Klinkner, Melanie/Davis, Howard, The Right to the Truth in International Law: Victims' Rights in Human Rights and International Criminal Law, London u. a. 2020

Koller, Peter, Theorie des Rechts: eine Einführung, 2. Aufl., Wien u. a. 1997

Lavrysen, Laurens, Protection by the Law: The Positive Obligation to Develop a Legal Framework to Adequately Protect ECHR Rights, in: Yves Haeck/Eva Brems (Hrsg.), Human Rights and Civil Liberties in the 21st Century, Ius Gentium: Comparative Perspectives on Law and Justice, Dordrecht 2014, S. 69-129

Lumer, Christoph, Zentrale Begriffe der Ethik. Präferenzen, in: Marcus Düwell/Christoph Hübenthal/Micha H. Werner (Hrsg.), Handbuch Ethik, Stuttgart 2011.

Merten, Detlef, Begriff und Abgrenzung (§ 35), in: Detlef Merten/Hans-Jürgen Papier (Hrsg.), Handbuch der Grundrechte in Deutschland und

Europa, Grundrechte in Deutschland: Allgemeine Lehren I (Band 2), Heidelberg 2006

Misic Radanovic, Nina, Independence and impartiality of expert witnesses in proceedings damages for medical negligence in the light of practice if the European Court of Human Rights, Economic and Social Development: Book of Proceedings, 2018, S. 358-368

Mowbray Alastair R., The development of positive obligations under the European Convention on Human Rights by the European Court of Human Rights, Oxford u. a. 2004

Mowbray, Alastair R., Duties of investigation under the European Convention on Human Rights, International and Comparative Law Quarterly, April 2002 (Vol. 51, Iss. 2), S. 437-448

Musielak, Hans-Joachim/Voit, Wolfgang, Zivilprozessordnung mit Gerichtsverfassungsgesetz, Kommentar, 22. Aufl., München 2025

Nettesheim, Martin/von Raumer, Stefan (Hrsg.), Europäische Menschenrechtskonvention, Handkommentar, 5. Aufl., Baden-Baden 2023

Nußberger, Angelika, Die Europäische Menschenrechtskonvention – eine Verfassung für Europa?, JZ 2019, S. 421-428

Peters, Anne, Das subjektive internationale Recht, Jahrbuch des öffentlichen Rechts der Gegenwart, Band 59, 2011, S. 411-456

Peters, Anne/Altwicker, Tilmann, Europäische Menschenrechtskonvention mit rechtsvergleichenden Bezügen zum deutschen Grundgesetz, 2. Aufl., München 2012

Polakiewicz, Jörg, Die Verpflichtungen der Staaten aus den Urteilen des Europäischen Gerichtshofs für Menschenrechte, Berlin u. a. 1993 (zugl. Diss. Heidelberg 1992)

Polakiewicz, Jörg, Die innerstaatliche Durchsetzung der Urteile des Europäischen Gerichtshofs für Menschenrechte. Gleichzeitig eine Anmerkung zum „Vermeire-Urteil“ des Europäischen Gerichtshofs für Menschenrechte vom 29. November 1991, Zeitschrift für ausländisches öffentliches Recht und Völkerrecht, Band 52, 1992, S. 149-185

Riedel, Eibe, Universeller Menschenrechtsschutz, Vom Anspruch zur Durchsetzung, in: Gerhart Baum/Eibe Riedel/Michael Schaefer (Hrsg.), Menschenrechtsschutz in der Praxis der Vereinten Nationen, Baden-Baden 1998, S. 25-55

Riedel, Eibe, Die Habeas Corpus-Akte, 300 Jahre Tradition und Praxis einer britischen Freiheitsgarantie, EuGRZ 1980, 192-200

Röhl, Klaus F./Röhl, Hans Christian, Allgemeine Rechtslehre: ein Lehrbuch, 3. Aufl., Köln u. a. 2008

Rothenbücher, Karl/Smend, Rudolf/Heller, Hermann/Wenzel, Max, Das Recht der freien Meinungsäusserung, Berichte, Verhandlungen der Tagung der Deutschen Staatsrechtslehrer zu München am 24. Und 25. März 1927, Berlin 1928

Rüthers, Bernd/Fischer, Christian/Birk, Axel, Rechtstheorie mit juristischer Methodenlehre, 12. Aufl., München 2022

Sachs, Michael/von Coelln, Christian/Mann, Thomas (Hrsg.), Grundgesetz. Kommentar, 10. Aufl., München 2024

Savigny, Friedrich Carl von, System des heutigen Römischen Rechts, Band 1, Berlin 1840

Schmidt-Aßmann, Eberhard/Kaufhold, Ann-Katrin, Der Verfahrensgedanke im deutschen und europäischen Verwaltungsrecht, in: Andreas Voßkuhle/Martin Eifert/Christoph Möllers (Hrsg.), Grundlagen des Verwaltungsrechts, Band 2, 3. Aufl., München 2022, 3-84

Schneider, Jens-Peter, Strukturen und Typen von Verwaltungsverfahren, in: Andreas Voßkuhle/Martin Eifert/Christoph Möllers (Hrsg.), Grundlagen des Verwaltungsrechts, Band 2, 3. Aufl., München 2022, 85-195

Schoch, Friedrich/Schneider, Jens-Peter, Verwaltungsrecht – VwGO: Kommentar, München, Stand: 46. Aktualisierung August 2024

Schroth, Jörg, Konsequentialistische Ethik, in: Christian Neuhäuser/Marie-Luise Raters/ Ralf Stoecker (Hrsg.), Handbuch Angewandte Ethik, 2. Aufl., Stuttgart 2023

Schulev-Steindl, Eva, Subjektive Rechte: eine rechtstheoretische und dogmatische Analyse am Beispiel des Verwaltungsrechts, Wien u. a. 2008 (zugl. Habil. Wien 2003)

Seidl-Hohenveldern, Ignaz (Hrsg.), Lexikon des Rechts: Völkerrecht, 3. Aufl., Neuwied u. a. 2001

Simma, Bruno, Der Einfluss der Menschenrechte auf das Völkerrecht: Ein Entwurf, in: Isabelle Buffard/James Crawford/Alain Pellet/ Stephan Wittich (Hrsg.), International Law between Universalism and Fragmentation: Festschrift für Gerhard Hafner, Leiden 2008, S. 729-745

Verdross, Alfred/Simma, Bruno, Universelles Völkerrecht: Theorie und Praxis, 3. Aufl., Berlin 1984

Wegner, Nils, Subjektiv-rechtliche Ansätze im Völkerrecht zum Schutz biologischer Vielfalt, Berlin 2018 (zugl. Diss. Freiburg 2018)

Windscheid, Bernhard, Lehrbuch des Pandektenrechts, 1, 3. Aufl., Düsseldorf 1873

Wörlen, Rainer/Metzler-Müller, Karin, BGB AT mit Einführung in das Recht, 16. Aufl., München 2023

Wysk, Peter (Hrsg.), Verwaltungsgerichtsordnung, 4. Aufl., München 2025

Entscheidungsverzeichnis

Entscheidungen des Europäischen Gerichtshofs für Menschenrechte und der Europäischen Kommission für Menschenrechte

EGMR, Urt. v. 23.09.1998, ECHR 1998-VI, Nr. 25599/94 – A. vs. Großbritannien

EGMR (GK), Urt. v. 19.02.2009, ECHR 2009, Nr. 3455/05 – A. u. a. vs. Großbritannien

EGMR, Urt. v. 04.02.2025, Nr. 2559/23 – A.B. u. Y.W. vs. Malta

EGMR, Urt. v. 01.04.2021, Nr. 70896/17 – A.I. vs. Italien

EGMR, Urt. v. 08.01.2013, Nr. 37956/11 – A.K. u. L. vs. Kroatien

EGMR, Urt. v. 07.04.2022, Nr. 13344/20 – A.L. vs. Frankreich

EGMR, Urt. v. 06.07.2021, Nr. 47220/19 – A.M. u. a. vs. Russland

EGMR, Urt. v. 31.05.2016, Nr. 17280/08 – A.N. vs. Litauen

EGMR, Urt. v. 06.04.2017, ECHR 2017, Nrn. 79885/12 u. a. – A.P., Garçon u. Nicot vs. Frankreich

EGMR, Urt. v. 26.11.2024, Nr. 1718/21 – A.P. vs. Österreich

EGMR, Urt. v. 22.09.2009, Nr. 30471/08 – Abdolkhani u. Karimnia vs. Türkei

EGMR, Urt. v. 02.11.2004, Nr. 32446/96 – Abdülsamet Yaman vs. Türkei

EGMR (Pl.), Urt. v. 28.05.1985, Rep. A 94, Nrn. 9214/80 u. a. – Abdulaziz, Cabales u. Balkandali vs. Großbritannien

EGMR, Urt. v. 16.07.2013, Nr. 44827/08 – Abdullah Yaşa u. a. vs. Türkei

EGMR, Urt. v. 17.06.2008, Nr. 21899/02 – Abdullah Yilmaz vs. Türkei

EGMR, Urt. v. 26.05.2020, Nr. 999/19 – Aftanache vs. Rumänien

EGMR, Urt. v. 22.03.2012, Nr. 45071/09 – Ahrens vs. Deutschland

EGMR, Urt. v. 09.10.1979, Rep. A 32, Nr. 6289/73 – Airey vs. Irland

EGMR, Urt. v. 20.07.2021, Nr. 19699/18 – Akgün vs. Türkei

EGMR, Urt. v. 16.07.2015, Nr. 9056/14 – Akinnibosun vs. Italien

EGMR, Urt. v. 18.12.1996, ECHR 1996-VI, Nr. 21987/93 – Aksoy vs. Türkei

EGMR (GK), Urt. v. 15.03.2012, ECHR 2012, Nrn. 4149/04 u. 41029/04 – Aksu vs. Türkei

EGMR, Urt. v. 25.06.2019, Nr. 10112/16 – Al Husin vs. Bosnien und Herzegowina (Nr. 2)

EGMR (GK), Urt. v. 07.07.2011, ECHR 2011, Nr. 55721/07 – Al-Skeini u. a. vs. Großbritannien

EGMR, Urt. v. 30.06.2015, Nr. 32086/07 – Altuğ u. a. vs. Türkei

EGMR, Urt. v. 05.06.2018, Nr. 16026/12 – Amerkhanov vs. Türkei

EGMR, Urt. v. 10.01.2012, Nrn. 42525/07 u. 60800/08 – Anayev u. a. vs. Russland

EGMR, Urt. v. 21.12.2010, Nr. 20578/07 – Anayo vs. Deutschland

EGMR, Urt. v. 09.10.1997, ECHR 1997-VI, Nr. 25052/94 – Andronicou u. Constantinou vs. Zypern

EGMR, Urt. v. 13.06.2002, ECHR 2002-IV, Nr. 38361/97 – Anguelova vs. Bulgarien

EGMR, Urt. v. 24.05.2011, Nr. 23302/03 – Anna Todorova vs. Bulgarien

EGMR, Urt. v. 03.11.2011, Nr. 28096/04 – Antonov vs. Ukraine

EGMR, Urt. v. 17.01.2006, Nr. 51431/99 – Aristimuno Mendizabal vs. Frankreich

EGMR (GK), Urt. v. 30.03.2016, ECHR 2016, Nr. 5878/08 – Armani da Silva vs. Großbritannien

EGMR, Urt. v. 27.01.2015, Nr. 24109/07 – Asiye Genç vs. Türkei

EGMR, Urt. v. 18.12.2012, Nrn. 2944/06 u. a. – Aslakhanova u. a. vs. Russland

EGMR, Urt. v. 28.10.1998, ECHR 1998-VIII, Nr. 24760/94 – Assenov u. a. vs. Bulgarien

EGMR, Urt. v. 19.01.2021, Nr. 72/17 – Atilla Taş vs. Türkei

EGMR, Urt. v. 28.10.2010, Nr. 52502/07 – Aune vs. Norwegen

EGMR (GK), Urt. v. 25.09.1997, ECHR 1997-VI, Nr. 23178/94 – Aydın vs. Türkei

EGMR, Urt. v. 19.02.2013, Nr. 1285/03 – B. vs. Rumänien (Nr. 2)

EGMR, Urt. v. 13.10.2016, Nr. 11981/15 – B.A.C. vs. Griechenland

EGMR, Urt. v. 04.07.2023, Nrn. 13258/18 u. a. – B.F. u. a. vs. Schweiz

EGMR, Urt. v. 10.05.2016, Nr. 49867/08 – Babajanov vs. Türkei

EGMR, Urt. v. 30.03.2010, Nr. 19234/04 – Băcilă vs. Rumänien

EGMR, Urt. v. 13.11.2012, Nr. 41108/10 – Bajić vs. Kroatien

EGMR, Urt. v. 12.07.2011, Nr. 12919/04 – Baltaji vs. Bulgarien

EGMR, Urt. v. 18.06.2013, Nr. 14326/11 – Banel vs. Litauen

EGMR, Urt. v. 27.07.2006, Nr. 69481/01 – Bazorkina vs. Russland

EGMR (GK), Urt. v. 29.03.2016, ECHR 2016, Nr. 56925/08 – Bédat vs. Schweiz

EGMR, Urt. v. 20.04.2010, Nr. 10036/03 – Bektaş u. Özalp vs. Türkei

EGMR, Urt. v. 08.04.2004, Nr. 39270/98 – Belchev vs. Bulgarien

EGMR, Urt. v. 15.11.2007, Nr. 22750/02 – Benderskiy vs. Ukraine

EGMR, Urt. v. 25.10.1989, Rep. A 164, Nr. 11400/85 – Bezicheri vs. Italien

EGMR, Urt. v. 12.01.2016, Nr. 62870/13 – Bilbija und Blažević vs. Kroatien

EGMR, Urt. v. 14.10.2008, Nr. 70930/01 – Blumberga vs. Lettland

EGMR, Urt. v. 17.11.2015, Nr. 35532/12 – Bondavalli vs. Italien

EGMR (GK), Urt. v. 30.06.2005, ECHR 2005-VI, Nr. 45036/98 – Bosphorus Hava Yolları Turizm ve Ticaret Anonim Şirketi vs. Irland

EGMR, Urt. v. 29.02.1988, Rep. A 129, Nr. 9106/80 – Bouamar vs. Belgien

EGMR (GK), Urt. v. 28.09.2015, ECHR 2015, Nr. 23380/09 – Bouyid vs. Belgien

EGMR, Urt. v. 15.01.2009, Nr. 46598/06 – Branko Tomašić u. a. vs. Kroatien

EGMR, Urt. v. 24.07.2014, Nrn. 60908/11 u. a. – Brincat u. a. vs. Malta

EGMR, Urt. v. 20.03.2008, ECHR 2008 (extr.), Nrn. 15339/02 u. a. – Budayeva u. a. vs. Russland

EGMR, Urt. v. 18.10.2012, Nr. 37679/08 – Bureš vs. Tschechien

EGMR, Urt. v. 06.11.2018, Nr. 3289/10 – Burlya u. a. vs. Ukraine

EGMR (GK), Urt. v. 05.07.2016, ECHR 2016 (extr.), Nr. 23755/07 – Buzadji vs. Republik Moldau

EGMR, Urt. v. 27.06.2006, Nr. 11562/05 – Byrzykowski vs. Polen

EGMR (GK), Urt. v. 08.07.1999, ECHR 1999-IV, Nr. 23657/94 – Çakici vs. Türkei

EGMR, Beschl. v. 02.05.2017, Nr. 3952/11 – Çakmakçı vs. Türkei

EGMR (GK), Urt. v. 17.01.2002, ECHR 2002-I, Nr. 32967/96 – Calvelli u. Ciglio vs. Italien

EGMR, Urt. v. 17.04.1012, Nr. 26808/08 – Çatal vs. Türkei

EGMR, Urt. v. 06.12.2011, Nr. 16192/06 – Cengiz Kılıç vs. Türkei

EGMR (GK), Urt. v. 17.07.2014, ECHR 2014, Nr. 47848/08 – Centre for Legal Resources on behalf of Valentin Câmpeanu vs. Rumänien

EGMR, Urt. v. 17.12.2013, Nr. 36997/08 – Černák vs. Slowakei

EGMR, Urt. v. 17.07.2012, Nr. 8140/08 – Ceviz vs. Türkei

EGMR, Urt. v. 4.10.2016, Nr. 69546/12 – Cevrioğlu vs. Türkei

EGMR (GK), Urt. v. 15.11.1996, ECHR 1996-V, Nr. 22414/93 – Chahal vs. Großbritannien

EGMR (GK), Urt. v. 11.07.2002, ECHR 2002-VI, Nr. 28957/95 – Christine Goodwin vs. Großbritannien

EGMR, Urt. v. 14.06.2011, Nr. 19776/04 – Ciechońska vs. Polen

EGMR (GK), Urt. v. 18.01.2001, ECHR 2001-I, Nr. 27238/95 – Chapman vs. Großbritannien

EGMR, Urt. v. 27.04.2010, Nr. 27138/04 – Ciubotaru vs. Republik Moldau

EGMR, Urt. v. 02.06.2009, Nr. 31675/04 – Codarcea vs. Rumänien

EGMR, Urt. v. 05.02.2002, ECHR 2002-I, Nr. 51564/99 – Čonka vs. Belgien

EGMR, Urt. v. 27.05.2004, Nr. 66746/01 – Connors vs. Großbritannien

EGMR (Pl.), Urt. v. 20.03.1991, Rep. A 201, Nr. 15576/89 – Cruz Varas u. a. vs. Schweden

EGMR, Beschl. v. 13.12.2005, Nr. 27306/05 – Cummins u. a. vs. Großbritannien

EGMR, Urt. v. 13.06.2024, Nrn. 615/21 u. a. – Cviková vs. Slowakei

EGMR, Urt. v. 22.11.2022, Nrn. 58817/15 u. 58252/15 – D.B. u. a. vs. Schweiz

EGMR, Urt. v. 30.03.2021, Nr. 82087/17 – D.C. vs. Belgien

EGMR, Urt. v. 14.02.2012, Nr. 13469/06 – D.D. vs. Litauen

EGMR, Urt. v. 20.01.2022, Nr. 60083/19 – D.M. u. N. vs. Italien

EGMR, Urt. v. 15.05.2008, ECHR 2008 (extr.), Nr. 7178/03 – Dedovskiy u. a. vs. Russland

EGMR, Urt. v. 01.06.2017, Nr. 9635/13 – Dejnek vs. Polen

EGMR, Urt. v. 22.05.1984, Rep. A 77, Nrn. 8805/79 u. a. – De Jong, Baljet u. van den Brink vs. Niederlande

EGMR, Urt. v. 17.12.2009, Nr. 32704/04 – Denis Vasilyev vs. Russland

EGMR, Urt. v. 30.11.2021, Nr. 69736/12 – Derenik Mkrtchyan u. Gayane Mkrtchyan vs. Armenien

EGMR (GK), Urt. v. 13.12.2012, ECHR 2012, Nr. 22689/07 – De Souza Ribeiro vs. Frankreich

EGMR (Pl.), Urt. v. 18.06.1971, Rep. A 12, Nrn. 2832/66 u. a. – De Wilde, Ooms u. Versyp vs. Belgien

EGMR, Urt. v. 31.07.2003, ECHR 2003-X (extr.), Nr. 50389/99 – Doran vs. Irland

EGMR, Beschl. v. 08.01.2002, Nr. 56413/00 – Douglas-Williams vs. Großbritannien

EGMR, Urt. v. 22.07.2021, Nr. 39126/18 – E.H. vs. Frankreich

EGMR, Beschl. v. 03.06.2014, Nr. 20192/07 – E.M. u. a. vs. Rumänien

EGMR, Urt. v. 22.03.2016, Nr. 74114/12 – Elena Cojocaru vs. Rumänien

EGMR (GK), Urt. v. 13.12.2012, ECHR 2012, Nr. 39630/09 – El-Masri vs. „Die ehemalige jugoslawische Republik Mazedonien“

EGMR (GK), Urt. v. 13.07.2000, ECHR 2000-VIII, Nr. 25735/94 – Elsholz vs. Deutschland

EGMR, Urt. v. 18.11.2014, Nr. 22412/08 – Emars vs. Lettland

EGMR, Urt. v. 28.07.1998, ECHR 1998-IV, Nr. 23818/94 – Ergi vs. Türkei

EGMR, Urt. v. 09.05.2000, ECHR 2000-V, Nr. 20764/92 – Ertak vs. Türkei

EGMR, Urt. v. 16.02.2010, Nr. 32146/05 – Eugenia Lazăr vs. Rumänien

EGMR (GK), Urt. v. 23.03.2016, ECHR 2016, Nr. 43611/11 – F.G. vs. Schweden

EGMR, Urt. v. 9.06.2005, ECHR 2005-V, Nr. 55723/00 – Fadeyeva vs. Russland

EGMR, Beschl. v. 08.03.2005, ECHR 2005-VI, Nr. 24790/04 – Fairfield u. a. vs. Großbritannien

EGMR, Urt. v. 25.10.2005, Nr. 5140/02 – Fedotov vs. Russland

EGMR, Urt. v. 13.07.2021, Nrn. 40792/10 u. a. – Fedotova u. a. vs. Russland

EGMR (GK), Urt. v. 17.01.2023, Nrn. 40792/10 u. a. – Fedotova u. a. vs. Russland

EGMR, Urt. v. 11.03.2021, Nr. 6865/19 – Feilazoo vs. Malta

EGMR; Urt. v. 09.05.2017, Nr. 68516/14 – Fergec vs. Kroatien

EGMR (GK), Urt. v. 31.01.2019, Nr. 78103/14 – Fernandes de Oliveira vs. Portugal

EGMR, Urt. v. 20.12.2011, ECHR 2011 (extr.), Nrn. 18299/03 u. 27311/03 – Finogenov u. a. vs. Russland

EGMR, Urt. v. 13.12.2012, Nrn. 3675/04 u. 23264/04 – Flamenbaum u. a. vs. Frankreich

EGMR, Urt. v. 01.06.2006, ECHR 2006-VII, Nr. 70148/01 – Fodale vs. Italien

EGMR, Urt. v. 21.07.2016, Nrn. 9063/14 u. 10410/14 – Foulon u. Bouvet vs. Frankreich

EGMR, Urt. v. 03.10.2019, Nr. 50283/13 – Fountas vs. Griechenland

EGMR, Beschl. v. 02.12.2008, Nr. 42994/05 – Furdik vs. Slowakei

EGMR, Urt. v. 22.11.2022, Nr. 44394/15 – G.M. u. a. vs. Republik Moldau

EGMR, Urt. v. 21.07.2015, Nr. 2361/13 – G.S. vs. Georgien

EGMR, Urt. v. 10.12.2013, Nr. 21292/07 – Gamze Uludağ vs. Türkei

EGMR, Urt. v. 26.04.2007, ECHR 2007-II, Nr. 25389/05 – Gebremedhin [Gaberamadhien] vs. Frankreich

EGMR, Urt. v. 02.11.2006, ECHR 2006-XII, Nr. 59909/00 – Giacomelli vs. Italien

EGMR (GK), Urt. v. 24.03.2011, ECHR 2011 (extr.), Nr. 23458/02 – Giuliani u. Gaggio vs. Italien

EGMR, Urt. v. 20.01.2015, Nr. 4789/10 – Gözüm vs. Türkei

EGMR, Urt. v. 19.04.2012, Nr. 26984/05 – Gorgiev vs. „Die ehemalige jugoslawische Republik Mazedonien"

EGMR, Urt. v. 23.05.2006, ECHR 2006-VII, Nr. 32570/03 – Grant vs. Großbritannien

EGMR, Urt. v. 21.07.2011, Nr. 38182/03 – Grimkovskaya vs. Ukraine

EGMR (GK), Urt. v. 19.02.1998, ECHR 1998-I, Nr. 14967/89 – Guerra u. a. vs. Italien

EGMR, Urt. v. 14.12.2000, Nr. 22676/93 – Gül vs. Türkei

EGMR, Urt. v. 27.07.1998, ECHR 1998-IV, Nr. 21593/93 – Güleç vs. Türkei

EGMR (GK), Urt. v. 29.01.2019, Nr. 36925/07 – Güzelyurtlu u. a. vs. Zypern u. Türkei

EGMR, Beschl. v. 31.05.2022, Nr. 32185/20 – H. vs. Großbritannien

EGMR, Beschl. v. 10.05.2005, Nr. 34698/04 – Hackett vs. Großbritannien

EGMR (GK), Urt. v. 16.07.2014, ECHR 2014, Nr. 37359/09 – Hämäläinen vs. Finnland

EGMR, Urt. v. 14.02.2012, Nr. 31965/07 – Hardy u. Maile vs. Großbritannien

EGMR (GK), Beschl. v. 15.06.2017, ECHR 2017, Nr. 71537/14 – Harkins vs. Großbritannien

EGMR, Urt. v. 29.10.2024, Nr. 53081/14 – Harutyun Karapetyan vs. Armenien

EGMR (GK), Urt. v. 26.10.2000, ECHR 2000-IX, Nr. 30985/96 – Hasan u. Chaush vs. Bulgarien

EGMR (GK), Urt. v. 08.07.2003, ECHR 2003-VIII, Nr. 36022/97 – Hatton u. a. vs. Großbritannien

EGMR (GK), Urt. v. 23.02.2012, ECHR 2012, Nr. 27765/09 – Hirsi Jamaa u. a. vs. Italien

EGMR (Pl.), Urt. v. 23.10.1990, Rep. A 188, Nr. 12794/87 – Huber vs. Schweiz

EGMR, Urt. v. 04.05.2001, Nr. 24746/94 – Hugh Jordan vs. Großbritannien

EGMR (GK), Urt. v. 11.07.2002, Nr. 25680/94 – I. vs. Großbritannien

EGMR, Urt. v. 24.05.2016, Nr. 36934/08 – I.C. vs. Rumänien

EGMR, Urt. v. 13.11.2012, Nr. 15966/04 – I.G. u. a. vs. Slowakei

EGMR, Urt. v. 02.02.2012, Nr. 9152/09 – I.M. vs. Frankreich

EGMR (GK), Urt. v. 22.05.2012, Nr. 5826/03 – Idalov vs. Russland

EGMR, Urt. v. 25.01.2000, ECHR 2000-I, Nr. 31679/96 – Ignaccolo-Zenide vs. Rumänien

EGMR, Urt. v. 12.01.2012, Nr. 22737/04 – Igor Shevchenko vs. Ukraine

EGMR, Urt. v. 10.04.2012, Nr. 19986/06 – İlbeyi Kemaloğlu u. Meriye Kemaloğlu vs. Türkei

EGMR (GK), Urt. v. 27.06.2000, ECHR 2000-VII, Nr. 22277/93 – İlhan vs. Türkei

EGMR, Urt. v. 14.03.2017, Nr. 47287/15 – Ilias u. Ahmed vs. Ungarn

EGMR (GK), Urt. 28.07.1999, ECHR 1999-V, Nr. 22774/93 – Immobiliare Saffi

EGMR (GK), Urt. v. 09.06.1998, ECHR 1998-IV, Nr. 22678/93 – Incal vs. Türkei

EGMR, Urt. v. 10.01.2017, Nr. 81270/12 – Ioniţă vs. Rumänien

EGMR, Urt. v. 24.04.2008, Nr. 2947/06 – Ismoilov u. a. vs. Russland

EGMR, Urt. v. 23.07.2013, Nr. 42606/05 – İzci vs. Türkei

EGMR, Urt. v. 06.04.2004, Nr. 36258/97 – J.G. vs. Polen

EGMR, Urt. v. 20.12.2011, Nr. 48839/09 – J.H. vs. Großbritannien

EGMR (GK), Urt. v. 23.08.2016, ECHR 2016, Nr. 59166/12 – J.K. u. a. vs. Schweden

EGMR, Urt. v. 11.07.2000, ECHR 2000-VIII, Nr. 40035/98 – Jabari vs. Türkei

EGMR (GK), Urt. v. 21.10.2013, ECHR 2013, Nrn. 55508/07 u. 29520/09 – Janowiec u. a. vs. Russland

EGMR, Urt. v. 21.12.2010, Nr. 45744/08 – Jasinkis vs. Lettland

EGMR (GK), Urt. v. 05.07.2016, ECHR 2016, Nr. 44898/10 – Jeronovičs vs. Lettland

EGMR, Urt. v. 07.08.1996, ECHR 1996-III, Nr. 17383/90 – Johansen vs. Norwegen

EGMR (Pl.), Urt. v. 18.12.1986, Rep. A112, Nr. 9697/82 – Johnston u. a. vs. Irland

EGMR, Urt. v. 02.05.2017, Nr. 30376/13 – Jurica vs. Kroatien

EGMR, Urt. v. 19.11.2019, Nr. 64808/16 – K.O. u. V.M. vs. Norwegen

EGMR, Urt. v. 02.12.2008, ECHR 2008, Nr. 2872/02 – K.U. vs. Finnland

EGMR, Urt. v. 09.01.2003, Nr. 55263/00 – Kadem vs. Malta

EGMR, Urt. v. 22.06.2006, Nr. 59643/00 – Kaftailova vs. Lettland

EGMR, Urt. v. 15.07.2002, ECHR 2002-VI, Nr. 47095/99 – Kalashnikov vs. Russland

EGMR, Urt. v. 25.09.2014, Nr. 29878/09 – Karin Andersson u. a. vs. Schweden

EGMR, Urt. v. 11.02.2016, Nr. 15509/12 – Karpylenko vs. Ukraine

EGMR, Urt. v. 22.03.2012, Nr. 23338/09 – Kautzor vs. Deutschland

EGMR, Urt. v. 10.12.2019, Nr. 28749/18 – Kavala vs. Türkei

EGMR, Urt. v. 19.02.1998, ECHR 1998-I, Nr. 22729/93 – Kaya vs. Türkei

EGMR, Urt. v. 26.05.1994, Rep. A 290, Nr. 16969/90 – Keegan vs. Irland

EGMR, Urt. v. 04.05.2001, Nr. 30054/96 – Kelly u. a. vs. Großbritannien

EGMR, Urt. v. 24.02.2005, Nrn. 57942/00 u. 57945/00 – Khashiyev u. Akayeva vs. Russland

EGMR, Urt. v. 19.12.2017, Nr. 29729/09 – Khayrullina vs. Russland

EGMR (GK), Urt. v. 15.12.2016, ECHR 2016 (extr.), Nr. 16483/12 – Khlaifia u. a. vs. Italien

EGMR, Urt. v. 31.05.2011, Nr. 5829/04 – Khodorkovskiy vs. Russland

EGMR, Urt. v. 28.03.2000, ECHR 2000-III, Nr. 22492/93 – Kılıç vs. Türkei

EGMR, Urt. v. 17.01.2017, Nr. 10851/13 – Király u. Dömötör vs. Ungarn

EGMR, Beschl. v. 22.10.2013, Nr. 41107/07 – Koceski vs. „Die ehemalige jugoslawische Republik Mazedonien"

EGMR, Urt. v. 19.07.2012, Nr. 497/09 – Koch vs. Deutschland

EGMR, Urt. v. 31.05.2005, Nr. 27305/95 – Koku vs. Türkei

EGMR, Urt. v. 28.02.2012, Nrn. 17423/05 u. a. – Kolyadenko u. a. vs. Russland

EGMR, Urt. v. 17.01.2012, Nr. 1598/06 – Kopf u. Liberda vs. Österreich

EGMR, Urt. v. 12.07.2016, Nr. 45104/05 – Kotelnikov vs. Russland

EGMR, Urt. v. 13.10.2020, Nr. 32495/15 – Koychev vs. Bulgarien

EGMR, Urt. v. 27.10.1994, Rep. A 297-C, Nr. 18535/91 – Kroon u. a. vs. Niederlande

EGMR, Urt. v. 21.06.2011, Nr. 46185/08 – Krušković vs. Kroatien

EGMR, Urt. v. 02.04.2020, Nrn. 8938/07 u. 4189/07 – Kukhalashvili u. a. vs. Georgien

EGMR, Urt. v. 21.04.2011, Nr. 41599/09 – Kuppinger vs. Deutschland

EGMR, Urt. v. 15.01.2015, Nr. 62198/11 – Kuppinger vs. Deutschland (Nr. 2)

EGMR, Urt. v. 25.05.1998, ECHR 1998-III, Nr. 24276/94 – Kurt vs. Türkei

EGMR, Urt. v. 11.09.2007, ECHR 2007-IV, Nr. 27527/03 – L. vs. Litauen

EGMR, Urt. v. 09.06.1998, ECHR 1998-III, Nr. 23413/94 – L.C.B. vs. Großbritannien

EGMR, Urt. v. 08.12.2016, Nrn. 7949/11 u. 45522/13 – L.D. u. P.K. vs. Bulgarien

EGMR, Urt. v. 15.10.2015, Nrn. 40081/14 u. a. – L.M. u. a. vs. Russland

EGMR, Urt. v. 26.06.2014, Nr. 65941/11 – Labassee vs. Frankreich

EGMR (GK), Urt. v. 06.04.2000, ECHR 2000-IV, Nr. 26772/95 – Labita vs. Italien

EGMR, Urt. v. 19.01.2017, Nr. 44024/13 – Laborie vs. Frankreich

EGMR, Urt. v. 18.03.2008, Nr. 11036/03 – Ladent vs. Polen

EGMR, Urt. v. 17.05.2018, Nr. 19017/16 – Ljatifi vs. „Die ehemalige jugoslawische Republik Mazedonien“

EGMR (GK), Urt. V. 23.03.1995, Rep. A 310, Nr. 15318/89 – Loizidou vs. Türkei (prelim. obj.)

EGMR (GK), Urt. v. 19.12.2017, ECHR 2017, Nr. 56080/13 – Lopes de Sousa Fernandes vs. Portugal

EGMR, Urt. v. 09.12.1994, ECHR A 303-C, Nr. 16798/90 – López Ostra vs. Spanien

EGMR (GK), Urt. v. 17.10.2019, Nrn. 1874/13 u. 8567/13 – López Ribalda u. a. vs. Spanien

EGMR, Urt. v. 27.07.2010, Nr. 24340/08 – Louled Massoud vs. Malta

EGMR, Urt. v. 03.07.2012, Nr. 6492/11 – Lutsenko vs. Ukraine

EGMR, Urt. v. 26.07.2011, Nr. 41416/08 – M. u. a. vs. Bulgarien

EGMR (GK), Urt. v. 09.07.2021, Nr. 6697/18 – M.A. vs. Dänemark

EGMR, Urt. v. 30.11.2000, Nr. 28256/95 – M.B. vs. Schweiz

EGMR, Urt. v. 04.12.2003, ECHR 2003-XII (extr.), Nr. 39272/98 – M.C. vs. Bulgarien

EGMR, Urt. v. 04.06.2024, Nr. 31592/18 – M.C. vs. Türkei

EGMR, Urt. v. 08.07.2014, Nr. 58363/10 – M.E. vs. Dänemark

EGMR, Urt. v. 14.12.2023, Nr. 40119/21 – M.L. vs. Polen

EGMR, Urt. v. 17.11.2015, Nrn. 14350/05 u. a. – M. Özel u. a. vs. Türkei

EGMR, Urt. v. 07.07.2022, Nr. 32715/19 – M.S. vs. Italien

EGMR (GK), Urt. v. 21.01.2011, ECHR 2011, Nr. 30696/09 – M.S.S. vs. Belgien und Griechenland

EGMR (GK), Urt. v. 05.10.2000, ECHR 2000-X, Nr. 39652/98 – Maaouia vs. Frankreich

EGMR, Urt. v. 28.03.2000, ECHR 2000-III, Nr. 22535/93 – Mahmut Kaya vs. Türkei

EGMR, Urt. v. 26.06.2003, ECHR 2003-VII, Nr. 48206/99 – Maire vs. Portugal

EGMR (GK), Urt. v. 20.12.2004, ECHR 2004-XI, Nr. 50385/99 – Makaratzis vs. Griechenland

EGMR (GK), Urt. v. 04.02.2005, ECHR 2005-I, Nr. 46827/99 – Mamatkulov u. Askarov vs. Türkei

EGMR (Pl.), Urt. v. 13.06.1979, Rep. A31, Nr. 6833/74 – Marckx vs. Belgien

EGMR (GK), Urt. v. 24.10.2002, ECHR 2002-VIII, Nr. 37703/97 – Mastromatteo vs. Italien

EGMR, Urt. v. 06.12.2007, Nr. 39388/05 – Maumousseau u. Washington vs. Frankreich

EGMR, Urt. v. 17.07.2018, Nr. 15086/07 – Mazepa u. a. vs.Russland

EGMR (GK), Urt. v. 27.09.1995, Rep. A 324, Nr. 18984/91 – McCann u. a. vs. Großbritannien

EGMR, Urt. v. 28.01.2000, ECHR 2000-I, Nrn. 21825/93 u. 23414/94 – McGinley u. Egan vs. Großbritannien

EGMR, Urt. v. 04.05.2001, ECHR 2001-III, Nr. 28883/95 – McKerr vs. Großbritannien

EGMR, Urt. v. 24.02.1995, Rep. A 307-B, Nr. 16424/90 – McMichael vs. Großbritannien

EGMR, Urt. v. 28.05.2002, Nr. 43290/98 – McShane vs. Großbritannien

EGMR, Urt. v. 09.04.2013, ECHR 2013, Nr. 13423/09 – Mehmet Şentürk u. Bekir Şentürk vs. Türkei

EGMR, Urt. v. 26.06.2014, ECHR 2014 (extr.), Nr. 65192/11 – Mennesson vs. Frankreich

EGMR, Urt. v. 01.03.2016, Nr. 36903/13 – Mihu vs. Rumänien

EGMR, Urt. v. 01.09.2016, Nr. 32514/12 – Mikhno vs. Ukraine

EGMR, Urt. v. 07.02.2002, ECHR 2002-I, Nr. 53176/99 – Mikulić vs. Kroatien

EGMR, Urt. v. 12.01.2006, ECHR 2006-I (extr.), Nr. 26111/02 – Mizzi vs. Malta

EGMR (GK), Urt. v. 17.09.2014, ECHR 2014 (extr.), Nrn. 10865/09 u. a. – Mocanu u. a. vs. Rumänien

EGMR (GK), Urt. v. 09.07.2009, Nr. 11364/03 – Mooren vs. Deutschland

EGMR, Urt. v. 27.04.2010, Nr. 16318/07 – Moretti u. Benedetti vs. Italien

EGMR, Urt. v. 25.06.2020, Nr. 9347/14 – Moustahi vs. Frankreich

EGMR, Urt. v. 18.02.1991, Rep. A 193, Nr. 12313/86 – Moustaquim vs. Belgien

EGMR, Urt. v. 16.11.2017, Nr. 27524/09 – Movsesyan vs. Armenien

EGMR; Urt. v. 12.07.2016, Nr. 34661/07 – Mučibabić vs. Serbien

EGMR, Urt. v. 10.07.2014, Nr. 52701/09 – Mugenzi vs. Frankreich

EGMR (GK), Urt. v. 15.10.2020, Nr. 80982/12 – Muhammad u. Muhammad vs. Rumänien

EGMR, Urt. v. 20.09.2018, Nr. 23086/08 – Mushegh Saghatelyan vs. Armenien

EGMR (GK), Urt. v. 14.04.2015, Nr. 24014/05 – Mustafa Tunç u. Fecire Tunç vs. Türkei

EGMR, Urt. v. 12.06.2012, Nr. 29518/10 – N.B. vs. Slowakei

EGMR, Urt. v. 10.11.2022, Nr. 4952/21 – N.V. u. C.C. vs. Malta

EGMR, Urt. v. 26.02.2004, Nrn. 43577/98 u. 43579/98 – Nachova u. a. vs. Bulgarien

EGMR (GK), Urt. v. 06.07.2005, ECHR 2005-VII, Nrn. 43577/98 u. 43579/98 – Nachova u. a. vs. Bulgarien

EGMR, Urt. v. 11.10.2007, Nr. 656/06 – Nasrulloyev vs. Russland

EGMR, Urt. v. 06.06.2023, Nr. 36418/20 – Navalnyy vs. Russland (Nr. 3)

EGMR, Urt. v. 16.07.2015, ECHR 2015 (extr.), Nr. 39438/13 – Nazarenko vs. Russland

EGMR, Urt. v. 14.09.2017, Nr. 41215/14 – Ndidi vs. Großbritannien

EGMR, Urt. v. 18.06.2013, Nr. 48609/06 – Nencheva u. a. vs. Bulgarien

EGMR (GK), Urt. v. 25.06.2019, Nr. 41720/13 – Nicolae Virgiliu Tănase vs. Rumänien

EGMR, Urt. v. 28.01.2020, Nr. 29068/10 – Nicolaou vs. Zypern

EGMR, Urt. v. 04.07.2000, Nr. 27915/95 – Niedbala vs. Polen

EGMR, Urt. v. 14.11.2023, Nr. 1049/17 – Nika vs. Albanien

EGMR (GK), Urt. v. 25.03.1999, ECHR 1999-II, Nr. 31195/96 – Nikolova vs. Bulgarien

EGMR, Beschl. v. 29.06.1999, ECHR 1999-VI, Nr. 27110/95 – Nylund vs. Finnland

EGMR (GK), Urt. v. 20.05.1999, ECHR 1999-III, Nr. 21594/93 – Oğur vs. Türkei

EGMR, Urt. v. 09.11.2010, Nr. 22746/03 – Ölmez u. a. vs. Türkei

EGMR (GK), Urt. v. 20.11.2004, ECHR 2004-XII, Nr. 48939/99 – Öneryıldız vs. Türkei

EGMR, Urt. v. 21.07.2015, Nrn. 18766/11 u. 36030/11 – Oliari u. a. vs. Italien

EGMR, Beschl. v. 25.08.2005, Nr. 23274/04 – O'Loughlin u. a. vs. Großbritannien

EGMR (GK), Urt. v. 30.11.2004, ECHR 2004-XII, Nr. 48939/99 – Öneryıldız vs. Türkei

EGMR, Urt. v. 09.06.2009, ECHR 2009, Nr. 33401/02 – Opuz vs. Türkei

EGMR, Urt. v. 18.06.2002, Nr. 25656/94 – Orhan vs. Türkei

EGMR, Urt. v. 21.06.2011, Nr. 48833/07 – Orlić vs. Kroatien

EGMR (GK), Urt. v. 28.10.1998, ECHR 1998-VIII, Nr. 23452/94 – Osman vs. Großbritannien

EGMR, Urt. v. 24.01.2008, Nr. 48804/99 – Osmanoğlu vs. Türkei

EGMR, Urt. v. 25.02.2014, Nr. 12547/06 – Ostace vs. Rumänien

EGMR, Urt. v. 20.02.2014, Nr. 1346/12 – Ovsjannikov vs. Estland

EGMR, Urt. v. 23.03.2010, Nr. 4864/05 – Oyal vs. Türkei

EGMR, Urt. v. 30.10.2012, Nr. 57375/08 – P. u. S. vs. Polen

EGMR, Urt. v. 30.06.2022, Nr. 61657/16 – Paparrigopoulos vs. Griechenland

EGMR (GK), Urt. v. 24.01.2017, ECHR 2017, Nr. 25358/12 – Paradiso u. Campanelli vs. Italien

EGMR, Urt. v. 14.03.2002, ECHR 2002-II, Nr. 46477/99 – Paul u. Audrey Edwards vs. Großbritannien

EGMR, Urt. v. 09.01.2025, Nr. 51448/15 – Petrosyan vs. Armenien

EGMR, Urt. v. 20.12.2007, Nr. 23890/02 – Phinikaridou vs. Zypern

EGMR, Urt. v. 30.07.2013, Nr. 33169/10 – Polidario vs. Schweiz

EGMR, Urt. v. 10.04.2012, Nr. 19554/09 – Pontes vs. Portugal

EGMR, Beschl. v. 4.05.2000, ECHR 2000-V, Nr. 45305/99 – Powell vs. Großbritannien

EGMR, Urt. v. 21.02.1990, Rep. A 172, Nr. 9310/81 – Powell u. Rayner vs. Großbritannien

EGMR, Urt. v. 07.06.2011, Nr. 42344/07 – Predică vs. Rumänien

EGMR, Urt. v. 29.04.2002, ECHR 2002-III, Nr. 2346/02 – Pretty vs. Großbritannien

EGMR, Urt. v. 11.06.2019, Nr. 29309/16 – Prizreni vs. Albanien

EGMR, Urt. v. 22.03.1995, Rep. A 311, Nr. 18580/91 – Quinn vs. Frankreich

EGMR, Urt. v. 12.04.2016, Nr. 64602/12 – R.B. vs. Ungarn

EGMR Urt. v. 22.06.2023, Nr. 54006/20 – R.K. vs. Ungarn

EGMR, Urt. v. 05.04.2011, Nr. 8687/08 – Rahimi vs. Griechenland

EGMR (GK), Urt. v. 15.05.2007, ECHR 2007-II, Nr. 52391/99 – Ramsahai u. a. vs. Niederlande

EGMR, Urt. v. 02.09.2021, Nr. 14742/18 – Ražnatović vs. Montenegro

EGMR (Pl.), Urt. v. 17.10.1986, Rep. A106, Nr. 9532/81 – Rees vs. Großbritannien

EGMR, Urt. v. 15.11.2005, ECHR, 2005-XII, Nr. 67175/01 – Reinprecht vs. Österreich

EGMR, Beschl. v. 01.12.2009, Nr. 55779/08 – Rinkūnienė vs. Litauen

EGMR (GK), Urt. v. 19.10.2005, ECHR 2005-X, Nr. 32555/96 – Roche vs. Großbritannien

EGMR, Urt. v. 18.05.2006, Nr. 55339/00 – Różański vs. Polen

EGMR, Urt. v. 19.06.2008, Nr. 8320/04 – Ryabikin vs. Russland

EGMR, Urt. v. 23.09.2014, Nr. 24453/04 – S.B. vs. Rumänien

EGMR, Urt. v. 13.10.2015, Nr. 52557/14 – S.H. vs. Italien

EGMR, Urt. v. 11.10.2018, Nr. 55216/08 – S.V. vs. Italien

EGMR (GK), Urt. v. 29.01.2008, ECHR 2008, Nr. 13229/03 – Saadi vs. Großbritannien

EGMR (GK), Urt. v. 28.02.2008, ECHR 2008, Nr. 37201/06 – Saadi vs. Italien

EGMR, Urt. v. 26.11.1997, ECHR 1997-VII, Nrn. 23878/94 u. a. – Sakik u. a. vs. Türkei

EGMR, Urt. v. 24.03.2016, Nr. 48475/09 – Sakir vs. Griechenland

EGMR, Urt. v. 06.02.2020, Nr. 40394/10 – Sakvarelidze vs. Georgien

EGMR (GK), Urt. v. 27.06.2000, ECHR 2000-VII, Nr. 21986/93 – Salman vs. Türkei

EGMR, Urt. v. 13.10.2009, Nr. 36500/05 – Salontaji-Drobnjak vs. Serbien

EGMR (GK), Urt. v. 14.09.2010, Nr. 38224/03 – Sanoma Uitgevers B.V. vs. Niederlande

EGMR, Urt. v. 30.01.2020, Nr. 35746/11 – Saribekyan u. Balyan vs. Aserbaidschan

EGMR, Urt. v. 19.07.2018, Nr. 58240/08 – Sarishvili-Bolkvadze vs. Georgien

EGMR, Urt. v. 19.04.2012, ECHR 2012 (extr.), Nr. 49382/06 – Sašo Gorgiev vs. „Die ehemalige jugoslawische Republik Mazedonien"

EGMR, Urt. v. 24.06.2010, Nr. 30141/04, ECHR 2010 – Schalk u. Kopf vs. Österreich

EGMR (GK), Urt. v. 22.12.2020, Nr. 14305/17 – Selahattin Demirtaş vs. Türkei (Nr. 2)

EGMR, Urt. v. 10.07.2014, Nr. 19113/09 – Senigo Longue u. a. vs. Frankreich

EGMR, Urt. v. 12.04.2005, ECHR 2005-III, Nr. 36378/02 – Shamayev u. a. vs. Georgien u. Russland

EGMR, Urt. v. 04.05.2001, Nr. 37715/97 – Shanaghan vs. Großbritannien

EGMR, Urt. v. 20.10.2015, ECHR 2015 (extr.), Nr. 5201/11 – Sher u. a. vs. Großbritannien

EGMR, Beschl. v. 17.03.2020, Nrn. 41743/17 u. a. – Shmelev u. a. vs. Russland

EGMR, Urt. v. 03.05.2011, Nr. 41009/04 – Shokkarov u. a. vs. Russland

EGMR, Urt. v. 27.03.2008, ECHR 2008, Nr. 44009/05 – Shtukaturov vs. Russland

EGMR, Urt. v. 13.09.2016, Nr. 47384/11 – Sıdıka İmren vs. Türkei

EGMR, Urt. v. 03.02.2011, Nr. 18136/02 – Siebenhaar vs. Deutschland

EGMR (GK), Urt. v. 09.04.2009, Nr. 71463/01 – Šilih vs. Slowenien

EGMR, Urt. v. 26.07.2005, Nrn. 35072/97 u. 37194/97 – Şimşek u. a. vs. Türkei

EGMR, Urt. v. 06.06.2017, Nr. 9441/10 – Sinim vs. Türkei

EGMR (GK), Urt. v. 12.11.2013, ECHR 2013, Nr. 5786/08 – Söderman vs. Schweden

EGMR (Pl.), Urt. v. 07.07.1989, Rep. A 161, Nr. 14038/88 – Soering vs. Großbritannien

EGMR, Urt. v. 20.09.2018, Nrn. 30491/17 u. 31083/17 – Solska u. Rybicka vs. Polen

EGMR (GK), Urt. v. 08.07.2003, ECHR 2003-VIII (extr.), Nr. 31871/96 – Sommerfeld vs. Deutschland

EGMR, Urt. v. 06.10.2020, Nr. 5843/16 – Spătaru vs. Rumänien

EGMR (GK), Urt. v. 28.05.2002, ECHR 2002-IV, Nr. 46295/99 – Stafford vs. Großbritannien

EGMR, Urt. v. 13.11.2014, Nr. 80909/12 – Starčević vs. Kroatien

EGMR, Urt. v. 16.06.2005, ECHR 2005-V, Nr. 61603/00 – Storck vs. Deutschland

EGMR, Urt. v. 14.06.2022, Nr. 56070/18 – Stoyanova vs. Bulgarien

EGMR (GK), Urt. v. 10.09.2019, Nr. 37283/13 – Strand Lobben u. a. vs. Norwegen

EGMR, Urt. v. 28.06.2011, Nrn. 8319/07 u. 11449/07 – Sufi u. Elmi vs. Großbritannien

EGMR, Urt. v. 01.09.2016, Nrn. 36314/06 u. a. – Svitlana Atamanyuk u. a. vs. Ukraine

EGMR, Urt. v. 19.05.2022, Nr. 54032/18 – T.C. vs. Italien

EGMR (GK), Urt. v. 10.05.2001, ECHR 2001-V, Nr. 28945/95 – T.P. u. K.M. vs. Großbritannien

EGMR, Urt. v. 11.06.2024, Nr. 47909/19 – T.V. vs. Kroatien

EGMR (GK), Urt. v. 29.04.1999, Nr. 25644/94 – T.W. vs. Malta

EGMR, Urt. v. 13.04.2017, ECHR 2017 (extr.), Nrn. 26562/07 u. a. – Tagayeva u. a. vs. Russland

EGMR, Urt. v. 07.07.2022, Nr. 72611/14 – Tagiyeva vs. Aserbaidschan

EGMR (GK), Urt. v. 08.04.2004, ECHR 2004-III, Nr. 26307/95 – Tahsin Acar vs. Türkei

EGMR, Urt. v. 06.02.2001, ECHR 2001-I, Nr. 41205/98 – Tammer vs. Estland

EGMR, Urt. v. 10.07.2014, Nr. 2260/10 – Tanda-Muzinga vs. Frankreich

EGMR, Urt. v. 02.08.2005, ECHR 2005-VIII, Nr. 65899/01 – Taniş u. a. vs. Türkei

EGMR (GK), Urt. v. 08.07.1999, ECHR 1999-IV, Nr. 23763/94 – Tanrıkulu vs. Türkei

EGMR, Urt. v. 14.11.2000, Nr. 24396/94 – Taş vs. Türkei

EGMR, Urt. v. 10.11.2004, ECHR 2004-X, Nr. 46117/99 – Taşkin u. a. vs. Türkei

EGMR, Urt. v. 27.01.2009, Nr. 67021/01 – Tătar vs. Rumänien

EKMR (Pl.), Beschl. v. 30.08.1994, Nr. 23412/94 – Taylor Family, Crampton Family, Gibson Family u. King Family vs. Großbritannien

EGMR, Urt. v. 15.01.2004, Nr. 27699/95 – Tekdağ vs. Türkei

EGMR, Urt. v. 13.06.2000, ECHR 2000-VI, Nr. 23531/94 – Timurtaş vs. Türkei

EGMR, Urt. v. 26.06.2012, Nr. 44853/10 – Toniolo vs. San Marino u. Italien

EGMR, Urt. v. 04.09.2014, ECHR 2014 (extr.), Nr. 140/10 – Trabelsi vs. Belgien

EGMR, Urt. v. 30.08.2022, Nr. 21648/11 – Traskunova vs. Russland

EGMR, Beschl. v. 05.10.2006, Nr. 75725/01 – Trocellier vs. Frankreich

EGMR, Urt. v. 23.10.2007, Nr. 39835/05 – Turcan u. Turcan vs. Republik Moldau

EGMR, Urt. v. 17.03.2020, Nrn. 53284/13 u. 22543/15 – Turpulkhanova u. Khasiyeva vs. Russland

EGMR, Urt. v. 31.07.2012, Nr. 25654/08 – Umarova u. a. vs. Russland

EGMR, Urt. v. 08.11.2011, ECHR 2011 (extr.), Nr. 18968/07 – V.C. vs. Slowakei

EGMR, Urt. v. 09.04.2019, Nr. 72931/10 – V.D. u. a. vs. Russland

EGMR, Urt. v. 23.10.2014, Nr. 61362/12 – V.P. vs. Russland

EGMR, Urt. v. 29.10.2009, Nr. 1758/04 – Vakhayeva u. a. vs. Russland

EGMR, Beschl. v. 09.10.2012, Nr. 18698/06 – Vakrilov vs. Bulgarien

EGMR, Urt. v. 18.05.2021, Nr. 71552/17 – Valdís Fjölnisdóttir u. a. vs. Island

EGMR, Urt. v. 16.01.2014, Nr. 6318/03 – Valeriy Fuklev vs. Ukraine.

EGMR (GK), Urt. v. 07.11.2013, ECHR 2013 (extr.), Nrn. 28381/09 u. 32684/09 – Vallianatos u. a. vs. Griechenland

EGMR, Urt. v. 13.11.2012, Nr. 7678/09 – Van Colle vs. Großbritannien

EGMR, Urt. v. 21.02.1990, Rep. A 170-A, Nr. 11509/85 – Van der Leer vs. Niederlande

EGMR, Urt. v. 07.05.2020, Nr. 43881/10 – Vardosanidze vs. Georgien

EGMR (GK), Urt. v. 18.09.2009, ECHR 2009, Nrn. 16064/90 u. a. – Varnava u. a. vs. Türkei

EGMR, Urt. v. 17.03.2016, Nr. 23796/10 – Vasileva vs. Bulgarien

EGMR, Beschl. v. 18.05.1999, ECHR 1999-V, Nr. 41488/98 – Velikova vs. Bulgarien

EGMR, Urt. v. 22.10.2019, Nr. 27703/16 – Venet vs. Belgien

EGMR (GK), Urt. v. 08.07.2004, ECHR 2004-VIII, Nr. 53924/00 – Vo vs. Frankreich

EGMR, Urt. v. 13.03.2025, Nrn. 39553/16 u. a. – Vyacheslavova u. a. vs. Ukraine

EGMR (Pl.), Urt. v. 08.07.1987, Rep. A 121, Nr. 9749/82 – W. vs. Großbritannien

EGMR, Urt. v. 17.01.2019, Nr. 29683/16 – X. vs. "Die ehemalige jugoslawische Republik Mazedonien"

EGMR (GK), Urt. v. 13.12.2011, ECHR 2013, Nr. 27853/09 – X. vs. Lettland

EGMR, Urt. v. 12.05.2022, Nr. 64886/19 – X. vs. Tschechien

EGMR, Urt. v. 26.03.1985, ECHR A 91, Nr. 8978/80 – X. u. Y. vs. Niederlande

EGMR, Urt. v. 22.03.2022, Nr. 9077/18 – Y. u. a. vs. Bulgarien

EGMR, Urt. v. 20.09.2022, Nr. 43399/13 – Y.P. vs. Russland

EGMR, Urt. v. 09.07.2020, Nr. 41701/16 – Y.T. vs. Bulgarien

EGMR, Urt. v. 02.09.1998, ECHR 1998-VI, Nr. 22495/93 – Yaşa vs. Türkei

EGMR, Urt. v. 13.01.2009, Nr. 33750/03 – Yeter vs. Türkei

EGMR, Urt. v. 08.10.2019, Nr. 58724/14 – Zelikha Magomadova vs. Russland

EGMR, Urt. v. 21.01.2014, Nr. 33773/11 – Zhou vs. Italien

EGMR, Urt. v. 26.03.2013, ECHR 2013, Nr. 21794/08 – Zorica Jovanović vs. Serbien

EGMR (GK), Urt. v. 10.05.2001, ECHR 2001-IV, Nr. 25781/94 – Zypern vs. Türkei

EKMR, Beschl. v. 03.10.1983, D.R. 35, p. 30, Nrn. 9278/81 u. 9415/81 – G. u. E. vs. Norwegen

Entscheidungen des Bundesverfassungsgerichts

BVerfG, Beschl. v. 24.06.2014, 1 BvR 2926/13, BVerfGE 136, 382

BVerfG, Beschl. v. 13.05.1996, 2 BvL 33/93, BVerfGE 94, 315 – Zwangsarbeit

BVerfG, Urt. v. 12.07.1994, 2 BvE 3/92 u. a., BVerfGE 90, 286 – Out-of-area-Einsätze

BVerfG, Urt. v. 12.10.1993, 2 BvR 2134 u. 2159/92, BVerfGE 89, 155 – Maastricht

BVerfG, Beschl. v. 09.01.1991, 1 BvR 207/87, BVerfGE 83, 182 – Pensionistenprivileg

BVerfG, Beschl. v. 14.05.1985, 1 BvR 233 u. 341/81, BVerfGE 69, 315 – Brokdorf

BVerfG, Beschl. v. 19.10.1982, 1 BvL 34 u. 55/80, BVerfGE 61, 126

BVerfG, Besch. v. 08.07.1982, 2 BvR 1187/80, BVerfGE 61, 82 – Sasbach

BVerfG, Besch. v. 20.12.1979, 1 BvR 385/77, BVerfGE 53, 30 – Mülheim-Kärlich

BVerfG, Urt. v. 15.01.1958, 1 BvR 400/51, BVerfGE 7, 198 – Lüth

BVerfG, Beschl. v. 07.05.1957, 1 BvR 289/56, BVerfGE 6, 386 – Haushaltsbesteuerung

BVerfGE, Urt. v. 17.08.1956, 1 BvB 2/51, BVerfGE 5, 85 – KPD-Verbot

BVerfG, Urt. v. 05.04.1952, 2 BvH 1/52, BVerfGE 1, 208 – 7,5%-Sperrklausel

Sachregister

Studien zum Internationalen, Europäischen und Öffentlichen Recht

Herausgegeben von Eibe Riedel

Band 1 Christian Jutzi: Das Brandwaffenprotokoll. Regelungen und Verbindlichkeit. 1997.

Band 2 Jutta Schumann: Faktische Gleichberechtigung. Die Grundgesetzerweiterung des Art. 3 II S. 2. 1997.

Band 3 Christian Keim: Der institutionelle Rahmen im Wettbewerbsrecht der Europäischen Union und mögliche Reformmodelle. Eine Darstellung des europäischen institutionellen Gefüges und eine Entwicklung eines neuen Modells durch Vergleich mit dem institutionellen Rahmen in den USA, Deutschland, Großbritannien und Frankreich. 1998.

Band 4 Andreas Torka: Nichtnavigatorische Wassernutzungen. Mechanismen der Internationalen Zusammenarbeit. Von der Konfrontation über die Kooperation zu koadministrativen Formen der Zusammenarbeit. 1999.

Band 5 Markus Reimann: Die nicht-navigatorische Nutzung internationaler Süßwasserressourcen im Umweltvölkerrecht. 1999.

Band 6 Felix William Stoecker: NGOs und die UNO. Die Einbindung von Nichtregierungsorganisationen (NGOs) in die Strukturen der Vereinten Nationen. 2000.

Band 7 Torsten Weigt: Die ökologische Aktion zur Vermeidung und Bekämpfung transnationaler Umweltkatastrophen. Ein Beitrag zu Möglichkeiten und Problemen der Durchsetzung um- weltschützender Verpflichtungen im Völkerrecht. 2000.

Band 8 Markus Tjaden: Genanalyse als Verfassungsproblem. Zulässigkeit genanalytischer Anwendungen im Lichte von Menschenwürde und genetischem Selbstbestimmungsrecht. 2001.

Band 9 Thorsten Wagner: Funktion und praktische Auswirkungen der richterlichen Vorlagen an den Gerichtshof der Europäischen Gemeinschaften. Dargestellt an Beispielen aus der Rechtsprechung zur Anwendung und Auslegung der Richtlinie 77/187/EWG und deren Einfluss auf das deutsche Recht. 2001.

Band 10 Thomas F. Kremer: Die „wissenschaftliche Rechtsphilosophie“ Carl Magnus Bergbohms. Versuch einer analytisch-kritischen Rekonstruktion. 2001.

Band 11 Hüseyin Özcan: Rundfunkfreiheit in Deutschland und in der Türkei. Unter Berücksichtigung der Staatsferne des Rundfunks. 2002.

Band 12 Valentin Aichele: Nationale Menschenrechtsinstitutionen. Ein Beitrag zur nationalen Implementierung von Menschenrechten. 2003.

Band 13 Seong-Woo Ji: Die Ausgestaltung der Rundfunkfreiheit im dualen System. Eine rechtsvergleichende Untersuchung zum deutschen und koreanischen Verfassungsrecht. 2004.

Band 14 Andreas Blüthner: Welthandel und Menschenrechte in der Arbeit. The Compatibility of Human Rights at Work with the WTO-System. 2004.

Band 15 Christoph Steiner: Das Recht auf soziale Gesundheitsversorgung. Unter besonderer Berücksichtigung des Artikel 9 ICESCR. 2004.

Band 16 Joachim Spalcke: Arzneimittelzulassungsverfahren in der Europäischen Union und den Vereinigten Staaten von Amerika. Entwicklung und Harmonisierung. 2004.

Band 17 Bernd Neumann: Zeugnisverweigerungsrechte und strafprozessuale Ermittlungsmaßnahmen. 2005.

Band 18 Randolf Straky: Das Privatleben Prominenter als Verfassungsproblem. Ein Rechtsvergleich mit Frankreich und England unter Einbezug von Internetpublikationen. 2006.

Band 19 Fabian Böhm: Strukturen internationalen Subventionsrechts. EG-Beihilfenrecht und WTO- Subventionsrecht aus rechtsvergleichender Perspektive. 2007.

Band 20 Katharina Engbruch: Das Menschenrecht auf einen angemessenen Lebensstandard. Ernährung, Wasser, Bekleidung, Unterbringung und Energie als Elemente des Art. 11 (1) IPWSKR. 2008.

Band 21 Sandra Reinheimer: Das Verbindungskonzept der Bundeswasserstraßenverwaltung. 2008.

Band 22 Danny Reinhold: Der Schutz der Umwelt in der Binnenschifffahrt unter besonderer Berücksichtigung ausgewählter zukünftiger Handlungsansätze auf dem Weg zu einer ökologischen Binnenschifffahrtspolitik. 2009.

Band 23 Katrin Träbert: Sanktionen der Europäischen Union gegen ihre Mitgliedstaaten. Die Sanktionsverfahren nach Art. 228 Abs. 2 EGV und Art. 7 EUV. 2010.

Band 24 Ana Maria Suárez Franco: Die Justiziabilität wirtschaftlicher, sozialer und kultureller Menschenrechte. Eine Untersuchung über den aktuellen Zustand in Lateinamerika, unter Beachtung der völkerrechtlichen Menschenrechtsstandards. Kolumbien als Beispiel. 2010.

Band 25 Robert Kessel: Die Kontrolldichte der Normenkontrolle in Skandinavien aus deutscher Sicht. Eine rechtsvergleichende Untersuchung der richterlichen Überprüfung der Verfassungsmäßigkeit von Gesetzen in Dänemark, Norwegen und Schweden. 2011.

Band 26 Stephan Fehrentz: Rechtliche Grenzen von Privatisierungen im Strafvollzug. Unter besonderer Beachtung des Gesetzes über elektronische Aufsicht im Vollzug der Freiheitsstrafe. 2013.

Band 27 Anne-Kathrin Rühr: Instrumente des individuellen Grundrechtsschutzes in der Russischen Föderation. Eine rechtsvergleichende Betrachtung. 2016.

Band 28 Dennis-N. Warman: Energie als Menschenrecht. Ein Recht auf Zugang zur Grundversorgung mit Energie als Menschenrecht nach dem Internationalen Pakt über wirtschaftliche, soziale und kulturelle Rechte. 2017.

Band 29 Annika Bleier: Die extraterritoriale Anwendbarkeit der EMRK. Zugleich ein Beitrag zur menschenrechtlichen Verantwortlichkeit der Mitgliedstaaten für das transnationale Verhalten im Inland belegener Unternehmen. 2019.

Band 30 Marie Metzger: Verfassungs- und unionsrechtliche Grenzen von Maßnahmen zur Förderung der Geschlechtergleichstellung im Berufungsverfahren. 2020.

Band 31 Layla Kristina Jaber: Die Individualsanktionen des Sicherheitsrates der Vereinten Nationen und die Grund- und Menschenrechte aus der Europäischen Menschenrechtskonvention. 2020.

Band 32 Florent Duplouy: Die Verhandlung im Handelsstreit. Eine Untersuchung zum Vorverfahren im Streitbeilegungssystem der Welthandelsorganisation (WTO) am Beispiel der Sache *Kodak-Fujifilm*. 2021.

Band 33 Katharina Longin: Die subjektiven Rechte der Europäischen Menschenrechtskonvention und ihre objektive Reflexwirkung in innerstaatlichen Verfahrenssituationen. 2026.

www.peterlang.com

www.ingramcontent.com/pod-product-compliance
Ingram Content Group UK Ltd.
Pitfield, Milton Keynes, MK11 3LW, UK
UKHW021827290926
8980IPUK00004B/304

9 783631 936498